货币金融学

第4版

谭中明　王书斌
陈　裕　丁国平　等 编著

中国科学技术大学出版社

内 容 简 介

本书以货币、信用、金融、银行等核心概念为主线，系统地介绍了货币与货币制度、信用与信用制度、利息与利率、金融体系、金融市场、商业银行与中央银行、货币需求、货币供给、通货膨胀与通货紧缩、货币政策、金融发展与金融创新、金融稳定与金融脆弱性、金融风险与金融危机、金融监管等基本理论、现象及实践问题，具有全面实用、宏观微观金融有机融合和注重理论联系实际等特点。每章以学习目标与要求、本章小结、重要概念、思考与练习、知识链接等模块对教学内容进行概括、梳理和延伸，既突出重点难点，又有利于启发读者思维，拓宽其知识视野。

本书适合作为经济类、金融类、管理类专业本科生、研究生修读"货币银行学""金融学"等相应课程的教材，也可作为金融行业从业人员及其他行业工作者学习货币金融知识的参考书。

图书在版编目(CIP)数据

货币金融学 / 谭中明，等编著. -- 4 版. -- 合肥：中国科学技术大学出版社，2025.2. -- ISBN 978-7-312-06202-5

Ⅰ. F820

中国国家版本馆 CIP 数据核字第 2025YU3278 号

货币金融学
HUOBI JINRONGXUE

出版	中国科学技术大学出版社
	安徽省合肥市金寨路 96 号,230026
	http://press.ustc.edu.cn
	https://zgkxjsdxcbs.tmall.com
印刷	安徽省瑞隆印务有限公司
发行	中国科学技术大学出版社
开本	710 mm×1000 mm 1/16
印张	28.25
字数	570 千
版次	2008 年 12 月第 1 版 2025 年 2 月第 4 版
印次	2025 年 2 月第 8 次印刷
定价	62.00 元

前　言

本教材第3版出版以来，世界百年未有之大变局正加速演进，经济全球化遭遇逆流，贸易保护主义愈演愈烈，国内经济处于"三期叠加"阶段，新旧动能转换，新旧理念碰撞，经济长期增长韧性强与短期提振弱并存。国内外环境的一系列变化对我国经济金融提出了新的挑战。与此同时，我国金融领域呈现出许多新变革、新气象和新趋势：金融供给侧结构性改革和高水平对外开放持续推进，互联网金融和第三方支付平台快速发展，金融与新科技深度融合，金融科技不断创新并推动着金融机构数字化转型，数字人民币实现了从研究设想、试点运行到落地实行的系统推进，使用范围和业务场景日益扩大，人民币成为国际货币基金组织（International Monetary Fund，简称IMF）特别提款权篮子货币中的第三大货币，国际化进程显著加快，国际地位显著提升，人民币汇率形成机制不断完善，其波动受到国际社会更多关注，中国工商银行、中国农业银行、中国银行、中国建设银行四大国有控股商业银行连续六年蝉联英国《银行家》杂志世界1 000家银行榜单前十，北京证券交易所设立，多层次资本市场进一步完善，金融被赋予国家重要的核心竞争力地位，金融安全上升到国家安全的战略层面，中央将守住不发生系统性金融风险底线作为金融工作的根本要求，2023年10月底召开的中央金融工作会议首次提出加快建设金融强国战略目标，并且强调要做好金融五篇大文章，强化"五个监管"，始终不渝走中国特色金融发展道路，建立"两委一行一会一总局"金融管理新体制，等等。面对多种新变化、新情况和新问题，作为金融教育者和研究者，必须与时俱进，既要紧紧跟踪我国生动丰富的金融改革开放实践和国际、国内金融理论前沿，又要通过持续、深入的理论学习来提高认识问题和分析解决问题的能力。金融是现代经济的核心，金融稳，经济稳；金融活，经济活。实现中国式现代化，走中国特色金融发展之路,建设金融强国,离不开"政治过硬、能力过硬、作风过硬"的强大金融人才队伍。这支队伍由一批又一批掌握扎实经济金融理论知识、懂规则、循规律、讲规矩的人才组成,也就是说,堪当金融强国建设重任的金融人才必须是既具有良好政治素养和较强的责任担当,又掌握经济金融活动的市场规则、经济金融运行规律以及能自觉恪守市场纪律和国家相关法律法规的"三过硬"人才。基于以上背景、思考和认识,第4版除了对教材内容及相关章节布局进行全面修订之外,对数字货币、金融机构体系、我国金融体系改革与发展、中央银行理论、黄金市场、货币政策工具、金融脆弱性理论、金融风险理论以及金融危机理论、金融监管体制等内容进行了重新撰写,对教材相关内容的数据进行了更新,调整了部分专栏。同时在每章学习目标和要求中增加了课程思政方面的内容,努力将习近平经济思想,特别是习近平总书记关于金融工作的重要论述融入教材和教学之中。

由于工作变动等原因,原参编人员中的潘国顺、顾建萍、徐文芹和俞爱平等老师不再继续参与本书的编写工作,因此本书参编人员也做了一些相应调整。具体来说,第4版的修订工作由谭中明教授全面负责,王书斌、陈裕、丁国平、宿永铮、袁仕陈、丁绪辉、陈聪、董连胜等共同完成。各章的编写分工如下:第一章、第九章、第十三章(谭中明);第二章、第三章(陈裕);第四章(丁国平);第五章(宿永铮);第六章(谭中明、丁国平);第七章(谭中明、董连胜);第八章(丁绪辉);第十章(陈聪);第十一章(袁仕陈);第十二章(王书斌)。全书由丁国平、王书斌、陈裕拟定修订方案并协助校阅、统稿,最后由谭中明教授统稿审定。

本教材的编写和修订参考了国内外大量教材、专著和其他文献资料,在参考文献中做了注明,但也可能挂一漏万,未能一一列出,谨向这些文献的作者(译者)表示诚挚的谢意。

受编著人员水平所限,书中难免存在错漏和不妥之处,恳请读者不吝指正,以便于我们日后进一步修改和完善。

谭中明
2024年12月

目　录

前言	（ⅰ）
第一章　货币与货币制度	（001）
第一节　货币的产生和发展	（001）
第二节　货币的本质与职能	（010）
第三节　货币制度	（015）
本章小结	（024）
第二章　信用与信用体系	（026）
第一节　信用概述	（026）
第二节　信用形式	（032）
第三节　信用工具	（039）
第四节　信用体系	（050）
本章小结	（059）
第三章　利息与利率	（061）
第一节　货币的时间价值与利息	（061）
第二节　利率及其决定	（069）
第三节　利率的作用及其发挥	（079）
第四节　利率的结构	（084）
第五节　利率管理体制	（089）
本章小结	（093）
第四章　金融体系总览	（096）
第一节　融资渠道与金融体系	（096）
第二节　金融机构体系	（108）
第三节　我国金融体系的改革与发展	（129）
第四节　金融分业经营与混业经营	（142）
本章小结	（147）
第五章　商业银行	（149）
第一节　商业银行概述	（149）

第二节　商业银行的业务 ·· (155)
　　第三节　商业银行的经营管理 ··· (166)
　　本章小结 ·· (173)

第六章　中央银行 ·· (175)
　　第一节　中央银行的演进发展 ··· (175)
　　第二节　中央银行的性质与地位 ·· (180)
　　第三节　中央银行的职能与作用 ·· (184)
　　第四节　中央银行制度 ··· (187)
　　第五节　中央银行业务 ··· (192)
　　本章小结 ·· (200)

第七章　金融市场 ·· (202)
　　第一节　金融市场概述 ··· (202)
　　第二节　货币市场 ··· (209)
　　第三节　资本市场 ··· (213)
　　第四节　外汇市场 ··· (225)
　　第五节　黄金市场 ··· (230)
　　第六节　金融衍生品市场 ·· (233)
　　本章小结 ·· (237)

第八章　货币需求 ·· (239)
　　第一节　货币需求概述 ··· (239)
　　第二节　货币需求理论 ··· (242)
　　第三节　货币需求的测算 ·· (257)
　　本章小结 ·· (262)

第九章　货币供给 ·· (264)
　　第一节　货币供给的含义与层次划分 ··· (264)
　　第二节　货币的供给与创造 ·· (268)
　　第三节　货币供给的决定机制 ··· (276)
　　第四节　货币供给的调控机制 ··· (284)
　　本章小结 ·· (292)

第十章　通货膨胀与通货紧缩 ·· (294)
　　第一节　通货膨胀及其度量 ·· (294)
　　第二节　通货膨胀的成因 ·· (297)
　　第三节　通货膨胀的影响和治理 ·· (304)
　　第四节　通货紧缩 ··· (311)
　　本章小结 ·· (316)

第十一章　货币政策 (318)

- 第一节　货币政策目标 (318)
- 第二节　货币政策工具 (331)
- 第三节　货币政策传导机制 (346)
- 第四节　货币政策效应 (350)
- 本章小结 (355)

第十二章　金融发展与金融创新 (357)

- 第一节　金融与经济发展的关系 (357)
- 第二节　金融结构与金融发展 (361)
- 第三节　金融抑制与金融深化 (364)
- 第四节　金融约束 (372)
- 第五节　金融创新 (375)
- 本章小结 (388)

第十三章　金融稳定与金融监管 (390)

- 第一节　金融稳定 (390)
- 第二节　金融脆弱性 (394)
- 第三节　金融风险 (402)
- 第四节　金融危机 (407)
- 第五节　金融监管 (429)
- 本章小结 (441)

参考文献 (443)

第一章 货币与货币制度

【学习目标和要求】

• 理解货币的产生与货币形态的演进发展,分析金属货币、信用货币、电子货币与数字货币等货币形态的基本含义与特征。
• 理解马克思的货币本质论及货币职能的内涵。
• 掌握货币制度的构成要素和演变历史。
• 掌握信用本位制的特征,了解区域货币制度,熟悉我国的货币制度。
• 掌握数字货币及其理论与发展趋势。
• 树立正确的价值观和金钱观。

在现代社会,货币以其特有的功能渗透到社会经济生活的方方面面,是人们不可缺少的交换工具,在社会经济中发挥着"第一推动力"和"持续推动力"的作用,以至于有人将其比喻为国民经济的血液,也有人认为谁控制了货币谁就能支配一切。作为货币金融学最基本的范畴之一的货币,为什么会有如此大的威力?我们应如何正确认识它?本章将从货币的起源和形态演变入手,探究货币的本质和职能,进而阐述货币制度的形成规律和特点,一步步揭开货币之谜。

第一节 货币的产生和发展

一、货币的产生

研究货币的产生是正确理解货币本质的关键,而要了解货币是如何产生的,必须从分析商品入手。货币是商品生产和商品交换长期发展的产物。在商品交换中,需要衡量商品的价值,而某种商品的价值又是通过另一种商品的价值来表现的,这就是商品的价值形式。货币随着商品价值形式的发展经历了由萌芽到形成、由简单到复杂、由低级到高级的发展过程。

(一)货币是商品生产和商品交换长期发展的产物

在原始社会早期,并不存在商品交换,当然也不存在货币。由于当时生产力水平极其低下，人们尽其所能，集体劳作，劳动产品归氏族成员共同所有，统一分配，勉强维持生存。到了原始社会末期，生产力水平有了一定提高，开始有了剩余产品，出现了私有制，产生了贫富分化，商品生产和商品交换逐步产生。

社会分工的发展，使得商品生产者的劳动成为社会总劳动的一部分，具有社会劳动的性质，而由于生产资料和劳动产品的私有制，商品生产者的劳动直接表现为私人劳动。这就产生了私人劳动和社会劳动的矛盾。生产者生产产品所花费的劳动只有通过交换才会被社会所认可，从而转化为社会劳动。也就是说只有通过商品交换，才能解决商品生产的私人劳动与社会劳动的矛盾。

另外，商品是价值和使用价值的统一体，具有价值和使用价值双重属性。使用价值是商品的有用性，是商品的自然属性。价值是凝结在商品中的无差别的人类劳动，是商品的社会属性。生产者所关注的是他生产产品的价值而非使用价值。但商品的价值不能自己表现出来，只有通过交换关系由另一种商品表现出来。商品的价值表现形式被称为价值形式。

（二）货币是商品价值形式发展的结果

商品价值形式经历了简单的价值形式→扩大的价值形式→一般价值形式→货币价值形式等四个不同阶段，即由低级到高级的发展过程。

(1) 简单的价值形式。人类社会到了原始社会末期，生产力得到一定发展，产品逐渐有了剩余，生活需求的扩大产生了调剂消费品的需求，偶然会发生剩余产品交换行为。一种商品的价值偶然地、简单地表现在另一种商品上，就是简单的价值形式。简单的价值形式产生了货币的胚胎。

(2) 扩大的价值形式。第一次社会大分工后，畜牧业从农业中分离出来，商品交换变得经常化、多样化。此时，一种商品不再是偶然地和另一种商品相交换，而是和多种商品相交换。相应地，一种商品的价值也不再是偶然地表现在另一种商品上，而是由许多种商品来表现其价值，称为扩大的价值形式。此时，处于等价形式上的商品数量已经明显增加。但交换仍然是物物交换，商品生产者是卖者同时也是买者，买者同时也是卖者，价值的表现总是与商品所有者对使用价值的要求结合在一起，构成了物物交换的"需求双重巧合"，即要求交换双方对交换商品的品种、数量、时间的高度一致。这种"需求双重巧合"的满足，需要耗费大量的搜寻时间，交易成本很高。可见，物物交换是一种低效率的交易方式，扩大的价值形式仍然是不充分的价值表现形式。

(3) 一般价值形式。商品交换的进一步发展，迫切要求冲破物物交换的限制。人们在长期的频繁的交换过程中，自发地逐渐从无数商品中分离出一种大家都喜欢的、经常在交换中出现的商品，人们先把自己的商品同它相交换，然后通过它来换取各自需要的商品，这就是一般等价物。所有商品价值都通过这种商品来表现，即为一般价值形式。

从扩大的价值形式到一般价值形式,是一个质的变化,它使一切商品价值都通过一般等价物表现出来,使商品的直接物物交换变成了以一般等价物为媒介的间接交换。一般等价物已经具备货币的一般性质,因而是货币的雏形。

(4) 货币价值形式。一般价值形式下,一般等价物并不完全固定,不同时期、不同地区,一般等价物是不同的。许多充当一般等价物的商品本身存在着难以克服的缺点,如难以分割、价值不等、不便携带、难以保存等,阻碍了商品交换的进一步扩大和发展,也和作为社会财富象征的一般等价物的要求不相容。因此,人们很自然地要求把不同的一般等价物统一起来,而第二次社会大分工为满足人们的这种要求提供了技术条件。人们最终找到了最适宜充当一般等价物的商品——贵金属。贵金属具有质地均匀、可分割、便于携带、不变质等特点,因而最适宜作货币材料。当人们选择用贵金属作一般等价物时,一般等价物就相对稳定了,货币也就产生了。

所以,货币是随着商品产生和交换的发展而产生的,它是商品内在矛盾的产物,是价值表现形式发展的必然结果。

二、货币形态的演变

货币作为一般等价物,从商品世界分离出来以后,仍然伴随着商品经济、信用制度的不断发展和科学技术进步的推动而不断演进。从货币的发展阶段看,货币币材和形制经历了实物货币—金属货币—代用货币—信用货币—电子货币的发展过程。货币形式的变化,是在不断地适应商品生产和人类社会生活的发展,并在消除前一种货币形式无法克服的缺陷的过程中完成的。

(一) 实物货币

实物货币是货币形式发展的初级阶段,与原始的生产方式相适应。实物货币是直接从普通商品中分离出来的,具有价值和使用价值。因此,如果作为非货币用途的价值与作为货币用途的价值相等,则称这种货币为实物货币。实物货币作为足值货币,它以其自身具有的内在价值同其他商品相交换。人类历史上有许多实物商品充当过货币,如粮食、布、家畜、贝壳、烟草、盐、皮革、酒、农具、石头等。大约在公元前2000年,中国就有了最早的货币——贝。贝的货币单位是朋,一朋十贝,一直流通到金属铸币广泛流通的春秋时期。

随着交易范围的不断扩大,尤其是实物货币所存在的体积大、价值小,不易携带,质地不匀、不易分割,价值易变、不便保存,以及单位不一、不易计量等内在缺陷,使得它越来越不适应日益发展的商品交换的需要。通过不断地比较,人们逐步发现了金、银、铜等贵金属的特性,并将它们作为货币的理想材料,最后固定在黄金和白银上。值得指出的是,在古代,交通、通信均不发达,东西方文明几乎是在相互隔绝的条件下产生的,但东西方各国都不约而同地选择金银作为货币,这主要是贵金属的特性使金银自然成为货币。对此,马克思有一句非常精辟的话:"金银天然不是货币,货币天然是金银。"

(二) 金属货币

作为货币的商品应具有以下几个特性:① 价值较高。这样可以用较少的媒介完成较大量的交易。② 易于标准化。这样的货币可以满足完成不同商品交易和不同交易额度大小的需要。③ 易于分割。货币必须可分,并且分割不会导致价值下降,才能广泛使用。④ 便于携带。以利于在更广大的地区之间进行交易。⑤ 易于保存。即货币的材料必须稳定,不容易变质,而且在保存过程中不会损失价值,无须支付费用,或只需支付较少费用。

金属商品由于具有理想货币的上述特征,再加之它的稀缺性,所以成为世界各国理想币材的共同选择。凡是以金属为币材的货币均可称为金属货币。金、银、铜、铁都充当过金属货币材料。金属货币主要沿着两个方向演变:一是经历了由贱金属到贵金属的演变。各国货币史表明,铜、铁等贱金属逐步让位于金、银等贵金属是一个普遍的规律。在古希腊,公元前6世纪就有关于铁钱的记载;我国宋代四川专用铁钱,有些地方铁钱、铜钱并用。金、银、铜作为货币的先后顺序并非简单地、严格地从贱金属向贵金属演变。我国最早的货币金属是铜和金,周代以后,铜占主体,直至20世纪30年代还有铜元流通。到了西汉,黄金作为货币不断出现,但东汉以后,黄金数量急剧减少,并很快失去了其作为货币的地位。直到宋代,白银才逐渐成为货币商品。此后在与铜的并行流通中,白银一直占主体,直到20世纪30年代,白银才终止流通。西亚、中东、地中海沿岸,铜作为货币商品的时间一般认为在公元前1000年至公元前800年前后。但在一些古文明国家,主要货币商品是银,黄金的出现可能更早,但未占主要地位。在西欧各国,从公元13世纪开始,黄金货币逐渐增多,到18世纪和19世纪,黄金已占主体地位。二是经历了从称量货币到铸币的演变。金属货币最初是以条块形状流通的,交易时要称其重量、鉴定其成色,被称为称量货币。称量货币在交易中很不方便,难以适应商品生产和交换发展的需要。第三次社会大分工后,一些富裕的、有声望的商人在货币金属块上打上印记,标明其重量和成色,对货币的重量和成色进行信誉担保,以便利流通,于是出现了最初的铸币,一般称为私人铸币。私人铸币受私人信用的局限,其流通具有很强的区域性。当商品交换进一步发展并突破区域市场的范围后,金属块的重量和成色就要求更具权威的证明,于是,为了适应交换的需要和维护货币流通秩序,国家权威开始介入货币的铸造当中,金属条块货币演变成为铸币。铸币是得到国家的印记由国家准许铸造并合乎规定重量和成色的金属货币。国家印记包括形状、花纹、文字等。最初各国的铸币有各种各样的形状。如我国最古老的金属铸币——铜铸币,就有三种形状:一是布状,为铲形农具的缩影;二是刀状,为刀的缩影;三是铜贝,俗称"蚁鼻钱"。后来各国的铸币都逐步过渡到圆形。这是因为圆形最便于携带且不易磨损。

在我国历史上，秦统一中国前后，铸圆形方孔的"秦半两"钱，开启了圆形方孔铜钱的形制。其中，最有名的如西汉汉武帝时铸造的"五铢钱"、唐代铸造的"通宝钱"。这种形制一直延续到清末。

（三）代用货币

代用货币是指代替金属货币流通并可随时兑换为金属货币的货币。由于金属货币是足值货币，代用货币也称为足值代用货币。代用货币代替金属货币流通具有一定的优势：① 可以免去铸造费用。代用货币是用纸张制成的货币，虽然也会发生一定的费用，但相对于铸造金属货币所需的费用很少。② 可以避免金属货币的日常磨损以及铸币所遭受的有意熔擦、磨削等损失。尤其是铸币产生之后，一些人利用铸币面值常常与其实际价值并不相符的特点，将重量、成色十足的铸币进行剪削、切割和熔擦后再进入流通，以牟取暴利。这种行为造成了货币流通体系的混乱，代用货币则避免了这种现象的发生。③ 更易于携带、运送。

代用货币最早出现在英国。中世纪后期，英国的金匠为顾客保管金银货币，所开出的本票形式的收据可以进行流通，在顾客需要金属货币时，这些收据随时可以得到兑现。代用货币的随时可兑换性使得其迅速成为一种与铸币一样被广泛接受的支付手段。美国于1878年建立金本位制度以后，为减少公众持有大量黄金或金币所带来的麻烦，发行了黄金券，这种凭单代表存于财政部金库中的足值铸币及等值黄金，可以在市场上流通。1933年美国放弃金本位制度，实施黄金国有化，黄金券由财政部收回，代用货币才被不兑现的信用货币取代。

代用货币的另一种形式是银行券。银行券是银行发行的一种债务凭证，即银行保证持有人可以随时向签发银行兑换相应金属货币的一种凭证。最初，银行券只是当作兑换金银货币的凭证。例如，商人可以将金属货币存放于钱铺、银行，由其开出汇票进行支付，钱铺、银行见到汇票要求提现时，可以兑换为金属货币。当钱铺、银行拥有了大量的金银货币作保证时，又以此为信用发行自己的银行券，开始是在空白字据上临时填写金额，后来发展为印制好的不同面额的钞票，成为银行发出的代替金银币流通的可随时兑换的信用货币。银行券经历了从分散发行到集中发行的历程。最初各家银行都可发行银行券，19世纪以后，逐渐改由中央银行集中发行。20世纪30年代以后，各国的银行券先后停止其可兑换性，转而依靠国家强制力支持其流通，银行券纸币化，成为典型的不兑现信用货币。我国的银行券开始出现在19世纪末，1942年银行券的发行权集中于中央银行。银行券的出现是货币币材的一大突破，它为不兑换纸币——信用货币的产生奠定了基础。

（四）信用货币

1. 信用货币产生的原因

信用货币就是以信用作为保证，通过信用程序发行的充当流通手段和支付手段的货币形态,是货币的高级形态。信用货币实际上是一种债权债务凭证,它本身没有内在价值,也不能与金属货币相兑换。它的产生主要缘于以下几个因素:① 金属货币制崩溃的直接后果。第一次世界大战后,贵金属的分配极不平衡,各主要国家于 20 世纪 30 年代先后脱离金属货币制度,代用货币不再能兑换金属货币,信用货币便应运而生。② 货币的本质特性为信用货币的产生提供了可能性。货币作为一般等价物,在媒介商品交换过程中,只起着价值符号的作用,其实际价值多少并不重要。这就使得信用货币本身没有多少价值,但只要其能在商品或劳务的支付中被人们普遍接受,信用货币就能流通。③ 资源的有限性所决定。金属货币和代用货币因受贵金属数量的制约,而不能满足日益增长的商品经济发展的需要。信用货币数量则不受资源约束,一国可以根据社会经济发展的实际需要供给货币量。

2. 信用货币的特征

信用货币要成为普遍接受的交换媒介,必须具备两个基本条件:一是立法保障。国家(或地区)①通过法律强制货币进入流通领域,并保证货币的合法流通;二是公众的信心。公众对货币的信心主要来自对货币发行主体和国家维护币值稳定的信任,二者缺一不可。信用货币具有以下几个基本特征:① 信用货币是价值符号。由于信用货币彻底割断了与贵金属的联系,其发行不以黄金作准备,国家也不承诺兑现黄金,它仅仅是一种纯粹的价值符号而发挥着货币的职能作用。这一特征说明,在现代社会,要保持货币币值和物价的稳定,必须控制好货币供给量。② 信用货币是债务货币。信用货币主要由现金(包括辅币)和存款组成,而现金和存款都是银行体系的负债,其中现金是中央银行对公众的负债,存款则是商业银行对存款人的负债。因此,信用货币实际上是银行的债务凭证,信用货币流通也就是银行债务的转移。③ 信用货币具有强制性。绝大多数国家都通过立法将信用货币的发行权集中在中央银行,并将信用货币确定为全社会普遍使用的法定货币。因此,如果一国发行货币过多,就会造成货币贬值而使公众丧失对货币的部分价值索取权,反之货币发行过少,则会导致通货紧缩影响社会经济的正常运行。

信用货币是货币发展历程中的重大飞跃,它突破了货币形态对经济发展的制约,为政府调控经济提供了新的手段。

3. 信用货币形式

(1) 辅币。辅币是满足小额或零星交易的货币。在金属货币流通阶段,当交易额小于铸币面值时,铸币便不能发挥货币的职能。为克服这一缺陷,人们用贱金属铸造不足值货币,以满足小额或零星交易之需。辅币作为不足值货币,在铸币退出流通后,仍保留下来,成为信用货币的一种形式。辅币币材多为贱金属(铜、镍

---

① 根据《国际货币基金协定》,本书所述的"国家"为广义的概念,包括通常意义上的独立经济体。

等),由国家垄断铸造,也有国家用纸张印制辅币,前者称为硬币,后者为纸辅币,我国俗称为角票。

(2) 纸币。纸币是以纸张制成的标明一定面额的货币。纸币是由国家发行并依靠国家权力强制发挥货币职能的货币。严格来说,纸币可分为兑现纸币和不兑现纸币,兑现纸币实际就是银行券。不兑现纸币是不能兑换金属货币的纸币,是典型的信用货币,它本身没有价值。纸币之所以能够成为货币并被社会普遍接受,主要在于有国家权威和信誉做后盾以及人们对政府控制货币供应量、保持币值稳定能力的信任。

中国是世界上最早使用纸币的国家。北宋年间(1023 年),一些富商联合发行了"交子",代替铁钱流通,并负责兑换。后来富商衰败,兑换困难,改为国家发行,名义上可以兑换,但多数时候不能兑换。元代和明代均发行过纸币,起初规定可以兑现,但随即取消兑现,主要由于当时对纸币发行的数量无法控制,不能保证公众对纸币的信心,最后都以急剧贬值退出流通而告终。

(3) 存款货币。存款货币是指可签发支票的活期存款。在西方国家,银行活期存款人需要支付时,可以签发支票。转账支票还不必经过兑取现金的过程,通过银行账户的转账结算即可完成支付行为。由于支票可以装订成书本形状,因此支票又称为"账本货币"。由于支票要在银行开立活期存款账户,因此存款货币又被称为"银行货币"。在信用制度发达的国家,存款货币占有重要的地位,大部分交易是以这种货币为媒介进行的。

(五)电子货币

电子货币(Electronic Money)是信用货币与电子计算机、现代通信技术相结合的新货币形态,它以金融电子化网络为基础,以电子计算机技术和通信技术为手段,以商用电子化机具和各类交易卡为媒介,以电子数据形式存储在银行的计算机系统中,通过计算机网络系统传输电子信息方式实现支付和存储功能的货币。银行卡是其常见的载体之一,网上支付和银行卡支付已成为电子支付的主流。银行利用计算机进行电子货币支付的方式有五种:① 利用计算机处理银行之间的货币汇划业务。② 银行计算机与其他机构计算机之间资金的汇划。③ 利用网络终端向客户提供各项服务,如自动柜员机(ATM)。④ 利用销售点终端(POS)向客户提供自动扣款服务。⑤ 电子货币通过公共网络直接进行购物转账等业务。

电子货币的新型种类是电子现金,其中多用途电子钱包是发展重点。许多国家已建成电子货币系统,推广使用电子现金。电子现金有智能卡形式的支付卡和数字方式的现金文件,电子现金具有多用途、灵活使用、匿名性、快捷简便的特点,无须直接与银行连接便可使用。今后,智能卡将代替现金作为人们日常支付的工具。因此,一些经济学家提出支付系统在经过了无现金社会的变革后,将通过电子货币过渡为无支票社会。

电子货币通过电子计算机运用电磁信号对信用货币实施贮存、转账、购买和支付，比纸质信用货币更便捷、高效、低成本。但是，电子货币作为转移支付手段，它不能脱离现金和存款，只是用电子化方式传递、转移债权债务，实现清偿和结算。所以，电子货币并未改变货币的本质。

电子货币作为一种高科技支撑的新型货币形态，具有以下几个特殊属性：① 具有多元化的发行主体。电子货币的发行主体既有中央银行，又有普通金融机构，甚至非金融机构。② 电子货币是在线货币。电子货币的流通使用必须有相应的基础设施，其传输需要专用网络，保管需要存贮设备，交换要有通信手段。③ 电子货币是虚拟货币。它是在银行电子化技术高度发达的基础上出现的无形货币。④ 电子货币是信息货币。电子货币是含有用户密码、金额、使用功能和使用范围等数字元素的特殊信息集合，通过借助相应技术可以执行货币的某些职能。

（六）数字货币和法定数字货币

1. 数字货币

互联网的普及和数字技术的渗透，以亚马逊币（Amazon Coin）、脸书信用币（Facebook Credits）等为代表的虚拟货币，丰富了人们对传统货币问题的认识，也推动了货币形态的演进。2008年，中本聪设计的"比特币"，是一种通过点对点技术实现的电子现金系统，可以让交易双方在第三方不知情的情况下直接转账。比特币常被称为虚拟货币或加密货币。比特币问世之后的10余年时间内，市场上涌现出了数千种加密数字资产。2019年，一种叫作"Libra"（天秤座）的加密货币推出，宣称要建立一套简单的全球货币和金融基础设施。Libra的推出震动了全世界，市场广泛认为Libra将会对现有货币金融体系产生颠覆性影响，由此引发了各国中央银行的关注与讨论，开始密集释放研发数字货币的信号（比如中国人民银行于2016年首次提出了对外公开发行数字货币的目标），一场新的货币革命悄然开始。据国际清算银行报告，目前已有65个国家或经济体的中央银行中约86%已开展数字货币研究，中国、美国、英国、法国、加拿大、瑞典、日本、俄罗斯等国央行及欧洲央行以各种形式公布了关于央行数字货币的计划，有的已开始甚至完成了数字货币的初步测试。

数字货币（Digital Currency，简称DC）是电子货币的替代形式，是数字化的货币。国际货币基金组织和欧洲银行业管理局将数字货币定义为价值的数字化表现。虽然目前理论界对数字货币还没有形成一致的定义，但其含义也逐渐明确，即数字货币是以数字形式存在并基于网络记录价值归属和实现价值转移的货币。现实世界中的数字货币范畴比较宽泛，几乎可以涵盖目前已知的各类电子货币、加密货币和法定数字货币。由此，可以将数字货币分为两大类：一是各国中央银行正在积极研究的央行数字货币（CBDC），二是加密数字货币（数字资产）。数字货币与加密货币两者不是简单的等同关系，不能混为一谈。从概念上来讲，加密货币涵盖在数字货币中。加密货币是基于区块链加密技术而创建发行的货币。现在常见的比特币、以太坊、EOS等都是加密货币。同样容易混淆的概念还有虚拟货币和密码货币。加密货币出现之前,随着网络社区兴起,逐渐出现了一类主要用于社区内各种虚拟商品交易的虚拟货币,如网络积分、游戏币、Q币、抖币等。虚拟货币是指不受中央银行或公共权威机构发行和控制的一种数字化货币形式,是价值的一种数字表达。它不与法定货币挂钩,但被特定虚拟社区的成员接受并作为一种支付手段,可以进行电子化转移、储藏或交易。虚拟货币具有一定的货币职能,但它不是法定货币,不能算作真正意义上的货币,其价格是人为炒作的结果。虚拟货币具有以下特征:拥有自己的计价单元,不采用法定货币计价;中央银行等传统金融机构没有参与到虚拟货币发行和交易中;虚拟货币和法定货币的联系没有受到监管;虚拟货币完全由发行者控制和决定供给。欧洲中央银行(2015)将虚拟货币描述为"一种价值的数据表现形式,并非由货币当局发行,在某种情况下可被当作货币的替代品",并且强调虚拟货币价值不由中央银行背书,不存在与法定货币的必然联系。因此,虚拟货币可以被视为数字货币的一种。在我国监管部门的相关文件中,一般提到虚拟货币通常是特指以比特币、以太坊等为代表的不受监管的加密货币。对于我国而言,加密货币由于不具有与货币等同的法律地位,不能且不应作为货币在市场上流通使用,只作为资产而存在,因此从性质上看是一种特定的虚拟商品。

目前数字货币的发展影响主要体现在以下几个方面:一是货币发行和使用的技术影响,它解决了过去不依赖第三方就解决不了的信任问题;二是货币的经济影响,可以用来改造生产力关系,改造产业结构等;三是货币的政治影响,即货币的去中心化理念和货币主权的重新排序。

随着网络技术和数字经济蓬勃发展,社会公众对零售支付便捷性、安全性、普惠性、隐私性等方面的需求日益提高。不少国家和地区的中央银行或货币当局紧密跟踪金融科技发展成果,积极探索法定货币的数字化形态,法定数字货币正从理论走向现实。

2. 法定数字货币

法定数字货币也称中央银行数字货币(简称央行数字货币,CBDC),是指由中央银行发行、国家信用支撑,与法定纸币和硬币完全等价、完全法偿的数字货币,是法币的数字化形式。英格兰银行副行长本·布劳德本特最早(2016)提出了央行数字货币的概念,目前被多数国家央行所采用。国际清算银行在关于中央银行数字货币的报告中,将法定数字货币定义为中央银行货币的数字形式。需要注意的是,法定数字货币不一定基于区块链发行,也可以基于传统中央银行集中式账户体系发行。法定数字货币发行模式主要有三种:一是中央银行直接面向社会公众发行数字货币的一元发行模式;二是遵循传统的"中央银行—商业银行"二元发行模式;三是"中央银行—发行代理行—商业银行"三元发行模式。我国的CBDC采用的是二元发行模式。法定数字货币与支付宝、微信、PayPal等移动支付不同,它是法定货币在数字世界的延伸和表现,是一种新的货币形态,与流通中的货币一样,具有中心化、法偿性和强制性等货币属性。而移动支付工具与银行账户紧密耦合,是法币的一种数字化使用方式。

国际清算银行区分了三种形式的 CBDC,两种基于代币体系,一种基于账户体系。在两种基于代币的版本中,一种被设计为广泛使用的支付工具,主要针对零售交易,但也可用于更广泛的应用;另一种则是用于金融市场定向支付和结算交易的受限制访问的数字结算凭证。

中国版 CBDC 被描述为"数字人民币",是由中国人民银行发行,指定运营机构参与运营并向公众兑换,以广义账户体系为基础,与纸钞和硬币等价,并具有价值特征和法偿性的可控匿名的支付工具。数字人民币的概念有两个重点:一是数字人民币是数字形式的法定货币;二是和纸钞、硬币等价,数字人民币主要定位于 M0,即流通中的现钞和硬币。就运营体系而言,数字人民币采用双层运营体系。该模式不改变流通中货币的债权债务关系,不改变现有货币投放体系和二元账户结构,不会构成对商业银行存款货币的竞争,不会增加商业银行对同业拆借市场的依赖,不会影响商业银行的放贷能力,也不会导致"金融脱媒"现象。同时,数字人民币不影响现有货币政策传导机制,也不会强化压力环境下的顺周期效应,且能提升支付便捷性和安全性,还具有央行背书的信用优势。

从货币的演进历史可以看出,随着社会经济的发展和科学技术的日新月异,货币形态不断从低级向高级发展,并趋于数字化、虚拟化。一种货币形态能被另一种货币形态所取代,是由货币作为一般等价物性质、社会生产力发展水平、币材的优劣、人们的消费习惯的变化和选择以及科技进步等诸多因素所决定的,是商品生产和商品交换不断发展的必然结果。在可以预见的未来,人类社会将处于纸币、电子支付和数字法定货币共存的局面。

第二节 货币的本质与职能

一、货币的本质

在了解了货币的起源和货币形态的演变之后,需要进一步对货币本质,即究竟货币是什么的问题进行讨论。虽然货币与人们的日常经济生活联系十分紧密,对于货币是什么,似乎很明确。实际上,科学探讨货币本质,准确定义货币仍然是一个十分复杂的问题。对此,中外经济学界一直存在争议。

(一)马克思的货币本质论

马克思从分析商品产生和商品交换的发展着手,研究了价值形式的发展过程,进而揭示了货币的起源,对货币本质做了高度的科学概括,认为货币是固定地充当一般等价物的特殊商品,反映着一定的社会生产关系。货币是商品,货币的根源在于商品本身,这是为价值形式的发展所证实了的结论。但货币不是普通的商品,而是起着一般等价物作用的特殊商品。

马克思关于货币本质的概括包含了三个层次的含义:① 货币是商品。货币是在长期的交换过程中,从商品世界分离出来的,同其他商品一样,具有价值和使用价值。按照马克思的观点,只有当货币本身是一种商品时,它才能发挥各项职能。② 货币是一种特殊商品,这是由货币的特性所决定的。同普通商品相比,货币具有两个重要特征:首先,货币是表现一切商品价值的工具。在货币出现以前,某种商品的价值是通过同另一种商品相交换表现出来的,在货币出现以后,商品的价值不再由另一种商品表现出来,而是直接通过和货币相比较表现出来。在商品世界中,普通商品直接以使用价值的资格出现,而货币则是以价值的一般代表资格出现,货币成为衡量、表现一切商品价值的材料。其次,货币具有与一切商品相交换的能力。货币作为一般等价物,它是价值的直接体现和社会财富的直接代表,谁有了货币,谁就占有价值,就能获得任何使用价值,就能拥有支配资源的能力。因此,在商品经济社会中,货币便成为每个商品生产者所追求的对象。③ 货币反映着一定的社会生产关系。货币是一个历史范畴,是随着商品经济的产生、发展而产生和发展的。货币体现着人与人之间相互交换劳动的关系。在以私有制为基础的商品经济中,商品直接作为私人劳动的产物,货币直接作为社会劳动的代表,商品只有转化为货币,生产商品的劳动社会性才能得到承认,其所有者才能从社会上取得自己所需要的商品。所以,商品与货币的交换,实质上就是商品生产者之间劳动的交换。

(二)货币金属论

货币金属论产生于16至17世纪的重商主义时期,其早期的代表人物是以威廉·斯塔福斯等为代表的重商主义者,后来,古典政治经济学派威廉·配第、亚当·斯密、大卫·李嘉图等人也成为货币金属论者。该学说从价值尺度、贮藏手段等职能的角度来阐述货币的本质。重商主义者认为货币也是商品,它必须具有实际价值,货币的实际价值是由金属的价值决定的,金银天然是货币,国家应将一切经济活动的着眼点放在如何将金银吸引到国内,以满足增加财富的需要。古典学派则认为货币是一种商品,货币价值由货币材料的价值决定。

(三)货币名目论

货币名目论盛行于17至18世纪,以反对重商主义货币论而著称。该学说从货币的流通手段、支付手段职能的角度来揭示货币的本质,认为货币是一种便利交换的技术工具或价值符号,是国家创造的,货币价值不是货币本身所具有的,而是由国家权威规定的。因此,作为计算货币,完全不需要有内在价值,或者不需要以金、银等贵金属作为货币，只要有君王的印鉴，任何金属都有价值，都可以充当货币。可见，货币名目论实际上否定了货币的商品性和实质价值，因而是片面的。

二、货币的职能

货币的职能是货币本质的具体表现。货币通过其在社会经济生活中执行的多种职能，将其本质外化出来，对社会经济的运行发挥着巨大作用。一般而言，货币具有五种职能，即价值尺度、流通手段、支付手段、贮藏手段和世界货币。其中价值尺度和流通手段是货币最基本的职能。

（一）价值尺度

价值尺度是表现和衡量商品价值大小的职能。货币作为价值尺度，使一切商品的价值表现为同名的量，使它们在质上相同，量上可以比较。货币之所以能够充当价值尺度，表现和衡量商品的价值，不是因为货币本身有什么神秘的属性，而是因为货币本身也是商品，也具有价值。商品价值的大小是由凝结在商品中的社会必要劳动时间来测量的。因此，劳动时间是商品价值的内在尺度，货币是商品价值的外在表现，价值尺度的实质是检验社会劳动，使价值的内在自然尺度（劳动时间）获得外在的表现。

1. 价值尺度职能的表现——价格

货币执行价值尺度的职能，是通过把商品的价值表现为价格来实现的。价值是价格的基础，价格是价值的货币表现。价格与价值量的关系是：商品的价格与商品的价值量成正比例变化，与单位货币价值量成反比例变化。要正确反映商品的价值，就要求单位货币的价值量保持稳定。因此，一旦货币形式确立，币值稳定是货币顺利执行价值尺度职能的前提条件。当然，货币在发挥价值尺度职能时，并不需要实实在在的货币，只要观念上的货币就可以了。

2. 货币执行价值尺度职能的技术规定——价格标准

货币发挥价值尺度职能必须借助价格标准来衡量。所谓价格标准是指人为规定的单位货币名称及所包含（或代表）的价值量。在金属货币制度下，它是指单位货币的含金量。在纸币制度下，它由货币的购买力表示，反映了货币之间的关系。价值尺度和价格标准的区别是：价值尺度是测量商品价值的，价格标准则规定每单位货币所代表的一定量的价值，并用来衡量不同商品的不同价值量；价值尺度是在商品交换中自发形成的，并不依靠国家权力，而价格标准则是由国家法律确定的。价值尺度与价格标准之间也有密切联系，价格标准是为货币的价值尺度职能服务的一种技术规定，有了它，价值尺度职能才能得以发挥。

（二）流通手段

流通手段职能是指货币在商品流通中充当交换媒介。在货币出现以前，商品交换采取直接物物交换的形式,这对商品生产和流通带来极大不便。货币产生以后,商品交换从物物交换转化为以货币为媒介的交换,商品生产者先把商品换成货币,然后再用货币去购买商品,形成"商品—货币—商品"的循环过程,产生了货币的流通手段职能。

货币执行流通手段职能时,必须是现实的货币,但不一定需要足值货币,可用货币符号来代替,因为货币在交换中是转瞬即逝的要素,是交换的手段而非目的。作为货币符号的纸币,就是从货币的流通手段职能中产生的。

以货币为媒介,间接的商品交换就是商品流通。商品流通解决了原来物物交换时交换双方在时间上、空间上及供需上必须完全一致的问题,极大地促进了商品交换的发展,但也促使商品生产的内在矛盾进一步发展,隐藏着发生危机的可能性。因为在物物交换条件下,买和卖是统一的,而在商品流通条件下,买和卖被分成为买和卖两个独立的过程,这就有可能出现只卖不买或只买不卖的情况,有造成供求脱节的可能,从而引发经济危机。

1. 商品流通与货币流通的关系

商品流通是指以货币为媒介的商品交换。货币流通是指在商品交换中,货币作为购买手段,从一个所有者手里转到另一个所有者手里的不断运动。货币流通是由商品流通引起的,没有商品流通,就不可能有货币流通,货币流通是为商品流通服务的;商品流通是货币流通的基础,而货币流通是商品流通的表现形式。

2. 货币流通规律

按照马克思的货币必要量理论,货币流通规律是指在商品流通中货币需要量的规律。在一定时期内流通中到底需要多少货币量,取决于待实现的商品数量、商品的价格水平和货币流通速度等三个因素。用公式表示为:

$$流通中的货币必要量 = \frac{商品价格水平 \times 待实现的商品数量}{货币流通速度}$$

可见,一国或一个地区在一段时期内所需要的货币量随待实现的商品数量、商品价格水平和货币流通速度三个因素的变化而变化。货币必要量与商品价格总额成正比,与货币流通速度成反比。在金属货币流通条件下,由于货币的名义价值与实际价值相符,流通中的货币量能被自动地得到调节,使实际货币量与货币必要量之间保持相互适应。

（三）支付手段

货币在实现交换价值的单方面转移,即充当延期支付标准,用于清偿债务时,便执行支付手段职能。货币的支付手段职能产生于赊销赊购的商品交换中,是与商业信用联系在一起的。由于某些商品生产过程的季节性和地域上的差别性,客观上要求商品的出售与商品价值的实现在时间上分离。这样就产生了赊销和赊购。这时,卖者成为债权人,买者成为债务人,买卖双方约定一定时期,到期由买者向卖者支付货款。因此,商业信用是货币支付手段职能产生的前提条件。货币支付手段职能的出现对流通中货币需要量产生一定影响。由于在清偿债务时可以不用现实的货币,所以流通中的货币需要量也相应减少。

货币作为支付手段,最初只是在商品生产者之间用于清偿债务。当商品生产达到一定水平时,货币支付手段的作用范围便扩大到商品流通领域之外,履行非商品性支付,如缴纳地租、税金,支付工资及其他劳动报酬,财政、信贷收支等。

(四)贮藏手段

当货币退出流通领域,并被人们保存、收藏起来时,货币就执行贮藏手段的职能。货币之所以能够成为贮藏手段是因为货币是一般等价物,是社会财富的一般代表。人们贮藏货币就意味着可以随时将其转变为现实的商品。在现代社会,具有贮藏手段功能的资产除货币以外,还有股票、债券、土地、房屋等,而且这些资产还能为所有者带来较高的收益,是货币所不能比的。但用货币作为价值贮藏手段的优点是它具有很高的流动性。货币没有或只有极小的交易成本,它无须转换为其他任何东西便可用于购买,而其他资产在转换成货币时都有转换成本,要花费一定的代价,也可能在转换时蒙受一定的经济损失。人们用货币作为价值贮藏的手段主要是因为它是一种流动性极强的资产。

发挥贮藏手段职能的货币必须既是现实的货币,又必须是具有稳定价值的货币或足值货币。因此,一般要求由贵金属来执行。至于纸币,只有在币值较为稳定的条件下,才被人们用作价值保存的工具,一旦纸币发生贬值,则会使它部分地丧失贮藏功能。因此,决定价值符号是否能够作为贮藏手段的基本条件是它能否稳定地代表一定量的价值。

在金属货币流通条件下,货币作为贮藏手段具有自发地调节货币流通的作用。当流通中货币量过多、货币贬值时,人们就会把它贮藏起来,从而多余的货币自发地退出流通领域。当流通中货币量不足、货币供不应求时,人们又会自发地把贮藏的货币拿出来购买商品,货币又会重新进入流通领域。这样,货币贮藏就像蓄水池一样,自发地调节着流通中的货币量,使之与流通中的货币需要量相适应。由于贮藏货币的这种特殊作用,在足值的金属货币流通条件下,一般不会发生货币过多的现象。

(五)世界货币

当一国货币越出国界,在世界市场上发挥一般等价物作用时,就执行世界货币职能。随着世界各国之间的交往和国际贸易的发展,资源在国际之间的转移越来越频繁,客观上要求有一种世界各国普遍认可的交易媒介执行世界货币职能。从原始意义上讲,货币在执行世界货币职能时,必须摆脱国家的烙印,还原成金银的本来面目。这是因为各个国家的价格标准、铸币形态以及货币符号都是建立在其各自的经济发展和法律制度基础上的,对其他国家没有直接约束意义。但是,随着现代经济与金融的国际化、一体化发展,特别是随着新的国际或区域货币体系的建立,一些国家或经济区的货币,比如美元、欧元等信用货币成为世界上普遍接受的硬通货,代替贵金属跨越国界发挥世界货币职能。

世界货币的作用主要表现在三个方面:一是作为国际上支付手段,用来支付国际收支差额;二是作为国际上的一般购买手段,用于购买外国商品;三是作为国际上财富的转移手段,如资本的转移、对外援助、战争赔款等。

第三节 货币制度

一、货币制度的形成

货币制度是指国家以法律规定的货币流通结构和组织形式。货币制度是国家权力介入货币流通的结果。它的形成经历了漫长的历史发展过程。在人类早期的实物货币流通阶段,几乎没有固定的货币制度。到了金属货币阶段,才开始出现对货币铸造和流通的一些规定,但在前资本主义时期,由于自然经济占统治地位,商品经济不发达,货币材料、货币形制等各不相同,铸币权分散,货币制度也是分散和混乱的。

资本主义制度产生之后,需要有统一、稳定和规范的货币流通制度。为了改变货币流通的紊乱状况,各国政府先后以法令或条例的形式对货币流通做出若干规定:一是建立起以中央银行为唯一发行机构的货币发行体系,垄断货币发行,以解决铸币权分散的问题;二是对货币单位做出相应的规定,以保证货币制度的稳定;三是对贵金属充当币材并能自发调节流通中的货币量做出规定。将本位货币金属、货币单位、货币铸造、发行和流通程序、发行准备等法令和条例加以制度化的过程,实质上就是货币制度的形成过程。

二、货币制度的构成要素

(一)规定货币材料

用何种材料作为本位货币是一国货币制度的基础,也是建立货币制度的首要问题。确定不同的货币材料就构成不同的货币本位制度,用金、银或金银共同作为货币材料就形成金本位制、银本位制或金银复本位制。从历史上看,币材的选择并非依靠国家权力决定的,而是受到当时社会经济发展水平的制约。在西方国家,一般是先以白银为货币金属,随着金矿的大量开采,逐步过渡到金银复本位制。到19世纪末20世纪初,主要工业国家普遍实现了单一币材的金本位制,以黄金作为货币制度的基础,铸造和使用金币。到了20世纪30年代,各国逐步转向不兑现的信用货币制度,金属货币逐渐淡化。20世纪70年代之后,各国货币制度去掉了以贵金属充当币材的规定。从此,币材的选择不再是货币制度最重要的因素。

（二）规定货币单位

货币材料一经确定,就要规定货币单位,包括规定货币单位的名称和单位货币的价值两个方面。目前,世界上的货币名称有100多种,其中以元、镑、法郎居多。不同国家用同一个货币名称,则在货币名称前面加上国家或地区名。确定货币单位的重点是确定币值。在金属货币流通时代,币值的确定就是依据单位货币所含的货币金属重量;在与黄金挂钩的不兑现货币流通时期,币值的确定就是确定本币单位的含金量或确定本国货币与关键货币（如美元）的固定比价,如美国的货币单位为美元,美国1934年的法令规定,1美元含纯金0.888 671克;中国北洋政府在1914年颁布的《国币条例》中规定,货币单位为圆,1圆含纯银6钱4分8厘（折合23.977克）。我国现使用的人民币则没有规定含金量。20世纪70年代,黄金非货币化后,则是如何维持本币与外国货币的比价（即汇率）,各国货币不再规定含金量。

（三）规定货币种类

流通中货币种类包括主币和辅币。主币又称本位币,是由国家造币厂按照一定规格铸造的铸币,是一个国家（或地区）的基本通货和法定的价格标准或计价、结算货币。本位币的最小规格通常是一个货币单位,如1美元、1元人民币等。在金属货币流通条件下,主币就是铸币,是足值货币。辅币是本位币以下的小额货币,专供零星支付之用,是不足值的货币,用贱金属铸造,名义价值高于实际价值,由国家垄断铸造。主币的规格通常为1个、5个、10个货币单位。辅币与主币有固定的兑换比例,如美元的辅币为美分,1美元等于100美分。

（四）规定货币的支付能力

货币的支付能力是指货币的无限法偿和有限法偿。在现代货币制度下,货币由中央银行垄断发行,因而国家通过法律对货币的支付能力进行规定。如果法律赋予某种货币可以无限制地用于清偿债务、购买商品、支付劳务、缴纳税款等交易,并且交易一方所支付的货币数量不受限制,交易的另一方不得拒绝接收,则这种货币被称为无限法偿货币,即它具有法律赋予的具有无限制的偿付能力。在金属货币流通时期,本位铸币就是无限法偿货币。在信用货币制度下,无限法偿货币是不可兑现的中央银行券或纸币。有限法偿货币主要是针对辅币而言的,辅币由国家铸造,可以与主币自由兑换,但在一次支付中,如果超过规定数额,收款人有权拒绝接收。

（五）规定货币的铸造、发行和流通程序

货币的铸造包括本位币和辅币的铸造。本位币可以自由铸造、自行熔化，在流通中磨损超过一定磨损公差的本位币不能再次进入流通领域，但可以向指定单位兑换新币，即超差兑换。本位币的这种自由铸造、自行熔化和超差兑换，能使铸币价值与铸币所含的金属价值保持一致，保证流通中货币量自发地适应商品流通规模对货币的客观需要量。辅币通常是由贱金属铸造的，由于其实际价值低于名义价值，因而只能由国家铸造，主要是为了防止辅币充斥市场，排挤本位币，造成币值不稳。同时，铸造辅币可以获得铸币税（铸造利差）。国家垄断辅币铸造，铸币税归国家所有，构成重要的财政收入来源。在信用货币时代，由于货币是依靠国家权力和国家信用强制流通的价值符号，通货的自由铸造权力被取消，由中央银行垄断印制发行，本位币的无限法偿能力依然存在，国家仍然可以获得铸币税。

（六）发行准备

货币的发行准备制度也称货币发行保证制度，是指一国规定货币发行必须以贵金属作为基础，从而将货币的发行与贵金属联系起来，起到稳定货币币值的作用。不同的货币制度下的发行准备制度是不同的，在金属货币流通条件下，货币的发行通常以金或银作为准备，称为金准备或银准备。金准备的用途有三：一是作为国内金属货币流通的准备金；二是作为支付存款和兑换银行券的准备金；三是作为国际支付的准备金。信用货币进入流通后，货币的发行已与贵金属彻底脱钩，传统意义上的发行准备不复存在，因而黄金亦不再作为支付存款和兑换银行券的基础，但仍作为国际支付的准备。

三、货币制度的演变

纵观世界货币发展历史，货币制度相继经历了银本位制、金银复本位制、金本位制和信用货币制度等几种类型（见图 1.1）。

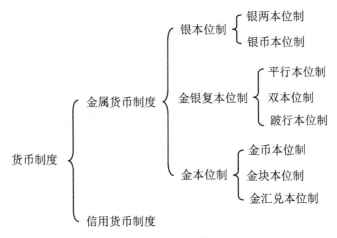

图 1.1　货币制度的演变

（一）银本位制

银本位制是以白银作为本位币币材的货币制度。银本位制是历史上出现最早、实行时间最长的一种货币制度,其特点是:银币为本位币,可自由铸造,无限法偿,可与银行券自由兑换,可自由输出入。银本位制有银两本位制和银币本位制之分。银两本位制是以白银重量单位两为价格标准,实行银块流通的货币制度。银币本位制是以一定重量和成色的白银为本位币,实行银币流通的货币制度。银币本位制产生于商品经济尚不发达的中世纪,许多国家都实行过银本位制,16世纪以后开始盛行。1870年以后银价跌落,西方国家纷纷采用金银复本位制。我国用银作货币的时间很早,唐、宋时期银已普遍流通,金、元、明时期银已作为一种主币,确立了银两制度。清末宣统二年(1910年)颁布《币制则例》,开始实行银本位制,实际上是银圆与银两并用。1933年4月,国民党政府实行"废两改圆",公布《银本位币铸造条例》,流通银圆。1935年11月实行"法币改革",废止了银本位制。其他国家则早在19世纪末期就放弃了银本位制。

（二）金银复本位制

金银复本位制是金、银两种铸币同时作为本位货币,并规定其币值比例的货币制度。金银复本位制的特点是:金币、银币均可自由铸造及熔化,具有无限法偿能力,均可以自由输出入国境,辅币和银行券均能与之自由兑换。

复本位制是资本主义原始积累时期典型的货币本位制度。白银适用于小额零星交易,黄金则适用于大额批发交易。随着资本主义制度的兴起,城乡商品交易日益扩大,小额交易增加使白银需要量相应增长。同时,国际贸易迅速发展,大宗交易急剧增加,要求用价值更大的黄金充当交易媒介,为适应这种双重发展的需要,市场对黄金和白银的铸币需要量一并增加。这是金银复本位制形成的客观基础。

金银复本位制先后经历了平行本位制、双本位制和跛行本位制等三种形式。

1. 平行本位制

平行本位制是金银两种本位币按其所含金属的实际价值流通和相互兑换的货币制度。平行本位制下,国家对金、银币的交换比率不加规定,而由市场上金和银的实际比价自由确定,因此,市场上每种商品都有金币价格和银币价格两种价格。由于金银市价不断变动,金银铸币的兑换比率会经常波动,用金银两种铸币表示的商品的两种价格对比关系也随之变化,这容易引起价格混乱,金币、银币难以充分发挥其职能作用。所以,复本位制是一种不稳定的货币制度。

2. 双本位制

为了克服平行本位制的缺陷,国家用法律形式规定金银币的固定兑换比率,金币、银币按固定比价同时流通,这就是双本位制。双本位制下,由于金币和银币按照法律规定的固定比价流通,于是,当市场上金、银比价发生变化时,会引起金币或者银币的实际价值与名义价值背离。这样,实际价值高于名义价值的货币(良币)就会被人熔化,退出流通领域,而实际价值低于名义价值的货币(劣币)则会充斥市场。这就是"劣币驱逐良币"规律。"劣币驱逐良币"规律最先是由英国财政学家格雷欣提及的,所以又称"格雷欣法则"(Gresham's Law)。例如,当金银的法定比价是1∶15时,如果由于种种原因使银价跌落,市场金银比价变为1∶16,这时,倘若把金币熔化为金块,把金块在市场上按市价换成白银,再把白银铸成银币(16个),再把银币按法定比价换为金币(即15个银币换回1个金币),这样就可得到1个银币的利润。其结果是金币退出市场,而银币充斥市场。这必然造成货币流通的混乱。

3. 跛行本位制

在复本位制末期,还出现过一种跛行本位制。它和双本位制的区别仅在于金币可以自由铸造而银币则不能自由铸造。由于银币限制铸造,银币的币值实际上不再取决于其本身的金属价值,而取决于银币与金币的法定比价。因此,跛行本位制下的银币实际上已演化为金币的符号,起着辅币的作用。之所以实行跛行本位制,是因为实行双本位制的国家,为了保持金币和银币的法定比价,不得不将劣币的铸造权收归国有。19世纪末,世界白银过剩,银价暴跌,金银币比价日益脱离市场比价,复本位制难以为继,而流通中的银币一时难以收回,或者是缺乏黄金,这些国家不得不用跛行本位制来维持复本位制。因此,严格讲,跛行本位制不是复本位制,而是金银复本位制向金本位制过渡的一种货币制度。从历史上看,从19世纪末开始,各主要工业化国家的货币制度都逐渐从复本位制向金本位制转变。到20世纪初,金本位制已经广泛流行了。

(三)金本位制

金本位制是以黄金作为本位货币材料的货币制度,包括金币本位制、金块本位制和金汇兑本位制。英国首先于1816年通过金本位制法案,宣布实行金本位制。随后,许多工业化国家相继实行金本位制。

1. 金币本位制

金币本位制是以一定重量和成色的金币作为本位货币的制度,金币本位制是最基本最典型的金本位制,盛行于1816年至1914年。金币本位制具有以下主要特点:① 自由铸造和自由熔化,而银币等其他金属铸币则限制铸造。在金币本位制下,人们可以将生金铸造成金币,也可以将金币熔化成金块。金币的自由铸造和自由熔化能够自发调节流通中的货币量。即当金币市价低于其实际价值时,人们便会将生金铸造成铸币;当金币市价高于其实际价值时,人们便会将金币熔化为生金,所以,黄金的最高市价和最低市价会趋于其实际价值,能使金币的面值与其所含的黄金价值保持一致,保障了黄金在货币制度中的主导地位。② 自由兑换。辅币和银行券等价值符号能按其面值自由兑换为金币,这样,价值符号就能够稳定地代表一定数量的黄金流通,保证货币币值的稳定,避免发生通货膨胀现象。③ 黄金和金币可以自由输出和输入。在金币本位制下,两国货币法定含金量之比,称为金平价或铸币平价。用一国货币单位所表示的另一国货币单位的价格,即汇率。金平价是汇率决定的基础。由于外汇供求关系的影响,实际汇率会发生波动,偏离金平价。但黄金的自由输出入可对汇率进行调节,使汇率波动幅度不会超过黄金输送点,因为如果汇率超过这个界限,就会导致黄金输出,称为黄金输出点,反之就会导致黄金输入,称为黄金输入点。所以,汇率只能在金平价的微小范围内波动。可见,黄金的自由输出入保证了各国货币对外价值的稳定。但这种稳定局面在第一次世界大战之后遭到破坏,许多国家只能实行没有金币流通的金块本位制和金汇兑本位制。

2. 金块本位制

金块本位制又称生金本位制,是一种以金块为准备发行纸币,没有金币流通的货币制度。其特点是:金币不能自由铸造和流通,代替金币流通的是中央银行发行的纸币,纸币规定了含金量,按规定限额可兑换金块,黄金可以自由输出入国境。例如,英国1925年规定兑换金块的最低限额是1 700英镑,法国1928年规定至少21.5万法郎才能兑换黄金。在金块本位制下,由于黄金不再具有自发调节货币流通的作用,纸币也不能稳定地代表一定的黄金数量,因而这是一种不稳定的货币制度。在20世纪30年代的大危机影响下,这一制度归于崩溃。

3. 金汇兑本位制

金汇兑本位制又称虚金本位制,是指不铸造和流通金币,而发行和流通纸币,并将本币与某一实行金本位制国家的货币保持固定比价,从而建立本币与黄金间接联系的货币制度。金汇兑本位制下,本币虽仍规定有法定含金量,但在国内不能直接兑换黄金,只能兑换实行金币本位制或金块本位制国家的外汇,再以外汇兑换黄金。这实际上是一种附属性质的货币制度。为了维持货币的稳定,一国中央银行必须储备大量外汇,这会导致本国经济以及国内宏观经济政策等方面受到有关国家的制约。在第一次世界大战前,它多为殖民地和附属国采用。第二次世界大战以后建立的以美元为中心的双挂钩货币制度,也属于金汇兑本位制。直到1973年,美元与黄金脱钩,金汇兑本位制才正式停止。

金块本位制和金汇兑本位制都是一种残缺不全的金本位制。这是因为:① 没有金币流通,失去了货币自动调节流通需要量的功能,币值自动保持相对稳定的机制不复存在;② 纸币或银行券不能自由兑换黄金,削弱了货币制度的基础;③ 在实行金汇兑本位制的国家,使本国货币依附于他国货币,本国经济容易受制于他国。在经历世界经济危机后,各工业化国家相继放弃金本位制,先后实行信用货币制度。

（四）信用货币制度

信用货币制度即纸币本位制，是指以不兑换黄金的纸币和银行券为本位币的货币制度，是当今世界各国普遍实行的货币制度。纸币取代金本位制度，是货币制度演进的质的飞跃，有其深刻的历史必然性：① 受资源的限制，金属货币供给弹性差。② 黄金充当货币，是社会财富的极大浪费。③ 世界黄金分配极不平衡，多数集中于发达国家，许多国家黄金不足，使其难以满足流通的需要，也难于维持黄金的自由输出入。

信用货币制度的特点是：① 货币由中央银行发行，并由国家法律赋予无限法偿能力。② 货币是以国家信用为基础的信用货币，无论是现金还是存款，都是国家对货币持有者的一种债务关系。存款货币是银行代表国家对存款人的负债，流通中现金是中央银行代表国家对持有者的负债。③ 货币不规定含金量，不能兑换黄金，不建立金准备制度，只是流通中商品价值的符号，因而不受贵金属数量的限制。④ 货币通过信用程序发行，货币流通通过信用活动进行调节。纸币通过银行贷款、票据贴现、买入黄金、外汇和有价证券等渠道投入流通；通过收回贷款、卖出黄金、外汇和有价证券等渠道回笼流通中货币。⑤ 弹性较大，但客观上要受经济发展规模的制约。中央银行通过运用货币政策工具，调节货币供应量，保持币值稳定。

四、中国的货币制度

（一）"一国多币"的货币制度

由于历史原因，我国实行人民币、港币、澳元和新台币"一国四币"的特殊货币制度。即按照《中华人民共和国中国人民银行法》规定，中华人民共和国的法定货币是人民币，根据《中华人民共和国香港特别行政区基本法》和《中华人民共和国澳门特别行政区基本法》，香港、澳门回归祖国后，港币和澳元分别是香港特别行政区和澳门特别行政区的法定货币，台湾省则流通新台币。人民币和港币、澳元、新台币的关系，是在一个主权国家的不同社会经济制度区域内流通的4种货币，它们所隶属的货币管理当局按照各自的货币管理方法发行和管理货币。人民币与港元、澳门元之间按以市场供求为基础决定的汇价进行兑换。

（二）人民币制度

我国的人民币制度是从人民币的发行开始的。1948年12月1日，由华北银行、北海银行和西北农民银行合并组成中国人民银行，正式发行人民币作为全国统一的货币。人民币发行以后，中国人民银行迅速收兑了旧经济制度的法币、金圆券、银圆券，同时，通过收兑原解放区发行的货币，建立了新中国的货币制度，确立了人民币的地位。

人民币是我国的法定货币,具有无限法偿能力。人民币没有规定含金量,也不能自由兑换黄金。人民币主币单位为元,辅币单位为角和分,分、角、元均为十进制。人民币的发行权属于国家,中国人民银行是全国唯一的货币发行机关,由国家授权负责人民币的印制和发行工作。人民币发行坚持以下三个原则:① 集中统一发行原则。中国人民银行是货币发行的唯一机关,并集中管理货币发行基金。② 经济发行原则。人民币发行必须根据国民经济发展和商品流通的需要,由中国人民银行提出货币发行的增长量,并按国家批准量发行。③ 计划发行原则。中国人民银行根据国家批准的货币发行量,编制人民币发行计划,按计划发行货币,调节货币流通。我国人民币制度具有独立自主、集中统一与计划管理的特点,这是人民币币值相对稳定的基础和条件。

知识链接 1.1

数字人民币研发进展

随着网络技术和数字经济的蓬勃发展,社会公众对零售支付便捷性、安全性、普惠性、隐私性等方面的需求日益提高,不少国家和地区的中央银行或货币当局紧密跟踪金融科技发展成果,积极探索法定货币的数字化形态,法定数字货币正从理论走向现实。中国人民银行(以下简称人民银行)高度重视法定数字货币的研究开发。2014 年,成立法定数字货币研究小组,2016 年,成立数字货币研究所,2017 年末,经国务院批准,人民银行开始组织商业机构共同开展法定数字货币(以下简称数字人民币,字母缩写按照国际使用惯例暂定为"e-CNY")研发试验。目前,研发试验已基本完成顶层设计、功能研发、系统调试等工作,正遵循稳步、安全、可控、创新、实用的原则,选择部分有代表性的地区开展试点测试。

一、数字人民币的定义

数字人民币是人民银行发行的数字形式的法定货币,由指定运营机构参与运营,以广义账户体系为基础,支持银行账户松耦合功能,与实物人民币等价,具有价值特征和法偿性。其主要含义是:(1) 数字人民币是人民银行发行的法定货币。一是数字人民币具备货币的价值尺度、交易媒介、价值贮藏等基本职能,与实物人民币一样是法定货币。二是数字人民币是法定货币的数字形式。数字人民币发行、流通管理机制与实物人民币一致,但以数字形式实现价值转移。三是数字人民币是央行对公众的负债,以国家信用为支撑,具有法偿性。(2) 数字人民币采取中心化管理、双层运营。(3) 数字人民币主要定位于现金类支付凭证(M_0),将与实物人民币长期并存。(4) 数字人民币是一种零售型央行数字货币,主要用于满足国内零售支付需求。(5) 在未来的数字化零售支付体系中,数字人民币和指定运营机构的电子账户资金具有通用性,共同构成现金类支付工具。

二、目标和愿景

中国研发数字人民币体系,旨在创建一种以满足数字经济条件下公众现金需求为目的、数字形式的新型人民币,配以支持零售支付领域可靠稳健、快速高效、持续创新、开放竞争的金融基础设施,支撑中国数字经济发展,提升普惠金融发展水平,提高货币及支付体系运行效率。

三、设计框架

1. 设计原则

坚持依法合规;坚持安全便捷;坚持开放包容。

2. 数字人民币运营体系的设计

根据人民银行承担的不同职责,法定数字货币运营模式有两种选择:一是单层运营,即由人民银行直接面对全社会提供法定数字货币的发行、流通、维护服务。二是双层运营,即由人民银行向指定运营机构发行法定数字货币,指定运营机构负责兑换和流通交易。人民银行负责数字人民币发行、注销、跨机构互联互通和钱包生态管理,同时审慎选择在资本和技术等方面具备一定条件的商业银行作为指定运营机构,牵头提供数字人民币兑换服务。

3. 数字人民币钱包的设计

数字钱包是数字人民币的载体和触达用户的媒介。人民银行和指定运营机构及社会各相关机构一起按照共建、共有、共享原则建设数字人民币钱包生态平台,实现数字人民币线上线下全场景应用,满足用户多主体、多层次、多类别、多形态的差异化需求,确保数字钱包具有普惠性,避免因"数字鸿沟"带来的使用障碍。

4. 合规责任与合规主体界定

(1)反洗钱、反恐融资等合规责任。

(2)消费者权益保护。

5. 技术路线选择

数字人民币体系综合集中式与分布式架构特点,形成稳态与敏态双模共存、集中式与分布式融合发展的混合技术架构。

四、已开展的工作

2014年至2016年,人民银行成立法定数字货币研究小组,启动法定数字货币相关研究工作。对法定数字货币发行和业务运行框架、关键技术、流通环境、国际经验等进行深入研究,形成了第一阶段法定数字货币理论成果。2016年,人民银行搭建中国第一代法定数字货币概念原型,成立数字货币研究所,并于当年提出双层运营体系、M0定位、银行账户松耦合、可控匿名等数字人民币顶层设计和基本特征。2017年底开始数字人民币研发工作,选择大型商业银行、电信运营商、互联网企业作为参与研发机构。经历开发测试、内部封闭验证和外部可控试点三大阶段,打造完善数字人民币 APP,完成兑换流通管理、互联互通、钱包生态三大主体功能建设。

2019年末以来,人民银行在深圳、苏州、雄安、成都及2022北京冬奥会场景开展数字人民币试点测试,以检验理论可靠性、系统稳定性、功能可用性、流程便捷性、场景适用性和风险可控性。2020年11月开始,增加上海、海南、长沙、西安、青岛、大连6个新的试点地区。数字人民币研发试点地区的选择综合考虑了国家重大发展战略、区域协调发展战略以及各地产业和经济特点等因素,目前的试点省市基本涵盖长三角、珠三角、京津冀、中部、西部、东北、西北等不同地区,有利于试验评估数字人民币在我国不同区域的应用前景。

截至2021年6月30日,数字人民币试点场景已超132万个,覆盖生活缴费、餐饮服务、交通出行、购物消费、政务服务等领域。开立个人钱包2 087万余个,对公钱包351万余个,累计交易笔数7 075万余笔,金额约345亿元。在地方政府的积极参与支持下,在一些地区开展了数字人民币红包活动,实现了不同场景的真实用户试点测试和分批次大规模集中测试,验证了数字人民币业务技术设计及系统稳定性、产品易用性和场景适用性,增进了社会公众对数字人民币设计理念的理解。

研发及试点期间,人民银行积极参与金融稳定理事会(FSB)、国际清算银行(BIS)、国际货币基金组织(IMF)、世界银行(WB)等国际组织多边交流,同各司法管辖区货币和财政监管部门、跨国金融机构及世界顶尖院校交流研讨法定数字货币前沿议题,并在国际组织框架下积极参与法定数字货币标准制定,共同构建国际标准体系。人民银行数字货币研究所已与香港金管局签署合作备忘录,同时加入国际清算银行创新中心(BISIH)牵头的多币种法定数字货币桥(m-CBDC-Bridge)项目,和香港特别行政区、新加坡等BIS创新分中心以及各央行共同探索法定数字货币相关实践。

(资料来源:中国人民银行数字人民币研发工作组.《中国数字人民币的研发进展白皮书》,2021年7月.本书此处作了适当删减。)

本章小结

1. 货币是商品生产和商品交换长期发展的产物,是价值表现形式发展的必然结果,随着商品价值形式的发展经历了由萌芽到形成、由简单到复杂、由低级到高级的发展过程。

2. 货币币材和形制经历了实物货币—金属货币—代用货币—信用货币—电子货币的演进过程,目前正在朝着数字货币方向发展。货币形态是在适应商品生产和商品交换以及人类社会生活的需要,在技术进步的推动下不断演进的。

3. 货币的本质是固定地充当一般等价物的特殊商品,是指在商品与劳务交易、债务清偿过程中具有普遍可接受性的支付工具,发挥着价值尺度、流通手段、支付手段、贮藏手段和世界货币职能。

4. 货币制度是国家权力介入货币流通的结果。货币的流通和组织逐渐法令化的过程,实质就是货币制度的形成过程。货币制度由货币材料、货币单位、货币种类、货币的支付能力以及货币的铸造、发行和流通程序和发行准备等要素构成,相继经历了银本位制、金银复本位制、金本位制和信用本位制等四种类型。

5. 由于历史原因,我国实行人民币、港币、澳元和新台币"一国四币"的特殊货币制度。人民币制度是从 1948 年 12 月 1 日人民币发行开始的,具有独立自主、集中统一与计划管理的特点,这是人民币币值相对稳定的基础和条件。

【重要概念】

货币　实物货币　代用货币　信用货币　铸币　纸币　数字货币　法字数字货币　数字人民币　价值尺度　流通手段　支付手段　贮藏手段　世界货币　货币流通　货币流通规律　货币制度　本位币　辅币　无限法偿　有限法偿　金银复本位制　格雷欣法则　金币本位制　金汇兑本位制　区域货币　欧元

【思考与练习】

1. 从经济学角度看货币是如何产生的?
2. 货币形态的演变经历了哪几个阶段?试从中归纳出货币演进的基本规律。
3. 如何理解马克思的货币本质论?
4. 货币具有哪些职能?货币在发挥各种职能时各有哪些特点?
5. 货币制度是如何形成的?由哪些要素构成?
6. 双本位制下为什么出现劣币驱逐良币的现象?试举例说明。
7. 金属货币制度有哪些类型?各有何特点?
8. 为什么说金币本位制是一种稳定的货币制度?
9. 试述信用货币制度产生的必然性及特点。
10. 数字货币与虚拟货币有何区别?
11. 什么是 CBDC?如何理解我国的数字人民币?

第二章 信用与信用体系

【学习目标和要求】

- 理解信用的概念与本质特征。
- 了解信用的产生与演化发展，熟悉高利贷信用与借贷资本的特征。
- 掌握商业信用、银行信用、国家信用、消费信用等信用形式的含义及其在社会经济活动中的地位和作用。
- 掌握信用工具的概念与基本特征，掌握各种短期信用工具、长期信用工具与衍生金融工具的含义与特点。
- 理解信用在现代市场经济中的地位与作用，熟悉信用体系的概念和构成内容。
- 树立正确的道德观和诚信观。

信用是现代市场经济的核心和灵魂，是现代社会赖以生存和发展的基石。市场经济是信用经济。信用是维系市场经济健康发展的基本机制之一。信用也是货币金融学的一个基本范畴。本章将概要介绍信用的含义、本质特征、信用结构与信用机制、信用的产生与发展等基本问题，着重阐述信用形式与信用工具，较深入地探讨信用在市场经济中的积极作用与消极影响以及信用制度与信用体系的内涵。

第一节 信用概述

一、信用的概念与特征

（一）信用的概念

"信用"一词源于拉丁文"credo"，意为信任、相信、声誉等，英语"credit"也有"相信、信任"之意。二者都具有诚实守信、信守诺言之意。概言之，信用有两层含义：一是伦理道德范畴中的信用，是最广义的信用，通常叫诚信。它是指人们在社会交往中通过履行自己诺言而取得他人的信任，包括信任、声誉、遵守诺言或实践成约，反映人们履行义务或承担责任的意愿和行为，体现的是一种社会规范和行为准则。"言而有信"是中华民族传统道德的核心。在社会交往中,交往双方必然要发生一方对另一方的承诺,根据承诺兑现的程度,可以判断人们的诚信度。若承诺能百分之百兑现,则诚信优秀;若承诺能大部分兑现,则诚信良好;若承诺只有部分能兑现,则诚信差;若承诺大部分不能兑现,则诚信很差;若承诺全不能兑现,则意味着毫无诚信。这些对应关系如表2.1所示。二是经济学或金融学范畴中的信用,它从属于商品货币范畴,是在经济活动中发生的一种借贷行为。通常包括狭义和广义两层含义。狭义的信用是指建立在信任基础上的以还本付息为条件的单方面价值转移,是一种特殊的价值运动形式($G—G'$)。体现为不同所有者之间货币资金的借贷行为,反映了货币所有者以还本付息为条件,把货币暂时转让给货币需求者使用的债权债务关系。广义的信用是指经济主体之间建立在信任基础上的心理承诺与约期实践相结合的意志和能力,即隔期如约偿付的意志和不用立即付款就可获取资金、物资、服务的能力。这种意志和能力受到一个条件的约束,即受信人在其承诺的时间期限内为所获得的资金、物资、服务等进行清偿,约定的时间期限必须得到提供资金、物资、服务的授信人的认可。

表 2.1 承诺兑现程度与诚信度之间的对应关系

承诺兑现程度	全部兑现	大部分兑现	部分能兑现	大部分不兑现	全不兑现
诚信度识别	优秀	良好	差	很差	毫无诚信

(二)信用的本质特征

信用作为与商品货币经济紧密相连的经济学范畴,是市场经济社会的重要无形资产和经济资源,是市场经济有效运行的基础。从本质上来讲,信用是一种有条件的借贷行为,信用关系是一种典型的债权债务关系。具体而言,信用的本质可以概括为以下几点:

(1)信用是以还本付息为条件的借贷行为。经济活动中,信用关系一旦确立,债务人将承担按期还本付息的义务,债权人将拥有按期收回本息的权利,并且利息的多少与本金额大小及信用期限的长短紧密相关。一般来讲,本金越大,信用期限越长,需要支付的利息就越多。

(2)信用是以相互信任为基础的债权债务关系。信用作为以偿还为条件的借贷行为,体现了一定的生产关系。商品和货币的所有者由于让渡商品和货币的使用权而取得了债权人的地位,商品和货币的需求者则成为债务人,借贷双方具有各自对应的权利和义务,双方的相互信任构成债权债务关系的基础。如果债权人和债务人之间缺乏信任或出现信任危机,信用关系就不可能发生,从而债权债务关系就不可能存在,即使发生了,也不可能长久持续下去。现代社会,无论是企业生产经营活动,还是个人的消费行为或政府的社会经济管理活动都依赖于债权债务关系。所以从本质上说,信用关系就是债权债务关系,信用行为就是放债和承债行为。

(3) 信用是价值运动的特殊形式。价值运动的一般形式是通过商品的买卖关系来实现的。在商品买卖过程中,首先,交易过程是所有权的转移,卖者让渡商品的所有权和使用权,并取得货币的所有权和使用权,而买者则刚好相反。其次,交易过程是等价交换,商品货币交换时,卖者虽然放弃了商品的所有权,但未放弃商品的价值,从商品的价值形式变为货币形态,而买者放弃货币,取得与货币等价的商品,这种买卖关系所形成的等价交换在买卖双方交割之后即宣告完成,即双方同时获得等价,用公式表示即为:$W-G-W$。但在信用活动中,一定数量的商品或货币从贷者手中转移到借者手中,并没有同等价值的对立运动,只是商品或货币的使用权让渡,没有改变所有权,用公式表示即为:$G-G'(G+\Delta G)$。所以,信用是价值单方面的转移,是价值运动的特殊形式,这是信用与其他价值运动形式的不同之处,也是各种社会形态下的信用的共性。

(4) 信用以收益最大化为目标。信用关系赖以存在的借贷行为是借贷双方追求收益(利润)最大化或成本最小化的结果。不论是实物借贷还是货币借贷,债权人将闲置资金(实物)借出,都是为了获取闲置资金(实物)的最大收益,避免资本闲置孳生成本或造成浪费;债务人借入所需资金或实物同样为了追求最大收益(效用),避免资金不足所带来的生产经营活动中断。

(5) 信用活动风险性。任何信用都表现为一种过程,即有既定的期限性,时间性隐藏着不确定性,不确定性意味着风险性。信用活动的风险性是指债务人到期不能足额偿还债权人本金和利息的可能性。

二、信用与诚信、信誉的区别

在信用问题的讨论中,信用、诚信、信誉常被混用。这三个概念之间虽有共性,但更有区别。诚信即诚实守信,是自己对他人的承诺,是一种行为规范;信誉即声望和名誉,是他人对自己的评价,是一种形象标识;信用反映的则是权利和义务的关系,是一种动态的经济过程。诚信是社会得以运行的思想道德基础和精神支柱,信誉、信用具有商业价值。具体而言,这三者的区别是:① 诚信是内生的,取决于人们自身的品德。信誉是外生的,取决于社会的评价,而信用是互生的,既有授信方,又有受信方。② 信用和信誉的确立大都需要通过中介机构,如通过信用评估机构、征信机构确立信誉,通过金融机构建立信用关系。而诚信不应也不需要通过中介机构确立。③ 诚信是社会信用制度的思想基础,诚信体现着人们的精神境界和人格品位的高低,因而"诚信"不具有商业价值。"信誉"是无形资产,"信用"是一种交换手段,因而具有商业价值。④ 诚信应是每个人的义务,而不是权利,但"信誉"是某些人的权利,"信用"则往往是权利与义务的结合体。⑤ 信用关系能形成链条,相互传递,但诚信一般不会形成链条。

由此可以认为,上述三个概念在内涵和外延上具有明显差异。诚信的外延最宽泛,它是诚实和信用的概括,具有道德伦理和契约经济两个方面的意义。"诚"所表现的是"信任、信义",体现在人的品行、品德之中,体现人的个性、价值取向;信用表现在经济行为过程之中,是对经济主体行为的规范要求,是经济主体对责任、义务、契约、承诺兑现的可靠程度,体现为契约经济方面的意义。诚信作为一种个性化品格,需要经过长期的培育和修炼才能形成。在现实经济生活中,诚实与信用度之间既存在正相关关系,又并非并行不悖。信用是诚信的构成内容,是对他人的承诺以及对承诺的实践行为和践约能力,信用需要以诚信作为基础和支持,否则信用无法维持。良好的诚实品格往往能产生较高的信用度。总之,信用体现的是经济主体双方共同意志建立的经济契约关系,诚信体现的是信用主体诚实守信的品格。信誉来自于诚信和信用,是经济主体在长期经营实践中一系列良好诚实信用行为积淀的客观结果,是经济主体因实施信用的结果累积到一定程度所获得的社会评价或赞誉。对经济主体而言,一般的逻辑顺序是:先有诚信之品德,后有信用之行为,而后有信誉之结果。诚信形成信用,信用赢得信誉,信誉造就商誉。比如,企业信誉是企业信用的升华,是企业管理水平、技术水平和道德水平的综合反映。商誉作为企业重要的无形资产,与信用、信誉一样,是基于道德价值判断的重要商业价值。

三、信用的产生与发展

(一)信用的产生

信用是商品货币经济和货币流通发展到一定阶段的产物,它是在私有制和商品交换的基础上产生的。从逻辑上推论,借贷行为是信用产生的基本前提;从历史的角度看,剩余产品、贫富差别和私有制的出现是信用产生的基础;从产生的过程来看,信用产生于商品货币关系之中,与货币支付手段职能紧密相关。

信用是以还本付息为条件的借贷行为,借贷双方是不同的财产利益所有者,他们之间不得无偿占有或使用对方的财产,这是以私有制的存在为前提条件的。从历史上看,信用活动最早产生于原始社会末期。由于社会生产力的发展,劳动生产率的提高,劳动产品也有了剩余,从而使交换活动日益增多。随着交换的扩大和发展,加速了原始公社公有制的瓦解和私有制的产生,造成了财富占有的不均和贫富分化,社会成员逐渐分化为富裕阶层和贫困阶层。富裕阶层手中集中了一定量的剩余产品,而贫困阶层因缺少生活资料和生产资料,为了维持生活和继续生产,他们被迫向富裕阶层借贷,于是,信用随之产生。最早的借贷对象是实物,然后逐步发展为货币借贷,并且经历了以实物借贷为主,辅之以货币借贷形式和逐步发展为以货币借贷为主的演进过程。

随着商品生产和交换的发展,各经济主体的经济活动表现为商品买卖和货币的收付活动。在现实经济活动中,由于生产周期的长短不一,商品购销地点的远近各异等因素,可能造成收支不相等,处于失衡状态,或收大于支,或支大于收。一方面,有的人手中有货币但暂时不需要购买商品,另一方面,有的人需要购买商品却暂时缺乏货币,而商品交换必须遵循等价交换原则,这就在客观上产生相互借贷的需要,而且必须是有偿的借贷方式,才得到双方接受。当生产者以赊销方式出卖商品时,形成了货币延期支付,货币的支付手段职能正是在信用交易的基础上产生和发展起来的,它的产生和发展又进一步促进信用关系的发展和完善,使信用关系超出了商品流通范围,得到普遍发展,所以,信用产生于商品货币经济,与货币支付手段紧密相连。

信用产生于商品流通,又不局限于商品流通,随着商品货币经济的深入发展,货币的支付手段超出了商品流通的范围。而与货币支付手段相联系的信用关系,也就不仅仅表现为商品的赊购赊销,而是日益表现为货币的借贷。货币成为契约上的一般商品,一方面,一些人手中积累了货币,或者一些生产流转企业在生产流转过程中出现了闲置货币,需要寻找运用的场所;另一方面,一些个人或企业则需要货币用于生活或从事生产经营,同样由于不同所有权和经济利益差别的存在,客观上需要通过有借有还的信用形式进行货币的调剂。

(二) 信用的发展

信用产生以后,伴随着商品经济的发展而不断地从低级到高级、从单一到多样、从简单到复杂发展,它以不同的形式和工具存在于各种不同的社会形态中,适应着不同的商品经济发展阶段,信用内容上经历了从实物借贷到货币借贷的演变,信用形式上由商业信用向资本信用发展,信用类型上经历了高利贷信用到现代(借贷)信用的演化,信用工具上经历了从尚未工具化的信用到尚未流动化的信用再到流动化的信用的发展,活动领域方面从最初的消费领域逐渐扩大到生产流通领域,最终延伸到宏观经济领域。当代社会,信用以越来越多样化的形式渗透到社会经济的各个领域和方方面面,对人们的生活、生产、消费和交换起着日益重要的作用。下面主要从信用类型演变的角度说明信用的发展轨迹。

1. 高利贷信用

(i) 高利贷信用的产生和发展

高利贷信用,简称为高利贷,是指通过贷放货币或实物获取高额利息的借贷活动。高利贷是前资本主义社会占据主导地位的信用形式,虽然在资本主义社会和社会主义社会中也存在着高利贷这种信用形式,但这是从属和偶然的。

私有制和商品交换的出现是高利贷产生的根源,小生产的广泛存在是高利贷存在和发展的经济基础。高利贷之所以在奴隶社会和封建社会得到了广泛的发展,其主要原因是:高利贷作为生息资本的特殊形式,是同封建社会和奴隶社会小生产者占多数的特点相适应的。小生产者经济基础薄弱且不稳定,为了获得购买手段以换得必要的生活资料和生产资料,他们只能向高利贷者求助。除此之外,奴隶主和封建主为了满足奢靡的生活需要也向高利贷者借款;有时,奴隶主和封建主也会出于政治需要而向高利贷者借贷。

(ⅱ) 高利贷信用的本质特征

高利贷资本作为一种以获取高额利息为目的的生息资本,它具有资本的剥削性质。最初它是一定数量的货币,通过贷放活动孳生高额利息,使收回的货币增加。高利贷的贷放对象不论是小生产者还是奴隶主和封建贵族,其利息来源都是奴隶、农奴或小生产者的劳动所创造的价值。高利贷没有资本的生产方式,只是像寄生虫一样紧紧地依附在既有的生产方式上。

高利贷的本质决定了它具有以下特点:① 利息高,剥削程度重,一般是年率30%～40%,高者可达200%～300%。高额的利息,不仅使小生产者的全部剩余劳动被侵吞,甚至连必要劳动也被剥夺。现代经济中受金融二元结构约束和供求关系影响,也会出现高利贷现象。我国相关法律规定利息高于银行同期贷款利息4倍就属于高利贷,高出部分将不受法律保护。近年来,我国部分地区民间借贷活跃,借贷利率大大超出中国人民银行基准利率的4倍。② 非生产性。从高利贷的用途来看,高利贷大都用于生活急需、缴纳租税,很少用于生产。③ 高利贷反映了前资本主义社会的生产关系,体现了高利贷者、奴隶主、封建主共同瓜分小生产者的剩余产品甚至必要劳动的生产关系。

(ⅲ) 高利贷信用的作用

高利贷信用的本质和特征决定了它的主要作用必然是消极的。高利贷不利于生产的发展,甚至对生产发展起破坏作用。它使得有限的社会资源不能用于支持生产发展,而且高额的利息又使得小生产者日益贫困,生产日益萎缩。当然,高利贷也有着积极的一面,极高的利率加快了自然经济的解体和商品经济的发展。在封建社会后期,在封建社会向资本主义社会过渡阶段,高利贷也有着两面性:一方面,高利贷反对资本主义的发展,对资本主义经济起着阻碍作用;另一方面,高利贷使大量的债务人沦为无产者,使大量的货币资金聚集在高利贷者手中,这为资本主义生产方式的出现创造了条件。

2. 借贷资本

(ⅰ) 借贷资本的含义

借贷资本是资本主义信用的对象,是指货币所有者为了获取利息而贷给企业以及其他经济主体使用的货币资本,是生息资本的现代形式。

借贷资本是在高利贷基础上发展起来的,它与高利贷资本都是为了获取利息的生息资本,都是不变更所有权而只暂时转让使用权的借贷,都必须有借有还。但借贷资本与高利贷有着根本区别:① 利率水平不同。借贷资本克服了高利贷极高利率的缺陷,利率水平处在一个较合理的水平上。② 借贷用途不同,不像高利贷主要为了满足生活消费的需要,借贷资本主要贷给生产经营者,以满足其生产经营规模扩大所需要的资金,因而具有明显的生产性。③ 资本来源不同。高利贷资本主要来源于富人的货币,借贷资本来源于社会各阶层闲置的货币及闲置的产业资本和商业资本。④ 反映的经济关系不同。高利贷反映高利贷者与小商品生产者之间的不平等经济关系以及高利贷者、奴隶主、封建主共同瓜分小生产者剩余产品甚至必要劳动的关系。借贷资本反映借贷双方共同瓜分剩余价值的关系。

(ⅱ) 借贷资本的特征

借贷资本是在职能资本运动的基础上产生的,并从属于职能资本,是一种派生的资本形式。它的主要特点是:① 借贷资本是一种具有双重性质的资本。对于资本所有者来说,它是所有权资本;对一般企业来说,它是职能资本。资本所有者以特殊的转让形式贷出资本的使用权,而保留了它的所有权,经过一定时期后带着附加额流回。这样,资本所有者既不需要直接参与生产活动,也不从事商品流通,凭借资本的所有权就可以定期参与生产领域里剩余价值或利润的分配。② 借贷资本具有特殊的使用价值。与普通商品和货币的使用价值不同,借贷资本作为商品,不管其形式如何,偿还方式如何,借贷双方都视其为商品,在生产中执行资本职能,在循环过程中创造剩余价值并实现增值。借贷资本的使用价值是生产价值和增加价值的能力。③ 借贷资本具有特殊的价格形式。利息是借贷资本的价格,这种价格与普通商品的价格是完全不同的概念,普通商品的价格是商品价值的货币表现,利息则是使用借贷资本这一商品的报酬。

第二节 信用形式

信用形式是信用作用于经济的具体形式。在商品经济高度发展的今天,信用活动日益频繁和深化,信用形式也日趋多样。按照不同的标准,信用可以划分为不同的形式:如按期限划分,分为长期信用和短期信用;按地域划分,分为国内信用和国际信用;按信用主体划分,主要有商业信用、银行信用、国家信用、消费信用、民间信用、国际信用以及其他信用形式等。

一、商业信用

(一) 商业信用的概念

商业信用是工商企业之间以商品形式相互提供的信用形式。商业信用的表现形式很多,如赊购商品、委托代销、分期付款、预付定金等。归纳起来可以分为商品赊销和货款预付两大类。商业信用是信用制度的基础和最基本的信用形式。商业信用早在简单商品生产条件下就已经存在,只是随着社会分工的进一步发展和社会化大生产的深入,才有了更为广泛的发展。在小商品经济条件下,为解决暂时的商品生产和流通中出现的不协调,商业信用只是个别、零星的社会经济现象。在现代市场经济条件下,为了使社会再生产顺利进行,商业信用得到更广泛的发展,成为普遍的、大量的社会经济现象,几乎所有的工商企业都加入了商业信用的链条。商业信用链条是以商业票据这个载明了债权债务关系并受法律保护的信用工具为纽带的。商业票据的多样化、规范化和广泛流通以及信息技术的飞速发展,为商业信用的发展提供了极其便利的基础和条件。

(二)商业信用的特点

(1)商业信用是一种直接信用,具有较大的适应性和便捷性。商业信用的债权人与债务人都是生产经营者,信用交易的达成无须经过金融中介机构,而是买卖双方分散独立的决策所进行的活动,所以它是一种直接信用。因此,对于长期存在购销往来的企业来说,商业信用是一种非常直接、便利和及时的信用形式,其在商品交易中有较广泛的适应性。

(2)商业信用的借贷行为与商品的买卖行为是紧密结合在一起的。由于商业信用的借贷物是商品资本或货币资本,这决定了它的买卖行为和借贷行为是同时进行的。商业信用的贷出,对商品赊销者来说,就是商品的卖出,对预付货款者来说,则是商品的买入;商业信用的借入,对商品赊销者来说,就是商品的买入,对预付货款者来说,则是商品的卖出。商业信用的借贷双方既是一种买卖关系,同时又是一种债权债务关系。

(3)商业信用的动态与产业资本的周转动态是一致的。商业信用中借贷的商品资本或货币资本都是处在社会再生产中一定阶段上的、作为产业资本或商业资本的一部分,决定了商业信用规模与工业生产和商品流通的规模是相适应的。在经济复苏和繁荣时期,由于生产扩大,商品增加,商业信用供给和需求会随之增加,相反在经济衰退和萧条时期,生产下降,商品滞销,商业信用又会随生产、流通及产业资本的缩小而萎缩。

(三)商业信用的局限性

商业信用的存在是社会再生产顺利进行的客观要求,它在调剂企业间资金余缺方面发挥了重要的作用。然而,商业信用由于其本身的特点决定了它存在着一定的局限性:

(1)产业规模的约束性。商业信用所能提供的债务或资金是以产业资本规模为基础的。由于单个企业所拥有的资本量的限制,其所能提供的商业信用只能在本企业自身所能支配的资本数量范围内进行,而且还只能限于它当时不立即投入再生产过程的那一部分资本。因此,商业信用规模与产业资本规模成正比,但商业信用的最高限度表现为总规模的大小以现有产业规模为限度。

(2)严格的范围与方向性。商业信用是与商品交易直接相联系的信用形式,它的范围与方向要严格受商品流通的范围和方向限制,即只限于向需要购进商品的那一方提供。一般情况下,商业信用适用于有上下游供销关系的企业双方,主要是上游产品企业向下游产品企业提供信用,是工业向商业提供信用。

(3) 期限的局限性。商业信用提供的是未退出企业再生产过程,并属于资金循环周转过程中的商品资本或货币资本,因此商业信用一般只适用于周转性的短期资金融通,投资性的长期信用一般不能采用商业信用形式。

(4) 信用链条的不稳定性。工商企业之间发生的直接信用,相对风险较大。商业信用是没有中介机构参与的工商企业之间以商品形态提供的直接信用。在直接信用条件下,如果双方均以借贷者的双重身份出现,必然形成连续不断的信用链条,如果其中某一个借方的产品销售困难,就可能出现偿还风险,使整个信用链条发生连锁反应,导致整个债务链条的中断,引起债务危机。

上述局限性决定了商业信用具有自发性、分散性和盲目性等特点,因而它不可能从根本上改变社会资金的配置,从而最大限度满足商品生产发展对信用的要求。所以,商业信用虽然是商品经济社会的信用基础,但它终究不能成为现代信用的主导形式。

二、银行信用

(一) 银行信用的概念

广义的银行信用是指银行和非银行金融机构以货币形式通过存贷款、贴现等方式向社会和个人提供的信用。狭义的银行信用专指银行通过存款和贷款等业务活动形成的信用。银行信用是在商业信用普遍存在的基础上发展起来的,它和商业信用一起构成了现代社会两种最基本的信用形式,是社会信用体系的主导和核心。

(二) 银行信用的特点

(1) 银行信用是一种间接信用。银行一方面是借者的集中,通过吸收存款,广泛地聚集社会暂时闲置的货币资金和社会各阶层货币收入的节余,另一方面又是贷者的集中,通过发放贷款,把货币资金投入到社会再生产活动中。这样,银行实际上是信用中介机构,使借贷资本得以作为相对独立的货币资本进行运动,它体现的不是货币资金所有者与企业生产经营者的信用关系,而是银行与企业生产经营者的信用关系。

(2) 银行信用具有广泛的可接受性。银行信用是以货币资金形态提供的信用,而货币作为一般等价物,可以在任何时候购买任何商品,而且银行能以其信用中介的身份在社会范围内筹集与分配资金,资金力量雄厚,信誉度高,为社会各界各阶层所信赖,使它所出具的信用凭证具有最广泛的可接受性。

(3) 银行信用具有较强的灵活性。由于银行信用贷出的借贷资金是从产业循环中独立出来的货币,不受个别企业资本数量的限制,其充足的借贷资本来源能够满足大额资金借贷的需求。并且银行信用能将短期的借贷资本转化为长期资本,满足社会对长期资金的需求,而不受资金流向的约束。

(4) 银行信用具有较高的安全性。银行信用中,银行等金融机构通过规模投资和组合投资,可以降低信息成本和交易费用,从而能有效地改善信用过程的信息条件,减少借贷双方的信息不对称以及由此产生的逆向选择和道德风险,进而降低整体信用风险,增强社会信用体系的安全性。

上述特点表明,银行信用在借贷规模、范围、期限和使用方向上都大大优越于商业信用,可以在更大程度上满足社会经济发展的需要。所以,银行信用是现代市场经济条件下最重要的信用形式,在社会信用体系中居于核心地位,发挥主导作用。尽管如此,银行信用并不能完全替代商业信用和其他信用形式。这不仅因为商业信用是银行信用产生的基础,更因为商业信用具有银行信用所没有的直接、方便等优势,在商业信用能够解决的范围内,企业总是首先利用商业信用来满足其对资本的需求,而不必求助于银行信用。其他信用形式也有其存在的客观基础。

三、国家信用

(一) 国家信用的概念

国家信用是以国家(政府)为信用主体的借贷活动。它包括两个方面:一是国家以债务人身份通过发行债务凭证来吸收社会资金以满足其实现职能的需要,即国家的筹资行为;二是国家以债权人身份向社会提供信用,即国家政府的投资行为。在现代经济活动中,国家信用主要是指国家作为债务人所形成的借贷行为,它包括国内信用和国外信用。国内信用是国家以债务人身份向国内居民、企业、团体取得的信用,它形成国家的"内债"。国外信用是国家以债务人身份向国外居民、企业、团体和政府取得的信用,它形成国家的"外债"。

国家信用的基本形式是国库券和政府债券。国库券是偿还期在一年期以内的主要用来弥补财政赤字,解决国库短期亏空的短期债券。政府债券是偿还期在一年以上的用于解决国家重点建设公共工程或指明特殊用途所需资金的中长期债券。对国外信用而言,其主要形式是发行国际债券和向外国政府借款。通过发行国际债券来筹措资金是国际金融市场上的一种普遍形式。向外国政府借款包括向外国政府、国际金融机构、国外商业银行借款以及出口信贷等形式。

国家信用的产生与政府财政收支密切相关,它是政府运用信用手段进行财政再分配的特殊形式。随着各国政府对经济生活干预的不断加强和预算赤字的增加,政府通过发行公债或国库券来筹措财政资金的活动越来越频繁,由此政府信用得到了广泛发展。

(二) 国家信用的特点

(1) 国家信用的主体是政府。政府作为债务人举债最初是为了弥补财政赤字,为了解决财政困难,所以,国家信用具有双重属性,即财政和信用的双重性质,是一种由信用分配转化为财政分配的特殊信用形式。

(2) 国家信用的信誉度高。由于国债、国库券等的本息偿付以政府财政收入作保障,并以一些优惠条件如税收减免、高利息等吸引投资者购买,因此信誉度较高,有利于国家信用动员更多的社会资金。

(3) 政府债券的流动性和安全性强。政府债券的高信誉度降低了它的信用风险,增强了它的流动性,从而增加了投资者的安全感,进而可以增加资金使用的稳定性,满足政府承担的基础建设的资金需要。

(4) 国家信用的利息由纳税人承担,利息来自国家预算的债务支出,而银行信用的利息由借款人承付,其一部分利差是财政收入的重要来源。因此,用不同的信用形式筹集资金,对财政的负担具有不同的意义。

四、消费信用

(一) 消费信用的概念

消费信用是银行及非银行金融机构、工商企业向消费者个人提供的用于满足其生活消费方面的货币需要的信用形式。消费信用按其性质来说有两种类型:一种类似于商业信用,由工商企业以赊销、分期付款等形式向消费者提供商品或劳务;另一种属于银行信用,由银行直接向消费者个人发放贷款,用以购买耐用消费品、住房及支付旅游费用等。

(二) 消费信用的形式

(1) 赊销。赊销是商业信用在消费领域中的表现。它是通过延期付款和信用卡来进行的。延期付款是零售商以消费品赊销的方式向消费者提供的信用。信用卡是银行或信用卡公司向信用良好的顾客签发的可在指定商店或场所进行记账消费的一种信用凭证。信用卡具有"先消费、后付款"的特点和发放循环贷款的作用。它起源于 20 世纪 20 年代的美国,现已成为各国提供消费信贷的一种重要方式。延期付款和信用卡都是短期消费信用。

(2) 分期付款。分期付款是最常见的消费信用形式。其操作办法是:消费者先支付一部分货币(首付款),然后按合同分期偿付本息或分期偿还本金、利息一次计付。多用于购买耐用消费品,属于中长期信用。

(3) 消费贷款。消费贷款是商业银行或非银行金融机构直接贷款给消费者用于购买耐用消费品、住房、旅游等方面的开支。消费贷款按接受贷款的对象不同,可分为买方信贷和卖方信贷,买方信贷是银行对购买消费品的消费者直接发放贷款,卖方信贷则是以分期付款单作抵押对销售消费品的商户发放贷款,或由银行与以信用方式出售商品的商户签订合同,向商户放款,消费者偿还银行贷款。消费贷款按是否需要抵押品划分,可分为信用贷款和抵押贷款。信用贷款是指不需提供任何抵押品而发放的贷款;抵押贷款是指由消费者以赊购的商品或其他商品作抵押所发放的贷款,如住房贷款是由商业银行或其他金融机构向消费者个人或家庭提供贷款,用于购买住房,这种贷款要以住房作为抵押品,故称为住房抵押贷款或住房按揭贷款。

(三) 消费信用的作用

消费信用既是刺激消费需求的方式,也是促进经济增长的手段之一,具有积极的作用:

(1) 可以提高人们的消费水平,缓解消费者有限的购买力与不断提高的生活需求的矛盾。人们消费水平的高低往往直接受制于其收入的多少,对住房、汽车等高档物品的消费需要较长时间的货币积聚,而通过运用消费信用,人们可以提前消费,即可以用将来的钱消费当前尚无力购买的消费品,从而达到提高消费水平和生活质量的目的。

(2) 可以促进消费品的生产与销售,进而可以促进经济增长。由于消费信用的存在,消费者可以在取得货币收入之前提前购买消费品,扩大了一定时期内商品劳务的总需求,加速了消费品价值的实现,从而加速资金周转,促进了社会再生产的顺利进行。据估计,若不采取分期付款这一消费信用,西方汽车的销售量将会减少三分之一。

(3) 可以调节市场供求关系。当出现生产过剩、需求不足时,多采用消费信用,以刺激消费;反之,当供不应求,需求过旺时,缩小消费信用规模,以压缩社会购买力,从而缓解供求矛盾。

当然,消费信用在一定情况下也会对经济发展产生消极作用。它的过度发展会增加经济的不稳定,造成通货膨胀和债务危机。

五、国际信用

(一) 国际信用的概念

国际信用是一种国际之间发生的借贷行为。它包括以赊销商品形式提供的国际商业信用、以银行贷款形式提供的国际银行信用以及政府间相互提供的信用。从形式上看,国际信用是适应商品经济发展和国际贸易扩大而产生并发展起来的一种借贷关系。从本质上看,国际信用是资本输出的一种形式。

(二) 国际信用的形式

1. 国际商业信用

国际商业信用是由出口商用商品形式提供的信用。主要方式有:① 来料加工。即由出口国企业提供原材料、设备零部件或部分设备，在进口国企业加工，成品归出口国企业所有。进口国企业从原料和设备中扣留一部分作加工费。② 补偿贸易。这种方式是由出口国企业向进口国企业提供机器设备、技术力量、专利、各种人员培训等，并联合从事生产和科研项目，待项目完成或竣工后，进口国企业用该项目的产品或以双方商定的其他办法偿还出口国企业的投资。

2. 国际银行信贷

国际银行信贷的具体形式有：① 出口信贷。这是一种对外贸易中长期信贷，是出口方银行提供贷款解决卖方资金周转需要的信用形式。由于在进出口贸易中，交易规模都比较大，买方经常发生没有足够的资金偿付出口商的货款的情况。此时，如果卖方以赊销方式提供商品，而不能及时收到货款，便会使资金周转发生困难。为了鼓励本国出口商增加出口，出口方银行便向进口商或出口商提供贷款。出口信贷又可分卖方信贷和买方信贷。卖方信贷是出口方银行向出口商提供的中长期贷款。买方信贷是出口方银行直接向进口商或进口方银行提供的贷款。这种贷款是有指定用途的，即必须用于购买本国出口商的货物。如果是直接向进口商提供贷款，通常需要由进口国一流银行提供担保。② 进口信贷。又分为两种：一种是进口方银行提供贷款解决买方资金需要的信用形式，用以支持本国进口商购买所需的商品或技术等；另一种是指本国进口商向国外银行申请贷款的信用形式。如果进口商是中小企业，往往还要通过进口方银行出面取得这种贷款。

不管是出口信贷还是进口信贷，其提供的金额一般只占该项进出口贸易总额的85%，这是因为在国际贸易中一般要求进口商预付15%的定金。

3. 政府间信用

政府间信用是指由各国政府的财政部门代表本国政府向外国政府借款的信用形式，特点是金额较小、利率较低、期限较长，通常用于非生产性支出。

4. 国际金融机构信贷

国际金融机构信贷主要指国际货币基金组织、世界银行、国际开发协会、国际金融公司等国际金融组织所提供的信用。这种信用具有用途特定、期限长、贷款条件优惠等特点。

六、其他信用形式

（一）民间信用

民间借贷是指民间个体之间的货币资金或实物借贷。主要发生在小微企业与居民个人之间。过去，民间信用主要解决生活费用支出的资金短缺。随着市场经济体制改革的推进，个体经济和民营经济迅速发展，加之金融体制改革相对滞后，导致民间信用日趋活跃。小微企业与个人之间、个人与个人之间、家庭相互之间为解决生产经营资金不足的信用活动也随之迅速发展起来。民间信用的组织形式主要有四种:一是私人之间的直接货币借贷;二是私人之间通过中介人的间接货币借贷;三是以信息公司、合会、标会、抬会等组织进行的货币借贷;四是以实物为抵押的典当形式的货币借贷。民间信用具有自发性强、无正规的金融工具作信用载体、利率高、风险较大等特点,可能会冲击正常的金融秩序,因而必须加强民间信用的规范化、透明化管理,引导其健康发展。

（二）合作信用

合作信用是指在一定范围内由出资人之间相互提供信用的形式,主要有信用合作社、互助储金会等。我国的合作信用发展并不充分,20 世纪 90 年代中期以来,各个地方的城市信用社逐渐转变成为城市商业银行,农村信用社也正在向农村商业银行和农村合作银行改革。

（三）租赁信用

租赁信用是以出租固定资产而收取租金的一种信用形式,主要有金融租赁、服务租赁、信用租赁和平衡租赁等形式。租赁信用使承租人减少大量费用支出缓解财务压力,通过融物达到融资的目的,还可以避免机器设备使用若干次不需再用所造成的资金积压,更为有效地利用资金,及时更新设备和运用新技术。

（四）股份信用

股份信用是股份公司通过发行股票筹集资金的一种信用形式。股份信用的组织形式主要有股份有限公司、股份无限公司和两合公司等三种。股份公司的典型形式是有限责任公司。股份有限责任公司简称股份有限公司。股份有限公司是指公司股东对公司承担有限责任,当公司发生资不抵债时,股东在交足认股金额的条件下,除去已投入的股本外,不再承担任何责任,而不管公司的净负债为多少。

第三节　信　用　工　具

一、信用工具的概念与特征

（一）信用工具的概念

信用工具又叫金融工具,是以书面形式发行和流通、借以保证债权人或投资人权利,是资金供求双方进行资金融通时证明债权债务关系或所有权关系的合法凭证。信用工具作为一种具有法律效力的契约,一般载明债务人身份、交易金额、到期日期和利率等要素。信用工具具有双重性,即对发行人、出售者而言,是一种债务,对购买者、持有人而言,是一种债权和资产。

(二)信用工具的特征

信用工具的种类很多,各具特点,但都有一些共同特征。

(1) 期限性。期限是指债务人全部偿清债务之前所经历的时间。以信用工具发行日开始计算的偿还期限为名义期限,即偿还期,这是发行时就已规定的,但对投资者而言,更具有现实意义的是实际期限,即从持有信用工具之日起到该信用工具的到期日止所经历的时间。比如,某种2016年发行,2026年到期的公债券,偿还期10年,但如果某人2021年购买这种债券,则他所持有的债券的实际限期是5年。多数信用工具在发行时都有明确的期限,但也有例外,如股票、银行活期存款等都是没有明确期限的。

(2) 流动性。流动性是指信用工具迅速变现而不致遭受损失的能力。货币是完全流动的,它能立即用于支付债务或消费。如果一种资产在转换为货币时需要花费时间,或变现时易受价格波动的损失,或在变现过程中要发生交易成本,则这种信用工具的流动性就不够强。信用工具的流动性部分地取决于市场对它所提供的便利。一般来说,信用工具的流动性与债务人的信用成正比,债务人的信用好,流动性就大,反之,流动性较小。信用工具的流动性与期限成反比,期限越短,流动性越大,因为期限这么短,市场利率的任何上涨都只能轻微地减少其价值;期限越长,流动性就越小。但流动性大的信用工具,其收益率也往往较低。

(3) 风险性。风险性是指由于某些不确定因素导致的信用工具价值损失的可能性。任何一种信用工具的本金和收益都存在着遭受损失的可能性,其风险主要有三类:① 信用风险,即债务人不履行合同,不按期还本付息的风险,也称违约风险。显然,信用风险视债务人的信誉而定,政府债券的信用风险比一个前途未卜的工商企业所发行的债券要低得多。但即使是同一债务人,其所发行的证券种类不同,风险也不尽相同,这是因为不同的证券对同一债务人的索偿权有先后之分,比如债券的索偿权先于优先股股票,优先股股票索偿权又优先于普通股股票。② 市场风险,即由于市场利率变化而引起的信用工具市场价格的下跌。证券的市场价格是其收入的资本化,与证券所带来的收入成正比,与市场利率成反比。证券距离到期日越远,则其价格受利率变动的影响就越大。所以,在其他情况相等的条件下,投资者往往青睐短期证券而非长期证券,因为前者风险较低。只有当长期证券提供较高的预期收益时,投资者才愿意购买。③ 购买力风险。指由于通货膨胀的原因使单位货币的购买力下降而引起的风险。由于证券投资中所收回的本金或获得的收益都是以货币表示的,因此,货币的价值必然因受到通货膨胀的影响而降低。但是,不同的信用工具,受通货膨胀的影响大小是不同的。固定收益信用工具的利率是预先确定的,其本息不因物价上涨而增高。非固定收益信用工具的本息则可能随物价上涨而增加,可以抵补一部分损失,但其增加的程度很难赶上物价上涨率。

一般来说,信用工具的风险与其流动性成反比,与期限成正比。具有高流动性的信用工具不但可以迅速地转换为货币,而且可以按一个稳定的价格转换,因而风险低;信用工具的期限越长,其受不确定性因素的影响越大,风险就越大,反之,就越小。

(4) 收益性。收益和风险是证券投资的核心问题,其他各种问题都围绕这个问题而展开,投资者一般都是风险的厌恶者和规避者。但是风险又是不可避免的。要使投资者愿意承担一份风险,必须给予一定的收益作为补偿。信用工具的收益主要有两种:一是固定收益,如债券或存单等,在票面或存单上就载明了利息率,持有人按规定利息率得到收益。二是即期收益,即按市场价格出卖时所获得的收益,如股票等。信用工具的收益大小是用收益率来表示的。收益率是指净收益对本金的比率。收益率指标有多种口径:① 名义收益率,即信用工具票面规定的利息与本金的比率。例如,某一债券面值为100元,注明年利息为8元或年利率8%,表明其每年名义收益率为8%。② 即期收益率,是指票面规定的收益与市场价格的比率。例如,能在市场上自由买卖转让,假定上述债券在某日的市场价格为90元,则它的即期收益率为8.89%(即8÷90)。③ 实际收益率,是指实际收益与市场价格的比率。其中,实际收益是票面规定的收益与本金损益之和。假设某投资者在第一年年终以90元的市价买入面值为100元的10年债券,则其偿还期为9年。如果该投资者一直保留该债券到偿还日为止,则9年间除每年得利息8元外,还获得资本盈利1.11元(即(100-90)÷9)。因此该投资者的实际收益率应为1.01%(即(8+1.11)÷90)。但如果该投资者以高出票面的价格买入该债券,则将会遭受投资损失,因而实际收益率也将相应减少。实际收益率更准确地反映证券的收益水平。不同的信用工具有着不同的收益率,多种信用工具的存在有利于投资者对不同收益率进行合理选择。

二、信用工具的分类

信用工具的种类繁多,可以从不同的角度来进行划分。

(1) 按信用工具的偿还期限划分,分为长期信用工具和短期信用工具。长期信用工具也称为资本市场信用工具,是偿还期限在1年以上的信用凭证,如公债券、股票等。短期信用工具也称货币市场信用工具,是偿还期限在1年以内的信用凭证,如票据、国库券、可转让的大额定期存单等。由于短期信用工具偿还期短、流动性强、随时可以变现,故又称之为"准货币"。

(2) 按信用工具发行者的性质划分,分为直接信用工具和间接信用工具。直接信用工具是指非金融机构,如工商企业、个人和政府为筹集资金而签发的信用凭证,如票据、股票、公司债券、国库券、公债券、抵押契约等。间接信用工具是指金融机构所发行的信用凭证,如银行券、存款单、人寿保险单、各种借据和银行票据等。

(3) 按持有人是否拥有所投资资产的所有权划分,分为债权凭证和所有权凭证。债权凭证是指投入资金取得债权,表明持有人有权按时收回本金和利息的信用凭证,债券、存单等。所有权凭证是指证明投入本金以取得所有权,但持有人不可赎回本金,只能转让的凭证,如股票等。

(4) 按与实际信用活动的紧密程度划分,分为基础性信用工具和衍生性信用工具。基础性信用工具是指在实际信用活动中出具的信用凭证。衍生性信用工具是指在基础性信用工具之上派生出来的可交易凭证,如金融期货、期权、掉期、远期等合约。

三、短期信用工具

(一) 票据

票据是证明持有人对商品或货币所有权的债务凭证。它具有流通转让性、无因性、要式性和不可争议性等特点。票据的形式主要有支票、本票、汇票和信用证。

1. 支票

支票是出票人开出的委托银行在见票时无条件从其活期存款账户支付一定金额给收款人或持票人的支付命令书。支票的当事人有三个:出票人、付款人和收款人。支票以存款人在银行有足够的存款额或银行规定的透支额为基础,是一种支付凭证。支票是见票即付的凭证,提示付款的时间很短,一般为 10 天左右,故它的信用功能弱而支付功能强。

支票的种类有许多,按照支付期限分为即期支票和定期支票;按照是否记载收款人的姓名分为记名支票(又叫抬头支票)和不记名支票(又叫来人支票);按照是否支付现金分为现金支票和转账支票(又叫划线支票)。此外,还有银行在支票上记载"保付"字样的保证付款支票,称为保付支票,以及存款人开出的票面金额超过存款金额或透支限额而不生效的支票,称为空头支票。空头支票一旦被发现,便会被拒绝。

除了划线支票的流通性较差之外,其余支票的流通范围都很广。随着信用制度的发展,支票作为信用流通工具在市场上也通行起来。由于支票是在银行信用的基础上产生的,它的付款人是银行,比商业票据有更大的信用保证,因此,流通范围比较广。

在支票流通条件下,商品交易和债务清偿大多可用支票来进行支付。取得支票的人往往不到银行提取现金,而是把它存入自己在银行的活期存款账户中。这样,在支票流通的基础上就产生了非现金结算,即转账结算,这可以减少现金流通量,节约流通费用。

2. 本票

本票是债务人对债权人发出,承诺到期无条件支付款项的债务证书。本票当事人只有两个:出票人(债务人)和收款人(债权人)。根据出票人的不同,本票分为商业本票和银行本票。商业本票是商业信用的一种工具,由工商企业签发,承诺到期付款的票据。银行本票是银行签发的向收款人无条件支付一定金额的票据。在银行本票业务中,银行既是出票人又是付款人,与此相对应的是持票人(收款人)。根据付款期限不同,本票还可分为即期本票和远期本票,前者是见票即付的票据,后者是需约定一定日期才能支付的票据。根据是否记载收款人姓名,本票分为记名本票和不记名本票。

3. 汇票

汇票是债权人签发的要求债务人在指定日期无条件支付款项给持票人或指定收款人的票据。根据出票人不同,汇票分为商业汇票和银行汇票。商业汇票是由债权人签发的要求债务人在指定日期支付确定款项给指定收款人或持票人的支付命令书。商业汇票有三个当事人:出票人(债权人)、付款人或受票人(债务人)、收款人或持票人。银行汇票是汇款人将资金交存给银行后由银行签发给汇款人持往异地办理转账结算或提取现金的汇款凭证。银行汇票的当事人只有两个:出票银行和收款人。银行既是出票人,又是付款人。

由于汇票是由债权人发出的,这就必须在债务人承认兑付后才能生效。承兑是指在票据到期前,由付款人在票据上作出表示承诺付款的文字记载及签名的一种手续。承兑后,付款人就成为承兑人,在法律上具有到期付款的义务,经过承认兑付的汇票即为承兑汇票。在信用交易中,由购货人(债务人)承兑的汇票,称为商业承兑汇票;由银行受购货人委托承兑的汇票,称为银行承兑汇票。

票据经过背书可以转让流通。背书就是转让人在票据的背面作转让签字。背书人对票据负有连带责任。若出票人或承兑人不能按期支付款项,票据持有人有权向背书人要求付款。经过背书的票据可充当流通手段和支付手段,用来购买商品、劳务或偿还债务。票据转让后,新的持有人就成为债权人,他有权在票据到期日前向债务人兑取现款。

票据的持有人还可以用未到期的票据向银行办理贴现。贴现是银行办理放款业务的一种方式。当票据持有人需要现金时,可将未到期的票据卖给银行,银行按贴现利息率扣除自贴现日至票据到期日的利息后,将票面余额支付给持票人。票据到期后,由银行向债务人或背书人兑取现款。

表 2.2 是对本票和汇票的特点所作的简单比较。

表 2.2　本票与汇票特点比较

	本　票	汇　票
出票	债务人/出票人—债权人/收款人	债权人/出票人—债务人/付款人—持票人/收款人
承兑	不需要	需要—企业/银行
背书	需要	需要
保证	有追索权	有追索权
贴现	可以	可以

（二）信用证

信用证有商业信用证和旅行信用证两种。商业信用证是商业银行受客户委托开出的证明客户有支付能力并保证支付的信用凭证。客户申请开立信用证时，必须预先向开证银行缴纳一定的保证金。商业信用证现可用于国内商业，也可用于国际贸易。在国内商业中，购货商申请银行开出商业信用证后递交卖方，卖方可按信用证上写明的条款向银行开出汇票、收取货款。在国际贸易中，商业信用证是银行保证本国进口商有支付能力的凭证，是国际贸易中的一种主要支付方式。进口商要求银行开出商业信用证必须预交货款的一部分或全部作为保证金，或者直接把商业信用证寄给出口商，允许其在一定期间和一定金额的限度内向进口商开出汇票，银行则保证其承兑并到期付款；也可以由出口商直接向开证银行或其联行、代理行开出汇票，由银行自己承兑和付款。旅行信用证又称货币信用证，是银行发给客户据以支取现款的一种凭证。由于这种信用证是专门为便利旅行者出国旅行时支付款项所发行的，因此，国际上一般称其为旅行信用证。旅行者在出国前，将款项交存银行，由银行开出旅行信用证。在开证时，旅行者必须在信用证上留下自己的印鉴或签字，当旅途中发生支付需求时，旅行者可凭信用证向指定的所在地银行取款。旅行者取款时所出具的收据上的印鉴和签字，必须与信用证上留下的一致。

（三）信用卡

信用卡是由银行（或发卡公司）对具有一定信用的客户发行的在特定场所进行消费或提现的信用凭证。它具有转账结算、存取款、汇兑以及消费信贷等功能。信用卡涉及发卡银行、特约单位和持卡人三方。持卡人持卡消费或发生支付后，发卡银行定期分别和持卡人和特约单位进行清算。

此外，大额可转让定期存单、国库券、回购协议等都是短期信用工具，将在第七章的货币市场中进行介绍。

四、长期信用工具

长期信用工具包括股票和各种债券，它们一般被称为公共有价证券。公共有价证券是具有一定的票面金额，代表财产所有权或债权，并能定期取得一定收入的凭证。这类证券本身没有价值，只是代表资本投资并据以取得收益的要求权，是资金需求者筹集货币资金的一种工具。由于它们能定期取得收入，所以一般能买卖转让，充当信用流通工具。

（一）股票

1. 股票的概念

股票是股份有限公司发行的、表示股东入股的凭证，是股东借以享受权益承担义务的有价证券,是资本市场上重要的长期投资工具。股票是股本、股份、股权的具体体现。股本是投资者为获得参与公司利润分配权利投入公司的资金,获得公司权利的投资者称为公司股东。股东按其股本在公司股本总额中所占的份额享有相应的权利,公司则利用股本创造这些权利。股本具有以下四个基本特性:① 期限上的永久性。股东可凭股本获得供给资金所应得的权益,但只要公司不解散,不破产清理,股东便无权向公司索回投入的本金。股东和公司之间是权属关系,而不是债权债务关系。从这个意义上说,股本资金是没有期限的,是无须偿还的。② 报酬上的剩余性。所谓剩余性是指公司在创造利润后要先用利润进行其他支付,在所有其他支付完成后若还有剩余,则可用以支付对股东承诺的报酬。通常,股份有限公司在经营过程中,要随时兑付公司其他债权人对投资报酬的索取权,其中包括偿付所有对该公司提供商品劳务者的报酬、债券持有人的到期本息、银行贷款到期本息和政府间接税款。实现利润后,公司还要上缴所得税,还从税后利润中提留一部分作为公司的公积金,余下的纯利润才能作为股东的报酬收入分派给全体股东。③ 清偿上的附属性。所谓附属性是指股本并不是必须偿还的。当公司破产或解散,所有债务均需偿还时,对股本来说却是能还则还,不能还则可不还。按照国外破产法规定的清偿惯例,股份有限公司宣布清偿时要首先偿还股东外的所有公司债权人的债务,例如,债券的本息、政府税金、银行贷款以及雇员和工人的未支付工资。只有在上述一系列债务被清偿以后,法律才允许公司将剩余资产变卖成货币来偿还股东的股本。④ 责任上的有限性。在现代公司制度下,股份公司的对外负债实际上是股东的对外负债。一旦公司破产倒闭,股东应承担偿还公司对外负债的责任。但对股份有限公司的股东来说,还债责任是有限的,其限度是股东已经或承诺支付的股本。因此,无论公司的对外负债有多大,股东在公司破产时所能损失的,最多是投入公司的股本。

股份是股份公司用以计量股本和对股东分配公司权益的最基本单位。股东的权利大小是以股份计量的,一股一权。股权和股份相互对称,占有股份也就拥有了股权。股本、股份、股权构成股票的实质性内容,而股票只是通过证书的形式把股本、股份、股权表现出来,是一种内容与形式的关系。这种关系就决定了股票具有高收益性、高风险性和高流动性等三个基本特点。

2. 普通股、优先股和可转换优先股

股票主要有两大类:普通股和优先股。

普通股是股票中最普遍和最主要的形式。其股息随公司利润的变动而变动。其股权的大小则取决于股份的多少。普通股股权可分为以下几项:① 经营参与权。由于普通股东是公司的所有者,他们应对公司事务拥有最终控制权。在股份有限公司中,股东的这种权利主要通过股东大会来行使,体现在股东的选举权、被选举权、发言权和表决权上。② 盈余分配权。公司盈利时,普通股股东有权按其拥有的股份数获取相应份额取得相应的股利,股利水平不受任何比率的限制,它随公司剩余利润的多少而变动。但在分配次序上,在支付完工资、借贷款项、债券利息、法定公积金和优先股股息之后。③ 优先认股权。普通股东是公司的所有者和风险的主要承担者,为保持他们在公司中拥有的股权的比例,公司增发新的股票时,普通股股东可以优先认购。认股权可以出售,也可以不认股,使认股权过期失效。④ 检查监督权。普通股股东作为公司的所有者,承担着公司的最终风险。为保证公司资本的安全和增值,赋予普通股股东检查监督权,他们有权查阅公司章程、股东会议纪要和会计报告,监督公司的经营,提出建议或质询。⑤ 剩余财产的清偿权。当公司清理解散时,如果偿还所有债务后尚有剩余财产,普通股股东有权按所持股份分得剩余财产,分得数额取决于公司剩余财产的多少。

优先股是公司出于特定需要发行的,在收益与公司清算剩余财产分配上较普通股享有优先权的股份。优先股的优先权主要体现在两方面:一是优先取得股息;二是优先获得财产清偿。虽然优先股有上述优先权,但优先股股东没有表决权和优先认股权,不能参与公司的经营管理,尤其不能分享公司获得的高额利润。只有在直接关系到优先股股东利益的情况时,优先股股东才有权参加股东会议,并行使表决权。

从股利的分配看,优先股可分为累积优先股和非累积优先股、参加优先股和非参加优先股。累积优先股是指在公司所得本期可供分配股利的利润不足以按约定利率支付优先股利的情况下,可以由以后年度的可供分配股利的利润补足。在没有补足优先股任何一期的定额股利之前,普通股不得分派股利。非累积优先股指欠发的股息不再补发的优先股。这种股票因其对投资者缺乏刺激力,故很少发行。我国公司发行的优先股为累积性优先股票。参加优先股指优先股股东在获取定额股息后,还有权与普通股东一起参加剩余利润的分配。非参加优先股的优先权只限于规定的定额股利,而不论普通股所分派的股利是多少。

公司为了吸引投资者投资,有时还通过发行可转换优先股票筹集公司股本。所谓可转换优先股是指在规定时间内,优先股股东可按一定的转换比率把优先股换成普通股。可转换优先股实际上是给予优先股股东在一定时期内持有优先股还是持有普通股的选择权。当公司盈利状况不佳时,优先股股东就可以仍持有优先股,以保证较为固定的股息收入;而当公司大量盈利,普通股价格猛涨时,他就可以按事先规定好的转换比率把优先股转换成普通股,从中获得丰厚收益。由于可转换优先股以一定比例与普通股挂钩,因此其价格跟普通股一样易于波动。

(二) 债券

1. 债券的概念

债券是一种确定债权债务关系的凭证,或者是发行人向投资者出具的对长期债务承担还本付息义务的凭证。债券所规定的资金借贷的权责关系主要包括三点:一是面值,每张债券所含的本金数额,基本上是所借贷的某种货币的数额,但不完全等同;二是期限,即债券从发行日起到约定的偿还日止的时间;三是利息和利率,债券发行人向债券持有人借入资金而支付的报酬即利息,每年债券利息的数额通常用相当于本金的一定百分比来表示,该百分比即为债券的利率。

2. 债券与股票的区别

债券不同于股票。债券是债权凭证,而股票则是所有权凭证,两者在投资特性上的区别在于:① 偿还性不同。债券有固定的还本期限,而股票的本金则是不返还的。② 收益的稳定性不同。债券的利率是固定的,它不随举债人剩余利润的增减而变化,而股息的多少则取决于募股人剩余利润的多少。③ 投资回报的法律约束不同。债券的还本付息是有法律保护的,如果债务人不能按期支付利息和偿还本金,债券持有人有权对其提起诉讼,使其承担法律责任,而股息的派发则由募股公司的董事会视公司利润状况决定,派发多少和派与不派,不受法律制约。④ 持有人享受的相关权利不同。普通股票的持有人有权参与募股公司的经营管理决策,而债券持有人则无此权利。⑤ 对发行人的要求不同。只有股份公司才能发行股票,而任何有还款能力的组织或机构都可以发行债券。

3. 债券的种类

债券的种类很多,可以从不同角度进行划分。

(1) 根据发行主体的不同,可分为政府债券、公司债券和金融债券。

政府债券是政府为筹集资金而发行的债务凭证。包括公债券、国库券和地方政府债券。公债券和国库券并无本质区别,主要是偿还期不同。公债券的偿还期一般在1年以上,国库券的偿还期在1年以下。由于它们是以中央政府的信用为担保,因而通常被认为是没有风险的。地方政府债券是由地方政府发行的债券,其目的是满足地方财政的需要,或筹资兴办地方公共事业。地方政府债券主要用地方税收支付利息,其性质与中央政府债券无本质区别,但信用程度不如后者高。

公司债券是由非金融类企业发行的债务工具。企业发行债券一般需要经过信用评级。由于公司债券的流动性和安全性不及政府债券和金融债券,所以利息率较高。企业发行债券手续比发行股票简单,如果采取私募方式,甚至不用报主管机关批准审核;缺点是费用较高,推销需要一定时间,不像银行贷款那样可以立即取得所需资金等。与股票相比,公司债券提供高度的本金安全和收入的稳定,与政府债券相比,它提供较高的收益。但公司债券也有一些缺点:一是易受利率变动的影响,具有较高的利率风险;二是因通货膨胀而带来货币购买力降低的风险,比股票投资大;三是有些较低等级的公司债券,易受企业经营和信用的风险,收回本金并不十分安全。

金融债券是由银行等金融机构发行的债券。它一方面是商业银行负债管理的重要内容,一方面根据《巴塞尔协议》,对于期限较长的债务资金来源,可以列入商业银行的二级资本,是商业银行提高资本充足率的一种有效办法。

(2) 根据债券是否有担保,可分为担保债券和信用债券。

担保债券也称抵押债券,是以某种抵押品(如土地、房屋建筑、设备等)为担保而发行的。若债务人不能按期支付利息和本金,则持有人可以将抵押品出售。信用债券则完全是凭发行者的信用发行的。通常,信用债券的发行人要拥有较高的资信。

(3) 根据债券的利率是否固定,可分为固定利率债券和浮动利率债券。

固定利率债券在债券的整个期限内,利率固定不变。对发行者和投资者来说,成本和收益的计算比较方便,但当市场利率变化的时候,其中一方将遭受损失。如果利率上升,受损失的是债券持有人;反之,遭受损失的是债券发行人。浮动利率债券的利率定期随市场利率的变化而进行调整。

(4) 根据债券的利息支付方式,可分为息票债券和折扣债券。

息票债券是一种附有各期息票的债券,持有人可在到期时凭息票领取利息;息票也可转让。折扣债券是采取折价发行的债券,其利息体现在债券面值与出售价格的差价上。

五、衍生金融工具

(一) 衍生金融工具的概念

衍生金融工具是以美国为代表的西方发达国家金融创新的产物,也是人们规避利率风险和汇率风险及其他市场风险的结果。20 世纪 70 年代初,维系国际货币制度的固定汇率制——布雷顿森林体系瓦解,浮动汇率制逐渐成为世界各国的主要汇率制度。同时,以自由竞争和金融自由化为基调的金融创新浪潮席卷了西方各国,它们纷纷放宽或取消对利率的管制,放松对金融机构及其业务的限制,浮动化的汇率、市场化的利率与股市一起,使得汇率风险、利率风险和股市风险等风险凸现出来,处在难以预料的波动之中,这使经济主体时刻面临着各类市场风险。为了规避风险带来的损失,经济主体迫切需要新的风险管理手段。这样,衍生金融工具便应运而生。衍生金融工具是指其价值派生于基础金融工具价格及其指数的金融合约及其组合形式。其主要形式如远期、期货、期权和互换及其组合,通常以双边合约的形式出现,根据基础性金融工具价格走势的预期而定值。合约规定了持有人的权利或义务,并据此进行交易,可发挥套期保值的作用。

(二) 衍生金融工具的特点

与传统金融工具相比,衍生金融工具有以下几个特点:① 派生性。衍生金融工具是在原生金融资产,例如外汇、货币、存单、股票、债券的基础上繁衍出来的。② 高风险性。风险与衍生工具是不可分割的。衍生金融工具操作得当,可以最大限度地降低金融交易的风险。如运作不当,衍生工具反而会引发新的风险。市场的变幻莫测和交易者的过度投机,使许多人获得巨额利润,也使许多市场参与者遭受损失甚至破产倒闭。③ 高杠杆性。衍生金融工具的高杠杆性是指进行金融交易时不必缴清相当于相关金融资产的全部价值，而只要缴存一定比例的押金或保证金，便可对相关金融资产进行管理和运作，因此以较少的资金成本可以取得较多的投资收益。④ 较强的价值波动性。当某种衍生工具能明显地降低某种基础工具的风险时，其价值也相应地高；反之，价值将降低，一旦某种衍生工具已不能降低基础工具的风险或带来任何利润时，它就没有价值。⑤ 虚拟性。投资衍生金融工具可以获得一定的收益，但这种收益不是来自于其原生工具的增值，而是来自于衍生金融工具的价格变化，从这个意义上讲，衍生金融工具是一种虚拟资产。

（三）基本衍生金融工具

1. 远期合约

远期合约是指交易双方约定在未来的某一确定时间、按照确定的价格买卖一定数量的某种资产的合约。合约中规定的未来买卖标的物的价格称为交割价格。如果交易双方的信息对称，而且双方对标的物的未来预期相同，则双方选择的标的物的价格应使远期合约的价值为零。使得远期合约价值为零的交割价格称为远期价格。远期价格是一种理论价格，因为交割价格并不会总是等于远期价格。当交割价格与远期价格不同时，交易双方中就会有一方获利，一方损失。远期合约的优点在于买卖双方可以事先确定交易价格，规避了价格波动带来的影响，可以为双方提供保障。远期合约的特点在于它是非标准化的合约。因此，远期合约的双方可以就交割地点、交割时间、交割价格、合约规模和标的物的要求等许多细节问题进行谈判，从而使双方都得到尽量大的满足。金融远期的这种灵活性使之得以发展，但是，这种灵活性从某种意义上也限制了金融远期的广泛应用。例如，远期合约没有固定的集中交易的场所，也没有第三方监督合约的履行，因此当价格变动对一方有利而对另一方不利时，不利的一方就很有可能违约。

2. 期货合约

期货合约是协议双方同意在约定的将来某个日期按照约定的条件（包括价格、交割地点、交割方式等）买入或卖出一定标准数量的某种资产的标准化协议。从某种意义上说，期货合约是标准化的远期合约。期货交易是在交易所进行的，交易双方没有直接的接触。交易所不仅提供了固定的交易场所，还负责制定交易规则。所有资金清算也都通过清算机构进行。在期货交易中，买卖双方不仅仅可以通过实物交割的方式履约，还可以转让标准化的期货合约。因此，购买期货合约的一方可通过在合约到期前卖掉原先买进的合约，无须进行实物交割。通常，开仓指交易者最初买入或卖出某种期货合约，平仓指原先开仓的交易者通过进行一笔反向的交易来结清头寸。事实上，绝大多数期货合约都是通过平仓的方式结束的。金融期货这种流动性使得它比金融远期得到更广泛的应用，也为合约的持有双方提供了便利。期货交易的标准化等特征使其标的物的范围进一步扩大。期货交易的标的物可以分为两类。首先是以商品为交易标的物的期货交易,称为商品期货。其次是以金融资产为交易对象的期货交易,称为金融期货,如利率期货、外汇期货、股指期货等。

3. 金融期权

在金融远期中,一旦到期,交易就必须被执行,尽管此时可能标的物的价格变动对交易中的一方极为不利,而对另一方非常有利,因此,人们希望有一种合约可以改变这种极端状况。金融期权便顺应了这一要求。期权是一种未来的选择权。金融期权是一种赋予期权的买方有权在规定的时间内,按照约定价格买卖一定数量的金融资产合约,也可以根据需要放弃行使这一权利。但是,为了得到这一权利,期权的买方必须向卖方支付一定的期权费。期权的买方支付了期权费,有行使期权或者放弃期权的权利;期权的卖方只能根据买方的要求履行义务,但可以以期权费作为补偿。

4. 金融互换

金融互换是指交易双方按照约定的条件,在一定的时间内交换标的物的合约。金融互换的标的物可以是利率、货币、股票等。常见的是利率互换和货币互换。利率互换是指双方同意在未来一定期限内根据两笔同种货币、金额相同、期限相同的本金交换利息现金流的活动,通常,一方的利息是以固定利率计算,另一方的利息则以浮动利率计算。双方进行利率互换的主要原因是由于双方在获得固定利率贷款和浮动利率贷款上各有优势,因此双方都可以获利。在利率互换中,双方并不交换本金,只是交换利息的差额。货币互换是指交易双方在未来一定时间内交换期限相同的两种货币的本金和利息。在货币互换中,双方交换本金,互相为对方支付利息,在期限结束时,互相再换回本金,结束货币互换。货币互换使双方不但可以利用对方的比较优势降低筹资成本,还可以获得外币资金,绕开国际上资本借贷的限制。

关于金融衍生工具更为详尽的内容将在第七章第六节进行介绍。

第四节 信 用 体 系

一、信用经济与市场经济之间的关系

现代社会的发展愈来愈充分地表明,信用和法律是维系市场经济健康发展的两个互补的基本机制。实现公平和有序竞争是市场经济的本质要求,其外在的规制是法律体系,其内在的约束机制则是信用体系。信用成为维系各个经济主体利益关系的纽带和维护市场秩序的基石,从这个意义上说,市场经济是信用经济。具体而言,信用经济与市场经济之间的关系可以从以下几个方面去理解:

(一)信用经济是市场经济发展的高级形态

市场经济在长期的发展进程中,经历了实物交换、货币交换、信用交换三种形

态。在原始社会末期,出现了相互交换物品的需要,交换过程表现为物—物。在物—物交换的后期,产生了作为一般等价物的货币,交换过程延长为物—货币—物;随着商品交换的进一步发展和生产的社会化,特别是近代以机器大工业为基础的社会化大生产,使经济主体越来越依赖于企业,企业在社会化分工体系中,伴随着技术的不断更新和分工的日益细化,对外界的依赖性也必然越来越强,信用程度逐渐提高,信用关系逐渐扩大。另一方面,随着企业规模的不断扩大,企业所需的巨额投资也越来越社会化,使建立普遍的信用关系成为经济主体生存发展的先决条件,从而使信用关系和以此为基础的信用经济迅速发展起来。到了资本主义阶段,股份公司和股份经济的迅速发展促进了市场经济的空前繁荣,金融中介机构在经济生活中占有支配地位,各种虚拟资本和信用工具不断出现,交换过程表现为信用—商品(服务)。这时,信用超出货币流通范畴,发展起各种配套的信用形式、信用中介、信用管理制度和法律规范,开始渗透到经济生活的每一角落。所以,信用是社会经济发展到一定阶段的必然产物,只有现代市场经济才可以真正称为信用经济。19世纪德国学者布鲁诺·希尔布兰将市场经济划分为三个阶段:以物易物为主导的自然经济时期,以货币为主要交换媒介的货币经济时期和以信用为主要媒介的信用经济时期。从世界范围看,人均 GDP 超过 2 000 美元的市场经济国家都步入了信用经济,这是市场经济发展的必然趋势。

(二)市场经济与信用经济唇齿相依

市场经济的发展要以信用关系的不断完善和扩大为基础,经济的市场化程度越高,客观上对社会信用体系的要求也越高。信用作为市场经济的稳定器,是市场经济体系得以正常运转的重要保证。信用贯穿于市场经济的方方面面,作为市场经济中一种不可或缺的社会资源以及资源配置的有效手段,信用程度的高低,直接影响经济主体参与社会分工的程度和分工利益的大小。在市场经济中,个人之间、企业之间、政府之间以及个人与企业之间,政府与个人和企业之间的经济联系都需要信用的维系,作为经济主体,谁拥有更多的优质信用,谁就会受到社会和市场的青睐,谁就会获得更多的社会资源。所以,信用是政府取信于民的基础,是企业发展的生命,是个人立身的根本,没有信用就没有良好的市场经济秩序。

(三)市场经济是信用经济的有机统一体

首先,市场经济是契约经济。这是指在市场经济中,契约形式成为社会经济交往的基本形式。经济交易过程体现为契约的形成与履行过程,市场行为体现为契约行为,市场经济也相应地成为契约经济。而契约经济在其本质意义上又是信用经济。契约具有信用本质特征,违约无异于违信。随着市场经济的发展,隐含在契约中的信用原则日益凸现,信用在市场经济运行中的地位也越来越突出。其次,市场经济是建立在高度分工合作基础上的经济形态,有较高的信用要求。市场经济越发达,对信用要求越高;而信用越普遍化,信用度越高,经济活动的成本就越低。所以,信用不仅是市场经济的行为规则,更是市场经济的一种无价的社会资本。

二、信用在现代市场经济中的地位

信用是现代市场经济的核心和灵魂,是现代社会赖以生存和发展的基石,没有它,市场经济是不可能存在、社会经济生活不可能正常运转的,这对个人、企业是如此,对一个地区、一个城市、一个国家更是如此。比如,在上海市每天平均证券交易额达到132亿元,每天有6.3亿元存款存入金融机构,有3.56亿元从金融机构贷出,每天保费收入达6 800万元,每天的市民消费要用掉5.5亿元[①]。可想而知,如果没有稳定的信用关系和信用制度,要维持上海社会经济生活的正常运转,那是不可想象的。

信用在现代市场经济中的地位和作用表现在以下几个方面:

1. 信用是市场经济发展的根本要求

现代市场经济是社会化大生产与专业分工高度细化的经济,由此伴随着更为广泛而频繁的交易,不仅交易范围和内容越来越广泛,交易数量越来越多,交易手段与方式丰富多样,交易风险也不断增加,从而客观上要求有维护市场经济秩序的规范和制度。信用正好顺应了这种要求。一方面,信用作为一种内在规范,有利于增进交易各方之间良好的经济关系,维护市场经济秩序的正常运行。另一方面,信用作为一种社会的人文精神,是社会资本的有机组成部分。信用作为社会资本,是经济交易所必需的公共品。因此,有人将信用比作为企业的无形资本和个人的社会身份证明。

2. 信用是延续和扩展市场的基本动力

信用交易方式的出现,打破了现货交易的时空限制,大大拓展了交易的空间与时序,推动市场朝着虚拟化的方向发展。首先,信用是维系合作从而满足市场主体理性预期需要的经济纽带。市场活动是不同生产者之间劳动分工的合作,而合作的前提是相互信任,合作的完成意味着按约行事的信用实施,而信用的实施使得经济交易的深度和广度得以加深和扩展,从而市场扩大。其次,信用维持市场信心。如果缺乏信用,人们就会对市场丧失信心,就不会有借贷行为,闲置货币也不会转化为投资,市场就不可能繁荣和发展。

3. 信用是市场经济成熟的重要标志

首先,市场经济由低级向高级、由简单到成熟的发展过程,就是市场交易手段不断升级的过程,而交易的升级又是以信用为基础的。信用交易作为一种最具效率的交易方式,其规模与范围大小直接反映市场经济的成熟程度。信用行为越是

---

① 新闻稿.上海"一日"[N].解放日报,2002-9-21.

普遍化,信用关系越持久稳定,信用制度越完善,交易的信用度越高,则市场经济越成熟,反之亦然。其次,市场经济是以等价交换为特征的经济形态,互惠互利、诚实守信、公平竞争是市场经济内生的"游戏规则",信用则是这些"游戏规则"的重要保障。再次,成熟的市场经济总是在一定市场秩序下追求效率的。市场秩序是市场主体应当遵循的规范和准则,其本身具有内在的利益驱动与外在的伦理道德约束双重特征,而信用所具有的道德与利益双重属性自然满足了这种市场秩序的要求,信用秩序构成了市场秩序的核心。

4. 信用是宝贵的社会资源和优化资源配置的有效手段

信用程度的高低影响市场经济主体参与分工的程度,影响社会分工的发展以及分工利益的大小。在现代市场经济中,个人之间、企业之间、国家之间分工协作达到前所未有的程度。个人可以利用良好的信用资源增加交往合作机会增加收入。企业可以利用信用资源融资、理财、最大限度地利用外部资源增加利润。国家利用信用资源增加对外经济交往中的吸引力,获得更多的国际分工利益。另外一方面,信用的存在加速了资源在不同行业间的自由流动,促进了资本的再分配和利润的平均化,促使资源从效率低的部门向效率高的部门流动,从而提高整个社会资源的配置效率。

5. 信用是降低经济交易成本和加速资本周转的重要工具

多种多样的信用工具的存在,不仅可以代替现金流通,而且可以使一些债权、债务相互抵消,这就大大节约了与现金流通有关的各项费用。另一方面,信用的发展也加速了商品的销售速度,促进了资本的快速周转,提高了全社会的资本利用效率。

6. 信用是调节国民经济运行的重要手段

一方面,由于信用的发展,产生了商业银行等多种信用机构,确立了中央银行体制,中央银行是国家调节经济的启动者,商业银行是中央银行货币政策的传导者,作用于国民经济各部门和单位,整个金融体系组成了调节宏观经济的有机体;另一方面,由于信用的发展,出现了多种信用工具,中央银行可以通过运用货币政策工具调节信用总量和货币供应量,以达到扩张或收缩宏观经济的目标,实现总供求的平衡。

总之,市场经济是信用经济,在以市场为基础对社会资源进行配置的过程中所形成的物质流、货币流、人才流、信息流都要以信用存在为基础。一个高效率的市场,必定是一个信用良好的市场。信用是市场关系的最高准则,只有在信用的条件下,市场竞争才能发挥出其配置资源的效率性,国民经济才能可持续协调发展,社会经济才能充满生机和活力。

但是,由于信用活动所具有的不稳定性,使得信用对经济可能会产生消极作用。这种消极作用主要表现在它可能引发信用风险、信用危机和经济泡沫。在现代社会,信用关系已经成为最普遍、最基本的经济关系,社会各个主体之间债权债务交错,形成了错综复杂的债权债务链条,这个链条上有一个环节断裂,不仅造成债权人的损失,而且往往会引起连锁反应,使信用链条断裂,破坏债权债务关系,动摇公众信心,形成信用危机,对社会经济造成很大的危害。另外,当信用活动脱离实际商品物质基础而极度膨胀时,资产或商品的价格会大大地偏离其基本价值,从而有可能形成经济泡沫。经济泡沫最初的成因是资产或商品的需求急剧膨胀,极大地超出了供给,导致价格暴涨。信用对膨胀的需求给予了现实的购买力支撑,使经济泡沫的出现成为可能。而当经济泡沫破灭时整个经济发展将会产生巨大的震荡和后退,极有可能酿成经济危机,这对国民经济的平稳运行和社会的和谐发展是非常有害的。

三、信用体系

(一)信用体系的概念

信用体系也称为国家信用管理体系或社会信用体系,其概念有狭义和广义之分。狭义的信用体系是指信用运行机制或运行层次,即以信用中介机构为主体,依法收集和分析经济主体信用资料,向社会提供真实信用信息的信用系统,包括信用记录、信用征集、信用调查、信用评估、信用信息查询等一系列运行环节。广义的信用体系则是由信用价值心理、信用制度、信用机构、征信系统、信用管理体制、信用教育等组成的社会化信用系统。其中,信用机构包括信用中介机构、信用服务机构和信用管理机构;征信系统是指依法采集、保存、整理、提供有关企业和个人信用信息的系统,具体包括信用信息系统、信用调查系统、信用评估系统、信用查询系统以及失信公示系统等五个子系统。

(二)信用体系的基础保障

1. 道德规范

道德规范是信用体系的重要制度基础。尽管道德规范对抑制失信行为并不具有任何强制力。但道德规范在信用秩序形成过程中,具有成本最为低廉的特征,良好的道德风尚能促进良好信用氛围的形成,并对背信行为施加强大的舆论压力,从而大大降低了人们主观违约和欺诈的可能性。由于道德规范在促进良好信用秩序形成的过程中,具有低成本或无成本的优势。因此,要大力弘扬中华民族诚实守信文化,以增强诚信意识为重点,加强社会公德、职业道德、家庭美德、个人品德建设,在全社会形成守信光荣、失信可耻的良好道德风尚,促进我国信用体系的完善和发展。

2. 信用法律

健全的信用法律法规体系是信用体系的根本制度保障。在建设信用体系的过程中,要求有完善的信用法律体系进行考量和规制,以确保不造成新的社会问题,顾此失彼。同时，在信用体系建设完毕后的运行过程中，同样需要法律对其进行规制，来保证信用体系不走向它的反面。总的来说，没有法律体系，信用体系就无从成立。信用法律法规体系包括详细而具体的法律规定和必要的执法、司法机制，涉及信用交易的监管、信用信息采集的规范、信用数据库的开放、信用管理的规范等内容。市场经济发达国家都建立了比较完善的信用法律法规体系。例如，美国到目前为止，在信用管理上的相关法律法规已有16部，涉及信息采集、加工、传播、使用等各个主要环节。欧盟不仅制定了与信用有关的国内法律，而且共同制定了在欧盟所有成员国内都有效的信用法规。信用法律法规体系需要界定和处理好三个关系：一是界定和处理好政府行政公开与保护国家经济安全的界限；二是界定和处理好商业秘密和公开信用信息的界限；三是界定和处理好消费者个人隐私与公开信用信息的界限。2013年3月15日，我国第一部信用法规——《征信业管理条例》正式实施。该条例对征信监管体制、征信业务规则、征信信息主体权益等内容进行了明确规定，将有效规范金融机构和征信机构的业务操作。

（三）信用机构

1. 征信机构

该类机构的主要业务特征是提供信息方面的技术支持，可以帮助消除信用交易主体之间的信息不对称。包括企业资信调查、消费者个人信用调查、资信评级等机构。其中，企业资信调查和消费者个人信用调查以调查操作为业务特征，属于调查类信用信息管理机构；资信评级不以调查为操作特征，通常评级所需要的信用信息资料由被评级者自己提供（当然，一些重要或异常的数据需要进行调查，类似经营思路、发展规划等主观性内容需要通过访谈、询问的方式获取）。资信评级的主要业务特征是在已有信息基础上进行深度分析、评定信用等级。信用信息管理机构多是征信产品的制造商。

2. 信用服务机构

该类机构为信用活动提供信息之外的专业化服务，即不生产征信产品，而是以征信产品为基础，向客户提供信用管理类服务，包括保理、信用保险、信用担保、商账追收、信用管理咨询等机构。其中，保理、信用保险、信用担保这三类机构涉及资金融通，根据我国政府行业管理惯例，需取得中国人民银行颁发的"金融业务许可证"后方可进行工商注册，受中国人民银行管辖，属于金融类信用管理服务机构。商账追收、信用管理咨询等机构的业务操作与资金融通无关，属于非金融类信用管理服务机构。

3. 信用管理机构

这类机构主要是指对各种征信机构和信用服务机构实施管理的机构，可以分为政府设立的监管机构和行业自律型管理机构。政府设立的监管机构主要包括中央银行和其他专业监管机构。我国政府设立的信用管理机构主要有中国人民银行、中国证券监督管理委员会和国家金融监督管理总局。2003年9月,中国人民银行成立征信管理局,负责管理信贷征信业。行业自律型管理机构主要有银行业公会、证券业协会、保险业协会等。

（四）征信系统

征信系统包括信用信息数据库、数据共享平台和制度、征信机构,有时也把资信评估行业列入其中。征信体系是信用体系的重要技术平台,是现代信用服务体系高效运作的技术支持。征信系统包括两大系统：一是以企业为主体的法人组织的征信系统,二是与公民个人的经济和社会活动相关的征信系统。根据征信数据库的形成、使用过程,将征信系统分为五个子系统。

1. 信用档案系统

信用档案是指法人和自然人信用状况的原始记录,包括个人信用档案和企业信用档案,是征信系统的基础。个人信用档案资料分散于金融机构、商家、司法机关、税务机关、工商机关、医院、公用事业单位等各个部门。征信机构征集的个人信用信息主要限于可能影响个人信用状况的有关信息：① 个人身份信息,包括姓名、性别、出生日期、身份证号、户籍所在地、居所、婚姻状况、家庭成员状况、收入状况、工作单位、职业、学历等。② 商业信用记录,包括个人贷款及偿还记录、个人信用卡使用等有关记录以及个人在其他经济活动中发生的信用交易记录。③ 社会公共信息记录,包括个人纳税、参加社会保险、个人财产状况及变动等记录。④ 特别记录,包括有可能影响个人信用状况的涉及民事、刑事、行政诉讼和行政处罚的记录。

值得一提的是,我国《征信业管理条例》明确规定禁止和限制征信机构采集如收入、存款、纳税数额等个人信息。企业信用信息的内容主要限于可能影响企业信用状况的有关信息：① 企业进入与退出市场的资料。② 企业接受行政处罚的资料。③ 工商部门行政监管的资料。④ 企业被投诉举报的资料。⑤ 企业被认证褒奖的资料。

2. 信用调查系统

信用调查是了解征信档案的事实真相,借以作为市场决策的重要参考依据。信用调查的内容主要包括贷款信用调查、融资信用调查、合资合作信用调查、贸易伙伴信用调查等。

3. 信用评估系统

信用评估是对企业、金融机构、社会组织和个人履行各类经济承诺的能力及可信程度的评价,主要是偿还债务的能力及其可偿债程度的综合评价。

信用评估的结果通常采用特定的等级符号来表示。对个人进行信用评估的重点是对影响个人及其家庭的主客观因素进行综合考察。对企业的信用评估则是从企业信用记录、企业素质、经营管理能力、财务状况、发展前景及外部环境等各个方面,采用定量分析和定性分析相结合的方法,对信用能力进行客观、科学、公正的综合评价。

4. 信用查询系统

根据查询对象不同,信用查询系统分为个人信用查询系统和企业信用查询系统。个人信用查询系统是提供个人信用信息查询服务的数据库系统,服务内容主要包括个人信用报告与个人信用评分。企业信用查询系统是提供企业信用信息查询服务的数据库系统,服务内容主要是企业信用报告与企业信用评级。

信用查询系统可采取无偿自助、有偿档案两种方式查询。属于国家信息资源且可供查询的企业信用信息采取有偿档案查询;属于政府部门监管的社会公共和政务范畴的企业信用信息,可无偿自助查询。个人信用信息的使用一般采用有偿档案查询的方式。

目前,我国各地已逐步建立起企业信用查询系统。2006年1月,全国统一的个人征信系统——个人信用信息基础数据库正式投入运行。该系统已经为5亿自然人建立了信用档案,其中有5000多万人拥有信贷记录,包括房贷、车贷、学贷、信用卡透支及为他人提供贷款担保等信息。平均日查询量达到16万笔。

5. 失信公示系统

失信公示系统是征信机构依法及时、客观地将有不良信用记录的个人和企业的名单以及对其处罚意见在某一范围内进行公布,让失信记录在特定范围内有效传播的系统。失信公示是对失信者的一种惩罚,它将征信服务与社会监督、法律制裁的功能有机地结合起来,形成失信惩罚机制,给失信者极大的威慑,使其付出惨痛代价。

公示的失信行为记录依照法律要保留多年,时间的长度由法律规定,例如,美国《公平信用报告法》规定消费者个人的不良信用记录允许保留7年,我国《征信业管理条例》规定消费者个人的不良信用记录允许保留5年。

> **知识链接 2.1**

我国构建守信激励失信惩戒机制

为建立完善守信联合激励和失信联合惩戒制度,加快推进社会诚信建设,2016年6月国务院印发《关于建立完善守信联合激励和失信联合惩戒制度加快推进社会诚信建设的指导意见》(以下简称《指导意见》)。

一、《指导意见》出台的背景和意义

2014年,国务院印发了《社会信用体系建设规划纲要(2014～2020年)》,这是我国首部国家级社会信用体系建设专项规划。纲要明确提出要完善以奖惩制度为重点的社会信用体系运行机制,健全守信激励和失信惩戒机制,对守信主体实行优先办理、简化程序、"绿色通道"等激励政策,对失信主体采取行政监管性、市场性、行业性、社会性约束和惩戒。

二、《指导意见》的主要内容

《指导意见》指出要按照"褒扬诚信,惩戒失信;部门联动,社会协同;依法依规,保护权益;突出重点,统筹推进"的原则,建立完善守信联合激励和失信联合惩戒制度,并从"褒扬诚信、惩戒失信、协同机制、制度文化"四个方面明确了联合奖惩工作的具体任务。

(1) 守信奖励。一是要选树诚信典型:有关部门和社会组织实施信用分类监管确定的信用状况良好的行政相对人、诚信道德模范、优秀青年志愿者;行业协会商会推荐的诚信会员;媒体挖掘的诚信主体。二是要奖励诚信典型:探索建立行政审批"绿色通道";优先提供公共服务便利;优化诚信企业行政监管安排;降低市场交易成本;大力推介诚信市场主体。

(2) 失信惩戒。一是明确重点领域严重失信行为:严重损害人民群众身体健康和生命安全的行为;严重破坏市场公平竞争秩序和社会正常秩序的行为;拒不履行法定义务,严重影响司法机关、行政机关公信力的行为。拒不履行国防义务,拒绝、逃避兵役,拒绝、拖延民用资源征用或者阻碍对被征用的民用资源进行改造,危害国防利益,破坏国防设施等行为。二是惩戒失信,通过行政性、市场性、行业性和社会性约束和惩戒,并将惩戒措施落实到个人,增加失信成本。行政性约束和惩戒包括两个从严、八个限制:两个从严即从严审核行政许可审批项目和从严控制生产许可证发放;八个限制,限制新增项目审批、核准,限制股票发行上市融资或发行债券,限制在全国股份转让系统挂牌、融资,限制发起设立或参股金融机构以及小额贷款公司、融资担保公司、创业投资公司、互联网融资平台等机构,限制从事互联网信息服务等,严格限制申请财政性资金项目,限制参与有关公共资源交易活动,限制参与基础设施和公用事业特许经营;惩戒到人,对法人、主要负责人、负有直接责任的注册执业人员实施市场和行业禁入,取消参加评先评优资格。市场性约束和惩戒包括:公开失信行为信息;限制高消费行为,包括出境、购买不动产、坐飞机、高铁、旅游度假、入住星级酒店等;纳入征信机构的信用记录和报告;提高融资成本。行业性约束和惩戒主要是发挥行业协会商会的作用,包括:建立会员信用档案、开展信用评级、依规依约对会员进行惩戒。社会性约束和惩戒包括建立失信举报制度;提起公益诉讼;编制发布地区、行业信用报告。

(3) 构建联合奖惩协同机制,通过建立触发反馈机制,实施部省协同和跨区域联动,建立健全信用信息公示机制,建立健全信用信息归集共享和使用机制,规范信用红黑名单制度,建立激励和惩戒措施清单制度,建立健全信用修复机制,建立健全信用主体权益保护机制,建立跟踪问效机制,保证守信或失信行为信息在部门间快速传递共享,确保奖惩措施落地并保护信用主体的合法权益。

> (4) 加强法规制度和诚信文化建设。《指导意见》要求各地区、各有关部门要完善相关法律法规,建立健全标准规范,加强诚信教育和诚信文化建设,加强组织实施和监督检查。

(五) 信用文化教育

诚信文化教育是信用体系的文化基础,是促进信用体系不断发展和提高全社会信用修养的动力来源。全体社会成员的诚信意识提高了,市场主体的守信意识增强了,现代信用知识增加了,自我约束和自我保护能力增强了,信用体系的不断完善就有了坚实的基础。尤其是信用管理正规教育,如在普通高校开设信用管理学专业或相关专业,分别进行本科、硕士等高层次人才培养,以满足信用体系建设对人才的迫切需要。

本章小结

1. 信用是一个历史的经济范畴,它有两层含义:一是伦理道德范畴中的信用,即诚信;二是金融学范畴中的信用,即借贷行为。信用与诚信、信誉是三个有共性但更有区别的概念。还本付息是信用最基本的特征。

2. 信用结构是指信用活动过程中所形成的各种信用要素、信用形式、信用类型的构成状态。信用机制是信用行为、信用关系和信用制度之间所形成的耦合关系,是市场经济的基本机制。

3. 信用是商品货币经济和货币流通发展到一定阶段的产物,经历了从低级到高级、从单一到多样、从简单到复杂的发展过程。

4. 信用形式是信用作用于经济的具体形式。主要有商业信用、银行信用、国家信用、消费信用、国际信用等。信用工具是信用活动发挥其作用的有效载体。短期信用工具主要有支票、本票、汇票和信用证等。长期信用工具主要有股票和债券两大类,其中股票是所有权凭证,债券是债权凭证。

5. 市场经济是信用经济。信用是市场经济的核心和灵魂,也是现代社会赖以生存和发展的基石。经济系统中的物质流、货币流、人才流、信息流都要以信用的存在为基础。信用对经济既有积极的作用,又有消极的影响,它可能引发信用风险、信用危机和经济危机。

6. 信用制度是约束信用主体行为和维护信用关系的一系列规范、准则等合约性安排。广义的信用体系则是由信用价值心理、信用制度、信用机构、征信系统、信用教育等组成的社会化信用系统。

【重要概念】

信用 诚信 信用工具(金融工具) 衍生金融工具 商业信用 银行信用

国家信用　消费信用　国际信用　民间信用　信用制度　信用体系　本票　汇票　承兑汇票　背书　股票　普通股　优先股　可转换优先股　债券　公司债券　金融债券

【思考与练习】

1. 如何理解信用的含义和本质特征？
2. 私有制和商品交换的发展对信用的产生和发展发挥了什么作用？
3. 借贷资本有何特点？它与高利贷有何不同？
4. 列举经济生活中的信用形式，并说明各种信用形式的特点。
5. 为什么说市场经济是信用经济？
6. 信用工具具有哪些特征？如何区分各种不同的信用工具？
7. 试述股票和债券的联系与区别。
8. 从权利与义务的角度分析普通股和优先股的差异。
9. 征信系统由哪些子系统组成？各个子系统的功能是什么？

第三章 利息与利率

【学习目标和要求】

- 理解货币的时间价值,了解利息的概念及不同学派的利息本质观。
- 熟悉利息转化为收益、收益资本化的含义及其应用。
- 掌握未来现金流量的现值、终值及到期收益率的计算方法。
- 理解利率的概念,明确各种主要利率的含义,理解证券利率、收益率与价格之间的关系。
- 列举并描述影响和决定利率变动的因素,用以分析当前我国利率政策。
- 理解并运用利率决定理论分析利率的决定与变动。
- 掌握并说明决定利率风险结构的三种因素。
- 描述金融工具利率与期限关系的四种情形,并运用三种理论解释金融工具收益率曲线形状。
- 理解利率的作用及其作用于经济的途径。
- 树立科学的利息本质观和大局观。

利率是重要的金融变量和经济杠杆,它对宏观经济和微观主体发挥着重要作用的同时,又受到各种因素的影响而处于不断变化之中,因而一直是经济学研究的重要课题。本章从货币的时间价值概念入手来讨论利息的含义、本质理论和利息计算,阐述利率及其决定因素,分析利率的作用及其途径,最后考察了几种重要的利率决定理论。

第一节 货币的时间价值与利息

一、货币的时间价值

任何一笔货币资金,无论将做怎样的运用,甚至还没有考虑将做怎样的运用,现在的一定量货币与未来的一定量货币是不等值的,现在的等量货币通常比未来的等量货币具有更高的价值。比如,现在的 100 元比一年后的 100 元价值更高,一年后的 100 元比两年后的 100 元价值更高,两者之间的差额便是通常所说的利息。

这种现象即为货币的时间价值。所谓货币的时间价值是指等额货币现在的价值大于其未来的价值,这种价值是货币经历一定时间的投资和再投资所产生的。

货币之所以具有时间价值,首先在于货币用于投资可以获得相应的投资收益。在现实经济生活中,人们往往更偏好当期消费,如果货币所有者将持有的货币进行投资,或借给他人进行投资,就要牺牲当期消费,从而会要求对牺牲当前消费给予一定的补偿。补偿金额的多少与当前推迟消费的时间成正比例变化。从这个角度说,货币的时间价值便是对推迟当前消费的时间补偿。其次,物价水平的变化会影响货币的购买力,因而货币价值会随着物价水平的变化而变化,当物价水平上涨时,货币购买力下降,从而未来一定时间的单位货币就没有现在值钱,即货币贬值;反之,物价水平下降,货币购买力上升,未来一定时间的单位货币就会比现在值钱。

在现代商品经济中,货币的时间价值是客观存在的,要使货币时间价值增加,必须有效地运用资金,因为资金运用可以获得利息、利润或投资收益等。因此,利息、利润和收益是衡量货币时间价值大小的主要依据。

二、利息的本质

(一)利息的含义

利息是从属于信用活动的范畴,伴随着借贷行为而产生,是货币资金借贷的价格。信用活动中,货币所有者在不改变货币所有权的前提下,贷出货币使用权,货币使用者按照约定时间除了归还所借货币本金外,还必须支付一个增加额,这便是利息。信用的最基本特征是还本付息。因此,货币的借贷是以支付利息为前提条件的。对货币贷出者而言,利息是其让渡货币使用权而应当获得的补偿;对货币使用者而言,利息则是其取得货币使用权应当付出的代价。货币所有者让渡货币使用权所获得的补偿包括对机会成本的补偿和对风险的补偿。机会成本是指由于贷出者将货币的使用权让渡给借入者而损失的潜在收入,风险则是指贷出者在让渡货币使用权后所获得的未来收益的不确定性。

(二)利息的本质

利息的存在使人们对货币产生了一种神秘感,似乎货币可以自行升值。这涉及利息的来源,即利息的本质问题。这一问题一直备受经济学界的关注,形成了许多论述和观点。概括起来,大致可分为两大类:西方经济学派的利息本质理论和马克思的利息本质理论。

1. 西方经济学派的利息本质理论

(ⅰ)古典经济学派的利息本质理论

古典经济学派对利息的认识有两个角度,一是认为利息是与借贷货币相联系的一个范畴,从借贷货币的表面运动来分析利息的来源和本质;二是认为利息是与分配相联系的一个范畴,利息是资本所有者的范畴。

(1) 利息报酬说。威廉·配第认为利息是因暂时放弃货币的使用权而获得的报酬,因为当贷者贷出货币后,在约定的时间内,他可能要遭受机会成本损失,利息是借者对贷者所借入货币的机会成本的补偿。约翰·洛克认为利息是贷款人所承担风险应得的报酬,是对风险的补偿,补偿的多少应与贷款人所承担的风险大小相适应。

(2) 资本租金说。达得利·诺思将贷款人贷放资金收取的利息比作地主出租土地收取的租金。他认为利息的产生源于资本的余缺,有的人拥有资金但缺乏经营的经验、技能和条件,有的人具有这些才干却缺乏资金,于是产生了多余资本的出借行为——借贷。资金所有者出借资金,就像地主出租土地一样,资金所有者得到的报酬叫作利息,是资金的租金。

(3) 利息源于利润说。约瑟夫·马西认为货币可以转化为资本,便获得了一种特殊的使用价值即生产利润的能力,贷款人贷出货币或资本实际上就是贷出货币的这种使用价值,利息是所借的东西生产的利润的一部分。所以,马西认为利息直接来源于利润,是利润的一部分。

(4) 利息源于剩余价值说。亚当·斯密指出利润是剩余价值的转化形式。借款人借钱后,可以用于消费,也可以用于投资,因此,利息来源有二:借款用于投资时,利息来源于利润;当借款用于消费时,利息来源于别的收入,例如地租等。

(ⅱ) 近代经济学派的利息理论

近代西方经济学者对利息本质的研究主要从资本范畴、人的主观愿望和心理等视角进行。

(1) 边际生产力说。由约翰·克拉克提出,他认为当劳动量不变而资本相继增加时,每增加一个资本单位所带来的产量依次递减,最后增加一单位资本所增加的产量就是决定利息高低的"资本边际生产力"。最后一个单位的资本所增加的产量决定了利息的标准,每一个单位的资本能给它的所有者带来和最后一个单位资本的产量相同的收益,但是不能给它的所有者带来比这更多的收益。因此,利息就取决于资本边际生产力的大小。

(2) 节欲论。由纳索·西尼尔提出,他认为价值不是由生产商品所耗费的劳动创造的,而是决定于生产费用;生产费用由工资和利润组成,工资是工人劳动的报酬,利润则是资本家节欲的报酬。工人牺牲了休息和安逸去劳动,工资是对这种牺牲的报酬;资本家牺牲了个人的消费而将资金投入生产,利润就是对这种牺牲的报酬。借贷资本是投入生产的总资本的一部分,利息也只是总利润的一部分,所以利息是借贷资本家节欲的结果。

(3) 人性不耐说。由欧文·费雪所倡导,该学说用纯心理因素来解释利息现象。费雪认为人性具有偏好现在就可提供收入的资本财富,而不耐心地等待将来提供收入的资本财富的心理。人所具有的目光浅短、意志薄弱、随便花钱的弱点，强调自己生命短促与不确定，自私和不愿为后生的孤独打算，盲目追求时尚等行为，都会使不耐倾向增大；相反，高度的远见和自制、节约的习惯、强调长寿的预期、有家属并且深刻关心家属在他死后的幸福、保持收支适当平衡的独立自由等，则会使不耐倾向减小。人们不耐程度的差异引起了借贷行为。不耐程度高的人倾向于借债，而不耐程度低的人倾向于放款，结果便产生了利息。

（4）流动性偏好说。由梅纳德·凯恩斯提出，他认为人们有以货币形式保持财富的心理倾向，即人们具有持有流动性最强的货币作为财富形式的偏好。流动性偏好程度的强弱，取决于保持货币而得到的效用与放弃货币而得到的收益比较。人们持有债券虽然能获得一定收益，但必须放弃货币使用权，并且还可能蒙受财产损失。持有货币虽然不能获得收益，但由于其高度的流动性而成为人们普遍接受的资产。这说明人们偏好货币这种具有完全流动性的资产。企业和商人要获得货币，就必须以支付一定的报酬为条件，来诱使货币所有者放弃对货币周转灵活的控制权。所以，利息不是储蓄本身或等待的报酬，而是对放弃货币灵活性的补偿。

（5）时差利息说。由庞巴维克提出，他认为物品的价值取决于人们的主观评价。人们对现在物品的评价总是高于对未来物品的评价，因而现在物品要比同类等量的未来物品具有更大价值。两种评价所产生的价值差别，就是时差。这种时差的存在要求未来物品所有者必须向现在物品所有者支付相当于价值时差的"贴水"，这就是利息。因此，利息是对价值时差的一种补偿。

2. 马克思的利息本质理论

马克思从借贷资本运动过程来分析利息的来源并揭示利息的本质。马克思指出："贷出者和借入者双方都是把同一货币额作为资本支出的。但它只有在后者手中才执行资本的职能。同一货币额作为资本对两个人来说取得了双重的存在，这并不会使利润增加一倍。它所以能对双方都作为资本执行职能，只是由于利润的分割。其中归贷出者的部分叫作利息。"因此，根据马克思利息理论，利息直接来源于利润，是利润的一部分，利息实质上是剩余价值的转化形态，利息对利润的分割也就是对剩余价值的分割。

三、利息与收益的一般形态

（一）利息转化为收益的一般形态

利息是在借贷资本运动过程中产生的，没有借贷活动，就没有利息。但在现实生活中，利息通常被人们看作收益的一般形态：无论贷出货币与否，利息都被看作货币所有者理所当然的收入——可能取得或将会取得的收入。与此相对应，无论借入货币与否，生产经营者也总是把自己的利润分成利息与企业收入两部分，似乎只有扣除利息后剩余的利润才是经营所得。于是，利息就成为衡量是否值得投资的一个尺度：如果投资回报率低于利息率，则根本不能投资；如果扣除利息，所余利润与投资额的比率很低，则说明经营效益不高。

利息之所以能够转化为收益的一般形态，马克思认为不外乎三个原因：① 借贷关系中利息是资本所有权收益的观念被广泛确立起来。虽然利息来源于再生产过程中的价值增值，但是当人们仅仅关注货币资本所有权可以带来利息这一现象，货币资本本身天然具有收益性的观念就会根植于人们的头脑之中。② 利息虽然来源于利润，但其与利润之间存在本质的区别，在从事生产经营活动前，经营者是难以确定利润率的，而利息率在借贷行为发生前就是一个已确定的量，无论生产经营状况如何，都不会改变。因此，用利息率衡量收益水平，并以利息表现收益的观念就不奇怪了。③ 货币可以提供利息的观念在资本主义生产方式出现以前就已经形成了，以至于无论货币是否被当作资本来使用，人们都丝毫不会怀疑其产生收益的能力。在人们的观念中，货币资本、生息资本被看成是真正的资本，利息是货币资本带来的收益。

（二）收益的资本化

收益的资本化是指由于利息已被视为收益的一般形态，从而对于任何有收益的事物，不论它是否是一笔贷放出去的货币资金，甚至也不论是否为一笔资本，都可以通过收益与利率的对比倒算出它相当于多大的资本额。

收益的资本化是从货币本金、收益和利息率之间的关系中套算出来的。利息收益为本金与利息率的乘积，即：利息＝本金×利息率。据此，在已知收益和利息率时，亦可计算出本金，即：本金＝利息÷利息率。正因为如此，有些本身无内在规律可以决定其相当于多大资本的事物，也可以取得一定的资本价格，甚至有些本来不是资本的东西也因此可以视为资本。例如，土地本身不是劳动产品，无价值，因此本身也没有决定其价格的内在根据，但土地可以有收益，因此可以根据其收益和市场利率倒算出土地的价格。例如，一块土地每公顷的年平均收益为 15 万元，假定年利率为 5%，则这块地就会以每公顷 300 万元（15 万元÷5%）的价格买卖成交。但由于土地收益的大小取决于多种因素，同时由于利率也会变化，这就使同一块土地的价格会产生巨大的变化。

资本化是商品经济中普遍存在的一种规律，只要利息成为收益的一般形态，这个规律就会起作用。这种作用不仅存在于土地交易中，在长期租用、工资体系的调整、住房价格的确定、金融资产交易以及技术转让、专利买卖等活动中，收益资本化规律都在相关价格形成中起着重要作用。

四、利息的计算

（一）单利和复利

利息计算中有两种基本方法：单利与复利。

单利是指以本金为基数计算利息,所生利息不再加入本金计算下期利息。其特点是对已过计息日而不提取的利息不计利息。其计算公式是:

$$C = P \times r \times n \tag{3.1}$$

$$S = P \times (1 + r \times n) \tag{3.2}$$

式中:C 为利息额;P 为本金;r 为利息率;n 为借款期限;S 为本金和利息之和,简称本利和。

例如,一笔为期 5 年、年利率为 6% 的 10 万元贷款,利息总额为:

$$100\,000 \times 6\% \times 5 = 30\,000\,(元)$$

本利和为:

$$100\,000 \times (1 + 6\% \times 5) = 130\,000\,(元)$$

复利也称利滚利,是将上期利息并入本金一并计算利息的一种方法。如按年计息,第一年按本金计息;第一年末所得的利息并入本金,第二年则按第一年末的本利和计息;第二年末的利息并入本金,第三年则按第二年末的本利和计息;如此类推,直至信用契约期满。其计算公式是:

$$S = P \times (1 + r)^n \tag{3.3}$$

$$C = S - P \tag{3.4}$$

若将上述实例按复利计算,则

$$S = 100\,000 \times (1 + 6\%)^5 = 133\,822.56\,(元)$$

$$C = 133\,822.56 - 100\,000 = 33\,822.56\,(元)$$

即按复利计息,可多得利息 3 822.56 元。

(二) 现值与终值

现值和终值是相对应的一对概念,在计算各种金融工具收益和投资方案选择中有着广泛的用途。现值是投资初始时的价值或本金,也就是未来一定数额的投资资金的现在价值。终值是投资期末时的价值,即初始投资(现值)根据复利制计息后在借贷期(或投资期)结束时的本息总额。例如,一笔年利率为 6% 的 100 000 元资金,5 年后的终值可按复利计算公式(3.3)式计算。即

$$100\,000 \times (1 + 6\%)^5 = 133\,822.56\,(元)$$

把这个过程倒转过来,如果知道在未来某一时点上可获得一定数额的货币资金,只要把它看作是那时的本利和,就可按现行利率计算出取得这笔资金未来的本利和所必须支付的本金,即:

$$P = S/(1 + r)^n \tag{3.5}$$

设 5 年后期望取得一笔 100 000 元的货币,假如利率不变,现在应投入的本金是:

$$100\,000 \div (1 + 6\%)^5 = 74\,725.82\,(元)$$

上述逆运算出来的本金便是现值。将投资资金的未来价值折算成现值的过程

称为贴现。贴现中所使用的利率称为贴现利率或折现率(如(3.5)式中的 r)。现值和终值的换算是通过复利方法完成的。

(三) 到期收益率

金融市场上存在的各种债券中,期限、票面利率和出售价格各不相同,为了比较不同债券的实际收益率,需要有一个统一的衡量指标,这个指标就是到期收益率。到期收益率是指购买债券并持有到债券期满时,投资者获得的实际收益率。

在计算债券的到期收益率时需要确定两个因素:一是债券的购买价格。由于债券市场的价格经常发生波动,因此,债券的购买价格并不一定等于其面值。二是购买债券后所能得到的未来现金流。确定这两个因素后,根据现值概念,便可计算到期收益率。例如,假设债券的购买价为 P,购买债券后能得到的未来现金流为 $S_1, S_2, \cdots, S_n$,当折现率为 i 时,债券的现值 P_1 为:

$$P_1 = \sum_{t=1}^{n} \frac{S_t}{(1+i)^t} \tag{3.6}$$

如果 $P_1 = P$,购买债券并持有到期限满时,债券的实际收益率就是贴现率 i。这是因为现在购买债券的实际收益率与分别将 $\frac{S_1}{(1+i)^1}, \frac{S_1}{(1+i)^2}, \cdots, \frac{S_1}{(1+i)^n}$ 存入银行一年、二年直到 n 年,银行年存款利率为 i,复利计息时的收益率完全一样。因此,在知道债券价格 P,债券的未来现金流 $S_1, S_2, \cdots, S_n$ 后,就可以计算出折现率为 i。所以,债券的到期收益率就是使债券的未来现金流现值等于债券购买价时所使用的贴现率。计算到期收益率时,采用的折现方法是每年一次的复利计算。

1. 普通贷款

普通贷款是最常见的融资方式,资金由贷方贷给借方,双方讲好还款的日期和利息,到期后连本带息一次性偿还。例如,一笔普通贷款的数额为 P 元,期限为 n 年,年利率为 i,由于到期时贷款人获得的一次性本息和为 $P \times (1+i)^n$,当折现率为 r 时,n 年后的 $P \times (1+i)^n$ 元的现值为 $P \times (1+i)^n / (1+i)^n = P$。因此,在普通贷款中,贷款人的到期收益率就是贷款利率。

2. 分期偿还贷款

分期偿还贷款是由贷款人一次性向借款人提供一定数额的资金,借贷双方约定利率,贷款本息分期偿还,每期偿还一个固定数额。如住房按揭贷款就是采用这种方式。如李某向银行借入 25 年期的 100 000 元分期偿还贷款,每年偿还 12 600 元。则该笔贷款的到期收益率可由下式求得:

$$100\,000 = \frac{12\,600}{(1+i)^1} + \frac{12\,600}{(1+i)^2} + \frac{12\,600}{(1+i)^3} + \cdots + \frac{12\,600}{(1+i)^{25}}$$

解此方程得 $i = 0.12$,显然,12% 是李某为该笔借款向银行每年支付的利率,也是银行的到期收益率。在实际操作中,许多分期偿还贷款的每次还款间隔通常为一月,如住房按揭贷款等,因而在计算到期收益率时,需要采用连续复利的折现方法。

3. 息票债券

息票债券是发行人按债券本金和票面利率定期向债券持有人支付利息,到期后再将本金连同最后一期利息一起支付给债券持有人的债券。息票债券的利息在债券发行时就已确定好,在整个债券持续期内保持不变。如果债券的持续期为 n 年,债券的面值为 F,每年支付的利息为 C,当债券的发行价为 P 时,债券的到期收益率 i 可由以下方程得到:

$$P = \frac{C}{(1+i)^1} + \frac{C}{(1+i)^2} + \frac{C}{(1+i)^3} + \cdots + \frac{C}{(1+i)^n} + \frac{F}{(1+i)^n} \quad (3.7)$$

显然,(3.7)式可以看成债券的未来现金流、债券价格及债券的到期收益率三者之间的一个相互关系式,知道债券的未来现金流、债券的购买价就可求得债券的到期收益率;反之,知道债券的未来现金流和到期收益率,就可求得债券的购买价。不难看出,在债券的未来现金流给定的条件下,到期收益率越高债券的价格越低,到期收益率越低债券的价格越高。这样,当市场利率发生变动导致投资者对债券的到期收益率的要求也发生变动时,债券的价格就会发生变动:市场利率上升、投资者要求的到期收益率提高、债券价格下降,市场利率下降、投资者要求的到期收益率降低、债券价格上升。此外,由于对任意的 $i>0$,有:

$$1 = \frac{i}{(1+i)^1} + \frac{i}{(1+i)^2} + \frac{i}{(1+i)^3} + \cdots + \frac{i}{(1+i)^n} + \frac{1}{(1+i)^n}$$

因此可以得出结论:当发行价等于债券面值即债券平价发行时,到期收益率等于债券票面利率;当发行价高于债券面值即债券溢价发行时,到期收益率低于债券票面利率;当发行价低于债券面值即债券折价发行时,到期收益率高于债券票面利率。

4. 贴现债券

贴现债券发行时按面值的一定折扣销售,发行后不支付利息,到期后债券发行人按面值向债券持有人支付金额,收益便是票面金额与发行价格的差额。一般而言,一年期以内的贴现债券用单利计算,一年期以上的贴现债券用复利计算。

若债券的发行价为 P_0,票面金额为 F,偿还天数为 t,基础天数为 D,则一年期以内的债券到期收益率 i 为:

$$i = \frac{V - P_0}{P_0} \times \frac{D}{t} \quad (3.8)$$

若债券的偿还年限为 t,则 1 年期以上债券的到期收益率为:

$$i = \sqrt[t]{\frac{V}{P_0}} - 1 \quad (3.9)$$

5. 永久债券

永久债券是定期支付固定利息,但永远没有到期日的这样一种债券。若永久债券每年支付的利息为 C,债券的价格为 P,则永久债券的到期收益率 i 满足:

$$P = \sum_{t=1}^{\infty} \frac{C}{(1+i)^t} = \frac{C}{i} \qquad (3.10)$$

显然,永久债券的到期收益率等于其固定收益率与价格之比。

第二节 利率及其决定

一、利率的含义和种类

利率即利息率,是衡量利息高低的指标,是一个重要的经济杠杆和经济变量,它是指借贷时期内所形成的利息额与所贷资金本金的比率。理论中的利率通常是一个比较抽象的概念。现实经济生活中的利率则是以某种具体形式存在的。比如,活期存款利率、1 年期存款利率、3 年期贷款利率、5 年期国债利率、9 个月国库券利率等等。随着金融市场的发展,金融资产日益多样化,利率的种类也日益繁多。

为了更好地理解利率这一复杂系统,需要按不同的标准对其进行分类,下面介绍几种重要的利率种类。

1. 年利率、月利率和日利率

这是按照计算利息的时间单位长短来划分的。年利率是以年为时间单位计算利息,通常以百分之几表示,俗语叫"分";月利率是以月为时间单位计算利息,通常以千分之几表示,俗语叫"厘";日利率,习惯叫"拆息",是以日为时间单位计算利息,通常以万分之几表示,俗语叫"毫"。它们之间的换算关系为:年利率=月利率×12,月利率=日利率×30,年利率=日利率×360,也可比照这种换算关系,将年利率换算为月利率,月利率换算为日利率。习惯上,我国无论年利率、月利率还是日利率,都用"厘"作单位,但不同利率中"厘"的比率是不同的。

2. 长期利率和短期利率

这是按照资金借贷期限的长短划分的。长期利率是指借贷时间在一年以上的利率;短期利率是指借贷时间在一年以内的利率。利率的高低与期限长短、风险大小有着直接的联系。一般来说,借贷期限越长,风险越大,预期利率越高,反之则预期利率越短。

3. 市场利率、官定利率和公定利率

这是按照利率的决定方式划分的。市场利率是由借贷资金的供求关系决定的利率,这种利率与供求关系成反比,供大于求,市场利率下跌,供小于求,市场利率上升。官定利率是由金融管理部门或中央银行确定的利率,它是货币当局出于实施货币政策的考虑而确定的,其升降变动更多地顺应货币政策意图,体现着国家对金融市场乃至整个宏观经济调控力度的大小,从这个角度讲,官定利率是政府实现宏观调控目标的一种政策手段,并在利率体系中发挥指导性作用。公定利率是介于市场利率和官定利率之间的利率,它是由金融自律性组织确定的利率。公定利率在一定程度上反映了非市场力量对利率形成的干预。我国目前以官定利率为主,市场利率主要是同业拆借、外汇贷款等领域。

4. 固定利率和浮动利率

这是以借贷期内利率是否调整为标准划分的。固定利率是指在借贷期限内,利率不随借贷资金的供求状况变动而调整的利率,它适宜短期借贷。浮动利率是指在借贷期限内随市场利率的变化而定期调整的利率。根据借贷双方的协定,由一方在规定的时间依据某种市场利率进行调整,调整期分为1个月、3个月、6个月等。浮动利率尽管可以为债权人减少损失,但手续繁杂、计算依据多样,从而增加费用开支,所以它一般适宜借贷时期较长、市场利率多变的借贷关系。浮动利率在国际信贷市场运用较多。

5. 名义利率和实际利率

这是按照利率是否剔除通货膨胀因素的影响划分的。名义利率是指包含补偿通货膨胀因素的利率。通常,市场上的各种利率均为名义利率。实际利率是指剔除了通货膨胀因素影响之后的利率水平。由于在现代社会,物价上涨几乎成为一种常态,人们更多关注一定物价水平下的实际利率水平。因此,实际利率是物价不变,从而货币购买力不变条件下的名义利率。

通货膨胀对货币的影响包括对本金和利息的影响两个方面,因而对实际利率的估算也有两种方法,一种是考虑通货膨胀对本金的影响,实际利率=名义利率－通货膨胀率;另一种是考虑通货膨胀对本金和利息的双重影响,实际利率=[(1+名义利率)÷(1+通货膨胀率)]－1。

区分名义利率与实际利率的意义在于在不同的实际利率水平下借贷双方会产生不同的行为模式,从而对资源配置、投资与消费等产生重要影响。合理的、正的实际利率有利于引导社会资金合理、有序流动,从而有利于资源优化配置,而负的实际利率则会导致资源错配,损害经济健康发展,甚至危害正常的社会生活秩序。

6. 平均利率和基准利率

这是按照利率在利率体系中的地位和作用划分的。平均利率是指一定时期的市场利率的平均水平,与不断变动的市场利率不同,平均利率会在较长时间内表现为不变的量。平均利率不是市场利率的简单加总的算术平均,而是按各种利率贷出的资金量的加权平均。由于竞争的加剧,平均利润率的下降,平均利率会呈下降趋势。但这种下降趋势在政府干预经济活动下,受到一定程度的抑制。基准利率也叫中心利率,是指在利率体系中能带动和影响其他利率的利率。在多种利率并存的市场中,如果基准利率变动,其他利率会相应发生变动。在美国,基准利率为联邦基金利率,在西方其他国家,基准利率则主要是中央银行的再贴现利率。我国的基准利率在中央银行以直接手段调控经济时期,是中央银行的再贷款利率。在利率尚未真正市场化的情况下,中央银行规定的商业银行存、贷款利率也被称为基准利率。随着货币政策调控向间接调控转换,中央银行的再贴现利率或同业拆借利率将逐步成为我国的基准利率。变动基准利率是货币政策的主要手段之一。一方面,中央银行改变基准利率,直接影响商业银行借款成本的高低,从而对信贷起着限制或鼓励的作用,并影响其他金融市场的利率水平;另一方面,基准利率的改变还会在某种程度上影响人们的预期,即所谓的告示效应。例如,提高再贴现利率,将引起人们的"紧缩预期",当人们按预期行事时,货币政策效果就会显现。基准利率是一个市场化的利率,能够充分反映市场供求关系,而且通常具有传导性,与其他市场利率的关联度强,影响较大,一般而言,基准利率变动,其他市场利率也会随之而变化。

7. 一般利率与优惠利率

这是按金融机构对同类存贷款利率是否制定优惠标准来划分的。一般利率是指不带任何优惠性质的利率。优惠利率是指国家通过金融机构或金融机构自身对认为需要重点扶持的项目、企业、行业或部门所提供的低于一般贷款利率水平的利率。贷款优惠利率对实现产业政策目标,优化经济结构和产业结构具有重要作用。存款优惠利率大多用于争取目标资金来源。例如,我国曾经实行的侨汇外币存款利率就高于普通居民外币存款利率。此外,各银行为了争取大额、稳定的资金来源,也会给某些特定存款户以高于市场一般水平的利率。各银行在国际借贷市场上,低于 LIBOR 的贷款利率被称为优惠利率。

8. 利率与收益率

利率与收益率是两个不同的概念。利率是一定时期的利息与本金之比,是反映本金的名义收益,但不能准确衡量金融资产(比如证券)在一定时期内的全部收益状况。能够准确衡量投资者在一定时期内持有证券获得的收益的指标是收益率,衡量收益率的指标,正如第二章阐述信用工具收益性特征时所讲的,主要有以下三种,即名义收益率、即期收益率和实际收益率。名义收益率是证券的票面收益与票面金额的比率;即期收益率是证券的票面收益与当前市价的比率;实际收益率是指证券持有期利息收入与证券本金损益之和与购买价格之比,即卖出价格与买入价格之差(也叫"资本利得")加上利息收入后与购买价格之间的比率。

例如,某债券的票面金额为 100 元,10 年还本,每年利息为 5 元,其名义收益率就是 5%。若发行价格是 95 元,则即期收益率就是 5.26%(=7/95)。某人以 95 元买入该债券,并在 2 年后以 105 元的价格将债券出售,则实际收益率为 10.53%(=[5+(105−95)/2]/95)。

通常所指的收益率是实际收益率,为什么在票面利率为 5% 的债券投资中能得到 10.53% 的收益率?其中的原因,可以通过以下的收益率公式寻找得到:

$$i_r = C/P_t + (P_{t+1} - P_t)/P_t \tag{3.11}$$

(3.11)式右边第一项实际是当期收益率,即证券票面收益与期初买入价格之比 $i_c = C/P_t$;右边第二项实际是资本利得率 g,即证券价格相对于最初买入价格的变动率：
$$g = (P_{t+1} - P_t)/P_t \tag{3.12}$$

由此可将收益率的公式表示为：
$$i_r = i_c + g \tag{3.13}$$

(3.13)式表明，证券的收益率等于当期收益率与资本利得率之和，因此对有些证券而言，收益率与利率是有差别的，尤其是在证券价格剧烈波动引起较大的资本利得或损失的情况下，二者的差别就会更大。

> **知识链接 3.1**
>
> ### 我国的 LPR
>
> **一、什么是贷款市场报价利率**
>
> 贷款市场报价利率(Loan Prime Rate, LPR)，即贷款基础利率，是由具有代表性的实力较强的大中型银行，根据自主报价方式对最优质客户提供的贷款利率，由央行授权银行间同业拆借中心计算并公布的基础性的贷款参考利率。2013 年 7 月，中国人民银放开金融机构贷款利率管制后，为了进一步推进利率市场化，完善金融市场基准利率，指导信贷市场产品定价，于同年 10 月创设了 LPR。
>
> 根据 LPR 报价机制，银行发放贷款时，利率将按照 LPR 表示，以"LPR+x 个基点""LPR−x 个基点"(其中，1 个基点＝0.01%)，或"LPR+x%""LPR−x%"的形式来确定。LPR 有 1 年期和 5 年期以上两个期限品种，1 年期以内、1 年至 5 年期个人住房贷款利率基准，可由贷款银行在两个期限品种之间自主选择。
>
> LPR 最初用于对公贷款，之后慢慢开始改革。2019 年 8 月 17 日，中国人民银行发布了改革完善 LPR 形成机制的公告，宣布从 2019 年 10 月 8 日起对新发放商业性个人住房贷款利率方式进行全面调整。新政明确，首套商业性个人住房贷款利率不得低于相应期限贷款市场报价利率，二套商业性个人住房贷款利率不得低于相应期限贷款市场报价利率的同时再加 60 个基点。新政还明确，个人住房贷款利率是贷款利率体系的组成部分，在改革完善贷款市场报价利率(LPR)形成机制过程中，个人住房贷款定价基准也需从贷款基准利率转换为 LPR，以更好地发挥市场作用。
>
> 截至 2019 年底，LPR 共有 18 家报价银行，包括工商银行、农业银行、中国银行、建设银行、交通银行、中信银行、招商银行、兴业银行、浦发银行、民生银行 10 家全国性银行，西安银行、台州银行 2 家城市商业银行，上海农商行、广东顺德农商行 2 家农村商业银行，渣打银行(中国)、花旗银行(中国)2 家外资银行，微众银行、网商银行 2 家民营银行。

具体报价时,一般由各报价行按公开市场操作利率(主要指中期借贷便利利率)加基点形成的方式报价,由全国银行间同业拆借中心计算得出,为银行贷款提供定价参考。每月20日(遇节假日顺延9时)前,各报价行以0.05个百分点为步长,向全国银行间同业拆借中心提交报价,全国银行间同业拆借中心按去掉最高和最低报价后算术平均,并向0.05%的整数倍就近取整计算得出LPR,于当日9时30分公布,公众可在全国银行间同业拆借中心(www.chinamoney.com.cn)中的"贷款市场报价利率"栏目和中国人民银行网站(www.pbc.gov.cn)首页的"贷款市场报价利率(LPR)"栏目查询。

二、LPR与央行基准利率是什么关系

在我国存在着法定基准利率,即存贷款基准利率,它是央行给商业银行制定的存贷款指导性利率。人们日常生活中常常听到的降息、加息,都是以这个基准利率来调整增减,具体还分为存款基准利率和贷款基准利率。中国人民银行2015年10月24日制定的最新基准利率是:1年以内(含1年),年利率4.35%;1年到5年(含5年),年利率4.75%;5年以上,年利率4.90%。另外,公积金贷款利率单列:5年以内(含5年),年利率2.75%;5年以上,年利率3.25%。自此以来,随着国内经济环境、金融市场以及国际市场环境等情况的变化,中央银行对LPR做了多次调整。2024年8月20日,LPR进一步调整为:1年期为3.35%,5年期以上为3.85%。

值得指出的是,基准利率并非实际的贷款利率,实际贷款利率一般会高于法定基准利率。贷款基准利率是由人民银行不定期调整并公布的,LPR则是由报价行根据本行最优质客户执行的贷款利率报出,并由人民银行授权全国银行间同业拆借中心计算和发布的利率。因此,相比贷款基准利率,LPR的市场化程度更高,更能反映市场资金供求的变化情况。

二、影响和决定利率水平的因素

利率作为一个重要的经济杠杆,其水平的高低直接影响融资的成本和收益。利率水平的调整变化受到诸多因素的影响。主要有以下几个方面:

1. 社会平均利润率

由于利息是利润的一部分,因此,利润率是决定利率水平高低的基本因素。在市场竞争环境中,等额资本要获得等量利润,通过竞争和资源的流动配置,社会在一定时期内会形成一个平均利润率水平。社会平均利润率是确定各种利率的主要依据,平均利润率越高,则利润总额越大,当借贷资本一定时,利息额越大,从而利息率越高。另一方面,平均利润率越高,投资的积极性增加,对借贷资本的需求也会增大,从而引起利率上升,当利润总额一定时,贷款人获得的利息就越多,而借款人得到的利润则越少。如果利息率等于平均利润率,则借款人就无利可图了。因此,社会平均利润率构成了利率的最高界限。当然,在一般情况下,利率也不会低于零,否则就不会有人贷放资金。所以,利率只能在社会平均利润率和零之间波动。

2. 借贷资金供求关系

利息率取决于平均利润率。但是在平均利润率一定的条件下,利息率的变动则取决于平均利润分割为利息与企业利润的比例,而这一比例是由借贷资金的供求关系直接决定的。一般而言,借贷资金供不应求,利率上升;反之,利率下降。

3. 预期通货膨胀率

通货膨胀作为一种普遍的货币现象,是影响利率水平的重要因素。在预期通货膨胀率上升时,利率水平有很强的上升趋势;在预期通货膨胀率下降时,利率水平则会趋于下降。这是因为:① 通货膨胀必然会引起货币贬值,从而使借贷资金的本金和利息遭受损失。为了弥补这种损失,债权人往往会提高利率水平。② 当名义利率低于通货膨胀率时,实际利率为负,为了保持稳定的实际利率水平,当通货膨胀率上升时,名义利率也应相应提高。③ 当预期通货膨胀率上升时,由于担心借贷资金本金贬值,人们会选择抗通胀的其他资产形式保存资金,导致资金供给减少,同时,通胀的上升还会刺激投资需求,从而资金需求增加。这两方面的共同作用导致了利率水平的上升。这种由于预期通货膨胀率变动导致利率水平变动的效应,被称为费雪效应。

4. 中央银行货币政策

中央银行货币政策的松紧对利率具有重要影响。当中央银行实行扩张性货币政策时,就会降低再贴现率或基准利率,增加货币投放量,使可贷资金增多,市场利率相应下降。反之,中央银行实行紧缩性货币政策时,则会提高基准利率,减少货币投放量,使可贷资金减少,市场利率相应上升。

5. 经济周期

按照马克思的观点,借贷资本的供求关系只是影响利率变化的外在因素,而影响借贷资本供求状况的原因是社会再生产领域,因而经济周期是影响利率变化的决定性因素。具体来说,经济周期四个阶段(危机、萧条、复苏、繁荣)的状况对货币资本供求和利息率变化的情况如下:① 危机阶段:商品滞销,物价暴跌,生产下降,工厂倒闭,工人失业;支付手段极端缺乏,对借贷资本需求增大,而借贷资本供给减少,利率急剧上升到最高限度。② 萧条阶段:危机刚过,物价下降到最低点,产业资本不再收缩,借贷资本大量闲置,由于企业信心不足,不愿增加投资,货币需求减少;物价虽低,但交易量减少,对借贷资本的需求量也减少;借贷资本供大于求,导致利息率下降到最低程度。③ 复苏阶段:投资逐渐增大,交易逐渐增加,工厂开始复工,对借贷资本的需求开始增长。由于信用周转灵活,支付环节畅通,借贷资本充足,因此,借贷资本的需求是在低利率情况下得到满足的。借贷资本的供给大于需求,没有导致利率上升。④ 繁荣阶段:在初期,生产迅速发展,物价上涨,利润增加,对借贷资本需求增大。但是,由于这时信用周转灵活,资本回流加快,商业信用扩大,对借贷资本需求的增长被这些因素所抵消。因此,利率还维持在较低水平上。但随着生产规模继续扩大,对借贷资本的需求继续增加,特别是信用投机出现,使借贷资本需求大增,利率迅速上升。此时,利率虽已提高到平均利润率水平,但由于对借贷资本的需求还在扩大,利率会再度上升。上述分析可以概括为如表3.1 所示。

表3.1 经济周期各阶段利率变动情况

产业阶段	借贷资本供求状况	利率变动状况
危机阶段	供<求,物价暴跌	利息率最高
萧条阶段	供>求,物价最低	利息率最低
复苏阶段	供略大于求	高于最低限度,但仍很低
繁荣阶段	供=求	利息率达至平均水平

6. 国际收支状况

国际收支状况对利率也具有重要作用。当一国国际收支平衡时,利率通常不会变动。当一国国际收支持续出现大量逆差时,为了弥补逆差,货币当局会通过提高利率吸引外资流入。当国际收支持续出现顺差时,为了控制顺差,货币当局就会降低利率以减少资本流入。

除了上述因素外,影响利率变化的因素还有很多。例如,一国的利率水平还与该国货币的汇率有关,当本币贬值时,会导致国内利率上升。此外,借贷期限、借贷风险、国际利率的变动、经济的开放程度等,都会对一国利率水平产生重要影响。因此,对利率水平的变动趋势只有综合分析各种因素才能得出准确的判断。

三、利率决定理论

(一)马克思的利率决定理论

马克思的利率决定理论是以剩余价值在不同资本家之间的分割为起点分析的。马克思认为利息是借贷资本家从职能资本家那里分割到的一部分剩余价值。剩余价值表现为利润,因此,利息只是利润的一部分。利润本身就构成了利息的最高界限,平均利润率就构成了利息率的最高界限。因为若利息率超过平均利润率,职能资本家就不会借入资本。而利息率为零时,借贷资本家无利可图,就不会贷出资本。因此利息率总是在零与平均利润率之间波动。当然,并不排除利息率超出平均利润率或实际可能为负数的特殊情况。

利息率取决于平均利润率,从而使利息率有以下特点:① 随着科学技术发展和资本有机构成的提高,平均利润率具有下降趋势。因此,平均利息率也有下降的趋势。但由于还存在影响利率的其他因素，它们可能加速或抵消这种变化趋势。② 平均利润率的下降是一个十分缓慢的过程。在某一阶段考察利息率时，每个地区的平均利润率是一个稳定的量，所以平均利息率也是个相对稳定的量。③ 利息率不仅受到利润率的决定，还受供求竞争、传统习惯和法律规定等因素的作用，它的决定具有偶然性。

现实生活中面对的都是易变的市场利率，平均利息率只是一个理论概念，从总体上反映了一定时期利率水平的高低，是一个相对稳定的量。

（二）古典学派的储蓄投资利率理论

该理论的主要倡导者是庞巴维克、马歇尔和费雪。由于古典学派的利率理论遵循了古典经济学重视实物因素分析的传统，因而也被称为真实利率理论。

古典学派从储蓄和投资等实物因素来讨论利率的决定，认为利率决定于储蓄和投资的均衡点。资本供给来源于储蓄，资本需求来源投资。人们把财富用于储蓄而不用于现期消费，是为了将来获得以利息表示的更多消费补偿。因此，利息率越高，储蓄的吸引力就越大，储蓄是利率的递增函数。同时储蓄的增长又是投资的借贷资本来源，形成了贷放资金的供给。反之，利率降低，对于投资人来说，较低的成本可以获得较高的投资收益，投资需求越大，因此投资是利率的递减函数。将投资能够带来的收益与储蓄所能获得的利息相比较，决定了人们对储蓄和投资的选择。如果利率上升，储蓄上升，投资减少，反之，投资的收益大于储蓄所得到的利息，就会使储蓄转化为投资，而当投资收益与储蓄所得利息相等时，社会资本的供给与需求刚好相等，投资既不会增加也不会减少，储蓄也是如此，此时利率处在储蓄与投资曲线相交的均衡点上，表明在均衡的利率下，经济处于均衡状态。可见，利率水平依赖于储蓄和投资双方的相互调整，使投资能够全部吸收储蓄，而储蓄又能维持全部投资，即利率水平取决于储蓄流量和投资流量的均衡。

在图 3.1 中，I 曲线为投资曲线，向下倾斜表示投资是利率的减函数；S 曲线表示储蓄曲线，向上倾斜表示储蓄是利率的增函数。两线的交点所确定的利率 i_0 就是均衡利率。当其他因素使 I 曲线向右移动到 I' 时，I' 曲线与 S 曲线的交点 i_1 就是

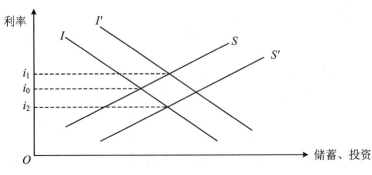

图 3.1 古典利率决定论模型

新的均衡利率。同样,其他因素使 S 曲线移到 S′ 曲线时,I 曲线和 S′ 曲线的交点 i_2 就成了新的均衡利率。显然,投资不变时,储蓄的增加会使利率水平下降。储蓄不变时,投资的增加会使利率水平上升。

(三)凯恩斯学派的流动性偏好利率理论

这一理论是凯恩斯在 20 世纪 30 年代西方经济大危机后提出来的,他认为古典学派的理论是依靠储蓄投资的相互作用决定利率,通过利率的自动调节,使经济达到均衡状态,但是这一过程并不能实现。与之相反,他提出货币供求变动决定利率。货币供给是由中央银行决定,货币需求是由人们的流动性偏好决定。所谓流动性偏好,简言之,就是人们持有货币的一种心理倾向。凯恩斯认为引起流动性偏好的动机有三个:交易动机、预防动机和投机动机。由交易动机和预防动机所需的货币量与利率无关,主要与收入有关,用 $L_1 = L_1(Y)$ 表示,Y 为收入水平。投机动机所需的货币量主要与利率相关而与收入关系不大,用 $L_2 = L_2(i)$ 表示。利率越高,投机性货币需求越小,利率越低,投机性货币需求越大,当利率低至某一极限时,货币需求将变得无限大,人们宁愿持有货币而不愿持有债券等其他资产。这就是"流动性陷阱"。总的货币需求为 $L = L_1(Y) + L_2(i)$。

如果满足交易动机和预防动机的货币供给量以 M_1 表示,满足投机动机的货币供给量用 M_2 表示,则社会的总货币供给量为 $M = M_1 + M_2$。当货币的供求均衡时,即 $M = M_1 + M_2 = L_1(Y) + L_2(i)$ 时,决定的利率即为均衡利率。

货币存量取决于货币供给,流动性偏好反映货币需求。当货币市场初始不均衡时,超额或者缺额货币将为收益证券的增加或减少所替代,证券价格的上涨或下跌,推动利率下降或上升,由于投机动机的作用,货币需求随之扩大或收缩,直到货币需求水平恰好全部吸收货币供给为止,这时利率达到均衡水平。如果初始货币量是均衡的,那么货币供求因素是相对稳定的变动,通过上述与有收益证券的替换过程,使初始利率变动到新的均衡利率。

(四)新古典学派的可贷资金理论

这一理论是在综合古典学派利率理论和凯恩斯利率理论的基础之上建立起来的,主要代表人物是罗伯逊、俄林。该理论认为利率不仅取决于储蓄和投资,还取决于货币的供给和需求,它试图把实际经济因素和货币因素进行综合考虑,从流量的角度研究借贷资金的供求和利率的决定。该理论认为利率取决于可贷资金的供求平衡。可贷资金的供给来源于两部分:一是社会(包括家庭、政府和企业)的实际储蓄(在开放经济中,还包括来自外国资本的净流入)。二是信用膨胀引起的实际货币供给净增额。可贷资金的需求也包括两方面:一是实际投资支出的需要,对于政府而言,则可能是弥补预算赤字的需要;二是居民、企业增加货币持有的需要。分别用公式表示为:$D_L = I + \Delta M_D$,$S_L = S + \Delta M_S$。式中,D_L、S_L 分别表示可贷资金的需求和供给，I、S 分别表示投资和储蓄，ΔM_D、ΔM_S 分别表示货币需求的变动量和货币供给的变动量。当可贷资金供求双方相互作用达到平衡时，形成均衡的一般利率。均衡条件用公式表示为：

$$D_L = S_L, \quad 即 \quad I + \Delta M_D = S + \Delta M_S$$

由上式可以看出：即使投资与储蓄这一对实际因素的力量对比不变，货币供需增量的对比变化也足以改变利率。因此，可贷资金的供求均衡并不就保证了商品市场和货币市场的同时均衡。从短期看，货币增量供求的不平衡或者投资储蓄的不平衡都会导致收入水平的波动，通过货币因素的传导，使均衡利率产生短期波动。从长期看，利率取决于实际经济因素，所以长期利率相对稳定。可贷资金的利率理论，借此解释了短期利率的易变性和长期利率的稳定性。

（五）IS-LM 模型的利率理论

著名的 IS-LM 模型是由英国经济学家希克斯于 1937 年提出，美国经济学家汉森于 1949 年补充发展而成。它从商品市场和货币市场的全面均衡状态来阐述利率的决定机理，从而提出了一个全新的利率决定理论，即利率决定于投资函数、储蓄函数、流动性偏好函数和货币供给量，均衡利率决定于储蓄与投资相等、货币供求相等的一般均衡状态。希克斯认为，流动性偏好利率理论和古典利率理论都忽视了收入因素，都不能确定利率水平。就古典利率理论而言，因为储蓄取决于收入，不知道收入就不知道储蓄，从而利率就无法确定；利率不能确定，投资就无法确定，从而收入也不能确定。对流动性偏好利率理论而言，利率取决于货币供求的均衡点，但货币需求取决于收入，不知道收入，货币需求就无法确定，从而利率也无法确定。为了弥补这一缺陷，应将货币因素和实物因素综合起来进行分析，把收入作为一个与利率相关的变量加以考虑。为此，希克斯建立了 IS-LL 模型，按照该模型，利率决定于储蓄与投资相等、货币需求与供给相等的一般均衡状态。后来汉森重新推导出 IS-LL 模型，并将其更名为 IS-LM 曲线模型。

汉森认为，利率受制于投资函数、储蓄函数、流动性偏好函数（货币需求函数）和货币供给量等四大要素。利率决定理论应包含对这些因素的分析。为此，汉森首先把收入水平引入资金供给函数，建立了资金供给与收入和利率两个变量的函数关系，即 $M_S = f(Y, i)$，于是得到了一组在不同收入水平下的资金供给曲线，将该曲线与投资函数曲线结合，当资金供给（储蓄）等于投资时，就形成了一条由许多与之相对应的利率和收入组合的点所组成的曲线，即希克斯的投资储蓄函数（IS 曲线）。IS 曲线表示的就是使储蓄（S）等于投资（I）的利率与收入之间的相互关系，实际是表示在一定利率和收入水平上投资与储蓄均衡的点的轨迹。

汉森又进一步把收入水平作为一个变量引入凯恩斯利率理论中的流动性偏好函数，建立了流动性偏好的收入、利率函数，即 $M_D = L(Y, i)$，并由此得出一组不同收入水平下的流动性偏好曲线。汉森又把这组曲线同货币供给量结合起来，当流动性偏好与货币供给相等时,就形成一条由许多与之相对应的利率和收入组合的点所组成的曲线,即希克斯的 LL 曲线,汉森将其更名为 LM 曲线,以表示使货币需求等于货币供给的利率与收入两者之间的相互关系,实际是表示在一定利率和收入水平上货币需求与货币供给均衡的点的轨迹。

可见,IS 和 LM 两条曲线都是有关收入和利率两个变量的不同关系组合的点的连线。因此,收入和利率共同决定于这两条曲线的交点。由于 IS 曲线和 LM 曲线分别代表商品市场和货币市场的均衡,IS 曲线和 LM 曲线都不能单独决定两个市场全部均衡状态下的均衡收入和均衡利率。只有商品市场和货币市场同时达到均衡,即同时满足储蓄等于投资、货币供给等于货币需求时,均衡收入和均衡利率才能确定。在图 3.2 中,IS 曲线和 LM 曲线的交点 E 所决定的收入 Y_0 和利率 i_e,就是使整个经济处于一般均衡状态的唯一的收入水平和利率水平。处于 E 点以外的任何收入和利率的组合都是不稳定的,都会通过商品市场和货币市场的调整而达到均衡。

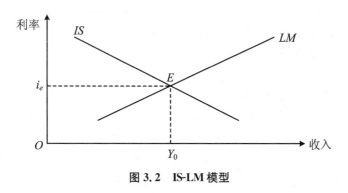

图 3.2 IS-LM 模型

第三节 利率的作用及其发挥

一、利率的作用

利率作为关键的金融变量和经济杠杆,在资源配置和国民经济发展中具有十分重要的调节作用。利率的这种调节作用不仅表现在宏观经济领域,而且还表现在微观经济领域。

(一)利率对宏观经济的调节作用

1. 积聚社会资本

社会资本的供给主要来自储蓄,利率可以调节居民储蓄水平及储蓄向投资转化的程度。一般而言,利率提高,居民储蓄倾向上升,社会资本供给增加;而利率降低会减少社会资本供给。但是,利率对社会资本的这种调节作用还应结合替代效应和收入效应来分析。所谓替代效应是指储蓄随利率提高而增加的现象,它表示人们在利率提高时,愿意用增加未来消费(储蓄)来替代当前消费;收入效应则是指储蓄随利率提高而降低的现象,它表示人们在利率提高时,希望增加现期消费以改善生活质量。就我国目前情况来看,由于居民收入水平不高,社会保障程度较低,人们对未来信心不足,积攒收入以实现未来更加美好的梦想成为大多数人的选择。因此,利率对储蓄的替代效应大于收入效应。在这种情况下,提高利率会增加社会资本的供给。

2. 调节信用规模和经济结构

一方面,中央银行提高贷款利率和再贴现率,商业银行的贷款利率和贴现率相应提高,使借款人贷款规模和投资规模缩减,进而引起社会信用规模减小,反之则会扩大社会信用规模。另一方面,金融机构通过采取差别利率和优惠利率,引导资金流向,实现资源优化配置,进而调整和优化经济结构和产业结构。例如,对国家产业政策支持发展的新兴产业和重点项目,实行优惠利率政策,使这些部门和企业能以较低的成本获得更多的信贷支持,促使其更快发展;反之,对于国家限制的产业、企业或项目,则采取高利率政策来限制其发展。

3. 调节社会总供求

利率作为重要的经济杠杆,对调节社会资金的供求起着十分重要的作用。如果利率水平上升,一方面,对资金需求者来说,增加了他们的融资成本,相应地降低了借款者的收益水平,从而抑制了资金需求的增加;另一方面,从资金的供给者角度看,利率提高就会增加他们的实际收益水平,从而刺激社会资金供给的增加。反之,如果利率水平下降,就会减少社会资金的供给量,增加社会资金的需求量。因此,中央银行调整利率政策有利于促进社会资金的供求平衡。

4. 调节货币流通和稳定物价

当市场货币流通量过多,预期通货膨胀将要发生时,通过提高存、贷款利率调节货币流通量和货币需求量,使货币流通量减少,货币需求下降,信贷规模收缩,促使物价趋于稳定。如果通货膨胀是由于商品供求结构失衡所致,则可以降低供不应求的短线产品行业或企业的贷款利率,促使企业扩大再生产,增加商品可供量,使商品供求结构趋于平衡,最终促使物价回落。

5. 利率能够平衡国际收支

当一国国际收支出现严重逆差时,可将本国利率调到高于其他国家的程度,一方面可阻止本国资金流向国外;另一方面可以吸引国外的短期资金流入本国,从而达到矫正国际收支逆差的目的。但是当国内经济衰退与国际收支逆差并存时,就不能简单地调高利率水平,而应调整利率结构。因为投资主要受长期利率的影响,而国际上的资本流动主要受短期利率的影响,因此在国内经济衰退与国际收支逆差并存时,一方面降低长期利率,鼓励投资,刺激经济复苏;另一方面提高短期利率,阻止国内资金外流并吸引外资流入,从而达到内外部同时均衡。当一国国际收支大量顺差时,降低利率既可以限制外国资本流入,又能鼓励本国资本外流,从而减少国际收支顺差。

（二）利率对微观经济的调节作用

1. 激励企业提高资金使用效率

在现代经济生活中,工商企业向商业银行借款,而商业银行和其他金融机构又向中央银行借款。对于它们来说,利息始终是利润的抵减因素。因此为了自身利益,企业、金融机构等微观经济主体就必须加强经营管理,尽力节约资金,加速资金周转,减少借款额,通过提高资金使用效率来减少利息的支付。

2. 利率能够影响人们的金融资产投资选择

一方面,利率能够诱发和引导人们的储蓄行为,合理的利率能够增强人们的储蓄愿望和热情,不合理的利率会削弱人们的储蓄愿望和热情。因此,利率的变动,在某种程度上可以调节个人的消费倾向和储蓄倾向。另一方面,利率可以引导人们选择金融资产。人们在将收入转化为金融资产保存时,通常会考虑资产的安全性、流动性与收益性。在金融产品日益多样化的当代社会,在保证一定安全性与流动性的前提下,主要由利率决定的投资收益率的高低,往往是人们选择金融资产时着重考虑的因素。在这种情况下,金融产品的利率差别成为人们选择金融资产的有效依据,人们会通过金融商品的利率比较来确定自己的选择。

3. 利率也是计算租金的重要参照

资产所有者贷出资产,在到期后收回并取得相应的租金。租金的度量受多种因素的影响,如传统的观念与习惯、政府的法规、供求关系等,但通常是参照利率来确定的。

二、利率作用于经济的途径

利率作用于经济的途径是通过以下几种效应实现的。

1. 成本效应

所谓成本效应即利率通过影响资金使用的成本来传导它的作用。成本效应有三种:

（1）投资成本效应,即利率决定投资成本,从而影响投资决策和投资规模。利率变动引起投资决策和规模的变动,以至达到引导和调整资金流向的效果,称之为投资成本效应。投资的资金来源有二:借入资金和自有资金,前者的使用成本是由利率决定的,后者的机会成本也是由利率决定的。若一项投资的预期边际收益率大于利率的话,则投资规模就会扩大,借贷活动就活跃起来。如果预期边际收益率等于利率的话,人们就不愿借入资金进行投资,而利用自有资金进行投资。在自有资金有限的情况下,就会放弃投资项目或缩小投资规模。如果预期边际收益率低于利率的话,借贷资本的使用成本大于预期利润,自有资金的机会成本也大于投资成本,这样非但无利可图反而会亏本,这时人们就会将自有资金投入金融机构和市场。由于资本的预期收益率是受当时社会生产力水平、技术等其他因素决定的,在短期内不会变动,因此,投资决定于利率。利率的投资成本效应引导资金向社会效益高的部门流动,使资源达到有效利用。

(2) 产品成本效应,即利率的高低同时也决定流动资金的成本,从而决定产品的成本和价格。同样,如果是借入资金,利率决定其使用成本;如果是自有资金,则利率决定其机会成本。在我国,利息计入成本,利率决定产品的成本,成本决定产品价格的高低,价格又是决定产品是否能在同类产品的竞争中获胜的重要因素,同时也决定企业利润能否实现以及其利润的高低。所以,成本太大、利润太小的产品往往被淘汰,企业因此会停产或转向生产利润率高的产品。

(3) 持有货币的成本效应。货币也是一种资产,其持有的利益在于它具有充分的流动性,而持有它的不利条件就是持有成本。持有成本有两种:一种是因持有货币而放弃的利息收入的损失,一种是因价格变动而引起的购买力的损失。当利率包含了通货膨胀补偿时,利率就变得十分重要了。

2. 利率的资产组合调整效应

在当今市场经济社会,利率影响资产收益结构,引起资产组合的调整,从而影响整个经济,这便是利率的资产组合调整效应。每个经济主体都追求利润最大化,但面对不确定的未来,为了分散不确定性带来的风险,他们将其资产分散在多种投资上,形成资产组合,不论收益所采取的形式如何,经济主体或财富持有人必须依据市场情况随时调整其资产构成,直至所有资产的边际收益率相等之后,才能达到均衡。假定某个经济单位或投资者原来处于均衡状态之中,由于某种原因,引起某种资产的收益率上升,这时,其他资产相形之下,收益率就降低了,就会引发一连串的资产组合调整过程,从而资金投向改变,引起经济环境一连串的变动。

3. 利率的财富效应

利率的变动能够引起人们财富的增减,以致影响消费,这就是利率的财富效应。假定个人或企业的实质财富由下面各项组成部分构成:

$$W/P=(P/K)/P+M/P+G/i$$

式中,W 为财富,P 为一般物价水平,K 是资本财富,P/K 是资本财富价格,M 是现金余额,G 是政府债券利息,i 是市场利率。方程两边均除以 P,则该式表现为实际财富。当市场利率下降时,资本财富的价格就上升,式中的第一项扩大,同时,第三项公债的价格也上升,财富增加。利率的财富效应表现为个人的消费支出是收入和财富的函数,当自变量变大,因变量随之也扩大,所以,财富的增加必然引起消费的扩大。

4. 利率的预期效应

即中央银行利率变动对人们预期发生的影响。贴现率的变动表示中央银行对现状及未来所作的判断;同时,也含有中央银行的政策态度变化的意义。例如,贴现率的提高是景气将趋向不安的一项警戒信号,甚至是一项危险的信号,它一般被视为中央银行对付经济过热,作出断然的紧缩政策,金融机构预期到今后从中央银行借入的成本更高、条件更为苛刻,以及其紧缩后往来客户的经营恶化,从而不得不采取慎重的态度,严格放款。一般企业也预期到紧缩到来,以及未来资金调度的困难,对自己的经营态度更加慎重,进而改变经营规模和方向等。在股票市场和债券市场上,证券价格立即下跌。利率的预期效应在各国均存在,尤其是企业在很大程度上依赖于银行,而银行又依存于中央银行的国家,例如,在日本,贴现率的变动给予各金融机构及一般企业未来预期的心理效果尤为强烈。

5. 利率的汇率效应

即利率的变动对本国货币与外国货币的比价的影响,从而对国际收支的影响,这被称为利率的汇率效应。下面通过利率的平价关系来分析利率的汇率效应。假定 i_a 是 A 国的利率,i_b 是 B 国的利率,F 是期货汇率,E 是现货汇率,A 国的投资者投资 1 个单位,可获利 $1 \cdot i_a$,如果在 B 国投资 1 个单位,就等于 B 国的 $(1/E) \cdot K$,可以获利 $K(1+i_b)/E$。如果将来的汇率不能确定,A 国投资者可以通过一个期货合同来确定将来的收益,即投资者在一定时期后可得到 $K(1+i_b)/E$,为了将其转化为 K,可以在期货市场上卖出 $K(1+i_b)/E$,可以得到 $K(1+i_b)F/E$。两个投资机会的套利导致:$K(1+i_a)=K(1+i_b)F/E$;$(1+i_a)/(1+i_b)=F/E$,亦即 $i_a/i_b=F/E$。由此可以看出,假定一国的利率变动,必然引起 F 或 E 的变动。所以,利率的变动对外汇市场上现货和期货汇率都产生重大影响。

三、利率发挥作用的条件

利率的上述作用及其作用于经济的途径往往不够充分和顺畅,这是由于利率管制、授信限量、市场开放程度和利率弹性等人为的因素或非经济因素的存在,使利率作用的发挥受到种种的限制。因此,要使利率对经济的作用力充分释放出来,还必须具备一定的条件。

1. 市场化的利率决定机制

市场化的利率决定机制指利率不是由政府人为决定,而是通过市场机制和价值规律,由市场供求关系决定。市场上资金供不应求,利率就会上扬;资金供大于求,利率就会下降,资金环境相对宽松。利率能够真实灵敏地反映社会资金供求状况,通过利率机制促使资金合理流动,缓和资金供求矛盾,发挥筹集资金、调剂余缺的作用。

2. 灵活的利率联动机制

利率体系中,各种利率之间相互联系、相互影响,当其中的一种利率发生变动时,另一些利率也会随之上升或下降,进而引起整个利率体系的变动,这就是利率之间的联动机制。各种利率当中,尤以基准利率变动引起的变化最为明显,它的升降变化一般会引起商业银行利率、市场利率的迅速变动,从而使利率起到紧缩信用或扩张信用的作用。

3. 适当的利率水平

过高或过低的利率水平都不利于利率作用的发挥。利率水平过高,会抑制投资,阻碍经济的发展与增长;利率水平过低,又不利于发挥利率对经济的杠杆调节作用。因此,各国中央银行都十分重视利率水平的确定,尤其是发展中国家,在市场化利率决定机制形成的过程中,应逐步确定适当的利率水平,一方面能真实反映社会资金供求状况;另一方面使资金借贷双方都有利可图,从而促进利率对社会总需求、物价、收入等因素作用的发挥,推动经济的持续、稳定发展。

4. 合理的利率结构

利率水平的变动只能影响社会总供求的总体水平,而不能调整总供求的结构和趋向,也不能调整经济结构、产品结构以及发展比例等。合理的利率结构包括利率的期限结构、风险结构和行业结构等,通过利率结构的变动引起一系列的资产调整,引起投资结构、投资趋向的改变,使经济环境产生相应的结构性变化,更加充分地发挥出利率对经济的调节作用。

第四节 利率的结构

利率在一个国家中的具体表现是多种多样的。不同期限和不同用途的资金具有不同的利率水平,有时即使是期限相同的资金,其利率水平也不相同。这就是利率的结构问题。所谓利率结构,就是不同类型的利率之间的关系。利率结构主要有利率的风险结构和期限结构。

一、利率的风险结构

利率的风险结构是指各种金融资产的风险大小不同,其利率高低不同。反映期限相同的各种金融工具利率之间的关系。利率的风险结构主要由金融工具的违约风险、流动性和税收等因素决定。

(一) 违约风险

有投资就有风险。投资者购买某种金融工具之后,往往要面临发行人可能到期无法还本付息的风险,即违约风险。这是由于发行人经营业绩不佳、信用意识差等原因造成的。极端的情况是债券发行人破产了,这时债券的持有人将血本无归。违约风险的存在,使得投资者在购买金融工具时,要求发行人支付比无风险证券利率更高的利率,风险证券和无风险证券之间的利率差称为风险补偿。风险补偿就是违约风险的溢价,它构成金融工具风险溢价的一部分。金融工具的违约风险越高,风险溢价也越高,其利率也就越高。这种关系如图 3.3 所示。

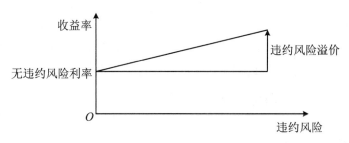

图 3.3　利率的违约风险构成

一般而言，中央政府发行的债券被认为是没有违约风险的，因为中央政府总可以通过税收甚至可以增发货币来偿付债券的本息。地方政府发行的债券风险也较小，但是，由于其控制税收的能力相对比较弱，所以地方政府债券的风险要高于中央政府债券。公司债券的风险是最高的，因为公司债券的本息偿付完全依赖于其利润，不论是外部环境的变化还是内部决策中的失误，都可能使公司的经营面临困境。这种不确定性导致了公司债券较高的违约风险，从而其利率也相对政府债券更高。即使期限相同的公司债券，发行人不同，债券的风险收益也有很大差异。那些信誉卓著的大公司的债券风险也是很低的，债券利率也不会比国债利率高多少；而那些信誉一般的普通公司发行的债券，则需要确定更高的利率才能顺利发行债券。商业票据和国库券期限相同，但其违约风险较大，利率也高于国库券。

（二）流动性

有些金融工具的还本付息可能不会有问题，但是缺乏流动性，即持有者在证券到期之前很难在不遭受损失的情况下将其转让出去而获得现款。在收益和风险一定的条件下，投资者总是偏好流动性更强的证券。对于流动性较差的证券，投资者会要求得到更多的补偿。这种补偿就是流动性溢价，它构成了债券风险溢价的另一部分。因此，在其他条件相同时，流动性越高的证券，要求的流动性溢价就越少，利率也就越低。反之，流动性越低的证券，利率将会越高。

金融工具的流动性可以用变现所需支付的成本来衡量。变现成本主要包括：① 佣金，即买卖金融工具支付给经纪人的手续费。② 买卖差价，即金融工具卖出价和买入价之间的差价。

（三）税收因素

税收之所以影响金融工具的利率，是因为持有人真正关注的是投资的税后收益。如果金融工具利息收入的税收待遇因其种类不同而存在差异，这种差异就会在税前利率上反映出来。在其他条件相同的情况下，金融工具的利息税率越高，其利率也会越高，否则持有人的税后收入将减少。税收因素能够解释一些违约风险和流动性风险所无法说明的问题，如美国的地方政府债券的利率曾经在很长一段时期内低于联邦政府债券,如果只根据违约风险和流动性风险来看,这应当是不合理的,因为不论是就违约风险还是流动性而言,联邦政府债券都低于地方政府债券。但由于美国的税法规定地方政府债券可以免缴联邦所得税,从而相对于联邦政府债券具有税收优惠,因此利率低于联邦政府债券也就不难理解了。

二、利率的期限结构

(一) 利率的期限结构含义

我们已经知道,期限相同的金融工具的利率水平是由违约风险、流动性和利息税率决定的。但期限不同的金融工具,在上述因素都相同时却有着不同的利率。其中的原因可以从利率的期限结构理论得到解释。利率的期限结构是指利率与期限之间的变化关系,是指金融工具到期前的年限(时间)不同,其利率高低不同。它反映短期利率与长期利率之间形成的关系结构。比如,存款既有 1 年期的,也有 2 年期的,1 年期存款利率要低于 2 年期存款利率,这就是存款的期限结构。又比如,公司债券利率也因期限不同有高有低,这就形成了公司债券利率的期限结构。

在利息成为收益的一般形态后,金融工具利率与期限的关系便体现为到期收益率与期限的关系。利率的期限结构理论认为,利率高低主要取决于金融工具的到期收益率与到期期限之间的关系。利率的期限结构曲线也因此被视为某一时点以同类金融工具的不同到期期限为横轴,不同期限的同类金融工具的到期收益率为纵轴而形成的一条曲线(如图 3.4 所示)。由于到期期限与未来现金流支付完全相同的同类金融工具的市场价格会出现波动,其到期收益率也会随之发生波动,因而在不同的点可以得到不同的收益率曲线。由图 3.4 可以发现,金融工具利率与期限的关系有四种情形:① 平坦型。利率与期限无关,无论时间长短如何,利率始终不变。图 3.4(a)是一条平坦的收益率曲线,表示长期利率与短期利率水平相同,这在现实经济中非常少见。② 递增型。利率与期限呈正比。期限越长,利率越高,反之则利率越低。图 3.4(b)是一条向上倾斜的收益率曲线,表示长期利率高于短期利率。这是绝大多数金融工具存在的情形。③ 递减型。利率与期限呈反比,期限延长,利率下降,期限缩短,利率上升。图 3.4(c)是一条向下倾斜的收益率

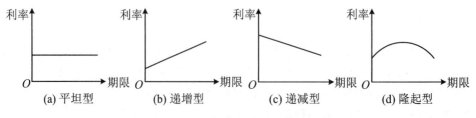

图 3.4　金融工具收益率曲线图

曲线,表示长期利率低于短期利率。这在现实经济中比较少见。④ 隆起型。利率随着期限的延长而上升下降。图 3.4(d)是一条隆起型的收益率曲线,表示利率开始随期限延长而逐步上升,在经过一段时间后又随期限延长而逐渐下降,这在现实经济中也比较多见。

(二) 利率期限结构理论

利率期限结构有两个值得注意的现象:一是各种期限的利率往往是同向波动的;二是长期利率往往高于短期利率。解释这些现象的理论主要有三个,即预期理论、市场分割理论和期限选择和流动性溢价理论。

1. 预期理论

(ⅰ) 预期理论的假设前提

预期理论也叫无偏预期理论,它的假设前提是:① 债券没有违约风险,且不受税收、成本影响。② 人们对短期利率变动具有完全预期。③ 市场完善,且债券市场中不同期限的债券之间可以完全替代,短、长期资金市场的资金转移完全自由。④ 投资者追求收益最大化。因此,对未来的预期是收益—期限关系的唯一决定因素,长期投资与短期投资所得的本利和应相等,长期利率等于现期利率与未来预期所有短期利率的平均数。例如:某投资者有一笔资金准备投资两年,它可以有两种投资选择:购买一年期债券,到期后用本息再购买一年期的债券;或现在就购买两年期债券。他发现一年期的债券利率为 9%,预期第二年的利率为 11%,就会选择第一种方案投资,直到债券供求变化使得两年期长期债券利率至少等于两个一年期的短期债券利率的平均水平(即 10%)。投资者才可能选择直接投资两年期的债券。此时收益率曲线显示长期债券利率高于短期债券利率。

(ⅱ) 预期理论的结论

预期理论的基本结论是:长期利率是短期利率的函数。长期利率同当前短期利率之间的关系依赖于当前短期利率与预期短期利率之间的关系。而且未来的短期利率是决定收益率曲线的唯一因素:① 若未来短期利率不变,则当期长期利率等于当期短期利率,收益曲线为一水平线。② 若预期未来短期利率上升,现期长期利率将高于现期短期利率,收益曲线向上倾斜;反之,现期长期利率将低于现期短期利率,收益曲线向下倾斜。

(ⅲ) 预期理论的政策含义

预期理论具有明显的政策意义:货币管理当局除非影响预期,否则它不能影响利率的期限结构。如果中央银行想改变长期利率水平而不改变利率的期限结构,并且不影响短期利率水平,那么它只需改变短期债券供给,而不需要改变长期债券供给。

2. 市场分割理论

(ⅰ) 市场分割理论的基本观点

市场分割理论假设各种期限证券之间毫无替代性,它们的市场是相互分割、彼此独立的,因而每种证券的利率都只是由各自市场的供求状况决定的,彼此之间并无交叉影响。市场分割理论认为市场分割的原因有:① 投资者可能对某种证券具有特殊偏好或投资习惯。② 投资者不能掌握足够知识,只能对某些证券感兴趣。③ 不同借款人也只对某些证券感兴趣,因为其资金的使用性质决定了他们只会对某些期限的证券感兴趣。④ 机构投资者的负债结构决定了他们在长期和短期证券之间的选择。⑤ 缺少易于在国内市场上销售的统一的债务工具。

根据市场分割理论,收益率曲线的不同形状是不同期限证券的市场供求决定的,而各种期限证券的供求又受到投资者期限偏好的影响。如果较多的投资者偏好期限较短的证券,则对短期证券的大量需求将导致较低的短期利率,收益率曲线向上倾斜;相反,如果更多的投资者偏好长期证券,那么收益率曲线将向下倾斜。这样,市场分割理论为利率期限结构的第一种情形提供了最直接的解释,即人们会更加偏好期限较短、利率风险较低的证券。但是该理论却无法解释另外两种情形。它将不同期限的证券市场割裂开来,各种证券的预期收益率相互独立,因此根本无从解释为什么不同期限证券的利率会同向波动。而它不认为短期利率的变动会影响长期利率,因此也无法解释为什么短期利率较低时收益率曲线向上倾斜,而短期利率较高时收益率曲线向下倾斜。

(ⅱ) 市场分割理论的政策含义

市场分割理论的政策含义是:中央银行可以通过改变长期或短期证券的相对供给来改变利率的期限结构,但不能通过单方面改变短期证券的供给来影响长期利率。与预期理论的政策含义大不相同。

3. 期限选择和流动性溢价理论

(1) 期限选择和流动性溢价理论的假设和基本观点。期限选择和流动性溢价理论综合了预期理论与市场分割理论的特点。它认为长期证券的利率应等于该种证券到期前短期利率预期的平均值,加上该种证券的流动性溢价。

该理论的关键假设是:不同期限证券之间是可以相互替代的,这就意味着一种证券的预期收益率会影响其他期限证券的预期收益率。但另一方面,该理论又强调这种替代性并不是完全的,因为长短期证券收益率相同时,投资者更愿意持有短期证券(因为喜好流动性)。由于长期证券越容易遭受利率风险,在给定利率下,长期证券价格变动幅度要大于短期证券价格变化幅度。在其他条件相同时,这种资本损失的风险就产生了对持有更短期证券的偏好,这种偏好使得投资者聚集到他们所期望购买的证券市场中(即优先聚集地),所以长期证券与短期证券之间是不完全替代的。同时这种偏好导致了对长期证券需求的"结构缺陷",这种缺陷只有当长期证券的投资者能够得到"流动性溢价"时才能被消除。因此,长期证券利率不是当前利率与未来一年期利率的简单平均值,而是在这个平均值之上再加上流动性溢价。这是长期投资者所得到的风险补偿。只有这样,他们才肯购买非偏好的长期证券。

(2) 期限选择和流动性溢价理论的主要贡献。该理论的贡献在于：① 它既弥补了市场分割理论的缺陷,解释了短期投资者为何不愿意去投资长期证券,长短期证券之间为什么不能替代的情况,也克服了预期理论的不足之处,这两种证券之间存在着不完全的替代,而不是完全的替代。② 它能够合理地解释利率期限结构的第一种情形。投资者偏好短期证券,因此随着证券期限的延长,流动性溢价将会增大。在这种情况下：如果对未来短期利率预期的平均值提高,长期利率将高于短期利率,从而使收益率曲线向上倾斜,并且由于正的流动性溢价的存在,收益率曲线将更加陡峭；如果对未来短期利率预期的平均值不变,由于流动性溢价的存在,长期利率也将高于短期利率,从而收益率曲线向上平缓倾斜；对未来短期利率预期的平均值下降可能会根据下降的程度导致三种不同结果,即如果预期下降不足以完全抵消流动性溢价则收益率曲线微微向上倾斜,如果预期下降恰好抵消流动性溢价则收益率曲线保持水平,如果预期下降程度较大则收益率曲线向下倾斜。

第五节 利率管理体制

一、利率管理体制的概念

利率管理体制是经济、金融管理体制的重要组成部分,是指一国政府管理利息率的政策、方法和制度的总称。它取决于一国经济、金融体制、宏观经济调控能力和金融监管水平。利率管理体制的合理与否与利率杠杆作用能否发挥以及发挥作用程度的大小紧密相关。根据对利率管理的宽严程度大小和利率水平的确定方式划分,利率管理体制大致可分为三种类型：一是国家管制型,即利率管制型；二是国家管制与市场决定结合型,即管制利率和市场利率并存的双轨型；三是市场决定型,即利率市场化型。利率管制是一国实行金融抑制政策的产物,是指利率水平不反映市场供求关系,被人为地控制在较低的水平而长期固定不变,过于僵化的利率管理体制和过低的利率水平,使得资金价格扭曲,难以发挥资源配置的作用。利率市场化,是指通过市场机制,由资金供求关系决定的利率运行机制,它是价值规律作用和市场供求双方竞争的结果,包括利率决定、利率传导、利率结构和利率管理的市场化。即由市场决定利率的大小、结构、波动幅度,中央银行不对利率实行管制,只根据国民经济运行的实际情况和需要,通过制定和调整再贴现率、再贷款率以及公开市场业务来调节市场利率,最终形成以中央银行利率为基础、以货币市场利率为中介、以市场供求决定金融机构存贷款利率水平的市场利率体系和形成机制。与利率管制相比较,利率市场化强调市场因素在利率决定中的主导作用,强调遵循价值规律,真实地反映资金成本与供求关系,灵活有效地发挥其经济杠杆作用,因而是一种比较理想的符合市场经济要求的利率决定机制。

二、我国的利率管理体制

我国的利率管理体制变化与我国的经济体制改革息息相关。新中国成立初期到改革开放前,我国实行的是高度集中统一的管制型利率体制,利率由国务院统一制定、中国人民银行统一管理。其特点是:① 利率水平偏低。新中国成立以后,特别是 1956 年后,我国物价指数与利率水平呈反向变化,当零售物价总指数逐步上升时,贷款利率呈下降趋势。② 利率结构不合理,利率种类单一,主要表现为利差与利比不协调,没有真正体现资金的时间价值;利率档次少,利率档次从解放初期的 20 多种简化到"文革"期间的 7 种。③ 利率机制不灵活,利率的管理权限高度集中,利率标准若干年固定不变,没有因势而变,这既不利于国家产业政策的贯彻和产业结构调整,也不利于提高贷款经济效益。改革开放后,我国的利率管理体制进了一系列重大改革,利率决定方式随着经济金融改革进程的推进渐趋合理。总体而言,我国的利率管理体制经历了由管制到逐渐放开,由调节较为灵活经过管理僵硬到逐步市场化、重视利率的弹性再到关注科学的利率形成机制的过程,这一过程其实也是我国探索利率市场化改革的过程。

三、我国利率市场化改革

(一)我国利率市场化改革的目标和思路

1. 我国利率市场化改革的目标

利率市场化改革的总体目标是要形成以中央银行调控的基准利率为基础,以反映市场资金供求的市场利率为主体的利率体系。即建立由市场供求决定金融机构存、贷款利率水平的利率形成机制,中央银行通过运用货币政策工具调控和引导市场利率,使市场机制在金融资源配置中发挥主导作用的市场利率体系。概言之,利率市场化改革的最终目标就是实现利率由市场决定,它包括金融机构存贷款利率的市场化和中央银行利率调控由直接方式向间接方式转变两个过程。具体来说,包括以下几个方面内容:① 使利率成为指导资金流向,调节资金供求,促进资源合理配置的重要经济杠杆,这是利率市场化的核心,也是市场机制有效运作的必然要求。② 建立动态利率机制,打破利率僵化状态。首先要确立动态的基准利率调控体系,其次要增强浮动利率的动态功能,再次要完善利率体系的动态传导机制,从而逐渐形成以基准利率为核心,市场利率为主体,多种差别利率并存的完整的动态利率良性循环体系。③ 在放开同业拆借利率的基础上,使利率水平逐步微调到位。搞活同业拆借利率一方面对培育发展金融市场、扩大利率的市场机制、逐步消除利率"双轨制"具有导向作用。另一方面,这对利率水平的逐步调节有了一个缓冲的运作基础。④ 校正存贷款利差倒挂,为国有专业银行商业化创造基本条件。⑤ 实行国家管理和市场决定相结合的利率管理模式,建立适合社会主义市场经济体制的利率制度。

但是,利率市场化改革是一个复杂的系统工程,上述目标的实现不仅需要较长的时期,而且是一个渐进的过程。从国际经验看,利率市场化一般分为三个阶段:第一步是通过提高利率,使市场达到均衡状态,保持经济金融运行的稳定;第二步是完善利率浮动制,扩大利率浮动范围,下放利率浮动权;第三步是实行基准利率引导下的市场利率体系。在最后这一阶段,利率形成机制市场化的一个有效步骤是增加可交易金融产品的品种和数量,使金融资产多样化,然后先使这类非存、贷款品种利率自由化,通过其与银行存、贷款的竞争而最终放开银行贷款利率,并进而放开银行存款利率。

2. 我国利率市场化改革的思路

我国的利率市场化改革的总体思路是:首先从发展货币市场入手,二级市场先于一级市场,形成一个更为可靠的市场利率信号,进而以这一市场利率为导向,按照"先外币、后本币,先贷款、后存款,先长期、后短期,先大额、后小额"的步骤及时调整贷款利率,扩大浮动范围,促进银行间利率体系的建立与完善,最后逐步放开存款利率。

(二) 我国利率市场化的改革进程

我国的利率市场化改革事实上在20世纪80年代就开始尝试了。如果把放开银行间同业拆借利率作为我国利率市场化改革的开端,则我国利率市场化起于1996年6月。

利率的市场化主要包括贷款利率市场化、存款利率市场化和外币存款的市场化。

1. 贷款利率市场化

1983年,国务院授予人民银行在基准贷款利率基础上,上下各20%的利率浮动权。这样做的目的,一方面在于维持管制利率,从而不触动实体经济部门利益;另一方面,通过边际上的市场化,提高金融资源配置效率。1996年5月,为减轻企业的利息支出负担,贷款利率的上浮幅度由20%缩小到10%,但仅限于流动资金贷款。

1998年10月31日起金融机构对小企业贷款利率上浮幅度由10%扩大到20%,农村信用社贷款利率上浮幅度由40%扩大到50%,大中型企业贷款利率最高上浮幅度10%不变。

1999年贷款利率浮动幅度再度扩大,县以下金融机构和商业银行对中小企业的贷款利率上浮幅度扩大到30%,但对大型企业贷款利率上浮幅度仍为10%。

2003年8月,农村信用社的贷款利率浮动上限扩大到基准利率的2倍。

2004年1月1日起再次扩大金融机构贷款利率浮动区间,商业银行、城市信用社贷款利率的浮动区间上限扩大到中国人民银行制定的贷款基准利率的1.7倍,农村信用社贷款利率的浮动区间上限扩大到贷款基准利率的 2 倍。贷款利率浮动上限根据企业的信誉、风险等因素确定。贷款利率的浮动下限保持为贷款基准利率的 0.9 倍不变。

2004 年 10 月,基本取消了人民币贷款利率上限,仅对城乡信用社贷款利率实行基准利率 2.3 倍的上限管理,贷款利率的浮动下限仍为贷款基准利率的 0.9 倍不变。人民币贷款利率过渡到上限放开、实行下限管理的阶段,市场化程度显著提高。

2005 年 3 月,央行将商业银行个人住房贷款优惠利率回归正常贷款利率的上限管理;2006 年 8 月,商业银行个人住房贷款利率下降至基准利率 0.85 倍。2008 年 10 月,下限扩大到 0.7 倍。

2012 年,中国人民银行分别于 6 月 8 日、7 月 6 日两次下调金融机构人民币存贷款基准利率。同时把利率调整与利率市场化改革相结合,将金融机构贷款利率浮动区间的下限调整为基准利率的 0.7 倍。

2013 年 7 月 20 日,央行全面放开金融机构贷款利率管制,取消金融机构贷款利率 0.7 倍的下限,由金融机构根据商业原则自主确定贷款利率水平;取消票据贴现利率管制;对农村信用社贷款利率不再设立上限;个人住房贷款利率浮动区间暂不作调整。

2013 年 9 月 24 日,央行公布推进利率市场化的"任务表":一是建立市场利率定价自律机制,二是开展贷款基础利率报价工作,三是推进同业存单发行与交易。

2. 存款利率市场化

相比贷款利率市场化,存款利率市场化要谨慎得多,这主要是因为存款利率市场化要求银行具备健全的产权约束机制和经营体制,否则一旦引起价格恶性竞争,便有可能影响金融体系稳定和安全。

1999 年 10 月,人民银行选取了风险相对可控的机构间批发市场进行利率市场化的尝试,批准中资银行对中资保险公司试办 5 年以上、3 000 万元以上长期大额存款协议,利率水平由双方协商确定。2002—2003 年,协议存款试点范围扩大到全国社会保障基金理事会和已完成养老保险个人账户基金改革试点的省级社会保险经办机构。

2004 年 10 月 29 日,央行决定放开金融机构人民币存款利率下限。"贷款利率管住下限、存款利率管住上限"旨在防止银行恶性竞争,合理保护银行业利润,进而为银行的改革赢得时间。

2005 年 3 月,金融同业存款利率比照央行超额准备金存款利率执行的机制,由双方自由协商确定。自 2005 年 9 月 21 日起,商业银行被允许自由决定除定期和活期存款外的 6 种存款的利息定价权。

2012 年 6 月 8 日起,将金融机构存款利率浮动区间上限调整为基准利率的 1.1 倍。

2015年10月25日起,央行宣布取消存款利率上限,至此,我国利率市场化迈出了关键性一步,在利率市场化改革中具有里程碑意义。今后,我国将进一步推动利率市场化走深走实,在逐渐形成合理的利率期限结构的基础上,根据市场供求关系形成合理的基础利率水平,以引导市场利率的变化和走向,充分发挥利率在调节市场、引导经济主体预期方面的作用,以促进资源的合理配置。

知识链接 3.2

国外利率市场化情况

国外的利率市场化,不论是以美国、日本为代表的发达经济体,还是以韩国、泰国为代表的东亚经济体,或者是以阿根廷、智利为代表的拉美国家,都集中在20世纪70~80年代。主要原因是:70年代,两次石油危机冲击带来了世界性的通货膨胀,各国经济普遍出现"滞胀"局面,在利率管制以及金融创新作用下,发达国家普遍出现"脱媒"现象。而对于智利等拉美国家而言,高通货膨胀则导致了储蓄率下降和存款大量外流,国内资金稀缺制约了经济发展。此外,"滞胀"现象使得长期占主流地位的凯恩斯主义受到人们普遍质疑,以哈耶克、弗里德曼为代表的新自由主义开始广泛影响各国的金融实践,麦金农和肖提出金融抑制理论以后,金融自由化浪潮席卷全球。

国外的利率市场化主要有两条途径,即渐进式和激进式。欧、美、日等国家普遍采用的是一种渐进式的改革。美国的利率市场化改革从1970年开始酝酿,直到1986年完成,历经16年,如果以"Q条例"完全废除为标志,则要持续到2011年《多德—弗兰克华尔街改革与消费者保护法案》的实施;日本的利率市场化改革历经17年,直至今天,日本的利率仍然没有彻底地市场化;德国的利率市场化可分为形式的市场化和实质的市场化两个阶段,历时11年;英国和法国也分别经历了10年和20年左右。激进式的典型代表为阿根廷一波三折的改革和智利的超级货币主义实验,这种激进式的改革一方面表现为国家经济状况大幅波动,通货膨胀高企,又表现在改革步伐过大,致使利率市场化与金融混业经营、银行私有化、汇率改革和资本项目自由化等其他金融自由化改革同时推进,激进式改革最终均以失败告终。

本 章 小 结

1. 利息是债权人因贷出资金而获得的报酬或者是为债务人取得资金使用权所付出的代价。利息实质上是利润的一部分,是剩余价值的转化形式。利率是衡量利息水平高低的指标,可以从不同角度进行分类,不同种类利率的有机组合构成了利率体系。

2. 现值和终值是相对应且可以相互换算的一对概念。将资金的未来价值折算成现值的过程称为贴现。现值和终值的换算是通过复利方法完成的。

3. 利率结构是不同类型的利率之间的关系,主要有风险结构和期限结构。解释利率的期限结构的理论主要有预期理论、市场分割理论和优先聚集地理论。

4. 利率作为重要的经济杠杆,对宏观经济和微观经济具有很大的调节作用。利率作用于经济的途径主要有:成本效应、资产组合调整效应、财富效应、预期效应和汇率效应等。

5. 利率作为一个复杂的金融变量,受到平均利润率、借贷资金供求关系、预期通货膨胀率、中央银行货币政策、经济周期和国际收支状况等多种因素的影响。

6. 许多经典理论对利率变动进行了解释。古典利率决定理论认为利率具有使储蓄和投资相等的自动调节功能;流动性偏好理论将利率看成一种纯粹由货币供求决定的现象;可贷资金利率理论从可贷资金的供求来讨论利率的决定过程;IS—LM 模型从商品市场和货币市场的全面均衡状态来阐述利率的决定机理,提出了一个全新的利率决定理论。

7. 利率市场化改革是我国金融体制改革的中心环节之一。2015 年 10 月 25 日放开存款利率上限,标志着我国利率市场化改革取得突破性进展。利率市场化改革正在持续推进,市场化利率体系逐渐完善。

【重要概念】

货币的时间价值　利息　收益的资本化　终值　现值　到期收益率　利率　利率体系　市场利率　官定利率　名义利率　实际利率　固定利率　浮动利率　市场利率　基准利率　费雪效应　利率的风险结构　利率的期限结构　IS-LM 模型　利率市场化

【思考与练习】

1. 从各种关于利息本质的观点中,你能否得出自己对于利息来源及本质的正确认识。
2. 为什么利息能转化为收益的一般形态?如何理解收益的资本化?
3. 利息率与收益率之间的关系如何?
4. 影响利率变动的因素主要有哪些?
5. 试述各种利率决定理论的基本观点及它们之间的逻辑关系。
6. 试述 IS-LM 模型关于利率决定机制的分析思路和框架。
7. 利率的作用有哪些?它是如何影响经济的?利率杠杆作用的充分发挥应具备哪些条件?
8. 利率的风险结构是由哪些因素决定的?
9. 解释利率期限结构的理论有哪些?预期理论是如何论证利率期限结构的?
10. 我国利率市场化改革的进展如何?为什么要进行利率市场化改革?

11. 一借款人从银行借入 10 万元,期限 10 年,利率 6%,试分别按单利制和复利制计算出该借款人应支付给银行的利息。

12. 假设某年的名义利率为 3.25%,物价上涨率为 3.5%,若只考虑物价上涨对本金的影响,该年的实际利率为多少?若考虑物价上涨导致本金和利息均贬值的条件下,该年的实际利率为多少?

13. 假设一笔贷款为 50 万元,期限为 3 年,到期一次性还本付息,贷款利率为 8%,试分别用单利法和复利法计算该笔贷款到期的本利和。

14. 某债券的息票利率为 10%,面值为 1 000 元,期限 5 年,到期收益率为 8%,试求:

(1) 每年支付一次利息,债券现值为多少?

(2) 每半年支付一次利息,债券现值为多少?

15. 某债券的息票利率为 8%,面值为 1000 元,期限 5 年,采用平价发行,求该债券的到期收益率。

16. 某贴水债券期限 3 年,面值为 100 元,销售价格为 80 元,求该债券的到期收益率。

17. 某公司发行债券面额为 1000 元,期限为 5 年,票面利率为 8%,单利计息,每满一年付息一次,现以 950 元发行价格向社会公开发行。求:

(1) 投资者在认购债券后到期满时可获得的到期收益率。

(2) 若投资者在认购后持至第 3 年末以 995 元市价出售,则该持有者持有期的收益率为多少?

18. 假设某债券期限为 4 年,息票收益为 50 元,债券收益率为 5%,债券到期收回本金 1 000 元,则该债券的市场价格为多少?

第四章 金融体系总览

【学习目标和要求】

- 理解金融体系与资金融通的关系,掌握直接融资与间接融资的含义及其优缺点,熟悉互联网金融及其具体模式。
- 理解金融体系的内涵、构成与演进,掌握金融体系的功能。
- 了解并描述我国金融体系发展与改革的过程、成效及未来趋势。
- 了解金融机构的概念、种类和西方国家金融机构体系。
- 熟悉并描述我国金融机构体系的基本架构及其组成内容。
- 了解主要国际金融机构的业务活动与职能作用。
- 掌握金融分业经营与混业经营的涵义及其优劣。
- 坚定对中国特色金融发展道路的自信心与认同感。

经济决定金融,金融反作用于经济。一国具有何种经济体制,往往就有与之相适应的金融机构体系。本章从金融体系的概念出发,阐述金融体系的演进路、构成、功能,介绍发达国家及我国的金融机构体系,最后从金融体系未来发展趋势的角度探讨了分业经营和混业经营的演变历史及优缺点。

第一节 融资渠道与金融体系

一、融资渠道

(一)经济系统中各部门的资金余缺调节产生资金融通

金融是现代经济的核心和国民经济的血液。现代经济系统按照开放程度来区分,可以分为封闭经济和开放经济。封闭经济由居民、企业、金融机构和政府等四大经济部门组成,各经济部门内部及不同的经济部门之间不断地发生着各种各样的经济活动,并引起错综复杂的资金活动。如果不考虑同一个经济部门内部不同主体之间的经济活动,彼此相互联系、相互依存,特别是居民、企业、政府部门的生产、分配、交换、消费、公共服务等活动都离不开资金,从而都必然要与金融机构发生资金关系。如居民需要把节余的资金存放银行、投资证券或购买保险等,也需要在资金不足时向银行申请贷款;企业需要通过银行进行资金结算,办理存款、贷款、信托、租赁等业务,或通过股票、债券等工具融入长期资金等;政府也需要通过银行来实现资金转移、分配,并会形成一定的财政存款账户余额,同时需要发行政府债券进行融资等。在开放经济中,本国各经济部门不可避免地要与国外经济部门发生经济关系,产生国际金融活动。开放部门的对外金融活动主要体现在两个方面:一是对外贸易和劳务所产生的国际结算与融资,二是投资活动。无论是封闭经济还是开放经济中,各部门在经济金融活动中,有的成为资金盈余单位,而有的则成为资金短缺单位。为了保障生产、分配、交换、消费、公共服务等活动的顺畅进行,资金盈余单位与短缺单位之间就要通过融资活动来达到自身的融资目的。也就是说,盈余单位以投资者身份把闲置资金交给作为筹资者的短缺单位去使用,并获得相应的回报,短缺单位通过支付一定的成本获得所需要的资金,彼此之间完成资金的余缺调剂,即实现资金融通,这符合资金供求双方各自的需求。从盈余单位到短缺单位的资金流动,或者说资金融通,归结起来有直接融资和间接融资两种渠道。

(二)直接融资

1. 直接融资的含义

直接融资是没有金融中介机构介入,由资金需求者发行直接凭证给资金供给者以筹集资金的融资方式。在直接融资中,资金需求者通过向供给者出售股票、债券等直接凭证来获得资金,资金供给者持有这些直接融资工具而获得本息收入或股息分红。因此,对于筹资者而言,这些凭证是一种负债,而对于投资者而言,这些凭证则是一种资产。这些融资凭证大多可以在证券市场上流通,因此具有较高的流动性。直接凭证是由企业、政府或居民个人发行的公债券、国库券、债券、股票、抵押契约、借款合同及其他各种形式的借据、票据。直接融资的过程就是资金供求双方通过直接协议或在公开市场上买卖直接凭证的过程(如图4.1所示)。

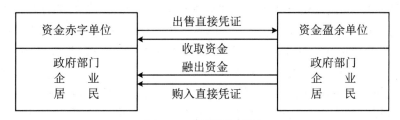

图 4.1 直接融资过程

直接融资避开了银行等金融中介机构,由资金供求双方直接进行交易,但是它也要借助证券公司、证券交易所等金融机构的服务。这些金融中介的主要功能是为资金供求双方牵线搭桥,提供策划、咨询、承销、经纪服务等,从中收取佣金。

2. 直接融资方式的优缺点

直接融资具有以下明显的优势：① 有利于筹集长期资金。直接融资能使资金需求者获得长期资金来源，资金使用上所受限制较少。同时，发行证券筹集资金可以不受公司资产规模和风险管理的约束。② 合理配置资源。直接融资把资金供求双方直接置于市场机制的作用之下，并按市场价格来进行交易，能够引导资金的合理流动，从而把资金配置到最有效的部门、企业或项目中，实现资源的优化配置。③ 加速资本积累。直接融资过程实际上就是资本的集中过程，它利用直接融资凭证把闲置的资金集中起来，形成巨额资金，使那些需要巨额资金的部门、企业得以迅速发展，推动社会生产规模的扩大和国民经济的发展。

直接融资也有明显的不足，主要表现在：① 进入门槛较高。由于逆向选择的存在，直接融资存在较高的进入条件。比如要求筹资者必须充分披露信息，经营规模也须达到一定的要求，等等。因此，进入证券市场进行直接融资的多为大企业或"专精特新科"中小企业，而其他普通的企业尤其是小微企业进入证券市场的难度很大。对于投资者也是如此，证券投资往往都有一个最低投资额的要求。② 公开性要求较高。证券市场的正常运作要求建立完善的信息披露制度，以方便投资者平等、及时地获得相关信息。这就有可能将公司的商业秘密暴露在竞争对手之下，与企业保守商业秘密的需求相冲突。③ 投资风险较大。由于金融市场瞬息万变，其风险是非常大的，它可以使人一夜暴富，也可以使人转眼间一贫如洗。所谓市场有风险，投资须谨慎，主要是针对证券市场而言的。

（三）间接融资

1. 间接融资的含义

间接融资是指资金供求双方通过金融中介机构进行资金融通活动的融资方式。间接融资方式中，金融中介机构通过发行间接凭证从资金盈余者那里获得资金，再通过购买资金短缺单位的直接凭证向其提供资金，以此实现资金的融通（如图 4.2 所示）。间接融资方式中的间接凭证包括由金融机构发行的存款账户、可转让大额定期存单、人寿保单、信托及其他各种形式的借款合同。在间接融资过程中，资金盈余单位和短缺单位并不发生直接的关系，而是分别与金融中介机构发生融资关系。金融中介机构作为独立的交易主体，处于债权人和债务人之间，发挥着吸收资金和分配资金的功能，为资金余缺双方进行资金融通服务。一方面，金融机构以债务人身份从资金盈余者手中筹集资金，另一方面，金融机构以债权人身份向资金短缺者提供资金，是"借者的集中和贷者的集中"的体现。在此融资过程中，金融机构必须自己承担发行和购买融资凭证的盈利和亏损，即承担其相应的风险，获得相应的利差收益。商业银行是其中最典型最重要的间接金融机构。

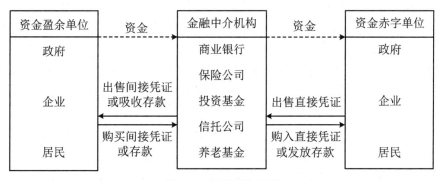

图 4.2　间接融资过程

2. 间接融资的优缺点

相对于直接融资，间接融资具有以下优势：① 可以降低信息成本和合约成本。资金盈余单位要对短缺单位进行融资，不管是采取贷款形式还是购买证券形式，都要了解短缺单位的有关信息，这便会产生信息成本。若双方决定采取贷款形式建立融资关系，还必须谈判，签订合约；合约签订之后，还要监督它的执行，由此产生的成本就是合约成本。如果这些事情由单个的盈余单位和短缺单位分别来做，其成本是相当高昂的。如果由机构来做这些事情，便会有很大的规模经济。金融机构便是这方面的专门机构，它们拥有丰富的专业技能和良好的条件，可以方便快捷地获取所需信息，有助于减少信息搜集成本与合约成本。② 可以通过多样化降低风险。融资活动中存在着各种风险。单个盈余者想要通过实投资多样化来分散风险是有一定困难的。而以商业银行为代表的金融机构有足够的资金、技术和条件将大量的社会闲散资金聚集起来，再将资金运用于各种不同的资产上，通过负债资产业务的多样化，实现规模效应，从而达到分散和降低风险的效果。③ 可以实现期限转换。现实生活中，单个的资金盈余单位随时都可能从盈余者向短缺者的转变，因此很难对短缺单位进行长期的资金融通。但是，金融机构作为信用中介，它不仅集中了大量短期资金，而且能保持资金流的充分流动性、连续性，即在某些资金被提走后，它可以通过吸收新的资金进行补充，这为它进行资金期限转换提供了可能性。比如商业银行，它所吸收的存款以短期居多，其中不少是活期存款和 1 年以内的定期存款，但是它发放的贷款既有短期的也有中长期的，有的贷款期限甚至达到 10 年以上。因此，商业银行等金融机构的独特功能在实现资金供求期限和数量匹配的同时，也可以通过资产负债的期限错配，发挥借短贷长的作用。这也有利于提高资金使用效率。④ 保密性强。间接融资中，商业银行等金融机构有为客户信息保密的义务，筹资者也无须披露信息。正是由于间接融资具有这些优点，使得其在社会融资总额中扮演着极其重要的角色。即便在证券市场十分发达的美国，资金短缺单位的相当数量的资金需求也是通过金融机构来满足的。

间接融资也有不足，主要表现在：① 资源配置效率较低。在间接融资中，由于最终借款人和最终贷款人之间的融资供求通过金融机构来完成,它们之间的直接联系被割断,因而资金配置的效率可能因金融机构的专业素质和经营能力的差异而受到影响,有时甚至较低。② 资金使用效率较低。由于资金的最终供求双方的直接联系被割断,这在一定程度上降低了投资者(如存款人)对借款人的关注,以及借款人对使用资金的压力和约束力,从而可能降低资金使用效率,影响投资收益率水平。

综上所述,直接融资和间接融资各有利弊,二者相辅相成,互为补充。对于一个国家而言,两种融资方式究竟保持何种比例较为合适,首先应该考虑它们对经济的弹性关系,其次还应考虑金融管理体制、融资成本、融资技术、融资意识等因素。一般而言,发达国家由于证券市场比较发达,直接融资占非金融企业融资总额的比重较高(30%以上),发展中国家的间接融资占比则更高一些。但总体上而言,间接融资仍是绝大多数国家的主要融资方式。

随着互联网金融引起的金融创新发展,以银行为代表的间接融资比例有所下降,例如日本。随着证券市场监管的放松,企业通过金融机构融资的份额相对于证券市场而言有所下降,但它仍然是企业最大的外部资金来源。这也说明,资金供求双方对融资渠道的选择并不是一成不变的,而是随着经济环境的变化而不断变化的。

(四)互联网金融模式

21世纪初以来,以互联网为代表的现代信息科技,特别是移动支付、云计算、社交网络和搜索引擎等,将对金融模式产生根本影响,出现既不同于商业银行间接融资,也不同于资本市场直接融的第三种融资模式——互联网金融模式。

关于互联网金融模式的概念,有狭义和广义两层含义。狭义上讲,它是指通过计算机连接终端和网络服务平台提供的所有金融服务和金融产品所形成的虚拟金融市场。广义上讲,还包括互联网金融服务提供的实体金融机构以及相关的法律法规等。

在互联网金融模式下,银行、证券公司和证券交易所等金融中介都不起作用,贷款、股票、债券等的发行和交易以及券款支付直接在网上进行,市场充分有效,接近无金融中介状态。通常将互联网金融分为以下四种模式:

1. 第三方支付

第三方支付是指具备一定实力和信誉保障的非银行机构,借助通信、计算机和信息安全技术,通过与大型银行签约的方式在用户与银行支付结算系统间建立连接的电子支付模式。第三方支付模式下,买方选购商品后,使用第三方平台提供的账户进行货款支付(给第三方),并由第三方通知卖家货款到账,要求发货;买方收到货物,核验货物,进行确认后,再通知第三方付款;第三方再将款项转至卖家账户。第三方支付已不仅仅局限于最初的互联网支付,而是成为线上线下全面覆盖、应用场景更为丰富的综合支付工具。第三方支付平台均需取得中央银行颁发的牌照,实行持牌经营,牌照有效期为 5 年。目前,除了中国银联和支付宝外,具有代表性的第三方支付机构还有财付通、快钱支付、易宝支付、汇付天下等。而从发展路径与用户积累途径来看,市场上第三方支付公司的运营模式可以归为两大类:一类是以支付宝、财付通为首,依托于自有 B2C、C2C 电子商务网站,提供担保功能的第三方支付模式;另一类就是以快钱为典型代表的独立第三方支付模式。

2. P2P 网贷

P2P 网贷(peer to peer lending),即点对点借贷;"网贷"即网络借贷。P2P 网贷是指个体与个体之间通过 P2P 公司搭建的第三方互联网平台实现的直接借贷,是一种"个人对个人"的直接信贷模式,它由具有资质的网站(第三方公司)作为信息中介平台,借款人在平台发放借款标的,投资者进行竞标向借款人放贷的行为。在 P2P 网贷平台上发生的直接借贷行为属于民间借贷范畴。

网络信贷起源于英国,2005 年 3 月,全球第一家专注于个人贷款业务的 P2P 网贷平台 Zopa 在伦敦成立,标志着 P2P 网贷模式的诞生,9 月,韩国第一家个人借贷平台 Donjoy 上线,10 月,美国第一家公益性借贷平台 Kiva 上线。自此,P2P 借贷模式开始向世界传播。美国、意大利、德国、瑞典、韩国、日本等国的 P2P 网贷平台迅速发展起来。全球具有代表性的 P2P 网贷平台,除英国的 Zopa、Funding Circle 和 Rate Setter 三大平台外,还有美国的 Prosper、Lending Club、德国的 Auxmoney、瑞典的 Trus Buddy、韩国的 Donjoy 及日本的 Aqush 等。其中,2007 年 10 月上线的美国 Lending Club 已经发展成为全球最大的 P2P 网贷平台。

从国内看,2006 年 5 月,宜信公司成立,首次将 P2P 借贷模式引入中国。2007 年 8 月,P2P 网贷平台拍拍贷在上海上线,中国 P2P 网贷模式从此开启。十多年来,我国 P2P 网贷行业经历了探索发展、快速发展、爆炸式增长、整顿规范、市场出清等几个阶段。在 P2P 网贷行业发展过程中,由于大量平台存在纯诈骗跑路、提现困难和经营不善致停业等问题,投资者损失惨重。对此,监管部门加大了对 P2P 网贷平台的监管力度。根据原银保监会披露的 P2P 行业动态显示(2020),全国范围内的 P2P 在线借贷机构的实际运营已从高峰期的 5 000 多家锐减至 3 家,互联网金融风险状况虽已得到控制,但 P2P 网贷这一新兴互联网金融模式(行业)在我国已经成为历史。P2P 网贷行业昙花一现式的由盛而衰,引发人们许多思考。

3. 大数据金融

大数据金融是指依托于海量、非结构化的数据,通过互联网、云计算等信息化方式对其数据进行专业化的挖掘和分析,并与传统金融服务相结合,创新性开展相关资金融通工作的统称。大数据金融扩充了金融业的企业种类,不再是传统金融独大,并创新了金融产品和服务,扩大了客户范围,降低了企业成本。按照平台运营模式,大数据金融可分为平台金融和供应链金融两大模式:① 平台金融模式。平台金融基于企业客户平台的信息、交易等功能和数据,运用互联网将支付融资系统与企业平台系统直接或间接对接,为平台客户及其体系内的企业和个人客户提供在线融资、现金管理、跨行支付、资金结算、资金监管等综合性金融服务。其通过整合信息流、物流、资金流,将银行金融服务嵌入企业日常经营过程,开展金融服务。② 供应链金融模式。这是商业银行信贷业务的创新模式,也是企业尤其是中小企业的一种融资渠道。它是指银行向客户(核心企业)提供融资和其他结算、理财服务,同时向这些客户的供应商提供贷款及时收付的便利,或者向其分销商提供预付款代付及存贷融资服务。简言之,供应链金融就是银行将核心企业和上下游企业联系在一起,提供灵活运用的金融产品和服务的一种融资模式。目前国内供应链金融集中在计算机通信、电力设备、汽车、化工、煤炭、钢铁、医药、有色金属、农副产品及家具制造业等行业,包括商业银行、核心企业、物流企业、电商平台等各个参与方。在供应链金融模式下,对于核心企业来说,供应链上的相关企业依然能为其分担资金风险;对于核心企业的上下游企业而言,则可以在核心企业的信用支持下,以较低的成本顺利地获取贷款额度;而对于 P2P 等资金供应方,通过与核心大企业的合作,可以掌握供应链条上的完整资金流、物流和信息流等核心数据,从而把单个企业不可控的风险转化为供应链整体可控的风险,从而更有效地控制风险。

4. 众筹

众筹是指项目发起人利用互联网和 SNS 传播的特性,发动公众的力量,集中公众的资金、能力和渠道,为小企业、艺术家或个人进行某项活动、某个项目或创办企业提供必要的资金援助的一种融资模式。相比于传统的融资模式,众筹的特点就在于小额和大量。众筹融资门槛低且不再以是否拥有商业价值作为唯一的评判标准,为新型创业公司的融资开辟了一条新的路径。众筹已经逐步形成奖励制众筹、股份制众筹、募捐制众筹和借贷制众筹等多种运营模式,典型平台包括点名时间、大家投、积木网等。

无论是直接融资渠道还是间接融资渠道,抑或是第三种融资模式互联网金融,它们的作用的有效发挥,都离不开健全完善的金融体系的支撑,其实它们就是现代金融体系的有机构成。

二、金融体系的内涵与功能

(一)金融体系的概念与类型

金融体系是金融要素的有机组合及资金集中、流动、分配和再分配的有机系统。它由资金的提供者与需求者、连接这两者的金融中介机构和金融市场,以及进行金融调控监管的中央银行和其他金融监管机构共同构成的复杂系统。从世界金融体系的演变与发展来看,由于经济体制、信用制度、历史文化等方面的差异,使各国、各地区的金融体系也不尽相同,依据中央银行所处的地位及其与其他银行的关系,金融体系可分为三种类型。

1. 银行职能高度集中的金融体系

该类型金融体系又称大一统金融体系，是指将中央银行职能与商业银行职能集中于单一的国家银行，并另设一些专业性银行的金融体系。该模式的金融体系与高度集权的计划经济体制相适应，计划经济实行统收统支，一切经济活动用计划来规范管理，要求强化宏观调控和中央高度集权。如苏联和东欧一些社会主义国家及改革开放之前的中国的金融体系，都属于此类型。

2. 以中央银行为核心的金融体系

该类型金融体系又称复合多元金融体系，是指以中央银行为领导，商业银行为主体，其他银行和非银行金融机构同时并存的金融体系。在这类金融体系中，中央银行的各项职能（如管理金融业、发行货币、办理清算、代理政府国库等）统一由一家银行承担，中央银行职能集中，却又与一般的银行业务相分离。中央银行能够独立地履行其职能，而商业银行和其他金融机构也能自主地从事金融业务活动。该模式的金融体系是与市场经济体制相适应，因而是市场经济国家和新兴国家普遍采用的一种模式。

3. 中央银行职能松散的金融体系

这种金融体系的特点是一国没有真正独立的中央银行，整个金融体系由众多的商业银行、其他银行与非银行金融机构、金融监管机构等构成。中央银行的相关职能分别由商业银行和政府管理机构执行。目前世界上只有少数国家和地区的金融体系属于此类型，如新加坡、利比里亚、马尔代夫等。

（二）金融体系的构成

金融体系是经济体系中为资金的集聚和配置服务的系统。现代金融体系包括金融机构体系、金融市场体系、金融业务体系和金融监管体系等四个方面。

1. 金融机构体系

现代经济系统中的货币资金运动、信用关系和金融市场活动离不开各种类型的专门从事金融服务的金融机构，这些金融机构相互协作、相互联系，构成具有整体功能的金融机构体系。所谓金融机构体系就是指各种金融机构因其组织结构、职能分工的不同而形成的相互联系的有机体。通常是银行金融机构与非银行金融机构并存的格局，其基本特点是以中央银行为核心，商业银行为主体，其他金融机构协调发展。银行金融机构主要包括中央银行、商业银行和各类专业银行等。非银行金融机构较为庞杂，包括保险公司、投资公司、证券交易所、租赁公司、基金组织等。金融机构体系在整个金融体系中占有十分重要的地位，是主要的金融中介系统，具有独特的业务经营方式和运行模式，是本章重点介绍的内容之一。

2. 金融市场体系

金融市场体系是指为了实现资金融通，为各种金融资产交易提供交易场所和机制的金融市场各子市场构成的整体。由于金融交易的对象、方式、条件、期限等要素的不同,以及金融交易业务的交互变动使得金融市场成为一个十分复杂的系统。金融市场体系是整个金融体系的载体,在现代市场经济中占有极其重要的地位,对现代经济发展具有巨大的推动作用。按照交易对象不同划分,金融市场主要包括货币市场、资本市场、外汇市场和黄金市场等。金融市场体系包括许多子市场,如长期、短期资金的借贷市场,股票、债券的发行、流通市场,外汇、黄金市场等。将在本书第七章进行详细介绍。

3. 金融业务体系

金融业务体系是指按金融体系的行业不同划分的由各类金融机构从事的各类金融业务形成的体系。它主要包括银行业务、证券业务、保险业务和其他金融业务。

传统的银行业务一般指由商业银行从事的存款、贷款和结算服务等组成。它不包括中央银行业务和投资银行业务。从事银行业务的机构主要是商业银行。

证券业务包括证券发行承销业务、证券代理买卖业务、证券自营业务和其他证券交易相关的服务业务(过户、清算、保管等)。不同国家的金融法规不同,从事证券业务的金融机构也有差异,从事这类业务的典型金融机构是证券公司、投资银行和金融公司。在混业经营体制的国家,商业银行和其他金融机构也可以参与。

保险业务按保险标的分为人身保险和损害保险,损害保险包括财产保险、责任保险、保证保险和信用保险等;按保险人是否承担全部责任分为原保险和再保险;按保险经营性质可分为政策性保险和商业性保险;按保险实施方式可分为自愿保险和强制保险。

其他金融业务是指以上三大金融业务以外的其他金融业务活动,主要包括信托业务、金融租赁业务和咨询服务业务等。从事这些业务的典型金融机构分别是信托投资公司、金融租赁公司和投资咨询公司。

为了提高金融运行的安全性,许多国家的金融法规要求商业银行不得经营证券业务、保险业务和信托业务,这就是所谓的分业经营。但是,在金融创新理论的支持下,商业银行等金融机构为了提高自身竞争力,不断地寻求突破口,力求通过跨业经营来拓展盈利空间。最近20年来,越来越多的金融业并购就是事实,金融混业经营的趋势已不可阻挡。

4. 金融工具体系

金融工具亦称金融资产,是指证明信用关系的书面凭证、债权债务的契约凭证等,是金融机构中和金融市场上交易的对象。金融工具种类很多,在货币市场上,主要的金融工具有商业票据、短期国债、回购协议、可转让定期存单等;资本市场的主要金融工具有股票、债券、抵押贷款等。这些金融工具又称原生金融工具。随着金融创新的不断进行,产生了金融衍生工具或金融衍生产品,它是基于基础金融工具的金融合约,其价值取决于一种或多种基础资产或指数,是以杠杆和信用交易为特征的金融工具。金融衍生产品是与金融相关的派生物,通常是从原生金融资产派生出来的。目前,最基本的衍生金融工具主要包括远期合约、期货合约、期权合约和互换合约等。这种合约可以是标准化的,也可以是非标准化的。

5. 金融调控和监管体系

金融调控是宏观经济调控的重要组成部分,是国家对经济实施宏观调控的基本手段。金融调控职能主要由中央银行来履行。中央银行通过制定和实施货币政策,调整市场利率水平,保持货币供求总量和结构的平衡来促进社会总需求与总供给的均衡。金融调控体系包括国家宏观调控体系和金融宏观调控机制,既涉及货币政策与财政政策的配合、保持币值稳定、健全传导机制、提高调控水平等,也包括利率形成机制、汇率形成机制、支付清算系统等。

金融监管主要是指金融监管当局对各类金融机构的业务活动制定基本规则并监督实施中形成的关系。金融监管有狭义和广义之分。狭义的金融监管是指金融监管当局依据国家法律规定对金融机构及其金融业务进行监督管理。广义的金融监管还包括金融机构的内部控制和稽核、行业组织的自律性管理、社会中介组织的监督等。由于金融行业高风险特性,为防范和控制风险,保护存款人利益,保障金融机构稳健经营,维护金融业稳定,促进一国经济的持续协调发展,各国政府都高度重视金融监管工作,一般都通过国家立法来保障金融监管机构行使职权。

金融监管体系是由一个国家或地区具有金融监管职能的职能机构以及相关制度、法规组成的有机整体,一般包括金融监管机构、金融监管法律、金融监管内容与方法等。金融监管机构是金融监管体系的主要方面。各个国家或地区依据自身的具体情况不同,设计了不同的金融监管体系,其详细内容将在本书第十三章进行介绍。

(三)金融体系的演进

金融体系是在商品生产与商品交换的过程中逐步形成的,是商品经济发展的产物。商品生产与商品交换的发展催生了货币的产生。货币的产生大大便利了商品交换,但不同的国家和地区货币形式各不相同,因此为了方便不同地区之间的商品交易,出现了货币兑换业。货币兑换业随着经济贸易的发展逐渐转变成为办理存款、放款、汇兑业务的银行业。银行业的发展需要有统一的管理,以保证金融业的稳定、存款安全、信用规模等,因此,中央银行应运而生。随着商品经济的进一步发展,又出现了其他金融机构,如证券公司、保险公司、财务公司等,最终形成了规模庞大、分工精细的金融体系。

现代金融体系最早形成于欧洲。英、法两国最早形成了具有代表性的两种金融体系。英国银行大多是私人银行,起源基本都与商业有关,其主要业务是辅助商业活动和进行资金结算,总分行的结构有利于其开展业务活动。英国银行分支机构的形成经历了一个长期的淘汰、整合过程,一系列的银行法逐步消除了伦敦银行和乡村银行在经营地域上的限制,经过不断合并、联合,逐渐形成了以几家大银行为主导的分支机构网络。

资本市场的发展是从公司的发展开始的。英国最早的公司主要从事商业活动,公司股票主要推销给商人、绅士及其他感兴趣的有地位的人。1824年之前,公司的成立受到严格限制,因此,在此之前只有为数很少的公司股票在偏远城市的非正式市场进行交易。虽然伦敦证券交易所于1802年成立,但在很长的时间内,资本市场并不是公司融资的主要来源,而只是政府发行债券、筹措军费的工具。随着限制公司成立的法律的解除,大量的公司成立,上市公司数量随之增加。运河热、铁路热的兴起,产生了对大额的长期资本的需求,但英国银行业倡导短期商业性贷款的特点决定其一般不会融通长期资金。这一特点以及《泡沫法》的解除,使得英国证券市场得到了快速发展,最终形成了以市场为主导的金融体系模式。

与英国不同,法国的银行网络是由政府创建或者推动创建的,较易受政府的控制。18世纪20—30年代,法国也经历了兴修运河阶段。但是,兴修运河的资金大部分是由大银行提供的。在运河热和此后的铁路热中,曾掀起股票投机的狂潮。随着密西西比泡沫的发生,法国开始设立官方交易所来管理和规范公司股票市场,甚至在大革命后关闭了交易所。在此后的一个多世纪里,法国的证券市场没有得到实质性发展,甚至其第一批铁路筹资债券都是在英国发行的。

1719—1720年是欧洲金融发展史上具有重要意义的时期,期间,法国发生了"密西西比泡沫事件",英国发生了"南海泡沫事件"。在"南海泡沫事件"发生后,英国制定了《泡沫法》限制公司的设立,法国设立了官方交易所来管制证券市场。1824年英国废除了《泡沫法》,而到20世纪80年代,法国政府才着手改革金融体系、发展资本市场,落后于英国一个多世纪。英、法对这两个事件的不同反应,形成了两种差别很大的金融体系,即以市场为导向的英美模式和以银行为导向的欧洲大陆模式。

进入20世纪80年代,随着全球金融一体化和金融自由化浪潮的发展,各国金融体系模式不断趋同。法国、英国、日本、美国等国先后发动的"金融革命"和混业经营体制的回归,对本国乃至世界金融体系的发展产生了重要影响。而且这种影响将是持久和广泛的,这不仅对发达国家,而且对发展中国家和新兴市场经济国家都是如此。

(四)金融体系的功能

金融体系功能由金融体系与外部需求的相关性所决定,是适应外部环境对金融体系的功能需求的结果,反映了金融体系与其他体系之间的功能耦合关系。美国弗吉尼亚大学R·列文(R. Levine)教授把金融体系概括为五大功能:动员储蓄、配置资源、监督经理和实施对公司的控制、风险管理、推动商品和服务的交易;博迪和莫顿教授则将金融体系的功能概括为六个方面:在时间和空间上转移资源、管理风险、清算和支付结算、储备资源和分割股份、提供信息、解决激励问题。总括起来,金融体系具有以下多种功能。

1. 便利支付结算

支付结算是金融机构为社会各阶层提供各种货币结算、货币收付、货币兑换和资金转移等金融服务。为社会提供有效的支付结算服务是金融体系最早的传统的功能。银行业的雏形货币兑换商最初提供的主要业务就是货币兑换。金融体系尤其是其中的商业银行提供的支付结算服务,对便利商品交易、货币支付与清算以及降低社会交易成本具有重要作用。同时,金融机构特别是商业银行借助于这一功能,成了企业、政府、居民家庭的货币保管者、出纳人和支付代理人,使之成为社会经济活动的出纳中心和支付中心,并成为整个社会信用链的枢纽。

2. 促进资金融通

融通资金是金融体系所具有的基本功能之一。促进资金融通指金融机构充当资金融通媒介,促进各种社会闲置资金的有效利用,引导储蓄向投资的转化。不同的金融机构通过不同的经营方式进行融通资金。例如,商业银行等存款性金融机构利用借者和贷者的双重身份,一方面作为债务人筹集社会闲置资金,另一方面作为债权人向借款人发放贷款;保险机构通过提供保险服务来吸收保费,在进行必要的理赔和留足必要的理赔准备金后,将保险资金投资于金融资产;基金类金融机构则作为受托人接受投资者委托,将资金投入资本市场或特定产业,以取得投资收益;信托类金融机构则将受托人的闲散资金融通给需求者。可见,各类金融机构借助特定的融资方式,促进了储蓄向投资转化,从而提高了社会资本的利用效率,实现资金在各地区、各部门、各单位间的合理流动,促进了资源的优化配置。

3. 降低交易成本

降低交易成本是指金融体系通过规模经营和专业化运作,适度竞争,能够合理控制利率、费用、时间等成本,使投融资活动最终以适应社会经济发展需要的交易成本来进行,从而满足迅速增长的投融资需求。金融体系降低交易成本的方法主要有两种:一是利用技术上的规模经济和范围经济,在为投融资双方提供资金融通服务的同时,可以降低资金供求双方的搜寻和核实成本、监督和审计成本、风险管理和参与成本等。也就是说,金融体系通过把众多投资者的资金聚集起来,形成规模经济优势,交易规模的扩大,使得每一单位资金交易成本下降;二是利用庞大的支付清算系统,以极低的成本为社会提供多种便利服务。

4. 分担与管理风险

金融体系通过信息提供、金融交易等方式,与经济主体实现利益共享、风险分担。既提供管理和配置风险的技术方法,又成为管理和配置风险的核心。风险的管理和配置会增加经济主体的福利,当利率、汇率和商品价格的波幅较高时,会相应提高风险管理和配置的潜在收益;而金融技术方面的进步降低了交易成本,这又使更大范围的风险管理和配置成为可能。因此,风险管理和配置能力的发展使金融交易的融资和风险负担得以分离,从而使其他经济主体能够选择他们愿意承担的风险,回避他们不愿意承担的风险。

5. 缓解信息不对称

金融体系是重要的信息集散地。一方面,金融体系通过利用自身所拥有的信息优势,为金融活动主体提供大量的金融交易信息,成为他们进行金融资产配置和消费储蓄决策的重要依据。另一方面,金融体系在缓解信息不对称方面具有独到作用。所谓信息不对称是指交易一方对另一方不充分了解,造成信息上的不平等,由此影响到双方的决策效率。信息不对称是经济金融活动中客观存在的现象,委托人与代理人之间、借款人与贷款人之间、证券发行人与投资人之间以及投保人与保险人之间都普遍存在着信息不对称问题。这一问题的存在必然产生道德风险和逆向选择。金融机构利用自身的优势能够及时搜集比较真实、完整的信息,通过专业分析判断,据此甄别风险,筛选合适的借款人和投资项目,并对所投资的项目进行有效监控,从而有利于投融资活动的顺利进行。

6. 创造信用与货币

创造信用与货币是金融体系的独特功能。一方面,金融机构在业务活动中可以创造各种信用工具,如早期的银行支票、汇票和银行券,现代的信用卡等。另一方面,在部分准备金制度下,商业银行通过其资产负债业务不仅可以扩张或收缩信用,而且可以创造存款货币。中央银行的资产业务可以直接授信给金融机构,负债业务可以直接发行信用货币。

第二节 金融机构体系

一、金融机构及其分类

(一) 金融机构的界定

金融机构体系是金融体系中最重要的组成部分,狭义的金融体系就是指金融机构体系。金融机构是指以货币资金为经营对象,专门从事各种与融资活动有关的业务的组织,也称金融中介或金融中介机构。

金融机构作为重要的经济主体,与一般经济组织之间既有共性,又有区别。其共性是同样作为经济组织,都具有特定的经济目的和使命,具备一般企业的基本要素和特征,如要有一定的自有资本,向社会提供特定的产品和服务,必须依法经营、独立核算、自负盈亏、照章纳税等。其区别主要表现在以下几个方面:① 经营对象与经营内容不同。一般企业的经营对象是具有一定使用价值的商品或普通劳务,经营内容主要是从事商品生产与流通活动;金融机构的经营对象是货币资金这种特殊的商品,经营内容主要是货币收付、借贷及各种与货币资金运动有关的金融活动。② 经营关系与活动原则不同。一般企业与客户之间是商品或劳务的买卖关系,其经营活动遵循等价交换的原则;金融机构与客户之间主要是货币资金的借贷或投融资关系,其经济活动遵循信用原则,特别注重安全性、流动性和盈利性原则及其相互之间的关系。③ 经营风险及其影响程度不同。一般企业的经营风险主要来自于商品生产与流通过程,面临的风险主要是商品滞销、亏损或资不抵债而破产,单个企业风险造成的损失对整体经济的影响较小。由于金融机构经营的是货币这一特殊商品以及货币信用业务这一特殊业务活动,因而它在经营过程中面临着信用风险、流动性风险、利率风险、汇率风险等多种多样的风险,加之金融机构与生俱来的脆弱性和较强的外部性,金融机构的风险往往具有极强的传染性,某家金融机构由于其自身经营不善而导致的风险,有可能对整个金融体系的运行构成巨大威胁。而一旦金融体系运转失灵,必然会危及实体经济,引发社会经济秩序的混乱,甚至会爆发严重的社会或政治危机。

(二) 金融机构的分类

现代经济中,金融机构种类繁多,可以按照不同标准将其划分为不同的种类。

1. 按照能否吸收存款划分,金融机构分为存款类金融机构和非存款类金融机构

这是西方国家最为常见的一种分类。存款类金融机构是以吸收公众存款为主要负债业务,以发放贷款为主要资产业务,以办理转账结算为主要中间业务,具有货币创造功能的机构,也称为银行业金融机构。这类机构包括中央银行、商业银行、政策性银行、专业银行、信用合作社等。非存款类金融机构是以发行金融工具或签订契约等方式获得资金,通过特定的业务方式(保险、证券、信托、租赁等)运营这些资金,又被称为非银行业金融机构。这类机构根据其业务属性又可进一步分为投资性金融机构(如投资基金、信托投资公司)、合约性金融机构(如保险公司、养老基金等)和政策性金融机构。

2. 按照融资功能划分,金融机构分为直接金融机构和间接金融机构

直接金融机构是指在资金融通过程中为融资双方牵线搭桥的中介,其功能主要是促成资金供求双方达成交易,实现资金转移,如证券公司等。间接金融机构是指作为资金余缺双方进行资金融通的媒介体,其功能是通过负债业务活动聚集资金,然后通过资产业务运营资金,如商业银行、储蓄银行、信用社、保险公司、投资基金等。

3. 按照职能作用及业务性质划分,金融机构分为管理性、商业性和政策性金融机构

管理性金融机构是具有金融管理和调节职能的金融机构,主要是中央银行或金融监管当局。商业性金融机构是以追求利润最大化为经营目标,实行自主经营、自负盈亏、自担风险、自我约束、自我发展的金融企业;政策性金融机构是政府出资或以政府资本为主设立,由政府依法赋予其特殊的职能,不以营利为目的,其业务经营的目标主要是贯彻落实政府经济政策。

4. 按照业务活动的地理范围划分,金融机构分为国内金融机构和国际金融机构

国内金融机构是指业务活动在一国范围内进行的金融机构。国际金融机构是指业务活动跨越不同国家和地区的金融机构,包括全球性和区域性两种类型。

此外,金融机构还有其他的分类。在此不再一一述及。

二、西方国家的金融机构体系

经济发展水平、经济体制和货币信用发达程度等因素决定着一国的金融机构体系。西方国家商品经济高度发达、市场经济体制较为完善,与此相适应,各国都有一个规模庞大、分工精细的金融机构体系。下面按照银行业金融机构、投资性金融机构、合约性融机构、政策性金融机构和金融监管机构进行介绍。

(一) 银行业金融机构

1. 中央银行

中央银行是一国金融体系的核心和主导,是专门从事货币发行、制定和实施货币政策,调节信用活动和货币供给,进行金融监管的特殊金融机构。中央银行是一国货币金融的最高机构,对外象征着一国的货币主权。因此,中央银行肩负着政府机构的职能,在许多国家,中央银行是政府机构的重要组成部分。

2. 商业银行

商业银行是最早产生的金融机构,也是存款性金融机构的典型形式。商业银行是经营企业和居民的存贷款业务,为客户提供多种金融服务的银行机构。由于它是唯一可吸收活期存款并进行存款货币创造的银行,因此又称为存款货币银行。长期以来,商业银行以其机构数量众多、业务渗透面广、资产规模大及对社会经济影响大而成为各国金融体系的主体,在经济社会发展和金融体系中具有不可替代的重要地位。

3. 储蓄银行

储蓄银行是指以吸收储蓄存款为主要资金来源,并通过发放消费贷款和不动产抵押贷款、投资政府债券等方式运用资金的银行。在西方国家,储蓄银行大多是专门的、独立的,对其资金来源和资金运用往往有专门的规定限制。储蓄银行的具体名称在各国有所差异,有的甚至不以银行相称,但功能基本相同。有储蓄贷款协会、互助储蓄银行、国民储蓄银行、信托储蓄银行、信贷协会等。许多国家的邮政系统也办理储蓄业务。在美国,储蓄银行主要有储蓄贷款协会和互助储蓄银行两种形式,在1980年以前,它们不能接受支票存款,其业务仅限于发放抵押贷款。1980年,美国国会通过了《对存款机构放松管制和货币管理法案》,储蓄银行与商业银行的界限日趋模糊,相互之间的竞争也日益激烈。

4. 抵押银行

抵押银行也称不动产抵押银行,是专门从事以土地、房屋等不动产为抵押进行贷款的专业银行。其资金来源主要依靠发行不动产抵押证券,也可以通过发行债券及短期票据贴现筹集。抵押证券以抵押在银行的土地及其他不动产为保证,可以买卖转让。其贷款大体分为两类:一类为以土地为抵押的长期贷款,贷款对象主要为土地所有者与土地购买者;另一类为以城市房屋为抵押的长期贷款,贷款对象主要为房屋所有者、购买者和建筑商。法国的房地产信贷银行、德国的私人抵押银行以及美国的联邦全国抵押贷款协会均属此类专业银行。

5. 信用合作社

信用合作社也称为信用联合社,是由城乡居民集资入股而组成的办理存、贷款业务的互助合作性金融组织,有农村信用合作社和城市信用合作社之分。信用合作社是为了解决经济力量薄弱的个人和小商品生产者的小额资金困难,按照自愿、平等、互利原则组织起来的金融机构。城市信用合作社以城市手工业者、小工商业者为主的居民组合而成。农村信用合作社则由经营农业、林业、渔业和牧业的农民组合而成。信用合作社的资金来源于社员缴纳的股金和存入的存款,放款的对象也主要是本社的社员。

世界上第一家信用合作社是1849年在德国莱茵河地区建立的农村信用合作社,其创始人是舒尔茨。在美国,银行管理法规甚至允许信用合作社提供支票存款,并提供除消费贷款以外的抵押贷款,使其成为一类重要的金融机构。信用合作社大多设在城市的社区或农村人口相对集中、交通相对便利的地方,能起到弥补其他金融机构网点不足的作用,可以更好地动员资金,聚集社会闲散资金。

6. 乡村银行

乡村银行是指为本地区的居民或企业提供小额信贷服务的金融机构。乡村银行在世界各地都得到了不同程度的发展。建立于1865年的美国纽约市波特切斯特乡村银行是最早成立的储蓄银行,是以中小型企业和小农场主为主要贷款对象的社区银行。它利用人缘、地缘的优势,将信用与抵押担保有机结合,更加注重信用,使得贫困的借款人也能通过银行贷款来改善自己的生存条件。创办于1983年的孟加拉乡村银行——格莱珉银行(Grameen Bank),是发展中国家影响最大的乡村银行。其发起人和创始人穆罕默德·尤努斯教授,一直从事帮助落后地区人民摆脱贫困的研究和实践活动。格莱珉银行专门为穷人提供小额贷款,以帮助他们寻找合适的谋生方式。这些贷款的数额之小超乎想象,有的贷款额度甚至不到1美元。多年来,这种小额信贷模式帮助孟加拉国数百万穷人摆脱了贫困的处境,尤努斯也因此获得了2006年诺贝尔和平奖。

(二)投资性金融机构

投资性金融机构是在直接金融领域内为投资活动提供中介服务或直接参与投

资活动的金融机构,主要有投资银行、证券经纪和交易公司、投资基金、财务公司、信托投资公司等。这些机构虽然名称各异,但是服务或经营的内容都是以证券投资活动为核心的。

1. 投资银行

投资银行是一个总括的称谓,通常称为投资公司或证券公司,是指专门从事各种有价证券经营及相关业务的金融机构。与其他经营某一方面证券业务的金融机构相比,投资银行的基本特征是它的综合性,即投资银行业务几乎包括了全部资本市场业务。投资银行这一名称是美国和欧洲大陆国家的称呼,在英国称为商人银行。为数众多的证券公司实际是金融机构体系中投资银行这一环节的主要力量,习惯上称之为"券商"。可见,投资银行并非真正意义上的银行,之所以被称为"银行",是因为它在历史上与商业银行有过融合发展的缘故。20世纪30年代初美、英、日等国实行分业经营体制以后,投资银行迅速发展成为与商业银行并驾齐驱的金融机构。

投资银行多数是股份制的营利机构,其资金来源主要是发行股票和债券,业务涉及证券承销、证券经纪、证券投资、项目融资、公司理财、资金管理、企业并购、投资咨询、资产证券化、衍生金融工具交易以及中、长期贷款等。通过这些业务,投资银行充当企业并购的媒介和操作者,为筹资者与投资者之间建立了一个直接通道,在生产要素重组、优化资源配置方面起着重要作用。

投资银行与商业银行的区别表现在以下几个方面:

(1) 资金融通过程的作用不同。商业银行通过"借者的集中"和"贷者的集中"的信用中介者的地位来帮助资金最终供求双方实现融通资金。投资银行虽然也帮助资金最终供求双方实现交易愿望,但它只是帮助资金最终需求者将为筹资而发行的证券出售给资金最终供给者(投资者)。在这一过程中投资银行只是扮演"经纪人"的角色,帮助资金最终供求双方达成一份合约,进而使双方达到各自的目的。

(2) 资金融通的风险不同。在资金融通过程中,商业银行分别与债权人(存款人)和债务人(借款人)签订存款合同和贷款合同,因而它既要承诺向债权人支付约定的收益,又要承担借款人的违约风险。投资银行在交易过程中只是将证券推荐给客户,因此它在收取佣金之后就可以全身而退,投资者风险自担,投资银行不作与金融产品本身的收益和服务有关的任何承诺,也不再从中进一步谋利。

(3) 对资金最终需求者提供服务的方式不同。商业银行通常会与借款人谈判,并以个性化的方式发放贷款。投资银行固然会帮助资金需求者融资,但仅限于以标准化的方式一次性帮助其完成证券的发行。

(4) 提供金融服务的内容不同。商业银行以存贷款为基础,为借贷双方提供流动性和交易结算服务,并在结算过程中进行信用创造,这是任何其他金融中介都不能替代的。而投资银行的主要业务是为最终资金需求者进行证券承销,并主要服务于资本市场,这是其区别于其他金融机构的最突出的标志。

所以,商业银行与投资银行是具有显著差异的两类金融机构。商业银行是典型的"金融中介",而投资银行则不是。

值得指出的是,在 2008 年爆发的美国金融危机中,美国五大投资银行中有三家投资银行破产倒闭,逃过一劫的高盛公司和摩根斯坦利公司也正经历着有史以来的业务转型,投资银行发展进入一个低迷阶段。

2. 信托投资公司

信托投资公司是接受他人委托以受托人身份从事各种信托业务的金融机构。这类机构的业务十分广泛,主要有信托存款、信托贷款、信托投资、代理发行企业股票和政府债券、代理买卖和出租房地产、代管财产、办理遗产转让和代理保管业务等。其资金来源主要有两方面:一是客户委托存款、贷款和投资所聚集的资金;二是经济联合体投资,亦即实体企业、地区、行业之间的一种资金互助,其投资对象主要是股票、债券、不动产抵押证券等。

3. 投资基金

投资基金是一种以利益共享、风险共担为原则,通过发行基金股份或基金受益凭证,将众多投资者的资金募集起来,由基金托管人托管,基金管理人以组合方式将资金运用于各种金融资产,投资者按投资比例取得收益的投资性金融机构。投资者通过购买基金股份把资金投入基金,而基金的股份可以随时买进或卖出,因此,投资基金也是一种金融工具,其交易的差价是投资者获取收益的来源之一。投资基金在不同的国家有不同的称谓,比如在美国称为共同基金或互助基金,在英国则称为单位投资信托。投资基金的优势是:规模经营、分散风险、专业性管理、流动性强、收益相对稳定。

投资基金可以按照不同的标准加以归类。根据基金的组织形式,可以分为公司型基金和契约型基金;根据基金发行的股份(或受益凭证)份额是否固定及可否赎回,可以分为封闭式基金、开放式基金和单位信托基金;根据基金投资的证券种类不同,可以分为股票型基金、债券型基金和货币市场共同基金。这些不同类型的基金满足了不同投资者的不同投资偏好。

投资者的资金汇集到基金后,由基金委托投资专家——基金管理人投资运作。其中,投资者、基金管理人、基金托管人通过基金契约方式建立信托协议,确立投资者出资(享有收益、承担风险)、基金管理人受托负责理财、基金托管人负责保管资金三者之间的信托关系;基金管理人与基金托管人(主要是银行)通过托管协议确立双方的责权关系。基金管理人经过专业理财,将投资收益分配给投资者。

投资基金的运作原理如图 4.3 所示。

4. 财务公司

财务公司是通过发行商业票据、债券和股票等方式获得资金,并将资金主要用于特定消费者和工商企业贷款的金融机构。金融公司一般不吸收存款,其业务特点是大额借入,小额贷出,主要用于汽车、家用电器及其他耐用消费品的分期付款贷款。因此,金融公司可以依据消费者与特定工商企业的需要,合理地安排各种资产,而且金融业务不受银行法规的限制,也无须缴存准备金,其资产结构有较大的灵活性。

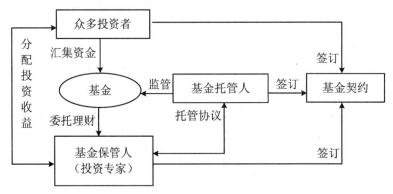

图 4.3　投资基金运作原理

财务公司主要有以下几种:① 销售金融公司,其主要业务是向消费者提供消费贷款。② 消费者金融公司,它往往以较高的利率向消费者提供贷款,以资助他们购买汽车、电器、房屋设施等。③ 工商金融公司,其主要业务是通过贴现购买应收账单向工商企业提供贴现贷款,也从事设备的融资租赁业务。

(三) 契约性金融机构

契约性金融机构是以契约方式吸收持约人的资金,然后按契约规定向持约人履行赔付或资金返还义务的金融机构,主要包括保险公司、养老基金和退休基金等。这类机构的特点是资金来源可靠而且稳定,资金运用主要是长期投资,流动性较弱。在资本市场上,契约性金融机构是股票和债券的重要投资者。

1. 保险公司

保险公司是经营保险业务的经济组织,它是以吸收保险费的形式建立起保险基金,用于补偿投保人在保险责任范围内发生的经济损失和意外事故损失的金融机构。各国根据经营保险业务的种类不同,将保险公司分为人寿保险公司、财产保险公司、意外灾害保险公司、信贷保险公司、存款保险公司、再保险公司等。其中,人寿保险公司以其同时兼有保险和储蓄双重性质的特殊优势,在保险业发展中居于领先地位。

保险公司的组织形式一般有:① 国家控股的保险公司,是指由国家投资控制绝大部分股份,主要办理国家强制保险和某些特种保险业务的机构。② 私营保险公司,由私人投资经营,多以股份公司形式存在,这是市场经济国家最重要的保险组织形式。③ 个人保险公司,是以个人名义承揽保险业务的保险组织形式。目前只有英国等少数国家允许这种形式存在。④ 合作保险公司,是由需要保险的人或单位采取合作组织的形式建立的保险基金,用于合作组织成员即保单持有人对保险保障的要求。⑤公私合营保险公司，是由国家和私人共同投资经营的保险机构。⑥自保险公司，是由一些大企业或托拉斯成立的专门为本系统内部提供保险服务的机构，其目的在于节省保费，减轻赋税负担。

2. 养老基金和退休基金

养老基金和退休基金是以契约形式组织预缴资金，以年金形式向参加基金计划的职工提供养老金或退休金的金融组织形式。养老基金可以分为私人养老基金和公共养老基金。私人养老基金通常由公司为其雇员设立，养老基金预付款由雇员和雇主共同分担，同时政府还给予某些税收上的优惠。私人养老基金一般由商业银行的信托部、人寿保险公司或专门的养老基金经理来管理，往往大量投资于公司股票。公共养老基金包括各级政府为其雇员所设立的养老基金和社会保险系统，其资金投向主要是流动性较高的政府债券和一部分公司债券及股票。

（四）政策性金融机构

政策性金融机构是指那些由政府或政府机构发起、出资创立、参股或保证的，不以利润最大化为经营目的，在特定的业务领域内从事政策性融资活动，以贯彻和配合政府的社会经济政策或意图的金融机构。其主要特点是：有政府的财力支持和信用担保；不以追求利润最大化为目的，专门为贯彻和配合政府的社会经济政策或意图服务；具有特殊融资机制，资金来源除了国拨资金外，主要通过发行债券、借款和吸收长期性存款获得，是高成本负债，其资金运用主要是长期低息贷款；具有特定的业务领域，服务对象主要是那些受国家经济和社会发展政策重点或优先保护，需要以巨额的长期和低息贷款支持的项目或企业。

1. 开发性金融机构

开发性金融机构是专门为经济开发提供长期投资或贷款的金融机构。这种金融机构多以开发银行、复兴银行、开发金融公司、开发投资公司等称谓存在，如日本开发银行、德国复兴信贷银行、美国复兴金融公司等。其宗旨一般为促进工业化、配合国家经济发展振兴计划或产业振兴战略，其贷款和投资多以基础设施、基础产业、支柱产业的大中型基本建设项目和重点企业为对象。

2. 农业政策性金融机构

农业政策性金融机构是专门为农业提供长期低息贷款，以贯彻和配合国家农业扶持和保护政策的政策性金融机构。如美国的农民家计局、德国农业抵押银行、日本农林渔业金融公库等。它们的宗旨主要是推进农业现代化进程、贯彻和配合国家振兴农业计划和农业保护政策，其资金来源主要是政府拨款、发行政府担保的债券、吸收特定存款和向国内外市场借款，资金投向主要是支持农业生产经营者的资金需要、改善农业结构、兴建农业基础设施、支持农产品价格稳定和提高农民收入等。

3. 进出口金融机构

进出口金融机构是一国为促进进出口贸易，维持国际收支平衡，尤其是支持和推动出口的政策性金融机构。如美国进出口银行、法国对外贸易银行、德国出口信贷银行、日本进出口银行等。它们的宗旨是为贯彻和配合政府的进出口政策,支持和推动本国出口。它们在运作中以国家财力为后盾,由政府提供必要的运营资金和补贴,并承担经营风险。

4. 住房政策性金融机构

住房政策性金融机构是专门扶持住房消费,尤其是扶持低收入者进入住房消费市场,以贯彻和配合政府的住房发展政策和房地产调控政策的政策性金融机构。如美国联邦住宅贷款银行、美国联邦住宅抵押贷款公司、日本住宅金融公库等。这类机构一般都通过政府出资、发行债券、吸收储蓄存款或强制性储蓄等方式集中资金,再以住房消费贷款和相关贷款、投资和保险等形式,将资金用以支持住房消费和房地产开发资金的流动,以达到刺激房地产业发展、改善低收入者住房消费水平、贯彻实施国家住房政策的目的。

(五)金融监管机构

金融监管机构是指专门对金融机构和金融市场进行监督和管理的金融机构,在金融机构体系中处于重要地位,具有行政管理机关的性质,代表国家制定和执行有关金融监管政策。金融监管机构除了中央银行外,一般还有证券监管机构、银行监管机构和保险监管机构等。由于各国金融监管体制不同,金融监管机构的设置也不一样。如英国的监管机构主要是中央银行——英格兰银行。而美国的监管机构则包括联邦储备体系(Fed)、货币监理署(OCC)、联邦存款保险公司(FDIC)、证券交易委员会(SEC)、联邦住房放款银行委员会、联邦储备贷款保险公司、全国保险监管者协会(NACI)、联邦储备监督署(OTS)和国民信贷联合会等,构成了分别对各类金融机构实施交叉监管的金融监管体系。

三、中国的金融机构体系

经过40多年的改革和发展,我国已经初步建立起与社会主义市场经济发展相适应的金融机构体系。这一体系是以中国人民银行为领导,商业银行为主体,政策性银行和其他金融机构分工合作、功能互补,综合监管的金融机构体系(见图4.4)。按照机构的功能属性和业务类型划分,上述金融机构分为中央金融机构、中央银行、金融监管机构、银行业金融机构和非银行业金融机构。银行业金融机构包括存款性金融机构、投资性金融机构、契约性金融机构、政策性金融机构及其他非银行金融机构与外资金融机构。下面按照这种划分对我国目前的金融机构体系进行介绍。

(一)中央金融委员会和中央金融工作委员会

中央金融委员会和中央金融工作委员会组建于2023年3月。前者负责金融稳定和发展的顶层设计、统筹协调、整体推进、督促落实，研究审议金融领域重大政策、重大问题等，其办事机构为中央金融委员会办公室，属于党中央机构序列。后者统一领导金融系统党的工作，指导金融系统党的政治建设、思想建设、组织建设、作风建设、纪律建设等，作为党中央派出机关，同中央金融委员会办公室合署办公。

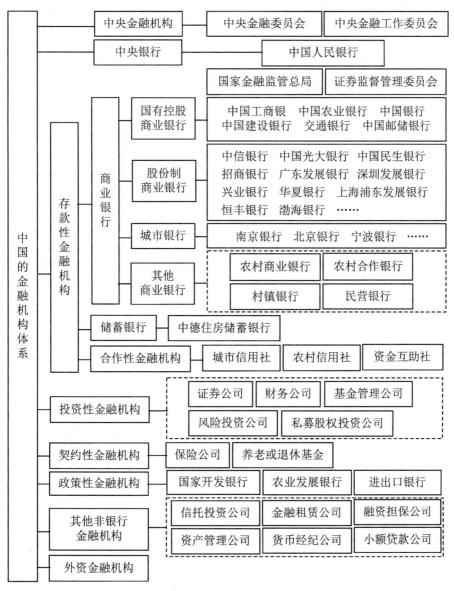

图 4.4 我国现行金融机构体系的基本架构

(二)中国人民银行

中国人民银行成立于1948年12月,是我国的中央银行或货币当局,是国务院领导和管理全国金融事业的国家机关,在我国金融体系居于主导地位。1984年,中国人民银行专门行使中央银行职能后,承担着制定和实施货币政策、进行宏观金融调控、保障金融安全、维护金融稳定等重要职能。其详细内容将在第六章进行介绍。

(三)金融监管机构

1. 国家金融监督管理总局

国家金融监督管理总局是在中国银行保险监督管理委员会基础上于2023年3月组建。统一负责除证券业之外的金融业监管,强化机构监管、行为监管、功能监管、穿透式监管、持续监管,统筹负责金融消费者权益保护,加强风险管理和防范处置,依法查处违法违规行为。中国人民银行对金融控股公司等金融集团的日常监管职责、有关金融消费者保护职责,证监会的投资者保护职责均被列入国家金融监督管理总局。

2. 中国证券监督管理委员会

1992年10月,为了适应证券市场发展与监管需要,分别成立了国务院证券委员会和中国证券监督管理委员会,前者是对证券市场进行宏观管理的主管机构,后者是证券委的监管执行机构。1998年4月,两个机构合并组成中国证券监督管理委员会(简称证监会),为国务院直属事业单位,是全国证券、期货市场的主管机关,按照国务院授权履行行政管理职能,依照法律法规对全国证券、期货业进行集中统一监管。

(四)存款性金融机构

如前所述,存款性金融机构是接受公众存款,并发放贷款的金融机构,主要包括商业银行、储蓄机构、信用社等。中央银行因其接受商业银行等金融机构的存款,并对金融机构提供贷款,也属于存款性金融机构。但中央银行的特殊地位和作用,需要单列将其进行介绍(详见第六章)。

1. 商业银行

商业银行是间接金融领域最主要的金融机构,也是最具典型性的存款性金融机构。它是指吸收存款,发放贷款,提供各种金融服务,并以追求利润最大化为主要经营目标的金融机构。目前,我国商业银行体系由国有控股商业银行、股份制商业银行、城市商业银行、农村商业银行、民营银行、农村合作银行和村镇银行等组成。

(1)国有控股商业银行。这是我国金融体系中的骨干。包括中国工商银行、中国农业银行、中国银行、中国建设银行、交通银行和中国邮政储蓄银行。工、农、中、建四家银行是由原来的国家专业银行转化而来的，1995年《商业银行法》颁布实施后称为国有独资商业银行，2003年起陆续完成了股份制改造，完善了公司治理结构，并成功上市，成为国有控股商业银行。交通银行成立于1986年，是我国改革开放后建立的第一家股份制商业银行。中国邮政储蓄银行是由原邮政储蓄系统分立出来的，于2007年3月挂牌成立，是由中国邮政集团公司以全资方式出资组建的全国性商业银行。据英国《银行家》杂志公布的2024年度全球银行1000强榜单，工商银行、建设银行、农业银行和中国银行占据全球一级资本最大的前四家银行，交通银行排名第9位，5大国有控股银行占据全球十强银行中的5个席位。

(2) 股份制商业银行。主要是指20世纪90年代以后建立起来的，逐步在全国设立分支机构的股份制商业银行，包括中信银行、光大银行、华夏银行、广东发展银行、招商银行、上海浦东发展银行、兴业银行、民生银行、恒丰银行、渤海银行、浙商银行、徽商银行等。

(3) 城市商业银行。城市商业银行是1995年在原城市信用社的基础上，由城市企业和地方财政投资入股组成的地方性股份制商业银行。城市商业银行最初称为城市合作银行，1998年，国家完成了将2300家城市信用社纳入90家城市商业银行的组建工作。这类银行均实行一级法人、多级核算的经营体制，主要功能是为地方经济和中小企业服务。近年来，城市商业银行发展迅速，截止2023年底，全国城市商业银行125家，其中，一些城市商业银行陆续成为上市银行。

(4) 其他商业银行。① 农村商业银行。这类银行是由辖区内农民、农村工商户、企业法人和其他经济组织组建的股份制地方性银行。主要由农村信用合作社和农村合作银行改制而来，截至2023年底，全国共有1607家农村商业银行。② 农村合作银行。这类银行是由辖区内农民、农村工商户、企业法人和其他经济组织入股组建的股份合作制社区性地方金融机构。截至2023年底，全国共有23家农村合作银行。③ 村镇银行。村镇银行是指在农村地区设立的主要为当地农民、农业和农村经济发展提供金融服务的金融机构。根据《村镇银行管理暂行规定》，村镇银行具备以下几个特点：一是地域和准入门槛。村镇银行的一个重要特点就是机构设置在县、乡(镇)。在地(市)设立的村镇银行，注册资本不低于人民币5000万元；在县(市)设立的村镇银行，注册资本不得低于300万元人民币；在乡(镇)设立的村镇银行，注册资本不得低于100万元人民币。二是市场定位。村镇银行的市场定位主要在于满足农户的小额贷款需求和服务于当地中小型企业。2007年3月1日，我国首家村镇银行——四川仪陇惠民村镇银行正式开业，同年12月14日，国内首家外资村镇银行——湖北随州曾都汇丰村镇银行有限责任公司正式开业，汇丰银行成为首家进入中国农村市场的国际性银行。村镇银行的发展壮大能够有效地解决我国农村地区金融机构覆盖率低、金融供给不足、竞争不充分、金融服务缺位等金融抑制问题，为农村金融市场注入了新鲜的血液。截至

2023年底,全国共设立村镇银行1 636家。④ 民营银行。民营银行是由民间资本发起设立的金融机构,以追求股东利益最大化为目标,实行自主经营、自负盈亏、自我约束,自谋发展的经营机制,定位为民营经济和民营企业提供金融服务。1996年1月成立的中国民生银行是我国第一家主要由非公有制企业入股的全国性股份制商业银行,是第一家民营银行。随着经济体制改革的深入,民营银行设立条件逐渐放宽,2014年3月,国务院批准试点设立5家中小民营银行,即深圳前海微众银行、上海华瑞银行、温州民商银行、天津金城银行、浙江网商银行。截至2023年底,全国共设立民营银行19家。

2. 储蓄机构

20世纪80年代中期,为配合国家住房制度改革(简称房改),我国分别在烟台和蚌埠成立了住房储蓄银行,专门办理与房改配套的住房基金筹集、信贷、结算等政策性金融业务。这两家银行在改制前,业绩均相当突出。进入20世纪90年代,我国建立公积金制度后,住房储蓄银行的职能基本被住房公积金管理中心取代。2000年,蚌埠住房储蓄银行与当地城市信用社合并。2003年,烟台住房储蓄银行改制更名为恒丰银行。2004年2月6日,我国首家中外合资的住房储蓄银行——中德住房储蓄银行(简称中德银行)成立。中德银行由中国建设银行与德国施威比豪尔住房储蓄银行合资成立,总部在天津,在重庆、大连和济南设有分支机构。合资外方德国施威比豪尔住房储蓄银行,是欧洲最大、最成功的住房储蓄银行,其设在欧洲其他国家的合资银行均在所在国市场上占有领先地位。

中德银行是一家主营住房储蓄银行业务的商业银行,以源自欧洲的住房储蓄业务为核心,致力于住房金融领域的专业化、特色化经营,其提供的住房储蓄业务是从德国引进,不同于按揭贷款和住房公积金贷款的一种全新的个人住房融资方式,产品特点为"先存后贷、低存低贷、固定利率、政府奖励",通过精算技术设计的住房储蓄产品,将存贷款行为有机结合,能够帮助购房人节约融资成本。

3. 合作性金融机构

(1) 信用合作社。我国的信用合作社早期包括城市信用合作社和农村信用合作社。2012年4月前,城市信用合作社先后改造为城市商业银行。因此,现在主要是农村信用社。农村信用合作社是20世纪50年代中期在我国广大农村普遍组建起来的,但长期并不具有通常所讲的"合作"性质。改革开放后,我国对农村信用合作社进行了多次整顿、改革。2003年后,各地农信用合作社纷纷改组为农村商业银行。城市信用合作社是在改革开放初期发展起来的。实践中,绝大部分城市信用合作社从一开始,其合作性质就不明确,而且其中不少由于靠高息揽存以支持证券、房地产投资,先后陷入困境。20世纪90年代中期之后我国着手整顿,先是合并组建城市合作银行,进而将其改造为城市商业银行。截至2023年底,全国尚有499家农村信用社。

(2) 农村资金互助社。农村资金互助社是近年来伴随着农村金融服务需求产生的新型农村金融组织。它是由农民和农村小企业按照自愿原则发起设立的为社员服务、实行社员民主管理的合作互助型农村金融机构。截至2023年底,我国农村资金互助社为30家。

(五)投资性金融机构

投资性金融机构是指在直接金融领域内为投资活动提供中介服务或直接参与投资活动的金融机构,包括证券公司(投资银行)、财务公司、基金管理公司、风险投资公司、私募股权投资公司等。

1. 证券公司

在我国,证券公司又称为券商或投资银行,是指专门从事证券经营及其相关业务的金融机构。证券公司是资本市场重要的中介机构,在资本市场中发挥着重要作用。一方面它是资本市场投资、融资服务的提供者,为证券发行人和投资者提供专业化服务,如证券发行、上市保荐、承销、代理买卖等。另一方面,它是资本市场重要的机构投资者。此外,证券公司还通过资产管理方式,为投资者提供证券及其他金融产品的投资管理服务。根据《证券法》,我国证券公司的业务范围包括:证券经纪,证券投资咨询,与证券交易、投资活动有关的财务顾问,证券承销与保荐,融资融券,证券自营,证券资产管理及其证券业务。截至2023年底,我国共有证券公司145家。

2. 财务公司

如前所述,财务公司是指经营部分银行业务的金融机构。它通过发行债券、商业票据或从银行借款获得资金,并主要提供耐用消费品贷款和抵押贷款业务。我国的财务公司主要有三种类型:一是销售类财务公司。是由一些大型零售商或制造商设立,以提供消费信贷方式促进企业产品销售的机构。汽车金融公司就是比较典型的销售类财务公司,它经监管机构批准设立,为国汽车购买者及销售者提供金融服务。从2003年《汽车金融公司管理办法》及《汽车金融公司管理办法实施细则》出台到2023年底,汽车金融公司达到25家,国内外知名汽车厂家几乎都设立了金融公司,其中中资10家,外资7家,合资8家。二是消费者财务公司。是专门发放小额消费贷款的金融机构,一般是由自然人、企业法人与其他社会组织投资设立,不吸收公众存款,经营小额贷款业务的有限责任公司或股份有限公司,可以是一家独立的公司,也可以是银行的附属机构。消费者财务公司的主要作用是为那些很难通过其他渠道获得资金的消费者提供贷款。截至2023年底,我国的消费者财务公司为30家。三是商业财务公司。即企业集团财务公司,是为企业集团成员单位提供金融服务的金融机构。目前我国企业集团财务公司主要分布于机械、电子、汽车、石油、化工、能源、交通等骨干行业和重点支柱产业,截至2023年底,全国共有241家企业集团财务公司。

3. 基金管理公司

基金管理公司是指依据有关法律法规设立的对基金的募集、基金份额的申购和赎回、基金财产的投资、收益分配等基金运作活动进行管理的金融机构。证券投资基金的依法募集由基金管理人承担。基金管理人由依法设立的基金管理公司担任。担任基金管理人须经证监会核准。按组织形式划分,证券投资基金有公司型基金和契约型基金;按设立方式划分,证券投资基金有封闭型基金、开放型基金;按投资对象划分,证券投资基金有股票基金、货币市场基金、期权基金、房地产基金等。截至2024年8月末,我国共有基金管理公司148家。

4. 风险投资公司

风险投资公司(venture capital firm,VC)也称为创业投资公司,是重要的投资类金融机构,主要投资处于种子期、初创期的新企业。VC聚集合伙人的资金以支持具有潜力的企业家启动新事业。在提供风险资本的同时,它会在新企业中占有一定的股份。VC的投资通常要经过交易发起(获知潜在的投资机会)、筛选投资机会(在众多的潜在投资机会中进行筛选分析)、项目评价(对选定项目的潜在风险与收益进行评估)、交易设计(确定投资的数量、形式和价格)、投资后管理(将企业带入资本市场运作以顺利实现必要的兼并收购和发行上市)等几个步骤。实践中,VC通常会在新企业的管理层中派驻自己的人员,以便更有效地了解公司的业务活动,能真实地了解公司的成本与收益。如果VC向某企业提供启动资金,该企业的股份不能转让给除VC之外的其他人,因此,其他投资者无法免费搭VC的车。这样的安排能在很大程度上减少股权合约中的道德风险问题。截至2022年底,我国的风险投资基金存续基金数量约为1.94万只。

5. 私募股权投资公司

私募股权投资公司(private equity firm,PE)也是重要的投资类金融机构。私募股权投资,是指通过私募基金对非上市公司进行的权益性投资,主要是指创业投资后期的私募股权投资部分。在交易实施过程中,PE会附带考虑将来的退出机制,即通过公司首次公开发行股票、兼并与收购、管理层回购和破产清算等方式退出。事实上,PE投资就是投资者寻找优秀的高成长性的未上市公司,并注资其中,获得其一定比例的股份,推动公司发展、上市,然后再通过转让股权获利。PE采取了与VC类似的方式解决搭便车问题,即在董事会层面上参与企业的重大战略决策。截至2024年7月末,我国私募股权、创业投资基金管理人12 316家,存续私募股权投资基金30 807只。

(六)契约性金融机构

契约性金融机构是指以契约方式在一定期限内从合约持有者手中吸收资金,然后按契约规定向持约人履行赔付或资金返还义务的金融机构,包括各种保险公司、养老或退休基金等。其特点是资金来源稳定,资金运用主要是长期投资,因而是资本市场重要的机构投资者。

1. 保险公司

我国的保险业是伴随着新中国的诞生而逐渐成长发展起来的。1949年10

月,中国人民保险公司和中国人寿保险公司分别挂牌成立。前者被誉为新中国保险业的长子,是新中国保险事业的开拓者和奠基人,后改制为中国人民保险集团股份有限公司(简称中国人保),现已发展成为综合性保险金融集团,旗下拥有10多家专业子公司,业务范围覆盖财产险、人身险、再保险、资产管理、不动产投资和另类投资、金融科技等领域。后者也是国内最早经营保险业务的企业之一,后改组为中国人寿保险股份有限公司(简称中国人寿),向个人及团体提供人寿、年金、健康和意外伤害保险服务,涵盖生存、养老、疾病、医疗等多种保障范围。2003年12月17日和18日,中国人寿分别在纽约和香港上市,2007年1月9日,在国内A股上市,成为国内首家"三地上市"的保险企业。

目前,在我国保险市场上,保险公司按出资人划分大致有三类:中资保险公司、外资保险公司和中外合资保险公司。中资保险公司主要有中国人民保险公司,中国人寿保险有限公司,中国再保险有限公司,中国太平洋保险公司,中国平安保险公司等。外资保险公司主要包括美国友邦保险公司、日本东京海上火灾保险公司、瑞士丰泰保险公司、德国安联保险公司、法国安盛保险公司等。中外合资保险公司有中宏人寿保险公司等。经过40多年的改革发展,特别是21世纪初以来我国保险业发展战略的调整,中国保险市场呈现出迅猛增长的态势。截至2023年底,全国共有保险公司238家,其中,保险集团和控股公司13家,财产险公司88家,人身险公司75家,健康保险公司7家,养老保险公司10家,再保险公司7家,保险资产管理公司33家,出口信用保险公司1家,农村保险互助社3家。

2. 养老或退休基金

养老或退休基金由西方国家首创,是一国福利制度的重要组成部分。由于以保险公司为核心的社会保障制度只能为退休人员提供最低生活费用保障,所以在人的寿命延长、社会生活水平不断提高的情况下,为了提高退休人员的生活水平,就需要有一种补充性质的机构来承担这一任务。养老或退休基金应运而生,它使参加者退休后在一定时期内每月得到一笔养老金,或一次性得到一笔养老金总额,用于改善生活。养老或退休基金通常都委托专门的金融机构,如银行、保险公司来管理运作。

自20世纪90年代开始,我国开始探索建立多支柱的养老保障体系,目前已形成以第一支柱基本养老保障为主体,职业养老和个人养老辅助的养老保障结构。目前我国的基本养老保障体系包括两部分,即城镇职工基本养老保险和城乡居民基本养老保险。2015年11月成立的建信养老金管理有限责任公司是国内首家专业养老金管理机构,由中国建设银行和全国社会保障基金理事会分别出资成立。

(七)政策性金融机构

如前所述,政策性金融机构是为贯彻和配合政府社会经济政策或意图,在特定领域从事政策性融资活动的金融机构。目前我国的政策性银行是国家开发银行、中国进出口银行和中国农业发展银行,它们是适应国有专业银行商业化改革,于1994年成立的。三家政策性银行的自有资本都归国家所有,其资金来源主要是财政拨款和发行金融债券筹集,具有严格的业务经营范围,不经营商业银行业务,实行自主经营、企业化管理、保本微利。三家政策性银行的职能定位是:国家开发银行依靠国家信用,以信贷融资为基础,通过国家信用证券化,支持对国民经济和社会发展有重大影响的产业和产业建设。其贷款主要投向基础设施、基础产业和支柱产业的国家重点建设,并在促进中西部发展中发挥重要作用;中国农业发展银行以国家信用为基础,筹集农业政策性信贷资金,承担国家规定的农业政策性金融业务,对农业基础建设、农副产品、农业发展和乡村振兴提供资金支持,为农业和农村经济发展服务;中国进出口银行主要为扩大我国机电产品和成套设备等资本性货物出口提供政策性金融支持,以办理出口买方和卖方信贷业务为主,同时开办信用保险和信贷担保业务。三家政策性银行都是直属国务院领导,总行都设在北京。中国农业发展银行在省(市)、地(市)、县(市)设有一级和二级分行及支行。国家开发银行和中国进出口银行只在国内少数城市设立分支机构。值得指出的是,2007年全国金融工作会议后,政策性银行按照"分类指导""一行一策"的原则开始进行转型改革,国家开发银行率先启动商业化改革,2008年12月整体改制为国家开发银行股份有限公司,标志着政策性金融机构向开发性金融机构转变取得实质性进展。

(八)其他非银行金融机构

1. 信托投资公司

信托是一种由他人进行财产管理、运用和处分的中长期财产管理制度,是委托人、受托人、受益人之间的一种法律关系。按照《信托法》的解释,信托是指委托人基于对受托人的信任,将其财产权委托给受托人,由受托人按委托人的意愿,以自己的名义,为受益人的利益或者特定目的进行管理或者处分的行为。信托投资公司是指以受托人的身份代人理财的金融机构。简言之,信托投资公司是"受人之托,代人理财"的金融机构。其主要业务内容包括:资金信托,动产信托,不动产信托,有价证券信托,其他财产或财产权信托,作为投资基金或者基金管理公司的发起人从事投资基金业务,经营企业资产的重组、收购兼并及项目融资、公司理财、财务顾问等业务,办理居间、咨询、资信调查等业务,代保管及保管箱业务等。但信托投资公司不得代理存款业务,不得发行债券,不得举借外债。

1979年10月4日,新中国第一家信托投资公司——中国国际信托投资公司成立。此后,从人民银行到各专业银行及行业主管部门、地方政府纷纷成立了各种形式的信托投资公司,到1988年达到最高峰时共有1 000多家。这些信托投资公司在增加资金流量,挖掘资金潜力,为经济部门提供金融服务等方面发挥了一定的作用。但由于缺乏法律规范和管理经验,从1995年以后,中银信托投资公司(1996)、中国农业发展信托投资公司(1997)、广东国际信托投资公司(1998)等国有信托企业纷纷关闭破产。此后,中国人民银行对信托业再次整顿,大多数信托公司或是改变企业性质,或是被撤并。2002年10月1日,中国第一部《信托投资公司管理办法》开始实施,标志着中国通过立法确立了信托制度。截至2023年底,全国共有67家信托公司。

2. 金融租赁公司

租赁是一种以支付一定费用(租金)借贷实物(租赁物)的经济行为,出租人将自己所拥有的某种物品交与承租人使用,承租人由此获得在一段时期内使用该物品的权利,但物品的所有权仍保留在出租人手中。承租人为其所获得的使用权需向出租人支付一定的费用(租金)。按照租赁目的划分,租赁分为金融租赁和经营租赁。以经营金融租赁业务为主的机构称为金融租赁公司。金融租赁是指出租人按承租人的要求购买货物再出租给承租人的一种租赁形式。其主要特点有:① 金融租赁涉及出租人、承租人、供货商三方当事人,并至少有两个合同,是买卖合同和租赁合同构成的自成一类的三边交易,有时还涉及信贷合同。② 承租人指定租赁设备。拟租赁的设备为用户自行选定的特定设备,租赁公司只负责按用户要求融资购买设备。因此,设备的质量、规格、数量、技术上的检查、验收等事宜都由承租方负责。③ 完全付清性。基本租期内的设备只租给一个特定用户使用,租金总额＝设备货价＋利息＋租赁手续费－设备期满时的残值。④ 不可撤销性。一般情况下,在基本租期内,租赁双方无权取消合同。⑤ 期满时承租人拥有多种选择权。基本租期结束时,承租人对设备一般有留购、续租和退租三种选择权。

实践中,我国的金融租赁又细分为两种:一种是由银行机构办理的融资租赁业务,叫作金融租赁,由金融监管总局进行监管,并有《金融租赁公司管理办法》予以规范。另一种是由非银行机构办理的,叫作融资租赁,由商务部进行监管,并有《融资租赁企业监督管理办法》予以规范。前者属于非银行金融机构,后者则属于非金融机构。

3. 融资性担保公司

融资担保是指担保人为被担保人借款、发行债券等债务融资提供担保的行为。融资性担保公司是指依法设立、经营融资担保业务的有限责任公司或者股份有限公司。设立融资性担保公司,须经监管部门批准,其名称中应当标明融资担保字样。未经监管部门批准,任何单位和个人不得经营融资担保业务,任何单位不得在名称中使用融资担保字样,国家另有规定的除外。

融资性担保公司可以经营以下部分或全部融资性担保业务:贷款担保,票据承兑担保,贸易融资担保,项目融资担保,信用证担保,其他融资性担保业务。同时,经监管部门批准,融资性担保公司可以兼营以下部分或全部业务:诉讼保全担保,投标担保、预付款担保、工程履约担保、尾付款如约偿付担保等其他履约担保业务,与担保业务有关的融资咨询、财务顾问等中介服务,以自有资金从事投资和监管部门规定的其他业务。融资担保公司在缓解融资活动中的信息不对称、分担风险、增进中小企业融资、提升社会信用水平等方面发挥了积极作用。截至2023年底,我国注册的国有、民营和外资融资担保机构有近4 000家。

4. 资产管理公司

资产管理是指委托人将自己的资产交给受托人,由受托人为委托人提供理财服务的行为,是金融机构代理客户将其资产进行投资,为客户获取投资收益的业务。资产管理公司(Asset Management Companies,AMC)是专门从事资产管理业务的公司。国际上看,资产管理公司一般分为两类:一是从事正常资产管理业务的非金融资产管理公司。商业银行、投资银行等金融机构都通过设立资产管理附属公司来从事资产管理业务,其业务对象主要为个人、企业和机构等,提供的服务主要有账户分立、合伙投资、单位信托等。另一类是从事不良资产管理业务的金融资产管理公司。2000年颁布的《金融资产管理公司条例》将此类公司定义为"管理和处置因收购国有银行不良贷款形成的国有独资非银行金融机构。"

我国的金融资产管理由于体制、行政干预等原因,四大国有银行在20世纪80、90年代积累巨额不良贷款,为了化解这个问题。1999年国务院批准成立信达、华融、东方、长城四家资产管理公司,分别负责收购、管理和处置中国建设银行、中国工商银行、中国银行和中国农业银行的不良资产。此外,信达公司还于2005年8月在原光大资产托管有限责任公司的基础上组建了汇达金融资产管理公司,负责处置因中国人民银行再贷款业务而产生的不良资产。

资产管理公司处置不良资产的业务手段主要有:债务追偿;对所收购的不良资产进行租赁或以其他形式转让、重组;债权转股权并可对企业阶段性持股;进行资产管理范围内的公司上市推荐和债券、股票承销;发行金融债券,向金融机构借款;进行财务及法律咨询,资产及项目评估;向中国人民银行申请再贷款;从事中国人民银行及其他监管机构批准的其他业务活动。

金融资产管理公司的成立及其对不良资产的处置,对国有企业转换经营机制,国有银行商业化改造和股份制改革,防范和化解国有银行金融风险,促进我国金融业健康发展发挥了积极的作用。截至2006年底,四家金融资产管理公司累计处置不良资产11 231.9亿元,全部债转股企业共734户,这些企业的资产负债率平均降低20%~30%,财务负担明显减轻,将近70%的债转股企业实现了扭亏为盈。2007年年初,四大资产管理公司对外发布消息称,已经全面完成了政策性不良债权的资产处置任务。

四家资产管理公司在政策性资产处置任务基本完成后,便进入转型期。它们在继续以不良资产处置为主业的同时,有选择地探索开展满足市场需求的金融服务业务,如证券、保险、信托、租赁和资产管理等,综合经营的雏形逐渐显现。2010年7月,信达资产管理股份有限公司正式挂牌成立,标志着资产管理公司商业化转型迈出了实质性一步。其他三家资产管理公司也按照"一司一策"的原则和市场化方向逐步实现了转型。

5. 货币经纪公司

货币经纪公司最早起源于英国的外汇市场,是金融市场的交易中介,它的服务对象仅限于境内外金融机构,可从事的业务包括:境内外外汇市场交易、境内外货币市场交易、境内外债券市场交易、境内外衍生产品交易。我国货币经纪业始于1984年,伴随着货币市场的产生与发展。当时全国相继建立了不同形式、不同规模的资金同业拆借市场,人民银行先后在各地建立了短期融资中心,这些机构在一定程度上具备了货币经纪公司的某些特征。1996年融资中心将所有的债务清理工作移交给了人民银行,由中国外汇交易中心通过电子经纪系统为国内金融机构提供外汇交易、人民币资金拆借、债券交易的中介经纪业务,外汇交易中心也具有了某些现代货币经纪的特点。但直到我国第一家货币经纪公司——上海国利货币经纪有限公司的成立,才标志着专业化的货币经纪中介服务的开始。

根据《货币经纪公司试点管理办法》,我国试点的货币经纪公司是指经批准在中国境内设立的,通过电子技术或其他手段,专门从事促进金融机构间资金融通和外汇交易等经纪服务,并从中收取佣金的非银行金融机构。与货币市场的直接自营参与者相比,货币经纪商更能为客户提供具有针对性的服务,从而提高市场交易的撮合效率,起到货币市场润滑剂的作用。

6. 小额贷款公司

小额贷款是利用小额度的信用贷款为低收入贫困人群和微型企业提供的金融服务,以此为贫困农户或微型企业提供获得自我发展的机会,促进其走向自我生存和发展。它既是一种金融服务的创新,又是一种扶贫的重要方式。小额贷款公司是由自然人、企业法人与其他社会组织投资设立,以服务"三农"为宗旨,不吸收公众存款,只能在本县(市、区)行政区域内经营小额贷款业务和小企业发展、财务、管理等咨询业务的有限责任公司或股份有限公司。

我国于20世纪90年代正式引进小额信贷。从1994年中国社会科学院农业发展研究所首先引进孟加拉模式在河北易县开始试验小额信贷开始,至今分别经历了小额信贷的试点阶段、项目扩展阶段、农村正规金融机构全面介入和各类项目进入制度化建设阶段,以及监管部门鼓励民营和海外资本进入、实行和推广商业性小额信贷机构和业务活动阶段。

与银行相比,小额贷款公司更为便捷、迅速,适合中小企业、个体工商户的资金需求;与民间借贷相比,小额贷款更加规范、贷款利息可双方协商。小额贷款公司应执行国家金融方针和政策,在法律、法规规定的范围内开展业务,自主经营,自负盈亏,自我约束,自担风险,其合法的经营活动受法律保护,不受任何单位和个人的干涉。小额贷款公司在促进农村经济发展,推动农民增收致富,乡村振兴中发挥了积极作用。截至2024年6月末,全国共有小额贷款公司5 428家,较2023年末减少近1 100家。从当前实践来看,小额信贷还存在诸多制约因素,如农村小额信贷供需不匹配、政策缺失、风险保障机制不健全等问题,使其可持续发展面临很大挑战。

(九)外资金融机构

1979年,随着我国经济的改革开放,金融业对外开放的序幕也开始拉开,允许外资金融机构在我国境内设立代表处并按规定开展业务。2001年我国加入WTO以来,外资金融机构大量进入我国,已经有效带动了国内银行业的市场竞争。外资金融机构是指依照中华人民共和国相关法律法规的规定,经批准在中国境内设立和营业的下列金融机构:① 总行在中国境内的外国资本的银行(独资银行);② 外国银行在中国境内的分行(外国银行分行);③ 外国的金融机构同中国的公司、企业在中国境内合资经营的银行(合资银行);④ 总公司在中国境内的外国资本的财务公司(独资财务公司);⑤ 外国的金融机构同中国的公司、企业在中国境内合资经营的财务公司(合资财务公司)。其中,独资银行、外国银行分行、合资银行按照中国人民银行批准的业务范围,可以部分或者全部经营的业务有:吸收公众存款;发放短期、中期和长期贷款;办理票据承兑与贴现;买卖政府债券、金融债券,买卖股票以外的其他外币有价证券;提供信用证服务及担保;办理国内外结算;买卖、代理买卖外汇;从事外币兑换;从事同业拆借;从事银行卡业务;提供保管箱服务;提供资信调查和咨询服务以及经批准的其他业务。截至2023年底,已有52个国家和地区的银行在华设立了机构,外资银行营业性机构总数达到888家,其中包括41家外资法人银行、116家外国银行分行和132家代表处。

知识链接 4.1

影子银行的定义和特征

影子银行作为广义金融市场的有机组成部分,在促进社会投融资方面发挥了积极作用,但由于其与正规金融体系关联度高,且较少或没有受到监管,对金融体系稳健性的影响不容忽视。我国应积极借鉴国际经验,结合我国实际,在发挥影子银行积极作用的同时,切实加强监管,有效维护金融稳定。

"影子银行"一词最早由美国太平洋投资管理公司前执行董事麦考林于2007年提出,用以指代所有具备杠杆作用的非银行投资渠道、工具和组织。美国前财长盖特纳将其称之为"平行银行体系"(Parallel Banking System)。国际货币基金组织(IMF)在《全球金融稳定报告(2008)》中论及类似的金融机构和活动时,还使用了"准银行"的概念。2008年,国际金融危机发生后,国际组织、各国政府和学术界开始广泛使用"影子银行"这一概念。但由于各国金融体系和监管框架存在巨大差异,影子银行目前尚无统一的定义,纽约联邦储备银行和金融稳定理事会(FSB)的概念较有代表性。纽约联邦储备银行将影子银行定义为从事期限、信用及流动性转换,但不能获得中央银行流动性支持或公共部门信贷担保的信用中介,包括财务公司、资产支持商业票据发行方、有限目的财务公司、结构化投资实体、信用对冲基金、货币市场共同基金、融券机构和政府特许机构等。FSB将"影子银行"广义地描述为"由正规银行体系之外的机构和业务构成的信用中介体系",狭义的影子银行则是指"正规银行体系之外,可能因期限/流动性转换、杠杆和有缺陷的信用转换而引发系统性风险和存在监管套利等问题的机构和业务构成的信用中介体系",主要集中在货币市场基金、资产证券化、融资融券和回购交易等领域。

据FSB发布的《2012年全球影子银行监测报告》,此次国际金融危机前,全球影子银行规模由2002年的26万亿美元快速增长到2007年的62万亿美元。危机爆发后,影子银行规模下降至2008年的59万亿美元,其后很快恢复增长,2011年底增加至67万亿美元,但与全球GDP总额之比由2007年的128%下降至2011年的111%。在金融机构总资产中的占比也逐渐下降,2007年影子银行规模在金融机构总资产的占比曾达到27%,2009—2011年保持在25%左右。全球影子银行主要集中在美国、欧盟和英国。美国影子银行规模自2008年大幅下降,但仍居全球首位。2011年,美国影子银行总资产达23万亿美元,在全球的占比由2005年的44%下降到2011年的35%。欧盟影子银行规模为22万亿美元,在全球的占比从2005年的31%上涨至33%。英国影子银行规模为9万亿美元,在全球的占比从2005年的9%上升至13%。

在一定意义上,影子银行与传统银行发挥着相似的功能,但普遍具有高杠杆、资金来源不稳定、缺乏中央银行最终信用支持等特征。影子银行体系将不透明、具有风险的长期资产转化为具有货币性质和似乎无风险或低风险的短期负债,在丧失信心的情况下,易引发"挤兑"。在资产价格上升、担保融资的保证金比率较低的情况下,利用证券化进行融资会进一步提高杠杆率。影子银行通常与传统银行发生关联,对银行融资的依赖度较大,其风险容易溢出到正规银行体系,更长和更不透明的传导链条使得这些风险加倍放大。

第三节 我国金融体系的改革与发展

1949年以来,我国金融体系经历了从一元金融体系发展到建立以中央银行为领导、专业银行为主体的体系,再发展到以中央银行为领导、商业银行为主体、各种金融机构并存、多层次金融市场形成的多元金融体系的不平凡过程。按照我国金融业发展改革的逻辑路径,可以将我国金融体系发展与金融改革划分为四个阶段。

一、"大一统"金融时期(1948—1979年)

1948年12月1日,在合并解放区的华北银行、北海银行和西北农民银行的基础上,组建中国人民银行,并于1948年12月7日发行人民币,这是新中国金融体制诞生的重要标志。中华人民共和国成立后,以苏联金融模式为建设方向,接管官僚资本银行,改造民族资本金融业,取缔外国在华银行的特权,对私营民族资本采取赎买政策,并逐步通过国家资本主义形式对其进行社会主义改造。1952年12月,全国统一的公私合营银行成立,并随即全部纳入中国人民银行体系。

从1953年起到1979年,与我国高度集中统一的计划经济体制相适应,我国基本上实行由中国人民银行统揽一切金融业务的"大一统"金融体制。在这种体制下,中国人民银行既行使中央银行职能,又办理各类银行业务;既是金融行政管理机关,又是经营金融业务的经济实体。这一阶段是典型的一元金融体系或单一银行体系时期。

二、金融改革的起步阶段(1979—1993年)

党的十一届三中全会拉开了我国改革开放的序幕,金融业也由此进入改革发展的崭新时代。1979年,我国进入金融体系结构的调整阶段。在此之前,在高度集中统一的计划经济体制下,国内金融市场处于一种封闭状态,利率既不能真实反映资金的价格,也不能反映资金的供求状况,中国人民银行是国内唯一的金融机构,它囊括了从中央银行到商业银行及其他金融机构的所有金融职能。在金融体系变迁的起步阶段,金融体系的改革发展主要表现在以下几个方面:

(一)发展多元化金融机构

这一阶段开始打破计划经济体制下的"大一统"金融体系格局,建立多元化金融机构体系。具体来说,主要改革内容有六个方面:第一,恢复和建立独立经营、实行企业化管理的国家专业银行体系。1979年2月,恢复了中国农业银行。1979年3月,专营外汇业务的中国银行从中国人民银行中分设出来。1983年明确中国人民建设银行为全国性金融实体,除执行拨款任务外,大量开展一般银行业务(1996年改名为中国建设银行)。1984年1月另设立中国工商银行,办理中国人民银行原来办理的全部工商信贷业务和城镇储蓄业务。从而形成了工、农、中、建四大国家专业银行体系。第二,建立中央银行体制。1983年9月国务院决定中国人民银行专门行使中央银行职能,不再办理企业单位和个人信用结算等具体银行业务。这标志着我国金融机构变革的重大转折。第三,试办商业银行。1986年7月重新组建交通银行,作为全国性股份制商业银行,这是我国按照商业银行要求建立的第一家商业银行。此后又陆续成立了中信实业银行、招商银行、中国光大银行、广东发展银行、深圳发展银行、福建兴业银行、华夏银行、上海浦东发展银行等一批全国性或区域性商业银行。第四，积极发展非银行金融机构。1980年，中国人民保险公司恢复国内保险业务，1988年3月和1991年4月，中国平安保险公司和中国太平洋保险公司先后建立；1979年10月，由国务院组建的综合经营金融贸易技术服务的中国国际信托投资公司成立，之后成立了中国光大国际信托投资公司、中国民族国际投资信托公司等；1987年，新中国第一家证券公司——深圳特区证券公司成立，以后陆续成立了上海申银证券公司、万国证券公司、海通证券公司、华夏证券公司等多家证券公司，为1990年12月上海证券交易所成立、1991年4月深圳证券交易所正式开业奠定了基础；先后建立了一些财务公司、租赁公司。非银行金融机构的发展，大大增加了我国金融机构的种类。第五，改革和发展信用合作社。1979年河南驻马店成立了第一家城市信用社，1984年后，大中城市相继成立了城市信用社。1984年开始对农村信用社进行恢复"三性"（组织上的群众性、管理上的民主性、经营上的灵活性）改革，促其向合作金融方向发展。第六，允许外国金融机构进入。1980年开始允许外国金融机构设立驻华办事处。

这一时期初步形成了以中国人民银行为领导、四大国有专业银行为主体、其他银行和非银行金融机构并存和分工协作的多形式、多功能、多层次而又颇具中国特色的金融机构体系。

（二）培育搞活金融市场

1979年后以开放搞活为目标的金融改革，促进了金融市场的孕育和发展。具体表现在：第一，发展货币市场。1986—1988年，全国各地相继成立了有形的同业拆借资金市场，以商业票据代替挂账信用，大力推行商业票据信用，我国的票据贴现市场也随之而形成。此外，自1983年后，企业全部流动资金改由银行贷款供给，由于信贷规模控制难以满足企业短期资金的需求，进而导致企业短期融资券市场的产生。第二，发展证券市场。1980年后，恢复国债发行，随后发行量逐年增长。1988年4月，国家允许1985年、1986年发行的国库券正式上市，从根本上改变了国债市场"有行无市"的局面；自1981年起，一部分企业开始采用以发行股票的方式筹集资金；1984年末和1985年初，我国企业的股份制改革开始起步；1987年后，企业股份制试点范围逐步扩大，股票市场也逐步得到发展；上海、深圳两家证券交易所成立以及证券登记公司等中介服务公司的建立，标志着二级市场的形成。此外，自1987年上海石化总厂发行3年期债券开始，我国企业中长期债券市场也开始逐步形成。第三，发展外汇市场。1980年10月，我国开始办理外汇调剂业务，标志着外汇市场的雏形显现。1986年，外汇调剂业务由中国银行移交给国家外汇管理局，开办了外商投资企业间的外汇调剂业务和国内企业留成外汇的额度调剂业务。1988年后，各省市都设立了外汇调剂中心，进一步扩大了外汇调剂范围。

(三）建立宏观金融调控体系

1979年后,伴随着金融机构体系的改革,在金融领域中如何协调、疏导、管理等问题日益突出,国务院于1983年9月决定由中国人民银行专门行使中央银行职能。1986年1月,国务院颁布了《中华人民共和国银行管理暂行条例》,确定中国人民银行是国务院领导和管理全国金融事业的国家机关。作为国家中央银行,中国人民银行积极探索运用多种手段,不断健全金融宏观调控体系。

1985—1988年是我国建立市场金融体系的摸索阶段。该时期金融改革的典型特征是金融管制放松,金融改革深化速度加快,对我国金融体系进行了一系列的创新安排,如确立了中央银行的法定地位,大力发展多元化金融组织机构;金融管理体系向市场化迈进,建立和发展金融市场体系。

由于经济发展对资金需求的不断增加、金融机构的多元化发展以及资金在金融机构和区域间的分布不均衡,迫切需要市场机制发挥资金配置作用,同业拆借市场、票据市场由此开始建立并全面启动,这为市场金融体系的发展奠定了基础。

1988—1993年,由于传统计划金融体系自我强化及其他相关重大事件影响等原因,市场化改革步伐有所放缓。在此时期,我国经济运行中出现了两次过热的现象,由于缺乏有效的运行机制,金融秩序混乱无序,导致宏观经济和金融发展被迫进行治理整顿。但与此同时,金融市场的发展却在大力推进,1990年12月和1991年4月分别成立了深圳证券交易所和上海证券交易所,为今后的资本市场发展以及经济的快速增长奠定了基础。

三、金融改革调整与充实阶段（1993—2000年）

1992年治理整顿结束后,我国金融改革力度不断加大,宏观经济发生了新的变化,从传统的短缺经济变为总量相对过剩、总需求相对不足的经济,因此,我国金融体系改革进入调整和充实阶段,实行了以调整和发展为主要内容的金融改革。

1992年邓小平南方谈话后,同年10月召开的中共"十四大"明确提出了建立社会主义市场经济体制改革的目标。1993年12月,国务院发布了《关于金融体制改革的决定》,拉开了新一轮金融改革的帷幕。

（一）中央银行职能的转变

《关于金融体制改革的决定》确定我国货币政策的最终目标为"保持货币稳定,并以此促进经济增长",这是对中国人民银行多年来实行的"稳定货币,发展经济"的双重政策目标的重大战略性突破。同时,中央银行货币政策的中介目标由控制信贷规模转向控制货币供应量和社会信用总量。1995年通过的《中国人民银行法》,明确了中央银行货币政策工具是存款准备金、中央银行基准利率、再贴现、中央银行贷款、公开市场业务等。1998年,国务院对中国人民银行组织架构进行重大调整,按经济区划在全国设置九大跨省市(区)分行,改变了过去几十年按行政区划设置分支机构的框架,这对减少行政干预、推进区域经济和金融发展具有积极意义。

(二)国有银行的商业化改革

以现代商业银行作为国有独资银行的改革方向,是新一轮银行改革的主要内容。1994年,组建国家开发银行、中国进出口银行、中国农业发展银行三大政策性银行,它们既是国家合理配置资金和资源的强有力工具,也是国有独资银行剥离政策性业务、专门从事商业性经营以有效配置资金和资源所需要的。政策性银行的建立,为国有银行的商业化改革创造了必要的条件。与此同时,《商业银行法》《担保法》《票据法》《贷款通则》《支付结算办法》等一系列金融法规条例的颁布实施,为国有银行的商业化改革提供了日趋完善的法律环境。

(三)外汇体制改革

从1994年4月1日起,国家对外汇管理体制进行了重大改革,取消外汇留成制、外汇上缴制和用汇计划审批,实行外汇指定银行对国内企业的强制结售汇制。取消各省市外汇调剂中心,建立全国统一的银行间外汇交易市场,官方汇率和调剂市场汇率并轨,实现有管理的浮动汇率制。1996年,实行新的国际收支申报体系,对外商投资企业实行意愿结售汇,外资银行同时成为外汇指定银行,实现了人民币经常项目的可兑换。对外资银行的引进和开放采取税收优惠和业务限制的双重政策,1997年先后在上海浦东新区、深圳特区批准少数外资银行试营人民币业务。1998年,增加试营人民币业务的外资银行数量,业务规模限制也由原来的3 000万元扩大到1亿元。1999年,取消外资银行在国内增设分支机构的地域限制。沪、深两地经营人民币业务的外资银行继续增多,业务规模也进一步扩大。2005年7月21日,中央银行公布人民币汇率体制改革方案,其核心是人民币从过去的钉住单一美元而改为选择若干种主要货币,赋予相应的权重,组成一个货币篮子,以市场供求为基础,参考一篮子货币计算人民币多边汇率指数的变化,对人民币汇率进行管理和调节,维护人民币汇率在合理均衡水平上的基本稳定。

(四)建立全国银行间同业拆借市场

1996年1月,全国银行同业拆借交易系统在上海正式联网,并按"自主自愿、平等互利、恪守信用、短期融通"的原则运行。拆借会员不断增多,除各商业银行总行、城市商业银行总行外,还包括四大国有银行的分行、试行人民币业务的外资银行等,1999年允许证券公司等非银行金融机构进入全国一级拆借网络进行头寸拆借。

（五）建立地方性商业银行

为了适应中小企业、民营经济在国民经济中比重迅速上升的趋势，1995年7月国务院颁布《关于组建城市合作银行的通知》，1998年城市合作银行更名为地方性的商业银行。

（六）利率市场化改革

1996年开始，利率市场化改革稳步推进，1996年至1999年，银行间市场基本实现了利率市场化。

四、金融改革加速阶段（2001至今）

2001年12月11日，中国正式加入世界贸易组织（WTO），成为其第143个成员。随着国际金融服务贸易协定的全面实行，我国扩大金融领域对外开放，国际金融一体化程度日益加深，金融改革进入加速阶段。

（一）金融体系对外开放度扩大，金融法律体系逐步完善

2002年12月，中国实行合格境外机构投资者制度，迈出了资本市场融入全球化的第一步。2003年，开放外资银行在中国的人民币业务，并加快推动国有银行产权改革；2004年，香港特别行政区正式开展人民币业务；2006年全面开放了居民业务；2007年，允许外资银行在国内设立法人机构；四大国有商业银行实现了从以前的资不抵债到现代股份有限公司再到全面上市的跨越式转变。

与此同时，重视金融对外开放的监管。2001年12月，国务院对《中华人民共和国外资金融机构管理条例》进行修订；2002年6月，中国人民银行发布《外资金融机构驻华代表机构管理办法》，对外资金融机构行为加以规范；2004年7月，原银监会对外公布《外资金融机构管理条例实施细则》，标志着中国证券市场的中外合资、合作进入实质性阶段。

（二）金融体系朝着健康化、规范化、专业化方向发展

20世纪80年代，金融改革的主要内容以引进市场经济金融体系的基本结构为主。从90年代中期开始，金融体系步入健康化、规范化和专业化阶段：成立四家资产管理公司，剥离四大国有商业银行银行不良资产；发行2700亿元特别国债，补充四大国有商业银行资本；成立保监会，迈开分业监管步伐；对大型金融机构进行财务重组，使之实现健康化；成立中央汇金公司，完成四大国有商业银行股改和上市，建立现代公司治理结构，实现规范化；成立银监会，确立起"一行三会"金融监管架构，监管走向专业化。

(三)积极推进金融机构结构优化和制度化建设

为适应社会主义市场经济体制深化改革的需要,满足多种经济成分及其主体尤其是中小微企业、民营企业对金融服务的需求,国家通过对城市金融体系和农村金融体系的改组,组建城市商业银行、农村商业银行、农村合作银行,建立村镇银行,发展小额贷款公司、资金互助合作社以及投资基金等其他非银行金融机构,探索发展民营银行。经过对金融机构结构的深化改革、调整和优化,多元化、多样化、多类型金融机构相互依存、协调发展的新格局基本形成(见表4.1)。

表4.1 我国金融机构一览表(截至2023年底)

机构类型	数量(家)	机构类型	数量(家)
政策性银行	3	金融租赁公司	70
商业银行	1811	汽车金融公司	25
农村合作银行	23	财务公司	241
农村信用社	499	期货公司	150
村镇银行	1636	消费金融公司	31
证券公司	145	基金管理公司	148
保险公司	239	资产管理公司	5
信托公司	67	货币经纪公司	6

资料来源:根据金融监管总局、证监会官网数据及网上数据整理。

在推进金融机构规模扩张、多元化发展的同时,我国也在积极推动金融机构建立现代金融企业制度。尤其是加入世贸组织(WTO)后,金融业迫切需要通过上市来提高自身的经营规模与业绩,提高自身的竞争能力。股份有限公司是现代企业制度变迁与发展的重要成果。自1987年交通银行恢复设立并成为中国第一家股份制金融机构以来,我国十分重视金融机构的股份制建设和改造工作,并推动符合条件的股份制金融机构上市。中国银行和中国建设银行、中国工商银行、中国农业银行于2004年、2006年、2008年相继完成股份制改造并上市,其他符合条件的金融机构先后改造为股份有限公司。股份制改造和上市不仅理顺了金融机构的产权关系,充实了金融机构资本,而且为金融机构建立现代公司治理结构奠定了现实基础。截至2021年9月,已有142家金融机构上市,其中银行59家、证券公司56家、保险公司7家、信托等其他金融机构20家。

(四)稳步推进利率、汇率市场化和人民币国际化

2004年10月,我国实现了"贷款利率管下限、存款利率管上限"的阶段性改革目标。之后中央银行着力引导金融机构加强定价机制建设,2007年1月,开始建

立并大力培育银行间同业拆借利率(SHIBOR),不断改善利率市场化的基础条件。随着银行理财、信托和互联网金融等金融创新与金融脱媒的迅猛发展,顺应市场发展的内在要求,2012年后加大了存贷款利率市场改革力度,2013年7月起全面放开金融机构贷款利率限制,2015年10月24日中央银行宣布取消商业银行存款利率上限,仅对活期存款和1年期以内(含1年)定期存款利率保留基准利率1.5倍的上限管理。至此,我国利率市场化改革迈出了关键一步,具有里程碑意义。但是,利率市场化是一项复杂的系统工程,存贷款利率放开并不意味着利率市场化改革的最终完成。

1994年汇改之后,随着我国国际收支顺差和外汇储备的快速增长,国际社会要求人民升值的呼声越来越大,完善人民币汇率形成机制迫在眉睫。2005年7月21日,中国人民银行发布《关于完善人民币汇率形成机制改革的公告》,宣布从即日起,我国实行以市场供求为基础、参考一篮子货币进行调节的有管理的浮动汇率制度。人民币汇率不再钉住单一美元,形成更富弹性的汇率机制。2015年8月11日,中国人银行调整人民币对美元汇率中间价报价方式,即从当日起,做市商在每日银行间外汇市场开盘前,参考上日银行间外汇市场收盘汇率,综合考虑外汇供求情况以及国际主要货币汇率变化向中国外汇交易中心提供中间价报价。2015年12月11日,中国外汇交易中心发布CFETS人民币汇率指数,该指数有助于引导市场,改变过去主要关注人民币对美元双边汇率的习惯,逐步把参考一篮子货币计算的有效汇率作为人民币汇率水平的主要参照系。

在该时期,人民币国际化也进入快车道。2004年2月,中银香港被授权成为香港人民币业务清算行,并在香港推出人民币清算服务,标志着香港的人民币离岸银行业务正式开始。2007年,国际清算银行宣布人民币成为国际认可的支付货币,标志着人民币国际化进入了新阶段。2008年,中国与韩国达成了首个人民币货币互换协议,2009年,推出《跨境贸易人民币结算试点管理办法》,人民币国际化进入实质性阶段。2011年12月,中国实施了人民币合格境外机构投资者制度(RQFII),允许外国投资机构在中国国内的银行创立账户进行投资。2012年6月起,允许参与中国国内的跨境贸易和其他经常账户交易的公司使用人民币进行支付。2014年底,中国跨境贸易中约有25%实现了以人民币结算,中国与30个国家达成了货币互换协议。2015年10月,人民币跨境支付系统(CIPS)上线,同年12月,人民币被正式纳入特别提款权(SDR)货币篮,成为国际储备货币,这在人民币国际化进程中具有里程碑意义。另一方面,人民币全球清算系统建设明显加快。2003年中国人民银行引入离岸清算行模式,随后该模式得到快速发展,截至2015年底,中国人民银行与20个国家和地区建立了人民币清算行安排(见表4.2)。人民币离岸清算银行的设立,有效降低了人民币离岸金融中心的成本,形成了"人民币在岸市场—人民币离岸中心—人民币离岸区域枢纽(人民币清算行)"三个层次的人民币全球交易网络,极大地促进了中国对外贸易投资便利化,在人民币国际化进程中起到了十分重要的作用。

表4.2 人民币离岸清算行一览表

国家或地区	时间	清算行	国家或地区	时间	清算行
香港特别行政区	2003.12	中银(香港)有限公司	卡塔尔	2014.11	中国工商银行卡塔尔分行
			加拿大	2014.11	中国工商银行加拿大有限公司
澳门特别行政区	2004.09	中国银行澳门分行	澳大利亚	2014.11	中国银行悉尼分行
			马来西亚	2015.01	中国银行马来西亚有限公司
中国台湾省	2012.12	中国银行台北分行	泰国	2015.01	中国工商银行泰国有限公司
新加坡	2013.02	中国工商银行新加坡分行	智利	2015.05	中国建设银行智利分行
英国	2014.06	中国建设银行伦敦有限公司	匈牙利	2015.06	匈牙利中国银行
德国	2014.06	中国银行法兰克福分行	南非	2015.07	中国银行约翰内斯堡分行
韩国	2014.07	交通银行首尔分行	阿根廷	2015.09	中国工商银行阿根廷股份有限公司
法国	2014.09	中国银行巴黎分行	赞比亚	2015.09	赞比亚中国银行
卢森堡	2014.09	工商银行卢森堡分行	瑞士	2015.11	中国建设银行苏黎世分行

资料来源:根据中国人民银行官网公布的信息整理。

(五)逐步健全金融市场体系,构建多层次资本市场

为顺应中国经济崛起和金融改革开放大势,完善金融市场体系,更好发挥金融市场功能,2002年10月经国务院批准,上海黄金交易所(简称"上金所")正式运行,实现了中国黄金生产、消费、流通体制的市场化,是中国黄金市场开放的重要标志。2014年9月上金所启动国际板,成为中国黄金市场对外开放的重要窗口,2016年4月发布全球首个以人民币计价的黄金基准价格——"上海金",2018年9月正式挂牌中国熊猫金币,打通了我国黄金市场与金币市场的产品通道,2019年10月正式挂牌"上海银"集中定价合约,为全市场提供白银基准价格。我国已逐步形成了以上金所一级市场为核心、二级市场为主体、多元的衍生品市场为支撑的多层次、全功能的黄金市场体系,涵盖竞价、定价、询价、金币、租借、黄金ETF等市场板块。

2006年9月8日,经证监会批准,中国金融期货交易所(简称"中金所")在上海挂牌成立。中金所是专门从事金融期货、期权等金融衍生品交易与结算的公司制交易所,由上海期货交易所、郑州商品交易所、大连商品交易所、上海证券交易所和深圳证券交易所共同发起成立。目前中金所已开发股指期货、国债期货、股指期权三类,沪深300指数期货、中证500指数期货、上证30股指期货、沪深300指数期权、2年期国债期货、5年期国债期货、10年期国债期货等七个品种。

随着社会主义市场经济体制的深化改革,建立多层次资本市场体系,完善资本市场结构被提上日程,2005年开始,"股权分置"问题开始逐步解决,一级市场实施了新股发行询价制度;2004年,深圳证券交易所推出中小企业板块,2013年6月13日,科创板在上海证券交易所开板,"三板"市场和各地产权交易市场先后设立。至此,我国已经构建起由区域性股权市场、新三板、创业板、科创板、主板组成的多层次资本市场体系,这对于发挥资本市场枢纽功能、促进融资便利化、降低实体经济成本、提高资源配置效率等方面将发挥重要作用。2021年9月北京证券交易所正式成立,形成新三板基础层、创新层与北京证券交易所精选层"层层递进"的市场结构,其市场运行、投资者结构、主要基础制度安排等都有中小企业特色,与沪深证券交易所差异明显,将有利于完善和丰富我国资本市场制度。

(六)资本市场开放度扩大,制度化、法制化建设取得新进展

资本市场双向开放有序扩大。2014年11月正式开通"沪港通",2016年12月正式启动"深港通",为内地和香港投资者开辟了新的投资通道,实现了内地与香港股票市场的互联互通,是两地市场双向开放和增强合作的重要举措。香港作为最大的人民币离岸市场,"沪港通"与"深港通"的启动,为境外资本投资我国金融市场提供了新的途径,进一步巩固了中国香港作为全球离岸人民币业务中心的地位。2019年6月17日,中国证监会和英国金融行为监管局发布"沪伦通"《联合公告》,原则批准上海证券交易所和伦敦证券交易所开展"沪伦通",标志着上海与伦敦的金融合作水平的提升,也标志着我国资本市场国际化、"双向开放"进入了新阶段。

资本市场制度化、法制化改革迈上新台阶。《证券法》修订并生效,新增投资者保护制度专章、强化信息披露要求、全面推行注册制。注册制改革加速推进,公司债、企业债发行由核准制改为注册制。科创板试点注册制,开展上市企业包容性、交易制度、信息披露等一系列制度创新。注册制改革从科创板稳步推广至存量市场。2020年8月,创业板启动改革并试点注册制。债券市场渐进打破刚性兑付,高风险企业风险逐步释放。交易所债券市场扩容至非上市公司。银行间与交易所债券市场基础设施启动互联互通,市场间的协调明显增强,为破除债券市场分割迈出了重要一步。

(七)金融调控和监管体系更加健全有效

健全货币政策和宏观审慎政策双支柱调控框架。强化中央银行宏观审慎管

理职能，构建房地产金融宏观审慎政策、跨境资本宏观审慎政策等政策工具。统一资产管理业务监管标准。完善系统重要性金融机构监管框架，建立系统重要性银行评估与识别机制，从附加资本、杠杆率、大额风险暴露等方面附加监管要求。出台金融控股公司监管办法，将非金融企业投资形成的金融控股公司整体纳入监管，从制度上隔离实体板块与金融板块。建立存款保险制度，成立存款保险基金。支付、清算、结算、征信等金融基础设施框架体系基本成型，统筹监管加快推进。

优化货币政策目标体系。在关注货币供应量等传统中间目标的同时，将社会融资规模作为监测指标，监控贷款、债券、票据等在内的社会整体融资状况，并增强对货币市场利率等价格型指标的监控。坚持物价稳定在目标体系中的首要地位，同时坚持货币政策多目标制，统筹协调物价与就业、经济增长和国际收支之间的关系。

丰富和补充货币政策工具，灵活运用各种工具组合，提高货币政策调控的有效性。根据宏观调控需要和市场环境变化，创设了短期流动性调节工具（SLO）、常备借贷便利（SLF）、中期借贷便利（MLF）等新工具，与公开市场操作工具相搭配，有效应对多种因素引起的流动性波动，保持流动性的合理适度。

（八）持续深化金融监管体制改革

进入21世纪以后，根据银行、证券、保险分业经营和金融细分市场快速发展的情况，2003年组建银监会，形成了"一行三会"分业监管模式，以专门的监管机构对银保证（银行业、保险业、证券业的简称）各个子行业实施差别化监管。

2008年国际金融危机后，各国掀起了金融监管体制改革的浪潮，在金融监管改革方面开展大量尝试和探索，我国也在随后的监管改革中吸收借鉴了一些有益做法。一方面，积极探索建立行为监管体制。2011年开始在各个监管机构内设立金融消费者（投资者）保护机构，更加重视行为监管，以顺应国际金融监管趋势和我国防风险工作要求。随着金融创新和混业经营的发展，分业监管的局限性逐渐显现，为此，2017年成立国务院金融稳定发展委员会，以加强金融监管协调。另一方面，加强中央银行的宏观审慎职责，强化系统重要性银行监管等，2016年将宏观审慎评估体系（MPA）正式纳入宏观审慎政策框架，明确了中央银行货币政策和宏观审慎管理"双支柱"的调控职责。

随着金融综合经营格局的进一步显现，各子行业之间出现相互渗透日益明显，在以往监管协调机制的基础上，逐步完善监管组织架构，推动分业监管向统一监管转变，2018年在原银监会和保监会基础上组建银保监会，形成"一委一行两会"监管体制。同时，初步确立中央垂直监管和地方属地监管并行的双层金融监管模式，省市级地方金融监管局由挂靠其他委办局升格为省市政府直属机构，并加挂金融工作办公室牌子。

2023年3月,《党和国家机构改革方案》正式发布,根据该改革方案:① 组建中央金融委员会和中央金融工作委员会。设立中央金融委员会办公室,作为中央金融委员会的办事机构,列入党中央机构序列。原国务院金融稳定发展委员会及办事机构不再保留。将国务院金融稳定发展委员会办公室职责划入中央金融委员会办公室。将中央和国家机关工作委员会的金融系统党的建设职责划入中央金融工作委员会。② 深化地方金融监管体制改革。建立以中央金融管理部门地方派出机构为主的地方金融监管体制,统筹优化中央金融管理部门地方派出机构设置和力量配备。地方政府设立的金融监管机构专司监管职责,不再加挂金融工作局、金融办公室等牌子。③ 组建国家金融监督管理总局。将中国人民银行对金融控股公司等金融集团的日常监管职责、有关金融消费者保护职责,证券监会的投资者保护职责划入国家金融监督管理总局。不再保留中国银行保险监督管理委员会。④ 统筹推进中国人民银行分支机构改革。撤销中国人民银行大区分行及分行营业管理部、总行直属营业管理部和省会城市中心支行,在31个省(自治区、直辖市)设立省级分行,在深圳、大连、宁波、青岛、厦门设立计划单列市分行。此次改革进一步强化了监管集中统一和全覆盖,更加明确了监管部门的监管目标,以"强监管、严监管、深监管"的决心,把所有金融业务都纳入监管,有助于避免金融部门之间条块分割的监管格局,减少多重监管、监管缺失和监管真空,将进一步整治金融乱象,全面提升金融监管效率和效能。

(九)擘画加快建设金融强国宏伟蓝图

2023年10月召开的中央金融工作会议首次提出要加快建设金融强国,坚定不移走中国特色金融发展之路,加快建设中国特色现代金融体系,要以金融高质量发展助力强国建设。金融强国战略目标的提出,具有深刻的理论意义、重要的现实意义和深远的战略意义。围绕金融强国建设目标,本次会议明确了我国金融业未来改革发展的战略重点和任务要求:① 突出金融高质量发展,明确金融供给侧结构性改革方向。金融要以自身的高质量发展为经济社会发展提供高质量服务,助力强国建设;要始终保持货币政策的稳健性,更加注重做好跨周期和逆周期调节,充实货币政策工具箱;把更多金融资源用于促进科技创新、先进制造、绿色发展和中小微企业;做好科技金融、绿色金融、普惠金融、养老金融、数字金融五篇大文章;稳步扩大金融领域制度型开放。② 明晰各类金融机构的定位。提出培育一流投资银行和投资机构;支持国有大型金融机构做优做强,当好服务实体经济的主力军和维护金融稳定的压舱石;严格中小金融机构准入标准和监管要求,立足当地开展特色化经营;强化政策性金融机构职能定位;发挥保险业的经济减震器和社会稳定器功能。③ 更加重视资本市场作用。更好发挥资本市场枢纽功能。推动股票发行注册制走深走实,发展多元化股权融资,大力提高上市公司质量;促进债券市场高质量发展,活跃资本市场。④ 强监管与防风险是重中之重。以强监管来推动防范化解风险,一方面,要切实提高金融监管有效性,依法将所有金融活动全部纳入监管,全面强化机构监管、行为监管、功能监管、穿透式监管、持续监管,消除监管空白和盲区。另一方面,建立防范化解地方债务风险长效机制,建立同高质量发展相适应的政府债务管理机制;建立房地产企业主体监管制度和资金监管,完善房地产金融宏观审慎管理;建立金融风险早期纠正机制。⑤ 着力推进金融开放,保持人民币汇率稳定。把坚持统筹金融开放和安全作为金融开放的基调,坚持"引进来"和"走出去"并重,稳步扩大制度型开放。

2024 年 1 月 16 日,习近平总书记在省部级主要领导干部推动金融高质量发展专题研讨班开班式上发表讲话,提出了现代金融的"六大关键核心要素"和"六大现代金融体系",这为从理论和实践两方面评判金融强国建设提供了基本遵循和重要标准。六大关键核心要素是:强大的货币,强大的中央银行,强大的金融机构,强大的国际金融中心,强大的金融监管,强大的金融人才队伍。六大现代金融体系是:建立健全科学稳健的金融调控体系,结构合理的金融市场体系,分工协作的金融机构体系,完备有效的金融监管体系,多样化专业性的金融产品和服务体系,自主可控安全高效的金融基础设施体系。

中央金融工作会议擘画的"金融强国"宏伟蓝图,是中国金融业改革发展的历史逻辑,也是中国金融业改革发展的必然结果。但是,建设金融强国是一项复杂的系统工程,在金融强国建设征程上必然会遇到各种风险挑战,但只要我们保持战略定力和历史耐心,稳扎稳打,久久为功,"金融强国"宏伟蓝图就会一步步变成美好现实,金融助推中华民族伟大复兴的中国梦就一定能够实现。

知识链接 4.2

中国主导的亚洲基础设施投资银行

一、亚洲基础设施投资银行简况

亚洲基础设施投资银行(Asian Infrastructure Investment Bank,简称亚投行,AIIB)是全球首个由中国倡议设立的政府间性质的亚洲区域多边金融开发机构,2015 年 12 月 25 日正式成立,重点支持能源、交通、农村发展、城市发展和物流等领域的基础设施建设,其宗旨是促进亚洲区域的建设互联互通化和经济一体化的进程,并且加强中国及其他亚洲国家和地区的合作。总部设在北京。法定资本 1 000 亿美元。

亚投行意向创始成员国确定为 57 个,其中域内国家 37 个、域外国家 20 个。亚投行的治理结构分理事会、董事会、管理层三层。理事会是最高决策机构,主席国为中国,每个成员国有正副理事各一名。董事会有 12 名董事,其中域内 9 名,域外 3 名。管理层由行长和 5 位副行长组成,行长来自中国,5 位副行长分别来自英国、德国、印度、韩国、印尼。

二、中国为什么倡议设立亚洲基础设施投资银行

自从 1945 年布雷顿森林体系建立以来,美国一直是国际金融体系的"大哥大"。无论是国际货币基金组织(IMF)还是世界银行、亚洲开发银行等多边国际金融机构,大多都体现了美国等发达国家的意志。然而,随着中国等新兴国家的发展及实力的增强,这些多边机构内部各国的地位并未发生相应的变化。在全球经济一体化趋势下,中国想要获得长期、稳定、持续的增长,不可能独善其身,必须带领周边新兴国家走出贫困,实现共同发展。在这些没有获得应有代表权及话语权的国际组织中,包括中国在内的新兴国家有理由怀疑,它们能否从现行金融秩序中获得自身发展所需要的支持。所以中国有必要倡导一个以新兴国家为决策主体的国际金融新秩序。

目前世界银行、亚洲开发银行既没有足够的意愿,也没有充足的资源来满足新兴国家基础设施建设领域的投资需求。中国提出了"一带一路"战略,而亚投行的成立与此是密切相关的。具体来说,中国与周边国家的经济联系非常重要,因此要加强中国与周边国家的经济合作,其中金融合作就是一个关键的部分。

第四节 金融分业经营与混业经营

一、混业经营与分业经营的含义

金融业混业经营是指一个金融机构获准可以经营多个金融子行业,或者获准同时经营多个隶属于不同金融子行业的金融产品。由于金融子行业有许多,因而混业经营也有狭义和广义之分。狭义的混业经营是指银行业与证券业的交叉经营。广义的混业经营则是指银行、证券、保险、基金、信托等之间的交叉经营。分业经营是指法律规定将商业银行与投资银行或证券业务及其他带投资性的金融业务相分离的经营体制,即现代金融的三大领域银行业、证券业和保险业分开经营,它们的核心业务各不相同,互不交叉,经营机构分开设立,互不隶属,彼此独立。

从金融体制层面看,混业经营体制允许各项金融业务之间的交叉融合。因而,一家金融机构可以同时开展几种不同的金融业务,金融机构的名称与其经营的业务并不是一一对应关系。如德意志银行和汇丰集团经营的业务几乎包含所有的金融业务,不仅有银行、证券、保险、信托、基金等,而且非银行业务已经替代了银行业务所占据的主导地位。所以仅从名称上不能认定它们的经营范围。因此,混业经营又称金融机构的多元化经营。分业经营体制是不允许或者限制不同金融业务之间的交叉和融合。由于设置了业务限制,不同的业务由不同的机构来经营,所以,

不同的机构类型也就代表了不同的业务范围。如中国商业银行的主要业务就是存贷款业务,保险公司的业务就是保险业务,证券公司的业务就是证券交易和承销。

从微观角度看,金融业实行混业经营还是分业经营是基于金融机构的选择行为。在金融业的长期发展过程中,金融机构的业务经营形成了两种经营模式:综合经营模式和专业经营模式。不同的金融机构选择的经营方式可以不同,有的机构选择专业化经营,有的机构选择综合化经营。综合经营和专业经营是从微观金融机构的角度看待金融业务的分与合,而混业经营与分业经营则是从一个国家金融业全局的角度看待金融业务的分与合。如果一国存在综合化经营的金融机构,则从整个金融部门来看,就是出现了混业经营。在实行混业经营体制的国家,同样可以出现专业化经营的金融机构,即某些金融机构选择专业化经营模式。

二、混业经营与分业经营体制的演变

金融分业经营体制和混业经营体制的形成是与商业银行的发展模式紧密相连的。纵观世界金融业的发展路径,各国的金融经营体制大多经历了由早期的自然混业到严格的分业,再到混业经营的发展过程。

(一) 20 世纪 30 年代之前:自然混业经营

混业经营是金融业自身发展的内在要求。20 世纪 30 年代以前,金融业天然处于一种混业经营的状态。因为在这一阶段,各国的证券、保险和信托等非银行业务尚不发达,银行业务在整个金融体系中占主导地位,一般都不对银行业务加以限制,各国大多实行的是混业经营模式。比较有代表性的是美国、日本和英国。从 19 世纪后半期,英国出于大量发行公司债和设立股份公司筹集资本的需要,商业银行开始承担投资银行的功能,于是开始混业经营。这一时期在崇尚自由放任、自由竞争的市场经济制度下,美国金融立法对商业银行经营范围没有过多限制,大多数商业银行可以直接或通过其附属机构从事证券业务。而投资银行在承做股票和证券包销业务的同时,也可开办某些商业银行存贷款业务和资金结算业务。因而,在这一时期,美国商业银行实行全能化的混业经营制度。20 世纪 20 年代以后,日本的银行之间合并,资产重组迅速高涨,大量信托公司、储蓄银行纷纷合并形成全能银行,企业之间相互持股盛行,金融业日益集中。因此,日本政府在这一时期采取十分宽松的政策,未设立有关法律条文对其国内的金融业,特别是银行业的经营范围加以限制,因而也处于完全自然的混业经营状态。

(二) 20 世纪 30 年代末至 70 年代之间:严格的分业经营

1929 年爆发了世界性经济危机。美国股票市场首先崩溃,道·琼斯指数下跌了 88%。接着整个银行体系一度陷于瘫痪状态,大批银行倒闭。在 1929 年至 1933 年间,美国银行数量从 2.5 万家减少到 1.4 万家,有 1.1 万家银行倒闭。美国当时的议员格拉斯和斯蒂格尔分别给国会写了报告,他们一致认为此次危机的直接原因是商业银行从事投资银行业务,致使大量信贷资金进入股市,推动股市泡沫的膨胀和破灭,最后导致股市崩溃,银行倒闭。这两份调查报告的观点基本得到了美国国会的认同,认为大危机爆发的原因,是由于商业银行从事证券业务对联邦储备体系造成损害,使银行有悖于良好经营原则,造成股市投机、股市暴跌、银行倒闭和经济大萧条。为了防止金融灾难再次发生,美国于1933年制定了《格拉斯—斯蒂格尔法》,即美国《银行法》,该法案明确规定商业银行只能从事短期贷款,不能办理长期贷款,不能认购除国家债券以外的有价证券,不得经营股票和包销公司证券。商业银行和投资银行经理不得兼职,金融资产与产业资本相分离。从而确立了美国商业银行与投资银行分业经营的局面,同时将货币市场与资本市场截然隔离开来。从此美国进入了长达67年之久的分业经营时期。

随后,英国、法国、瑞典等国也相继实行了分业制度。同时,日本仿照美国金融分业经营思想,实行长短期金融分离,银行业与信托业分离,银行与证券业务分离,并实行严格的外汇和利率管制。1948年,日本政府颁布《证券和外汇法》,禁止银行从事证券业务,不同类型的金融机构之间禁止相互准入,但可交叉持股,持股数量以10%为上限。1987年,在《反垄断法》中将持股的最高限降低为5%。在这期间,日本银行业实行严格的分业经营模式。

(三) 20世纪70年代之后至今:向混业经营的回归

20世纪70年代后,以美国为代表的西方国家普遍发生滞胀,有关放松管制实行金融自由化的政策主张迅速高涨。而金融业实行分业经营的国家,在外汇市场金融创新的带动下,开始出现混业经营的新动向。到了20世纪80年代,回归混业经营的呼声更是一浪高于一浪,以衍生金融工具为代表的金融创新的步伐进一步加快。一方面,使分业经营的界限变得模糊,另一方面,商业银行的传统业务受到冲击。为争夺市场份额,商业银行的经营范围逐渐挣脱传统存贷款业务的桎梏,通过兼并非银行金融机构和金融创新等迂回的方式开始向证券业、保险业和信托业渗透,由此形成了几乎可以经营所有金融业务的全能银行。1986年,英国实行金融"大爆炸"改革,通过了《1986年金融服务法》,取消经纪商与交易商两种职能不可互兼的规定,商业银行可以介入证券业务,并处于统一的监管标准之下。该法案彻底摧垮了其本土及英联邦国家分业经营体制。1993年,日本立法批准不同类型的银行可以进行合并,这是对分业经营严格管制的极大松动。1996年日本政府再次出台金融改革方案,即《金融体系改革法》,允许日本银行以异业子公司的形式从事全能金融业务,放宽对银行、证券、信托、保险等行业的限制,允许各金融机构可以跨行业经营各种金融业务。自此,日本彻底打破了分业经营体制,修订了银行、证券公司、保险公司等各类金融机构之间相互准入的规定。

在世界范围的跨行业、跨国界并购浪潮的冲击下,美国政府也出于发展经济和提升本国银行业实力的目的,对于混业经营的趋势采取默认的做法。1995年5月,美国众议院银行委员会正式废除30年代制定的银行不能经营证券业务的规定,美联储也于1996年12月单方面决定放宽对商业银行经营证券业务的限制。1999年11月12日,美国通过了《金融服务现代化法案》,彻底拆除了银行、证券和保险业之间的藩篱,允许商业银行以金融控股公司(FHC)形式从事包括证券和保险业务在内的全面金融服务,实行混业经营。《金融服务现代化法案》结束了美国长达66年之久的金融分业历史,它的颁布标志着美国金融业分业经营体制的结束和混业经营体制的开始。同时也标志着以银行证券分业经营为特征的职能分工型银行模式在世界主要发达国家的终结,以全能型银行模式为基础的现代金融制度的确立。

三、混业经营体制与分业经营体制的优劣

混业经营之所以取代分业经营而成为当今国际银行业发展的主流趋势,主要因为混业经营与分业经营相比,更具有适合现代金融环境发展的优势。

(一)分业经营的弊端

分业经营体制明显地存在着许多弊端,主要表现在:① 分业经营人为地造成了金融业在市场、机构、资金、从业人员上的分隔,阻碍了资金的自由流动和有效配置。② 分业经营限制了竞争,将金融体系内全面的竞争细化为每一类机构、每一块业务的竞争。③ 分业经营使不同性质的金融机构对同样的客户提供一系列服务,而不同的金融机构对这一客户的认知却不能共享,要进行许多重复操作,而且对该客户来说,这些金融服务是割裂的,服务不到位的情况不可避免。总之,分业经营增加了社会成本,影响了竞争,从而最终影响了金融体系的效率。

(二)混业经营的优势

混业经营也并非对各类金融机构职能的绝对否定,而是随着金融技术的发展,同一种金融产品可以被具有不同职能的金融机构共享,以致金融机构之间业务相互交叉和渗透成为必然趋势。对于混业经营优势的分析,可以从银行、客户和社会福利三个角度进行分析。

首先,从银行角度看,混业经营具有明显的优势。主要表现在以下几个方面:① 混业经营具有规模经济和范围经济带来的成本优势。规模收益是指某一业务量越大,效率越高。而当不同的服务业务由同一个机构来提供时,如果它的经营成本比多个机构分别提供时的总成本小,这就是范围经济。② 混业经营使银行机构扩大和向更多的客户提供更为全面的金融服务,银行可以获得经济集中的利益和竞争优势。③ 混业经营通过提供全方位的金融服务,可以使信息成本和监督成本最小化。④ 混业经营有利于银行充分挖掘现有销售网络的资源潜力。银行有大量的客户基础,银行可以通过为现有客户提供各种金融服务,加强同现有客户的联系,吸引

新的客户,并增加银行的收益。⑤ 混业经营有利于银行业务的多样化,进而有利于分散经营风险。⑥ 混业经营条件下的金融机构拥有稳定客户群。混业经营有利于形成银企之间的利益制衡关系,即在银企双方共同利益基础之上的持久信用机制。

其次,从客户角度看,客户将因银行混业经营而得到更多的收益。由于混业经营,客户只需与同一家金融机构打交道,这样,客户搜寻信息、监督和交易的单位成本都会降低。混业经营还会带来竞争效应,将直接改善消费者福利,例如银行服务效率的提高、服务价格的降低等。同时,客户与银行关系的增强也将促进银行服务的改善,因为如果消费者从一家银行转向另一家银行,将会给银行带来更大的业务损失。所以,在银行通过业务多元化而获得规模收益或范围收益的同时,消费者也能分享竞争带来的收益。

第三,混业经营可以提高公共政策的效率,提高社会整体的福利水平。表现在:① 混业经营可以促使现有金融机构提高经营和服务效率,改变传统的经营服务方式。② 混业经营条件下的金融机构可以向客户提供最优的产品服务组合,能够最大限度地发挥竞争优势,从而提高整个金融体系的运作效率。③ 混业经营条件下,金融机构通过业务多元化可以降低整个金融体系的风险。

值得指出的是,尽管混业经营能够带来上述正面效应,但在理论界对混业经营带来的负面问题表示了担心。归结起来主要有两个:风险问题和垄断问题。这两个问题是否与混业经营直接相关,下面进行逐一分析。

首先是风险问题。风险问题又可以分解成银行经营证券业务的风险和经营保险业务的风险。银行经营证券业务的风险体现在两个方面:一是银行资金投资股票市场的风险。从多数实行分业经营的国家的经验来看,商业银行与投资银行的分离并没有影响银行向证券经纪人、证券自营商或证券附属机构发放贷款。如果在两种业务分离的同时而又不禁止银行向证券公司贷款,商业银行就仍然处在证券市场的变化莫测的风险之中;二是证券承销的风险。商业银行从事证券承销业务不是增大了金融体系的风险而是降低了金融体系的风险,因为承销证券的风险实际上比提供贷款的风险小。证券拥有广大的二级市场,证券销售前一般经过信用评级,并且在短时间内就可以售出,基本没有什么风险。而公司贷款既没有评级,又缺乏发达的二级市场,其流动性相对较差,风险更大。

事实上,银行兼营保险也未必会增大银行风险。保险业务的固有风险体现在保险经纪业务和承保业务上。经纪业务主要是收费业务,其销售技巧和服务方向与银行的其他业务紧密相关。在这类业务中由于银行仅仅充当代理人,基本上不存在风险问题,因为它不使用银行资本,因此这种业务对银行来说风险很小。保险承保业务则有一定的风险。保险承保历来是资本密集型业务而且盈利水平不高。尽管保险承保存在风险,但这与银行其他业务的风险并无本质上的区别,而且承保业务的风险也不见得比银行其他业务的风险更大。所以,没有必要过于担心银行从事保险业务的风险问题。

其次是垄断问题。混业经营条件下金融机构可能会滥用它们与客户之间的关系销售其他金融产品,即所谓的搭售问题。实际上,在西方发达国家,银行业竞争非常激烈,因此,混业经营依然面临竞争。而在竞争性市场条件下,搭售问题并不可怕。一般来说,要想搭售一种产品,企业必须在一种产品市场上处于支配地位或独占地位,特别是当两种产品是互补品,而获得第二种产品的交易成本和搜寻成本又比较高的时候,搭售会很普遍,但这在银行竞争日益激烈的情况下几乎是不可能的。

还需进一步说明的是,一国金融机构究竟选择分业经营还是混业经营体制,关键是要考虑市场竞争条件、产权制度和监管能力。比如对西方发达国家来说,无论银行贷款还是证券业务和保险业务,其竞争都非常激烈,金融机构要想过多地垄断市场几乎是不可能的。也就是说,商业银行如果缺乏竞争能力,效率低下,即使实行混业经营,它也很难生存下去。反之,一家富有竞争能力和效率的商业银行,即使选择分业经营,也能够获得生存发展的空间。

但对于发展中国家,情况可能就不一样。例如,在我国,尽管通过股份制改革后国有商业银行的产权比较明晰了,但由于股权结构不尽合理,国家控股商业银行对经营非银行业务可能造成的巨额损失还难以承担真正的责任,信息披露制度不健全,金融监管能力还较弱。在这种环境下盲目追随混业经营,可能会带来适得其反的效果。

本章小结

1. 现代经济系统中各部门之间的资金余缺调剂通过直接融资、间接融资、互联网金融等渠道进行。每种融资渠道各有优势和不足,构成了一个完整的融资体系。

2. 金融体系是金融要素的有机组合以及资金集中、流动和配置的关联系统。现代金融体系涵盖金融机构、金融市场、金融业务、金融工具、金融调控与监管等五大子体系,具有便利支付结算、促进资金融通、降低交易成本、分担与管理风险、缓解信息不对称、创造信用与货币等功能。

3. 金融机构体系是金融体系中最重要的组成部分。西方各国都有一个规模庞大、分工精细的金融机构体系。其金融机构体系大体上由银行业金融机构、投资性金融机构、契约性金融机构、政策性金融机构和金融监管机构等组成。我国已经形成了以中国人民银行为领导,商业银行为主体,政策性银行和其他金融机构分工合作、功能互补,综合监管的金融机构体系。

4. 我国的金融体系经历了"大一统"时期、改革起步、改革调整充实、改革加速等不同阶段,金融机构体系、金融市场体系及金融监管体系日益完善,已发展成为金融大国,正在朝着金融强国目标迈进。

5. 金融分业与混业经营体制的形成与商业银行发展模式紧密相联。西方各国的金融经营体制大多经历了由早期的自然混业到严格的分业,再到混业经营的过程。由于混业经营更具有适合现代金融环境发展的优势,因而成为当今国际金融业发展的主流趋势。

【重要概念】

直接融资　间接融资　金融体系　政策性金融机构　大数据金融　商业银行　投资基金　投资银行　保险公司　财务公司　信托投资公司　小额贷款公司　农村资金互助社　分业经营　混业经营

【思考与练习】

1. 试比较直接融资和间接融资的优缺点。
2. 简述互联网金融的四种模式。
3. 金融体系的基本构成如何?现代金融体系是怎样形成的?
4. 金融体系具有哪些重要功能?
5. 金融机构有哪些重要分类?银行业金融机构与非银行业金融机构的主要区别是什么?
6. 西方国家金融机构体系一般由哪些类型的金融机构组成?
7. 投资银行与商业银行的主要区别有哪些?
8. 简述我国金融机构体系的发展及演变过程。
9. 简述我国金融体系的改革与发展历程及所取得的重要成效。
10. 为什么说混业经营是现代金融业发展的必然趋势?你如何看待混业经营的风险?

第五章 商业银行

【学习目标和要求】
- 了解商业银行的产生、演进与发展模式。
- 理解商业银行的性质、功能与组织形式。
- 熟悉商业银行业务种类及其经营管理。
- 理解商业银行经营原则。
- 掌握商业银行经营管理理论与方法的发展逻辑及风险管理策略。
- 理解商业银行作为特殊金融企业应承担的社会责任,形成良好的金融职业素养。

商业银行在一国金融体系中居于主体地位,在促进经济社会发展、维护经济金融稳定等方面发挥着无可替代的作用。商业银行是发展历史最悠久、业务范围最广泛、功能最齐全、对社会经济影响最大的金融机构。

第一节 商业银行概述

一、商业银行的演进

货币与信用范畴产生后,由于商品经济不断发展,逐渐从商人队伍中分离出专门从事货币兑换、保管、汇兑的行业——货币经营商,作为商品交易的支付中介,这是银行业的前身。银行业起源于货币经营业。

（一）货币经营业的出现

货币经营业是从事货币的兑换、保管和汇兑等业务的商业,是从中世纪欧洲的货币兑换商发展而来的。当时商业已经发展到一定程度,而不同国家、不同地区的货币名称、重量、成色等各不相同,商人们为了进行商品交易,必须进行货币兑换,于是货币兑换业务与货币兑换商便应运而生。后来,随着商品交换的扩大,经常往来各地的商人为了避免自己保存货币与长途携带货币的风险,就把货币交给兑换商保管,进而委托他们收付现金、办理结算和汇款等。这样,最早的货币兑换商就由单纯的鉴定铸币成色、兑换货币的业务,发展成为集保管货币、兑换货币、收付现金、办理汇兑等业务于一体的货币经营业。

(二)早期银行的产生

随着社会生产力和商品经济的进一步发展,货币经营商的汇兑、结算和货币保管业务也不断得到扩展,手中聚集了大量的货币资金。在长期的业务活动中,他们发现,作为货币所有者的商人们不会同时来提取所存放的货币,因此,其手中总是能保有相当数量的货币。于是,为了获取比手续费更多的利润,他们开始不经常保持十足的现金准备,而是将聚集起来的货币资金的一部分贷放出去,赚取利息收入,这样就产生了新的业务即放款业务。一旦货币经营商开始专业从事放款业务,货币经营业便转化为了银行业,货币经营商也就变成了真正的银行家。从这个意义上说,贷款业务是货币经营业转变为银行业的重要标志。

早期银行具有了存、放、汇的基本业务,具备了银行的支付中介、信用媒介的基本职能。银行业最早的发源地是意大利,早在1272年,意大利的佛罗伦萨出现一家名为巴尔迪的银行,1310年又出现佩鲁齐银行,而最早以"银行"为名的近代信用机构则是1580年建立的威尼斯银行,这是近代银行的先驱。16世纪末17世纪初,银行由意大利发展至欧洲其他国家,相继出现的银行有荷兰阿姆斯特丹银行(1609)、德国汉堡银行(1619)、纽伦堡银行(1621)、鹿特丹银行(1635)等。但这些早期银行的放款带有明显的高利贷性质。随着社会化大生产和工业革命的兴起,迫切需要适应资本主义工商业发展需要的商业银行。

随着资本主义经济的发展,近代银行的雏形已经形成。虽然早期银行已经具备了现代银行的某些特征,但是它并不等于现代银行。这是因为:第一,银行的生存基础还不是社会化大生产方式;第二,放款对象还主要是政府和封建贵族;第三,放款带有明显的高利贷性质。比如,当时英国银行贷款的平均利率处于30%~40%高位运营。随着社会化大生产和工业革命的兴起,迫切需要适应资本主义工商业发展需要的商业银行。

(三)现代商业银行的建立

商业银行是适应商品经济发展和社会化大生产需要而产生发展起来的金融组织,其名称来自于早期主要针对工商业的短期商业性贷款。尽管随着时代的变迁,商业银行的业务经营范围发生了很大变化,但它的称谓被一直沿用至今。现代商业银行建立的途径主要有两条:一是由旧式的高利贷银行转变而来,这一转变过程十分缓慢。二是按照股份公司组织原则组建股份银行。这是大多数商业银行建立的途径。这一演变以英国成立的英格兰银行为典型。1694年,在英国政府支持下,英国商人集资创办了第一家股份银行——英格兰银行。它的贴现率从一开始就规定为4.5%~6%,比当时的高利贷利率低得多。英格兰银行的成立标志着现代商业银行的确立。此后,西方国家逐步产生了一批现代银行,现代商业银行基本以股份制形式组成。

现代商业银行具有三个特点:① 利息水平适当。现代银行的适量利息水平,适应了资本主义扩大再生产的要求,加速了资本主义经济的发展。② 业务功能扩大。现代商业银行在早期银行存、放、汇业务基础上,还发行银行券,开展代客办理信托、信用证、银行信托投资、同业拆借、信息咨询等业务。③ 具有信用创造功能。现代商业银行吸收存款后在部分准备和转账结算条件下贷款,通过贷款又创造出新的存款,增加社会货币流通量,形成独特的信用创造功能。信用创造功能是现代商业银行区别于早期商业银行最本质的特征。

中国的银行业产生较晚。关于银钱业的记载较早的是南北朝时期的典当业。唐代出现的类似汇票的"飞钱",是我国最早的汇兑业务。明末一些较大的经营银钱兑换业的钱铺发展为钱庄。钱庄除兑换银钱外还办理存款、汇兑,从事放款业务,已具有银行的某些特征,但最终限于当时的社会条件而逐渐衰落。清末也曾出现过票号这类信用机构,但都没有能够实现向现代银行的转型。1845 年,英国丽如银行在香港设立的分行是中国出现的第一家现代商业银行。1897 年,中国人自办的第一家现代银行——中国通商银行成立,此后,现代银行开始在中国逐渐发展,1904 年,成立了官商合办的户部银行(1908 年改为大清银行,1912 年又改为中国银行),1907 年设立了交通银行。与此同时,一些股份集资或私人独资兴办的较典型的民族资本商业银行也开始建立。仅在 1912—1927 年间,就新设立了 186 家私营银行。1927 年以后,系统地开始了官僚垄断金融机构的进程,其中包括以多种形式渗入和控制国内各大商业银行。除由国民党政府直接控制的中国银行、交通银行和中国农民银行外,还有人称"小四行"的中国通商银行、四明银行、中国实业银行和中国国货银行,它们是官商合办的商业银行;另外,还有江浙财团的"南三行"——浙江兴业银行、浙江实业银行和上海商业储蓄银行,它们也受到官僚资本的控制;还有人称"北四行"的盐业银行、金城银行、中南银行、大陆银行。

(四)现代商业银行的发展模式

商业银行在发展过程中大致经历了两种模式:一是英国式融通短期资金模式。英国作为最早的资本主义强国,其资本市场比较发达,企业的项目投资主要依靠资本市场募集,向银行要求的贷款主要是用于商品流转过程中的临时性贷款。另一方面,早期银行的资金来源以流动性较大的活期存款为主。所以英国商业银行形成了以提供短期商业性贷款为主的业务传统。这种传统的优点是能较好地保持银行清偿能力,银行经营的安全性较好。缺点是银行业务的发展受到限制。这种模式最初本来是自然形成的,并不是法律监管所致。但到后来采用这种模式的国家一般都通过立法对商业银行的经营范围作出严格的限制,实行分业经营。美国、日本等国也沿袭了这种模式。二是德国式综合银行模式。德国作为一个后起的资本主义国家,面临与英、法等老牌资本主义国家的竞争,德国企业需要足够的资金以支持其迅速发展。但是,德国的资本市场起步晚,发展落后,因此,德国银行和企业建立了全方位、综合性的业务模式。这种模式的商业银行除了提供短期商业性贷款外,还提供长期贷款,甚至直接投资于企业股票和债券,从事证券承销,参与企业决策与发展。除德国之外,瑞士、奥地利等国家也采用这种模式。

二、商业银行的性质与功能

(一)商业银行的性质

商业银行是以追求最大利润为目标,以多种金融负债和资产为经营对象,利用负债进行信用创造,为客户提供综合性、多功能服务的金融企业。

商业银行的性质可以概括为三个方面:① 商业银行是企业。商业银行作为社会经济的一个重要组成部分,具有一般企业的基本属性。即具有独立的法人资格,有从事业务经营所需要的自有资本,依法经营,照章纳税,自主经营,自负盈亏,并以追逐利润最大化为目标。② 商业银行是特殊企业。与普通企业经营普通商品不同,商业银行经营的是货币资金这一特殊商品,它所从事的是金融资产、金融负债和金融服务业务。经营对象和经营业务的特殊性决定了商业银行是一种特殊企业。③ 商业银行是特殊的金融企业。商业银行既有别于中央银行,又有别于其他金融企业。与其他金融机构相比较,商业银行经营业务量大、经营范围广、综合性强,因而与社会经济的联系更广。随着业务综合化的发展,现代商业银行在金融领域里享有"金融百货公司"的美称,这是其他任何金融机构所不能比拟的。

随着货币经济的不断发展,金融创新的层出不穷,金融自由化程度的提高,商业银行和其他非银行金融机构之间的界限日益模糊,商业银行的垄断地位受到了挑战。尽管这样,银行与非银行金融机构依然以各自传统的业务为主,商业银行仍然是占统治地位的金融机构。

(二)商业银行的功能

1. 信用中介

所谓信用中介,就是银行一方面通过吸收存款的方式,动员和集中社会上一切暂时闲置的货币资金;另一方面以贷款方式把这些货币资金投向社会经济各部门形成生产要素。把借贷双方联系起来,成为借贷双方的中介人,这是银行最基本的、最能说明其经营活动特征的职能。① 商业银行把从再生产过程中暂时游离出来的闲置货币资金转化成生产资金,在不增加社会货币资金总量的情况下,增加货币资金的使用量,扩大社会再生产的规模,提高货币资金的增值能力。② 通过储蓄的形式把社会的闲散小额资金集中起来,把本来用于消费的货币收入转化为生产资金,扩大社会生产的货币资金总量,推动社会再生产的增长。③ 商业银行根据利润最大化原则,遵照国家产业政策,合理分配和贷放资金,将资金从效益低的部门引向高的部门,将短期资金转化为长期资金,有利于产业结构调整和货币资金的合理配置。

2. 支付中介

银行在办理与货币收付有关的服务性业务时,执行支付中介职能,如根据企业的委托,办理货币的收付与转账结算等,商业银行与中央银行共同构成全国支票结算中心。商业银行利用其信用中介职能,为客户开设账户,特别是在与中央银行联网以后,形成了资金支付和结算系统,成为商品生产和流通必不可少的基础条件,加快了社会资金的周转速度,节约了大量的交易费用,促进了经济的发展和交易效率的提高。

3. 信用创造

商业银行是创造货币的主体之一,在中央银行垄断银行券的发行后,商业银行发行纸币的权利被剥夺了,但是商业银行通过创造存款货币,继续起到创造信用的作用。在现代经济活动中,90%以上的交易都是通过活期存款账户进行的。商业银行的支付中介职能使非现金结算成为交易的基本方法,使社会对现金的需求转变为对存款的需求,为商业银行通过贷款创造派生存款提供了条件。同时,存款准备金制度使商业银行仅持有部分现金,以应付客户的提现要求,将存款的其余部分用于放贷成为可能。由此,任何新增存款通过商业银行体系的存贷款过程得到放大,形成商业银行的派生存款,从而影响货币供给量,影响经济运行。

4. 金融服务

金融服务是商业银行利用特殊地位及其在提供信用中介和支付中介业务过程中所获得的大量信息,凭借这些优势,运用电子计算机等先进手段和工具,为客户提供的其他服务。这些金融服务主要有担保、代收代付、代办保险、财务咨询、代理融通、信托、租赁、现金管理等。通过提供这些服务,商业银行一方面扩大了社会联系面和市场份额,另一方面为银行取得了不少的收入。同时也加快了信息传播,提高了信息技术的利用价值,促进了信息技术的发展。商业银行是各行各业中最早大规模使用计算机和信息技术的部门之一,也正是由于银行业和信息技术产业的紧密结合,才推动了信息技术的迅速发展,为人类社会进入信息经济时代创造了有利条件。借助于信息技术,商业银行的金融服务功能也越来越完善,并使整个商业银行发生着革命性的变化,向着电子银行、网上银行的方向发展。

三、商业银行的组织形式

(一) 单一银行制

单一银行制又称单元银行制,是指银行业务完全由一家银行机构(总行)经营,不设置任何分支机构的制度。美国是典型的单一银行制国家。单一银行制的优点:① 能够防止银行的兼并与垄断,缓和了银行间的竞争和集中。② 有利于协调地方政府和银行的关系,密切银行与当地的经济联系,更好地为本地经济服务。③ 单一制银行的营业成本比较低,管理层次少,经营效率较高。④ 在业务上具有较大的灵活性和独立性。同时,单一银行制也有缺陷,主要表现在:① 不利于银行的发展,在采用新技术和设备时单位成本较高,不易获得规模经济的好处。② 资金实力较弱,抵抗风险能力较弱。③ 在限制竞争的同时,也限制了自身的业务创新和规模的扩张。尽管单一银行制具有上述缺陷,但美国在过去很长时间里还是实行单一银行制度,不允许商业银行跨州设立分支机构,甚至在州内开设分支机构也受到严格的限制或禁止,从而阻碍了全国性银行体系的形成。其结果就是拥有数量众多的银行,美国目前约 12 000 家商业银行,而其他国家的银行数量都较少。另外商业银行的平均规模也比其他国家的小得多。

随着经济的发展、地区差别的缩小、地区联系的加强以及金融业竞争的加剧,美国许多州对商业银行开设分支机构的限制逐渐放松。1994 年 9 月美国国会通过《瑞格—尼尔跨州银行与分支机构有效性法案》,允许商业银行跨州设立分支机构,正式宣告单一银行制在美国被废除。

(二) 分支行制

分支行制也称总分行制,是指商业银行除总行以外,可以在国内或国外的其他地方设立分支机构的制度。按管理方式不同,又可进一步划分为总行制银行和总管理处制银行。总行制是指总行除管理、控制各分支行以外,本身也对外营业,办理业务。而在总管理处制度下,总管理处只负责管理控制各分支行,其本身不对外营业,在总管理处所在地另设分支行对外营业。

英国是典型的分支行制的国家。英国之所以实行分支行制,有其特定的历史原因:① 在近代英国资本主义迅速发展时期,商业银行实行集中经营的方式顺应了垄断资本主义经济的内在要求。② 长期以来,英国在政治上和经济上均无地方分权现象,特别是该国经济依赖贸易的程度极高,地方产业和贸易关系密切,这些都有利于分支行制度的形成与发展。③ 伦敦金融市场是传统的国际金融中心,为了增强金融实力,便于参加国际贸易,也要求实现银行的集中。英国目前只有 10 家商业银行,其中规模最大的 4 家银行(巴克莱银行、米特兰银行、劳合银行、国民西敏士银行)共有分支机构 10 000 余家,总存款额占银行体系的 70%。

分支行制的优点有:① 银行规模较大,分工较细,专业化水平高,便于银行采用现代化管理手段和设备,获得规模经济的好处。② 分支行遍布各地,容易吸收存款,提高竞争实力。③ 便于分支行之间的资金调度,减少现金准备。④ 由于放款额分散于各分支行,可以分散风险。当然,分支行制也有缺陷,主要是:① 使银行业过分集中,加速垄断的形成,不利于自由竞争。② 由于规模大,内部管理层次多,增加了管理难度。

(三) 持股公司制

持股公司制银行也称集团制银行,是指由一个集团成立股权公司,再由该公司收购或控制一家或若干家独立的银行的股票。若成立的股权公司是仅持有一家银行股票的控股公司,则称为单一银行控股公司。与单一银行控股公司相对的是多家银行的持股公司。持股公司对银行的有效控制权是指能控制一家银行25%以上的投票权。按控制主体不同,持股公司又可分为非银行持股公司和银行持股公司。前者是通过大企业控制某一银行的主要股份而组织起来的,后者是由大银行直接组织一个持股公司,有若干家较小的银行从属于这一大银行,例如,花旗集团就是银行持股公司,它控制着300多家银行。

持股公司制的优点在于:能够有效地扩大资本总量,增强银行的实力,提高抵御风险和参与市场竞争的能力。当然,实行持股公司制也容易形成银行业的集中和垄断,不利于银行之间的公平竞争,并在一定程度上限制了银行经营的自立性,不利于银行的创新活动。经过20世纪80—90年代的金融改革,美国银行制度已经从法律上终结了"单元制",银行持股公司已经发展成为名副其实的巨型金融集团。

(四) 连锁银行制

连锁银行制是指由个人或集团控制两家以上商业银行的制度。它可以通过股票所有权、共同董事或法律所允许的其他方式实现。连锁制的成员银行都保持其独立性。在连锁制下各家银行表面上都保持其独立性,但所有权则为同一企业家所有。成员多数是小银行,它们一般环绕在一家主要银行的周围。其中的主要银行确立银行业务模式,并以它为中心,形成集团内部的各种联合。

第二节 商业银行的业务

商业银行是业务最综合的金融机构,其业务活动一般可分为负债业务、资产业务、中间业务及表外业务。负债业务是商业银行形成其资金来源的业务,资产业务是商业银行对资金的运用,并通过负债和资产之间的利差获得收益。随着商业银行业务的综合化趋势的增强,中间业务和表外业务的比重也不断提高,成为商业银行的重要业务和主要利润来源。

一、负债业务

负债业务是商业银行最基本的业务。负债业务形成商业银行的主要资金来源,在商业银行的资金中有90%以上来源于负债。负债业务主要包括资本金业务、存款业务和借款业务。

(一) 资本金业务

商业银行作为一种金融企业，其存在和发展也必须拥有一定数量的资本金。商业银行的资本金是银行设立和开展业务活动的基础性资金，是银行承担经营风险，保障存款人利益，维持银行信誉的重要保证。银行资本金又称银行自有资金或银行所有者权益，是银行投资者对银行的投入资本以及形成的资本公积金、盈余公积金和未分配利润等。银行资本金有三个特点：① 资本金属银行产权范畴，是银行投资者对银行净资产的所有权，投资者据此可参与银行的管理，享受相应的权益。② 资本金是银行业务活动的基础性资金，只要不违反法律规定，银行可以自由支配。③ 资本金与银行共存，在银行经营期间无须偿还。

西方国家商业银行的资本金主要由股东资本和其他资本构成。股东资本是股东投资于银行的资金以及其他权益属于股东而留存在银行中的资金。股东资本包括普通股股金、资本盈余、未分配利润、优先股股金等；其他资本包括资本储备、贷款和证券损失准备金等。1988年国际清算银行巴塞尔委员会颁布的《关于统一国际银行资本计算和资本标准的协议》(即《巴塞尔协议》)，将商业银行的资本分为核心资本和附属资本两部分。核心资本包括普通股及其溢价、永久性非累积优先股、公开储备以及未分配利润；附属资本包括未公开储备、重估储备、普通准备金、有偿还期限的累积性优先股、带有债务性质的资本工具、长期债券等。

1. 核心资本

(1) 股本(普通股和优先股)。股本是票面价格与发行量的乘积。普通股的持有人享有对银行控制的参与权，及相对资产收益的要求权。优先股持有人对银行资产的收益和索赔有优先于普通股的权力，优先股可分为累积性和非累积性优先股。累积性优先股是指股息发放具有累积特性，若公司某一年业绩不好，无钱发放优先股息，那么在下一年要弥补上一年未发放的股息。如果是非累积性优先股，则未支付的股息将不再积累到以后支付。

(2) 资本盈余(资本公积)。银行在发行股票时，销售价格可能会高于票面价格，超出来的这部分就叫资本盈余或资本公积。这部分实际上也代表股东的权益，所以也是构成银行资本的一部分。

(3) 未分配利润，又称为留存盈余。未分配利润是银行税后净利减去优先股股息和普通股红利后的余额。

(4) 公开储备。公开储备是商业银行为了应付意外事件的发生而从税后收益中提取一定比例的资金，包括资本储备和坏账储备。资本储备是银行为应付偶然事件或突然事件引起股东资本的减少而保持的储备。放款和证券损失储备是银行为应付坏账、证券本金的拒付和价格的下跌而保持的储备，这两部分可以用来应付银行资产的损失。

2. 附属资本

(1) 普通准备金。普通准备金是为了防备将来可能出现的亏损而设立的，它用于某项特别资产。

（2）重估储备。有些国家按照本国的监管规则和会计条例，允许对某些资产进行重新评估，以便反映资产的市场价值，或更接近于市场价值，并将重估储备包括在银行资本中。重估储备来自于两方面：银行自身物业的重估和资本的名义增值。后者主要是由于在资产负债表中，有价证券是以历史成本计价。

（3）未公开储备。未公开储备具有以下特征：信贷机构可以自由使用它们来弥补正常银行业务的损失，而这些损失是尚未确定的；出现在内部报表上；其数目由信贷机构管理层确定，但须由独立的外部审计员确认。这样未公开储备就可以用来弥补未确定的将来损失，就如同一般银行风险准备金债务资本。

（4）带有债务性质的资本工具。带有债务性质的资本工具既具有股本性质，又具有债务性质，如累积性、永久性优先股。

（5）长期债券。商业银行通过发行五年以上的长期金融债券筹集的债务资金，可作为保证银行储户利益、防止不能兑现危机的资金来源，从而扮演了银行资本的作用。但这些债务资金与严格意义上的资本金相比，其本金偿还关系、收益关系、责任关系、期限关系等方向都有着显著的区别。

为了维持银行业的稳定，各国金融监管当局都规定了一个最低资本充足标准，而且这一标准在全球范围内正逐步趋近于统一。《巴塞尔协议Ⅲ》规定，其核心资本占风险资产的比重不得低于6%，资本总额占风险资产的比重不得低于8%。从而增强银行抵御风险的能力，降低银行破产倒闭的风险。

（二）存款业务

存款是商业银行最重要的资金来源，存款在银行资金来源中约占70%，存款是商业银行开展其他业务的基础。因此，存款业务是商业银行负债业务中的主体业务。没有存款业务，商业银行的贷款业务就成了无源之水。

存款业务是银行接受客户存入的货币款项，存款人可随时或按约定时间支取款项的一种信用业务。存款业务种类的划分，各个国家有所不同。一般按其性质和支取方式，可分为活期存款、定期存款和储蓄存款三大类。

1. 活期存款

活期存款又称支票存款，是一种可以由存款人随时开出支票提取或支付的存款。开立这种存款账户的目的是通过银行进行各种支付结算。由于各种经济交易都是通过活期存款账户进行的，因而在美国又把活期存款称为交易账户，在英国称为往来账户。活期存款具有以下特点：① 存款人不需预先通知银行即可随时提取或支付活期存款。② 对存户在存款额内开出的支票，银行有见票即付的义务。③ 存户可以与银行订立透支契约，在约定的期限和额度内，存户可在存款余额外开出支票。由于活期存款存取频繁，手续复杂，流动性强，并需要提供相应的服务，如存取服务、转账服务、提现服务等，银行用于这一业务的人力、物力很大，成本较高,因此,当今世界绝大多数银行对活期存款不支付或仅支付少量的利息。美国在"Q 条例"废除之前,则不允许商业银行为活期存款支付利息。

吸收活期存款对商业银行具有十分重要的意义:① 可以取得短期的可用资金,用于银行短期的资产业务。② 可以取得一部分比较稳定的活期存款余额,用于中长期贷款和投资。③ 活期存款多用于转账而不是提现,因此银行可以周转使用,是银行进行信用扩张的基础。④ 银行可以以此为桥梁,扩大与存户之间的信用联系,争取客户、争取存款及扩大放款等。

传统的活期存款,存取无一定期限,使用支票,不计利息,可以透支。但由于活期存款不支付或只支付很少的利息,收益性差。特别是第二次世界大战后,市场利率不断上升,活期存款的机会成本随之增加,加之传统活期存款在存取和支付方面还不够灵活,导致活期存款增长缓慢。为此,美国商业银行根据存款市场的变化,开发了许多新的存款账户以吸引客户。创新的活期存款账户主要有可转让支付命令账户(简称 NOW 账户)、超级可转让支付命令账户(简称 S-NOW 账户)、货币市场存款账户(简称 MMDA)等。

2. 定期存款

定期存款是一种由存户预先约定期限的存款。期限通常为 3 个月、6 个月、1 年、3 年、5 年甚至更长。这种存款开户手续简便,存款时使用存款单,取款时凭银行签发的存款单。定期存款一般到期才能提取存款。如果客户要求提前提取,视为违约行为,银行一般要收取罚金或将定期存款当作活期存款处理,并且要求储户在取款前提前通知银行。

定期存款的利率普遍高于活期存款,开户手续简便,因而曾受到银行客户的欢迎。但也有一定的局限性:一是存款利率受金融监管部门的限制,存户的收益性要求难以充分满足;二是定期存款的提取受约定期限的制约,流动性较差,存单的不可转让性则进一步削弱了它的流动性。因此,商业银行为了广泛吸收长期资金,开发了许多新型定期存款账户,主要有货币市场存单(简称 MMCDs)和大额可转让定期存单(简称 CDs)。MMCDs 开办于 1978 年,是一种 6 个月期不可转让的定期存款单,最低面额为 1 万美元。该存单的利率以 6 个月期国库券的平均贴现率为最高限,即允许银行付给这种存户的利率可以比"Q 条例"规定的最高利率高出 0.25 个百分点。CDs 由美国纽约花旗银行于 1961 年率先开办。该存单面额固定且金额较大,存期一般为 3~12 个月不等,存单记名,可流通转让,较好地满足存户流动性和盈利性的双重要求。

3. 储蓄存款

储蓄存款主要是针对居民个人货币积蓄所开办的一种存款业务。储蓄存款也分为活期和定期两种。活期储蓄存款凭存折存取,不使用支票,手续比较简单。活期储蓄存款由于户头分散,每户存款数额较小,又能获取一些利息,因而它的稳定性要高于一般活期存款,可以成为银行比较稳定的资金来源。定期储蓄存款类似于定期存款,预先约定期限,利率比活期储蓄存款高。储蓄存款的存户一般限于个人和非营利组织。

(三)借款业务

商业银行可以向其他银行或其他金融机构借入款项,以弥补暂时性的资金不足或获取额外的利益。商业银行的借款业务主要有同业借款、向中央银行借款和金融市场借款。

1. 同业借款

商业银行借入资金的重要途径是向其他银行借款,即同业借款。同业借款主要包括同业拆借、转贴现和转抵押、回购协议等。

(1)同业拆借。同业拆借是银行及其他金融机构之间短期或临时性资金的融通。当商业银行在其经营过程中出现临时性资金不足时,可向其他银行拆借一笔款项。这笔资金是其他银行营运过程中产生的临时性盈余,拆入行能利用的时间较短。但可以维持其资金的正常周转,避免或减少出售资产而发生的损失,满足其流动性的需要。同业拆借是利用电子资金转移系统进行的,因而交易迅速,效率高,银行可以十分便利地通过这种渠道借入所需资金。而出现资金盈余的银行则愿意将暂时盈余的资金拆放出去,以获得利息收入。

(2)转贴现和转抵押。商业银行还可通过转贴现、转抵押的方式解决资金周转不畅的问题。转贴现是将已经贴现但仍未到期的票据,交给其他银行请求给予贴现,以取得相应的资金的行为。转抵押是银行将自己客户的抵押品,转抵押给其他银行以取得资金。转贴现和转抵押虽然能使商业银行借入资金,但手续和涉及的信用关系都比较复杂,而且,过多地使用这种方式借入资金会使人产生银行经营不稳的印象。因此,各家银行对转贴现、转抵押借款的运用都比较慎重。

(3)回购协议。回购协议是商业银行向同业出售证券时,签订到期购回这笔证券的协议,以融入短期资金。商业银行普遍采用回购协议借入资金。

2. 向中央银行借款

中央银行作为金融机构的最后贷款人,在商业银行出现资金困难时,可以向商业银行发放贷款。商业银行向中央银行借款的形式有两种:一是再贴现;二是再贷款。再贷款是中央银行向商业银行的信用贷款,也称直接借款,再贴现指经营票据贴现业务的商业银行将其买入的未到期的贴现汇票向中央银行再次申请贴现,也称间接借款。在西方发达国家,由于商业票据和贴现业务广泛流行,再贴现就成为商业银行向中央银行借款的主要渠道;而在商业票据不甚发达的国家,则主要采取再贷款的形式。由于中央银行向商业银行的放款构成具有成倍派生能力的基础货币,因此各国中央银行都把对商业银行的放款作为宏观金融调控的重要手段。

3. 金融市场借款

商业银行通过金融市场借款的形式主要是发行金融债券。以发行债券的方式借入资金对商业银行有很多的好处：① 债券不是存款,不需要交纳准备金,因而发行债券得到的实际可用资金大于同等数额的存款。② 债券把银行负债凭证标准化,适于销售,能有效地提高银行的资金组织能力。③ 银行与债券购买人之间是债权债务的买卖关系,不是银行与客户之间的关系,银行除到期必须还本付息外,对债券购买人不承担任何别的责任和义务,因而,银行对发行债券所得到的资金,可以充分自主地加以运用。

商业银行除了在国内金融市场上取得借款外,还经常从国际金融市场借款以弥补资金不足。国际金融市场借款是指商业银行在境外金融市场筹集资金。大多是通过欧洲货币市场完成的。欧洲货币市场是一个经营欧洲美元和欧洲一些主要国家境外货币交易的国际资金借贷市场。欧洲美元的特征有：① 是支付美元的短期债务。② 是位于美国境外的银行机构的负债。其来源是：一是外国或美国公民把美元从美国银行划拨到外国银行或美国银行在海外的分支机构；二是外国人收到美国银行付款的支票后,存入他们往来银行的美元账户中；三是外国存入欧洲当地银行的作为国际储备的巨额美元存款。

二、资产业务

资产业务是银行的信贷资金运用业务,是商业银行利润的主要业务经营活动。资产业务主要包括现金资产、贷款业务和证券投资业务。

（一）现金资产

现金资产是商业银行随时可以用来应付现金需要的资产,是银行资产中最富有流动性的部分,它基本上不给银行带来直接收益,但对保证银行对客户的支付、保持银行的信誉具有重要意义。因此,现金资产又称为"储备资产",是银行支付的重要保证。现金资产主要由以下几个部分构成：

1. 库存现金

库存现金是指银行业务库中保留的现钞和硬币,主要为应付客户提款和银行自身的日常开支。库存现金必须适度,过多会增加银行费用、影响银行收益；过少则不能应付客户提现的需求,影响银行信誉,甚至会造成"挤兑"现象。

2. 准备金存款

准备金存款是指商业银行在中央银行的存款,包括法定存款准备金和超额存款准备金。法定存款准备金是各个银行按规定比率缴存中央银行的准备金,这一方面是为了保证银行应付客户的提现要求,另一方面则是中央银行用来作为调节信用的工具。超额存款准备金是银行的存款准备金总额减去法定存款准备金后的余额。银行保持超额准备金的目的在于：一是用于银行之间的票据交换差额清算；二是应付不可预料的提现；三是等待有利的贷款或投资的机会。在很多国家,中央银行对法定存款准备金不支付利息,因此,法定存款准备金具有税收的意义。在我国,中国人民银行对商业银行的存款支付利息,在商业银行的资产负债表上,超额储备记为"在人行存款"。

3. 同业存放

同业存放是指银行在其他银行的存款,目的在于为自身的清算业务提供便利。如在英国,一些不能直接参加中央银行清算系统的银行,需同其他银行建立代理行关系,委托代理行代为进行清算,这就需要在代理行保持一定的存款量。商业银行在其他银行的存款可以随时动用,因此流动性很强。

4. 托收未达款

托收未达款是银行应收的清算款项。如本行或通过其他银行向异地收款行发出的票据,在收妥之前不能动用,成为"未达款"。但收妥后即成为同业存款,因此流动性也很强。

(二)贷款业务

贷款业务是指商业银行或其他金融机构按照约定利率,把货币资金的使用权在约定时间内让渡给资金需求者的信用活动。贷款是商业银行最重要的银行资产,是商业银行最主要的收入来源。贷款的利息收入占商业银行总收入的一半以上。同时,通过向客户发放贷款,商业银行可以建立和加强与顾客的关系,从而有利于商业银行其他业务的拓展。贷款业务可以按照不同标准划分不同类型。

(1)按照贷款期限,可以分为活期贷款和定期贷款。活期贷款指没有确立贷款期限,银行可以随时收回此借款人资金,随时偿还的贷款。银行以活期贷款的形式贷放出去,既可以在需要资金时随时收回,又可以赚取一定的利息。活期贷款的利率较低、银行在收回资金时,一般应预先向借款人发出通知,故也称通知贷款。

定期贷款是指具有确定期限的贷款,银行在向客户提供资金时,事先确定一个期限,贷款期满时,客户将贷款本息偿还给银行,而在到期之前,银行一般不得要求客户归还贷款。定期贷款根据期限的长短,可分为短期、中期和长期三种。短期贷款指期限在1年以下的贷款。一般用于工商企业弥补短期流动性资金不足。中期贷款是指期限在1年以上5年以下的贷款。有的国家将5至8年间的贷款都称之为中期贷款;中期贷款主要用于工商及农业企业的设备更新改造,也有很多是消费者贷款,如汽车信贷等中期贷款;长期贷款主要用于企业各种固定资产的购置,也有一些提供农业企业,用于土地开发等项目,还有一些长期贷款贷给消费者个人,主要用于购买房屋等。

(2)按贷款的保障形式,可以分为信用贷款、担保贷款和票据贷款。信用贷款是仅凭借款人的资信而发放的贷款,这种贷款在发放时,借款人以口头或书面做出保证,信用贷款除借款人的资信以外,没有其他形式的担保存在。因此信用贷款只提供给与银行有密切关系、实力雄厚、财务状况良好、企业管理水平高、历年利润情况及预期未来收益较好、管理者品德较好的大企业,以减少贷款风险。

担保贷款又可分为保证贷款、抵押贷款、质押贷款。保证贷款是以借款人以外的法人或个人为担保人发放的贷款。如果贷款到期,借款人不能按时如数地向银行偿付本息,即由担保人承担偿付责任。一般情况下,作为担保人的法人或个人一般与借款人和银行的关系比较密切,其信誉较高,很多是借款企业的母公司。抵押贷款是以特定的抵押品作担保的贷款,商业银行在发放这种贷款时要求借款人以其自有的不动产为抵押,并同意在无力偿还贷款时,银行有权处理这些财产,以抵偿贷款本息。质押贷款是以动产为抵押而发放的贷款,质押物包括有价证券、商业票据、保险合约、存货等动产。

票据贷款,亦称票据贴现,持票人将未到期票据交银行请求贴现,银行按票面额扣除一定贴现利息以后,余额支付给客户,到期时银行向出票人追缴资金,这实际上是贷款的一种方式。

(3) 按贷款对象分,工商业贷款、不动产贷款、消费者贷款。工商业贷款是商业银行的主要贷款业务,其用途十分广泛,从工商企业生产和流通中的短期资金需要、季节性流动资金需要,直至设备投资和建筑投资中的长期资金需要;不动产贷款指对土地开发、住宅公寓、厂房建筑、大型设施购置等项目所提供的贷款;消费者贷款多用于对个人购买耐用消费品,如汽车、住房和其他生活支出贷款,以及信用卡透支等,短期贷款为一次性偿还,而长期贷款多为分期偿还。

(4) 按贷款的风险程度划分,可分为正常、关注、次级、可疑、损失五类贷款。正常贷款是指借款人能履行合同,有充分把握能够按足额偿还本金;关注贷款是指尽管借款人目前有能力偿还本金,但存在一些可能对偿还产生不利影响的因素;次级贷款是指借款人的还款能力出现明显的问题,依靠其正常经营收入已无法保证足额偿还本息;可疑贷款是指借款人无法足额偿还本金,即使银行处理抵押品或向担保人追偿,也肯定要造成部分损失;损失贷款是指在采取所有可能的措施和一切必要的法律程序之后,本息仍无法收回,或只能收回极少部分贷款。前两类属于正常贷款,后三类称为不良贷款。

(三) 证券投资业务

证券投资是指商业银行购买有价证券的经营活动。证券投资是商业银行资产业务的重要组成部分。商业银行经营证券投资业务最初主要是为了保持资产的流动性。因为一国有发达的证券二级市场,当银行需要现金头寸时,可随时出售证券,以满足流动性管理的要求。除此之外,还能为银行增加投资收益,并能通过资产多元化和证券投资组合的多样化有效地分散风险。

20世纪30年代至20世纪80年代中后期,除德国、瑞士、奥地利等少数实行全能银行制的国家之外,绝大多数国家都不允许商业银行购买工商企业的股票,因此,商业银行证券投资的对象主要是各种债券,包括政府债券、政府机构债券、地方政府债券、公司债券以及金融债券等。20世纪80年代中后期以来,许多国家先后放松管制,对商业银行经营证券投资的范围有所放宽。但是,从控制风险的角度出发,商业银行证券投资的对象仍以各类债券为主。

三、中间业务

中间业务是指商业银行不需要动用自己或较少动用自己的资金,以中间人身份参与业务,代客户办理收付或其他委托事项,为客户提供金融服务并收取手续费的业务。中间业务种类繁多,主要包括结算类业务、代理类业务、信托业务、租赁业务、银行卡业务等。

（一）结算类业务

结算类业务是银行代客户清偿债权债务、收付款项的一种传统业务。这是商业银行业务量最大、风险最小、收益最稳定的典型中间业务。在社会经济生活中,因商品交易、劳务服务以及其他资金往来导致了货币收付和资金转移,进而产生了相互结算的需要。货币结算有两种形式:一是现金结算,二是转账结算。银行提供的结算业务,主要是指转账结算。转账结算又称为非现金结算,是商业银行将款项从付款单位账户划转到收款单位账户,从而完成货币收付、并向委托人收取结算手续费的业务。它的特点是货币周转与银行信用业务联系在一起,通过单位在银行开立的活期存款账户上的货币资金转移来完成货币收付。银行结算的具体形式有支票结算、汇票结算和信用证结算。

（二）代理类业务

代理类业务是指商业银行接受客户委托,代为办理客户指定的经济事务并收取一定费用的业务,主要包括代收代付业务、代理融通业务、代理证券业务、代理保险业务和代理财产信委托业务等。

（三）信托业务

信托业务是指商业银行信托部门接受客户的委托,代替委托单位或个人经营、管理或处理货币资金或其他财产,并从中收取手续费的业务。信托业务分为资金信托和财产信托。资金信托是指委托人将货币资金交存商业银行信托部门,由其代为经营、管理或处理的业务活动。在资金信托业务中,既有不指定具体对象或用途的,也有指定具体对象或用途的。指定具体对象或用途的资金信托业务,叫作定向信托。财产信托是指委托人将其实物财产委托商业银行信托部门向其指定或不指定的单位出租或转让的业务。被委托的财产包括不动产、运输工具、其他商品和物资等。

（四）租赁业务

租赁本身是指租用财产使用权的一种经济行为,涉及出租人和承租人。商业银行的租赁业务是指商业银行作为出租人向客户提供租赁形式的融资业务。包括:(1)融资性租赁,即商业银行以出租人身份,向客户提供出租财产形式的信用业务。承租人订货,出租人购买并租给承租人,承租人按价款加利息分期缴纳租金。(2)杠杆租赁,商业银行以融通资金为目的,向出租人提供信用的业务。出租人选定设备,以该设备为抵押在银行获得贷款,并以设备租金归还贷款。

(五)银行卡业务

银行卡是指由商业银行向社会发行的具有消费信用、转账结算、存取现金等功能的信用支付工具,也是客户用以启动 ATM 系统和 POS 系统等电子银行系统,进行各种金融交易的工具。银行在办理银行卡业务时可以获得手续费收入,也可以利用银行卡为持卡人理财,从中获利。

银行卡可分为信用卡、借记卡、复合卡和现金卡四种。① 信用卡也称贷记卡,是银行向信用优良的客户提供无抵押的短期周转信贷的信用工具。发卡银行根据客户的资信等级,给持卡人规定一个信用额度,持卡人就可在任何特约商店先消费后付款,也可在 ATM 上预支现金。② 借记卡的持卡人必须在发卡行有存款,在特约商店消费后,通过电子银行系统,直接将存款划拨到商店的账户上。除了用于消费外,借记卡还可以在 ATM 系统中取现。③ 复合卡是一种兼具信用卡和借记卡两种性质的银行卡,我国称之为准贷记卡。持卡人必须事先在发卡银行交存一定金额的备用金,持卡消费或取现后,银行即作扣账操作;同时,发卡银行也可对这种持卡人提供适当的无抵押的周转信贷。即持卡人在用复合卡消费过程中,当备用金账户余额不足支付时,可以在发卡行规定的信用额度内适当透支。④ 现金卡的持卡人持卡消费后,商户直接从现金卡内扣除消费金额,这样,现金卡中的现金数也就相应减少了。因此,现金卡同现金一样,可直接用于支付,不同的是现金卡内的货币是电子货币。

四、表外业务

表外业务是指或有债权和或有债务的业务。即那些按通行会计准则不列入资产负债表,或不直接形成资产或负债,但在一定条件下会转化为资产或负债的经营活动。这是一种有风险的经营活动。表外业务的种类较多,大致可以分为贸易融通业务(包括银行承兑业务和商业信用证业务)、担保类业务(包括备用信用证业务、承诺业务和贷款出售业务)和衍生金融工具交易业务三大类。下面仅对担保类业务进行介绍。

(一)备用信用证业务

备用信用证是使用最为广泛的金融担保形式。它是银行为客户开立的保证书。开证行应借款人的要求,以收款人为信用证的受益人,开具一种特殊的信用证,其实质是对借款人信用的一种担保行为,保证在借款人破产或不能及时履行义务的情况下,由开证行向受益人及时支付本利。因此,备用信用证既具有信用证的特征,同时也属于担保合同的范畴。借款人向银行申请开立备用信用证,可以有效地提高自己的信誉,降低财务成本,当然要向银行支付手续费。

备用信用证和商业信用证的区别是:在商业信用证业务中,银行承担的是第一付款责任,只要收款人提供合格的单据,银行就必须按合同履行支付义务;而在备用信用证业务中,银行承担的是连带责任,在正常情况下,银行与受益人并不发生支付关系,只有在客户未能履行其付款义务时,银行才代替客户履行付款责任。

(二) 承诺业务

承诺业务是指银行向客户作出承诺,保证在未来一定时期内根据一定条件,随时应客户的要求提供贷款或融资支持的业务。承诺业务主要有信贷便利和票据发行便利两种形式:

1. 信贷便利

信贷便利包括信贷额度和贷款承诺两种形式。① 信贷额度是一种非合同化的贷款限额,在这个额度内,商业银行将随时根据企业的贷款需要进行放款。但是,信贷额度一般都是银行与其老客户之间的非正式协议,银行虽然在大多数情况下都会满足客户的贷款需要,但并不具有提供贷款的法定义务,银行通常也不向客户收取承诺费,而只要求客户在本银行保留一定比例的支持性存款。② 贷款承诺是一种正式的、合同化的协议,银行与客户签订贷款承诺协议以后,要随时满足客户的贷款需要,在承诺期内,不论客户是否提出贷款申请,银行都要按承诺额的一定比例收取承诺费。贷款承诺主要有备用信贷承诺和循环信贷承诺两种形式。前者是银行与客户签约,在合约期内,客户有权要求银行在合约规定的额度内提供贷款;后者是指在一个较长的合约期内,借款人在满足合约规定的条件下,循环使用贷款额度,随借随还,偿还后可以再借。

2. 票据发行便利

票据发行便利是指银行承诺帮助客户通过发行短期票据筹资,如筹资人发行的票据不能如期售完,承诺该业务的银行将按事先约定的价格买下。筹资人可以在一定的承诺期内(1~7年)循环使用票据发行便利筹措资金,在承诺期和约定的额度内,票据发行人每次未售完的票据都将由签约银行收购。银行在赚取承诺费的同时,也要承担信贷风险和流动性风险。

(三) 贷款出售业务

贷款出售业务是指银行通过直接出售或证券化的方式将贷款转让给第三方的业务。通过贷款出售,银行不仅可以减少风险资产的比例,提高流动性,改善财务状况,还可以通过提供"售后服务"(如为贷款购买者代收本息等)取得一定的收益。

根据协议,贷款购买者一般会保留对出售银行的追索权,即当借款人违约可以向出售行追索。因此,贷款出售业务对银行而言也具有一定的风险。

第三节　商业银行的经营管理

一、商业银行的经营原则

在长期的经营实践中,商业银行总结出经营管理应遵循的三个原则,即安全性原则、流动性原则和盈利性原则。

（一）安全性原则

安全性原则是指银行在经营活动过程中,运用科学和严格的管理程序以及有效的管理手段,确保银行资产、收益、信誉以及所有经营生存发展条件免遭损失。安全性相反的含义为风险性。讲究安全性就是尽可能地规避和减少风险。

坚持这一原则源于银行是高风险行业。商业银行的高风险表现在：① 信息不对称问题在信用交易中特别突出,由此引出的交易发生前的"逆向选择"和交易发生后的"道德风险"时时处处存在。② 商业银行在经营过程中面临着政策风险、市场风险、利率风险、通货膨胀风险、信用风险、操作风险等多种风险,而且多种风险交错纵生,直接威胁着银行安全。③ 银行特殊性的经营对象容易从内部产生风险。④ 银行是高负债企业,资本较少,承受风险的能力有限,加之资产负债的不匹配,使银行十分脆弱。

鉴于以上原因,银行作为高风险企业,安全性成为其经营的生命线。风险管理是商业银行的永恒主题。银行在贯彻安全性原则时应该特别注重两个方面：① 建立科学和严格的业务管理流程,特别是对那些潜在风险较高的业务,要有完善的、体现权力制衡的内控机制。② 银行要保持资本的充足性。资本是风险的"缓冲垫",也是维持存款人信心的保障。

（二）流动性原则

流动性原则是指银行在经营中必须随时保持一定的支付能力,以保障客户提取存款、合理贷款和内部管理支付的需要。它包括资产流动性和负债流动性两个方面。

讲究流动性原则在于银行具有借者和贷者的双重身份。一方面,银行大部分资金来自各项存款,特别是有相当部分的活期存款。存款的存和取主要取决于存款人的意愿,存款人随时会提现且事先不易确定。作为债务人的银行必须随时满足客户提存的需要,这是它取信于存款人的基本前提。否则,流动性不足,不能满足客户提现的需要,就会导致存款流失,严重的还会引发挤兑风潮,造成支付困难,导致银行破产。另一方面,保持流动性也是为了满足客户的合理贷款需求。否则就会损害银行与顾客的关系,有可能造成商业银行信贷市场占有份额减少,削弱市场竞争能力。所以,能否保持适度的流动性,涉及商业银行的信誉、支付能力、市场竞争能力和收益的高低。

(三) 盈利性原则

商业银行的企业性质和追求股东财富最大化的总目标决定了它必须在坚持流动性和安全性的前提下,要尽最大限度追求利润,扩大盈利。否则银行难以抵补较高的利息费用和非利息费用,更无以保障股东利益。所以,讲究盈利性自然成为一项基本原则。

(四) "三性"原则的关系

在商业银行经营管理过程中,安全性、流动性、盈利性三者缺一不可。流动性和安全性是盈利性的基础和前提。三个原则具有各自的特殊要求,但它们又相互影响、相互制约,存在着既统一又对立的关系。

首先,从统一性看:① 流动性与安全性是正相关的。流动性较强的资产,其安全性也较强;反之亦然。② 盈利性与安全性也有一致性。盈利必须以资金的安全为前提,没有安全性,资金本息不能收回,盈利性也就失去了保障;盈利又是弥补资产损失的来源,要保证资金的安全,就必须要有盈利。其次,从对立方面看:三性原则之间的矛盾集中表现在流动性、安全性与盈利性之间的不一致上。资产流动性越强,安全性越高,盈利性就越小。就负债而言,三性之间的矛盾也很明显。因此,如何在保持安全性、流动性的前提下实现利润最大化,这是银行经营管理的重要任务。

二、商业银行经营管理理论

围绕如何协调安全性、流动性、盈利性之间的关系,商业银行经营管理理论经历了资产管理、负债管理、资产负债综合管理等几个发展阶段。

(一) 资产管理理论

资产管理是商业银行主要通过调整资产项目进行管理,将银行资金在现金、贷款和证券等各种资产业务中进行合理分配,寻求其最佳组合。在 20 世纪 60 年代以前,商业银行的资金来源以活期存款为主,银行管理的重点是保障流动性,而资金来源和结构方面被认为是在商业银行控制能力之外的,所以银行便把管理的重心放在资产的管理上。资产管理理论经包括商业贷款理论、资产转换理论和预期收入理论。

1. 商业贷款理论

该理论的基本观点是:商业银行的资金来源主要是流动性很强的活期存款,因此资产业务应主要集中于发放短期的与商业周转有关的、与生产物资储备相适应的自偿性贷款,使之保持与资金来源的高度流动性相适应。

商业贷款理论确定了现代商业银行经营理论的一些重要原则:① 它强调了资金运用受制于资金来源的性质和结构,这一原则已成为商业银行运用资金所遵循的基本准则。② 它强调银行应保持高度流动性,以确保安全经营,这为银行降低经营风险提供了理论依据。但它也具有一定的局限性,主要表现在:① 它没有认识到活期存款余额具有相对稳定性。② 忽视了贷款需求的多样性。③ 忽视了贷款清偿的外部条件。

2. 资产转换理论

第一次世界大战以后,金融市场进一步发展和完善,金融资产流动性加强,银行对流动性有了新的认识,提出了资产转换理论。这种理论认为,银行流动性强弱取决于其资产的变现能力,因此保持资产流动性的最好方法是持有可转换的资产。这类资产具有信誉好、期限短、流动性强的特点,从而保障了银行在需要流动性时能够迅速转化为现金。最典型的可转换资产是政府发行的短期债券。

资产转换理论沿袭了商业贷款理论关于银行应保持高度流动性的主张。扩大了银行资产运用的范围,丰富了银行资产结构,突破了商业贷款理论拘泥于短期自偿性贷款资金运用的限制,是银行经营管理理念的一大进步。其不足之处在于:① 过分强调资产通过运用可转换资产来保持流动性,限制了银行高盈利性资产的运用。② 资产变现能力在经济危机时期或证券市场需求不旺盛的情况下会受到损害,从而影响银行的流动性和盈利性的实现。

3. 预期收入理论

第二次世界大战之后,随着经济的重建和高速发展,企业贷款需求大量增加,同时,消费贷款需求也在增长,预期收入理论应运而生。该理论认为,银行资产的流动性取决于借款人的预期收入,而不是贷款期限长短。借款人预期收入有保障,期限较长的贷款可以安全收回;否则,即使期限短的贷款也会丧失流动性。因此,该理论强调的是贷款偿还与借款人未来预期收入之间的关系,而不是贷款的期限与贷款流动性之间的关系。

预期收入理论为商业银行拓展盈利性的新业务提供了理论依据,使银行资产运用的范围更加广泛,巩固了商业银行在金融业中的地位。该理论依据借款人的预期收入来判断资金投向,突破了传统的资产管理理论依据资产的期限和可转换性来决定资金运用的做法,丰富了银行的经营管理思想。其不足之处是:银行对借款人未来收入的预测建立在主观判断上,因此当客观经济条件变化时,未来的预期收入与实际收入之间存在一定差异,以这种理论为依据发放贷款,会给银行带来更大的经营风险。

(二) 负债管理理论

20世纪50年代末期起,世界经济高速发展,对银行贷款的需求不断增加。另一方面,各种非银行金融机构迅速成长,资本市场快速发展,企业融资渠道大大拓宽,"脱媒"现象产生,商业银行受到存款和贷款的双重压力,银行在资金来源上受到较大的挑战。因此,如何通过创新负债工具以吸引客户,增加资金来源,诱发了负债管理理论的兴起。该理论认为,银行应以积极主动负债的方式来保持资产流动性,扩大筹集资金的途径,满足多样化的资金需求,支持资产规模的扩张,获取更高的盈利水平。

负债管理理论开辟了满足银行流动性需求的新途径,改变了长期以来仅从资产运用角度来维持流动性的传统做法。但它带有主观性,增加了银行的融资成本和经营风险。

(三)资产负债综合管理理论

20世纪70年代末,金融管制逐渐放松,银行业务范围扩大,竞争加剧,使银行在资金结构安排和获取盈利方面的困难增加。20世纪80年代后,利率管制的放松使银行面临利率的风险,利率波动对银行资产和负债方都会产生影响。在这样的背景下,银行经营管理思想再次出现重大转变,产生了资产负债均衡管理的资产负债综合管理理论。

资产负债综合管理理论的基本思想是:从资产和负债两方面综合考虑,根据经营环境的变化进行动态的管理,协调各种不同的资金来源和资金运用在利率、期限、风险和流动性等方面的搭配,创造最优资产负债组合,以满足盈利性、安全性和流动性的要求。

该理论既汲取了资产管理和负债管理理论的精华,又克服了其缺陷,从资产负债平衡的角度去协调银行"三性"之间的矛盾,使银行经营管理更为科学,从而有助于银行的稳定和发展。

三、商业银行经营管理方法

商业银行经营管理经历了从资产管理(包括资金总库法和资金分配法)到负债管理(包括储备头寸管理方法和全面负债管理方法)再到资产负债管理(主要有利差管理和资产负债缺口管理)的发展过程。现代商业银行倡导实现资产负债在动态上的统一、协调和综合平衡,资产负债比例管理便是实现这一要求的有效管理方法,我国商业银行于1998年1月起全面推行资产负债比例管理。比例管理就是通过建立符合"三性"经营原则的一套指标体系,确定各个指标相应的临界值,以此作为衡量商业银行经营管理是否正常的标准。

实行资产负债比例管理的目的在于强化商业银行的自我约束,提高其资产质量,实现"三性"原则的协调统一,逐步形成自主经营、自负盈亏、自担风险、自我约束的经营机制。资产负债比例管理的基本原则是:以资金来源制约资金运用,防止超负荷经营;保持资产与负债的规模、期限和结构对称;增强的"三性"原则之间的协调平衡,提高经营管理水平。

资产负债比例管理设置总量管理、流动性管理、安全性管理、效益性管理四类比例进行控制管理。

(1) 总量管理比例。目标是防止超负荷经营和消除已有的超负荷现象。其核心指标是贷存比例。

(2) 流动性管理比例。目标是使流动资产保持在正常最低限量以上,提高资产的流动性,避免过分的短存长贷,满足支付需求。主要指标有资产流动性比例、备付金比例、中长期贷款比例等。

(3) 安全性管理比例。目标是把资产风险总量控制在安全区间内,降低和分散风险,提高资产质量和经营安全性。主要指标有资本充足率、风险权重资产比例、贷款质量比例、单个贷款比例等。

(4) 效益性管理比例。目标是提高资产盈利率,加强贷款利息回收工作,降低负债成本,促使银行改善资产负债效益结构。主要指标有资产利润比例、负债成本比例、应收利息比例等。

四、商业银行风险管理策略

风险是商业银行面临的永恒课题。商业银行风险管理是指商业银行通过风险识别、风险估价、风险评估和风险处理等环节,预防、规避、分散或转移经营风险,减少或避免经济损失,保证经营安全的一系列活动。风险管理是现代商业银行经营管理的中心工作,风险管理包括操作风险管理、流动性风险管理、信贷风险管理、投资风险管理和利率风险管理等。商业银行风险管理策略是由风险预防、风险规避、风险分散、风险转嫁、风险抑制和风险补偿等组成的有机整体。

(1) 内部控制策略。这是商业银行通过制定和实施一系列制度、程序和方法,对风险进行事前防范、事中控制、事后监督和纠正的动态过程。内部控制策略的核心是确定商业银行内部各部门的职责权限,实行分级分口管理和岗位责任制,建立健全内部管理制度,通过衡量和矫正从业人员的工作行为和成果,确保风险管理目标的实现。

(2) 预防策略。这是指对风险设置多层预防线的办法。商业银行抵御风险的最终防线是保持充足的自有资本和提取各种准备金。各国金融监管当局对商业银行资本充足性都有明确的规定,并将其作为金融监管的一项重要内容。国际清算银行巴塞尔委员会于1988年通过的《巴塞尔协议》和2003年修订的《新巴塞尔协议》都规定资本与风险资产的最低比例为8%,并对风险资产的权重提出了规范的计算方法。因此,要达到风险预防的目的,更重要的是加强商业银行内部管理,主动调整风险资产结构,使之随时与资本状况相适应。

(3) 规避策略。这是指对风险明显的经营活动所采取的避重就轻的处理方式。常用的方式是:对于风险较大、难以控制的贷款,必须规避和拒绝;资产结构短期化,以降低流动性风险和利率风险;债权互换扬长避短,趋利避害;外汇业务,努力保持硬通货债权、软通货债务,规避汇率变化带来的风险。

(4)分散策略。包括随机分散策略和有效分散策略。随机分散是指单纯依靠资产组合中每种资产数量的增加来分散风险,每种资产的选取是随机的。在正常条件下,可以利用扩大业务规模来分散风险。有效分散是指运用资产组合理论和有关的模型对各种资产进行分析,根据各自的风险、收益特性和相互关系来实现风险、收益最优组合。具体做法是从资产种类、客户种类、投资工具种类、货币种类以及国别种类等进行风险分散。

(5)转嫁策略。这是指利用某些合法的交易方式和业务手段将全部或部分地转嫁给他人的行为。如风险资产出售、担保贷款、保险、期货、期权交易等。

(6)抑制策略。这是指商业银行承担风险之后,要加强对风险的监督,发现问题及时处理,争取在损失发生之前阻止情况恶化或提前采取措施减少风险造成的损失。风险抑制常用于信用贷款过程,具体方法是:发现借款人财务出现困难,立即停止对客户新增贷款,尽力收回已发放贷款;追加担保人和担保金额;追加资产抵押等。

(7)风险补偿策略。这是指商业银行发生经营风险并造成损失后,采用一定方式弥补损失。补偿损失的方式是建立存款保险制度、运用法律手段收回逾期贷款、处置抵押品等。

知识链接 5.1

中国四大国有商业银行的改革

一、四大国有商业银行改革的背景

当四大国有专业银行转为商业银行还没有完成的时候,1997 年亚洲金融危机爆发,四大国有商业银行的很多负面情况暴露出来,坚定了决策层推进大型商业银行改革的决心。当时很多国际国内主流媒体对中国金融都有非常严峻的描述,比如"中国的金融是一个大定时炸弹,随时都可能爆炸","中国的商业银行技术上已经破产"。当时,大型商业银行报告的不良资产率是 25%,市场的估计基本在 35%~40%。还有一些人说,如果按照贷款的科学分类,四大商业银行的不良资产比例可能超过 50%。这很大程度上使得国际国内很多人对中国银行业的发展比较悲观,失去了信心,外资也不敢进入中国金融业。

根据调查分析,四大商业银行的不良贷款,约 30%是受到各级政府干预,包括中央和地方政府的干预所致;约 30%是对国有企业的信贷支持所形成的;约 10%是国内法律环境不到位、法制观念薄弱以及一些地区执法力度较弱所致;约有 10%是政府通过关停并转部分企业进行产业结构调整所形成。总的来看,20%的不良贷款是大型商业银行自身信贷经营不善造成的。

值得注意的是,上述因素在亚洲金融危机后都得到了重视,在一些方面有了较大的改善。首先,对大型商业银行的行政干预大大减少,政府部门已经从法律角度明确了商业银行决定贷款的自主性。其次,大型商业银行的客户群体开始多元化,早期要求大型商业银行必须对国有企业提供信贷支持的做法被逐步放弃。再次,随着国有企业改革的不断深入,国有企业经营状况改善,为商业银行解决不良资产比例过高的问题带来了可能。

二、改革的系统设计和主要内容

在这样一种情况下进行改革,就需要一个整体的、系统的、全面的考虑和设计,需要对不同领域的改革有务实的策略,以确保金融改革有组织地、分步骤地实行。首先需要加快进行并能够较快见效地改革。第一,要坚决果断地切断政策性金融和商业性金融之间的浑浊状态,使商业性金融确实能够走入商业性轨道。第二,要坚决果断清理金融机构的资产负债表。第三,要抓紧建立现代化的各种金融企业标准,同时要建立对公司治理的指引。第四,强化监督。第五,必须尽快建立资本充足率约束机制。

亚洲金融危机后,国家采取了一系列措施来推进四大商业银行改革。1998年,通过财政发行2700亿元特别国债补充四大商业银行资本金。1999年,成立四家金融资产管理公司剥离四大银行不良资产1.4万亿元。从2001年起逐步推行贷款五级分类制度、实行审慎的金融会计原则、逐步降低商业银行营业税等。总体而言,这一阶段的改革主要在处置不良资产、加强内部管理等技术层面上进行,尚未触及体制机制等深层次问题。

2003年以后,国家决定启动四大商业银行股份制改革,创造性地运用国家外汇储备注资商业银行,按照核销已实际损失掉的资本金、剥离处置不良资产、外汇储备注资、境内外发行上市的财务重组"四步曲"方案,全面推动大型商业银行体制机制改革。一是核销已实际损失掉的资本金。中国银行、建设银行动用准备金、拨备前利润和资本金等现有资源核销了部分资产损失。二是按照市场化原则剥离处置不良资产。股改过程中,四大商业银行共核销、剥离处置不良资产约2万亿元。三是外汇储备注资。进行财务重组时,当然首先考虑利用银行自身资源,但耗时长,且存在一定的不确定性;也可以考虑通过财政直接注资,但当时财政能力有限,客观上无力拿出大笔资源。在这种情况下,我们创造性地考虑动用国家外汇储备。自2003年12月起,国家运用外汇储备先后向中国银行、建设银行、工商银行和农业银行注资近800亿美元。四是境内外公开发行上市。上市是彻底改造大型商业银行公司治理机制的重要环节。通过发挥资本市场的外部约束、监督和促进作用,将建立一整套新的市场激励和约束机制,从而促使其进一步转换经营机制,成为真正的市场化经营的主体。从2005年10月起,四大商业银行相继启动首次公开发行工作,均取得巨大成功,先后全部完成A股+H股两地上市。

三、改革初见成效

总体看,四大商业银行改革按预先设定的方案稳步推进,初见成效。2005年10月建设银行首先在香港成功上市,中国银行和工商银行于2006年先后分别在香港和内地市场成功上市,农业银行于2010年7月分别在内地和香港成功上市。

在此过程中,一方面,我国银行业整体实力大幅提升,资本实力、资产质量和经营效益不断提高,一些商业银行跻身全球大银行之列。截至2011年末,我国银行业总资产达到111.5万亿元,是2003年改革前的4倍多;银行业金融机构不良贷款余额和比率实现持续"双降",不良贷款比率从2002年末的23.6%下降到2011年末的1.8%。2011年末,工商银行、农业银行、中国银行、建设银行、交通银行五家大型商业银行的资本充足率分别达到12.0%、11.7%、12.9%、12.9%和12.4%,均高于11.5%的监管要求;不良贷款率为0.9%、1.5%、1.1%、1.1%和0.86%,呈逐年下降趋势。

另一方面,商业银行内部风险管理能力持续增强。大型商业银行坚持推进改革和加强经营管理并重,公司治理架构不断规范,新的体制和机制日益发挥重要作用。

本 章 小 结

1. 商业银行是适应商品经济发展和社会化大生产需要而产生和发展起来的金融机构。现代商业银行产生的标志是1694年成立的英格兰银行。商业银行的发展经历了两种模式:英国式融通短期资金模式和德国式综合银行模式。这也是区分分业经营和混业经营的基本标志。

2. 商业银行是以追求最大利润为目标的金融企业,它既具有工商企业的基本属性,又是经营货币商品的特殊企业,还是有别于其他金融机构的具有信用创造能力的特殊金融企业。商业银行具有信用中介、支付中介、信用创造、金融服务等功能。

3. 商业银行的组织形式主要有单一银行制、分支行制、持股公司制和连锁银行制等。各种组织形式都是在特定国情和特定的环境下形成的,因而都既有利也有弊。

4. 商业银行是业务最综合的金融机构,其业务活动可归结为负债业务、资产业务、中间业务及表外业务。商业银行按照安全性、流动性和盈利性"经营原则开展业务,围绕如何协调三性"原则之间的关系,形成了资产管理、负债管理、资产负债综合管理等经营管理理论以及相应的经营管理方法和管理策略。

【重要概念】

商业银行　英国式融通短期资金模式　德国式综合银行模式（全能型银行模式）　总分行制　单一银行制　持股公司制　核心资本　附属资本　准备金存款　法定存款准备金　超额存款准备金　中间业务　表外业务　安全性原则　流动性原则

【思考与练习】

1. 现代商业银行是按照何种途径和何种模式演进发展的？
2. 简述商业银行的性质和职能。
3. 试比较单一银行制和总分行制的优缺点。
4. 简述商业银行的业务体系及其相互关系。
5. 何谓"三性"经营原则？商业银行为什么要坚持这些原则？
6. 简述商业银行经营管理理论发展的基本脉络。
7. 商业银行风险管理的策略有哪些？

第六章 中央银行

【学习目标和要求】
- 理解中央银行产生的客观必然性与途径。
- 了解中央银行的建立与发展及我国中央银行的产生与发展。
- 掌握中央银行的性质、地位、职能与作用。
- 了解中央银行的制度形式与管理体制。
- 理解中央银行的独立性及我国中央银行的独立性问题。
- 了解中央银行业务活动原则与业务种类。
- 理解中央银行在我国经济金融中的独特作用地位,树立科学的宏观思维和大局意识。

中央银行是在商业银行的基础上逐步产生和发展起来的,它萌芽于17世纪中后期,经过不断地演进和完善,已发展成为现代金融体系的核心,是一国最重要的金融管理当局和宏观经济调控部门。中央银行享有法律的特殊授权,肩负着制定和实施货币政策、监管金融业、维护金融稳定等重要使命。本章介绍中央银行的演进发展、性质、职能、管理体制、主要业务等问题。

第一节 中央银行的演进发展

一、中央银行的产生

(一)中央银行产生的客观必然性

中央银行是适应商品经济和金融业的快速发展,在商业银行的基础上逐步产生、发展和完善的。15—16世纪欧洲资本主义制度形成后,商品经济和社会生产力快速发展,特别是工业革命的浪潮带来了商业银行发展的高潮。商品经济的迅猛发展和银行的普遍设立促进了货币、信用与经济的融合。但是,当时银行体系比较脆弱,银行没有设立准入限制,其业务活动和信用扩张均缺乏有效的制度保证,金融业的无序竞争导致大量银行破产倒闭,金融秩序十分混乱。迫切需要建立一种有效的制度来监管银行体系。中央银行的产生具有客观必然性。

1. 统一银行券发行的需要

在 18 世纪和 19 世纪初,银行的存款业务尚未得到广泛的发展,商业银行普遍利用银行券的发行来增加资金、扩大业务。但各家分散发行银行券的办法存在着严重的弊端:一是不能保证货币流通的稳定性。许多小银行信用能力薄弱,它们发行的银行券不能保证随时兑现,尤其是在信用危机时期,从而就使货币流通陷入非常混乱的状态。二是小银行信用活动领域有着地区的限制,它们发行的银行券只能在国内有限地区流通。而随着资本主义经济的发展,要求有更加稳定的通货,也要求银行券成为全国市场流通的信用工具,这样的银行券只能由信誉卓著的大银行集中发行。但大银行发行的银行券排挤着小银行的银行券。在这种情况下,国家遂以法令形式限制或取消一般银行的银行券发行权,将发行权集中于中央银行。

2. 统一票据交换和清算的需要

随着银行业务的不断扩大,银行收授票据的数量也急速增长,票据交换业务日益繁重复杂。同时,不仅异地结算的时间延长,速度减缓,即使同城结算也遇到很大困难,由各银行自行轧差当日清算的方式遇到很大困难。虽然在一些城市已由若干银行联合建立了票据交换所,但难以满足大多数银行的需要。这在客观上要求建立一个全国统一和公正的权威性清算机构,作为金融支付体系的核心,能够快速清算银行间各种票据,从而使资金顺畅流通,保证商品经济的快速发展。

3. 充当最后贷款人的需要

在社会化大生产和商品经济快速发展的情况下,工商企业对银行贷款的需求不断增长,不仅要求贷款数量扩大,而且要求贷款期限延长,从而导致银行面临更大的信用风险与市场风险。而且银行体系本身的脆弱性,又容易导致银行破产,银行支付危机的频繁出现,严重地威胁到整个金融体系的稳定性。为了保护存款人利益,维护银行以至整个金融业的稳定,客观上需要有一家权威性机构,集中各银行的一部分现金准备作为后盾,在银行出现难以克服的支付困难时,集中给予必要的贷款支持,充当商业银行的"最后贷款人"。

4. 金融管理的需要

金融运行的稳定成为经济稳定发展的重要条件,为了保证银行和金融业的公平有序竞争,保证各类金融业务和金融市场的健康发展,减少金融运行的风险,政府必须加强对金融业的监督管理。因而需要专门从事金融业管理、监督及协调的职能机构,这种机构不仅要有一定的技术能力和操作手段,还要在业务上与银行建立密切联系,以便于制定的各项政策和规定能够通过业务活动得到贯彻实施。而这些任务逐步由中央银行承担起来。

5. 政府融资的需要

随着人类社会的发展,政府的职责范围不断扩大。特别是在资本主义制度确立与发展过程中,政府的作用越来越突出。政府职能的强化增加了开支,政府融资便成为一个问题。为保证和方便政府融资,发展或建立一个与政府有密切联系、能够直接或变相为政府筹资或融资的银行机构,也是中央银行产生的客观要求之一。

(二)中央银行产生的途径

商品经济和金融业自身的发展为中央银行的产生提出了客观的内在要求,而国家对经济、金融管理的加强又为中央银行的产生提供了外在动力,中央银行的产生正是这两种力量共同作用的结果。当国家通过法律或特殊规定对某家银行赋予某些特权时,中央银行制度便形成了,享有特权并承担特定责任的银行便成为中央银行。纵观世界各国,中央银行的形成大致有两种主要途径:一是由信誉好、实力强的大商业银行逐步演变而成,政府不断赋予这家银行某些特权,从而使这家银行逐步具有了中央银行的某些性质并最终发展成为中央银行;二是由政府出面直接组建中央银行。

二、中央银行制度的建立与发展

从17世纪中后期中央银行萌芽开始至今,中央银行制度经历了初步形成、普及推行、强化与完善三个阶段。

(一)中央银行制度的初步形成

中央银行制度的形成是一个渐进的历史过程。早期的中央银行在开始时也是普通的商业银行,只是在银行业的发展过程中,有些银行经营卓越,实力不断扩充,逐步发展壮大而成为实力雄厚、信誉卓著的大银行。一些国家的政府为了适应社会经济发展的客观需要,就以法律形式规定由一家或几家大银行集中发行银行券,同时禁止其他银行擅自发行。这些享有银行券发行特权的银行便成为"发行银行",垄断货币发行权,这是中央银行区别于商业银行的最初标志。

大银行获得了发行银行券的特权后,由于资金实力增强,就能够在其他商业银行资金不足时,向它们提供贷款或进行票据再贴现,并逐渐集中其他商业银行部分准备金,以此为基础,发行银行逐渐成为全国统一的清算中心。另外,由于发行银行资金雄厚,常常在国家遇到财政困难时为政府融通资金,逐渐成为"国家的银行"。当发行银行的功能日益完善后,便转化为中央银行了。1656年成立的瑞典银行最初是一家私营银行,1668年被改组为国家银行,从而开始具有某些中央银行的特征。1897年,瑞典政府通过法案,取消当时全国28家银行的货币发行权,规定瑞典银行发行的货币为唯一的法偿货币,从而使瑞典银行完成了向中央银行转变的关键一步。而英格兰银行被世界公认为第一家中央银行。1844年,英国政府通过《英格兰银行条例》(又称《皮尔条例》),授予英格兰银行发行货币的特权。1854年,英格兰银行成为英国银行业的票据交换中心,取得清算银行的地位。在19世纪发生的多次金融危机中,英格兰银行通过提供贷款有力地支持了其他银行,肩负起"最后贷款者"责任,同时也具有相当程度的金融管理机构的特征。英格兰银行的发展与运作模式被各国仿效,到 1900 年,主要西方国家都设立了中央银行。

在初创时期,中央银行具有两大特征:① 中央银行基本由普通商业银行自然演进而来。这种演进经历了由经营商业银行业务,到主营商业银行业务兼营中央银行业务,再到主营中央银行业务兼营商业银行业务直至纯粹经营中央银行业务等几个不同阶段。所以,初创时期的中央银行可称为自然演进型中央银行。② 中央银行职能不完善。表现为此时的多数中央银行职能是服务性,集中在货币发行、代理国库、充当票据交换和清算中心以及最后贷款人等方面。

(二) 中央银行制度的普遍推行

第一次世界大战(以下简称"一战")前,许多国家为了应付军备竞赛的庞大开支,纷纷通过设立中央银行或强化对中央银行的控制来筹集资金。一战期间,参战各国纷纷开动印钞机来弥补巨额财政赤字,造成严重的通货膨胀。一战后为了尽快恢复经济和金融秩序,先后于 1920 年和 1922 年在布鲁塞尔和日内瓦召开国际金融会议,呼吁尚未设立中央银行的国家应尽快建立中央银行,以共同维持国际货币体系和经济的稳定。随后,中央银行制度得到普遍推行,中央银行的数量急剧增加,据统计,从 1921—1942 年间,各国设立或改组的中央银行达 43 家,其中欧洲 16 家,美洲 15 家,亚洲 8 家,非洲 2 家,大洋洲 2 家。典型的如澳大利亚联邦银行(1911 年)、苏联国家银行(1921 年)、德国国家银行(1924 年)、印度储备银行(1935 年)等。

在普遍推行期,中央银行发展呈现出以下几个特征:① 国家运用强制力量人为设立中央银行。② 货币发行准备制度普遍建立,成为规范货币发行的重要手段。③ 宏观经济调控开始成为中央银行的一项重要职能。

(三) 中央银行制度的强化与完善

第二次世界大战后,各国为尽快医治战争创伤,恢复和发展经济,更加注重中央银行在宏观经济中的调节作用,中央银行得到强化和完善,主要表现在:一是中央银行制度已在世界范围内普遍建立,大多数国家都设立了中央银行。据统计,1945—1971 年间,改组、重建和新建的中央银行就达到 50 家,其中,欧洲 10 家,美洲 7 家,亚洲 21 家,非洲 16 家。二是中央银行职能逐步完善。中央银行除服务职能外,更多强调其宏观调控职能,而且中央银行的宏观调控手段也已从运用单一货币政策工具进而向配套使用一系列货币政策工具转变。

在强化和完善时期,中央银行发展呈现出一系列新特点:① 国有化成为设立中央银行的重要原则。许多国家先后实行中央银行国有化政策,将中央银行的资本全部收归国有,受国家直接控制。有些国家虽然允许私人持股,但大部分股权则保持在国家手中,中央银行的国有性质并未因此受到影响。② 中央银行的相对独立性增强。各国充分认识到,由于性质、职能与社会目标不同,中央银行在制定和执行货币政策时应保持独立性,不能完全受命于政府。③ 中央银行的货币政策工具和金融监管手段日益丰富和完善。④ 中央银行的国际合作进一步加强。国际货币基金组织成立后,在各成员国中央银行之间就一些重大国际金融问题进行广泛磋商,较好地协调了各国之间的贸易和货币金融往来,加强了各国中央银行之间的合作,促进了战后经济的恢复与发展。

三、我国中央银行的产生与发展

(一) 旧中国中央银行的萌芽

我国中央银行的产生可以追溯到 20 世纪初清政府建立的户部银行。为了统一币制、推行纸币,并解决因战争赔款所带来的财政困难,1904 年清政府决定设立户部银行。1905 年 8 月大清户部银行在北京成立。大清户部银行是清政府的官办银行,享有国家授予的铸造货币、代理国库和发行纸币的特权,部分地承担了中央银行职责。1908 年,大清户部银行更名为大清银行。因户部银行在处理外债方面出现外汇亏损,由邮政部提议、经清政府批准,于 1908 年 3 月 4 日成立交通银行,负责铁路、轮船、电报和邮政四个部的一切收支,并拥有纸币发行权。清王朝覆灭后,大清银行被北洋政府改组为中国银行,与交通银行共同承担中央银行的职责。这一时期,我国中央银行制度尚处在萌芽阶段。

最早以立法形式成立的中央银行是国民政府于 1928 年在上海设立的中央银行。根据规定,中央银行为国家银行,享有经理国库、发行兑换券、铸发国币、经理国债等特权,但尚未独占货币发行权。当时的中国银行、交通银行和中国农民银行均可发行法偿货币。1935 年,国民党政府颁布《中央银行法》,重申中央银行的国家银行性质。1942 年 7 月,根据"钞票统一发行办法",将中国银行、交通银行和中国农民银行三家银行发行的钞票及准备金全部移交给中央银行,中央银行独享货币发行权。1945 年 3 月,国民党政府财政部授权中央银行,统一检查和管理全国的金融机构,使其管理职能得到强化。由于"蒋宋孔陈"四大家族的内部矛盾,国民党中央银行并没有真正地全面行使中央银行职能,但统一货币发行、统一管理国库以及统一外汇管理等制度措施表明,旧中国的中央银行制度已经有了较大发展。1949 年,国民党政府的中央银行撤离大陆,成为中国台湾地区的所谓"中央银行"。

与此同时,中国共产党在艰苦卓绝的革命斗争中开始了中央银行的实践。1932 年 2 月 1 日在江西瑞金成立了中华苏维埃共和国国家银行(简称苏维埃国家银行)并发行货币,这是中国共产党领导下的最早的中央银行。从土地革命到抗日战争时期,一直到中华人民共和国诞生前夕,中国共产党领导的各个建立了相对独立、分散管理的根据地银行,并各自发行在本根据地内流通的货币。1948 年 12 月

1日,中国人民银行以华北银行为基础,合并北海银行和西北农民银行,在石家庄成立并发行了第一套人民币,确定人民币为法定本位币。1949年2月总行迁至北平(今北京)。

(二)新中国的中央银行

中国人民银行(习惯上简称央行)是新中国的中央银行,是国务院组成部门,在国务院领导下,制定和执行货币政策,防范化解金融风险,维护金融稳定。

从建立之日到1983年9月,我国实行"大一统"的金融体制,中国人民银行"一身二任",兼具中央银行和专业银行两项职能,既是行使货币发行和金融管理职能的国家机关,又是从事信贷、结算、现金出纳和外汇业务的金融企业,是典型的复合型中央银行。这种一身二任、高度集中统一的"大一统"金融模式,既适合于新中国成立初期制止恶性通货膨胀的需要,也与高度集中的计划经济体制相适应。1983年9月,国务院决定中国人民银行专门行使中央银行职能,不再对企业和个人直接办理存贷业务,专门负责领导和管理全国的金融事业,并设立中国工商银行接收中国人民银行对工商企业和居民个人的各类业务,从1984年起,中国人民银行专门行使中央银行职能,标志着现代中央银行制度在我国的确立。从1983年至今,中国人民银行制定、执行货币政策的独立性逐渐增强。其机构设置发生了几次重大的调整:20世纪90年代先后设立中国证券监督管理委员会和中国保险监督管理委员会,2003年9月设立中国银行业监督管理委员会,从而基本完成了中国人民银行的传统金融监管职能的分拆。但与此同时,在新的时代背景下,中国人民银行货币政策和宏观审慎管理"双支柱"政策被确立起来,其宏观调控和金融稳定职能日显重要并不断被强化。

第二节 中央银行的性质与地位

一、中央银行的性质

(一)中央银行是管理金融业务的国家机构

中央银行作为管理金融业务的国家机构,主要表现在:① 中央银行是全国金融事业的最高管理机构,是代表国家管理金融事业的部门。② 中央银行代表国家制定和执行统一的货币政策,监管全国金融机构的业务活动。③ 中央银行的主要任务是代表国家运用货币政策对经济生活进行直接或间接的干预。④ 中央银行代表国家参加国际金融组织和国际金融活动。

中央银行虽然是国家机关的组成部门,但又不同于一般的国家机关。这是因为中央银行不是单凭行政权力行使其职能,而是通过运用经济的、法律的和行政的等多种手段，对商业银行和其他金融机构进行引导和管理。中央银行通过对利率、汇率、存款准备金率的控制，运用公开市场操作手段，引导和影响银行存贷款业务、外汇业务，以实现对整个国民经济的宏观调节和控制。因此，中央银行的管理职能在很大程度上是建立在它所拥有的经济手段的基础上，这是区别于一般行政权力机构的本质特征。

（二）中央银行是特殊的金融机构

中央银行作为金融机构，是不同于商业银行、投资银行、保险公司、信托公司、租赁公司等各种金融企业的特殊金融机构。中央银行的特殊性主要表现在以下四个方面：① 中央银行是国家实行宏观金融和经济调控的主体，而商业银行等一般金融企业则是宏观金融调控的对象。中央银行可以根据国家经济发展的情况，相应地制定和执行货币政策，控制货币供应总量，并调节信贷的投向和流量，把国家宏观经济决策和宏观经济调节的信息，向各银行和金融机构以及国民经济的各部门、各单位传递。② 与商业银行等一般金融企业不同，中央银行不以营利为目的。中央银行以金融调控为己任，以稳定货币、促进经济发展为宗旨。虽然中央银行在业务活动中也会取得利润，但盈利不是目的，而是通过制定实施货币政策，以达到金融稳定的目标。③ 中央银行作为特殊的金融机构，一般不经营商业银行和其他金融机构的普通金融业务。商业银行和其他金融机构的业务经营对象是工商企业及其他单位、城乡居民个人等，而中央银行在一般情况下不与这些对象发生直接的业务关系。中央银行通常只与政府和商业银行等金融机构发生资金往来关系。④ 中央银行虽然也吸收存款，但是其吸收存款的目的是在全国范围内有效地调控信贷规模，调节货币供应量。

二、中央银行的地位

（一）发行的银行

所谓发行的银行，是指国家赋予中央银行拥有货币发行特权。独占货币发行权既是中央银行区别于其他金融机构的最基本、最重要的标志，也是其发挥职能作用的基础。因为几乎在所有国家，独占银行券发行权都是与中央银行的产生与发展密切联系的。一部中央银行史，首先是一部货币发行权逐渐走向集中垄断的历史。由中央银行垄断银行券发行权是统一货币发行、稳定货币币值的基本保证。目前，世界上几乎所有国家的现钞都是由中央银行发行。少数国家硬辅币的铸造、发行则是由财政部负责，发行收入归财政，由中央银行投入流通。

中央银行作为银行的银行，其职能主要体现在以下方面：① 要根据经济发展和商品流通发展的需要，保证及时供应货币。中央银行垄断发行货币有利于货币流通的集中统一，有利于节约货币成本，符合商品货币经济要求。② 要根据经济运行状况,合理调节货币数量。一方面,为经济发展创造良好的金融环境,促进经济和社会稳定;另一方面,推动经济持续协调增长。③ 要加强货币流通管理,保证货币流通的正常秩序。为此,中央银行要依法管理货币发行基金,严格控制货币投放,加强现金管理,做好货币印制、清点、保管、运输、收兑等工作。

(二) 银行的银行

所谓银行的银行,是指中央银行向商业银行和其他金融机构办理存、贷、汇等金融业务,提供服务。中央银行的业务对象不是一般企业和个人,而是商业银行和其他金融机构及特定的政府部门,同时也是商业银行和其他金融机构的管理者。中央银行作为银行的银行,具体表现在以下三个方面:

(1) 集中存款准备金。在中央银行产生之后,为了保证商业银行和其他存款机构的支付和清偿能力,各国一般都通过法律规定,商业银行必须要按存款的一定比例向中央银行交存存款准备金,中央银行充当法定存款准备金的唯一保管者。中央银行集中存款准备金的另一个目的是调节信用规模和控制货币供应量。中央银行可以根据宏观调节的需要,变更、调整法定存款准备金比率,影响货币乘数,改变商业银行的信用创造能力,调控货币供应量。

(2) 充当最后贷款人。这是指在商业银行发生支付困难时,中央银行采取再贴现、再抵押及再贷款等方式向其融通资金。中央银行作为最后贷款人可以发挥以下作用:① 当商业银行或其他金融机构发生资金周转困难、出现支付危机时,中央银行为其提供全力支持,以防银行挤提风潮,避免金融恐慌,甚至整个银行业的崩溃。② 为商业银行办理资金融通,调剂银行资金头寸。③ 通过对商业银行提供资金支持,调节银行信用和货币供应量,实施金融调控。

(3) 组织和管理银行间的票据清算。商业银行之间的清算通过其在中央银行的存款账户进行转账、轧差,直接增减其存款金额便可完成。这一方面加速了资金周转,减少了资金在结算中的占用时间和清算费用,提高了清算效率。另一方面,中央银行通过组织、参与和管理清算,对商业银行的业务经营能够进行全面、及时的了解和把握,为中央银行加强金融监管和分析金融流量提供了条件。目前,大多数国家的中央银行都已成为全国资金清算中心。

(三) 政府的银行

中央银行作为政府的银行的职能,主要表现在以下几个方面:

(1) 代理国库。一国政府的收入和支出均通过财政部门在中央银行内开立的各种账户进行。主要包括:按国家预算要求代收国库库款;按财政支付命令拨付财政支出;向财政部门反映预算收支执行情况;经办其他有关国库事务等。

(2) 代理政府金融事务。中央银行通常代理政府债券的发行以及办理债券到期时的还本付息等事宜;通过持有和经营管理黄金、外汇储备来稳定币值和汇率、调节国际收支等。

(3) 为政府融通资金。在政府财政收支出现失衡、收不抵支时,中央银行一般都负有向政府融通资金、提供信贷支持的义务。其方式主要有两种:一是直接向政府提供贷款或透支;二是购买政府债券。

(4) 制定和实施货币政策。货币政策是政府对经济实行宏观调控的基本经济政策之一。对于货币政策的制定和实施,世界各国一般都是通过法律赋予中央银行承担此项职责。

(5) 为政府提供经济金融情报和决策建议,向社会公众发布经济金融信息。

(6) 代表国家参加国际金融组织和各项国际金融活动,进行国际金融事务的谈判、协调和磋商,办理政府间的金融事务往来及清算等。

知识链接 6.1

货币当局与中央银行是同一机构吗?

货币当局的英语是 moneytary authorities,中央银行的英语是 central bank,这两者是否就是同一个机构吗?

简单地说,货币当局是指有权发行通货(curency)的国家机构。在美国,联邦储备体系和财政部都有权发行通货,因此美国的货币当局包括美联储和财政部。在我国,现在只有中国人民银行才能发行货币,所以我国的货币当局一般就是指中国人民银行。从这个角度看,货币当局是一个功能概念,而不是一个机构概念,大多情况下是指中央银行,而且包括执行中央银行职能的其他政府机构。

国际货币基金(IMF)公布的《货币与金融统计手册》对货币当局的定义是:在有些国家中央银行的部分职能由中央政府(财政部)代为履行,如货币发行,持有国际储备以及与 IMF 进行的交易。这些交易包括份额认缴、持有的特别提款权和特别提款权的分配,在这种情况下,应当编制货币当局账户,将涉及中央政府履行的中央银行职能数据和中央银行概览的数据一同纳入货币当局账户。

所以,货币当局和中央银行是两个相互联系但又不完全相同的概念。这取决于各国中央银行成立的历史背景及所承担的职能是否由一家中央银行全部履行。例如,货币发行、货币政策的制定与执行、银行监管、干预本币汇率、管理国际储备等职能不完全单独由中央银行负责时,仅仅用"中央银行"一词就不足以概括其功能,此时用"货币当局"较妥当。如果以上职能全部由中央银行履行,中央银行就是该国的货币当局,我国便是如此。

(来源:汪洋.中央银行的逻辑[M].北京:机械工业出版社,2015.)

第三节 中央银行的职能与作用

一、中央银行的职能

中央银行的职能是中央银行性质和地位的具体体现。20世纪80年代,特别是亚洲金融危机和国际金融危机以来,适应金融体系的变迁和宏观经济环境的变化,中央银行职能也在不断调整并被赋予新的内容。宏观调控、金融稳定和金融服务成为现代中央银行的三大重要职能。

(一) 宏观调控职能

宏观调控职能是指中央银行利用自身特有的金融手段对货币、信用进行调节和控制,进而影响和干预宏观经济,以实现预定货币政策目标。该职能集中体现为中央银行运用其垄断的货币发行权,通过改变基础货币量和货币乘数,扩张或收缩货币供应量,实现社会总需求和总供给的基本均衡。由于货币政策与价格、经济活动之间存在密切的内在联系,它的运用必然导致货币供应量的变化,进而会引起物价水平、资金规模及其投向、经济结构与经济增长速度的变动,而且这些变动最终反映在社会总供求的总量和结构上。因此,货币政策是中央银行宏观调控最重要最基本的经济政策,中央银行制定和执行货币政策的过程就是它调控宏观经济职能作用发挥的过程。中央银行宏观调控职能有效发挥有赖于两个方面的完善:一是健全的调控机制。调控机制既要有明确的最终目标,又要能采取有效的政策工具;既要选择好具体的调控对象,又要运用合适的调控方式。以上各部分的密切联系和相互作用构成了一个完整的调控体系。只有健全的调控机制,中央银行调控职能才能得到有效发挥。二是政策手段丰富并能充分运用。中央银行只有不断丰富货币政策工具箱,并综合运用再贴现率、公开市场操作、法定存款准备金率等货币政策基本工具以及其他货币政策工具加以调控。

(二) 金融稳定职能

金融管理职能是指中央银行为了维护金融体系的稳健运行,具有对银行金融机构及金融市场进行检查、监测、管理、控制,防范系统性金融风险发生的职能。其主要内容包括:① 宏观审慎管理。中央银行制定和执行宏观审慎政策,通过监测和管理系统性金融风险来维护金融体系的整体稳定性。这包括关注金融机构的杠杆率、信贷增长、资产价格泡沫、跨市场关联性等,以预防金融危机的发生。② 微观审慎监管。中央银行与其他监管机构合作,对商业银行及其他金融机构的资本充足率、流动性风险、信贷质量和风险管理框架进行监督,确保金融机构的稳健运营。③ 金融市场监测。监测金融市场的运行情况,对金融市场实施宏观调控,促进其协调发展,同时规范各类金融交易行为,包括证券交易、衍生产品市场、支付清算系统等,以确保金融市场的公平、透明和高效运行。④ 风险监测。中央银行收集并分析宏观经济和金融市场的大量数据,通过监测和预警系统识别潜在风险,制定早发现、早预警、早处置金融风险的政策措施,及时阻止风险释放。⑤ 危机应对与救助。在金融危机或系统性风险事件发生时,中央银行作为最后贷款人,为银行体系提供紧急流动性援助,防止金融恐慌和系统性崩溃。同时,参与制定和执行金融机构重组或破产计划。⑥ 维护金融基础设施。中央银行负责维护支付结算系统的安全与稳定,推动金融基础设施现代化建设,维护支付、清算系统的正常运行,为监测金融体系的正常运行、防范和化解系统性支付风险、维护金融稳定提供良好的技术环境。⑦ 参与维护金融稳定的国际协调机制。如参与国际金融监管标准的制定与实施,协调跨国风险防范措施,并与其他国家和国际金融组织共享监管信息和经验。⑧ 设计并实施金融稳定政策框架。包括建立健全宏观审慎评估体系、完善金融机构的早期纠正机制和处置机制,确保金融体系能够在面临风险时有足够的缓冲和应对能力。⑨ 采取一切有助于维护金融稳定的可能的手段。如必要时向金融机构提供再贷款化解金融风险,有权要求银行业金融机构报送有关财务会计、统计报表和资料,对出现支付困难而有可能引发金融风险的银行业金融机构进行检查监督等。

(三)金融服务职能

金融服务职能是指中央银行具有向政府、银行与非银行金融机构及公众提供资金融通、划拨清算、代理业务、货币发行等方面的服务职能。具体表现在① 为政府提供金融服务。包括经理国库、向政府提供信用、充当政府的国际金融活动代表、充当政府的金融顾问和参谋等。② 为金融机构提供金融服务。一是中央银行主持全国票据和清算事务,通过集中办理票据交换,为金融机构办理异地资金转移,为金融机构提供支付清算服务。二是当商业银行资金不足时,中央银行向其提供临时的资金融通,成为商业银行的最后贷款人。③ 为社会公众提供金融服务。如依法发行法定货币,维护货币信用和保持币值稳定,对金融业进行调查、统计、分析、研究和预测,并予以公布,使社会公众及时了解金融经济形势,为维护银行客户存款安全所进行的其他活动等。

二、中央银行在现代经济中的作用

中央银行是现在金融体系的核心和中枢,其在金融体系中的独特地位和重要职能,决定了它不仅对金融体系的稳健运行,而且对社会经济发展具有巨大能动力和不可替代的影响力。

(一)现代经济发展的助推器

现代社会经济本质上是一种货币信用经济,货币资金是社会经济增长的第一推动力和持续推动力。中央银行作为唯一的发行银行,垄断一国的货币发行权。中央银行根据经济发展对货币增长的客观需要增加和控制货币发行,使货币充分发挥对实体经济的第一推动力和持续推动力作用。同时,中央银行作为一国货币信用体系的枢纽,通过"最终贷款人"职能的发挥,满足经济发展对扩大信用的需求,助力产业持续发展、企业持续经营以及生产、流通、分配和消费的循环进行,形成现代社会经济发展的强大支撑力量。

(二)国家调节宏观经济的工具

中央银行作为一国金融体系的中心环节和全国货币金融活动的领导机构,可根据本国经济和金融的发展情况及国家的金融政策意图,运用多种金融手段控制货币发行,调节信贷的投量和投向,以维持经济的可持续发展。例如,在经济过热、发展速度过快、通货膨胀加剧的情况下,中央银行可通过提高再贴现率等短期利率、提高存款准备金率、在公开市场上出售有价证券等金融手段,降低企业等经济主体的货币需求,减少商业银行贷款供给,缩减存款派生能力,紧缩货币供给量,进而达到给过热的经济降温、抑制通货膨胀的目的。相反,如果出现经济增长乏力、通货紧缩等情况,中央银行则通过降低短期利率、降低存款准备金率、在公开市场上买进有价证券等手段扩大货币信用供给,以提振市场信心,促进经济复苏。中央银行作为国家进行宏观经济调控的机构,对一国经济的持续、稳定和健康发展,发挥着越来越重要的作用。

(三)社会经济和金融运行的稳定器

中央银行通过制定和完善金融政策、法令和管理条例,督促商业银行等金融机构规范经营和稳健发展,能够有效防范和减少商业银行及其他金融机构因片面追求盈利而增加的经营风险,通过强化各金融机构的稳健经营而增强整个金融体系的内在稳定性。中央银行综合运用经济、法律等多种手段,从市场准入、监测检查、紧急救助,直到对问题金融机构进行约谈、警示甚至出示"红牌",对金融机构的违规行为予以惩戒和纠正,对问题严重的银行等金融机构进行重组或救助,等等,对保障金融体系的安全稳定具有重要作用。面对国际金融风险在国家或地区之间的传播、扩散,中央银行积极与有关国家的金融监管当局和国际金融组织进行密切合作,依据国际协调机制,采取各种政策手段有效阻挡和减弱国际金融风险向本国金融体系的传播链条和对本国经济金融的冲击,起到了本国经济金融健康运行的稳定器作用。

(四)经济金融运转效率提升的推进器

中央银行金融服务职能的发挥,对提高社会经济和金融的运转效率具有很强的推进作用。例如,中央银行对商业银行等金融机构提供清算服务,有利于实行汇划款项与资金清算同步,变事后清算为事前清算,从而大大提高了清算系统的效率。尤其是日新月异的现代电子计算机和通信技术在清算系统中的运用,使清算系统更加畅通便捷,加快了资金周转速度,提高了社会资金的运转效率。中央银行还通过金融调查统计和金融分析,能够全面及时地掌握全部宏观经济金融信息及其发展动向,作为国民经济运行的"温度计"和"气象台",对经济运行状况及时"把脉"并开出"处方",大大增强了提高政府及中央银行自身对宏观经济金融的调控能力。

第四节 中央银行制度

中央银行的体制是指中央银行的制度形式、中央银行的所有制形式、中央银行管理体制以及中央银行独立性问题。由于世界各国在历史传统、文化习俗、经济模式和政治架构等多方面的差异,因而各国中央银行体制不尽相同。

一、中央银行的制度形式

纵观各国,中央银行制度形式分为单一型、复合型、准中央银行型和跨国型等四种类型。

(一)单一型中央银行制度

单一型中央银行制度是指国家设立单独的中央银行机构,由其全面行使中央银行权力、履行中央银行职能的制度。这是最主要、最典型的中央银行制度形式,其特点是中央银行权力高度集中。

单一型中央银行制度又可分为一元式和二元式两种:① 一元式中央银行制度。它是指一国内只建立一家统一的中央银行,机构设置一般采取总分行制,逐级垂直隶属,绝大多数国家如英国、日本和中国的中央银行都采取这种形式。② 二元式中央银行制度。它是指在一国内建立中央和地方两级相对独立的中央银行机构。中央级机构是最高权力和管理机构,地方级机构受中央级机构的监督管理,但其与中央级中央银行机构之间并非总分行关系,地方级中央银行机构在各自辖区内具有很大的独立性。实行这种制度的主要是联邦体制国家,如美国、德国等。

(二)复合型中央银行制度

复合型中央银行制度是指在一国之内,不设立专门的中央银行,而是由一家大银行同时扮演中央银行和商业银行两种角色的中央银行制度。这种中央银行制度下的国家银行既履行中央银行职能,又开展一般商业银行业务,是与特定的计划经济体制相联系的。我国在1984年以前实行的便是这种中央银行制度。

（三）准中央银行制度

准中央银行制度是指只设立类似中央银行的机构，或由政府授权某个或某几个商业银行行使部分中央银行职能的制度。目前我国香港特别行政区、新加坡、马尔代夫、斐济、沙特阿拉伯、塞舌尔等地区和国家的中央银行属于这种性质。

（四）跨国中央银行制度

跨国中央银行制度是指两个以上的主权国家设立共同的中央银行。它一般是与一定的货币联盟联系在一起的。这种跨国中央银行在联盟内发行共同的货币，执行统一的货币政策，并对各国金融制度和金融市场实行监督。如贝宁、尼日尔等国组成的西非货币联盟所设的中央银行；由喀麦隆、加蓬等国组成的中非货币联盟所设的中非国家银行；以及东加勒比海货币管理局等。1998年7月欧盟成员国设立的欧洲中央银行，也是典型的跨国型中央银行制度。

二、中央银行的所有制形式

中央银行的所有制形式是指中央银行的资本来源的构成形式。世界各国中央银行的所有制形式有五种类型。

1. 国家所有形式

概括起来，世界上大多数国家中央银行的资本为国家所有。分两种情况：一是国家通过购买原中央银行的私有股份而将全部股权收归国有；二是中央银行成立时，国家就拨付了全部资本金。一般而言，历史比较悠久的中央银行大多是由私营银行演变而来，国家通过收购方式实现中央银行国有化。如法兰西银行、英格兰银行分别于1945年和1946年被收归国有。

2. 私人持股形式

这类中央银行，国家不持有股份，全部资本由私人投资，如美国、意大利和瑞士等国的中央银行均属此类型。

3. 公私合股形式

这类中央银行的资本金一部分属于国家，一部分由私人持有，但国家资本所占比重一般在50%以上，如日本银行，政府和民间所持股份分别55%和45%，而且私股持有者不能参与经营决策，所拥有的唯一权利是每年领取5%的红利。

4. 无资本金形式

这指中央银行没有资本金，而是由国家授权执行中央银行职能。韩国的中央银行属于这种类型。

5. 多国所有形式

在跨国中央银行制度中，共同组建中央银行的各成员国按照一定比例认缴中央银行资本，各国以认缴比例拥有对中央银行的所有权。如欧洲中央银行的资本是由所有欧元区成员国按其人口和国内生产总值的大小向欧洲中央银行认购的。

总之,无论是哪种类型的中央银行,都是由国家通过法律赋予其执行中央银行的职能,资本所有权的归属已不对中央银行的性质、职能、地位、作用等发生实质性影响。

三、中央银行的管理体制

中央银行的管理体制主要包括中央银行的内部组织机构设置、中央银行分支机构设置以及中央银行的权力分配。内部组织机构设置一般包括行政办公机构、业务操作机构、金融管理监督机构与调研机构等。而分支机构设置的划分主要是以经济区或者行政区域的方式进行。中央银行的权力分配是指不同机构对决策权、执行权和监督权的行使。美国、英国等国中央银行的决策权、执行权和监督权由一个机构统一行使,日本银行的决策权、执行权和监督权分别由不同的机构承担,瑞士国家银行的决策权、执行权和监督权则由不同机构交叉承担。

四、中央银行的独立性

中央银行处于一国金融体系的核心地位,是信用体系的枢纽,担负着调控宏观经济、管理其他金融活动的诸多职能,维护着一国金融体系的稳定,因此,中央银行只有保持独立性才能有效发挥其功能作用。

(一)中央银行独立性的含义

中央银行的独立性是指中央银行在履行自身职责时,法律赋予或实际拥有的权力、决策和行动的自主程度。中央银行的独立性问题,其实质是中央银行与政府的关系问题,中央银行与政府关系的根本点在于中央银行的活动是否应该和在多大程度上受政府制约,政府能否对中央银行进行行政干预,中央银行是否可以自主地制定和执行货币政策,以及在资金上中央银行能给政府多大支持。对于政府而言,中央银行的独立性包括两层关系:一是中央银行应对政府保持一定的独立性,二是中央银行对政府的独立性是相对的。

(二)中央银行保持独立性的必要性

1. 维护中央银行特殊地位的需要

中央银行和政府在国民经济中所处的地位、关注问题的重点和解决问题的方式、追求的行为目标存在差异。政府为了追求经济增长目标,偏重于通过扩张性政策来刺激需求,拉动经济增长,增加就业,这种做法的结果往往造成通货膨胀。中央银行则追求物价稳定,更关心币值的稳定,维护正常的金融状况和货币流通秩序,遏制过高的通货膨胀。

2. 避免出现政治性经济波动的需要

西方国家的执政党为了争取选票,往往承诺高工资和高就业,而放松银根则是支持高工资和高就业的主要武器。因此,在大选时,政府往往实行放松的货币与财政政策,刺激经济增长,结果导致通货膨胀。而上台后,面对通货膨胀又不得不采取从紧的货币与财政政策。这样,中央银行就易于受到某种政治压力,使货币政策偏离原定目标。因此,为了对政府的超经济行为发挥有效的制约作用,中央银行就必须有很高的独立性,使货币政策不受党派和政治的干扰。

3. 避免财政赤字货币化的需要

所谓财政赤字货币化,就是指财政出现赤字时,中央银行无条件地去弥补,或者直接对政府贷款、透支,或者通过降低市场利率来减少财政融资的成本,从而导致通货膨胀,并引发赤字与通货膨胀之间的恶性循环。因此,中央银行须保持独立性,抵制来自政府的需求压力。

4. 适应中央银行业务特殊性的需要

中央银行的业务具有较强的专业性和技术性,其高层管理人员必须具有丰富的国内外经济知识、熟练的技术和经验,才能保证货币政策的超前性、长远性、合理性和有效性。因此,政府不应过多干预中央银行的业务操作。

5. 稳定经济和金融的需要

由于存在政治经济动荡,中央银行制定的货币政策应具有连贯性,应明确其首要任务是稳定物价,健全金融体制,以促进经济稳定增长和充分就业。这样,就要求中央银行保持其独立性,避免来自各级政府的干预,有效约束政府执行通货膨胀政策,维护整个金融体系的健康运行。

应当指出的是,中央银行的独立性是相对的,这是因为:① 中央银行作为国家的金融管理部门,虽然处于金融体系的核心地位,但是仍然还是经济社会这个大系统的一部分,应当服从于经济社会大系统的运转,服从于国家的根本利益。中央银行的货币政策必须支持和配合国家的经济发展总目标,不能自行其道。② 货币政策是国家宏观经济政策的一部分,其制定和实施应只有与其他宏观经济政策相配合,才能达到预期效果。③ 中央银行的业务活动和监管都是在国家授权下进行的,有些国家的中央银行直接就是政府的组成部门,中央银行行长也大都由政府委任。因此,中央银行的职责履行需要政府其他部门的协作和配合,而不能完全独立于政府之外。

(三)中央银行独立性的模式

由于各国中央银行与政府之间的关系模式存在着很大差异,根据中央银行独立性的大小,可将中央银行划分为三种基本模式:

(1)独立性较大的模式。在这种模式中,中央银行直接对议会负责,可以独立地制定货币政策及采取相应的措施,政府不得直接对它发布命令、指示,不得干涉货币政策。如果中央银行与政府发生矛盾,则通过协商解决。美国联邦储备体系和以前的德国德意志银行都属于这一模式。

（2）独立性稍次的模式。该模式下，中央银行名义上隶属于政府，而实际上保持着较大的独立性。中央银行可以独立地制定、执行货币政策。英格兰银行、日本银行属于这一模式。

（3）独立性较小的模式。这一模式的中央银行，接受政府的指令，货币政策的制定及采取的措施要经政府批准，政府有权停止、推迟执行中央银行的决议。属于这种模式的典型是意大利银行。

五、我国中央银行的独立性问题

1994年通过的《中国人民银行法》是我国金融发展史上的一个里程碑，它确立了我国的中央银行体制，即在国务院领导下的独立执行货币政策的中央银行宏观调控体系。中国人民银行与财政部平行，分别对中央政府负责。这种模式具有以下三个特点：① 中央银行行长直接对国务院负责。由于总理不可能对中央银行事务过细过问，因此中央银行有较大自主权。② 中央银行作为行政部门，具有一定的行政管理权，可以直接依法行使对宏观经济的调控权力。③ 中央银行除在利率、汇率和货币供应量等方面的重大决策须经国务院批准外，其他货币政策事项可自行决定。

中国人民银行的独立性主要体现在以下几个方面：

1. 货币政策自主权

历史实践证明，中国人民银行货币政策的首要任务应是保持币值稳定。为充分发挥中国人民银行的职能，实现币值稳定的目标，必然要求中国人民银行保持很高的独立性，能独立地制定和执行货币政策。

2. 中国人民银行相对于财政部的独立性

中国人民银行与财政部的关系主要表现在两方面：① 在行政关系上，人民银行与财政部都是国务院的直属机构，不存在隶属关系，不存在领导与被领导的关系。这在组织上保证了人民银行对财政部的独立地位。② 在资金关系上，《中国人民银行法》明确规定："中国人民银行不得对政府财政透支，不得直接认购、包销国债和其他政府债券。"这样，从法律上基本割断了人民银行与财政部的直接融资关系。

3. 中国人民银行相对于政府其他部委的独立性

中国人民银行与政府其他部门之间也具有较强的独立性。表现在：一是法律规定中国人民银行不得为各级政府管理部门提供贷款或担保；二是通过组建政策性银行划清政策性贷款与商业性贷款的关系，堵住了中央银行提供基础货币与政策性贷款的路子，堵住了政府各部委以"政策性贷款"向中央银行要贷款的路子；三是在法律上明确了中央银行统管全国金融机构的监管权。

4. 中国人民银行相对于地方政府的独立性

这是指中央银行分支机构与地方政府的关系。《中国人民银行法》规定：中国人民银行在国务院领导下依法独立执行货币政策，不受地方政府和其他行政机关、社会团体的干涉;中国人民银行对其分支机构实行集中统一领导和管理,人民银行负责本辖区的金融监管,各地人民银行不得向地方政府部门提供贷款。因此,中国人民银行分支机构在行政、人事、业务等方面受总行垂直领导,地方政府可以监督人民银行分支机构贯彻执行国家的金融方针,但不得干预人民银行分支机构正常的业务活动,从而维护人民银行分支机构的独立性。当然,人民银行分支机构也要支持地方经济的发展,积极为地方经济服务。1998年国务院对中国人民银行管理体制实行改革,撤销人民银行省级分行,建立9个跨省(区、市)分行,这是人民银行在摆脱地方政府等各方面干预,实现相对独立性上迈出的重大步骤。

第五节 中央银行业务

中央银行业务不是为了追求盈利,而是为了调节金融借以实现对金融活动的管理,即所谓的"用经济的办法管理经济"。中央银行通过资产、负债等业务活动,影响货币供应、利率水平,以实现对宏观经济的调控,维护良好的货币金融环境。

一、中央银行业务活动的一般原则

中央银行在开展业务活动时,与一般商业银行有着截然不同的经营原则,这是由中央银行的特殊性质和职能所决定的。中央银行所奉行的业务原则是非营利性原则、流动性原则、主动性原则和公开性原则。

1. 非营利性原则

这是指中央银行的一切业务活动不以营利为目标,不与其他金融机构竞争。中央银行作为金融管理机构,负有调控宏观经济的特殊使命,必须以保持货币币值与金融体系稳定为己任,而不能以追求盈利为目标。只要是金融管理所必需的,即使不盈利甚至亏损的业务也要去做。当然,不以营利为目标并不等于不讲经济效益,在确保宏观调控目标和职能实现的前提下,中央银行应该获得应有的收益,并尽量避免或减少亏损,以降低宏观金融管理的成本。此外,由于中央银行享有许多经营特权,在金融体系中处于超然地位,肩负着制定和实施货币政策、维护金融体系稳定的职责,所以中央银行开展业务也不与一般金融机构竞争。

2. 流动性原则

这是指中央银行资产业务需要保持充分的流动性和安全性。中央银行开展再贴现业务、证券买卖业务等资产业务的目的,一是为了向商业银行提供短期周转资金,弥补其流动性不足;二是调节货币供求,稳定币值和汇率。这决定了中央银行不能将其资金占用在投资期限长、不易变现、风险大的资产上,而必须保持资产的流动性和安全性,以保证中央银行的资金可以灵活调度、及时运用。坚持这一原则,就必须注意对金融机构融资的期限性,一般不发放长期贷款和长期证券投资。

3. 主动性原则

中央银行的资产负债业务直接与基础货币与货币供给量相联系。如货币发行业务直接形成流通中现金;存款准备金业务不仅导致基础货币的变化,而且还会引起货币乘数的变化;贷款业务、再贴现业务、公开市场业务是提供基础货币的主要渠道。因此,中央银行只有处于超然地位,才能使货币政策不受其他外力的干扰,才能保证其对信用与货币量的调控具有主动性和适度超前性,使货币供给量与经济的客观需求相适应。

4. 公开性原则

这是指中央银行业务活动公开化,要定期向社会公众公布业务与财务状况,并提供金融统计资料。保持公开性原则,既可以使中央银行的业务活动置于社会公众监督之下,有利于中央银行依法规范其业务活动,确保其业务的公平合理性,保证中央银行的信誉和权威性;又可以增强中央银行业务活动的透明度,使社会公众及时了解中央银行的货币政策意图、方向及操作力度,有利于货币政策的告示效应;还可以准确地向社会提供必要的金融信息,有利于各界分析研究经济和金融形势,形成合理预期,并调整其经济决策和行为。

二、中央银行的资产负债表

中央银行业务操作情况集中反映在一定时期的资产负债表上,表 6.1 是十分简化的中央银行资产负债表。

表 6.1　中央银行资产负债简表

资　产	负债与资本
再贴现及贷款	流通中现金
黄金、外汇储备	各种存款
各种证券	其他负债
其他资产	自有资本
资产合计	负债和资本合计

由表 6.1 可以看出,中央银行有两种主要业务,即资产业务和负债业务。还有一些不能在资产负债表反映出来的清算业务。但各国国情不同,中央银行的资产负债的具体内容也不尽相同。如美国联邦储备银行的资产中,证券是最主要的资产项目,主要是美国政府及其他机构发行的证券以及银行承兑票据,证券的总额由公开市场操作所控制。再贴现是美联储对银行的贷款,其数额受贴现率影响。联邦储备券(即联储发行的流通在外的通货)和存款是其最主要的负债。这种资产负债结构是与美国金融市场发达、公开市场业务操作能充分运用的特点相联系的。再如中国人民银行的资产主要是外汇储备以及对银行和其他金融机构的再贷款。外汇储备在中央银行的资产中占很大的比重。再贷款在资产总额中占十分突出的比重,有价证券一项却占很小比重,这是因为我国金融市场不发达,证券种类和数量比较少。负债主要是银行存款和流通中的通货。

三、中央银行的业务种类

(一) 负债业务

中央银行的负债业务是指其投放基础货币,产生负债的业务。中央银行负债业务主要包括货币发行、代理国库、集中存款准备金等内容。

1. 货币发行

货币发行是中央银行最重要的负债业务。因为中央银行独占现金发行,所以现金发行是中央银行的一项垄断性的资金来源业务。中央银行发行货币,是通过对商业银行及其他金融机构提供再贷款、再贴现、在公开市场上购买有价证券、收兑黄金和外汇等方式投入流通的。各国中央银行都制定了货币发行的原则,并建立发行准备制度,以保证货币发行能满足经济发展对货币所提出的客观要求。

我国内地的货币发行是通过中国人民银行、商业银行和经中国人民银行批准经营现金业务的其他金融机构的现金收付业务活动实现的(见图6.1)。

图6.1 人民币发行示意图

2. 存款业务

中央银行的存款主要来自以下几个方面:① 集中商业银行和金融机构的存款准备金,包括法定存款准备金和超额准备金。② 经理或代理国库形成的政府存款。③ 外国存款,这项存款属于外国中央银行或是属于外国政府。④ 其他存款,指未归入上述三类存款的所有中央银行存款。

中央银行集中存款准备金主要有以下几方面意义:① 配合货币政策实施,有利于调节和控制信贷规模和货币供应量。② 充当商业银行的最后贷款人,有利于维护金融业的安全。③ 使中央银行成为全国的资金清算中心,有利于资金清算的顺利进行,满足一般金融机构流动性和清偿能力的要求。

值得指出的是,法定存款准备金是中央银行的一项重要资金来源,在大多数国家,中央银行对这种负债是不付息的,这为中央银行调控宏观经济金融,在资产业务中不以营利为目标提供了客观基础和现实保障。

3. 其他负债业务

其他负债业务包括中央银行债券、对外负债、资本业务。中央银行的其他负债增加,一般也会导致商业银行准备金的减少。总之,中央银行对存款机构准备金数额是有办法施加影响的,而准备金是金融机构进行信贷和投资的基础,中央银行可以通过调整自身资产负债结构,间接调节金融机构的信贷规模,实现对金融的宏观调控。

（二）资产业务

资产业务是指中央银行运用货币资金的业务。一般来说，主要有以下业务：

1. 再贴现业务

再贴现是商业银行由于业务上的需要，将其由贴现所取得的票据，请求中央银行予以贴现的经济行为。该业务是中央银行调节资金、实现对宏观经济调控的一个重要手段。中央银行是通过对再贴现价格——再贴现率的调节，来影响商业银行借入资金的成本，刺激或抑制资金需求，实现对货币供应量的控制。

2. 再贷款业务

中央银行的再贷款主要有以下几类：① 对商业银行的再放款。这是最主要的种类，一般是短期的，采用政府债券和商业票据为担保的抵押贷款。② 对财政部的放款。包括对财政部的正常借款、对财政部的透支、证券投资性放款（即在二级市场上购买公债）等。③ 其他放款。其中包括中央银行对外国银行和国际性金融机构的贷款等。

3. 证券买卖业务

中央银行买卖证券一般都是通过其公开市场业务进行的，主要买卖的证券种类是政府公债、国库券以及其他市场流动性很高的有价证券。中央银行在公开市场上买卖有价证券，其主要目的是为了调节和控制基础货币量。中央银行在公开市场买进证券就是投放基础货币，卖出证券则是直接回笼基础货币。中央银行一般是通过直接买卖证券和附有回购协议的买卖证券这两种方式进行的。

4. 保管黄金、外汇储备

中央银行保管黄金、外汇储备有着特别重要的意义：首先，中央银行按纸币发行额和存款额保留一定比例的黄金和外汇储备，以保持本国币值的稳定。其次，中央银行通过买进或抛售国际通货，可以稳定本国货币的汇率。其三，在国际收支发生逆差时，可以动用黄金、外汇储备来清偿外债。

（三）支付清算业务

清算是每一笔经济业务及其对应资金运动的终结。中央银行通过其支付清算系统，实现金融机构之间债权债务的清偿及资金的顺利转移，对加速资金周转，提高资金配置效率具有重要意义。支付清算是中央银行最常见的业务活动。

1. 支付清算体系的构成

支付清算体系，是指一个国家或地区对金融机构及社会经济活动产生的债权债务进行清偿的系统，包括清算机构、支付系统及支付清算制度等。

（1）清算机构。它是指提供资金清算服务的中介机构。在不同国家，清算机构具不同的组织形式，如票据交换所、清算中心、清算协会等。清算机构大都实行会员制度，会员缴纳会费并遵守清算机构的规章制度。大部分国家的中央银行是作为清算机构的成员直接参与支付清算业务,也有少数国家的中央银行不直接加入清算机构,而是通过实行监督、审计等方式为金融机构提供清算服务。

(2)支付系统。它是由提供支付清算业务的中间机构和实现支付指令传送及资金清算的专业技术手段共同组成,用以实现债权债务清偿和资金转移的金融基础设施。中央银行在支付系统中通常负责监督管理,控制支付系统所面临的各类风险。一些国家由中央银行直接拥有并经营大额支付系统,从而保证货币政策的有效传导和金融体系的健康运转。

目前较有影响的支付系统有:全球银行间金融通信协会(SWIFT)、纽约清算所银行间支付系统(CHIPS)、欧洲间实时全额自动清算系统(TARGET)、中国现代化支付系统(CNAPS)、人民币跨境支付系统(CIPS)。

(3)支付清算制度。它是指对清算业务的规章制度、操作管理、实施范围、实施标准的规定和安排。由于很多国家金融机构同业间业务发展较为迅速,业务量较大,一些国家的中央银行还制定了同业间清算制度,用以保证同业间市场的健康运转。

2. 支付清算体系的运作

中央银行为实现支付清算体系的运转,通常会设立中央清算中心和地方分中心。金融机构在中央银行开立存款或清算账户后,金融机构之间的债权债务关系便通过其在中央银行开立的账户进行借贷记录和资金划转。支付清算服务一般包括四个方面的内容。

(1)票据交换和清算。票据交换是支付清算最基本的手段之一,在一些国家由中央银行负责管理,而在有些国家则交由私营的清算机构组织运行,但最终都要通过各金融机构或清算机构在中央银行开立的账户完成。票据交换的具体运作流程是:银行在收到客户提交的票据后,根据票据交换方式,将代收的票据交付付款行,并取回其他银行代收的以己方为付款行的票据,从而进行债权债务的抵消和资金的清偿。

(2)异地跨行清算。其运作流程是:付款人向其开户行发出支付通知;开户行向当地中央银行地方分支机构发出支付指令;中央银行则将资金从该银行账户中扣除,并向汇入银行所在地中央银行分支机构发出向汇入银行支付的指令;汇入银行所在地区中央银行地方分支机构在收到指令之后,向汇入银行发出通知;最后由汇入银行告知收款人。

(3)证券和金融衍生工具交易清算。鉴于证券和金融衍生工具交易数量大、不确定因素多、风险较大等特点,很多国家为证券和金融衍生工具交易设立了专门的清算服务系统。有些国家的中央银行也直接参与到支付清算活动中,以更好地监督管理清算业务。美国的政府证券交易主要通过美联储 Fedwire 簿记证券系统完成资金的最后清算,我国的证券清算专门由中央登记清算公司完成。

(4)跨国清算。跨国清算服务涉及不同国家的币种不同的支付清算安排,需要借助跨国支付系统及银行往来账户实现跨国银行间清算。欧美大银行于1973年开发了SWIFT系统。目前该系统已经成为各国普遍使用的跨国支付清算系统,保证了国家间资金的正常流转和债权债务的及时清偿,促进了各国间经济业务的发展。

3. 我国支付清算体系的构成

(1) 票据交换系统。该系统是我国支付清算体系的重要组成部分,其主体是票据交换所。票据交换所分地市内和跨地市两种。地市内票据交换所有1918个,区域性票据交换所有18个。通常将地市内的票据清算称为"同城清算",跨地市的清算称为"异地清算"。

(2) 全国电子联行系统。该系统是中国人民银行处理异地清算业务的行间处理系统,它通过中国人民银行联合各商业银行设立的国家金融清算总中心和在各地设立的资金清算分中心运行。各商业银行受理异地汇划业务后,汇出汇入资金由中国人民银行当即清算。其运行流程是:受理异地业务的商业银行中,发出汇划业务的为汇出行,收到汇划业务的为汇入行。汇出行向人民银行当地分行(发报行)提交支付指令(电子报文),发报行借记汇出行账户后,将支付信息经卫星小站传送至全国清算中心,如汇出行账户余额不足,则支付指令必须排队等待。清算总中心按人民银行收报行将支付指令清分后,经卫星链路发送到相应的人民银行收报行,由其贷记汇入行账户,并以生成的电子报文通知汇入行。

(3) 电子资金汇兑系统。该系统是商业银行系统内的电子支付系统。目前我国商业银行均由电子资金汇兑系统取代了原来的手工操作。

(4) 银行卡支付系统。该系统由银行卡跨行支付系统以及发卡行内银行卡支付系统组成,专门处理银行卡跨行的信息转接和交易清算业务,由中国银联建设和运营,具有借记卡和信用卡、密码方式和签名方式共享等特点。2004年银行卡跨行支付系统成功接入中国人民银行大额实时支付系统,实现了银行卡跨行支付的实时清算。

(5) 中国现代化支付系统(CNAPS)。该系统项目的总体设计始于1991年,1996年11月进入工程实施阶段并正式启动。2002年10月8日,该系统正式在中国人民银行清算总中心上线运行。该系统是世界银行技术援助贷款项目,主要提供跨行、跨地区的金融支付清算服务,能有效支持公开市场操作、债券交易、同业拆借、外汇交易等金融市场的资金清算,并将银行卡信息交换系统、同城票据交换所等其他系统的资金清算统一纳入支付系统处理,是中国人民银行发挥中央银行作为最终清算者和金融市场监督管理者的职能作用的金融交易和信息管理决策系统。

中国现代化支付系统由大额实时支付系统和小额批量系统组成。前者实行逐笔实时处理支付指令,全额清算资金,旨在为各银行和广大企事业单位以及金融市场提供快速、安全、可靠的支付清算服务。后者实行批量发送支付指令,轧差净额清算资金,旨在为社会提供低成本、大业务量的支付清算服务,支撑各种支付业务,满足社会各种经济活动的需求。在物理结构上,中国现代化支付系统建立有两级处理中心,即国家处理中心(NPC)和城市处理中心(CCPC)。国家处理中心分别与各城市处理中心相连,其通信网络采用专用网络,以地面通信为主,卫星通信备份。

(6)人民币跨境支付系统(CIPS)。该系统是专司人民币跨境支付清算业务的批发类支付系统。旨在进一步整合现有人民币跨境支付结算渠道和资源,提高跨境清算效率,满足各主要时区的人民币业务发展需要,提高交易的安全性,构建公平的市场竞争环境,在助力人民币国际化等方面发挥着重要作用。

该系统(一期)于2012年4月12日开始建设,2015年10月8日上午正式启动。2018年3月26日,CIPS系统(二期)成功投产试运行。实现对全球各时区金融市场的全覆盖,支持全球的支付与金融市场业务,满足全球用户的人民币业务需求。截至2019年末,CIPS系统共有33家直接参与者,903家间接参与者,覆盖全球6大洲94个国家和地区,CIPS系统业务实际覆盖167个国家和地区的3 000多家银行法人机构。

CIPS(一期)的主要功能是便利跨境人民币业务处理,支持跨境货物贸易和服务贸易结算、跨境直接投资、跨境融资和跨境个人汇款等业务。其主要特点包括:① 采用实时全额结算方式处理客户汇款和金融机构汇款两类业务;② 各直接参与者一点接入,集中清算业务,缩短清算路径,提高清算效率;③ 采用国际通用ISO20022报文标准,采纳统一规范的中文四角码,支持中英文传输,在名称、地址、收费等栏位设置上更有利于人民币业务的自动处理。CIPS报文设计充分考虑了与现行SWIFTMT报文的转换要求,便于跨境业务直通处理并支持未来业务发展需求;④ 运行时间覆盖亚洲、欧洲、非洲、大洋洲等人民币业务主要时区;⑤ 为境内直接参与者提供专线接入方式。

CIPS(二期)在功能特点上进行了改进和完善:① 运行时间由 5×12 小时延长至 5×24 小时+4小时,实现对全球各时区金融市场的全覆盖;② 在实时全额结算模式的基础上引入定时净额结算机制,满足参与者的差异化需求,便利跨境电子商务;③ 业务模式设计既符合国际标准,又兼顾可推广可拓展要求,支持多种金融市场业务的资金结算;④ 丰富参与者类型,引入金融市场基础设施类直接参与者;⑤ 系统功能支持境外直接参与者扩容,为引入更多符合条件的境外机构做好准备;⑥ 建成CIPS系统备份系统。实现主系统向备份系统的实时数据复制,提高了CIPS业务连续运行能力。

(四)中央银行的其他业务

1. 反洗钱业务

洗钱就是隐瞒、掩饰非法资金的来源和性质,通过某种手法把它变成看似合法资金的行为和过程。洗钱是严重的经济犯罪行为,不仅破坏经济活动的公平公正原则,破坏市场经济有序竞争,损害金融机构的声誉和正常运行,威胁金融体系的安全稳定,还与贩毒、走私、恐怖活动、贪污腐败和偷税漏税等严重刑事犯罪相联系,对一个国家的社会政治稳定、经济安全等构成严重威胁。目前洗钱途径广泛涉及银行、保险、证券、房地产等各个领域。

反洗钱是指政府动用立法、司法力量,调动有关的组织和商业机构对可能的洗钱活动予以识别,对有关款项予以处置,对相关机构和人员予以惩罚,从而达到阻止犯罪活动目的的一项系统工程,对维护金融体系的稳健运行,维护社会公正和市场竞争,打击腐败等经济犯罪具有十分重要的意义。

中国政府从2003年开始加大了反洗钱的工作力度。《中国人民银行法》第4条明确规定:中国人民银行负有指导、部署金融业反洗钱工作,负责反洗钱的资金监测的职责。《金融机构反洗钱规定》第3条规定:中国人民银行是国务院反洗钱行政主管部门,依法对金融机构的反洗钱工作进行监督管理。人民银行也从组织机构和制度建设以及加强监管方面不断加强反洗钱工作。

2. 征信管理

2003年11月,中国人民银行成立征信管理局,并在分支行相应设立了征信管理部门,负责承办信贷征信管理工作,拟订信贷征信业发展规划、管理办法和有关风险评价准则,承办有关金融知识宣传普及工作。

知识链接6.2

中国现代化支付系统

中国现代化支付系统(CNAPS)是中国人民银行按照我国支付清算需要,并利用现代计算机技术和通信网络自主开发建设的,能够高效、安全处理各银行办理的异地、同城各种支付业务及其资金清算和货币市场交易的资金清算的应用系统。它是各银行和货币市场的公共支付清算平台,是人民银行发挥其金融服务职能的重要的核心支持系统。中国人民银行通过建设现代化支付系统,将逐步形成一个以中国现代化支付系统为核心,商业银行行内系统为基础,各地同城票据交换所并存,支撑多种支付工具的应用和满足社会各种经济活动支付需要的中国支付清算体系。

中国现代化支付系统建有两级处理中心,即国家处理中心(NPC)和全国省会(首府)及深圳城市处理中心(CCPC)。国家处理中心分别与各城市处理中心连接,其通信网络采用专用网络,以地面通信为主,卫星通信备份。

政策性银行和商业银行是支付系统的重要参与者。各政策性银行、商业银行可利用行内系统通过省会(首府)城市的分支行与所在地的支付系统CCPC连接,也可由其总行与所在地的支付系统CCPC连接。同时,为解决中小金融机构结算和通汇难问题,允许农村信用合作社自建通汇系统,比照商业银行与支付系统的连接方式处理;城市商业银行银行汇票业务的处理,由其按照支付系统的要求自行开发城市商业银行汇票处理中心,依托支付系统办理其银行汇票资金的移存和兑付的资金清算。

中央银行会计核算系统(ABS)是现代化支付系统运行的重要基础。为有效支持支付系统的建设和运行,并有利于加强会计管理,提高会计核算质量和效率,中央银行会计核算也将逐步集中,首先将县支行的会计核算集中到地市中心支行,并由地市中心支行的会计集中核算系统与支付系统CCPC远程连接。地市级(含)以上国库部门的国库核算系统(TBS)可以直接接入CCPC,通过支付系统办理国库业务资金的汇划。

为有效支持公开市场操作、债券发行及兑付、债券交易的资金清算,公开市场操作系统、债券发行系统、中央债券簿记系统在物理上通过一个接口与支付系统NPC连接,处理其交易的人民币资金清算。为保障外汇交易资金的及时清算,外汇交易中心与支付系统上海CCPC连接,处理外汇交易人民币资金清算,并下载全国银行间资金拆借和归还业务数据,供中央银行对同业拆借业务的配对管理。

为适应各类支付业务处理的需要,正在建设的现代化支付系统由大额支付系统(HVPS)和小额批量支付系统(HEPS)两个应用系统组成。大额支付系统实行逐笔实时处理,全额清算资金。小额批量支付系统在一定时间内对多笔支付业务进行轧差处理,净额清算资金。

本章小结

1. 中央银行是在商业银行的基础上逐步产生和发展起来的,历经初步形成、普及推行、强化与完善三个阶段的演进而逐渐完善,已成为现代金融体系的核心和中枢,是一国的货币当局。

2. 中央银行作为管理金融业的国家机构,不经营商业银行和其他金融机构的普通金融业务,不以营利为目标,而以金融调控为己任,以稳定货币、促进经济发展为宗旨。

3. 中央银行特殊的地位体现在它是发行的银行、银行的银行和政府的银行等方面。20世纪80年代以来,中央银行职能不断调整并被赋予新的内容,宏观调控、金融稳定和金融服务是其三大重要职能。中央银行在现代经济中发挥着不可替代的作用,是现代经济发展的助推器、经济金融运行的稳定器和经济金融运转效率的推进器。

4. 中央银行制度形式分为单一型、复合型、准中央银行型和跨国型等四种。其所有制形式有国家所有、私人持股、公私合股、无资本金、多国所有等五种类型。

5. 中央银行的相对独立性问题,实质上是中央银行与政府的关系问题。中央银行独立性模式有独立性较大的模式、独立性稍次的模式和独立性较小的模式。

6. 中央银行具有自身的业务活动,包括负债业务、资产业务和资金清算业务等。中央银行所奉行的业务原则是非营利性原则、流动性原则、主动性原则和公开性原则。

【重要概念】

中央银行　最后贷款人　存款准备金制度　中央银行独立性　一元式中央银行制度　二元式中央银行制度　复合型中央银行制度　准中央银行制度

【思考与练习】

1. 简述中央银行建立的必要性。
2. 中央银行是如何演进发展的?
3. 如何理解中央银行的性质和地位?
4. 如何理解中央银行的职能和作用?
5. 中央银行的制度形式和所有制形式分别有哪些?
6. 如何理解中央银行的独立性?为什么要强调中央银行的相对独立性?
7. 中央银行的业务结构如何?中央银行开展业务活动应奉行哪些原则?
8. 中央银行资产业务与其货币政策操作有何关系?
9. 如何理解货币发行是中央银行的负债业务?

第七章 金融市场

【学习目标和要求】
- 了解金融市场的概念、分类,理解金融市场的构成要素与功能。
- 掌握货币市场的含义及五个子市场的含义与特点。
- 理解股票与债券发行市场、流通市场的含义与构成内容。
- 了解二板市场、外汇市场和黄金市场的含义及市场特点与内容。
- 熟悉期货、期权、互换三个金融衍生品市场的含义、特点与功能。
- 理解金融市场在资源配置中的独特功能,坚定对中国特色社会主义市场经济的信心。

金融市场作为一国市场体系的重要组成部分,是配置金融资源的场所。经济体系中的资金盈余方和资金短缺方通过金融市场能够实现资金融通。本章在介绍金融市场的概念、分类、构成要素及功能等基本问题的基础上,主要讨论资金融通渠道的形成和特点,着重考察金融市场的结构和特点。

第一节 金融市场概述

一、金融市场的概念与分类

(一)金融市场概念

金融市场是指资金供求双方以金融工具为交易对象实现资金融通的场所、关系及其机制的总和。其中,资金融通是指资金供求双方运用金融工具调节资金盈余的活动。金融市场包括三层含义:① 它是金融资产进行交易的一个有形和无形的场所。早期的金融市场为有形市场,随着现代电子通信技术和网络技术的迅速发展,现代金融市场正在向无形市场方向发展。② 它反映了金融资产的供应者和需求者之间所形成的供求关系。③ 它包含了金融资产交易过程中所产生的运行机制,其中最重要的是价格机制。作为以金融资产为交易对象而形成的供求关系及其机制的总和,金融市场包括所有的融资活动:银行以及非银行金融机构作为媒介的融资,企业通过发行证券实现的融资,投资者通过购买证券实现的投资,通过租赁、信托、保险等途径所进行的资金的集中与分配,等等。

（二）金融市场的分类

根据不同的分类标准,可以将金融市场分为不同的子市场。

1. 按交易标的物划分,金融市场分为货币市场、资本市场、外汇市场和黄金市场

货币市场又称短期资金市场,是指期限1年以内的资金融通市场,主要解决市场主体的短期性、周转性和临时性资金需求。资本市场又称中长期资金市场,是指期限在1年以上的资金融通市场,包括中长期存贷款市场和证券市场,其中证券市场主要是指股票市场和债券市场,这也是通常所指的资本市场概念;外汇市场是外汇资产交易的场所,有广义和狭义之分。狭义的外汇市场是指银行间的外汇交易市场,又称为批发外汇市场。广义的外汇市场是指各国中央银行、外汇银行、外汇经纪人以及客户组成的外汇交易市场,包括外汇批发市场和外汇零售市场;黄金市场是专门集中进行黄金买卖的交易中心或场所。由于黄金仍是国际储备资产,在国际结算中占据着重要的地位,因此,黄金市场仍被看作金融市场的组成部分。

2. 按交易层次划分,金融市场分为初级市场和次级市场

初级市场是资金需求者将金融工具首次出售给公众时所形成的交易市场,又称发行市场或一级市场。次级市场是金融工具流通转让的市场,又称二级市场或流通市场。二级市场又可分为两种:一种是场内市场即证券交易所,另一种是场外交易市场。此外,还有第三市场和第四市场的说法,它们实际上都是场外市场的一部分。

3. 按中介特征划分,金融市场分为直接金融市场与间接金融市场

直接金融市场是指资金需求者直接从资金所有者那里融通资金的市场,如通过发行债券或股票方式筹集资金的市场。间接金融市场则是指通过银行等金融中介机构作为媒介来进行资金融通的市场。在间接金融市场上,资金所有者将手中的资金贷放给银行等金融中介机构,然后再由这些机构转贷给资金需求者。

4. 按有无固定场所划分,金融市场分为有形市场与无形市场

有形市场即为有固定交易和操作设施的市场,一般是指证券交易所等固定的交易场地。无形市场则是指在证券交易所外进行资金交易的场所,其交易一般通过现代化的电信工具进行。无形市场是一个高度电子化的庞大的交易网络,资金可以在其中实现迅速转移。在现代信息技术条件下,大部分资金交易是在无形市场上完成的。

5. 按交割方式划分,金融市场分为现货市场与衍生市场

现货市场实际上是指即期交易的市场,是指买卖双方成交后须在若干个交易日内办理交割的交易场所。衍生市场是交易衍生金融工具的场所。

6. 按交易范围划分,金融市场分为国内金融市场和国际金融市场

国内金融市场是指资金融通范围仅限于一国之内的市场,它又可分为城市金融市场和农村金融市场,或者分为全国性、区域性和地方性金融市场。国际金融市场是指跨越国界的资金融通市场,它又可分为国际信贷市场、国际债券市场和国际股票市场等。

二、金融市场的构成要素

金融市场的要素包括市场参与者、市场交易工具、交易价格和交易方式。

(一)金融市场主体

金融市场主体即金融市场的交易者,包括企业、居民、金融机构、政府部门、中央银行等。各类主体参与市场的目的不同,地位和作用也有差异。归纳起来各个主体参与市场的身份可以归结为投资者(投机者)、筹资者、套期保值者、套利者、调控者和监管者等几大类。

1. 企业

企业是经济活动的中心,因而也是金融市场运行的基础。企业是金融市场上主要的资金需求者,由于维持生产经营活动和扩张规模,企业会产生大量的资金需求。企业弥补资金不足的方式有两种:一是筹措内部资金;二是筹措外部资金。多数情况下,企业需借助资本运营来满足资金需求。企业通过向外部筹资,一方面筹集短期资金以维持市场生产经营活动,提高企业财务杠杆比例和增加盈利;另一方面通过发行股票或中长期债券等方式筹措资金用于扩大再生产规模。企业有时也通过购买金融工具进行中长期投资。

2. 居民个人

居民个人一般是金融市场上重要的资金供应者。通过直接购买债券或股票,也可以通过金融中介机构进行间接投资,如购买共同基金份额、投入保险等,最终都是向金融市场提供资金。居民个人因其收入的多元化和分散特点而成为金融市场的投资者和供给者。正因为这个特点,才使金融市场具有了广泛的参与性和聚集长期资金的功能。

3. 金融机构

金融机构是专门从事货币信用活动的经济组织。按性质划分,金融机构分为存款性金融机构和非存款性金融机构。前者包括商业银行、储蓄机构、信用合作社等,通过吸收各种存款而获得可利用资金,并以此为基础,从事贷款、投资等业务。后者主要包括保险公司、养老基金、投资银行、投资基金等,这类机构主要通过发行证券或以契约方式聚集资金,投资于金融市场工具。金融机构在金融市场中的作用表现在:一是金融市场最重要的中介机构,是储蓄转化为投资的传递者和导向者。二是既可发行与创造金融工具,也可购买各类金融工具,从而成为金融市场主要的资金供给者和需求者。三是非存款式金融机构作为机构投资者,在资本市场买卖证券,交易额大,对价格影响大,对资本市场的稳定发展具有重要作用。

4. 政府部门

通常,政府都是金融市场的资金需求者。它们主要通过发行财政部债券或地方政府债券来筹集资金,用于基础设施建设、弥补财政预算赤字等。在国际市场上,政府可能是资金的需求者,也可能是资金的供给者。

5. 中央银行

中央银行在金融市场上既是金融市场的行为主体,又往往是金融市场的监管者。从中央银行参与金融市场的角度来看,首先,作为银行的银行,它充当最后贷款人的角色,从而成为金融市场资金的提供者。其次,中央银行通常通过公开市场,操作买卖证券,但它参与市场,从事市场活动不以营利为目的,而是为了实施货币政策,调节市场货币供应量,维护市场稳定,同时对金融市场进行监管。这是中央银行与其他主体的根本区别。

(二) 金融市场客体

金融市场客体即金融市场的交易对象或交易标的物,表现为货币资金或金融资产。由于金融工具是货币资金的载体,因此金融市场交易对象也就是金融工具。严格来说,金融工具本身并没有价值,只是证明金融交易的金额、期限、价格的合法凭证。对于资金需求者而言,它是一种负债凭证或承认持有者所有权的凭证;对于购买者来说,它是债权凭证或所有权凭证,是一种金融资产,意味着持有人拥有对未来收益的要求权利。市场交易者通过交易金融工具,进而实现资金的转移或流动。

(三) 金融市场媒介体

金融市场媒介体是指在金融市场撮合资金供求双方成交,以及为金融交易提供服务或促使交易完成的机构、组织,亦即中介服务机构,如各种中介组织、各类经纪人、律师事务所、会计事务所、资产评估事务所等。这些媒介体与金融市场主体的主要区别在于二者参与金融交易的目的不同。金融市场媒介体参与市场是为了获取服务佣金,其本身并非真正意义上的资金供给者或需求者。而金融市场主体则相反,它们进行金融交易的目的正是为了成为最终意义上的资金供给者或需求者,进而获得投资收益。金融市场媒介体的主要作用在于促进金融市场资金融通,在资金供给者和资金需求者之间架起桥梁,以满足不同投资者和筹资者的需要。

金融市场媒介体可细分为金融机构媒介和金融市场商人两类。金融机构媒介包括商业银行、投资银行、证券公司、财务公司、保险公司、信托公司等各类金融机构。金融市场商人则包括经纪人和自营商两类。经纪人是金融市场上为投资人和筹资人介绍交易的中间商,他们自身并不参与金融商品的交易,只是通过促成资金供给者和需求者之间的交易来赚取佣金。自营商则全面参与金融商品的交易,通过赚取买卖差价获利。

（四）金融市场价格

金融市场的价格主要是各种利率、汇率、有价证券价格等，金融市场类别不同，其交易价格也不尽相同。由于货币资金具有流动性和同质性，各种利率之间有着密切的联系和较强的联动性，因而货币资金借贷的交易价格通常表现为利率，比如贴现市场的贴现率、国债市场利率和银行同业拆借市场利率等，各种利率都是由市场供求关系决定的，但有时也受中央银行货币政策的制约。而债券市场、股票市场上的交易价格就是债券、股票等有价证券在二级市场上的成交价格，通常与市场利率呈反方向变动。在外汇市场上，外汇的交易价格则表现为汇率。

在现实的金融市场中，价格机制十分复杂。这是因为大多数金融资产不仅存在着市场买卖价格，而且还涉及形形色色的收益率。以债券为例，一张债券往往对应着诸如票面价格、发行价格、市场价格、票面利率、到期收益率、持有期收益率等一系列价格概念。而更重要的是，金融资产市场价格的形成非常复杂，几乎每时每刻都在发生变动。理论上说，金融资产的内在价值是由其自身的流动性、收益性和风险性决定的，三者的综合构成其价格基础。但实践中，影响金融资产价格的因素远非此三种，诸如供给、需求、其他金融资产价格以及交易者心理预期等许多外在因素都影响到某种金融资产价格发生变化。

（五）交易组织方式

金融市场组织方式是指市场主体同客体建立联系并得以进行资金供求交易的方式，具体有三种：一是集中交易方式，即在固定场所有组织、有制度地进行集中交易，如证券交易所交易，是整个金融市场交易的核心部分。二是分散交易方式，即在各金融机构柜台上买卖双方进行面议的、分散进行交易的方式，如柜台交易。其交易规则比较灵活，交易成本较低，对象比较广泛，价格形成方式比较自由。三是无形交易方式，即没有固定场所，甚至不直接接触，主要借助于电脑终端和网络技术来进行交易，如美国的第三市场和第四市场。这种交易方式具有交易速度较快，交易成本较低，交易的保密程度较高等优势。

金融市场各要素之间是紧密联系、互相促进、相互影响的。其中金融市场主体与金融市场客体是最基本的要素，是金融市场形成的基础。金融市场媒介体、金融市场价格和交易组织方式则是伴随金融市场交易应运而生的，也是金融市场不可缺少的要素，对促进金融市场的繁荣发展具有重要意义。

三、金融市场的功能

（一）聚敛功能

金融市场的聚敛功能是指金融市场引导众多分散的小额资金汇聚成为可以投

入社会再生产的资金集合功能。借助这一功能,金融市场发挥着资金"蓄水池"的作用。

金融市场是由资金供应者和资金需求者组成的。资金供应者就是在一定时间内的资金盈余者,这些暂时闲置的资金在使用之前有通过投资谋求保值增值的需要。对资金需求者来说,其资金的需要往往是由于要进行某项经济活动,或为了满足其比较迫切的需要,但手中积累的资金不足,因此,需要寻求更多的资金来源。金融市场就提供了一个能将众多的小额资金集合起来以形成大额资金的渠道。

(二)配置功能

金融市场的配置功能表现在资源的配置、财富的再分配、风险的再分配三个方面:① 金融市场通过将资源从低效率利用的部门转移到高效率的部门,从而使社会的经济资源能最有效地配置在效率最高或效用最大的用途上,实现稀缺资源的合理配置和有效利用。② 政府、企业及个人通过持有金融资产的方式所持有的财富,在金融市场上的金融资产价格发生波动时,其持有数量也会发生变化。一部分人的财富量随金融资产价格的升高而增加,而另一部分人的财富量则由于金融资产价格的下跌而相应减少。这样,社会财富就通过金融市场价格的波动实现了财富的再分配。③ 金融市场同时也是风险再分配的场所。在现代经济活动中,风险无时不在、无处不在。而不同的主体对风险的厌恶程度是不同的。利用各种金融工具,风险厌恶程度较高的人可以把风险转嫁给厌恶风险程度较低的人,从而实现风险的再分配。

(三)调节功能

首先,金融市场具有直接调节作用。在直接融资活动中,只有符合市场需要、效益高的投资对象,才能获得投资者的青睐。而且,投资对象在获得资本后,只有保持较高的经济效益和较好的发展势头,才能继续生存并进一步扩张。否则,它的证券价格就会下跌,继续在金融市场上筹资就会面临困难,发展就会受到后续资本难以为继的制约。金融市场正是通过其特有的资源配置机制,作用于微观经济部门,进而影响宏观经济活动,使社会资源得到最合理的配置。

其次,金融市场的存在及发展为政府调控宏观经济活动创造了条件。货币政策是调节宏观经济活动的重要工具,其实施是以金融市场为依托。金融市场既提供货币政策操作的场所,也提供实施货币政策的决策信息。比如中央银行在实施货币政策时,通过金融市场可以调节货币供应量、传递政策信息,最终影响到各经济主体的经济活动,从而达到调节整个宏观经济运行的目的。此外,财政政策的实施也越来越离不开金融市场,政府通过发行国债的方式对各经济主体的行为加以引导和调节,并为中央银行提供开展公开市场操作的手段,并由此对宏观经济活动产生巨大的影响。

（四）反映功能

金融市场的反映功能表现在如下几个方面：① 由于证券买卖大部分都在证券交易所进行，人们可以随时通过这个有形的市场了解到各种上市证券的交易行情，并据以判断投资机会。证券价格的涨跌在一个有效的市场中实际上是反映着其背后企业的经营管理情况及发展前景。此外，一个有组织的市场，一般也要求上市证券的公司定期或不定期地公布其经营信息和财务报表，这也有助于人们了解及推断上市公司及相关企业、行业的发展前景。所以，金融市场首先是反映微观经济运行状况的指示器。② 金融市场交易直接和间接地反映国家货币供应量的变动。货币的紧缩和放松均是通过金融市场进行的，货币政策实施时，金融市场会出现波动表示出紧缩和放松的程度。因此，金融市场所反馈的宏观经济运行方面的信息，有利于政府部门及时制定和调整宏观经济政策。③ 由于证券交易的需要，金融市场有大量专门人员长期从事商情研究和分析，并且他们每日与各类工商业直接接触，能了解企业的发展动态。④ 金融市场有着广泛而及时的收集和传播信息的通信网络，整个世界金融市场已联成一体，从而使人们可以及时了解世界经济发展变化情况。

因此，金融市场历来被称为国民经济的"晴雨表"和"气象台"，是公认的国民经济信号系统。

四、成熟金融市场的衡量标准

一国金融市场是否成熟，主要有三个衡量标准，即金融市场的广度、深度和弹性。

（1）金融市场的广度是指金融市场参与者的多样化。一个有广度的金融市场，其主要特征就是同时有多个不同类型的参与者入市。如机构投资者、长期投资者、投机者等。他们入市的目的各不相同，有的是为了保值，有的则是为了投机，有的准备长期持有某种金融工具，有的则是随时准备转手以获取差价收益。在金融市场中，参与者的类型和数量越多，则市场被某一部分人所操纵的可能性就越小，从而市场价格就越能充分地反映当前的供求情况和对未来的预期。

（2）金融市场的深度主要是指金融市场交易的活跃程度，市场中是否存在足够大的经常交易量，从而可以保证某一时期、一定范围内的成交量变动不会导致市价的失常性波动。一个有深度的市场必须拥有相当规模的市值。

（3）金融市场的弹性是指应对突发事件的能力及大额成交后价格迅速调整的能力。在有弹性的市场上，市价既不会一蹶不振，也不会只涨不跌。对于供求双方的突然变动，市价总能迅速灵活地调整到保持供求均衡的水平上。金融市场的弹性强调了市场价格机制的机动灵活性。

在一个具有广度、深度和弹性的金融市场上，市场容量大，信息流动迅速，交易成本低廉,交易活跃且持续,能吸引众多的投资者和投机者参与。如果要保持金融市场的广度、深度和弹性,就必须使金融市场处于一种适度竞争的状态。只有适度竞争的市场才能稳定、高效地融通资金,发展经济。

第二节 货币市场

一、货币市场的特点

货币市场是指融资期限在1年及1年以内的短期资金交易市场。由于该市场流通的金融工具主要是一些短期信用工具,如国库券、商业票据、银行承兑票据、可转让定期存单等,而这些金融工具具有期限短、流动性强的特点,可视之为"准货币",所以将该市场称为"货币市场"。货币市场具有以下特点:

(1)融资期限短。货币市场是进行短期资金融通的市场,融资期限最短的只有1天,最长的也不超过1年,大多在3~6个月,所以融资期限短是该市场的一个显著特点。

(2)流动性强。由于货币市场工具期限较短,所以变现速度比较快,从而使市场具有较强的流动性。

(3)风险性小。正由于期限短、流动性强,所以货币市场工具的价格波动幅度不大,市场风险较小。

此外货币市场工具的发行主体大多为政府、商业银行及资信较高的大公司,其信用风险较小。

二、货币市场结构

货币市场包括同业拆借市场、回购市场、票据贴现市场、大额可转让定期存单市场、国库券市场等五个子市场。这里仅介绍前四个子市场。

(一)同业拆借市场

1. 同业拆借市场的概念

同业拆借市场是指金融机构之间以货币借贷方式进行短期资金融通活动的市场。同业拆借的资金主要用于弥补短期资金的不足、票据清算的差额以及解决临时性的资金短缺需要。同业拆借市场交易量大,能敏感地反应资金供求关系和货币政策意图,影响货币市场利率,因此,它是货币市场体系的重要组成部分。

2. 同业拆借市场的形成

同业拆借市场产生于存款准备金政策的实施。美国最早(1913年)以法律形式规定,所有存款货币银行都必须按存款余额的一定比例计提存款准备金,作为不生息的支付准备存入中央银行。主要是银行等金融机构之间相互借贷在中央银行存款账户上的准备金余额,用以调剂准备金头寸的市场。由于清算业务和银行日常支付金额的变化,商业银行资金的流入和流出是经常化的和不确定的,要随时保持在中央银行准备金存款账户上的余额恰好等于法定准备金余额是不可能的。有多余准备金的银行和存在准备金缺口的银行之间就出现了准备金的借贷。这种准备金余额的买卖活动就构成了传统的银行同业拆借市场。

随着市场的发展,同业拆借市场的参与者也开始呈现出多元化格局,交易对象也不仅限于商业银行的准备金,还包括商业银行相互间的存款以及证券交易商和政府拥有的活期存款。拆借的目的除满足准备金要求外,还包括轧平票据交换的差额、解决临时性、季节性的资金要求等。但它们的交易过程都是相同的。

3. 同业拆借市场的特点

(1) 市场相对封闭。同业拆借市场的参与主体主要限于金融机构,非金融机构不能进入。进入该市场的金融机构包括各类商业银行、专业银行和非银行金融机构。不同国家在不同时期对同业拆借市场的交易主体往往有不同的规定,在一些国家只有指定的某类金融机构才能参与同业拆借市场。

(2) 融资期限短。同业拆借市场的拆借期限通常以 1~2 天为限,短至隔夜,多则 1~2 周,一般不超过 1 个月,当然也有少数同业拆借交易的期限接近或达到一年的。根据拆借目的的不同,同业拆借分为两种:一是同业头寸拆借,主要是指金融机构为了轧平头寸、补充存款准备金和票据清算资金而在拆借市场上融通短期资金,一般拆借期限为 1 天;二是同业短期拆借,是指金融机构之间为满足临时性的、季节性的资金需要而进行的短期资金拆借,拆借期限相对较长。

(3) 拆借利率的市场化。同业拆借利率一般由拆借双方协商决定,而拆借双方又都是经营货币资金的金融机构,所以同业拆借利率能灵敏地反映市场资金供求变动状况,并对货币市场其他金融工具的利率变动产生导向作用,成为影响其他市场利率的基准利率。国际货币市场有代表性的利率是伦敦银行同业拆借利率(LIBOR),新加坡银行同业拆借利率(SIBOR)和香港银行同业拆借利率(HIBOR)。目前上海同业拆借利率(SHIBOR)是我国内地货币市场的主要参考利率。同业拆借的拆款按日计息,拆息额占拆借本金的比例为"拆息率"。拆息率每天不同,甚至每时每刻都有变化。

(4) 融资的信用度高。在同业拆借市场,资金拆出方对资金拆入方的资信有一定的要求,通常不需要担保,也不限制资金的用途。拆借双方都需要有较高的信用等级,要求恪守信用。因此,同业拆借对准入资格有严格的规定。

(二) 回购市场

1. 回购市场的概念

回购市场是指通过回购协议进行短期资金融通的市场。回购协议是指证券持有人在出售证券的同时,与证券买方签订协议,约定在一定期限后按原定价格或约定价格购回所卖证券,从而获取资金的一种交易行为。在回购交易中,先出售证券后购回证券称为正回购;先购买证券后出售证券称为逆回购。回购协议实质上是一种以证券为抵押品的短期融资活动。其中的证券主要是政府债券。

2. 回购协议交易原理

回购协议的交易一般通过电话进行,没有集中交易的市场,多数交易由资金供求双方直接进行,也有少数交易通过市场专营商进行。这些专营商大多为证券交易商,它们同获得资金的一方签订回购协议,并同供应资金的一方签订逆回购协议。回购协议的交易金额一般较大,如美国每笔交易均在100万元以上。

银行和政府证券交易商是回购市场的主要资金需求者。资金供给方很多,如资金雄厚的非银行金融机构、地方政府、外国银行及外国政府等。同时中央银行通过回购交易可以实施公开市场操作,所以,回购市场也是传导货币政策的重要场所。

回购协议中的交易计算公式为:

$$I = P_p \cdot R_R \cdot T/360$$
$$R_p = P_p + I$$

其中,P_p表示本金;R_R表示证券商和投资者所达成的回购时应付的利率;T表示回购协议的期限;I表示应付利息;R_p表示回购价格。

回购协议中证券的交付一般不采用实物交付的方式,特别是在期限较短的回购协议中。但为了防范资金需求者在回购协议期间将证券卖出或与第三方做回购所带来的风险,一般要求资金需求方将抵押证券交到贷款人的清算银行的保管账户中,或在借款人专用的证券保管账户中以备随时查询,当然也有不做这样规定的。

(三)票据贴现市场

1. 票据贴现市场的概念

票据贴现是指票据持有人将未到期的票据转让给银行(或其他金融机构),并向银行(或其他金融机构)贴付一定利息后,提前获取现款的一种票据转让行为。持票人在票据未到期而又急需现款时,以经过背书的未到期票据向银行申请融通资金,银行审查同意后,扣除自贴现日起至票据到期日止的利息,将票面余额支付给贴现申请人。这样,通过贴现活动,持票人可将未到期的票据提前变现,从而满足融资的需要。票据贴现市场是指通过票据贴现的方法融通短期资金的场所,其交易的对象主要有国库券、短期债券、银行承兑汇票及其他商业票据。票据市场的参与者主要有工商企业、商业银行和中央银行。

票据贴现市场具有其他市场不可替代的作用。同业拆借市场和回购市场的主要参与者是金融机构,非金融机构不能进入,虽然非金融机构可以借助于交易所债券和回购交易进行一定程度的流动性管理,但其与调剂资金余缺的功能相去甚远。

票据市场恰好可以满足非金融企业的资金融通要求,使实体经济部门也能参与到货币市场中。

2. 票据贴现期限和贴现额

票据贴现期限是指票据从贴现日起到到期日为止的时间。我国的票据贴现期限较短,一般为 3 至 6 个月,最长不超过 9 个月。这是由我国《票据法》所规定的。票据贴现期限的具体计算采取从贴现日到到期日算头不算尾的做法,满月的不论是大月还是小月一律按 30 天计算。不满月的零头天数按实际天数计算。

贴现利息和贴现额的计算公式为:

$$贴现利息 = 票据面额 \times 贴现利率 \times 票据剩余天数$$

$$贴现额 = 票据面额 - 贴现利息$$

从表面上看,票据贴现是一种票据转让行为,但实质上它构成了贴现银行的授信行为,实际上是将商业信用转化成了银行信用。银行办理票据贴现后,如果遇到头寸不足,可持已贴现的但尚未到期的票据再向其他银行或中央银行办理贴现。贴现银行持票据向其他银行申请贴现,称为转贴现。贴现银行持票据向中央银行申请贴现称为再贴现。

(四)大额可转让定期存单市场

1. 大额可转让定期存单的概念

大额可转让定期存单(简称 CDs)是一种由商业银行发行的面额固定、可流通转让的大额存款凭证。它是美国花旗银行于 1961 年推出的一种创新存款工具。由于 20 世纪 60 年代市场利率上升而美国的商业银行受 Q 条例的存款利率上限的限制,不能支付较高的市场利率,大公司为了增加临时闲置资金的利息收益,纷纷将资金投资于兼具安全性和收益性的国库券、商业票据等货币市场工具。从而导致银行存款急剧下降。为了阻止存款外流,花旗银行首次设计了这一新的存款工具,以吸引企业的短期资金。大额 CDs 集中了定期存款和有价证券的优点,对银行而言,它是定期存款,可作为稳定的资金用于贷款投资;对存款人而言,可获得较高利息收入,还可以变现。正由于 CDs 集中了流动性、安全性和收益性等投资特征,成为广受欢迎的货币市场工具。

2. 大额可转让定期存单的特点

与普通定期存款相比,大额可转让定期存单具有以下几点特点:① 流动性强。定期存款记名、不可流通转让;而大额定期存单则是不记名的、可以流通转让。② 金额较大。定期存款金额不固定,可大可小;而可转让定期存单金额较大,在美国,面向机构投资者发行的 CDs 面额最少为 10 万美元,二级市场上的交易单位为 100 万美元,但向个人投资者发行的 CDs 面额最少为 100 美元。在香港,最小面额为 10 万港元。③ 利率灵活。定期存款利率固定;可转让定期存单利率既有固定的,也有浮动的,且一般来说比同期限的定期存款利率高。④ 期限较短。普通定期存款一般是长期的,而大额可转让定期存单以短期为主,在美国,最长期限为18个月。⑤ 本金不能提前支取。定期存款可以提前支取,提前支取时要损失一部分利息;可转让存单不能提前支取,但可在二级市场流通转让。

第三节 资本市场

一、资本市场的特点

资本市场是指期限在一年以上的资金交易市场。该市场的资金供应者主要是储蓄银行、保险公司、信托投资公司及各种基金和个人投资者,资金需求方主要是企业、社会团体、政府机构等,其交易对象主要是中长期信用工具。

与货币市场相比,资本市场的特点主要有:① 融资期限长。至少为一年,也可以长达几十年,甚至无到期日。② 流动性相对较差。资本市场筹集的资金多用于解决中长期融资需求,故流动性和变现性相对较弱。③ 风险大而收益较高。由于融资期限较长,发生重大变故的可能性也大,市场价格容易波动,投资者需承受较大风险。同时,作为对风险的补偿,其收益也较高。

二、资本市场结构

资本市场包括证券市场、中长期存贷市场和非证券化的产权交易市场。其中,证券市场是资本市场的主体,可分为股票市场、债券市场以及由这两个市场派生出来的证券投资基金市场和衍生金融工具市场。其中,股票市场又可进一步分为主板市场(通常意义上的股票市场)、二板市场和创业板市场。这里主要讨论股票市场、中长期债券市场和二板市场。

(一) 股票市场

1. 股票发行市场

股票发行市场又称为一级市场或初级市场,是新股票初次发行的市场,亦即股份公司直接或间接向投资者出售新发行股票的市场。股票发行市场是公司筹集长期资金的重要途径。新发行股票包括首次公开发行(简称 IPO)和再发行的股票。前者是指公司首次面向投资者发售原始股票,后者则是在已上市股票基础上增发的股票。

(1) 股票的发行方式。股票的发行方式一般分为两种:① 公募发行。又称公开发行,是面向广大投资者公开推销股票的方式。这种发行方式有利于扩大股东范围,分散持股,防止股票被少数人操纵,还可以增加股票的流动性。但这种发行方式对公司要求较高,且手续复杂,费用较高。② 私募发行。又称不公开发行,是指只对特定对象(公司内部职工、金融机构等)推销股票的方式。这种发行方式通常在股东配股和私人配售的情况下采用,有利于节省费用,降低发行成本,但股票流动性差,不能在市场上公开出售转让。

(2) 股票的发行价格。股票的发行目的不同,发行对象、发行方式及股票种类不同,其发行价格也各不相同。股票的发行价格主要有以下三种:① 平价发行。又称面值发行,即将股票的票面金额确定为发行价格。由于股票的市场价格一般高于股票面值,认购就能够获得价差收益,因此平价发行为投资者乐于接受。不过,发行公司就失去了股票发行的溢价收益。② 溢价发行。即股票的发行价格高于票面金额,发行公司因此能以相对少的股份筹集到相对多的资金,提高融资效率。不过,采用溢价发行也会带来一定的发行风险,若价格过高,不为投资者所接受,就可能导致发行失败。③ 折价发行。即发行价格低于股票的票面金额。折价发行有两种情况:一种情况是通过折价发行使投资者享受优惠,折价不足票面金额的部分,由发行公司的公积金抵补;另一种情况是股票市场行情不佳,发行面临困难,发行人以折扣吸引认购者。各国一般规定股票的发行价格不得低于票面金额。

发行定价是股票发行的关键环节,若定价过低、不能最大限度地筹集资金;若定价过高,将会对股票日后在二级市场上的表现产生不利影响,给投资者造成损失并最终损害发行公司自身利益。合理的定价是股票成功发行的前提。对承销商来说,定价是否合适,是评判投资银行水准的重要标志。股票的发行定价取决于公司的盈利水平、知名度、所处行业特点、股票发行数量、股票二级市场走势等一系列因素。在实践中,股票的定价方法主要有市盈率法和市场竞价法。市盈率法是根据股票的市盈率来确定股票发行价格。市场竞价法则是采取市场竞价的方法确定股票的发行价格。

(3) 股票的销售方式。根据有无承销中介机构参与发行,股票销售方式可分为直接销售和间接销售。直接销售亦称自销,即由发行公司直接向投资者销售股票,而无须通过发行中介机构。这种发行方式手续比较简单,但发行时间较长,发行人还要自担发行风险。一般在私募发行中采用。间接销售是指发行公司委托中介机构来承销股票的方式。承销股票的中介机构有投资银行、证券公司等。这些金融机构一般采用包销和代销两种方式来代理销售股票。包销又可分为全额包销和余额包销。① 全额包销。即承销商与发行人签订购买合同,由承销商一次性买下计划发行的全部股票,然后再转售给公众投资者。承销商的买入价和发售价之间的差额即构成承销商的收入,扣除发行费用后,就是包销利润。承销商买断股票,实际上是为发行公司预付了股款,同时承担了全部发行风险。② 余额包销。承销商以发行公司的名义按既定的发行价格代理发行股票,并承诺在发售期满时,若股票不能全部售出,将认购余下的部分。承销商不对公司提供预付股款,仅承担部分发行风险。承销商的收入来自于手续费。③ 代销。承销商仅仅是接受发行公司的委托,在一定时间内代理发行股票,其职责仅限于尽职推销,而非包销。承销商承诺运用它的专门知识来规划并出售股票,不承担任何发行风险,发行公司自行承担发行风险。发行期满,未发售出去的股票将退还给发行公司。因此,代销的手续费较低。

2. 股票流通市场

股票流通市场又称二级市场或次级市场,是已发行在外的股票进行买卖交易的场所,主要由四部分组成。

(1) 证券交易所。证券交易所是证券买卖双方公开交易的市场,是一个高度组织化、有固定地点、集中进行证券交易的次级市场,是证券市场的主体和核心。证券交易所为买卖双方提供了一个公开进行证券交易的场所,使投资者能够自由地从事证券交易。作为证券买卖活动的场所,它本身并不参与证券交易,只是一个公开的拍卖市场。能够进入证券交易所参与交易的是取得交易所会员资格的经纪人和交易商。交易所会员资格的取得历来具有种种严格限制,而且需要交纳会费。经纪人和交易商的区别在于:前者只能充当证券买者与卖者的中间人,从事代客买卖业务,收入来自佣金;后者则可以自己直接进行证券买卖,收入来自买卖差价。

普通客户如果需要买卖上市证券,首先要在经纪人处开设账户,取得委托买卖证券的资格。然后根据买卖意向,向经纪人发出交易指令,经纪人则按指令要求进行交易。

交易所内证券交易是通过竞价成交的。所谓竞价成交是指同一种证券有多个买方和卖方,买方交易员和卖方交易员在竞争基础上,由买价高于或等于卖价成交。在竞价交易中,既存在买方之间的竞争,也存在卖方之间的竞争,还存在买卖双方的竞争。证券交易所的交易机制能够确保买卖各方在"价格优先"和"时间优先"的原则上将合适价格的出价者撮合成交。

竞价成交后,还须办理交割和过户手续。所谓交割是指买方付款取得证券与卖方交付证券收款的手续。而过户手续仅对记名证券购买人而言,即买卖记名证券的投资者,需要通过证券登记机构办理投资者变更登记。记名证券的投资者在办理过户手续后,方可取得投资权益。

证券交易所的组织形式主要有公司制和会员制两种。公司制的证券交易所是以股份有限公司形式成立的并以营利为目的的法人团体。一般由银行、证券公司、投资信托公司以及各类民营公司共同出资建立。按性质可分为官商合办和纯属私人投资两种形式。会员制的证券交易所是由会员自愿组成的,不以营利为目的的社会法人团体。一般由证券公司、投资银行等证券商组成,实行会员自律原则,对于违反法令及交易所规章制度的会员,由交易所给予惩罚。交易所只限于本所会员入场交易以便于管理。

(2) 场外交易市场(OTC市场)。场外交易市场又称店头市场或柜台市场,是指在证券交易所以外的各证券公司柜台上进行证券买卖的市场。该市场是一个分散、无固定交易场所的抽象市场。它由许多各自独立经营的证券公司分别进行交易,主要依靠电话、电报、电传和计算机网络联系成交。在该市场交易的股票,主要是尚未达到交易所上市条件,不能进入交易所挂牌的股票。买卖股票的种类、数量、价格及交付条件等都由当事人双方协商议定,管理也相对比较宽松。

(3) 第三市场。第三市场是指已取得在交易所正式上市资格的股票,由非交易所会员证券商进行场外交易的市场。它实际上是上市股票的场外交易市场,是场外交易市场的一部分。它具有成本低、价格优、手续简便等优点,与其他证券流通市场形成竞争局面。

(4) 第四市场。第四市场是指证券交易不通过经纪商进行,而是通过电子计算机网络直接进行大宗证券交易的场外交易市场。该市场因交易无须中间人,交易成本低、成交迅速,又便于保守交易秘密等优点,而广受机构投资者的欢迎。

3. 股票交易的基本程序

投资者一般不能直接进入证券交易所买卖证券,只能委托证券经纪人为其买卖证券。股票交易的基本程序包括开立账户、委托买卖、竞价交易、清算交割和办理过户等环节。

(1) 开立账户。股票投资者在选择好经纪人后,应向经纪人办理名册登记,并在经纪人处开立证券账户和资金账户。名册登记分个人名册登记和法人名册登记。个人名册登记应载明登记日期、姓名、性别、身份证号码、家庭地址、职业、联系电话等,并留存印鉴或签名样卡。法人名册登记应提供法人证明,并载明法定代表人及证券交易执行人的姓名、性别,留有法定代表人授权股票交易执行人的书面授权书。

在我国,股票投资者需开立两个账户:一是证券账户,在各地证券登记机构开设,上海证券交易所和深圳证券交易所分别开设,证券账户既可用于股票交易,也可用于上市债券和上市基金等证券品种的交易。二是资金账户,在各证券商处开设,凭证券账户只能在一家证券商处开设,资金账户中的资金由证券商代为转存银行,利息自动转入该账户。

(2) 委托买卖。客户在开立账户后,就可以通过电话、电报、信函、网络或当面委托券商买卖股票。

① 委托方式。委托方式有:人工委托(在营业部填单委托,目前已很少使用)、磁卡委托(刷卡委托,营业部交易终端)、电脑终端自动委托(一般在大户室中使用)、电话委托(通过券商委托交易用的电话,按照指令进行即可)、网上委托(通过网络交易软件,比较方便、迅速且即时)、热线电话委托(在大户室直接通过热线电话与红马甲通话报单)。

② 委托种类。委托种类按交易行为可以分为购买委托和出售委托。按委托买卖的数量可以分为整数委托和零数委托。为了统一及计算方便,各证券交易所都规定,除了零数交易之外,每次成交数量不得少于一个基数或其倍数,这个基数就是交易单位,俗称"一手"。

③ 委托价格。委托价格有市价委托、限价委托和停止损失价委托。市价委托

是指委托人自己不确定股票价格,而委托经纪人按市面上最有利的价格买卖股票。限价委托是指客户委托经纪人按他自己确定的价格,或比限定价格更为有利的价格买卖股票。停止损失价委托是一种限制性的市价委托,它是指客户指示经纪人当价格朝不利的方向波动达到某一临界点时就立即买卖股票。

④ 委托时效。委托时效分为当日委托和开口委托。当日委托是指只在签发委托的当天有效的委托。凡是投资者没有指明有效时间的委托,一律视为当日委托。市价委托一般都是当日委托。开口委托,又分为当周委托、当月委托和撤销前有效委托等几种。当周委托和当月委托分别指在签发委托的当周和当月有效的委托,撤销前有效委托则是指客户如没有通知撤销,则始终保持有效委托直到被执行为止。开口委托一般和限价委托相结合。

(3) 竞价交易。公开竞价交易是指接到买卖委托的经纪人以及证券自营商分别报出各种股票的买卖申报价格,证券交易所的专柜工作人员则把各种股票的买方最高申报价格和卖方最低申报价格,按价格优先、时间优先、市价委托优先、代理优先等原则决定成交。所谓价格优先是指较高买进申报价比较低买进申报价优先满足;所谓时间优先是指同价位申报,先申报者优先满足;价格优先和时间优先是世界上绝大多数证券交易所共同实行的成交原则。此外,有的证券交易所还遵循市价委托优先和代理优先的原则。前者是指市价委托优先于其他价格委托,后者是指同价位申报,客户的委托申报优先于自营商的委托。这都是为了实现证券交易"公平、公开、公正"的三公原则。

(4) 清算交割。清算是指将买卖股票的数量和金额分别予以抵消,然后通过证券交易所交割净差额股票或款项的一种程序。清算工作由证券交易所组织完成,各证券商都以交易所为中介来进行清算。交割是指卖方向买方交付证券而买方向卖方交付价款。交割后钱货两清,整个交易过程才告结束。至于成交后要相隔多长时间交割,各国及有关地区证券交易所的做法不完全相同。有当日 24 小时内交割的,有第二个营业日交割的,还有例行交割的等。

(5) 办理过户。过户是股票交易的最后一个阶段。所谓过户是指投资者从证券交易市场买进股票后,到该股票的上市公司办理变更持有人姓名的手续。过户的方法很简单,但十分重要,只有过户后的投资者才能获得应有的权益,如分红、支付股息等。

4. 股票交易价格

股票交易价格是指股票转让时的实际成交价格。其理论公式如下:

$$股票交易价格 = \frac{股票预期收益}{市场利率}$$

可见,股票的交易价格主要取决于股票的预期收益和市场利率,且与预期收益成正比,与市场利率成反比。

当然,现实市场中股票交易价格会受到各种错综复杂因素的影响而偏离理论价格。影响股票市场价格的因素主要有：① 公司自身状况。股份公司的经营状况是股票价格的基石。一般而言，股价与公司经营状况成正比，公司经营状况好，股份上升；反之，股价下跌。公司自身因素主要有公司盈利水平、股利分配政策、公司投资方向、产品市场前景、企业竞争能力、重大人事变动、投资者结构、股票分割等。② 宏观经济运行状况。一国宏观经济运行能否持续稳定地保持良好状态，是影响股票价格能否稳定上升的重要因素。一般而言，一国经济运行态势良好，则大多数企业的经营状况也较好，其股票价格会上升；反之，股票价格会下跌。主要包括经济增长率、经济周期或经济景气循环、货币供应量、利率、财政收支、投资与消费、物价、国际收支、汇率等。③ 经济周期的变动。国民经济运行经常性地表现为扩张与收缩的周期性交替，而这种经济周期循环对股票市场具有非常显著的影响。一般而言，在经济的复苏和高涨阶段，股价会上升；而在经济危机和萧条阶段，股价则下跌。④ 政治因素及自然因素。政治因素对股票价格的影响很大，往往很难预料。如战争，往往会破坏社会生产力，严重打击股票市场，使股价长期低迷不振；政权更替、政治事件的爆发，以及政府重大经济政策的出台，也会影响投资者的心理状态和投资行为，引起股价的涨跌变化。自然因素主要是指自然灾害。⑤ 心理因素。投资者的心理因素对股价变动也有不小的影响。在大多数投资者对股市持乐观态度时，竞相购买股票的行为会促使股价上升；而当投资者对股市持悲观态度时，他们往往会持观望态度，致使市场冷落，股价下跌。

此外，市场供求关系的变化、人为操纵等因素也会影响到股价的涨跌变动。

5. 股票价格指数

股票价格指数简称股价指数，是综合反映股票平均价格水平及其走势变动情况的相对指标，是报告期股票平均价格与基期股票平均价格对比而得到的。其中，报告期是研究股票行情所处的某个时点，基期是作为比较的历史上的某一特定时点。股价指数习惯以点数表示，其股价指数一般设为100点或1000点。

股价指数通常分为三大类：综合指数类、样本指数类和分类指数类。世界上影响较大的股价指数有道·琼斯股价指数、标准普尔股价指数、伦敦《金融时报》指数、日经股价指数、香港恒生指数等。我国内地影响较大的股价指数是上海证券交易所编制的上证综合指数、上证180指数和深圳证券交易所编制的深圳成分股指数、深证综合指数以及沪深300指数。

（二）债券市场

1. 债券发行市场

（1）债券的发行与偿还方式。债券的发行方式包括直接发行和间接发行两种：① 直接发行。指债券发行人自己直接向投资者出售债券的发行方式。直接发行又可分为直接私募发行和直接公募发行。② 间接发行。指发行人通过中介机构发行债券。间接发行方式又分为包销机构认购、招标发行和议价发行三种。这种发行方式可以大大缩短发行时间,有利于资金的迅速到位。

债券的偿还方式有三种:① 到期偿还,指在最终偿还期一次全部偿还本金。② 期中偿还,指在债券到期前,全部或部分偿还本金。③ 展期偿还,指规定在债券到期后,投资者有权利按原定利率将偿还期延长至某一指定日期。

(2) 债券的发行价格。债券也有平价、折价和溢价三种发行价格。债券发行价格的确定主要取决于债券利率和市场利率的差异。当债券利率高于债券发行时的市场利率时,为避免发债成本过大,应提高发行价格,即采用溢价发行;当债券利率低于市场利率时,为避免因收益过低而致使债券发行困难,则可相应降低发行价格;当债券利率与市场利率基本相当时,则可采用平价发行。

2. 债券流通市场

(1) 债券的上市。债券上市是指债券获准在证券交易所内挂牌买卖的过程。通过债券上市可以促进发行者加强管理,有助于提高债券的安全性和流动性,并有利于新债券的发行。

债券上市的管理制度主要有两种:一种是许可制,即债券必须首先经证券监管机构批准,然后才能向证券交易所提出申请上市;二是注册制,即债券只需经过证券交易所的审核,注册登记后即可上市。

债券只有符合一定的条件才能上市,比如公司债上市的条件主要有:发行公司必须具有较强的盈利能力;已发行的债券数量必须超过一定金额;公司的净资产比例必须达到或超过规定的要求;债券的信用等级应达到规定的要求。因此,除了优质债券能够通过证交所流通外,大多数债券都通过场外市场交易流通的。

(2) 债券的交易价格。债券交易价格是指债券在二级市场上进行交易时的实际成交价格。多数情况下,债券交易价格既不等于债券的面额,也不等发行价格。它的形成既取决于票面金额、票面利率、市场利率和债券年限等基本因素,又受到市场供求关系的变化、经济周期、宏观经济政策等因素的影响,其具体的影响方向与股价基本相似。

3. 债券的信用评级

债券的信用评级是专业评级机构依据一定的标准和评价体系对拟发行的债券进行综合评价,按照评价结果划分出债券的信用等级,并以此判断债券发行人的还本付息能力和债券风险大小。债券的信用等级越高,说明发行人的还本付息能力越强,债券安全性越好,反之则意味着债券的风险越大。

进行债券信用评级,主要是为广大投资者提供投资决策的重要参考。由于受到时间、知识和信息的限制,广大投资者尤其是中小投资者无法对众多债券进行分析和选择,因此专业的信用评级机构作出的公开、权威性的资信评级就成了投资者衡量其投资风险及评估其投资价值的最主要依据。此外,债券信用评级还有助于降低高资信的发行人的筹资成本,帮助证券管理机构加强对债券的管理等。

目前国际上公认的最具权威性的信用评级机构主要有美国的标准普尔公司和

穆迪投资服务公司。标准普尔公司信用等级标准从高到低可划分为：AAA级、AA级、A级、BBB级、BB级、B级、CCC级、CC级、C级和D级。穆迪投资服务公司信用等级标准从高到低可划分为：Aaa级、Aa级、A级、Baa级、Ba级、B级、Caa级、Ca级和C级。两家机构的划分大同小异。前四个级别债券信誉高，违约风险小，是"投资级"债券；从第五级开始的债券信誉低，是"投机级"债券。

（三）二板市场

1. 二板市场的概念

二板市场（Second Board）是与主板市场相对应的概念，又称创业板市场（Growth Enterprises Market），是在证券主板市场之外，为中小型企业和新兴企业筹集长期资金需要而设立的证券交易市场。建立创业板市场旨在支持那些一时不符合主板上市要求、但又具有高成长性的中小企业，特别是高科技企业的上市融资。因此它的建立将大大促进那些具有发展潜力的中小型创业企业，特别是成长性强的新兴高科技公司的发展。

美国是最早建立二板市场的国家。为适应高新技术经济的迅速发展，使高科技、高风险、高成长中小企业有一个融资渠道，美国于1971年设立了纳斯达克（National Association of Securities Dealers Automated Quotations，简称NASDAQ）市场。在该市场上市的多为信息技术、电讯、医药生物技术、金融、互联网等新兴行业中的高成长中小型企业。NASDAQ市场由两部分组成：全国市场和小型资本市场。其中，小型资本市场以高科技公司为主，全国市场是世界范围内的大型企业和经过小型资本市场发展起来的企业。经过多年发展，NASDAQ取得了巨大成功，成为全球最大的股票电子交易市场，培育出了诸如微软、雅虎这样的全球著名大公司，并对美国"新经济"的出现和成长起到了核心推动作用。

NASDAQ股票市场原来是独立于纽约股票交易所（NYSE）和美国股票交易所（AMEX）的美国第二板市场，现在和美国股票交易所合并已经成为交易额超过纽约股票交易所的第一大证券交易市场，也是各国二板市场的鼻祖。其他各国二板市场基本都是借鉴纳斯达克的运作建立起来的。英国在伦敦证券交易所主板市场设有专为中小企业服务的第二板市场——另项投资市场（Alternative Investment Market，AIM），对拟上市企业没有业绩要求。新加坡证券交易所主板之外的二板市场叫作自动报价市场（Stock Exchange of Singapore Dealing Automated Quotation，简称SESDAQ）。

2. 二板市场的特点

与主板市场相比，二板市场具有以下特点：

（1）上市门槛低。创业板的股本规模起点较低，总股本只要求在2 000万元以上，流通股占总股本25%以上，发起人拥有的股本占总股本的35%以上。因此在创业板上市的企业，流通股在1 000万元左右的将占相当的比例，大部分将不会超过3 000万元,比目前主板市场的流通股要小得多,流通股本小,袖珍股大量涌现,这使企业的上市门槛明显降低。

(2) 涨跌幅度限制放宽。如我国证监会颁布的《创业板交易规则》规定创业板的涨跌幅度为20%,比主板高10%;证券在上市首日集合竞价的有效竞价范围为发行价的上下150元,而主板市场规定为5元。如果与承销商签订协议的拟上市公司,大部分发行价在13~15元,如发行价在15元,集合竞价在开盘价最高可达165元,这与主板市场对交易涨幅过大设立涨停限制的做法明显不同。

(3) 严格实行"淘汰制"。与世界各地的创业板一样,我国创业板市场参照美国纳斯达克的市场规划,对上市公司实行严格的淘汰机制,这虽然加大了投资风险,但有利于促进创业板上市公司的质量,同时使创业板市场保持了活跃的气氛。

(4) 服务于高成长企业。创业板的主要目的是创造一个让从事创新性、有市场潜力的中小企业能够得到金融支持的环境,这类高成长性公司在发展初期规模较小,在主板市场上很难上市,即使上市也很难被投资者接受。创业板则为创业基金提供了良好资金"出口",促使这些基金更愿意投资于高成长性的中小型公司。因为如果这些企业能够在创业板上市,创业基金将可以通过售股套现,获得巨额的投资回报。

(5) 公司股份全部流通。在主板市场,公司的股份虽然可以依法转让,但发起人持有的公司股票,自公司成立之日起3年以内不得转让。创业板中的上市公司股东所持股份可在公司公开上市期满1年后予以出售。这种规定有利于创业板市场的流动性,使市场更加活跃。

(6) 风险控制措施独特。创业板的风险控制措施主要有:设立独立的发行审核委员会;强调上市公司的治理结构;推行上市公司的保荐人制度;设股票暂停上市的限制条件;上市企业的信息披露要求极为严格,等等。这些措施有效地降低了创业板市场的风险,虽然创业板上市门槛较低,交易制度也极为自由,但由于风险控制措施的有效,创业板从诞生之日起,较少发生市场恐慌,这一点显然比主板市场要强得多。

3. 二板市场的功能

(1) 作为资本市场所固有的功能。二板市场是企业筹集长期权益性资金的场所,作为资本市场,它与主板市场一样,具有筹集与利用社会闲散资金、优化资源配置、反映社会经济动向的基本功能。

(2) 促进中小企业和高科技型企业的发展。迄今为止,二板市场已经造就一大批世界高科技企业巨头,如微软、英特尔、康柏、戴尔、苹果、思科(Cisco)和雅虎(Yahoo)等等,都是在二板市场上市并成长起来的。这些企业在成长早期往往具有高风险、小规模等特点,很难进入证券主板市场筹集发展壮大所必需的资金。而二板为其提供了门槛较低的直接融资渠道,由此起到促进企业发展的作用。

(3) 促进风险投资业的发展。风险投资的基本特征之一,是风险资本在经过一段时期的运作,实现资本增值之后,将会退出风险企业去寻求下一轮投资机会。

所以,能够迅速以合理的价格将风险投资变现是风险投资业发展与壮大的必要条件。从国外实践来看,二板市场在这方面扮演着重要角色,它承担了风险资本的退出窗口作用。风险资本家往往通过在二板市场出售风险企业股票等形式来实现退出。因此,二板市场的建立和完善是促进一国风险投资业发展的重要环节。

4. 二板市场的运作

(1) 二板市场的运作模式。国际上二板市场的运作通常采用以下两种典型的模式:① 非独立的附属市场模式。在该种模式下,二板市场作为主板市场的补充,是由证交所设立,与主板市场组合在一起共同运作,拥有共同的组织管理系统和监管系统,甚至采用相同的监管标准,所不同的是上市标准的差异。采用这种模式的有吉隆坡证券交易所第二板市场(KLSE)、新加坡证券交易所的 SESDAQ、马来西亚证券交易及自动报价系统市场(MESDAQ)、泰国证券交易所的第二板市场和英国的另类投资市场(AIM)等。② 独立模式。即第二板市场与主板市场分别独立运作,拥有独立的组织管理系统、交易系统和监管系统,并且大多数采用不同的上市标准,监管标准也有所不同。美国的 NASDAQ、我国的香港创业板、我国台湾的 OTC 市场和法国的"新市场"等采用这种模式。

(2) 二板市场的上市条件。二板市场主要面对新兴高科技型中小企业。若按照主板市场对上市公司历史盈利表现、净资产规模、经营业绩等的规定,这些企业一般很难达到上市的要求。因此,二板市场的上市标准比主板市场低。表 7.1 是美国 NASDAQ 市场与纽约证券交易所上市条件的对比情况。

表 7.1　美国 NASDAQ 的上市条件

具体内容(括号内数字为纽约证交所的条件)	选择一	选择二
公司净有形资产(1 800 万美元)	不少于 400 万美元	不少于 1 200 万美元
公开发行的股票数(110 万股以上)	不低于 50 万股	不低于 100 万股
股东总人数(2 200 人)	不限	不低于 400 人
发行市价总额(超过 1 800 万美元)	不低于 300 万美元	不低于 1 500 万美元
公司上年度的税前利润(超过 250 万美元)		
过去 2 年内每年至少盈利(超过 200 万美元)或前 3 年的利润总和(超过 650 万美元)		
每股最低递盘价	5 美元	3 美元
经营年限	不限	不低于 3 年
公司当年或前 3 年中的 2 年的净收入	不低于 40 万美元	不限
公司当年或前 3 年中的 2 年的税前收入	不低于 75 万美元	不限
市场主持者的数量	不低于 2 人	不低于 2 人

资料来源:谭中明,等.证券投资学[M].合肥:中国科学技术大学出版社,2009.

(3) 二板市场的交易制度。二板市场有两种基本的交易制度：做市商报价驱动交易制度和委托指令驱动交易制度。① 做市商报价驱动交易制度。即做市商对其所选择做市的股票报出买卖价格，随时准备按此价格向要求买进的投资者卖出和从要求卖出的投资者买入。做市商从自己给出的买卖报价的差额中弥补做市的成本并获取一定收益。其优点是成交及时、交易价格相对稳定和抑制股价操纵，缺点是缺乏透明性、增加投资者负担和监管的成本以及可能出现串谋。② 委托指令驱动交易制度。委托指令驱动制度又称竞价制度，先由集合竞价形成开市价格，随后对不断进入交易系统的投资者交易指令进行连续竞价处理。这种交易制度的优点是透明度高、信息传递速度快和运行费用较低，缺点是处理大额买卖盘的能力较差、某些不活跃的股票可能持续萎缩，股票价格容易波动。

目前，香港创业板市场采用委托指令驱动交易制度，通过主板现有的第二代自动对盘系统进行自动配对竞价，买卖成交后通过中央结算系统进行结算及交收。美国纳斯达克市场在建立初期采用的是纯粹的多元做市商制度，每一只股票同时由多个做市商来负责。但是由于这种交易制度缺乏透明度，1997年美国证监会要求纳斯达克市场必须显示电子通信网络（ECNs）的最优买卖报价，使得纳斯达克市场的交易制度具备了做市商报价驱动与委托指令驱动双重特征，成为混合式交易制度。

知识链接 7.1

我国的二板市场和三板市场

一、二板市场

二板市场是与主板市场相对的概念，专门为暂时无法在主板上市的中小成长型新兴公司而设立。最初深市的创业板被称为"二板市场"，之后的沪市科创板具有相似特征，因此也被纳入二板范畴。二板是一国资本市场的关键构成部分，与主板相比，具有前瞻性、高风险、监管要求严格、高技术产业导向明显等特点，且上市条件略宽松。深沪两市二板的发行条件、信息披露原则要求、监管处罚等方面基本一致，但创业板与科创板在定位上有较大区别。

1. 创业板市场

创业板市场又被称为"二板市场"，是为具有高成长性的中小企业和高科技企业进行直接融资服务的场所。创业板市场是不同于主板市场的独特的资本市场，具有前瞻性、高风险、监管要求严格以及明显的高技术产业导向的特点。与主板市场相比，在创业板市场上市的企业规模较小、上市条件相对较低，中小企业更容易上市募集发展所需资金。因而，建立创业板市场是完善风险投资体系，为中小高科技企业提供直接融资服务的重要一环，也是多层次资本市场的重要组成部分。

2. 科创板

科创板是在主板市场之外的另一新设板块,于2019年6月13日在上交所设立。科创板主要为符合国家战略、拥有关键核心技术、科技创新能力突出、具有稳定商业模式、市场认可度高、成长性较强的科技创新企业提供长期资本融通。2019年1月30日,证监会发布的《关于在上海证券交易所设立科创板并试点注册制的实施意见》强调,科创板坚持面向世界科技前沿、面向国民经济主战场、面向国家重大需求,主要服务于符合国家战略、突破关键核心技术、市场认可度高的科技创新企业。重点支持新一代信息技术、高端装备、新材料、新能源、节能环保以及生物医药等高新技术产业和战略性新兴产业,推动互联网、大数据、云计算、人工智能和制造业深度融合,引领中高端消费,推动质量变革、效率变革、动力变革。

二、三板市场

三板市场作为中国多层次证券市场体系的一部分,主要支持中小企业发展,先后经历了旧三板、新三板和"升级版"新三板等三个重要阶段。

旧三板,全称"股权代办转让系统",2001年7月16日正式开办,一方面为退市后的上市公司股份提供继续流通的场所,另一方面解决了原全国证券交易自助报价系统和全国电子交易系统历史遗留的数家公司法人股的流通问题。

新三板,全称为"全国中小企业股份转让系统",主要针对的是中小微企业,经营范围为组织安排非上市股份公司股份的公开转让,为非上市股份公司融资、并购等相关业务提供服务等。新三板起源于2006年中关村科技园区非上市股份公司进入代办转让系统进行股份报价转让。2012年9月,试点6年的新三板正式扩容。2013年1月16日,全国中小企业股份转让系统正式揭牌运营,与主板、中小板、创业板形成了明确的分工,旨在为处于初创期、盈利水平不高的中小微企业提供资本市场服务。新三板市场又分为基础层、创新层和精选层,不同资质的公司在这三个不同的平台挂牌。

"升级版"新三板,由北交所、创新层、基础层一起组成,以2021年9月北交所成立为契机。北交所是全国中小企业股份转让系统有限责任公司(股转公司)的全资子公司。北交所以新三板精选层公司为基础组建,总体平移精选层各项基础制度,同步试点证券发行注册制,并且这些公司进入A股市场进行交易买卖。从隶属关系上,可以理解为精选层改名为北交所。北交所、创新层、基础层仍然都在股转公司旗下,但北交所不只是精选层改名,还配套有政治和法律地位的提高。精选层的公司是未上市公众公司,平移到北交所后,成为上市公司、公众公司。升级后的新三板,维持新三板基础层、创新层与北交所"层层递进"的市场结构。

第四节 外汇市场

一、外汇与外汇市场的概念

（一）外汇的概念

外汇是国际汇兑的简称。外汇有动态和静态两种含义。动态的外汇是指通过银行将一国货币兑换为另一国货币并借助于各种信用工具将货币资金转移到另一国以清偿国际上债权债务的活动。这一动态含义实质是国际结算业务。静态的外汇则又有广义和狭义之分。广义的静态外汇泛指一切以外国货币表示的资产。这是各国外汇管理法规中所用的概念。如我国的外汇管理条例对外汇的解释是：外汇是指以外币表示的可以用作国际清偿的支付手段和资产。狭义的静态外汇是指以外币表示的随时可直接用于国际结算的支付手段。按照这一定义，在国外的银行存款，以及可以索取这些存款的外币票据与外币凭证，如汇票、本票、支票和电汇凭证等，都是外汇。通常所说的外汇就是静态意义上的外汇，它具有两个基本特征：可兑换性与国际性。可兑换性是指能作为外汇的货币必须能自由兑换为他国货币或支付手段。国际性是指作为外汇的货币要能为世界各国所普遍接受。

（二）外汇市场的概念

外汇市场就是指进行外汇买卖的场所或外汇交易网络系统。外汇市场根据交易的组织形式分为有形市场和无形市场两种，有形市场是指有固定的营业场所和规定的交易时间的外汇市场。历史上它流行于欧洲大陆的巴黎、法兰克福等地，因而又叫大陆式外汇市场。无形市场是指无固定交易场所，外汇买卖双方无须面对面地直接进行交易，而是利用现代化的电讯设备和计算机网络系统所构成的交易网络来进行买卖，它流行于英、美等国，因而又叫英美式外汇市场。无形市场是外汇市场的主要形式。

外汇市场按照交易对象可以分为客户与银行间外汇市场、银行与银行间外汇市场、中央银行与银行间外汇市场，它反映了外汇市场交易的两个层次：客户与银行间外汇市场构成客户市场，银行与银行间外汇市场构成同业市场，其交易占整个外汇市场交易总额的90%以上。

由于现代通信技术的发展，加之全球各地区外汇市场处在不同的时区，能够按世界时区的差异相互衔接，从而形成了一个全球性、24小时连续不间断的外汇交易网络。这个交易网络由若干个国际金融中心组成，如东京、香港、新加坡、巴林、巴黎、法兰克福、伦敦、纽约等都是主要的国际金融中心。

二、汇率的标价方法及种类

(一) 汇率的概念

外汇市场上的外汇买卖也就是货币与货币的兑换,用一种货币可以兑换多少其他货币,这就是兑换的比率,两种货币之间的兑换比率就是汇率,也叫汇价、外汇牌价或外汇行市,也即以一种货币表示的另一种货币的价格,由外汇银行挂牌表示。汇率是联结国内外经济的桥梁和纽带,在一国对外经济关系中具有重要的杠杆作用。

(二) 汇率的标价方法

要表示汇率,必须确定以哪种货币为标准,相应折成多少其他货币,这就是汇率的标价方法。汇率的标价方法有直接标价法和间接标价法两种。直接标价法是以一定单位的外国货币为标准,折成相应数额的本国货币。我国外汇牌价就是采用的直接标价法。例如,USD100＝RMB612.58,这里,外币美元(USD)作为标准,也叫单位货币,本币人民币(RMB)叫作计价货币,汇率的变化体现为人民币数额的增减,这一数额越大,表示外汇汇率越高,外币升值而本币贬值。间接标价法是以一定单位的本国货币为标准,折成相应数额的外国货币。目前,只有美国和英国的外汇牌价采用间接标价法,其他各国货币都是采用直接标价法。但美元对英镑和欧元的汇率采用直接标价。在英国,英镑对欧元的汇率用直接标价,对其他货币都用间接标价。在间接标价法下,汇率的变化体现为外币数额的增减,这一数额越大,表示本币汇率越高,本币升值而外汇贬值。

(三) 汇率的种类

汇率的种类很多,可以从不同角度分为许多不同的种类。
(1) 从外汇银行买卖外汇的角度区分,分为买入汇率和卖出汇率和中间汇率。

买入汇率和卖出汇率和中间汇率也分别叫买入价、卖出价和中间价。买入汇率与卖出汇率之间的差额即为外汇银行买卖外汇的收益。在外汇市场上,银行报价都采用双向报价,即同时报出买入价和卖出价,有效数字一般为5位,在所报的两个汇率中,前一数值较小,后一数值较大。根据"贱买贵卖"原则,在直接标价法下,前一数值表示银行对外汇的买入汇率,后一数值表示银行对外汇的卖出汇率;而在间接标价法下,正好相反,前一数值表示卖出价,后一数值表示买入价。譬如,假定美元为外币,则汇率:

$$USD/JPY=118.06～118.26$$

为直接标价。那么银行买入美元时的价格为买入价,卖出美元时的价格为卖出价。按"贱买贵卖"原则,报价行在交易中将以 118.06 日元买入 1 美元,所以 118.06 日

元为买入价;相应的,以 118.26 日元卖出 1 美元,118.26 日元就是卖出价。同样以美元作为外币,则汇率:

$$GBP/USD=2.0212\sim2.0222$$

为间接标价。银行买卖美元的价格为买入或卖出价,报价行在交易中将以 1 英镑的价格买入 2.0222 美元,而以 1 英镑的价格卖出 2.0212 美元。所以 2.0212 美元是报价行的卖出价,2.0222 美元是报价行的买入价。

中间价是买入价与卖出价的算术平均值。只用于新闻报道或理论研究之中,实际交易中并不采用。

(2) 从外汇买卖的交割期来区分,分为即期汇率和远期汇率。

即期汇率又叫现汇汇率,是银行进行即期外汇交易(或叫现汇交易)时所用的汇率。远期汇率也叫期汇汇率,是银行进行远期外汇交易(或叫期汇交易)时所用的汇率。

(3) 从外汇交易的支付工具来区分,分为电汇汇率、信汇汇率与票汇汇率。

电汇汇率是通过电讯解付方式买卖外汇时所用的汇率。银行卖出外汇后,立即用电讯方式通知国外分支行或代理行将款项解付给收款人。目前,电讯工具已极为普及,电讯传递支付速度快,安全性高,因而,现今国际支付中绝大多数为电讯方式,故电汇汇率是外汇市场的基准汇率,一般外汇市场公布的汇率也就是电汇汇率。信汇汇率是以信函解付方式买卖外汇时所用的汇率。票汇汇率是银行以汇票为支付工具买卖外汇时所使用的汇率。

(4) 从汇率制订的角度来区分,分为基本汇率与套算汇率。

基本汇率是根据本币与主要货币的价值而制订的汇率。套算汇率是根据基本汇率套算出来的。由于货币种类繁多,各国不可能将本币与所有货币的汇率都按其价值一一加以确定并公布,所以往往选择一种或几种在本国对外经济交往中最常使用的可自由兑换货币作为主要货币,制订出基本汇率,本币与其他货币的汇率则由基本汇率套算出来。这样不仅可以简化手续,而且可以保持与国际金融行情基本一致。

(5) 按汇率制度区分,分为固定汇率和浮动汇率。

固定汇率是指由货币当局制订基础汇率,汇率波动幅度被限制在一定范围以内的汇率。浮动汇率是由外汇市场供求关系所决定的汇率。浮动汇率又有自由浮动汇率和有管理的浮动汇率。前者是指货币当局对汇率不施加任何干预措施,汇率完全经由外汇市场供求决定;后者是指必要时货币当局仍要施加干预的汇率。

(6) 从是否有外汇管制或管制宽严程度划分,分为官方汇率和市场汇率。

官方汇率是由货币当局制订并公布的汇率,而且要求有关外汇交易必须以此汇率来进行,否则就是非法交易。市场汇率是由外汇市场供求决定的汇率,也即是在外汇市场上自由买卖外汇时所用的实际汇率。

(7) 从汇率是否统一来区分,分为单一汇率和复汇率。

单一汇率是指一个国家只制定一种货币汇率,该汇率通用于该国所有的国际经济交往中。复汇率是指一个国家实行两种或两种以上的货币汇率,不同的汇率适应于不同的对外经济活动。复汇率是外汇管制的产物,曾被许多国家采用过。如果只有两种汇率则叫双重汇率。

(8) 从衡量货币实际价值角度来区分,分为实际汇率和有效汇率。

实际汇率和有效汇率都是相对于名义汇率而言的,名义汇率也即挂牌汇率。各国政府为达到"奖出限入"之目的,常常对出口商品给以财政补贴或税收减免,而对进口则征收各种类型的附加税。实际汇率就是名义汇率与这些补贴和税收之和或之差。用公式表示为:

$$实际汇率 = 名义汇率 \pm 出口财政补贴和税收减免或进口附加税$$

这种实际汇率常用于研究汇率调整、倾销调查和反倾销措施。

实际汇率的另一种概念是指名义汇率消除通货膨胀影响后的汇率。这种实际汇率能反映通货膨胀对名义汇率的影响,可以用于研究货币实际购买力。

一种货币与另一种货币的汇率为双边汇率,衡量一种货币的价值仅靠双边汇率是不够的。在外汇市场上,常可以看到一种货币对某种外币的价值在上升,但对另一种外币的价值却在下降,即使某种货币对所有外币价值都是上升或下降,其程度也不一定完全一致。在这种情况下,双边汇率无法说明这种货币在世界范围内的价值变动情况,因此要用有效汇率指数来综合衡量一种货币的价值变化情况。有效汇率指数是报告期与基期有效汇率之比,而有效汇率是各种双边汇率的加权平均,权数用本国与某外币发行国的贸易量在整个对外贸易总额中所占的比重而定。

三、外汇交易

外汇市场上外汇交易形式多样,这里仅介绍最基本的几种交易——即期外汇交易和远期外汇交易以及套汇与套利交易。

(一) 即期外汇交易

即期外汇交易简称现汇交易(Spot Exchange Transaction),是指外汇买卖双方成交后,在两个营业日内办理交割的一种外汇交易。所谓"交割",是指买卖双方支付货币的行为,这种支付大多通过银行进行,因此,交割通常表现为交易双方分别按照对方的要求将卖出的货币解入对方指定的银行。双方实现货币收付的那一天叫作交割日,或叫起息日,它意味着买卖双方解入账户的货币从这一天开始计息。

即期外汇交易是最常见最基本的外汇交易方式,其作用在于满足临时性付款需要,调整各种货币头寸,进行外汇投机。

（二）远期外汇交易

远期外汇交易简称期汇交易是指外汇买卖双方成交后，先签订远期合同，在合同中约定买卖外汇的币种、数额、汇率和将来交割的日期，到规定的交割日期，再按合同办理交割的一种外汇交易。这里的汇率也就是远期汇率，远期汇率中外汇的价格如果比即期汇率贵，叫作升水；如果比即期汇率便宜，叫作贴水；如果远期汇率和即期汇率相同，叫作平价。由于银行进行远期外汇交易承担的风险比即期外汇交易要大，需要更高的收益来补偿，所以远期汇率买卖差价大于即期汇率买卖差价。

理论上讲，远期外汇交易的交割日是在买卖成交后两个营业日之后的任何一天，但在实际业务中，远期外汇交易的交割日通常是按月计算的。主要有1个月、3个月、6个月、9个月和1年，最常见的是3个月期的远期外汇交易。

（三）套汇交易

套汇是指套汇者利用不同外汇市场在同一时刻的汇率差异，在汇率低的市场上买进，同时在汇率高的市场上卖出，通过贱买贵卖来赚取利润的活动。

世界各主要外汇市场上某种货币的汇率水平通常会出现一定的差异，当这种差异大到足以抵补进行外汇买卖所发生的全部费用时，套汇就会发生。由于汇率差异存在的短暂性，这就要求套汇者必须及时准确地把握市场信息和迅速采取买卖行动，因此套汇者通常都是那些大的国际商业银行，它们在世界各大外汇市场都设有分支机构和代理行，信息灵通，头寸调拨便捷，资金力量雄厚。尽管汇率差异很小，但由于套汇资金量很大，套汇收益还是相当可观的。

（四）套利交易

套利又称利息套汇，是指套利者利用金融市场上短期资金存、贷利率差与远期、即期汇率差之间的不一致进行资金转移，从中赚取利息差或汇率差的行为。

假设国际金融市场上美元定期存款年利率为8%，英镑定期存款年利率为12%，外汇行市为即期汇率 GBP1＝USD1.5828，3个月远期差价为英镑贴水 GBP1＝USD0.0100，3个月远期汇率为 GBP1＝USD1.5728。如果套利者利用1美元在外汇市场上兑换成英镑投资3个月，到期本利和为 $1/1.5828 \times (1+12\% \times 3/12)=0.6507$ 英镑，3个月后的0.6507英镑能兑换多少美元？在套利者没有进行保值避险措施的情况下，0.6507英镑可兑换 $0.6507 \times 1.5628 = 1.0169$ 美元。而直接以美元进行投资3个月的收益为 $(1+8\% \times 3/12)=1.02$ 美元，反而大于套利收益1.0169美元。套利者没有进行保值避险的套利称为非抵补套利（Uncovered Interest Arbitrage），是根据预计行事，带有投机性，需承担高利率货币贬值的风险。如果3个月后英镑汇率没有较大幅度贬值甚至升值，则非抵补套利者就会获利。

进行保值避险的套利称为抵补套利(Covered Interest Arbitrage)。如例中,套利者将美元兑换成英镑投资的同时,在远期外汇市场上将未来的英镑投资本利和卖出,即进行3个月的卖出英镑的远期外汇交易,这样3个月到期0.650 7英镑的本利和就可以按3个月远期汇率 GBP1＝USD1.572 8进行交割,兑回美元0.650 7×1.572 8＝1.023 4美元,套利净收益为1.023 4－1.02＝0.003 4美元。此时套取的是英镑的利息差。假如上例中美元定期存款年利率由8%提高到10%,其他条件不变,仍按上述步骤进行其结果就是:

$$1.023\,4-(1+10\%\times 3/12)=1.023\,4-1.025=-0.001\,6\ （美元）$$

这种方向的套利净亏损为每美元亏损0.001 6美元。此时我们就要改变套利方向,套利者利用英镑在外汇市场上兑换成美元投资3个月,同时在远期外汇市场上将未来的美元投资本利和卖出,即进行3个月的卖出美元的远期外汇交易避免汇率风险。以1英镑为初始资金换成美元投资3个月后本利和为:

$$1.582\,8\times(1+10\%\times 3/12)=1.622\,37\ （美元）$$

并用于交割3个月远期交易,换回英镑1.622 37/1.572 8＝1.031 5英镑,1英镑直接投资3个月本利和为(1+12%×3/12)＝1.03英镑,1英镑套利净收益为:

$$1.031\,5-1.03=0.001\,5\ （英镑）$$

第五节 黄 金 市 场

布雷顿森林体系解体后,黄金的非货币化趋势已经不可阻挡,其金融特性也日渐淡化。但是,黄金市场仍被视为金融市场的重要组成部分,黄金仍然是国际经济往来的重要结算工具,作为国际贸易的最后支付手段,黄金在国际经济交往中执行世界货币的职能。同时,黄金也是金融市场上保值、增值的重要投资工具。

一、黄金市场的概念和类型

(一)黄金市场的概念

黄金市场是集中进行黄金交易和金币兑换的场所,有系统的组织管理机构,有固定的交易场所或专门的交易网络,包括金商与金商之间的黄金一级市场和金商与一般投资者之间的黄金二级市场。黄金市场一般需按照有关的法律制度,经过政府监管部门批准或认可才能设立和运行。目前,全世界有40多个可以自由买卖黄金的国际市场,主要分布在发达国家的中心城市,其中伦敦、苏黎世、纽约、芝加哥和中国香港是世界五大著名的黄金市场。其中,伦敦黄金市场价格对世界黄金行市影响比较大。国际黄金市场的参与者主要有国际金商、银行、对冲基金等机构、各种法人机构、私人投资者以及在黄金期货交易中的经纪公司。

（二）黄金市场的类型

黄金市场具体可分为有固定交易场所的有形市场和没有固定交易场所的无形市场。无形市场中以伦敦黄金交易市场和苏黎世黄金市场为代表，称为"欧式黄金市场"。有形市场又分为两种：一是美式黄金市场，主要在商品交易所内进行黄金买卖业务，以美国的纽约商品交易所和芝加哥商品交易所为代表；二是亚式黄金市场，在专设的黄金交易所里进行交易，以香港金银业贸易市场和新加坡黄金交易所为代表。

1. 欧式黄金市场

欧式黄金市场没有固定的场所，在同业间利用电信工具联系交易活动，以现货交易为主。伦敦黄金市场虽然也开办了黄金期货业务，但它仍然是一个典型的现货市场，与苏黎世黄金市场在世界黄金市场中所起的作用尤为突出。

2. 美式黄金市场

美式黄金交易市场是以典型的期货市场为主的市场，其交易方式是黄金的衍生品交易，即将黄金作为金融衍生品的基础工具，开发出黄金期货、期权交易。期货交易所作为一个非营利机构本身不参与交易，只是提供场地、设备用时制定有关规则，确保交易公平、公正地进行，对交易进行严格的监控。

3. 亚式黄金市场

亚式黄金交易市场一般有专门的黄金交易场所，同时进行黄金的期货和现货交易。交易实行会员制，只有达到一定要求的公司和银行才能成为会员，并对会员的数量和配额有极为严格的限制。虽然交易场内的会员数量较少，但是信誉极高。

二、黄金市场的交易方式

（一）黄金现货交易

黄金现货交易是指交易双方在黄金买卖成交后即期交割的方式。现货交易的标的物一般以标金为主。标金是按规定的形状、规格、成色、重量等要素精炼加工成的标准化条状金，即俗称"金条"。标金是黄金市场最主要的交易品种。伦敦黄金市场的黄金现货交易价格是世界黄金行市的"晴雨表"，分为定价交易和报价交易，其他国际黄金市场参照伦敦市场的定价水平，再根据本市场供求情况决定金价。定价交易是指提供客户单一的交易价，即无买卖差价，客户可按所提供的价格自由买卖，金商只提取少量的佣金。报价交易是指由买卖双方协商达成的交易，存在买卖差价。报价交易的价格水平很大程度上受定价交易的影响。在黄金市场上，现货交易需要支付金商一定比例的手续费，如伦敦市场的手续费通常为 0.25%。

（二）黄金期货交易

黄金期货合约是买卖双方在交易所签订的在未来某一确定的时间按成交时确定的价格购买或出售黄金的标准化协议。黄金期货合约的要素主要包括保证金、合约单位、交割月份、最小变动价位、最高交易限量、交割方式等。办理交割的日期一般为3个月、6个月、1年。黄金期货交易就是指交易双方签订黄金期货合约并于成交后在未来规定日期交割的方式。黄金期货交易一般并不真正交收现货，绝大多数的合约在到期日前已经对冲平仓。

目前，在世界主要的黄金期货交易所里，黄金期货交易的单位都是100盎司的精炼黄金，其成色不得低于99.5%。黄金期货交易可分为保值交易和投机交易两种类型。保值交易是指为了规避黄金价格变动带来的风险，买卖黄金期货，从而实现套期保值。投机交易是指利用金价的波动，通过预测金价未来的涨跌趋势进行买空或卖空，从而赚取差价收入。

黄金期货的价格与现货的价格相差不多，差价主要由利率和供求关系决定。黄金期货的交易价格一般以黄金现货价格为依据，再加上一定的升水或贴水而定。升水或贴水的幅度取决于市场交易者对未来黄金现货价格的预期。此外，黄金期货交易还要收取各种费用，一般都通过经纪人成交。

（三）黄金远期交易

黄金远期交易是指黄金交易的双方约定在未来某一交易日，按照双方事先商定的价格，交易一定量的黄金实物。与期货交易不同，远期合同到期时，买卖双方要确实履行付款交货的义务。目前，世界上的黄金远期交易多数在场外交易市场上进行，是黄金生产者参与黄金市场交易的主要渠道。黄金远期价格的计算是以所交易对象的即期价格及相应的货币在欧洲市场的利率和其到期日为基础的。

（四）黄金期权交易

黄金期权是指黄金持有者在到期日之前或到期日当天，以一定的价格买入或卖出一定数量黄金的权利的合约。期权按购买者权力的不同可以分为买入（看涨）期权和卖出（看跌）期权。期权的买方要支付一定的保证金即期权费，而期权的卖方在收取买方的期权费后必须履行合约。

黄金期权交易分为黄金现货期权与黄金期货期权交易。黄金现货期权交易主要包括金块（金条）现货期权交易、金矿权益期权交易与黄金、白银指数期权交易。黄金期货期权交易是以黄金期货合约为标的物的标准化的黄金期权合约，是二级金融衍生工具。与黄金期货交易相比，黄金期货期权交易具有风险有限、收益无限的特点。与黄金期货相同，黄金期权也具有套期保值和投机获利两大功能。

（五）黄金互换交易

黄金互换交易是指在一定的期限内交易双方同时买入和卖出价值相当的黄金资产的交易。黄金互换交易的交易双方一般是作为卖方的黄金生产者和作为买方的商业银行，双方签订黄金互换协议。黄金互换交易同黄金期货、期权交易一样，也是黄金生产者回避市场价格波动风险的重要手段。

三、我国的黄金市场

长期以来，我国对黄金的生产和流通实施管制，除金饰品和金银纪念币允许个人投资买卖外，基本不存在公开的黄金市场。2002年，我国放开了对黄金的管制，同年10月上海黄金交易开业，黄金成为可批量交易的大宗金融产品，商业银行也相应推出了相关的产品。2008年1月，上海期货交易所开始黄金期货交易。目前，国内现有的黄金投资产品包括实物金、纸黄金、黄金现货延期交易、与黄金挂钩的产品、黄金期货和黄金质押贷款等。

上海黄金交易所是我国主要的黄金交易平台，2014年该所推出国际板，直接面向境外开放境内黄金市场，初步实现了国内黄金市场和国际黄金市场的有效联通。2016年，上海黄金交易所建立做市商制度，并推出了人民币"上海金基准价"定价机制，提升了我国黄金市场的定价影响力。2018年9月正式挂牌中国熊猫金币，打通了我国黄金市场与金币市场的产品通道。目前，上海黄金交易员已经实现了国际化，截至2023年底，上金所会员总数291家。其中，普通会员共计146家，包括金融类会员29家，综合类会员117家；特别会员共计145家，包括国际会员103家，外资境内金融机构9家，国内中小商业银行、证券公司等机构33家。2023年，上金所全部黄金品种累计成交量双边达到4.15万吨（单边2.08万吨），同比增长7.09%，双边实现成交额18.57万亿元（单边9.28万亿元），同比增长22.31%。

另外，上海期货交易所允许投资者开展黄金期货与期权交易。2023年，上海期货交易所黄金期货、期权成交金额分别为238 462.15亿元、290.23亿元，同比增长分别为55.37%、120.34%。各家商业银行除了在上海黄金交易所进行场内黄金交易，还在场外开展多种自营黄金业务，主要有账户金、实物金、黄金理财、黄金租借和黄金衍生品交易。

第六节 金融衍生品市场

一、金融期货市场

（一）金融期货的种类

金融期货是指以各种金融工具或金融商品作为标的物的期货交易方式，即以公开竞价的方式进行的标准化金融期货合约的交易。金融期货合约作为一种标准化合约,它载明买卖双方同意在约定的时间按约定的条件买进或卖出一定数量的某种金融商品。在这种合约中,除价格外其余的条件都是事先规定的,交易者只能选择不同的合约而无法改变合约中规定的条件。常见的金融期货主要有以下几种:

(1) 利率期货。是指交易双方在集中性的市场以公开竞价的方式所进行的利率期货合约的交易。利率期货合约是指由交易双方约定在未来某日期以成交时确定的价格交收一定数量的某种与利率相关商品的标准化契约。

(2) 股票指数期货。是指买卖双方同意在将来某一日期,按约定的价格买卖股票指数的合约。由于股票指数是一种极特殊的商品,它没有具体的实物形式,双方在交易时只能把股票指数换算成货币单位进行结算,而没有实物交割。

(3) 外汇期货。是指在集中性的交易市场以公开竞价的方式进行的外汇期货合约的交易。外汇期货合约是由交易双方订立的、约定在未来某日期以成交时所确定的汇率交收一定数量的某种外汇的标准化契约。

(二) 金融期货市场的要素

构成金融期货市场的要素主要有:

1. 交易所

交易所是指专门为金融期货交易提供交易场所和所需的各种设施,制定和执行金融期货交易的规章制度,组织和管理金融期货交易活动的公共组织。交易所是整个金融期货市场的核心。其本身并不参与交易,也不以营利为目的。

2. 清算所

清算所又称结算单位,它可以是交易所所属的一个部门,也可以是与交易所无隶属关系的一个独立的实体。在期货交易中,结算单位起着非常特殊的作用,除了办理日常清算和监管实物交割等业务之外,它还充当买卖双方的中间人,保证所有成交合约的履行。

3. 经纪商或经纪人

交易所一般实行会员制度,只有交易所的会员才能直接进场从事交易,而非会员交易者只能委托属于交易所会员的经纪商或经纪人参与交易。交易所的会员有两种:一种是自营商;另一种是经纪商。经纪商不同于自营商,他本身并不买卖金融期货合约,而只是受非会员的客户委托,代他们在交易所从事金融期货交易,并从客户那里收取佣金作为其收入。经纪商的存在保证了金融期货交易的顺利进行。

4. 交易者

金融期货市场的参与者大致可分为三类:套期保值者、套利者和投机者。套期保值者是通过金融期货交易来规避各种金融风险的交易者,他们是金融期货市场的主要参与者;套利者是指那些利用同种金融期货合约在不同市场之间、不同交割月之间,或同一市场、同一交割月的不同金融期货合约之间暂时不合理的价格关系,通过同时的买进和卖出以赚取价差收益的交易者;投机者则是根据他们对金融期货价格的预测,通过低价买进、高价卖出以获取利润的交易者。

(三)金融期货市场的功能

1. 套期保值

投资者可以在金融期货市场上建立与其现货市场相反的仓位,并在期货合约到期前实行对冲以结清仓位。这种操作之所以可以回避或减少风险,是因为金融期货价格与金融现货价格一般呈同方向的变动关系。交易者在期货和现货市场上建立相反仓位后,若价格(利率、汇率、股价指数等)发生变动,则他必然在一个市场上受损而在另一个市场上获利,以获利补亏损,即可达到减少损失的目的。

2. 价格发现

金融期货市场能提供各种金融商品的价格信息。在金融期货市场上,各种商品的期货合约的买者和卖者通过公开喊价、讨价还价的方式进行交易。通过激烈竞争而形成的某一成交价格,便是当时的供求平衡的价格。它综合地反映了许多买者和许多卖者对当时和以后某一时间某种金融商品价格的观点,也反映了该种金融商品的供求情况。金融期货市场上所形成的价格也为金融期货市场以外的金融商品的交易提供了有用的价格信息。

二、金融期权市场

(一)金融期权及其合约中的几个相关概念

金融期权是以金融商品或金融期货合约为标的物的期权交易形式。在金融期权交易中,期权购买者向期权出售者支付一定费用后,就获得了能在未来某特定时间以某一特定价格向期权出售者买进或卖出一定数量的某种金融商品或金融期货合约的权利。

金融期权合约涉及几个重要概念:

1. 期权购买者与期权出售者

期权购买者即期权持有者,在支付一笔期权买入费以后,他就获得了在合约所规定的某一特定时间以事先确定的价格向期权出售者买进或卖出一定数量的金融商品的权利。期权购买者也可以放弃执行这种权利。期权出售者即期权签发者,在收取期权购买者所支付的期权费之后,他就承担着在规定时间内应期权购买者的要求履行该期权合约的义务。在合约规定的时间内,只要期权购买者要求行使其权利,期权出售者就必须无条件地履行期权合约。可见,在期权交易中,交易双方的权利与义务存在着明显的不对称性。

2. 买入期权与卖出期权

买入期权又称为看涨期权，是指期权购买者可在约定的未来某日期以事先约定的价格向期权出售者买进一定数量的某种金融商品的权利。卖出期权又称为看跌期权，是指期权购买者可在约定的未来某日期以协定价格向期权出售者卖出一定数量的某种金融商品的权利。无论是买入期权，还是卖出期权，对期权购买者而言，均只有权利而无义务；而对期权出售者而言，均只有义务而无权利。这一现象的出现是以期权购买者向期权出售者支付一笔期权费为前提的。

3. 协定价格

协定价格又称为履约价格或执行价格，是指期权合约所规定的，期权购买者在行使其权利时所实际执行的价格。价格一经确定，在合约有效期内，无论期权标的物价格如何变化，只要期权购买者要求执行合约，则出售者都必须以此协定价格履行其义务。

4. 期权费

期权费是指期权购买者为获得期权合约所赋予的权利而向期权出售者支付的费用。期权费是期权的交易价格，一经支付，则不管期权购买者执行还是放弃该期权均不予退还。

5. 欧式期权与美式期权

欧式期权是指期权购买者只能在期权到期日这一天行使其选择的权利。美式期权是指期权购买者既可在期权到期日这一天行使其权利，也可在到期日前的任何一个营业日行使其权利。

（二）期权与期货的区别

期权与期货的区别表现在以下几点：

（1）权利和义务的对称性不同。期货合约的双方都被赋予了对等的权利和义务。而期权合约只赋予买方权利，卖方则无任何权利，只有按买方要求履约的义务；相反买方则不需要承担任何义务。

（2）标准化程度不同。期货合约是标准化的合约，而期权合约则不一定是标准化的合约。在美国，场外交易的现货期权是非标准化的，但在交易所内交易的现货期权则是标准化的。

（3）盈亏风险不同。期货交易双方所承担的盈亏风险是无限的，而期权交易中只有卖方的亏损风险可能是无限的，其盈利能力是有限的。相应地，期权的买方的亏损风险是有限的，而盈利的可能则是无限的。

（4）保证金不同。期货交易双方都必须交付保证金。而期权的买方则无需交纳保证金，因为他的亏损一般不会超过他已支付的期权费。而在交易所交易的期权的卖方则要交纳保证金。

三、金融互换市场

金融互换是一种交易双方约定在一定时间内按照事先约定的条件交换一系列现金流的合约。借助于金融互换，当事人利用各自筹资机会的相对优势，以商定的条件相互交换不同币种或不同利息的资产或负债，从而避免将来汇率和利率变动的风险，获取以常规筹资方法较难得到的币种或较低的利息，最终降低筹资成本。

根据互换交易的内容不同，金融互换可以分为利率互换和货币互换两种类型。

（1）利率互换。是指两笔利率基础不同的负债互换利息支付的交易。利率基础不同是指浮动利率与固定利率的差别，或是不同种浮动利率计息方式的不同。利率互换主要有同种货币的固定利率对浮动利率的互换、同种货币不同浮动利率的互换、不同种货币固定利率对浮动利率的互换和不同种货币不同浮动利率之间的互换等4种形式。

（2）货币互换。是指交易双方按固定汇率在期初交换两种不同货币资产（或负债）的本金，然后按预先规定的日期，进行利息和本金的分期互换。货币互换有固定利率的货币互换；固定利率对浮动利率的货币互换等两种类型。

本 章 小 结

1. 金融市场是指资金供求双方以金融工具为交易对象实现资金融通的场所、关系及其机制的总和。金融市场可以从许多角度划分，按交易标的物分为货币市场、资本市场、外汇市场、黄金市场、金融衍生市场。

2. 金融市场的构成要素包括市场参与者、市场交易对象、交易价格和组织方式等。其中参与主体包括企业、居民、金融机构、政府部门、中央银行等。各类主体参与市场的目的不同，地位和作用也有差异。归纳起来各个主体参与市场的身份可以归结为投资者（投机者）、筹资者、套期保值者、套利者、调控和监管者等几大类。

3. 金融市场具有聚敛功能、配置功能、调节功能和反映功能。衡量金融市场是否成熟的标准有金融市场的广度、深度和弹性。

4. 货币市场是短期资金融通市场，由同业拆借市场、回购市场、票据贴现市场、大额可转让定期存单市场、国库券市场等五个子市场组成；资本市场是融通长期资金的市场，由证券市场、中长期存贷款市场和非证券化的产权交易市场。其中证券市场包括股票市场、债券市场等。各类市场都具有完整的发行市场和流通市场。

5. 二板市场是与主板市场相对存在的概念，是在主板市场之外，为中小型企业和新兴企业筹集长期资金需要而设立的证券交易市场。二板市场在上市条件、涨跌幅度限制、风险控制等方面具有与主板市场完全不同的特点。

6. 外汇市场是指进行外汇交易的场所，分为有形市场和无形市场。外汇交易包括即期外汇交易、远期外汇交易及套汇、套利交易等。黄金市场是集中进行黄金交易和金币兑换的场所,分为有形市场和无形市场,前者又分为美式黄金市场和亚式黄金市场,后者又称欧式黄金市场。

7. 金融衍生品市场是交易金融期货、金融期权、金融互换等衍生品的市场。其中,期权又有看涨期权和看跌期权两大类以及美式期权和欧式期权之分。期权买者只有权利没有义务,卖者只有义务没有权利。因此买者要向卖者支付期权费。期权买者不要交纳保证金,卖者则可能需要交纳保证金,其做法与期货相似。

【重要概念】

金融市场　货币市场　资本市场　二板市场　金融衍生品市场　同业拆借市场　回购协议　票据贴现　大额可转让定期存单　金融期货　金融期权　外汇　外汇市场　汇率　黄金市场　欧式黄金市场　美式黄金市场　亚式黄金市场

【思考与练习】

1. 金融市场由哪些要素组成?各构成要素在金融市场中的身份和地位如何?
2. 试述金融市场在经济运行中的主要功能。
3. 试比较货币市场与资本市场的特点和市场结构。
4. 试述大额可转让定期存单与普通定期存款的区别。
5. 为什么有了股票的发行市场和主板市场,还要建立流通市场和二板市场?
6. 股票流通市场是如何构成的?为什么会出现第三、四市场?
7. 股票交易价格是如何确定的?现实市场中的股价变动受哪些因素的影响?
8. 试述债券的发行方式、偿还方式及发行价格。
9. 试比较欧式、美式和亚式黄金市场。
10. 金融期货与金融期权有何区别?

第八章 货币需求

【学习目标和要求】
- 了解货币需求的含义、传统货币数量理论。
- 理解决定货币需求的因素及马克思货币必要量理论、平方根定律、立方根定律的内涵。
- 掌握凯恩斯流动性偏好理论和弗里德曼货币需求理论的核心观点。
- 熟悉两个典型公式:"1∶8"公式、$\Delta M = \Delta Y + \Delta P - \Delta V$。
- 通过学习树立正确的货币观和消费观。

货币作为一般等价物,主要用来衡量其他商品的价值,进而实现商品生产和商品交换,因此,无论是个人、家庭还是经济系统都会产生货币需求。本章在阐述货币需求含义和决定货币需求因素的基础上,着重阐述货币需求理论,包括古典学派的货币数量理论、马克思货币需求理论、凯恩斯货币需求理论及其发展、弗里德曼的货币需求理论等,最后介绍货币需求的测算。

第一节 货币需求概述

一、货币需求的含义

货币需求是指一定时期内,在一定的经济条件下,社会各部门(个人、企业和政府)能够并且愿意以货币形式持有财产的需要。在现代高度货币化的经济社会里,社会各部门需要持有一定的货币去进行交换、支付费用、偿还债务、从事投资或保存价值,因此便产生了货币需求。根据货币需求的定义可以看出:① 货币需求是一个存量而非流量的概念。它考察的是在某个时间和空间内,社会各部门在其拥有的全部资产中愿意以货币形式持有的数量或份额。而不是在某一段时间内,各部门所持有的货币数额的变化量。② 货币需求是主观与客观相结合的特殊需求,是货币需要愿望与货币需求能力的统一。它包含两个要素:一是人们有能力获得或持有货币;二是人们希望得到或持有货币的愿望,二者缺一不可。③ 现实的货币需求不仅包括对现金的需求,而且包括对存款货币的需求。因为货币需求是商品或劳务的流通以及一切与货币支付有关的需求。这种需求不仅现金可以满足，存款货币也同样可以满足。④ 人们对货币的需求既包括执行流通手段和支付手段职能的货币需求，也包括执行价值贮藏手段职能的货币需求，二者的差别只在于持币动机或货币职能的不同。

货币需求通常表现为一国在一定时间内和一定的经济条件下，社会各部门所持有的货币量，是整个社会需要用于执行流通手段、支付手段和价值储藏的货币数量。把握货币需要必须区分宏观的货币需求与微观货币需求；主观货币需求与客观货币需求；名义货币需求与真实货币需求。

二、微观货币需求和宏观货币需求

从货币需求的主体考察，货币需求可以分为微观货币需求和宏观货币需求。前者指个人、家庭或企业等微观经济主体在既定的社会经济条件下（如收入水平、利率水平等），最优的货币需求数量。既包括执行流通和支付手段时的货币需要量，也包含执行贮藏手段的需要量；后者是指一国或一个地区在一定时期内，满足经济正常发展和商品流通所必需的货币量，仅仅包括执行流通手段和支付手段的货币需要量。

微观货币需求与宏观货币需求是既有区别又有联系的同一问题的两个方面。从理论上讲，微观货币需求的总合即为宏观货币需求，因此，研究货币需求时，不仅要研究整个社会合理的货币需求量，而且要研究个人、家庭和企业的最优持币量。

三、名义货币需求和实际货币需求

从货币需求的客体考察，货币需求可以分为名义货币需求和实际货币需求。前者是指一个社会或某一个经济部门在不考虑价格变动情况下的货币需求量，即用现行的价格水平——名义购买力表示的货币需求数量；后者是指在扣除价格变动因素后的货币需求量，即用货币的实际购买力表示的货币需求量。如果名义货币需求平减掉某一具有代表性的物价指数（如 GDP 平减指数），就可以得到实际货币需求。

区分名义货币需求和实际货币需求十分重要，如果根据过高的通货膨胀预计所计算的名义货币需求量安排货币供给，过多的货币供给将成为物价上涨的因素；如果不考虑价格波动而简单按实际货币需求供给货币，则会因货币供给不足而直接抑制经济增长。因此，我们不仅要研究现实生活中普遍存在的名义货币需求，更要研究实际货币需求。

四、决定货币需求的因素

1. 社会商品和劳务总量

社会商品和劳务总量反映了一定时期内全社会的市场供应能力，主要取决于整个社会潜在的生产能力和资源的实际利用程度。通常,整个社会供给的商品和劳务的数量越多,需要表示的价值量越大,用以交换和储藏的价值量越大,货币的需求量也就越大;反之,则对货币的需求量越小。

2. 收入状况

收入状况对货币需求的影响表现在两个方面:一是收入水平的高低。在其他条件不变的情况下,收入水平的高低与货币需求成正比,也就是说,收入越多,货币需求也越多;反之,收入越少,货币需求也就越少。因为收入多少往往影响着人们的消费量和投资量,后者又会影响到人们对货币的需求量。二是人们取得收入的时间间隔的长短。在收入水平一定的条件下,人们取得收入的时间间隔越长,货币需求越多;反之,人们取得收入的时间间隔越短,则货币需求也就越少,即人们取得收入的时间间隔与货币需求成正比。所以,收入与货币需求呈同方向变动关系。

3. 物价水平

从本质上看,货币需求是在一定价格水平上人们从事经济活动所需要的货币量。在商品和劳务量既定的条件下,价格越高,需要用以满足商品和劳务的定价和交换的货币量也必然越多。因此,价格和货币需求,尤其是交易性货币需求之间,是同方向变动关系。在现实生活中,由商品价值或供求关系引起的正常物价变动对货币需求的影响是相对稳定的。而由通货膨胀造成的非正常物价变动对货币需求的影响则极不稳定。

4. 利率水平和结构

利率的高低决定人们持币机会成本的大小,利率越高,持币成本越大,人们越不愿持有货币而愿意购买生息资产以获取高额利息回报,因而人们的货币需求越小;利率越低,持币成本越低,人们越愿意手持货币,货币需求就会增加。因此,一般而言,利率的变动与货币需求量的变动是反方向的。利率的结构则会通过影响不同资产的回报来影响人们对不同资产的需要,进而影响到货币的需求。

5. 货币流通速度

货币流通速度是指一定时期内货币的周转次数。动态地考察,一定时期的货币需求总量就等于现实货币需求量(货币的平均存量)与货币流通速度的乘积。当其他条件不变时,货币流通速度越快,现实需求的货币平均存量越少。反之,货币需求量越多。因此,货币流通速度与货币需求的平均存量呈反方向变动关系。

6. 信用的发达程度

在信用制度健全、信用比较发达的经济中,货币需求一般相对较少;而在信用制度不健全、信用观念落后的经济中,货币需求会相对较多。因为在信用制度健全、信用比较发达的经济中,有相当一部分交易是通过债权债务的抵消来实现的,这样必然减少作为流通手段和支付手段的货币的需求量;同时,在这样的经济中,一般金融市场也比较发达,人们可以把暂时不用的货币用来购买短期债券,而在需要变现时,可在金融市场上很容易地出售,这样,人们就可以相对减少经常性的货币持有量。相反,如果没有健全的信用制度和完善的金融市场,人们只能在手中保有较多的货币,以满足自己安全性和流动性的需要,这种情况在广大的发展中国家和落后的农村偏远地区,表现得最为明显,极端的例子就是以窖藏现金的形式进行储蓄。

7. 金融资产状况

人们对各种金融资产的需求与对货币的需求之间有替代性。当金融资产总量增大或金融资产多样化结构加深时,人们的货币需求会减少;同样,当各金融资产的收益率、安全性、流动性增加时,人们会选择金融资产而非货币资产,因而也会影响货币需求量。

8. 其他因素

比如,整个社会生产部门的资金周转速度越慢,对货币的需求越大;社会的消费习惯越倾向于提前消费,货币需求越大;社会分工越细,生产和经营部门越大,货币需求越大;社会的货币化程度越深,货币在经济生活中的作用领域越大,货币需求越大等。同样,体制变化、金融服务技术与水平以及人们的生活消费习惯等都会影响货币需求。

第二节 货币需求理论

一、古典学派的货币数量理论

早期的货币数量论并未把货币需求作为直接的研究对象,而是在研究名义国民收入和物价是如何决定的过程中建立了名义国民收入与货币数量之间的关系,因而被后人看成是一种货币需求理论。随着货币数量论的发展,它作为货币需求理论的特征也越来越明显。

（一）现金交易说——费雪方程式

美国经济学家欧文·费雪在其1911年出版的《货币的购买力》一书中对传统货币数量理论进行了清晰的阐述。费雪十分重视货币的交易媒介功能,认为人们需要货币并不是货币本身,而是因为货币可以用来交换商品和劳务,满足人们的欲望。人们手中的货币,最终都将用于购买。因此,在一定时期内,社会的货币支出总量与商品、劳务的交易量的总值一定相等。据此,费雪提出了著名的交易方程式:

$$MV = PT \qquad (8.1)$$

式中,M代表一定时期流通中的货币数量,V代表货币流通速度,P代表物价水平,T代表商品和劳务的交易量。

这个方程式是一个恒等式,而不是一种理论。为了使交易方程式 $MV=PT$ 具有理论价值和意义,费雪分析了决定方程式中 M、V、P、T 的各种因素以及方程式中各项因素的变化情况。费雪认为,M 是由银行准备金情况、准备金比例、货币政策和借贷情况等条件决定的外生变量,为此,他做出了三个假定:① 货币流通速度 V 是由社会支付习惯、个人习惯、技术发展状况以及人口密度等因素所决定的。而这些因素在短期内是稳定的,在长期内变动也很慢,因此,V 在短期内是稳定的,可视为不变的常数。② 在充分就业条件下,商品和劳务的交易量 T 变动极小,也可视为常数。这是因为货币扩张不会导致农场和工厂的产品增加,也不会提高铁路和轮船的运输速度,商品的多少取决于自然资源和技术条件。③ 一般物价水平 P 完全是被动的,完全由其他因素决定,是一个因变量。由于 V、T 是常数,可以理解为它们与 M 之间不存在任何必然的数量关系。而 M 是自变量,因此,只有 P 与 M 的关系最重要。M 的任何变动就会导致 P 值的变化。

交易方程式虽然说明主要由 M 决定 P,但是当把 P 视为给定价格水平时,这个方程式就成为货币需求的函数:

$$M = PT/V \tag{8.2}$$

(8.2)式表明,在给定的价格水平下,商品和劳务的交易总量与所需要的名义货币量具有一定的比例关系,这个比例就是 $1/V$。换言之,要使价格保持给定水平,就必须使货币量与交易量保持一定的比例关系。

(二) 现金余额说——剑桥方程式

现金余额说是以马歇尔和庇古为代表的英国剑桥大学经济学家创立的。庇古根据马歇尔的观点,于1917年发表了《货币的价值》一文,马歇尔则于1923年出版了《货币、信用与商业》一书。他们都从另一个角度研究货币数量和物价水平之间的关系。

剑桥学派在研究货币需求问题时,重视微观主体的行为。他们认为,现金交易说没有说明使货币流通速度发生变化的原因,而要发现这些因素,就必须考察公众愿意以货币形态来保持其财富和收入的数额。因而这又要分析人们持有货币的动机,即分析决定货币需求的因素。他们认为,影响人们持币的因素主要有以下三个:① 个人的财富总额。货币需求仅仅是指人们希望以货币形式持有其财富的愿望,而不是指一个人漫无边际地想要多少货币,因此,货币需求首先受个人财富总额的限制。② 持有货币的机会成本,也就是货币以外的各种资产的收益。持有货币虽然能够给人们带来方便,但却不能产生收入,所以人们必须在持有货币的好处和持有其他金融资产或实物的好处之间进行权衡。人们愿意持有货币的数额实际上是人们在持有货币获得利益、进行投资获得收益以及用于消费获得享受三者之间权衡的结果。货币的价值取决于全体居民愿意用通货形式保持的实物价值与货币数量的比例。③ 货币持有者对未来收入、支出和物价等的预期,也会影响他愿意持有的货币额。假如人们预期未来的物价将上升时,为避免因货币贬值带来的损失,他将增加消费支出,从而减少货币持有额。

上述分析表明,剑桥学派的经济学家已经考虑到了影响货币的多种因素。但他们在作出结论的时候,把其他因素都忽略了,而只是简单地断定人们的货币需求同财富的名义价值成比例,财富又同国民收入成比例,所以货币需求就同名义国民收入成比例。即:

$$M_d = KPY \tag{8.3}$$

这就是著名的剑桥方程式。式中,M_d 表示名义货币需求,K 表示人们愿意以货币这种形式持有的财富占总财富的比例,Y 为总收入(实际国民收入),P 为价格水平,PY 为名义国民收入。

如果把 K 看成一个常数,该方程式和费雪的交易方程式就只有符号的不同,只需令 $K=1/V$,它们便完全一样了。从中也可以得出名义国民收入决定于货币供应量,以及物价水平与货币供应量呈比例关系的货币数量论观点。

通过以上分析可以发现,剑桥学派是从货币需求函数出发推导出货币数量论,而不像现金交易说那样从货币数量论出发推导出货币需求函数。剑桥学派开创的这一研究视角为后来的经济学家研究货币需求奠定了基础。凯恩斯的流动性偏好论正是在现金余额说的基础上发展起来的。

(三)剑桥方程式与交易方程式的比较

现金交易方程式与现金余额方程式都继承了古典经济学家关于货币需求与名义货币收入成正比的这一观点,而且只要我们把费雪方程式中的 T 代替或等同于剑桥方程式中的 Y,再把 V 视作既代表交易货币的流通速度,又代表与收入水平相对应的流通速度,即 $K=1/V$,那么两个方程就具有完全相同的形式。因此,人们很容易将二者混为一谈。实际上,两个方程式存在本质上的差别,主要有以下几点:

(1)对货币需求分析的侧重点不同。交易方程式侧重于货币支出总量与速度,强调货币的交易功能;剑桥方程式关注微观经济主体的持币动机,注重货币存量及其价值储藏功能,将货币当作保存财富的一种资产形式或手段。

(2)现金交易方程式中的 V 和现金余额方程式当中的 K 的含义完全不同。现金交易说假定 V 由社会制度、社会习俗、技术发展水平及人口密度等因素决定。由于这些因素的变动十分缓慢,因此 V 被视为一个常数;现金余额方程则假定 K 主要取决于经济主体对价格变动和投资报酬的预期、人们对目前消费和未来消费的偏好程度等,因此,K 的变动相对容易。

(3)研究货币需求的角度不同。费雪方程式是国民经济这一宏观的角度考察货币需求数量,用货币数量的变动来解释价格的变化,或者在商品交易量和价格水平给定的条件下,通过测算货币流通速度来求货币需求量。因此,费雪方程式属于宏观货币需求理论;剑桥方程式则从微观经济主体的行为入手,认为货币需求取决于人们对货币资产和非货币资产的选择行为,并强调利率对货币需求的影响。因此,剑桥方程式属于微观货币需求理论,且其考察影响和决定货币需求的因素要比费雪方程式全面得多。

(4)对实际货币需求的研究深度不同。现金交易说没有明确区分名义货币需求与实际货币需求,所以,交易次数、交易量以及价格水平都会影响到货币需求;现金余额说的货币需求是实际的货币需求,不受物价水平的影响,物价变动只能影响名义货币需求。

二、马克思货币需求理论

马克思的货币需求理论集中反映在其货币必要量公式中。马克思的货币必要量公式是在总结前人对流通中货币数量广泛研究的基础上,对货币需求理论的简要概括。马克思的货币必要量公式如下:

$$货币必要量 = \frac{商品价格总额}{同名货币的流通速度}$$

或

$$M = PQ/V \tag{8.4}$$

式中,M 表示执行流通手段职能的货币量,P 代表商品的价格水平,Q 代表流通中的商品数量,V 代表同名货币流通速度。

(8.4)式表明:货币的需要量与同名货币流通速度成反比,与商品数量和商品的价格水平的乘积,即与商品的价格总额成正比。

马克思认为:商品价格取决于商品的价值和黄金的价值,而价值取决于生产过程,所以商品是带着价格进入流通的;商品价格有多大就需要多少金币来实现它;商品与货币交换后,商品退出流通,黄金却留在流通中,可使其他的商品得以出售。

马克思认为,纸币流通条件下,货币量与价格的关系是:纸币是金属货币的代表,纸币之所以能流通,是因为有政府的强力支持。流通中的金属货币需要量是一定的,纸币的流通量无论多大,都只能代表流通中需要的金属货币量,所以,单位纸币所代表的金属货币量会随着纸币流通量的增加而减少。在金属货币流通的条件下,流通所需要的货币量,由商品的价格总额决定;在纸币作为唯一的流通手段的条件下,商品的价格水平会随着纸币的流通量的增加而上升。

马克思首先以完全的金币流通为假设条件来进行分析。依此条件,他作出了如下论证:① 商品价格取决于商品的价值和黄金的价值,而商品价值取决于生产过程,所以商品是带着价格进入流通的。② 商品的价格、数量决定了用以实现它的流通所需的金币的数量。③ 商品与货币交换后,商品退出流通,货币却留在流通领域媒介其他商品的交换,从而一定数量的货币流通几次,就可以媒介几倍于它的商品交换。其中,商品价格总额等于商品价格与待售商品数量的乘积。因此,一定时期内,货币量的增减变动取决于价格、流通中的商品数量和货币流通速度这三个因素的变动。它与价格、流通中的商品数量成正比,而与货币流通速度成反比发生变化。

马克思的货币必要量公式具有重要理论意义,它揭示了商品流通决定货币流通这一基本原理。但由于马克思的货币必要公式是以完全的金币流通为条件和基础的,因此还有一些问题需要引起注意:其一,马克思的货币必要量公式强调商品价格由其价值决定,商品价格总额决定货币必要量,而货币数量对商品价格无决定性影响。这个论断适用于金属货币流通,而不适用于纸币流通。其二,直接运用这个公式测算实际生活中的货币需求,还存在许多操作上的困难。也就是说,货币必要量公式只能是理论分析中的一个定性的量,而非实践中可以测量的值。其三,马克思货币必要量公式反映的是货币交易性需求,即执行流通手段职能的货币需要量,不包含执行支付手段、贮藏手段职能的货币需求。

三、凯恩斯的货币需求理论

约翰·梅纳德·凯恩斯继承了剑桥学派的分析方法,从资产选择的角度来考察货币需求。1936年,凯恩斯出版了名著《就业、利息与货币通论》,提出了独特的货币需求理论。凯恩斯认为,所谓货币需求是指一定时期经济主体能够持有且愿意持有的货币数量。而人们之所以需要持有货币,是因为对货币普遍存在一种流动性偏好的心理倾向,这一流动性偏好就是人们对货币的需求。因此,凯恩斯的货币需求理论又称为流动性偏好理论。

(一) 持有货币的三种动机

凯恩斯对货币需求理论的贡献是他关于货币需求动机的剖析,并在这个基础上把利率因素引入了货币需求函数。凯恩斯将人们持有货币的动机分为三类,即交易动机、预防动机和投机动机。相应地,货币需求也被分为三部分:交易性需求、预防性需求和投机性需求。

1. 交易动机的货币需求

交易动机的货币需求是指人们为了应付日常交易需要而产生的货币需求。交易动机可以分为个人的收入动机和企业的营业动机,其强度的大小主要取决于经济主体收入的多少和收、支时间间隔的长度。另外,影响交易需求的因素还有支出习惯、金融制度、经济预期等。这些影响因素中,除了收入因素外,其他因素可视为在短期内不变的常量,收入越多,这种货币需求也越多,因此,凯恩斯将交易动机的货币需求看作是收入的递增函数。

2. 预防动机的货币需求

预防动机的货币需求,是指人们为应付可能突然发生的意外支出,或者突然出现的有利时机产生的货币需求。它的产生主要因为未来收入和支出的不确定性。在凯恩斯看来,预防动机的货币需求也主要决定于收入的数量,也是收入的递增函数。

3. 投机动机的货币需求

凯恩斯货币需求理论的真正创新之处在于他引入了对投机动机的货币需求的分析,从而强调了利率在货币需求中的影响。所谓货币的投机性需求是指人为了在未来某一适当的时机进行投机活动而愿意持有一部分货币。

为了分析决定投机性货币需求的因素,凯恩斯假定人们可以以两种形式来持有其财富:货币或生息资产,后者可以用长期政府债券来代表。因此影响财富在这两者之间进行分配的因素也就是影响货币投机性需求的因素。

那么究竟哪些因素会影响人们在货币和生息资产之间的选择呢?凯恩斯认为这主要取决于这两种资产分别给人带来多少预期报酬。他假定,货币的预期报酬率为零。而债券等生息资产却可能有两种报酬:利息和资本利得。

利息收入显然取决于利率的高低。资本的利得则是指债券的卖出价和买入价之间的差额,它也是和利率相关的。我们知道,债券的价格是和利率成反向变化的。因此,预期资本利得的大小取决于预期的利率波动。凯恩斯假定,每个人的心目中都会有一个利率的"安全水准"。当利率低于这个安全水准时,人们就会预期它将上升;反之反是。因此,预期资本利得就取决于当前利率与安全利率的偏离程度。

由此可以得知,货币的投机性需求与利率呈反向变动关系。首先,当利率较高时,持有生息资产的利息收入较大;其次,当利率较高时,它高于安全利率,但在未来时期内下降的可能性也较大,所以持有生息资产获得资本利得的可能性也较大。这两个方面的因素加起来,就使利率越高,生息资产越有吸引力,货币的投机性需求越小。反之则相反。

(二)凯恩斯的货币需求函数

将上面的讨论归纳起来,就可以得到凯恩斯的货币需求函数。值得注意的是,凯恩斯讨论的货币需求是实际货币需求,而不是名义货币需求。在凯恩斯看来,人们在决定持有多少货币时,是根据这些货币的购买力来决定的,而不仅仅是看货币的面值是多少。实际货币需求可以由名义货币需求除以物价指数,也就是用 M_d/P 来表示。

凯恩斯把与实际收入成正向关系的交易性需求和预防性需求合在一起,称为 $L_1(Y)$,它随实际收入的增加而增加;凯恩斯又把与利率成反向关系的投机性货币需求合在一起,称为 $L_2(r)$,它随利率的增加而减少。

因此,凯恩斯的货币需求函数可表示为:

$$M = M_1 + M_2 = L_1(Y) + L_2(r) \tag{8.5}$$

在(8.5)式中,M 表示货币总需求,M_1 表示交易性和预防性的货币需求,M_2 表示投机性的货币需求,Y 表示收入,r 表示市场利率,L_1 表示 M_1 与 Y 的函数关系,

L_2 表示 M_2 与 r 的函数关系。

(三)"流动性陷阱"

所谓"流动性陷阱"是凯恩斯分析货币需求发生不规则变动的一种状态。凯恩斯认为,一般情况下,由流动性偏好决定的货币需求在数量上主要受收入和利率的影响。其中交易性货币需求是收入的递增函数;投机性货币需求是利率的递减函数,所以货币需求是有限的。但是当利率低至一定水平时,人们一致预期利率将上升,此时持有债券会因债券价格下跌而蒙受资本损失,人们普遍只愿意以货币形式来持有财产而不愿意持有债券。货币供给的增加并不能使利率降低,因而增加的货币存量都被自愿贮存了,货币需求成为完全弹性,有如无底洞一般,"流动性陷阱"的名称即由此而来。如图 8.1 所示,$L(Y_1)$ 是收入在 Y_1 时的货币需求,当收入增加到 Y_2 时,曲线便移动至 $L(Y_2)$,以此类推。当利率降至 r_0 时,货币需求曲线变为与横坐标平行的一条直线。

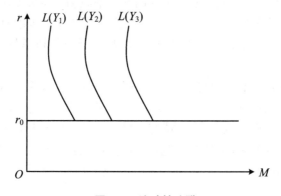

图 8.1 流动性陷阱

应该指出的是,由于预期资本利得是取决于当前利率与安全利率之间的偏差,而不是当前利率水平,所以当安全利率发生变化时,货币的投机性需求也会发生变化,从而整个货币需求与利率的对应关系都会发生变化,也就是货币需求曲线将发生位移。

(四) 结论

(1) 把利率作为影响货币需求的重要因素考虑进来是凯恩斯的一大创举。他将货币需求对利率的敏感性作为其宏观经济理论的重要支点,并以此来攻击传统的货币数量论。

货币需求是不稳定的。由于市场利率往往有较大的波动,受其影响,人们对货币这种资产的需求也会有较大的波动,而且由于人们对于安全利率的看法也会发生变化,所以货币需求函数本身也是不稳定的。因此,货币需求不仅是波动的,而且是难以预测的。

上述分析表明,货币需求对利率是否敏感是一个非常重要的理论问题,因此它也成为凯恩斯主义者和货币主义者长期争论的焦点。

(2) 政策性结论:① 在社会总需求不足的情况下,可以通过增加货币供给量,降低利率,从而增加投资需求,促进经济增长。② 由于存在着流动性陷阱,当利率不能降低时,货币政策失效,需要采用积极的财政政策。

四、凯恩斯学派对凯恩斯货币需求理论的发展

凯恩斯的货币需求理论在20世纪50年代后得到凯恩斯学派经济学家们更进一步的深入研究和扩展。其内容主要有:鲍莫尔将利率因素引入交易性货币需求分析,得出"平方根定律"或鲍莫尔模型;惠伦将利率因素引入预防性货币需求分析,得出"立方根定律"或惠伦模型;托宾将预期的不确定性引入投机性货币需求分析,形成"托宾资产组合理论"。这些理论都建立在凯恩斯流动偏好的理论基础上,但同时又对凯恩斯理论在分析过程中的某些与实际情况不符的假设作了修正,从而得出新的结论和模型。

(一) 平方根定律

在凯恩斯的货币需求分析中,交易性货币需求是收入的函数,与利率无关。这一结论首先受到了美国经济学家汉森(A. H. Hansen)在1949年出版的 *Monetary Theory and Fiscal Policy* 一书的批评,汉森认为,当利率高到一定程度时,交易金额也有弹性,在此界限上,利率越高,交易者会越节约现金余额。1952年,美国经济学家鲍莫尔(W. Baumol)运用管理学中的最优存货控制理论,对交易性货币需求与利率的关系作了深入分析,提出了与利率相关的交易性货币需求模型,即平方根定律或鲍莫尔模型,其基本分析思路和方法如下:

人们为满足交易需求而持有一定的货币余额,就好比企业为满足生产和交易活动需要而保持一定存货一样。存货能方便生产和交易,但都要耗费成本,因此,最佳存货量是在成本最低时能够满足生产和交易活动正常进行的存货量。货币余额也有这样一个最佳保有量的问题,在普遍存在生息资产的情况下,持有货币这种无收益资产就要承担一定的机会成本。任何一个以收益最大化为目标的经济主体,在货币收入取得且尚未用于支出的一段时间里,没有必要让所有准备用于交易的货币都以现金形式存在,而可以将暂时不用的现金转换为生息资产,等需要时再将生息资产变现,这样就可减少机会成本。由于资产变现活动要支付一定的手续费或佣金,产生交易成本,因此,经济主体就需要将利息收益和交易成本两者进行比较而作出选择,只要利息收益超过变现的手续费就有利可图。利率越高,生息资产的收益越多,持有现金的机会成本就越大,人们会尽可能将现金余额压到最低限度。相反,利率越低,持有现金的机会成本越小,人们则愿意多持有现金。当利息

收入不够抵付变现的手续费时,人们就将准备用于交易的全部货币收入都以现金形式持有。可见,交易性货币需求与利率是相关的。

假设某人每月初得到收入 Y,月内可预见的交易支出总额也为 Y,交易活动在月内平均分布,收入在月内平均用完。那么,月初只需保留少量货币 C,而把其余 $(Y-C)$ 用于购买债券。等所持货币 C 用完后,再用债券换回又一货币 C,供交易之需,周而复始(见图 8.2)。由于每次由债券兑换成的货币均为 C,则月内共兑换 Y/C 次。设每兑换一次的手续费为 b,则月内的手续费共为 $b \cdot Y/C$。又假定每次换回的货币 C 也是连续和均匀支出的,因此,平均的货币持有额为 $C/2$。设持有单位货币的机会成本为债券利率 r,由于平均货币余额为 $C/2$,所以机会成本总量为 $r \cdot C/2$。若以 x 表示持有货币的总成本,则有:

$$x = b \times \frac{Y}{C} + \frac{C}{2} \times r$$

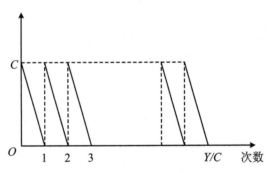

图 8.2 交易支出图

该式表明,持有货币的成本(交易成本和机会成本)是货币持有量的函数。其中,交易成本是货币持有量的减函数,机会成本是货币持有量的增函数。将总成本 x 对每次兑换的货币量 C 求一阶导数,并令其为 0,即

$$\frac{dx}{dC} = -\frac{bY}{C^2} + \frac{r}{2} = 0 \tag{8.6}$$

则可求得总成本 x 最小时的每次兑换货币量 C。由上式得:$C = \sqrt{\frac{2bY}{r}}$,这就是说,当每次由债券换成的货币量为 $\sqrt{\frac{2bY}{r}}$ 时,持有货币的总成本最小。由于货币的平均持有量为 $C/2$,所以使总成本最小的货币平均持有量为

$$M_d = \frac{C}{2} = \frac{1}{2}\sqrt{\frac{2bY}{r}} = \sqrt{\frac{bY}{2r}} \tag{8.7}$$

这就是著名的"平方根定律"。若令 $a = \sqrt{\frac{b}{2}}$,公式则更为直观,即

$$M_d = aY^{0.5}r^{-0.5} \tag{8.8}$$

(8.7)式说明,用于交易的货币持有额或交易性货币需求有一个最佳规模,这个规

模的确定与收入 Y 和利率 r 都有关,与收入正相关,与利率负相关。收入增加,交易性货币需求随之增加,但 Y 的指数 0.5 说明, M_d 随 Y 增加的比例并不大,利率提高,交易性货币需求随之减少,但 r 的指数 -0.5 说明, M_d 随 r 减少的比例也不大。如果进一步将(8.8)式两边取自然对数,得

$$\ln M = \ln \alpha + 0.5\ln Y - 0.5\ln r \tag{8.9}$$

再将该函数分别对 $\ln Y$ 和 $\ln r$ 求的偏导数,则分别得出交易性货币需求对收入的弹性值为 0.5,对利率的弹性值为 -0.5。当然,这两个弹性值只是一种理论推演的结果,后来的一些经济学家在对其进行实证检验中发现,弹性值与现实情况有较大差距。

(二) 立方根定律

在凯恩斯的货币需求分析中,预防性货币需求也是收入的函数,同样与利率无关。对于这一结论,1966 年,美国经济学家惠伦(Whalen)给以否定,他论证了预防性货币需求与利率的函数关系,得出了惠伦模型即立方根定律。其基本分析思路和方法如下:

预防性货币需求来自于人们对未来事物不确定性的考虑。人们无法保证在某一时期内的货币收入和货币支出与原来预料的完全一致。不测情况的发生可能导致已有的收入不能满足临时的货币支付要求,因此,实际保持的货币就要比正常的预期需要量再多一些,多保持的部分就是预防性货币需求。与交易性货币需求有一个最佳持币量的道理一样,预防性货币需求也有一个能够使持币总成本最小的最佳持币量。惠伦认为,这个最佳的持币量与三个因素有关:① 非流动性成本。这是指因低估某一支付期内的现金需要,持有货币过少或流动性过弱而可能造成的损失。非流动性成本可表现为三种情况:一种是在必须支付时,既无现金,又不能得到贷款支持或将非现金资产转换为现金,因此而陷于经济困境甚至导致破产,这是成本最高的表现形式;二是在必须支付时能够得到贷款支持,这时的非流动性成本就是支付的贷款利息;三是在必须支付时可将非现金资产转换为现金,这时的非流动性成本就是资产变现的手续费。理论分析以第三种情况为一般情况。② 持有预防性货币余额的机会成本。这是指持有这些现金而舍弃的持有生息资产的利息收益。③ 收入和支出的平均值和变化的情况或变现的可能次数。这一因素的提出来自对未来支出和收入差额的不确定性的考虑,它不同于交易性货币需求分析中以收入和支出的确定性和可预料性为前提的情况。由于只有当一定期间内支出和收入的差额(净支出)大于该期间内预防现金的持有额时,才须将非现金资产转换为现金,因此,收入和支出的平均值和变化情况,决定着变现的可能次数。

上述三个因素中,第一个因素(以资产变现的手续费代表的非流动性成本)与第三个因素(变现的可能次数)的积为预防性货币需求的非流动性成本总额(相当

于交易性货币需求分析中的交易成本),第二个因素(舍弃的利息收益)与持有预防性现金余额的积为预防性货币需求的机会成本总额。两种成本之间的关系为:当人们为预防不测而多持有现金余额时,就减少了非流动性成本,但却增加了机会成本;相反,当人们为追求利息收益而少持有现金余额时,就减少了机会成本,但却增加了非流动性成本。最佳现金持有量的选择是:在二者相加的总成本最低时的现金持有量。假设资产变现的手续费为 b,变现的可能次数为 P,债券利率为 r,持有预防性现金余额为 M,预防性货币需求总成本为 x,则:

$$x = M \cdot r + P \cdot b \tag{8.10}$$

(8.10)式中,变现的可能次数 P,取决于净支出(支出与收入之差,用 N 表示)大于 M 的概率。从长期平均角度看收入等于支出,净支出为 0,因此, N 的概率分布以 0 为均值,若设方差为 S^2,则可知净支出 N 与均值之间的偏差大于预防性现金余额 M 的概率 P 满足:

$$P\{|N-0| \geqslant M\} \leqslant \frac{S^2}{M^2} \tag{8.11}$$

对于一个风险回避者来说,在估计净支出大于预防性现金余额的概率时,要作出对流动性不足的充分估计,估计值应为 $P\{|N-0| \geqslant M\} \leqslant \frac{S^2}{M^2}$。将 P 值代入(8.11)式,得

$$x = M \cdot r + \frac{S^2}{M^2} \cdot b \tag{8.12}$$

将总成本 x 对预防性现金持有量 M 求一阶导数,并令其为 0,即

$$\frac{\mathrm{d}x}{\mathrm{d}M} = r - \frac{2bS^2}{M^3} = 0 \tag{8.13}$$

则可求得总成本 x 最小时的预防性现金持有量 M 为

$$M = \sqrt[3]{\frac{2bS^2}{r}} \tag{8.14}$$

(8.14)式就是立方根定律或惠伦模型。若令 $\alpha = \sqrt[3]{2}$,则(8.14)式可写作: $M = \alpha b^{\frac{1}{3}} S^{\frac{2}{3}} r^{-\frac{1}{3}}$,它表明最佳预防性现金持有量与非流动性成本(变现手续费)和净支出方差正相关弹性值分别为 1/3 和 2/3,与利率负相关,弹性值为 -1/3。在惠伦模型中,收入对预防性货币需求的影响是通过净支出的方差间接表现出来的,因而,收入和支出的数额和次数是影响净支出方差的主要变量。

(三)托宾的资产组合理论

在凯恩斯的投机性货币需求分析中,人们对于货币和债券这两种资产的选择是相斥的,或者选择货币,或者选择债券,两者不能兼得,原因是人们对未来的利率变化的预期是可确定的。而现实中的情况与凯恩斯的假定并不吻合,经常存在的情况是投资者对自己作出的对未来利率的估计并不完全自信,因而在资产选择上

一般采取既持有货币,也持有债券的组合形式。基于对这种情况的考虑,美国经济学家托宾(Tobin James)对凯恩斯货币需求理论作了重要修正和拓展,他以人们对未来预期的不确定性为前提,研究如何选择资产持有的问题,形成了对投资活动和金融管理产生深远影响的资产组合理论。

托宾认为,资产的保存形式不外乎两种:货币和债券。债券称为风险性资产;货币被称作安全性资产。风险和收益同方向变化,同步消长。

由于人们对待风险的态度不同,就可能做出不同的选择决定,据此,托宾将人们分为三种类型:风险回避者、风险爱好者、风险中立者。托宾认为,现实生活中前两种人只占少数,绝大多数人都属于风险中立者,资产选择理论就以他们为主进行分析。

托宾认为,收益的正效用随着收益的增加而递减,风险的负效用随风险的增加而增加。若某人的资产构成中只有货币而没有债券时,为了获得收益,他会把一部分货币换成债券,因为减少了货币在资产中的比例就带来收益的效用。但随着债券比例的增加,收益的边际效用递减而风险的负效用递增,当新增加债券带来的收益正效用与风险负效用之和等于零时,他就会停止将货币换成债券的行为。同理,若某人的全部资产都是债券,为了安全他就会抛出债券而增加货币持有额,一直到抛出的最后一张债券带来的风险负效用与收益正效用之和等于零时为止。只有这样,人们得到的总效用才能达到最大。这也就是所谓的资产分散化原则。这一理论说明了在不确定状态下人们同时持有货币和债券的原因,以及对二者在量上进行选择的依据。如图 8.3 所示。

图 8.3 中,上半部分的纵坐标表示预期收益率,横坐标表示风险。OC_1、OC_2、OC_3 表示在不同利率(r_1、r_2、r_3,$r_3 > r_2 > r_1$)水平下的投资机会轨迹。I_1、I_2、I_3 是一组无差异曲线,在任何一条既定的曲线上,不同的收益与风险的组合都具有相同的效用。无差异曲线反映了投资者在预期收益率和风险之间权衡进行资产组合选择的原则。在此原则下,投资者的选择最终取决于他对货币和债券两种资产的持有比例。

在图 8.3 的下半部分的左纵坐标表示债券的构成比例,箭头向下从 0~100%,右纵坐标表示货币的比例,箭头向上从 0~100%。与均衡点 A、B、C 分别对应的 a、b、c,分别代表同时持有现金和债券情况下的债券或现金持有比例。

图 8.3 说明 A、B、C 点都是人们资产组合的均衡点,即风险负效用等于收益正效用之点。从这些均衡点的变化中可见,利率越高,预期收益越高,而货币持有量比例越小,证实了货币投机需求与利率之间存在着反方向变动的关系。托宾模型还论证了货币投机需求的变动是通过人们调整资产组合实现的。这是由于利率的变动引起预期收益率的变动,破坏了原有资产组合中风险负效用与收益效用的均衡,人们重新调整自己资产组合的行为,导致了货币投机需求的变动。所以,利率和未来的不确定性对于货币投机需求具有同等重要性。

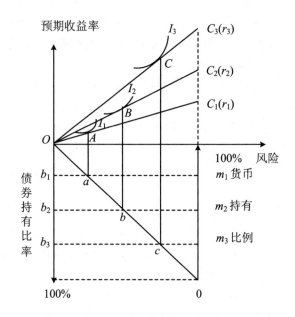

图 8.3　托宾的资产组合理论

托宾模型虽然较凯恩斯货币投机需要理论更切合现实,但是许多西方学者也指出该模型存在着许多不足之处。例如,模型忽略了物价波动的因素;托宾模型只包括两种资产,即货币和债券,而不包括其他金融资产,这显然与当代金融实际情况不符。

五、弗里德曼的货币需求理论

1956 年,为了反击人们对货币数量论的谴责,货币学派代表人物米尔顿·弗里德曼发表了他的名作《货币数量说——新解说》,从而标志着现代货币数量论的诞生。弗里德曼认为,货币数量说"首先是货币需求的学说,而不是关于产出、或货币所得、或价格水准的理论"。所以,货币数量论的表述必须从货币需求入手。

(一)弗里德曼的货币需求函数

弗里德曼继承和发扬了凯恩斯等人把货币看成一种资产的观点,并通过财富所有者的资产选择行为来考察人们对货币的需求。

与凯恩斯不同的是,弗里德曼并不把资产选择的范围仅限于货币和债券之间,而是把债券、股票以及各种实物都列为可替代货币的资产。弗里德曼认为决定货币需求的因素不外乎三大类,即财富总量、各类资产的收益率及财富所有者的主观偏好。由此,弗里德曼提出了他的货币需求函数式:

$$\frac{M}{P} = f(Y, W, r_m, r_b, r_e, \frac{1}{P} \cdot \frac{dP}{dt}, U) \tag{8.15}$$

(8.15)式中,$\frac{M}{P}$ 表示实际货币需求,P 表示一般物价水平,Y 表示恒久收入,W 表示非人力财富占总财富的比例,r_m 表示货币的预期收益率,r_b 表示债券的预期收益率,r_e 表示股票的预期收益率,$1/P \cdot dP/dt$ 表示物价水平的预期变动率,也就是实物资产的预期收益率,U 表示影响货币需求的其他综合因素。

(二)货币需求的影响因素分析

1. 收入或总财富

弗里德曼认为,收入或总财富是决定货币需求的首要因素。由于在现实生活中财富很难估算,所以需要用收入来代替财富总额。由于现期收入容易受经济波动的影响,因此采用恒久收入来作为财富的代表。所谓恒久收入是指人们的预期平均长期收入,是人们在一个较长时期内过去、现在和将来收入的平均数,它具有稳定性特点,是影响货币需求的最重要因素,与货币需求成正比关系,由总财富决定的恒久收入水平越高,货币的需求量就越大。

弗里德曼进一步将总财富划分为人力财富和非人力财富。人力财富是指个人获得收入的能力,其大小与接受教育的程度密切相关;非人力财富是指各种非物质性财富。这两种财富都能带来收入但人力财富向非人力财富的转化,会由于制度方面的约束而受到很大限制,所以人力财富的流动性较低。因而,如果恒久收入主要来自人力财富,人们就需要通过持有较多的货币来增加流动性以备不时之需,反之则相反。因此,非人力财富占总财富的比例与货币需求成反比关系。

2. 持有货币的预期报酬率

弗里德曼认为,货币能否产生效益,取决于货币的种类。现金的名义收益率可能为0,定期存款的名义收益率为正,而活期存款由于要支付各种费用,其名义收益率则可能为负。因此,r_m 与货币需求呈正相关关系,货币的名义收益率越高,货币需求越大。

3. 持有货币的机会成本

持有货币的机会成本是指其他资产的预期报酬率。弗里德曼认为,其他资产的名义收益率包括两部分:一是当前收益,包括债券的固定预期固定收益率 r_b 和股票的预期非固定收益率 r_e;二是预期物价变动率($1/P \cdot dP/dt$)。债券的利率和股票的收益率越高,持币成本越大,货币需求量越小。预期通货膨胀率越高,持币带来的货币时间价值损失就越大,货币需求越小。因此持有货币的机会成本与货币需求呈负相关关系。

4. 财富所有者的偏好

这是指人们对于持有货币的心理偏好。包括收入以外的影响货币效用的其他因素或变量。如社会富裕程度、取得信贷的难易程度、社会支付体系的状况甚至个人的嗜好、兴趣等。它们在短期内可以被视为是不变的。

(三) 弗里德曼货币需求理论的政策含义

弗里德曼认为,恒久收入对货币需求的影响最重要。由于恒久收入是稳定的,从而由恒久收入决定的货币需求量也是稳定的、可测的。因此,造成通货膨胀问题的主要原因是货币供应量的变动。货币供应量的变动是物价水平变动的最根本决定因素,通货膨胀是物价水平持续、普遍的上升,因而通货膨胀始终是一种货币现象。当货币量的增长明显快于产量的增长时,通货膨胀便会发生,因而引起持续性通货膨胀的根本原因只能是货币供应量的过度增长。因此,货币当局应把货币政策目标放在控制货币供应量上。要治理通货膨胀,实现经济稳定增长,唯一有效的措施是控制货币供应量的增长率,使之与经济增长相适应。这种单一地控制货币供应量,使货币供应量始终不变地以一种固定的比率增加,并大致与经济增长率相适应的政策,被称为"单一规则"的货币政策。

(四) 传统货币数量说、凯恩斯货币需求学说与现代货币数量说的比较

从分析思路看,弗里德曼所采用的显然也是资产选择分析法,这一点与凯恩斯相同,都是对马歇尔理论的继承。从货币需求函数的形式上看,两者都将货币需求的最终决定因素定位在收入和利率上。但这两种理论在实质上存在着以下显著区别:

(1) 凯恩斯流动偏好理论对资产进行了简单的两分法:货币和债券。因为在凯恩斯看来,决定债券和其他金融资产预期回报率的最主要因素是利率,这些预期回报率的波动具有一致性,因此其他金融资产完全可被债券予以代表而不必列入货币需求函数。与凯恩斯的看法不同,弗里德曼认为,债券、股票甚至实物资产都是货币的替代品,除利率这一共同影响因素外,债券、股票和实物资产还各自受到很多其他独特因素的影响,这样在考察货币需求变动时,三者彼此之间并不能完全替代。因此,弗里德曼对货币需求影响因素的认识更加全面和深入。

(2) 凯恩斯流动性偏好理论并没有考虑实物资产对货币的替代问题,这样货币需求的变动就只与收入和利率相关,而不会对总支出发生直接作用。相反,弗里德曼强调实物资产对货币的替代作用,其结论是,货币需求的变动可能直接影响实物资产,即总支出。

(3) 凯恩斯流动性偏好理论认为持有货币的预期收益率为0,利率变动对货币需求的影响是直接而显著的,因此利率能够成为联系货币供给与货币需求的桥梁。相反,弗里德曼认为持有货币的预期收益率可以变动。当利率上升时,银行为扩大贷款以获取更多利润必然引起对存款的争夺。这种争夺无论是通过直接提高利率的方式进行,还是通过诸如改善服务质量等间接方式进行,对存款人即货币持有人来说,都意味着货币收益率的提高。因此,利率上升一方面引起债券、股票等其他资产收益增加,另一方面也引起货币收益增加。两者相互抵消后,它们之间的收益

差距就会保持不变,而且利率上升对持有货币的机会成本是不产生影响的,故货币需求不会发生变化。这样,弗里德曼最终否定了凯恩斯有关利率变动影响货币需求的观点。

(4) 虽然两种货币需求函数中都涉及收入,但是弗里德曼却赋予收入全新的内容。显然,用恒久性收入替代一般意义上的收入,是弗里德曼货币需求理论的关键。从这一概念出发,弗里德曼推理出货币需求的可预测性和相对稳定性,而这又决定了货币流通速度的可预测性和相对稳定性。从而"货币供给量的变化只会影响物价水平"这一传统货币数量论的结论也就不证自明了,在这一点上,两种货币数量论的观点是完全一致的。正因为如此,弗里德曼才将自己的货币需求理论冠之以"货币数量论",并认为是对"货币数量论的重新表述"。但是,现代货币数量论与传统货币数量论的区别还是十分明显的:

(1) 弗里德曼的货币需求理论更具实用性,因为其货币需求研究的目的是要在全面批判凯恩斯主义政策主张的基础上,为货币当局执行货币政策提供理论依据与政策规则。

(2) 传统货币数量论直接假定货币流通速度为一个固定的常数,现代货币数量论却通过精致论证认为,货币流通速度虽非如凯恩斯所言,是一个变动无常的数,但传统货币数量论的观点却过于简单和机械。实际上,货币流通速度应该是一个稳定的、可以预测的变量。

(3) 现代货币数量论放弃了传统货币数量论所认为的,由于经济始终处在充分就业状态,实际国民收入永远不变,从而价格变化必然与货币供给的变化保持完全同步的观点。相反,现代货币数量论认为,货币数量的变化在短期内是可以造成实际国民收入变化的,因此,

货币供给的变化并不一定完全通过物价水平表现出来,两者变动的比例应视其他条件而定。

第三节 货币需求的测算

准确测算货币需求是有效控制货币供应量的重要前提。经济学家们根据不同的理论,并结合各国的经济情况对货币需求量的测算进行了探索,提出了一些有益的思路和方法。下面简要介绍国外凯恩斯主义和货币主义的测算方法与我国主要根据马克思的货币需求理论进行的探索实践。

一、国外货币需求的测算

(一) 凯恩斯主义的权变法

凯恩斯主义学派的经济学家认为:国民经济具有内在的不稳定性,不稳定的原

因主要是实物部门的内在矛盾(例如投资动机边际收益的变化),而与货币基本无关,而且一旦经济出现失衡,要想恢复则需要较长的时间。因此,为了要保持国民经济的稳定发展,必须对经济运行进行国家干预,同时使用财政政策与货币政策。在财政政策上,搞"补偿性财政",即在萧条时期搞赤字预算,扩大政府开支,以刺激总需求,提振经济;在繁荣时期则搞盈余预算,削减政府开支,以抑制总需求,阻遏经济的过度膨胀。在货币政策上,则采取"相机抉择"的办法,即在经济萧条、失业率上升时期,采取宽松的货币政策;而在经济过热、严重通货膨胀时,则采取紧缩的货币政策。这种依经济周期变动而确定货币供应量的方法被称为"权变法",即两利相权择其重,两害相衡择其轻。

在实践中,以这种权变法来确定最适货币量的做法,对摆脱20世纪30年代的大危机,促使经济增长起到了很好作用,但随之带来的是持续的高通货膨胀,并在20世纪70年代出现了凯恩斯主义无法解释的"滞胀"局面。于是凯恩斯主义的货币政策备受责难,面临危机。正是在此之际,以反凯恩斯主义政策面目出现的货币主义的"规则法"开始受到各国的青睐和重视。

(二) 货币主义的规则法

货币主义的所谓"单一规则"有两方面的含义:其一是指货币当局只有按照一个固定的增长比率供应货币,才能保持经济的稳定;其二是货币政策只应以货币供给量为直接控制目标。它所要解决的最大问题是什么样的货币增长率才是合适的?对此问题,许多经济学家进行过实证研究,如弗里德曼也曾以"最适货币量"为题对美国货币供给情况进行了研究。他认为,就美国而言,货币量的年增长率以稍高于4%比较合适,其中,3%的增长率相当于产量的增长率,余下的1%则相当于公众随着实际收入的增加所保留的货币量的增加。也就是说,美国长期平均的经济增长率为3%,货币供应量增长率也应为3%。除此之外,还要考虑货币流通速度变化的需要。而根据他们的研究结果,货币流通速度每年正常递减1%,故货币供应量增长率在4%的水平才能达到GDP年平均增长3%的需要。

货币主义者认为,由于影响和决定货币需求量的主要因素是具有稳定性的恒久收入,所以货币流通速度和货币需求也是相对稳定的,从而为了保证经济的稳定增长,只能按照固定的增长率供应货币;私人经济具有内在的稳定性,经济出现波动的根本原因在于货币干预,货币增长率的相机调整至多能在短期内引起产量的增长,并无长期的稳定增长效果,其长期最终效果却是一般物价水平的普遍上升,因此,政府没有必要对私人经济进行干预,不当的政策不仅无益于经济的稳定运行,反而会助长通货膨胀;由于货币供给量的变化是物价水平及名义收入变动的决定性因素,通货膨胀归根到底是一种货币现象,造成通货膨胀的根本原因就是货币的过度发行,因此货币管理当局就应该而且可以通过控制货币的发行来制止通货膨胀的发生,实现经济的稳定增长。

根据货币主义的分析,凯恩斯主义"权变法"的货币需求量确定不仅在理论上是错误的,而且在实践中也存在很大困难,效果不会理想。他们认为,由于我们的经济、货币知识有限,统计资料不全,准确度不高,人们不可能对经济现状做出全面准确地估计;影响经济的外生变量很多,也很复杂,人们要想准确地预测这些变量对经济的影响程度几乎是不可能的,从而也就不可能找到对货币增长率进行有效的微调标准;由于经济学家的认识不会统一,货币当局将很难进行选择;即使判断决策正确,货币政策效应的产生由于存在时差,也很难把握住"火候";而且由货币管理当局相机抉择,既不符合自由社会的准则,也容易受到外力的影响,出现混乱。因此,货币主义学派认为,在货币政策上"政府不可信"。

(三)权变法与规则法的比较

权变法的最大优点是可以灵活地调节货币供应量,使之与货币需要量相一致,经常地保持货币供需均衡,在理论上是正确的,其政策主张也很容易被人接受。它的最大缺点是主观随意性太强,货币管理当局有时可能会出于某些需要而有意识地将货币供应量偏离货币需要量,并且一定时期的货币需要量究竟是多少的确很难正确判断,虽然通过某些方法可以给予计算,但可信度都不高,这样就使得权变法很难达到通过对货币供应量的调节去促成并维持社会总体供需均衡的目的。

规则法的最大优点是简单,便于中央银行控制,货币管理当局无须整天为经济的短期波动而坐卧不安,只要确定一个规则,就可以以不变应万变。这个规则就是确定一个适当的货币供应量的增长率。然而,它有一个致命的弱点,那就是不能把货币供应量与货币需要量很好地挂起钩来,因为货币需要量作为一个由各种因素所决定的内在变量,很难说它是有规则地变动,即使它能有规则地变动,也不能武断地说它就长期按固定比率增长。这样,货币供应量就会经常地偏离货币需要量,在经济发展较快的时期,货币供应量就会不足,弗里德曼等人认为这种货币供应量低于需要量的状况可以防止经济过热增长,避免过度繁荣后突然爆发危机,但是,这种人为制造的"货币饥荒"会延缓经济应有的发展速度,有可能扼杀经济的合理增长。相反,在经济发展较慢时期,货币供应量会显得偏多,他们认为这种状况可以刺激经济回升,但这事实上就是搞通货膨胀政策。可见,如果按规则法的主张来控制货币供应量,要么会发生货币饥荒,要么会造成通货膨胀,二者都不利于国民经济的宏观供求均衡。

二、我国货币需求的测算

我国对货币需求问题的研究始于20世纪50年代,但基本上限于对马克思货币必要量公式($MV=YQ$)的理解和应用。

1. "1∶8"公式

所谓"1∶8",是指要实现8元零售商品的流通,必须要有1元人民币。符合这个标准,说明货币发行量适中,不符合这个标准,则说明货币供给过多或不足。这一公式是20世纪60年代由银行工作者根据对多年商品流通与货币流通之间关系的研究得出的结论,它是依据马克思的货币需要量公式,根据正常年份的货币流通量,运用倒推法,首先计算出正常年份的货币流通速度,然后根据公式计算出预算期的货币需要量。

"1∶8"公式是在我国计划经济体制的特定背景下出现的,具有鲜明的时代特征,对于分析我国20世纪60—70年代的货币流通状况曾起到过一定的作用。因为在那时,生产资料和消费资料的流通明确划分为两个领域,生产资料不是商品,不参与流通,通常是调拨,流通的主要是消费资料。所以商品零售价格总额就是马克思的货币需要量公式中的商品价格总额;货币就是现金,货币需要量实际就是现金需要量。随着我国改革开放的不断深化,这一经验公式也很快就失去了其实用价值和应有的意义。

2. $\Delta M = \Delta Y + \Delta P$

20世纪80年代中期,随着中国计划经济体制不断向市场经济体制转变,"1∶8"公式不再适应中国当时的现实。为更加准确地测量货币需求,人们又提出了一个简明而又易于度量的公式:$\Delta M = \Delta Y + \Delta P$,即货币供应的增长率等于经济增长率加上预期的物价上涨率。相对于"1∶8"经验公式,这种增长率计算法的思路要宽阔得多,主要考虑了物价的变化。但这种方法存在自身无法克服的矛盾:一是是否应该把物价因素考虑在内,如果供应货币时考虑物价上涨因素,那就等于把货币政策当成助长通货膨胀的工具,如果不考虑物价因素,则既不符合经济现实,也会失去其实用价值,因为对我们更有实际意义的是名义货币需要量;二是在认定公式正确的前提下,如何确定放开物价后的价格上涨率也是一个无法解决的难题。

3. 对 $\Delta M = \Delta Y + \Delta P$ 的修正

近年来,一些专家学者提出了将货币需求量与经济增长、物价变动和货币流通速度挂钩的方法,其公式为:

$$R_{Mp} = [(1+R_e)(1+R_p)]/(1+R_v) - 1 \qquad (8.16)$$

(8.16)式中,R_{Mp}代表货币需求量增长率;R_e代表实际经济增长率;R_p代表物价上涨率;R_v代表货币流通速度变化幅度。

如果经济增长、物价和货币流通速度的变化幅度都不大,即R_e、R_p和R_v的值都很小,那么上面的公式可简化为:

$$R_{Mp} = R_e + R_p - R_v \qquad (8.17)$$

(8.17)式中,货币流通速度的变化幅度R_v可能为正,也可能为负。这种方法从形式上看是正确的,因为它只不过是货币需要量规律($M = PQ/V$)从增长率的角度去加以变形,但由于三项因素都存在难以确定的问题(如经济增长率用什么指标?采用什么样的物价上涨率更合适?货币流通速度变化幅度如何确定等),因此,虽然在理论上是正确的,但是具体运用难度较大。

另外,与国外货币主义的"单一规则"相类似,许多学者也在研究我国货币需求量与经济增长之间所存在的系数。这个系数一般来说会大于1,即经济每增长1%,货币供应量必须增长1%以上才能满足经济发展对货币的客观需要。这个系数大于1的主要理由有:① 经济的增长需要货币供应超前增长。② 货币流通速度的延缓需要货币供应量的更快增长,才能使之与经济发展的需要相适应。③ 货币供应较之经济发展的超前增长不仅表现在数量上,而且还表现在时间上。④ 经济的增长固然是货币供应增加的决定性因素,但并不是唯一的因素。社会其他方面的进步也需要占用一定量的货币。

这个系数究竟是多大,许多人研究的结果是,认为在1.5左右,即如果经济增长率为7%~8%,那么货币供应量增长率可在13%左右。由于我国正处于经济的转型时期,此系数将会不断变化。

综上所述,目前还没有一种理想的测算方法,只能通过各种测算方法的综合运用来大体测算货币需要量。

知识链接8.1

中国货币需求的影响因素

从中国货币需求的实证研究文献来看,影响货币需求的变量已远远超出了凯恩斯或弗里德曼经典理论中的考量,股市、开放和制度等一系列因素均进入了研究者的视野,大致可以归纳为七个方面:

一是宏观经济变量,包括收入、消费、财富变量和价格变量。其中,收入用实际GDP测度;消费用社会消费品零售额测度;财富指标有的用前期货币存量和股市市值之和反映,也有的直接用居民储蓄存款和股市市值之和测度;物价变量一般用CPI测度;股价用上证综合指数测度。

二是利率变量,包括银行间市场利率、央行基准利率、贷款利率和债券市场回购利率。

三是汇率变量,一般用人民币汇率、人民币有效汇率指数测度。

四是制度性变量,包括城镇化进程和货币化进程,其中城镇化进程用城市人口的比率测度,货币化进程用M_1/GDP测度。

五是金融创新变量,包括金融工具创新、金融制度创新和金融服务创新。金融创新一般用M_0/M_1测度。由于金融创新使得公众所持有的资产组合品种不断丰富,并且各种类型资产之间的转换更为便利,公众对其他流动性较高的资产需求增加,对现金需求相应减少。另外,随着新的交易工具或融资方式的出现,公众支付习惯会发生变化,使用现金支付的交易减少。

> 六是公众预期因素,包括通胀预期和汇率升值预期。通胀预期一般用滞后一期的通胀率测度;汇率升值预期一般用人民币非交割预期汇率(NDF)和货币替代率(用外币存款占 M_2 的比重)测度。
>
> 七是政策突发因素,一般通过构建哑变量来测度。
>
> (摘自:王新华.中国货币需求函数与货币缺口统计研究[J].统计研究,2011,12.)

本章小结

1. 货币需求是由货币需求能力与货币需求愿望相互决定的客观实际需求,它是指一定时期内社会各阶层愿意以货币形式持有财产的需要,或社会各阶层对执行流通手段、支付手段和价值贮藏手段的货币的需求。

2. 货币需求理论是整个货币理论的重要组成部分。经济学家对货币需求的动机和货币需求量的确定进行了长期探索,形成了各种学说或理论流派。主要有传统货币数量学说、凯恩斯和凯恩斯学派的货币需求理论以及以弗里德曼为代表的现代货币数量理论。

3. 费雪的现金交易说和剑桥学派的现金余额说是传统货币数量说的两种代表性学说,是现代货币需求理论的重要渊源;凯恩斯的流动性偏好理论分析了人们持有货币的三大动机,认为交易性货币需求是收入的增函数,而投机性货币需求则是利率的减函数。凯恩斯学派经济学家对凯恩斯流动性偏好理论的发展是围绕着三大动机展开的。其中最有代表性的是鲍莫尔模型、惠伦模型和托宾的资产选择理论。

4. 现代货币数量说以货币需求函数的形式加以表述。弗里德曼以恒久性收入作为总财富的代表,以债券的预期收益率、股票的预期收益率及实物资产的预期收益率作为机会成本变量,同时还以人力财富与非人力财富之比以及其他综合变量作为影响货币需求的其他因素。既是对传统货币数量说的继承和发展,又是对凯恩斯流动性偏好说的继承和发展。

5. 对货币需求性质及其理论演变的研究是认识货币需求的前提,但对货币需求的研究仅仅停留在质的分析上是不够的,在一定理论指导下,对货币需求的量的分析是制定货币政策以及进行具体操作的依据。对货币需求的实证研究,主要集中在货币需求对利率的敏感性、货币需求的稳定性及货币流通速度的稳定性等三个方面。

6. 准确测算货币需求是有效控制货币供应量的前提。国外货币需求量的测算有权变法和规则法,两种方法各有利弊,各适应不同的经济环境。我国对货币需求测算的探索始于 20 世纪 50 年代,随着经济金融体制的演变,货币需求量的测算公式也在不断改进和完善,表现为从 20 世纪 60—70 年代的"1∶8"公式到 90 年代

的 $\Delta M = \Delta Y + \Delta P$,再到后来的 $R_{Mp} = R_e + R_p - R_v$。

【重要概念】

货币需求　实际货币需求　交易方程式　剑桥方程式　流动性陷阱　交易动机货币需求　预防动机货币需求　恒久收入　立方根定律　平方根定律　"1∶8"公式

【思考与练习】

1. 什么是货币需求和货币需求理论？
2. 影响货币需求的因素有哪些？
3. 试比较现金交易说与现金余额说的货币需求思想。
4. 试述凯恩斯货币需求理论的主要内容。
5. 弗里德曼货币需求理论是如何分析货币需求影响因素的？
6. 试比较弗里德曼货币需求理论和凯恩斯货币需求理论的不同之处。
7. 试述权变法与规则法的主要内容，并比较其异同。
8. 我国经济体制的演变对货币需求测算方法产生了哪些影响？

第九章 货币供给

【学习目标和要求】
- 理解货币供给的含义、货币层次划分的依据和意义及我国的货币层次划分的内容。
- 熟悉货币供给机制,掌握存款货币创造原理及过程。
- 掌握基础货币的概念和供给渠道。
- 掌握货币乘数的概念和简单乘数模型。
- 了解弗里德曼—施瓦兹与卡甘货币供给模型,掌握并运用乔顿货币供给模型。
- 理解货币供给的决定因素,了解货币供给的内生性与外生性理论。
- 通过学习懂得我国货币供给机制,增强金融制度自信。

在现代银行制度下,货币供给是由中央银行和商业银行共同完成的。在货币供给机制中,商业银行的存款创造是主要环节,中央银行通过策源基础货币和对商业银行的信贷行为调节来实现对货币供给量的调控。本章在介绍货币供给含义与层次划分的基础上,重点探究了货币创造机制及其原理、货币供给的决定机制和调控机制。

第一节 货币供给的含义与层次划分

一、货币供给的含义

货币供给的含义可以从动态和静态两个角度来理解。从动态上看,货币供给是指一定时期内一国银行系统向经济体系中投入、创造、扩张(或收缩)货币的行为,即银行系统向经济体系注入货币的过程。其中注入货币的主体是中央银行和商业银行。从静态上看,货币供给是一个存量概念,即货币供给量,是指一国银行系统供给货币所形成的、被个人、企事业单位和政府部门所持有的可用于各种交易的货币总量,包括存款货币和现金发行量。货币供给量是银行体系信用创造的结果,其源头是中央银行初始供给的基础货币,经过商业银行的存贷款业务活动进行倍数扩张而形成的。根据研究和管理的需要,货币供给量又可分为名义货币供给量、实际货币供给量与合理货币供给量。名义货币供给量是指一定时点上不考虑通货膨胀因素影响的货币存量(M_S);实际货币供给量则是指一定时点上剔除了通货膨胀因素影响之后的货币存量(M_S/P);合理货币供给量是指银行体系实际投向的与社会对货币的需求量相一致的货币总量。在现实经济生活中,通常使用的是名义货币供给量,比如经常提到的货币供给量的增长率,都是指名义货币供给量。但是在进行宏观经济分析、制定货币政策或进行研究时,往往需要借助于实际货币供给量和合理货币供给量的确切数据,这样才能比较准确地判断宏观经济金融形势,确定合理货币供给量及其增长速度。

为了更好地理解货币供给的概念,应注意区分以下两对概念:① 货币供给与货币发行。货币发行俗称发行票子,包括发行钞票和辅币。货币供给是经济体系中所有货币的集合量,而货币发行只是货币供给的一部分。② 货币供给量与货币流通量。货币供给量是由货币创造者创造货币开始到货币持有者持有货币为止时的货币量,是货币流通的静态概念。货币流通量是指某一时期内流动或支出的货币数量,反映货币持有者的货币收付行为,因而是货币存量与货币流通速度相互作用的结果,是动态概念。例如,居民个人到银行存款、购买证券、购买商品等不能视为货币供给,因为个人不能创造货币。

二、货币供给的层次划分

(一)货币层次划分的依据和意义

在当代信用货币制度下,随着信用制度和金融市场的发展,科学技术的进步尤其是信息技术的飞速发展及其在金融业中的应用,以及金融创新的日益活跃,使得货币形式日趋多样化,货币外延不断扩大,除了传统的流通中现金、活期存款和准货币之外,还有大量的有价证券和衍生金融工具。形形色色的货币,只有通过科学的划分,才能对其进行准确的计量和有效管理。

各国对货币层次的划分有各自的做法,但大多数国家在确定货币供给的统计口径时,都以流动性作为划分货币层次的依据。所谓流动性是指金融资产在不遭受价值损失的前提下,及时转变为现金,从而形成购买力的能力。各种形式的货币,其流动性不同,形成的购买力也不同,从而对商品流通和经济活动的影响程度也不同。现金和活期存款是直接的购买手段和支付手段,随时可以形成现实的购买力,货币性或流动性最强,容易引起市场供求关系的变化。储蓄存款一般要转化成现金或活期存款才能用于购买,定期存款到期方能支付,如要提前支付,则要蒙受一定的损失,因而流动性较差,而票据、债券、股票等有价证券,要转化为现实购买力,必须在金融市场上出售之后,还原成现金或活期存款。这些流动性较差的货币对市场的影响就没有现金那么直接和迅速。

科学划分货币层次具有重要的意义：① 有助于中央银行掌握生产、交换、分配、消费及再生产各个环节的变化情况，摸清不同层次的经济活动的脉搏，预测它们的发展趋势。② 有助于中央银行分别了解不同货币领域的问题，采取不同的措施加以控制。③ 有助于中央银行掌握货币政策在不同货币层次中的传递机制，弄清货币政策通过不同货币层次影响经济的方式和程度，制定适宜的货币政策。④ 有助于中央银行通过货币层次之间的数量变化，分析市场动向和经济变化趋势，正确估计前期货币政策的效果，以适时调整货币政策。

（二）货币供给层次的具体划分

1. 货币供给的一般层次划分

在形形色色的货币形式中，究竟哪些是货币呢？一个基本的共识是：货币应该包括现金和活期存款，并根据流动性差异和主要职能区分出不同层次的货币。综合各国的情况，货币供给的分层划分大致如下：

$$M_0 = 流通中的现金$$
$$M_1 = M_0 + 活期存款$$
$$M_2 = M_1 + 定期存款 + 储蓄存款$$
$$M_3 = M_2 + 其他存款$$
$$M_4 = M_3 + L$$

其中，M_0 和 M_1 是狭义货币，M_2 和 M_3 是广义货币，M_4 是最广义货币，L 是短期流动资产（如国库券、银行承兑汇票、商业票据等）。

狭义货币是指那些流动性强，主要充当流通手段职能的货币，包括流通中现金和活期存款。广义货币既包括流通中现金和活期存款，又包括流动性较差但有一定收益的存款货币。最广义货币则除了包括广义货币外，还包括需要经过一定程序才能变现的非存款性金融资产。

2. 国外货币供给的层次划分

由于经济金融体制和金融业发展水平的差异，各国具体的货币层次以及各层次的组成内容不尽相同。下面主要介绍美日两国的货币供给层次划分。

（ⅰ）美国的货币供给层次划分

美国联邦储备委员会将货币划分为 M_1、M_2、M_3 和 L 等几个层次：

$M_1 = $ 流通中现金 + 旅行支票 + 活期存款 + 其他支票存款（如 NOW 账户、ATS 账户等）

$M_2 = M_1 + $ 储蓄存款（含货币市场存款账户）+ 小额（10 万美元以下）定期存款（包括零售回购协议）+ 零售货币市场共同基金余额 + 调整项

$M_3 = M_2 + $ 大额定期存款 + 机构持有的货币市场共同基金余额 + 所有存款机构发行的回购负债 + 欧洲美元 + 调整项

$L = M_3 + $ 其他短期流动资产（如储蓄债券、商业票据、银行承兑汇票、短期政府

债券等)

(ⅱ) 日本货币层次的划分

日本银行把货币划分为 M_1、M_2+CD、M_3+CD 以及广义流动性：

$$M_1 = 现金 + 活期存款$$

$$M_2 + CD = M_1 + CD + 准货币$$

式中，准货币是指活期存款以外的一切公私存款。

$$M_3 + CD = M_2 + CD + 邮政、农协、渔协、信用组合和劳动金库的存款以及货币信托和贷放信托存款$$

$$广义流动性 = M_3 + CD + 回购协议债券、金融债券、国家债券、投资信托和外国债券$$

3. 我国的货币层次划分

改革开放前，我国的货币研究与管理工作一直局限于现金流通方面，把货币供应量等同于流通中现金量，即 $M_0 = C$。1979 年经济体制改革后，货币流通范围逐渐扩大，不仅现金、支票存款算作货币，还出现了一些新的货币流通形式。为了更有效地实施金融宏观调控，合理地控制货币供应量，中国人民银行（简称央行）于 1994 年第三季度开始按季公布我国的货币供应量数据。1994 年后，随着我国经济的快速发展，货币供应量的划分也在逐步完善。2001 年 6 月，央行第一次修订货币供应量指标，将证券公司客户保证金计入 M_2；2002 年年初，第二次修订将在中国的外资银行、合资银行、外国银行分行、外资财务公司以及外资企业集团财务公司的人民币存款业务分别计入不同层次的货币供应量；2011 年 10 月，央行将住房公积金中心存款和非存款类金融机构在存款类金融机构的存款纳入 M_2 的统计范畴；2024 年 12 月，央行又将个人活期存款和非银行支付机构客户备付金纳入 M_1。目前我国货币层次的划分如下：

M_0 = 流通中的现金

$M_1 = M_0 +$ 企业活期存款 + 个人活期存款 + 非银行支付机构客户备付金

$M_2 = M_1 +$ 城乡居民储蓄存款 + 企业存款中具有定期性质的存款 + 外币存款
　　　 + 信托类存款 + 证券公司客户保证金 + 住房公积金中心存款
　　　 + 非存款类金融机构在存款类金融机构的存款

$M_3 = M_2 +$ 金融债券 + 商业票据 + 大额可转让存单等

我国习惯将 M_0 称为流通中现金，即居民手中的现钞和企业单位的备用金，不包括商业银行的库存现金。这部分货币可随时作为交易媒介，具有最强的购买力。与国际通用表述一样，其中，M_0 是现金，流动性最强；M_1 是狭义货币，流动性很强；M_2 是广义货币，M_2 和 M_1 的差额是准货币；M_3 是考虑到金融的现状而设立的，是更广义的货币，目前暂不测算。

第二节 货币的供给与创造

一、货币供给机制

货币供给机制是指在经济体系中,货币通过什么传递途径,采用何种方式注入流通领域。它集中反映了货币供给的形成规律。在现代信用货币制度下,中央银行根据经济发展的客观需要调节货币供给量。绝大多数国家实行二级银行体制,即整个银行系统分为中央银行和商业银行两个层次。整个社会的货币量是通过银行体系提供的。中央银行不直接向社会供给货币,而是以再贷款或再贴现的方式向商业银行提供货币,商业银行通过放款、投资、贴现等资产业务向社会投放货币。这种货币供给具有以下特点:① 存贷扩张机制和信用约束机制分别由两种不同性质的银行执行。两种机制加强了对货币供给的控制,对抑制货币贬值、控制信用有极大作用。② 货币供给者和货币经营者相分离。中央银行由于能操纵货币的发行和准备金规模,成为货币实际上的最终供给者。商业银行虽然形式上向社会供给货币,但它主要是货币的经营者,它不能最终决定货币的供给。③ 现代货币分为管理货币和流通货币。中央银行主要向商业银行供给货币,其职能是控制货币总量,因此属于管理货币。商业银行向社会供给的货币是保证商品流通需要的货币,所以是流通货币。④ 中央银行拥有垄断货币的发行权。⑤ 中央银行通过实施存款准备金制度,对商业银行负债、资产业务进行管理,商业银行创造存款货币的能力要受到中央银行的约束。

因此,从货币供给机制过程看,货币供给主体是中央银行和商业银行,它们各自创造相应的货币:中央银行策源基础货币供给,商业银行创造存款货币供给。货币供给机制过程如图 9.1 所示。

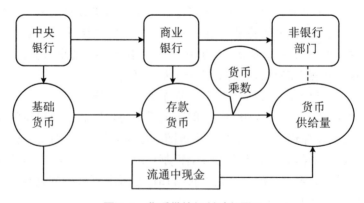

图 9.1 货币供给机制过程图示

二、存款货币的创造

（一）几个重要概念

1. 原始存款和派生存款

原始存款是客户以现金存入银行形成的存款，是商业银行的初始存款。原始存款的增加正好抵消了流通中现金的减少。派生存款是银行用转账方式发放贷款、贴现和投资时创造的存款。原始存款和派生存款都是客户在银行的存款，区分原始与派生存款的意义在于考察商业银行扩张信用和创造存款货币的能力。两类存款的区别在于：① 原始存款是中央银行创造的，它来源于中央银行通过购买证券、外汇和黄金以及贴现贷款等渠道投放的基础货币；派生存款则是由商业银行的贷款、贴现等业务形成的。② 现金转化为原始存款，只是货币形式的变化，货币供给量不会增加，派生存款创造则会使货币供给量增加。在实际中，两者又是相互联系的：原始存款是创造派生存款的基础，派生存款是原始存款的延续和扩大，共同构成商业银行的存款货币。

2. 法定存款准备金和超额准备金

在现代准备金制度下，商业银行的一笔原始存款形成法定存款准备金和超额准备金两个部分。法定存款准备金是各国以法律形式规定的商业银行必须将按存款总额的一定比率保留在中央银行的最低额度的准备金。其中的比率即准备金占商业银行所吸收存款总额的比例，称为法定存款准备金率。超额准备金是商业银行实有准备金超过法定存款准备金的部分。商业银行的准备金一般以库存现金和在中央银行存款的形式持有。但由于准备金制度的最初目的就是要求商业银行保持一定比率的流动性较强的资产，以供随时动用来满足提兑、清算等业务需要，保证商业银行具有足够的清偿能力。因此，从理论上讲，凡是能够满足这些流动性要求的资产，都可以作为商业银行的准备金来源。

法定存款准备金和超额准备金直接决定商业银行创造存款货币（信用创造）能力的大小。法定存款准备金率已成为当代市场经济国家中央银行进行宏观经济调控、调节货币供给量的重要手段。

（二）存款货币创造的前提条件

商业银行创造存款货币必须具备两个前提条件：

1. 部分准备金制度

部分准备金制度是指商业银行在经营活动中，对于所吸收的存款不保留100%的现金准备，而只需要按其中一定比例保留准备金（包括库存现金和在中央银行存款），其余部分则用于发放贷款、进行证券投资等资产业务。正是由于实行部分准备金制度，才使得商业银行具有创造存款货币的能力。如果实行100%准备金制度,商业银行就不会从事贷款等资产业务,从而也不会增加存款,更不会有存款创造。之所以能够实行部分准备金制度,是因为在正常情况下,商业银行众多客户的存款提现行为在时间上是有规律的,不可能同时发生(银行挤兑时除外),商业银行总能稳定持有相当比例的客户存款。因此,部分准备金制度是商业银行创造存款货币的首要条件。

商业银行在吸收存款后,提取一定比例的准备金的制度最初始于18世纪的英国,以法律形式规定金融机构向中央银行交存存款准备金制度始于美国。建立部分准备金制度的初衷,在于保障客户存款的安全,避免商业银行出现流动性危机。后来人们越来越深刻地认识到货币供给量与法定存款准备金率之间存在密切关系,20世纪50年代开始,存款准备金制度逐渐作为一般性货币政策工具被中央银行采用。

2. 非现金结算制度

非现金结算制度即转账结算制度,是指货币结算的双方,通过银行把款项从付款人账户划转到收款人账户而完成的货币收付行为。非现金结算是相对于现金结算而言的。现金结算是指直接的现金收付,银行每笔贷款都必须付现,企业债权债务的清算在银行体系外通过现金收付完成,这种情况下商业银行无创造存款货币的可能。非现金结算制度导致了如下特点的经济行为:① 客户把现金存入银行之后,并不一定再把现金全部提出。从银行取得贷款的客户往往并不从银行提取现金,而是把取得的贷款记入自己的存款账户,既可用于提取现金,又可开出转账支票履行支付义务。② 取得支票者往往不提取现金,而是委托银行代收款项,并将收到的款项计入存款账户。③ 各家银行由于客户开出支票需要付出款项,同时由于客户委托收款,又代客户收入款项。一般而言,应收款、应付款之间可以相互抵消,只有两者之间的差额才需要以现金结清。④ 各家银行对现金的需要归结为两类:一类是客户从存款中提取现金用于发放工资、小额零星支付等必须使用现金的用途;另一类是结清支票结算中应收应付款的差额。在长期的经营实践中,银行总结出了现金需要量与存款之间的比例关系,正常时期只需按存款的一定比例保持现金库存便可应付现金的需要。

(三) 存款货币的扩张与收缩

1. 存款货币的扩张

为了阐明商业银行创造存款货币的过程,必须先做几个假定:① 商业银行的超额准备金为零,每家商业银行只保留法定准备金,其余部分全部用于发放贷款或购买证券。② 客户将其收入一切款项均存入商业银行的活期存款账户,不提取任何现金。③ 法定存款准备金比率为10%。下面举例说明存款货币的多倍创造过程。

设一家商业银行A接收了10 000元现金存款,提取存款准备金1 000元,其余

9 000 元全部贷给客户甲，此时商业银行 A 的资产负债变动状况可用 T 形账户表示为：

商业银行 A

资产	负债
存款准备金 +1 000	支票存款 +10 000
贷款 +9 000	

客户甲把 9 000 元存入银行 B，B 银行提足 900 元存款准备后，再将其余 8 100 元全部贷给客户乙，此时银行 B 的资产负债变动状况为：

商业银行 B

资产	负债
存款准备金 +900	支票存款 +9 000
贷款 +8 100	

客户乙把 8 100 元存入银行 C，银行 C 提足 810 元存款准备金后，再将其余 7 290 元全部贷给客户丙，此时，银行 C 的资产负债变动状况为：

商业银行 C

资产	负债
存款准备金 +810	支票存款 +8 100
贷款 +7 290	

此时，银行存款已经由最初银行 A 的 10 000 元现金存款，加上银行 9 000 元支票存款，再加上银行 C 的 8 100 元支票存款，达到了 27 100 元，但存款增加还会继续进行下去，直到 100 000 元为止。如表 9.1 所示。

表 9.1 商业银行存款货币扩张过程

银行名称	存款总额	法定准备金	贷款额	派生存款额
A	10 000	1 000	9 000	0
B	9 000	900	8 100	9 000
C	8 100	810	7 290	8 100
D	7 290 （新增存款）	729	6 561 （新增贷款）	7 290
E	6 561	656.1	5 904.9	6 561
⋮	⋮	⋮	⋮	⋮
合计	100 000	10 000	90 000	90 000

这样，整个银行体系创造的存款总额为：

$$10\ 000 + 10\ 000 \times (1-10\%) + 1\ 000 \times (1-10\%)^2 + \cdots$$

$$= 10\ 000 \times 1/[1-(1-10\%)] = 10\ 000/10\% = 100\ 000\ (元)$$

派生存款总额 = 100 000 - 10 000 = 90 000（元）

用公式表示为：

$$D = \frac{1}{r_d} \cdot P = k \cdot P \tag{9.1}$$

(9.1)式中，D 表示存款总额，P 表示原始存款，r_d 表示法定存款准备金率，k 称为存款乘数或存款派生倍数。

(9.1)式也称为简单存款乘数模型。该模型表明，存款乘数与法定准备金率成反比，与派生存款成正比，说明商业银行创造存款货币，即扩张信用的能力决定于原始存款数额和法定存款准备金率。

但是，派生存款的创造不是无限的，当法定准备金积累额等于原始存款时，派生存款的创造就会停止。

2. 存款货币的收缩

存款货币的收缩是存款货币扩张的逆过程。这里仍假设法定准备金率为10%，商业银行不持有任何超额准备金。假设某存款人从 A 银行提取 10 000 元现金，为应付提现，A 银行因存款减少而相应减少 1 000 元法定准备金，同时还要收回 9 000 元贷款。如果 A 银行收回的贷款开户行为 B 银行，则 B 银行的存款会相应减少 9 000 元，因此 B 银行除减少 900 元法定准备金外，还需收回 8 100 元贷款。同样的收缩过程由 B 银行传递到其他银行，其结果如表 9.2 所示。

表 9.2　商业银行存款货币收缩过程

银行名称	存款提取额	法定准备金减少额	贷款额
A	10 000	1 000	9 000
B	9 000	900	8 100
C	8 100	810	7 290
⋮	⋮	⋮	⋮
合计	100 000	10 000	90 000

由表 9.2 可知，由于存款人从 A 银行提取 1 万元存款，最终使得银行体系存款货币收缩 10 万元。

（四）对简单存款乘数的修正

上面我们通过假设，得出了存款货币的简单乘数模型，阐明了商业银行存款货币创造和收缩过程。但是在现实经济活动中，存款货币的多倍创造和多倍收缩是一个复杂的过程，实际的存款乘数往往比简单存款乘数小得多。因而需要结合影响存款乘数的若干因素，以对简单存款乘数进行修正。

1. 超额准备金

为了应付客户存款的提现和不时之需，商业银行总会保留一部分超额准备金。

持有超额准备意味着商业银行能够用于发放贷款的资金相应减少,从而使商业银行存款货币创造或收缩的能力下降。若用 e 表示超额准备金率(超额准备金与存款总额之比),则存款乘数可修正为:

$$k = 1/(r_d + e) \tag{9.2}$$

2. 现金漏损

现金漏损是指客户从商业银行提取现金,从而使部分现金会流出银行体系之外的现象。由于现金外流,使银行体系的存款减少,从而可用于贷款的资金减少,会相应削弱商业银行创造存款货币的能力。现金提取额与存款总额之比称为现金漏损率,用 c 表示,则存款乘数变为:

$$k = 1/(r_d + e + c) \tag{9.3}$$

3. 存款结构的变化

存款结构是指活期存款和定期存款分别占存款总额的比例。通常存款人会将一部分活期存款转化为定期存款,使存款结构发生改变。在西方国家的中央银行,一般对这两种存款规定不同的准备金率,且定期存款的准备金率比活期存款的要低。因此定期存款占存款总额的比例越高,银行用于贷款的资金就越多,创造的派生存款就越多。反之则相反。若用 t 表示定期存款与活期存款的比例,r_t 表示定期存款的法定准备金率,则存款乘数可以进一步修正为:

$$k = 1/(r_d + e + c + t \cdot r_t) \tag{9.4}$$

此外,客户的贷款需求大小对商业银行存款货币的创造和收缩也会产生重要影响。因此要全面理解商业银行创造存款货币的机理,必须重视对这一因素的分析。

三、基础货币的供给

(一)基础货币的定义

基础货币又称货币基数、高能货币或强力货币,是指具有使货币供给总量成倍放大或收缩能力的货币,包括流通中现金和商业银行存款准备金。即:

基础货币(B)=商业银行准备金(R)+流通中现金(C)

从基础货币的构成来看,基础货币直接表现为中央银行的负债,其中现金是中央银行对公众的负债,准备金是中央银行对商业银行的负债。基础货币具有两个特点:一是扩张性。基础货币的变动能够引起货币供给量数倍的扩张或收缩,正因如此又被称作高能货币或强力货币。二是可控性。中央银行对基础货币具有较强的控制能力,并通过对它的控制来实现对货币供给量的调控。

基础货币包含哪些具体内容,在西方金融学界,学者们习惯依据中央资产负债表,用基础货币方程式来表示。表9.3为中央银行资产负债表。

表 9.3　中央银行资产负债表

负　债	资　产
流通中通货 政府存款 外国存款 资本及其他负债	黄金、外汇及特别提款权 对商业银行贷款、贴现 在途资金 其他资产
合　计	合　计

根据表 9.3，可以推导出基础货币方程式如下：

基础货币 ＝ 流通中通货 ＋ 商业银行准备金
　　　　＝（黄金、外汇及特别提款权 － 外国存款）＋（政府债券 － 政府存款）
　　　　　＋ 对商业银行贷款和贴现 ＋ 其他资产净值及其他负债

或

基础货币 ＝ 国外资产净额 ＋ 对政府债权净额 ＋ 对商业银行的负债
　　　　　＋ 其他金融资产净额

公式右边各项是中央银行的资产净额。在任一个时点上，基础货币的大小等于上述四项资产净额之和；在任一时期，基础货币的增减变动等于这四项资产增减相抵后的净额变动。

（二）基础货币的投放渠道

1. 购买政府债券

中央银行在公开市场上购买政府债券是投放基础货币的重要渠道之一。既可以向商业银行购买，也可以向非银行社会公众购买。当中央银行用支票从某银行手中购入一笔债券之后，该银行既可将这张支票存入它在中央银行的账户上，增加其在中央银行的准备金存款，也可将之兑现，增加其库存现金。但无论哪种情况都意味着银行总储备的增加，从整个银行体系来说就是增加了相应一笔基础货币。如果中央银行是向非银行社会公众购买这笔债券，则有两种情况：一种情况是债券卖方将得到的支票存入银行，从而增加了银行的总储备，基础货币同额增加；另一种情况是债券卖方将所持支票拿到银行兑现，则银行总储备没有改变，而是增加了一笔流通中现金，基础货币同额增加。因此，这两种情况对银行的储备影响是不一样的，但对基础货币的影响却是一样的。

2. 再贴现或再贷款

中央银行通过向商业银行办理再贴现或再贷款业务来影响其储备的作用要直观得多。当中央银行向商业银行提供再贷款或进行再贴现时，银行体系的总储备相应增加，基础货币也等额增加；当中央银行收回再贷款或减少再贴现时，银行体系的总储备相应减少，基础货币也等额减少。

中央银行主要通过调整再贴现和再贷款利率，或者确定再贷款或再贴现的条件来影响商业银行的融资需求，进而调节基础货币。但中央银行的这种努力是否能够最终实现要取决于商业银行的融资需求。例如，在经济不景气时期，整个社会对经济前景感到悲观，个人和企业都不愿向银行借款以进行投资和消费，此时，即使中央银行为了刺激经济多次下调再贴现率，放宽贷款条件，商业银行也不愿向中央银行申请贴现贷款。反之，在经济扩张时期，投资与消费需求旺盛，从而贷款需求大，商业银行资产业务的盈利空间也大，即使中央银行提高再贴现率和贷款利率，也难以抑制商业银行的融资需求，基础货币当然也难以减少。20世纪90年代中期以前，在中国的货币政策实践中，中国人民银行经常突破原来制定的贷款规模，对各银行的贷款需求作出让步，就是一个明证。

3. 对政府直接提供贷款或透支

在有些国家，当政府财政出现赤字时，财政部可以直接向中央银行透支。即当财政部的支出超过了它在中央银行存款账户上的余额时，其差额自动转化为中央银行对财政部的贷款。在另外一些国家，财政部不能直接向中央银行透支，但是可以向中央银行申请贷款；还有些国家的财政部可以直接发行货币。在1995年以前，前两种情况在我国都存在过。显然最后这种方式是最简单的，对基础货币的增加也最直接。前两种情况也会增加基础货币，只不过采取的是相对迂回的方式。因为中央银行向政府直接提供贷款或透支便直接增加了政府在中央银行的金库存款，该存款一旦被支用，就会形成流通中现金或商业银行准备金，但无论哪种情况，都会导致基础货币等额增加。由于这些融资方式最终导致了基础货币的增加，因此，被称为债务货币化。

4. 收购黄金和外汇

中央银行购买黄金、外汇也是其投放基础货币的一种渠道。该渠道与购买政府债券的情况类似。如果中央银行向商业银行收购黄金、外汇，则会直接引起商业银行准备金增加；如果中央银行向企业或居民购买黄金、外汇，则或者使流通中现金增加，或者使企业或居民在商业银行的存款增加，无论哪种情况都会使基础货币等额增加。

事实上，从中央银行资产负债表上我们能够看到，基础货币作为中央银行的负债之主要部分，其他部分(包括资产和负债)的变化都有可能影响到基础货币的变动。

在不同的国家，中央银行控制基础货币的途径是不一样的。一般而言，市场经济发达的国家比较容易控制基础货币；经济转型期的国家由于宏观调控手段的不完善，对基础货币的控制就比较困难一些。此外，它们为控制基础货币而使用的主要工具也有所不同。例如，在美国，美联储主要是通过公开市场操作来达到控制基础货币的目的，而我国在很长时间里，中央银行控制基础货币的途径主要是再贷款。

四、基础货币与商业银行存款货币创造

从前述商业银行创造存款货币的过程可以看到,商业银行创造存款货币的能力虽直接受制于法定存款准备金率、超额准备金率、现金漏损率等因素,但首先取决于它所能获得的原始存款数量。而这些原始存款正是来源于中央银行创造和提供的基础货币:中央银行把现金投入流通,公众用现金向商业银行存款,其结果就是增加商业银行的准备金,亦相当于增加了商业银行的原始存款。如果流通中公众的现金持有量不变,只要中央银行不增加基础货币的供给量,商业银行准备金便难以增加,从而也无法反复去扩大贷款和创造存款。如果中央银行紧缩商业银行的信用,减少基础货币供给,则必然引起商业银行准备金的减少,从而导致银行体系对贷款乃至存款货币的多倍收缩。所以,基础货币的增减变化直接决定着商业银行准备金的增减,从而决定着商业银行创造存款货币的能力。

中央银行提供的基础货币与商业银行创造存款货币的关系,实际上是一种源与流的关系。中央银行虽然不对一般企事业单位贷款,从而不能由此派生存款,但却掌握着商业银行创造存款货币的源头——基础货币的创造与提供;商业银行作为直接货币供给者,其创造存款货币的存贷活动,从而能提供的货币数量,均建立在基础货币这一基础之上。当原有基础货币已最大限度地为商业银行所利用,并创造出多倍存款货币,却仍然不能满足经济发展的需要时,唯一的办法是靠中央银行创造、补足基础货币。实际上,随着社会扩大再生产的不断发展,新的基础货币不断被中央银行创造出来,又经商业银行体系不断创造出满足经济需要的货币供给量。

第三节 货币供给的决定机制

一、货币乘数

为了阐明货币供给模型,必须首先引入货币乘数的概念。货币乘数即基础货币扩张或收缩的倍数,是货币供给量与基础货币之比,它表明每单位基础货币变动所能引起的货币供给量的变动。用公式表示如下:

$$m = \frac{C+D}{C+R} = \frac{M}{B} \qquad (9.5)$$

即:

$$M = m \cdot B \qquad (9.6)$$

式中,m 表示货币乘数,M 表示货币供给量(由现金 C 和存款货币 D 构成),B 表示基础货币(由现金 C 和存款准备金 R 构成)。

(9.5)式和(9.6)式表明,在基础货币一定的条件下,货币乘数决定了货币供给

量大小。货币乘数越大,则货币供给量越多;反之,货币乘数越小,则货币供给量也就越少。因而货币乘数也是决定货币供给量的一个十分重要的因素。基础货币与货币供给量的关系可用图 9.2 表示。

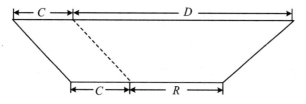

图 9.2 基础货币与货币供给量的关系

由图 9.2 可知,流通中现金既是基础货币的组成部分,又是货币供给量的组成部分。虽然现金对创造存款货币起着重要作用,但在货币供给过程中,现金的数量并未发生变化,中央银行发行多少,流通中便是多少。影响基础货币和货币供给量之间发生数量变化的是存款货币,而引起存款货币倍数增加的则是货币乘数。显然,货币乘数大于 1,而且存款货币占货币供给量的比例越大,货币乘数也越大。

二、货币供给模型

货币供给模型是描述货币供给决定机制的理论模式,主要考察决定货币供给的变量以及各变量与货币供给之间的关系。西方货币供给理论中有代表性的货币供给模型是弗里德曼和施瓦兹模型、卡甘模型和乔顿模型。

（一）弗里德曼－施瓦兹货币供给模型

弗里德曼和施瓦兹在他们合著的《1867—1960 年美国货币史》一书中,根据对美国近百年货币史的实证研究,提出了货币供给决定模型,深入分析了影响货币供给的各种因素。

弗里德曼－施瓦兹将货币划分为两种类型:一是货币当局的负债,即通货;二是商业银行的负债,即存款。若用 M、C 和 D 分别代表货币存量、非银行公众所持有的通货和商业银行的存款,则有

$$M = C + D \tag{9.7}$$

根据基础货币定义,又有

$$B = C + R \tag{9.8}$$

式中,B 和 R 分别代表基础货币和商业银行存款准备金。由此可得

$$\frac{M}{B} = \frac{C+D}{C+R} = \frac{\dfrac{D}{R}\left(1+\dfrac{D}{C}\right)}{\dfrac{D}{R}+\dfrac{D}{C}}$$

即:

$$M = B \cdot \frac{\frac{D}{R}\left(1+\frac{D}{C}\right)}{\frac{D}{R}+\frac{D}{C}} \tag{9.9}$$

（9.9）式即为弗里德曼－施瓦兹货币供给模型。其中，$\frac{\frac{D}{R}\left(1+\frac{D}{C}\right)}{\frac{D}{R}+\frac{D}{C}}$ 为货币乘数，若用 m 表示之，则可得简单货币供给模型：

$$M = m \cdot B \tag{9.10}$$

该模型表明，货币供给存量的大小主要取决于三个因素：基础货币（B）、存款与准备金之比（D/R）和存款与通货之比（D/C）。弗里德曼和施瓦兹认为，这三个决定货币存量的因素既分别取决于中央银行、商业银行和公众的行为，并受其他因素的影响。他们认为，在信用货币制度下，基础货币量取决于政府的行为，即取决于政府（在美国就是财政部及联邦储备体系）关于发行多少信用货币作为公众的手持通货和银行准备金的决策。银行存款与其准备金之比首先取决于商业银行，商业银行虽然不能决定其存款与准备金的绝对量，但它却能通过改变其超额准备金来决定两者之比值。当然，这一比率还与政府对商业银行准备金率的规定、经济形势有关。同样，公众也只能决定 D 与 C 之比。

（二）卡甘货币供给模型

卡甘在其著作《1875—1960 年美国货币存量变化的决定及其影响》一书中提出了货币供给模型。卡甘也将货币定义为公众手持通货及商业银行的活期存款和定期存款之和。因此有

$$M = C + D$$
$$D/M = 1 - C/M$$
$$R/M = R/D \cdot D/M = (R/D)(1 - C/M)$$
$$B/M = (C+D)/M = C/M + D/M$$
$$= C/M + (R/D)(1 - C/M)$$
$$= C/M + R/D - (R/D) \cdot (C/M)$$

即

$$M = \frac{B}{\frac{C}{M} + \frac{R}{D} - \frac{R}{D} \cdot \frac{C}{M}} \tag{9.11}$$

（9.11）式就是卡甘的货币供给模型。其中，$\frac{1}{\frac{C}{M}+\frac{R}{D}-\frac{R}{D}\cdot\frac{C}{M}}$ 为货币乘数。

卡甘认为，中央银行控制基础货币，而公众和商业银行则共同决定基础货币为公众持有和为商业银行持有的比例。公众通过变商业银行存款为手持通货来改变

其基础货币的持有额,而商业银行体系则可通过贷款及投资或收回贷款和投资来改变它所持有的基础货币额。公众的上述行为会改变通货比率,而商业银行体系的行为则改变准备金比率。当公众减少通货持有额而相对增加银行存款时,银行准备金就增加。如果此时准备金比率保持不变,则货币存量会增加。同样,当银行贷款增加时,如果存款不变,准备金就减少,货币存量则增加。

(三)乔顿货币供给模型

上述两个货币供给模型有着两个共同特点:一是只考察了广义货币 M_2,未涉及狭义货币 M_1;二是未区分不同国家的金融管理体制差异及不同存款准备金率。20 世纪 60 年代末,乔顿进一步研究了弗里德曼、施瓦兹和卡甘的货币供给模型,对这两个货币供给模型进行了修订,推导出了一个简明适用的货币供给模型。乔顿采用狭义货币定义 M_1,即货币公众手持通货和活期存款,并对不同类型的银行及不同法定准备金比率的存款进行了区分,从而使其更接近于现实。

乔顿认为,基础货币为公众所持有的中央银行的净货币负债,由公众所持有的通货(C)和商业银行的存款准备金(R)组成。中央银行对商业银行的活期存款(D)、定期存款(T)分别规定了不同的法定准备金比率 r_d 和 r_t,设超额准备金(E)与活期存款(D)的比率为 e,定期存款(T)与活期存款(D)的比率为 t,通货 C 与活期存款 D 的比率为 c,即

$$e = E/D, \quad t = T/D, \quad c = C/D \quad (9.12)$$
$$\Rightarrow E = D \cdot e, \quad T = D \cdot t, \quad C = D \cdot c$$

则有

$$B = R + C = r_d \cdot D + r_t \cdot T + E + C$$
$$= r_d \cdot D + r_t \cdot t \cdot D + e \cdot D + c \cdot D \quad (9.13)$$

因

$$M_1 = m \cdot B$$

故

$$m = M_1/B = (C+D)/B \quad (9.14)$$

将(9.12)式、(9.13)式代入(9.14)式,得

$$m = (C+D)/B$$
$$= (D \cdot c + D)/(r_d \cdot D + r_t \cdot t \cdot D + e \cdot D + c \cdot D)$$
$$= (1+c)/(r_d + r_t \cdot t + e + c)$$

即

$$M_1 = \frac{1+c}{r_d + r_t \cdot t + e + c} \cdot B \quad (9.15)$$

(9.15)式就是著名的乔顿货币供给模型。其中,$\dfrac{1+c}{r_d + r_t \cdot t + e + c}$ 为货币乘数,B、r_d、r_t 可以由中央银行直接控制,e 由商业银行决定,t、c 由社会公众的资产选择行为决定。由该模型可知,影响货币供给量的经济主体有三大类:

(1)中央银行。它负责货币的发行、制定和执行国家的货币信用政策,实行金融管理和监督,因而对 M 的变动发挥着巨大的作用。

(2) 商业银行。作为存款货币的创造者,它既是中央银行基础货币的接受者,又是存款货币的创造者。商业银行通过贷款或投资活动,对一国货币供给规模的成倍扩张或收缩有着决定性影响。

(3) 社会公众(非银行部门)。他们对货币和其他资产的需求和选择也会对货币乘数(m)产生影响,并进而对 M 产生重要影响。

上述三个主体在货币供给机制中的作用可概述如下:中央银行通过资产业务(再贴现、再贷款、公开市场业务、收购黄金外汇等)向商业银行提供基础货币,形成商业银行对中央银行的负债;商业银行再通过资产业务(贷款、贴现、投资等),把基础货币成倍放大为货币供给量,从而形成非银行部门对商业银行的负债。上述过程如图 9.3 所示。

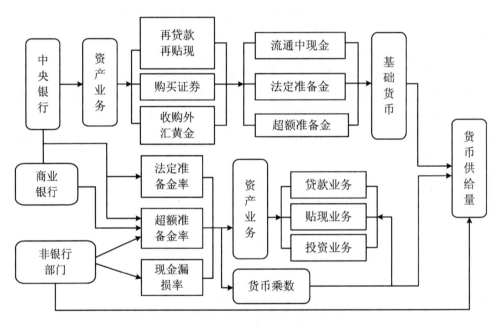

图 9.3　货币供给的决定过程

三、货币供给决定因素的进一步分析

由货币供给模型可知,决定货币供给量变动的基本因素可以概括为基础货币和货币乘数两大类。而这两类基本因素又可进一步细分为中央银行可以操纵的因素、商业银行等存款货币机构决定的因素以及非银行部门所能影响的因素等,其中后者还可分解为企业、居民和政府三类主体行为的影响。因此,对货币供给决定因素的分析包括中央银行、商业银行、企业、居民和政府五个因素及其影响的分析。

（一）中央银行可以操纵的因素

1. 基础货币

由于基础货币是由中央银行供给的,因而表面上看,中央银行对基础货币具有完全的控制能力,然而这种控制是相对的,因为中央银行控制流通中现金部分的能力并不强,最终受制于社会各经济主体的现金需求,而商业银行的准备金则更体现了中央银行控制的相对性。无论中央银行调整再贴现率,改变再贷款规模,还是进行公开市场操作,都要考虑商业银行的决策。商业银行对中央银行政策工具运用的反应,不仅取决于该工具本身的诱惑,还取决于它的其他资金来源渠道、可贷款规模、物价的相对稳定性、对市场前景的预期、经济周期等一系列因素。因此,有时即使中央银行有意放松银根,但由于社会贷款需求下降,或商业银行出于风险和贷款市场前景的考虑,贷款意愿减弱,准备金存款就不可能增加,货币供给量自然也就不会增加。这种情况在经济萧条时期极易出现。

2. 法定活期存款准备率 r_d 和定期存款准备率 r_t

法定活期存款准备金率和定期存款准备金率对货币乘数有影响,并且与货币乘数呈反向变化关系。通常,中央银行对法定活期存款准备金率和定期存款准备金率具有完全的控制能力。但因存款准备率变动对经济的震荡影响较大,故中央银行对这一工具的运用比较谨慎。而且,商业银行往往会通过调整超额准备金率来抵消或增强其约束力。

（二）商业银行决定的因素

商业银行对货币供给的影响表现在两个方面:一是调节超额准备金比率;二是调节向中央银行的借款规模。一般而言,超额准备金越多,货币乘数越小,货币供给量也越小。反之则货币供给量越多。

1. 调节超额准备金比率

商业银行增减超额准备金的动机有两个:成本—收益动机和风险规避动机。

（1）从成本—收益动机看,若商业银行在中央银行的准备金存款没有利息,而一笔资金用于贷款或证券投资则能获得收入。所以,持有超额准备金等于放弃收入,这就是超额准备金的机会成本。从这一点出发,商业银行总是力求把超额准备金压到最低限度(在工业化国家,商业银行通常把超额准备金率保持在1%以下),努力增加贷款,从而货币供给量会相应扩大。反之,如果中央银行对准备金存款支付利息,则商业银行就会在放弃运用准备金的损失与不运用准备金的收益之间进行比较。例如,我国的准备金存款不仅有利息,而且很长时间内利率相当高,这使得商业银行愿意持有较多的超额准备金,此时货币供给量就难以扩大。

（2）风险规避动机是指商业银行为防止存款流出造成可能的损失而保有准备金的行为。商业银行在经营过程中,如果出现存款大量流出的现象,或超额准备金不足,而通过出售证券、催收贷款等途径补充流动性的成本又较大,就会向中央银行借款,从而增加基础货币,支持更多的存款货币创造。中央银行可以通过调节再贴现率或再贷款率控制借款规模,进而控制货币供给量。但有的情况下,中央银行也处于被动地位。

2. 调节向中央银行借款的规模

决定商业银行向中央银行借款的行为动机也是成本和收益动机,而决定成本和收益的因素则主要是市场利率和中央银行的再贴现率。显然,市场利率越高,商业银行从中央银行借款的积极性越大,而再贴现率越高,商业银行向中央银行借款的动力就越小。反之情况则相反。商业银行向中央银行借款,会增加准备金存款,从而基础货币增加,创造存款货币的能力增强。因此,在其他条件不变时,商业银行增加中央银行借款会扩大货币供给量,减少中央银行借款会减少货币供给量。

(三) 企业和居民所能影响的因素

经商业银行贷款形成的广义货币总量如何在现金、活期存款和定期存款三者之间分配,这其实就是流通中现金占活期存款的比率(c)和定期存款与活期存款的比例(t)的决定问题。对居民和企业来讲,此三者都是他们的资产。因此,对货币供给产生影响的 c 和 t,是在公众与企业的资产选择行为决策中形成的。根据资产选择理论,决定居民与企业对某一资产选择的因素有两大类:一是资产或者财富的总规模,当总财富增加后,"资产篮子"里的每一类资产都将会增加,但增加的速度往往并不相同;二是这一资产相对于其他可替代性资产的收益率、风险状况与流动性品质所发生的变动。用这样的思路,可对居民持币行为如何影响 c 和 t 进行分析,进而达到分析居民、企业行为对货币供给影响的目的。

1. 流通中现金占活期存款的比率(c)

流通中现金占活期存款的比率与货币乘数有关,而直接取决于公众的意愿,间接地受到多种经济条件的影响:

(1) 财富效应。当人们的收入或者财富大量增加时,通常他们持有的存款和现金量也会随之增加,但与存款比较,现金的增速会递减,反之亦然。这必然导致 c 随财富增加而出现下降现象。

(2) 预期报酬率变动的效应。主要有两个因素影响预期报酬率,因而也影响 c。① 支票存款利息率。持有现金的预期报酬率为零,而持有活期存款则不仅可以获得少量利息,还可以享受银行提供的相关服务。显然,活期存款利率提高或银行对活期存款提供的服务增加,都会使 c 下降。② 其他资产的预期报酬率。当其他资产的预期报酬率上升时,人们对现金和活期存款的需求都将减少,但是对两者需求的减少比例是不同的。通常,活期存款对其他资产预期报酬率的变化可能较为敏感。即当其他资产预期报酬率上升时,活期存款减少的比例较大,因此 c 将上升;反之,则 c 下降。

(3) 银行恐慌效应。当商业银行出现系统性的不稳定征兆时,存款相对于现金的流动性和风险程度陡然提高,公众提取存款数量会急剧放大,c 因此而大幅度上升。如 20 世纪 30 年代大危机期间的美国,大量银行的倒闭引发全国性的银行恐慌,公众纷纷从银行挤兑,使流通中现金与支票存款的比率急剧上升。

(4) 非法经济活动。非法的地下经济为了逃避法律监管和纳税义务,不留下日后可以察查的蛛丝马迹,倾向于采用现金交易。对地下经济交易者来说,现金相对于银行存款的收益性与安全性是非常高的,所以,非法经济活动参与者偏好持有现金,这也是影响 c 的重要因素。

(5) 季节性因素。假日经济拉动消费成为当今经济的一大特点。每遇节假日居民消费高潮时期,公众会需要更多的现金用于消费支出,这时现金流量会增加,从而现金相应提高。

流通中现金占活期存款的比率的提高,会使货币乘数变小,当基础货币不变时,会降低货币供给能力。反之,该比率降低则会放大货币乘数,从而使等量基础货币能够支持更多倍数的货币供给。

2. 定期存款与活期存款的比例(t)

定期存款与活期存款的比例(t)直接取决于公众的资产选择,间接受收入或财富、利率水平和结构、市场风险等因素的影响。一般来说,定期存款的需求有较大的收入或财富弹性,故在收入增加时,t 趋于上升;收入降低时,t 趋于下降。定期存款相对活期存款而言,利息收益较高但流动性较低,因此,利率结构与市场动态的变化必然会影响 t,即该比例会随着定期存款利率的上升而上升,随着活期存款利率的上升而下降。

定期存款与活期存款的比例与货币乘数呈正相关关系,进而也正向地影响货币供给量。

(四) 政府的决定因素

尽管在前述货币供给模型中,没有体现出由政府来决定的变量,但事实上政府对货币供给的影响是不容忽视的。政府对货币供给的影响更多地体现在财政赤字与货币供给的关系上。当财政出现赤字时,政府就要予以弥补。政府弥补财政赤字的方式主要有三种:增加税收、发行债券和向中央银行借款。这些措施最终都将对货币供给产生影响。

1. 增加税收

增加税收属于紧缩性措施。这是因为增税会降低新投资的积极性,降低对贷款的需求,从而可能成为控制货币供给增长的因素。如果增加课税所收入的货币不再投出,那将直接压缩货币供给量。

2. 发行政府债券

发行政府债券对货币供给的影响,因认购主体的不同而有所不同:首先,如果由公众购买,不会增加货币供给量。但可能引起 M_1 和 M_2 之间的增减变化。具体分析需区别两种情况:一种情况是公众用现钞和活期存款购买债券,意味着 M_1 的相应缩减。财政用以再支出,通常会形成 M_1 的供应。此时 M_1 是不变的。另一种情况是公众用储蓄或定期存款购买债券,这意味着 M_2 中准货币的减少。所以,当财政支出形成 M_1 时,虽然按 M_2 计量的货币供给总规模不变,但 M_1 的规模却增加了。这对经济生活中的市场均衡无疑是有影响的。其次,如果由商业银行购买,对货币供给的影响应视购买国债的资金来源是否为超额准备金而定:如果商业银行用自有准备金认购债券,表现为在中央银行资产负债表上负债方政府存款增加,同时商业银行存款准备减少。货币供给量不会因此增加;如果商业银行从中央银行借款来认购债券,则增加超额准备,基础货币等量增加。其三,如果由中央银行购买,对货币供给量的影响非常直接。中央银行认购政府债券的结果是:中央银行持有的政府债券数量增加,同时财政存款增加,反映在中央银行的资产负债表上,资产方余额与负债方余额等量增加,政府将出售债券收入用于支出,进一步形成公众在商业银行的存款以及商业银行在中央银行的准备金存款,从而导致基础货币增加,并使货币供给总量按乘数成倍扩张。

3. 向中央银行借款

向中央银行借款是指财政以直接借款的方式从中央银行取得资金,这实质上是透支。财政向中央银行借款,则意味着中央银行对财政的贷款增加,财政存款也等量增加,进而货币供给量亦等额增加。

第四节 货币供给的调控机制

一、货币供给调控机制的构成要素

货币供给调控机制是指调控主体通过控制若干变量,借助一定的传导中介调节货币供给,从而影响非银行部门的行为,最终实现货币供求均衡目标的运作系统。货币供给调控机制作为一个相对独立的系统,主要由调控主体、调控因素及变量、传导中介、调控对象和调控目标等五个要素构成。

(一)调控主体

在当代各主要国家,货币供给的调控主体是中央银行或货币当局。这是因为基础货币是中央银行的负债,并且又是通过中央银行的资产运用投放的,货币供给是在基础货币基础上通过商业银行体系的运作被放大形成的,基础货币是货币供给的形成源头和变动基础,中央银行供给基础货币的多少,决定整个调控机制运转的规模。因此,货币供给的调控主体只能是中央银行。

（二）调控因素及变量

货币供给调控的基本因素是基础货币、货币乘数和货币供给量，这是由货币供给模型决定的。中央银行提供基础货币为商业银行所持有，通过其在商业银行体系中的反复使用便产生乘数效应，使中央银行负债经过商业银行的资产业务变成了数倍的商业银行负债，与流通中现金一起构成了货币供给量。从三者在调控中的地位看，基础货币、货币乘数是输入变量，货币供给量则是输出变量。因此，要控制货币供给量，必须使基础货币保持在合理的水平上，同时控制好货币乘数。中央银行控制基础货币的能力较强，而控制货币乘数的能力相对较弱。这是因为货币乘数受到通货比率、法定存款准备金率、超额准备金率和定期存款比率等变量的共同作用。这些变量中除法定存款准备金率受中央银行直接控制外，其他变量主要受商业银行和企业、公众等主体的影响。

（三）传导中介

货币供给的调控必须借助传导中介。这个传导中介就是商业银行和金融市场。中央银行创造的基础货币输入商业银行系统后，经过商业银行的多倍创造形成存款货币，并通过存款货币的变动影响非银行部门——企业和公众的行为。商业银行既是中央银行调控政策的接收者，又是向企业和公众传递调控政策信息的传导者。金融市场在货币供给调控机制中也起着传导中介和桥梁的作用，一方面在中央银行与商业银行之间充当媒介，另一方面又在商业银行与企业和公众之间充当导体。

（四）调控对象

中央银行对货币供给的调控，经过一系列的传导，最终要通过企业和公众的行为变化，才能实现货币供给调控的目标。因此，企业和社会公众对来自货币供给变动的影响反应是否灵敏，配合是否积极，直接影响到货币供给调控机制的运作是否顺畅，调控目标能否实现。所以，货币供给的最终调控对象是企业和社会公众。

（五）调控目标

社会总需求和总供给的对比关系通常存在三种情形：一是二者基本平衡，二是总需求大于总供给，三是总需求小于总供给。后两种情形是经济运行中的常态。总供求的基本平衡则是实现国民经济良性发展的重要标志。中央银行调控货币供给的目标就是校正后两种情形的对比关系与目标值的偏差，使总供求维持在均衡状态。由于总供给的变动主要取决于资源投入、科学技术的发展与应用以及产业组织政策与制度等因素，而这些因素在短期内相对稳定，很难调整，因此，总供求的均衡主要通过调节总需求来实现。总需求从存量上看表现为各种形式的货币供给所形成的有支付能力的购买力,从流量上看则表现为一定时期内的货币支出总量。所以,从这个角度讲,调节总需求实际上就是调控货币供给,货币供求均衡是总供求均衡的前提。

二、货币供给的内生性与外生性

现代信用货币制度确立之后,围绕中央银行能否有效调控货币供给的问题,西方经济学界引发了货币供给内生性和外生性的讨论。

(一)货币供给内生性与外生性的概念

内生变量和外生变量,是计量经济学术语。内生变量,也称非政策性变量,是指在经济体系内部由诸多纯粹经济因素影响而自行变化的变量。这种变量通常不为政策所左右,如价格、利率、汇率等变量。外生变量,也称政策性变量,是指在经济机制中受外部因素影响,而由非经济体系内部因素所决定的变量。这种变量通常能够由政策控制,并以此作为政府实现其政策目标的变量。

所谓货币供给的内生性是指货币供给取决于社会的货币需求,由经济体系内的经济行为主体的行为所决定的,中央银行难以对货币供给进行绝对控制,从而使货币供给量具有内生变量的性质。货币供给的外生性是指货币供给独立于货币需求,由中央银行意志、货币政策决定,或由经济过程之外的因素决定,从而货币供给量具有外生变量的性质。

(二)货币供给外生性论

货币供给外生性的思想,最早可以追溯到19世纪初以大卫·李嘉图为首的英国"金块论者"。在金块论者之后的通货论争中,以奥维尔斯顿、英国首相皮尔为首的通货学派获得了胜利,他们主张"银行券的发行决定于黄金数量",亦即认为货币供给是外生的。1844年开始在英国实行的《皮尔条例》,使外生性的货币供给理论为多数人所接受。

凯恩斯从货币本质来说明货币外生性的观点。他认为,货币只是一种用于债务支付和商品交换的符号,是一种观念上的货币,它本身并没有实际价值。他进一步认为,货币之所以能流通,完全是凭借国家的权力,依靠国家的法令规定强制流通,因此,货币是国家的创造物。任何经济中的微观经济主体和经济变量都只能接受货币供给变化带来的影响,而无力影响货币供给。以此为基础,凯恩斯进一步分析了货币的供给弹性几乎为零的特征,提出了外生货币供给论,认为货币供给是由国家授权的货币当局控制的外生变量,货币供给的变化影响经济运行,但自身并不受经济因素的制约。

坚持货币供给外生论最为有力的莫过于以弗里德曼为代表的货币主义者。弗里德曼提出的"不变增长率"的货币控制规则就以货币供给能够被中央银行控制作为必要前提。货币主义者根据 $MV=PY$ 的恒等式,得出了在货币流通速度 V 稳定、真实产出 Y 长期内不受 M 变动影响的前提下,货币量(M)决定价格(P)或名义收入(PY)的因果关系。因此,他们首先要从理论上证明货币供给是能够被中央银行所控制的外生变量。货币主义者根据一般所公认的存款与货币创造模型 $Ms=m \cdot B$,在统计数据的支持下得出了以下几个结论:① 基础货币与货币乘数相互独立,互不影响。② 影响货币乘数的各因素在短期内是稳定的,长期而言也常会起反向作用而相互抵消,因而货币乘数可视为常数。③ 基础货币对货币供给量的影响比货币乘数要大。④ 中央银行通过公开市场操作等政策工具,不但可以主动增减基础货币量,还可抵消货币乘数内某些系数变动的影响。由此得出货币供给外生的结论。

表面上看,货币主义者得出的这些结论可以很好地证明货币供给的外生性,但仔细分析可知,这些结论是站不住脚的。考虑中央银行在公开市场上购入国债以增加基础货币的行为,在基础货币增加的同时,利率下降,货币乘数的许多相关系数,如超额准备金率、现金比率等都会发生变化,货币乘数与基础货币无法完全隔离;其次,影响货币乘数的诸多因素中,如超额准备金率、现金比率、定期存款与活期存款的比例等都取决于商业银行和公众的资产选择行为,在短期内是经常发生变化的,不可能由中央银行完全控制。此外,20 世纪 80 年代西方国家中央银行的货币供给量目标屡屡失准,也说明了货币供给并非完全由中央银行决定。

(三)货币供给内生论

虽然一些著名学者认为货币是外生的,但是这个论断并没能被理论界所普遍接受。许多经济学家反对货币供给外生论,特别是后凯恩斯主义学派把货币供给内生性作为其基本命题。

1. 早期的货币供给内生论

内生性货币供给的思想可追溯至早期的货币名目主义者詹姆斯·斯图亚特。他在 1767 年出版的《政治经济学原理的研究》一书中指出,一国经济活动水平使货币供给量与之相适应。这一观点后来被亚当·斯密加以继承,又被银行学派加以发展。

银行学派认为,通货(这里包括黄金、银行券、支票存款、汇票和账簿信用等其他信用形态)数量的增减不是物价变动的原因,而是其结果;通货的增减不是先于物价,而是追随物价。发行银行处于被动的地位,既不能任意增加银行券发行的数量,也不能任意减少。银行学派区分了货币流通的三种情形,并对此观点加以论述:① 在纯粹金币流通情况下,多余的金币可以通过其贮藏手段的职能加以解决。② 银行券和其他信用形态与金币混合流通时,以贴现放款方式发行的银行券会因偿付贷款而流回。又因各种通货之间存在替代性,由某种原因引起减少的银行券会被支票、汇票、账簿信用等所代替,所以通货的数量不能由银行任意增减。③ 不兑现纸币流通的情形下,若是纸币由银行以票据贴现或短期放款的形式发行,则会像银行券一样,随着贷款的偿还而回流;即使是由政府发行,只要为之安排好确实可靠的回流渠道,其发行也不至于过多。

2. 后凯恩斯主义学派的货币供给内生论

后凯恩斯货币经济学家把货币供给的内生性看作货币经济学的主要命题,认为货币的创造起源于经济主体对货币的需求。格利和肖在《金融理论中的货币》一书中讨论了非货币中介体的重要作用,并第一次提出了内生货币的概念,区分了内生货币和外生货币,认为内生货币的发行反映了私人部门内部生产与消费、生产与生产之间发生的金融活动,是与增长、积累和投资等问题联系在一起的,即货币供给具有内生性。

托宾认为,不能把货币供给与基础货币、存款准备金率和通货比率的关系简单地用乘式来表示,因为这三个变量及其决定因素之间存在着交叉影响关系。存款准备金率和通货比率常常受经济环境的影响,波动较大,因此不应当作为货币供给方程中的固定参数。实际经济数据反映出通货比率常常呈现周期性特点,而存款准备金率的变动主要取决于商业银行的行为。超额准备金率取决于收益与风险偏好程度以及与此相关的利率结构。这几个变量都不是中央银行所能够完全控制的,因而中央银行也就无法掌握货币乘数进而控制货币供给量。因此,简单地从中央银行角度研究货币供给的方法是不合适的,真正的存款创造过程应该是一个反映银行与其他私人单位的经济行为的内生过程。

后凯恩斯主义学派的代表人物西德尼·温特劳布和尼古拉斯·卡尔多则从另外一个角度论证货币供给的内生性,即中央银行不得不迁就市场的需要而使货币有所增加。其理由可归纳为以下几点:① 中央银行"最后贷款人"的角色导致货币供给的内生性。作为最后贷款人,中央银行为了防止信贷紧缩导致灾难性的债务紧缩,除了满足"交易需求"之外,别无选择,否则整个金融系统都将面临流动性不足的困难。因此,在中央银行制定和维持的任何既定利率水平上,货币供给曲线的弹性都无限大,即货币需求创造自己的货币供给,货币供给曲线呈水平状。② 信用货币供给的内生性。他们把货币分为三种:商品货币、政府货币和信用货币。商品货币是从各种实物演变而来,政府货币是由政府发行债券而沉淀在流通中的货币,这两种货币都是外生的。信用货币是商业银行发行的各种流通和存款凭证,它们形成于商业银行的贷款发放,而这又取决于公众对贷款的需求和贷款的期限,因而信用货币的供给并不脱离于其需求,具有内生性。③ 基础货币供给的内生性。中央银行买卖有价证券的对象是追求利润最大化的商业银行,它们通常已经将其资产用于有价证券或者商业贷款,一般不会有闲置的资金参与公开市场买卖。商业银行是否出售手头持有的有价证券也取决于其自身的成本收益比较。所以,中央银行不能顺利地通过公开市场操作改变基础货币量。在再贴现的运用上,中央银行完全处于被动的地位,虽然理论上讲,中央银行拥有拒绝提供贴现的权力,但这种拒绝不仅会形成沉重的政治压力,甚至可能危及银行系统的流动性。④ 负债管理使基础货币呈现"自给性"。20世纪60年代开始的金融创新,使商业银行可以直接在金融市场上筹集资金,而无需等待中央银行的基础货币注入。商业银行已由原来的资产管理转向负债管理,其主要资金来源已由原来的吸引存款为主转变为直接在金融市场上发行融资工具,欧洲美元市场的发展更加方便了商业银行从国际市场上筹集所需的资金。商业银行比以往任何时候都不依赖中央银行。

后凯恩斯学派关于货币供给内生性的理论被称为货币供给新论,在货币供给理论的发展中,货币供给新论占据了非常重要的位置。

(四)货币供给内生性和外生性争论的意义

货币供给内生性和外生性争论的实质是货币供给的可控性以及由此引申出的货币政策有效性问题,因而探讨这一问题具有较强的政策意义。如果认为货币供给是内生变量,则意味着货币供给总是要被动地决定于客观经济过程,中央银行并不能有效地控制其变动,从而货币政策的调节作用,特别是以货币供给变动为操作指标的调节作用,就有很大局限性,即货币政策可能是无效的;如果认为货币供给是外生变量,则意味着中央银行能够通过货币政策的实施,有效地调控货币供给量,进而影响经济进程,显然货币政策是有效的。

虽然内生论者和外生论者在这个问题上的分歧很大,但是他们在强调各自主要观点的同时,并没有完全否定对方,货币供给外生论者强调中央银行可以有效控制货币供给,但并不否认经济活动对货币供给会产生影响以及中央银行控制货币供给的艰巨性;内生论者强调中央银行难以控制货币供给,也并不认为中央银行的政策完全无效。事实上,货币供给究竟是内生的还是外生的,的确是一个很复杂的问题,不可能用"非此即彼"来进行判断。两种观点的对立和差异,实际上只是强调的重点和主次的不同。

(五)中国货币供给的内生性与外生性

在我国现行体制条件下,货币供给到底是内生变量还是外生变量?这一问题是直接从货币供给能否由中央银行有效控制这一角度提出的。具体围绕三个方面进行讨论:

1. 现金发行能否控制

对此有两种截然相反的观点:一种意见是:对现金发行与信贷投放从管理体制上划开,将现金发行数量的决定权交给某一有权威性的机构严格管理,现金超速增长问题就会迎刃而解。反对的意见是:现金发行和信贷投放根本不可能脱钩,从而其数量不可能简单地用行政方法控制住。这一争论往往用"内生"与"外生"来加以概括。

2. 信贷供应能否存在着"倒逼机制"

对于这一问题也有两种截然相反的观点。一种意见是:我国企业的贷款需求总是迫使商业银行被动地增加贷款供应。中央银行在企业和商业银行贷款需求的双重压力下又不得不实行松动而迁就性的货币政策,结果出现货币供给被动地适应货币需求的现象。显然,这实质上是货币供给内生变量论。反对的观点是:中央银行有足够的权威和手段控制信贷扩张或货币供给,倒逼机制虽应予承认,但也不应视之为决定作用。显然,这是典型的货币供给外生变量论。

3. 中央银行能否有效控制货币供给量

(1) 认为中央银行能有效控制货币供给量的观点,其论据有:① 经济体系中的全部货币都是从银行流出的,从本源上说,都是由中央银行资产负债业务决定的,只要控制住每年新增贷款的数量,货币供给的总闸门就可以把住。② 我国中央银行不是没有控制货币供给增长的有效手段,而是没有利用好这个手段,如果不论来自各方的压力多么强大,中央银行始终不渝地按照稳定通货、稳定物价的政策严格掌握信贷计划,那么,货币供给就不会增长过快,显然,这是货币供给外生论观点。

(2) 认为中央银行不能有效控制货币供给量的观点(但并非反对外生论),又分为两种意见:一种意见从"究竟谁是货币当局"这个角度提出问题,认为在中国现行体制下,中央银行没有独立的决策地位,货币紧缩或松动大都是由更高的决策层做出的。因此只能认为中央银行只有货币政策的执行权而无决策权。这实际上是从另一角度肯定货币供给的外生论。因为他们肯定,是真实经济活动之外或模型以外的因素——高于中央银行的决策层在决定货币供给。另一种是"倒逼机制"的论点。这种论点认为,在中国现行体制下,货币供给往往是被动地适应货币需求,中央银行很难实施各种既定的货币调节方案,原因是工商企业特别是大中型国有企业、地方政府和职工个人对各自利益的追求形成了一种合力,即偏好经济增长和收入增长的合力,该合力倒逼中央银行吐出基础货币,从而直接影响货币增长速度。对于这种合力,中央银行本身是难以左右的,很明显,这种倒逼机制说明,货币供给的变动事实上是内生的。

知识链接 9.1

中国的货币超发了吗?

考察一国的印钞额,国际上一般采用 M_2 指标来度量。来自全球主要央行的 2008—2012 年 M_2 数据显示,截至 2012 年末,全球货币供应量余额已超过人民币 366 万亿元。其中,超过 100 万亿元人民币,即 27% 左右,是在金融危机爆发的 2008 年后 5 年时间里新增的货币供应量。期间,每年全球新增的货币量逐渐扩大,2012 年这一值达到最高峰,合计人民币 26.25 万亿元,足以抵上 5 个俄罗斯截至 2012 年末的货币供应量。

全球货币的泛滥,已到了十分严重的地步。而在这股货币超发洪流中,中国也已成长为流动性"巨人"。从存量上看,中国货币量已领先全球。据中国央行数据,截至 2012 年末,中国 M_2 余额达到人民币 97.42 万亿元,居世界第一,接近全球货币供应总量的四分之一,是美国的 1.5 倍,比整个欧元区的货币供应量(约 75.25 万亿元人民币)多出不止一个英国全年的供应量(2012 年为 19.97 万亿元人民币)。

回顾 2010 年,中国的 M_2 余额才刚与欧元区旗鼓相当;2008 年,中国的 M_2 余额更是排不上全球前三,落后日本、美国,可见中国货币存量增长之快。从增量上看,中国的新增货币供应量也让美国、日本、欧元区、英国望尘莫及。据统计,2008 年中国、美国、欧元区新增的货币供应量分别折合为人民币 7.17 万亿元、5.08 万亿元、5.70 万亿元,基本在一个水平线上浮动。2009 年,美、日、英、欧同时大幅减少新增 M_2,但中国的新增货币供应量却一下蹿到 13.51 万亿元人民币。随后每年中国 M_2 增量均保持在 12 万亿左右的水平。只用了 4 年,中国货币供应量就激增 50 万亿元,存量翻了一番。

从全球范围来看,在新增的货币供应量上,中国已连续 4 年贡献约一半。据渣打银行的报告,金融危机爆发以后的 2009 年至 2011 年间,全球新增的 M_2 中,人民币贡献了 48%;在 2011 年贡献率更是达到 52%。这样的增长规模和态势在世界各国经济发展史上都是少有的。

2012 年,中国继续"巨量印钞",新增 M_2 达 12.26 万亿元,在全球新增 M_2 中占比仍高达 46.7%。

值得注意的是,尽管全球 2012 年新增货币量再创新高,但事实上,多数国家在新增货币供应量上比 2011 年有所控制。如美国 2011 年新增 M_2 8 713 亿美元,2012 年新增 M_2 下滑 12.17%,至 7 653 亿美元;日本 2011 年新增 M_2 25.3 万亿日元,2012 年新增 M_2 21.6 万亿日元,下滑速度达 16.19%,更甚于美国。

过去 4 年,中国货币供应量激增 50 万亿元,几乎翻番。其与 GDP 之比,也是一路水涨船高。如果货币总量的扩张节奏跟随实体经济同步变化,即 M_2 与 GDP 之比大致维持在 1.5 倍的水平,那么目前 75 万亿的货币总量就完全足够。但现在,货币总量已足足高出 22 万亿。

"M_2/GDP"通常被用来度量一国的货币超发程度,一般而言,该比值越大,货币超发越严重。2012 年末,中国的 M_2/GDP 达到 1.88 创下新高。而同期美国的 M_2 余额为 10.04 万亿美元,截至 2012 年 3 季度,GDP 为 15.81 万亿美元。这是什么概念?等于是中国一块钱的货币供应,只撬动了五毛钱的 GDP;而美国,一美元拉动最少 1.5 美元的 GDP。

作为全球最大的"印钞机",中国虽然对货币供应量也有所控制,但是无论从绝对水平还是相对水平来看,都未太放松马力。

(资料来源:根据相关文献资料整理而得)

本 章 小 结

1. 货币供给的含义可以从动态和静态两个角度来理解。动态上看,它是指银行系统向经济体系注入货币的过程。静态上看,货币供给即货币供给量,是指一国(或地区)银行系统供给货币所形成的,被非银行(金融)部门所持有的可用于各种交易的货币总量。货币供给的源头是中央银行初始供给的基础货币。

2. 在现代信用货币制度下,形形色色的货币只有通过科学划分,才能对其进行准确的计量和有效管理。大多数国家都以流动性作为划分货币层次的标准。目前我国的货币供给量划分为 M_0、M_1、M_2、M_3 四个层次。

3. 货币供给机制是指货币通过什么传递途径,采用何种方式注入到流通领域。货币供给主体是中央银行和商业银行,二者各自创造相应的货币——基础货币和存款货币。中央银行以再贷款或再贴现等方式向商业银行提供货币,商业银行通过放款、投资、贴现等资产业务向社会投放货币。

4. 商业银行创造存款货币必须具备两个前提条件:部分准备金制度和非现金结算制度。商业银行存款货币扩张或收缩的能力受到超额准备金、现金漏损、存款结构的变化等因素的制约,因而是有限的。

5. 基础货币是指具有使货币供给总量成倍放大或收缩能力的货币,包括流通中现金和商业银行存款准备金。从其构成看,基础货币直接表现为中央银行负债。中央银行投放基础货币的渠道主要有购买政府债券、再贴现、再贷款、收兑黄金外汇以及对政府直接提供贷款或透支等。

6. 影响货币供给的经济主体主要有中央银行、商业银行和社会公众。中央银行通过资产业务向商业银行提供基础货币,形成商业银行对中央银行的负债;商业银行再通过资产业务把基础货币成倍放大为货币供给量,从而形成非银行部门对商业银行的负债。

7. 决定货币供给量变动的基本因素可以概括为基础货币和货币乘数两大类。这两类因素又可进一步细分为中央银行可以操纵的因素、商业银行等存款货币机构决定的因素以及非银行部门所能影响的因素等,其中后者还可分解为企业、居民和政府等三类主体行为的影响。

8. 货币供给内生性和外生性争论的实质是货币供给的可控性以及由此引申出的货币政策有效性问题。货币供给到底是内生变量还是外生变量?是直接从货币供给能否由中央银行有效控制这一角度提出的。具体从现金发行能否控制、信贷供应能否存在着"倒逼机制"、中央银行能否有效控制货币供给量等三个方面进行讨论。

【重要概念】

货币供给　货币供给量　狭义货币　广义货币　最广义货币　原始存款

派生存款　现金漏损　法定存款准备金　超额准备金　基础货币　货币乘数　货币供给的外生性　货币供给的内生性

【思考与练习】

1. 划分货币层次的标准什么？我国的货币供给层次是如何划分的？
2. 商业银行创造存款货币应具备哪些条件？又受哪些因素制约？
3. 简述中央银行和商业银行在货币供给机制中各自的地位和作用。
4. 试论述中央银行、商业银行、企业、社会公众和政府是如何分别决定和影响货币供给的？
5. 影响基础货币和货币乘数的因素有哪些？其作用方向如何？
6. 如何看待我国货币供给的外生性与内生性问题？探讨这一问题有何政策意义？
7. 假设某商业银行吸收了 1 000 元存款，若法定存款准备金率为 20%，且该银行持有 6% 的超额准备金，现金漏损率为 10%，试问：

(1) 存款乘数为多少？
(2) 银行体系创造的存款货币为多少？
(3) 货币乘数为多少？

8. 假设某地区基础货币为 10 000 亿元，活期存款法定准备金率为 20%，现金漏损率 5%，银行体系的活期存款为 40 000 亿元，试计算银行体系的超额准备金和活期存款准备金。

9. 已知法定存款准备金率为 10%，现金为 5 000 元，支票存款为 15 000 元，超额准备金为 1 000 元，试计算：现金漏损率、超额准备金率、法定准备金、准备金、基础货币、货币乘数。

10. 假设商业银行体系准备金为 11 000 亿元人民币，公众持有现金为 8 000 亿元人民币。活期存款法定准备金率为 9%，定期存款法定准备金率为 6%，现金漏损率为 18%，定期存款与活期存款的比例为 2.2，商业银行超额准备金率为 12%。试根据上述资料完成以下各题：

(1) 基础货币、货币乘数、狭义货币供给量 M_1、广义货币供给量 M_2 分别是多少？
(2) 如果中央银行在公开市场上购进 100 亿美元外汇，假定汇率为 1 美元兑 6.158 元人民币，则基础货币、货币供给量 M_1 和 M_2 有何变化？如果中央银行在公开市场上卖出 600 亿元人民币国债，则情况又如何变化？
(3) 如果活期存款和定期存款的法定准备率均提高 1%，或现金漏损率下降 1%，或定期存款与活期存款之比降为 2.0，或超额准备金率提高 1%，则货币乘数、货币供给量 M_1 和 M_2 分别有何变化？

第十章　通货膨胀与通货紧缩

【学习目标和要求】
- 掌握通货膨胀的定义，熟悉通货膨胀的度量和分类。
- 掌握并结合实际分析通货膨胀的成因。
- 理解并描述通货膨胀对经济、生产、流通、分配、消费等的影响及治理措施。
- 熟悉我国通货膨胀与通货紧缩产生的原因与治理。
- 了解通货紧缩定义、成因、影响及治理措施。
- 通过学习增进对习近平治国理政思想的理解。

在现代信用货币（纸币）制度条件下，通货膨胀和通货紧缩（尤其是通货膨胀）问题成为世界各国共同面对的普遍经济现象。通货膨胀给经济的运行，生产、分配、交换、消费的进行，以及国民福利的改善会造成很大危害，因此一直是经济学家和货币当局关注和需要致力解决的问题。通货紧缩对经济的负面影响也比较明显，因而在反通货膨胀的同时，也要防止通货紧缩的发生。本章首先介绍通货膨胀的概念、度量和分类，随后重点探讨通货膨胀的形成原因，分析通货膨胀对经济增长、生产、流通、分配、消费等的影响，阐述治理通货膨胀的政策措施，最后介绍通货紧缩的理论知识。

第一节　通货膨胀及其度量

一、通货膨胀的定义

关于通货膨胀，从最直接、最简单的意义上理解，指的是物价上涨现象。但对这种物价上涨现象，经济学界有着规范、严格的界定。将各种理论流派的观点概括起来，所谓通货膨胀是指一定时间内一般物价水平普遍的、持续的明显上涨现象。这一定义包含了四个要点：① 通货膨胀是指一般物价水平的上涨。一般物价水平是指包括所有商品和服务在内的价格总水平，个别的或部分的商品或服务价格上涨不是通货膨胀。② 通货膨胀是物价的持续和明显的上涨。短期的、季节性的、偶然的物价上涨不能视为通货膨胀。③ 通货膨胀是指物价的明显上涨。所谓的

"明显"上涨,是指物价总水平的上涨必须达到一定的界限,未达到这个界限的轻微的物价上涨,也不能视为通货膨胀。④ 通货膨胀是一种货币现象,只能在高货币增长的情况下发生。

二、通货膨胀的度量

从各国的实际做法看,衡量通货膨胀的严重程度通常使用通货膨胀率这一指标,而用来度量通货膨胀率的经济指标一般采用物价指数。较为常见的物价指数有三种。

（一）消费价格指数

消费价格指数(简称为 CPI)是衡量居民生活消费品和劳务价格变化情况的指标,这种指数是根据家庭和个人消费的吃、穿、住、烧、用、行、教、医、乐等各类消费品价格和服务费用加权平均计算出来的。由于消费物价指数直接与居民的日常生活相联系,且资料容易收集,能及时反映居民日常生活成本的变化和通货膨胀程度,因而被许多国家所采用。我国从 2001 年起,改用 CPI 作为反映我国通货膨胀程度的主要指标。

消费价格指数的缺点是它包括的范围较窄,消费品只是社会产品的一部分,不能反映用于生产的资本品及进出口商品和劳务的价格变动趋势,因而需要结合其他指标一起使用。

（二）工业生产者价格指数

工业生产者价格指数(简称 PPI)是衡量工业生产者价格变动程度和趋势的价格指数。工业生产者价格包括工业生产者出厂价格和工业生产者购进价格,前者是工业企业产品第一次出售时的价格,后者是工业企业购进中间投入产品的价格。PPI 统计采价的商品篮子中,生产资料占比达到 70% 左右,生产资料价格变动对 PPI 走势具有决定性影响。具体看,国际大宗商品价格和国内投资需求是影响生产资料价格以及 PPI 波动的两个基本因素。PPI 和 CPI 作为具有基本对应关系的上、下游价格指数,二者之间具有一定的传导效应,但由于统计采价的商品篮子和环节明显不同,二者的波动在时间先后和幅度上存在一定差异。具体看,PPI 的商品篮子以生产资料为主,不包括服务价格;CPI 的商品篮子以消费品为主,且包括服务价格。采价环节上,前者主要从生产者角度考察价格的变化情况,后者则是从消费者角度考察的。

（三）批发物价指数

批发物价指数(简称为 WPI)是反映大宗生产资料和消费资料批发价格变动程度和趋势的价格指数。WPI 的优点在于能在最终产品价格变动之前获得工业投入品及非零售消费品的价格变动信号,从而能较灵敏地反映出生产者生产成本的变化状况。其缺点是包含的样本不全面,不包含劳务产品的价格,与居民生活也没有直接联系,因而不能用来判断总供给与总需求的对比关系。

(四)国内生产总值平减指数(简称为 GDP 平减指数)

国内生产总值平减指数是指按现行价格计算的 GDP 与按不变价格计算的 GDP 的比率,能够综合反映物价总水平变动情况。该指数的优点是覆盖全面、范围广,包括了消费品、劳务、资本品和进出口商品等价格的变动,能全面地衡量一般物价水平的变化程度。缺点是容易受到价格结构的影响,导致信号失真,且需要收集大量资料,编制工作耗时费力,一般只能一年公布一次,不能及时反映商品价格变化情况。

三、通货膨胀的分类

为了更好地认识和理解通货膨胀,可根据不同的划分标准,将通货膨胀分为不同的类型。

1. 按表现形式划分,可分为公开型通货膨胀和隐蔽型通货膨胀

(1) 公开型通货膨胀。公开型通货膨胀也称为开放性通货膨胀,是指不存在价格管制的条件下,完全可以通过物价总水平变动的方式释放和表现出来的通货膨胀。即只要出现通货膨胀,物价水平就明显上涨。所以,通过物价指数的变化就能反映出通货膨胀的程度。

(2) 隐蔽型通货膨胀。隐蔽型通货膨胀也称为抑制性通货膨胀,是指政府通过价格管制、定量配给以及其他管制措施等抑制需求进而抑制物价的上涨,物价上升趋势的真实程度被隐蔽的通货膨胀。表面上货币工资没有下降,物价总水平也没有上涨,但居民实际消费水平却在下降。市场上商品供应紧张,黑市活跃,通货膨胀不能通过物价上涨表现出来,而只能以排队抢购、凭票购买、有价无货或商品质量下降等表现出来。一旦政府放开管制,物价上涨就会公开暴露出来。我国在计划经济体制时期就存在隐蔽型通货膨胀,物价指数并不能反映真实的通货膨胀水平。

2. 按严重程度划分,可分为温和式通货膨胀、快步式通货膨胀、严重通货膨胀和恶性通货膨胀

(1) 温和式通货膨胀。温和式通货膨胀是指年物价上涨率在 $2\%\sim3\%$ 之间的通货膨胀。特点是物价上涨缓慢且可以预测,短期内不易察觉,但持续的时间较长,这时人们对未来货币购买力有足够的信心,经济能够正常运转。这正是大多数国家普遍经历过的。甚至有人认为温和式通货膨胀对经济增长有积极的刺激作用。

(2) 快步式通货膨胀。快步式通货膨胀是指年物价上涨率在 $3\%\sim10\%$ 之间的通货膨胀。这时的物价上涨幅度已接近或高于经济增长速度,人们可以明显察觉到物价的变化,对物价的过快上涨变得难以忍受,开始寻找其他保值方法。

（3）严重通货膨胀。严重通货膨胀是指年物价上涨率在10%～20%之间的通货膨胀。此时,物价上涨速度较快,幅度较大,货币流通速度和货币购买力下降速度加快,人们对货币逐渐失去信任,并且预期物价会进一步上涨,纷纷抢购囤积商品、挤提存款等,经济将陷入混乱,但还不至于金融崩溃。

（4）恶性通货膨胀。恶性通货膨胀是指年物价上涨率超过20%以上,甚至呈现天文数字般的急剧上升的通货膨胀。这时的通货膨胀完全失控,物价涨幅惊人,货币大幅度贬值,严重影响到正常的生产流通和经济生活,最终可能导致整个货币体系和价格体系的崩溃,甚至引起政局动荡。例如,1937年至1949年12年间,国民党政府货币发行量增长了1 400多亿倍,同比物价上涨85 000多亿倍。这类通货膨胀往往发生在战争时期或严重的金融危机时期的国家或地区。

显然,这四种类型通货膨胀的关键在于确定具体的数量界限。事实上,很难找到一个客观、科学的数量标准,不同国家,宏观经济基础和稳定性不同,承受通货膨胀的能力也不尽相同,对通货膨胀程度的界定也会有差异。例如,巴西、以色列的经济曾经在通货膨胀率为200%的环境下正常运转,并取得了较快的经济增长。

3. 按形成成因划分,可分为需求拉上型通货膨胀、成本推动型通货膨胀、结构型通货膨胀和输入型通货膨胀

物价总水平的持续上涨往往是经济系统中的某种或某几种力量所推动的。这种推动力可能是源于需求或供给,或两者兼而有之,或者是结构方面,等等。这将在下节进行详细讨论。

第二节　通货膨胀的成因

一、需求拉上型通货膨胀

需求拉上型通货膨胀是指由于社会总需求的增长超过了以现行价格衡量的社会总供给增长而导致的物价总水平持续上涨现象。需求拉上说是从需求角度来解释通货膨胀成因的最早理论。该理论认为,由于各种原因,当商品和劳务的总需求超过了按现行价格计算的可达到的总供给时,会引起一般物价水平持续上涨,从而形成需求拉上型通货膨胀。其中,总需求表现为有购买和支付能力的货币量,总供给则由市场上的商品和劳务构成,那么,"需求拉上"可以表述为"太多的货币去追逐太少的商品和劳务"。因此,治理需求拉上型通货膨胀,一般以控制总需求为总体思路。需求拉上型通货膨胀可以用图10.1说明。

在图10.1中,横轴表示产出(Y),纵轴表示物价水平(P),S代表总供给曲线,$D_i(i=0,1,2,3,4\cdots\cdots)$代表总需求曲线,$Y_f$为充分就业时所达到的产出水平。凯恩斯学派认为：当经济尚未达到充分就业状态时(图10.1中的AB部分)，社会上存在着大量的闲置资源(如：大量的失业、现有设备开工不足等)的极端情况，这时，总需求增加的部分不会引起一般物价水平上升，只会促进就业增加和产出。也即总需求曲线由D_0移到D_1，产出由Y_0增加到Y_1，然而物价(P_0)保持不变。随着经济逐渐向社会充分就业时的最大产出点(Y_f)靠近(图10.1中的BC部分)，总需求曲线从D_1移到D_2，再从D_2移到D_3时，产出由Y_1增加到Y_2，再由Y_2增加到Y_f。同时，物价水平也由P_0上升到P_1，再由P_1上升到P_2。这说明，当经济逐渐接近充分就业时，产出增加的同时，物价水平也随之上涨，凯恩斯学派称之为"半通货膨胀"现象。当经济达到充分就业阶段时(图10.1中的CD部分)，总供给的弹性趋近于零，当总需求曲线从D_3移到D_4，产出始终维持在Y_f水平，而物价水平却由P_2上升到P_3。这说明：当经济达到最大化Y_f，这时，货币供给量增加或货币流通速度加快而形成的过度需求就只能影响物价，而对生产几乎不起作用。凯恩斯学派称之为"真正的通货膨胀"现象。

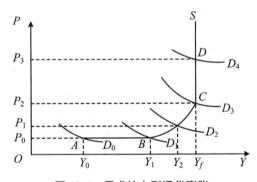

图10.1　需求拉上型通货膨胀

凯恩斯学派认为通货膨胀的根源在于总需求方面，认为投资、消费和政府支出等因素的过度增加引起过度的总需求，但该观点无法解释"滞胀"现象。

二、成本推动型通货膨胀

成本推动型通货膨胀是指由于生产成本自发性增加(主要是工资推动和利润推动)而引起的物价总水平持续上涨现象。成本推动说是从供给的角度来探讨通货膨胀的一种理论。它认为通货膨胀的根源不在于总需求的过度，而在于产品成本的上涨。该理论主要观点是：在总需求不变的情况下，由于生产要素价格(包括工资、垄断利润、进口成本、间接成本等)上升，引起产品成本上升，从而导致一般物价水平持续和显著上涨的现象。成本推动型通货膨胀可以用图10.2所示。

在图10.2中，横轴表示产出水平(Y)，纵轴表示物价水平(P)，S代表总供给曲线，D代表总需求曲线，Y_f为充分就业时所达到的最大产出。当经济处于充分就业状态时，其产出水平为Y_f，价格水平为P_0。随着生产成本的提高，总供给曲线不断向上方平移,从 S_0 移到 S_1,再从 S_1 移到 S_2。在 D 曲线不变的情况下,价格水平由 P_0 升到 P_1,再由 P_1 上升到 P_2,与此同时,产出水平由 Y_f 减少到 Y_1,再由 Y_1 减少到 Y_2。由此可见,在不存在需求拉动的情况下,也会出现通货膨胀。当生产成本增加时,将导致产出的减少和失业的增加,因此,成本推动说者认为,生产成本的提高是通货膨胀和失业增加的根源。

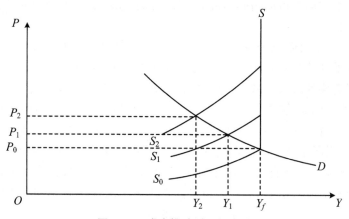

图 10.2　成本推动型通货膨胀

进一步分析促使产品成本提高的原因,主要有三个方面:① 工资推动。在不完全竞争的劳动市场上,由于强大的工会组织支持,工人迫使厂商提高工资,使得商品成本提高,进而导致物价上涨;物价上涨以后,工人又要求增加工资,引起进一步物价上涨,如此反复,使工资—物价出现螺旋式上升。这称为"工资成本推动型通货膨胀"。但应明确两点:一是并非任何货币工资的提高都会导致工资推进型通货膨胀,如果货币工资率的增长没有超过边际劳动生产率的增长,工资推进型通货膨胀就不会发生;二是只有由于工会发挥作用,使工资增长率超过劳动生产率而引发的通货膨胀才算工资推进型通货膨胀,否则不算。② 利润推动。在不完全竞争市场上,垄断性企业和寡头企业利用其市场势力通过人为地提高商品价格来维持原有的利润或牟取更多利润,使商品价格的上涨快于成本的增加,就会引起"利润推进型通货膨胀"。③ 进口推动。许多商品的生产高度依赖进口原材料,当这些进口原材料因为汇率变动、歉收或人为过分投机而导致进口企业成本大幅增加,为转嫁成本的上升,进口企业会提高商品价格,从而引起"进口成本推进型通货膨胀"。此外,由于石油危机、资源枯竭、环境保护等等造成生产成本的提高,都可能会引起成本推动型通货膨胀。自 2008 年初到 7 月初,国际市场油价因为种种原因已经实际上涨了近 40%。油价的飙升,除了让产油国收入大增,却使得世界大多数国家、特别是依赖石油进口的发展中国家的有关企业的成本大幅上扬,面临成本推动型通货膨胀。

三、供求混合推动型通货膨胀

供求混合推动型通货膨胀是指由成本推动与需求拉上共同作用引起的物价总水平持续上涨现象。虽然理论上能够区分需求拉上型通货膨胀与成本推动型通货膨胀,但是,在现实经济社会,需求拉上与成本推动往往是混合在一起,单纯的需求拉上或成本推动都不可能引起物价的持续上涨。供求混合推动型通货膨胀可以用图 10.3 说明。

在图 10.3 中,横、纵轴及各曲线的含义同图 10.2。但在图 10.3 中,由于需求拉上和成本推动的共同作用,总需求曲线和总供给曲线均有所移动。假定由于生产成本的提高导致总供给减少,供给曲线由 S_0 左上移到 S_1,价格水平将由 P_0 上升到 P_1。这时,为了增加产出和减少失业,政府会采取扩大内需、增加支出的措施,需求曲线由 D_0 右上移到 D_1,价格水平也由 P_1 上升到 P_2。需求扩张拉动的价格水平上升,又会引起生产成本的提高,供给曲线将由 S_1 左上移到 S_2,对应的价格水平也由 P_2 上升到 P_3。依此类推,这样的过程持续下去,就形成由供给冲击开始的物价螺旋式上涨的通货膨胀。同样,也可能发生由需求冲击开始的供求混合推动型通货膨胀。

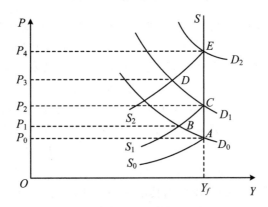

图 10.3 供求混合型通货膨胀

在现实经济生活中,纯粹的"成本推动"通货膨胀是不会持续的,纯粹的"需求拉上"通货膨胀是不存在的,存在的大多是成本推动与需求拉上共同发挥作用的混合型通货膨胀。

四、结构型通货膨胀

结构型通货膨胀是指在总需求和总供给大体处于平衡时,由于经济结构方面的因素引起的物价总水平持续上涨现象。结构型通货膨胀是由于供需结构的变迁及其相互之间的不适应所导致的。结构论分析的基本假设是:① 国民经济各部门之间的生产增长率不同,货币工资增长却趋于一致。② 各部门之间的产量具有不同的价格弹性和收入弹性,即对生产力水平较低的产品需求有较小的价格弹性和较高的收入弹性。③ 工资和物价具有向上的刚性。

1. 需求结构转移型通货膨胀

这是指在总需求不变的情况下,一部分需求转移到其他部门,而劳动力和其他生产要素却不能及时转移。这样,原先处于均衡状态的经济结构可能因需求的移动而出现新的失衡。那些需求增加的行业,其产品价格和工资上升,需求减少的行业的产品价格却由于价格、工资刚性及攀比效应,却未必出现相应下降,结果导致物价总水平的上升。

2. 部门差异型通货膨胀

部门差异型通货膨胀理论认为,经济部门(如产业部门和服务部门)之间由于劳动生产率、价格弹性、收入弹性等方面存在差异,但货币工资增长率却趋于一致,加上价格和工资的向上刚性,从而引起总体物价上涨。许多西方经济学家相信,工人对相对实际工资的关心要超过对绝对实际工资的关心。因此,货币工资的整体增长水平便与较先进部门一致,结果就是落后部门的生产成本上升,并进而推动总体价格水平上升。

3. 斯堪的纳维亚小国型通货膨胀

斯堪的纳维亚小国型通货膨胀也称小国开放型通货膨胀模型。该理论认为,开放经济中的"小国"是指在世界市场上只是价格接受者,而不能决定商品的国际价格。小国开放模型将一国经济划成两大部门:一是开放经济部门,即产品与世界市场有直接联系的部门,如制造加工业等;二是非开放经济部门,即产品与世界市场没有直接联系的部门,如服务业、建筑业等。由于小国在世界市场上是价格接受者,因此,当世界市场价格上涨时,通过一系列机制的传递,开放经济部门的产品价格会随之上涨,使开放经济部门的工资相应上涨,而非开放经济部门的工资也将向其看齐,从而引起非开放经济部门的生产成本上升,其产品价格也将随之提高,结果导致"小国"全面的物价上涨,形成小国开放型通货膨胀。

4. 落后经济的结构型通货膨胀

这种类型的通货膨胀主要发生在发展中国家。持这种观点的经济学家认为,发展中国家由于落后和不合理的经济结构不适应经济发展的需要,尤其是农业、外贸和政府部门具有的制度性刚性,使物价水平随着经济发展一起上涨。① 在农业部门,过时的土地所有制限制了农业投资的增长和农业生产技术的改进,使农业生产结构僵化,导致农业生产率及供给弹性低下,结果使农产品不能满足工业化及经济发展和人口增长的需要,农产品价格上涨,进而又带动整个物价水平的上涨。② 对农产品的过度需求可以通过进出口贸易来加以解决,即通过出口工业品来换取农产品。然而,发展中国家的出口部门生产率低下,进出口结构不合理,以初级产品出口为主。但初级产品在国际市场上需求的价格弹性很低,贸易条件十分不利,再加上出口部门的供给弹性不足,致使出口增长十分缓慢。此外,进口又以资本品和中间产品为主,这些进口品是维持国内生产及经济增长必不可少的,而且为促进经济增长就必须大量增加进口。这样,出口收入的增长便赶不上进口支出的增加,结果势必导致国际收支逆差,以至本币贬值,而本币贬值带来进口品的国内价格上升,这会推动国内生产成本和物价水平的上涨。③ 在政府部门,由于发展中国家的人均收入水平低,税制结构以间接税为主,所得税占比很低。间接税的收入弹性很低,其税收的增长速度赶不上国民收入的增长速度。同时,经济扩张引发的巨额财政赤字最终以增发货币的形式来加以弥补,从而引发通货膨胀。

知识链接 10.1

"刘易斯拐点"与通货膨胀

简单来说,刘易斯拐点就是劳动力从过剩到短缺的转折点,由诺贝尔经济学奖得主刘易斯在人口流动模型中提出。二元结构的经济体在发展过程中,早期农业部门劳动力大量过剩,工业部门能以仅维持最低生活水平的工资率吸收这些剩余劳动力,工资水平增长缓慢(几乎保持不变),而工业生产保持较快发展。当农业部门剩余劳动力被工业部门全部吸收之后,农业部门已没有闲置的劳动力,工业部门只有通过提高工资才能吸引更多的劳动力转而投向工业生产,于是工资水平突然快速增长,形成城乡一体化的劳动力市场,这一突变点就是所谓的"刘易斯拐点"。近年来,中国的通货膨胀被很多人认为是步入"刘易斯拐点"后的必然现象,是一种典型的成本——尤其是低端劳动力成本推动型的通货膨胀。这几年中国沿海等局部地区出现"民工荒"的现象,低端劳务的工资水平有较大上升,流动人口的增长速度正在放缓,种种迹象表明,中国可能正处于刘易斯拐点期这一特殊发展阶段。在此背景下,许多学者认为,刘易斯拐点的出现会导致工资水平的快速增长,而劳动力成本的快速增长最终会传导到产品价格上,于是物价水平整体上涨,通货膨胀高企。

刘易斯拐点是否必然导致通货膨胀?有学者通过研究曾经历过刘易斯拐点的日本、韩国和中国台湾的历史经验,特别是上述国家和地区在经历刘易斯拐点期间的通胀水平与货币增速的关系后认为,如果没有需求面以及货币供应量的配合,经济体在经历刘易斯拐点之时所面临的劳动力成本上升,并不必然导致通胀水平的系统性抬升。从日、韩等国及我国台湾地区的经验来看,当经济体拐过刘易斯拐点之时,劳动力成本大幅上涨会使得经济增长面临下行压力,货币当局为了促进经济继续繁荣通常会增加货币供应量,以提振投资并促进消费需求,这将引起通货膨胀率的上升。因而,如果没有需求面以及货币供应量的配合,经济体在拐过刘易斯拐点之时所面临的劳动力成本上升,并不必然导致通胀水平的系统性抬升。

> 如何平滑拐过刘易斯拐点？一是以稳健的货币政策为主线，并根据需要向市场短期释放或者收紧流动性。随着刘易斯拐点的到来和人口红利的消失，经济增速下行和通胀上行的压力增加，若此时一味地追求刺激经济增长而大量释放流动性，则必然导致总需求曲线大幅外移，从而造成严重的通胀。因此，在刘易斯拐点时期应该更加注重稳健的货币政策，管理好流动性，避免成本—工资螺旋式上升的通货膨胀。二是加快经济结构调整，大力发展服务业，促进劳动力向第三产业转移，同时推动技术创新，提高人力资本素质。这样，当刘易斯拐点来临时，劳动力缺口会减小，从而减轻工资上涨的压力。三是加快城镇化建设，进一步促进城乡一体化，让更多的劳动人口从农业生产中解脱出来，投入到其他生产部门，可以推迟刘易斯拐点到来的时间并减小刘易斯拐点到来时的劳动力缺口。

五、过度的货币供给

形成通货膨胀的直接原因是货币供给过度，导致货币贬值，物价上涨。在当代经济中，流通中的货币，无论是现金通货还是存款货币，均是通过信贷程序供给。因此，过度的货币供给是造成通货膨胀的直接原因。而导致过度的货币供给的因素又是多种多样的。

1. 财政原因

因财政原因迫使过度供给货币的情况一般有两种：发生财政赤字，或推行赤字财政政策。财政赤字是指财政部门在执行国家财政预算过程中，因收入减少或支出增加而导致的财政收不抵支的状况；赤字财政是指政府在做财政预算时，把支出打高，留出收入缺口，形成预算赤字。赤字财政是一种宏观经济的扩张政策，目的在于刺激有效需求。

2. 信贷原因

因信贷原因迫使过度供给货币的情况主要是指银行信用提供的货币量超过了商品经济的发展对货币数量的客观需求，从而导致的货币贬值、物价上涨，这种现象一般称之为"信用膨胀"。引起信用膨胀的原因很多，既有来自于财政赤字的压力，社会上过热的经济增长要求的压力，也有来自于银行自身决策失误的问题。

3. 其他原因

财政赤字和信用膨胀的背后，往往又有许多复杂的原因，如投资规模过大、国民经济结构比例失调、国际收支长期顺差等。

第三节 通货膨胀的影响和治理

一、通货膨胀的影响

通货膨胀对一个国家的影响是多方面的,无论是对经济增长,还是对生产、流通、分配、消费等,都会产生深刻的影响。

(一)通货膨胀对经济增长的影响

对于通货膨胀是否能够促进经济增长并不能简单地加以判断,两者的关系,可以说目前尚无定论。一般认为,通货膨胀在短期内能刺激经济的增长,从长期看则有害无利。主要有三种观点,即促进论、促退论和中性论。

1. 促进论

该观点认为通货膨胀能够促进经济增长,具有增加产出(即国民收入)的效应。理由如下:① 在通货膨胀中,作为最大的债务人,政府可以减轻一定的债务负担;通过增发货币,政府能够获得一部分商品和劳务的支配权。政府如果能将所获得的这种隐蔽的通货膨胀税收收入用于实际投资,则有可能提高全社会的总投资,从而增加产出、促进经济增长。② 在通货膨胀的情况下,名义工资的提高总是迟于商品价格的上涨速度。当通货膨胀未被充分预期时,有销路的产品价格在上升,生产者可能以为自己产品相对价格上涨了,就会增加生产、扩大投资;而工人可能以为实际工资上涨了,就会增加自己的劳动供给和消费支出,通过市场需求信号传递,企业就会扩大生产,从而促进经济增长。③ 通货膨胀是一种有利于高收入阶层的收入再分配。因为一般认为高收入阶层的边际储蓄倾向和投资率较高,而通货膨胀能使收入进一步向高收入阶层集中。高的储蓄率将有利于加快资本积累、扩大投资,从而促进经济增长。

基于上述理由,促进论者认为程度较轻的通货膨胀是有好处的,将有利于经济增长。

2. 促退论

该观点认为通货膨胀将导致低效率,会阻碍经济增长。其理由是:① 在通货膨胀时期,收入、生产成本和利润核算的未来不确定性增大,持有现金和储备金的代价较大。因此,居民会尽快将现金转化为实物资产或名义收益已上升的债券和存款等,企业会尽量避免留有较多的现金余额,企业家则不愿从事长期投资,出现并流行各种短期行为和投机行为。② 在通货膨胀时期,市场价格出现失真或被管制现象,然而名义利率不能随着通货膨胀率作出及时、充分的调整。此时,由于价格信号失真、市场导向失误,生产者和消费者会增加当前消费、减少储蓄,造成经济资源的不合理配置和严重浪费,然而投资者却无法获得足够的资金来源,从而使经济效率大大下降,影响经济增长。③ 在通货膨胀时期,所得实行累进税的国家,企业和个人由于名义收入的提高而必须承担较高的税率,实际上此时的货币购买力已下降,这种税负显然会打击生产积极性,从而不利于经济增长。

值得一提的是:即使程度相对较轻的通货膨胀也应引起足够的重视。这是因为人们在面临怎样储蓄、养老以及对资本进行投资这类决定时,大多数人并不能有效防范风险。若考虑复利,即使年通货膨胀率很小,在 20 年或 30 年内,通货膨胀使得评估当前相对价格和未来价格十分困难,进而扭曲企业生产和投资的有关决策。但是,发展中国家出于国情,将经济增长和充分就业放在首要位置,因而赞成通货膨胀能促进经济增长的思想也是根深蒂固的。

3. 中性论

该观点认为通货膨胀对产出和经济增长既不会促进也不会损害,是中性的。认为通货膨胀对经济增长的各种效用的作用会相互抵消。显然,中性论者观点的理论色彩较浓。在现实经济中,人们对未来的预期能力是有限的,往往也是不准确的,更不可能对物价上涨作出及时的、合理的行为和决策调整。这从根本上动摇了中性论者的根据。

一般认为,在通货膨胀初期,温和的通货膨胀可以促进经济增长,但在严重的通货膨胀时期,通货膨胀会对经济造成许多不利影响。较为现实的是寻求一个经济增长和通货膨胀的最佳组合,即较高的经济增长率和较低的通货膨胀率的组合。

(二) 通货膨胀对生产的影响

通货膨胀对生产的影响表现在:

(1) 通货膨胀使生产性投资减少,不利于生产的长期稳定、健康发展。在通货膨胀时期,能源、原材料等价格快速上涨,生产成本提高,尤其是那些周期长、价格大的生产部门,为规避不断加大的投资风险,可能转向获利高的商业流通部门和金融市场进行投机,用于生产的投资进一步下降,生产性资本总量萎缩。同时,预期投资收益率下降,企业技术革新成本反而上升,使企业不愿意或没有能力进行技术改造。结果,通货膨胀打破了商品和劳务供求的原有平衡关系,引起消费资料和生产资料的不正常分配;长线、质优的生产难以维持,影响产品的升级换代,不利于产业结构的调整,最终导致生产性投资规模减小、生产萎缩。

(2) 通货膨胀破坏社会再生产的正常进行。在通货膨胀期间,商品和劳务价格普遍上涨但涨幅不均衡,造成各个生产部门和企业利润分配的不平衡,从而打破了经济的正常运转,由于利益驱使或出于规避风险的目的,投资者纷纷将资金投入到价格较高的非生产领域,造成资源的不合理配置,妨碍社会再生产的正常进行。同时,由于通货膨胀使货币的价值尺度功能受到破坏,无法准确核算成本、收入、利润等,导致国民经济的核算、计量、统计工作无法正常进行,不利于商品交换和再生产的顺利进行。

(三)通货膨胀对流通的影响

(1)通货膨胀在流通领域加剧了供给与需求的矛盾。在通货膨胀期间,投机者大量囤积居奇、趁机哄抬物价,人们抢购惜售,使得本来供求平衡的市场状况变成不平衡。市场供求不平衡又反过来推动物价进一步上涨,使供需矛盾加剧。

(2)通货膨胀打破了流通领域原有的正常购销渠道,使正常的流通秩序受阻。以前在经过生产、流通、交换、消费各个环节的过程中,商品的生产企业和销售企业都能获得相对正常合理的经营收入和利润,消费者也能接受一个合理的价格水平。但是在通货膨胀期间,物价涨幅不均衡,价格信号被严重扭曲,在投机利益的驱动下,商品冲出原有的渠道,长期滞留在流通领域寻找倒买倒卖的机会,不能正常进入消费领域,打破了原有的平衡,破坏商品的正常流通。

(3)通货膨胀使潜在的货币购买力转化为现实的货币购买力,货币流通速度加快,使流通秩序更加混乱。通货膨胀期间,由于货币币值下降,潜在的货币购买力不断转化为现实购买力,进一步加大货币供应;同时由于人们对货币的不信任,不愿积蓄倾向,出现提前消费、抢购商品的倾向,货币流通速度加快,货币乘数效应导致流通中热钱过多。这一系列行为使经济产生虚假繁荣,投机规模进一步扩大,货币、信用进一步扩张,促使通货膨胀程度不断加深,流通领域更加混乱。

(四)通货膨胀对分配的影响

(1)通货膨胀改变了社会成员间原有的收入分配比例和财富占有比例。在通货膨胀期间,社会各成员的收入水平增长速度不一样,因而,实际收入水平就发生了变化,收入分配比例被改变。劳动者的劳动所得赶不上证券投机利润的增加,依靠固定工资、退休金和福利救济金等固定收入生活的社会成员成为受害者,而那些在流通领域哄抬物价、变相涨价、搭车提价的单位和个人反而得到了好处。与此同时,社会成员的财富占有比例也会因通货膨胀而改变。以现金、银行存款、债券等货币形式持有财富的人因为货币贬值而成为通货膨胀的受害者;以不动产、贵金属、古董、艺术品等实物资产形式持有财富的人,如果实物资产在货币形态上的自然升值超过了物价总水平的涨幅,则他将成为受益者,反之将成为受害者。而对于那些以货币形式负债的人,却由于币值下降减少了实际债务而成为受益者。这种不公正的收入再分配和财富转移,容易引起社会不稳定。

(2)通货膨胀使国民收入的初次分配和再分配无法顺利完成。从企业为主的初次分配来看,币值的下降使得企业的销售收入不真实,未来的不确定性增大,风险增加。企业在这基础上支付工资、企业留利、提取折旧中就有一部分无法得到相应的生活资料和生产资料,继而影响企业再生产的顺利进行。

从财政分配来看,通货膨胀使财政收入形式上增加了,但实际上,财政分配的货币资金不足以转化为实际物资,打破了财政原有的预算平衡。

从银行信用来看,物价上涨使银行的实际存款利率下降,存款者将增持现金、减少存款。同时,企业为维持生产增加贷款需求,这使银行信贷资金供求矛盾加剧,严重时会导致金融危机。

(五)通货膨胀对消费的影响

通货膨胀使居民的实际收入减少,这意味着居民消费水平和生活水准下降,而消费水平的下降,会限制生产的发展;通货膨胀使高、中、低收入的社会成员所受损失不同,加深了社会成员之间的矛盾,导致阶级冲突的加剧,后果往往是政治的动荡;通货膨胀造成市场紊乱和扩大市场供求之间的矛盾,市场上囤积居奇和投机活动的盛行使一般消费者受到的损失更大;通货膨胀使各种商品的相对价格不断变化,消费者难做出正确的消费决策。例如,非洲的津巴布韦是全球百万富翁最多也是最穷的国家,2006年5月初官方通货膨胀率接近1000%,低收入家庭平均最低生活消费每月为4100万津元,一卷厕纸为15万津元,出租车起步价为100万津元以上,这打破了非战争状态国家通货膨胀率的历史纪录。

通过分析,我们已知道通货膨胀对经济的促进作用只是暂时的,而其对经济的危害则是长期的,因此,必须采取措施坚决制止通货膨胀。

二、通货膨胀的治理

通货膨胀是与纸币流通相联系的特殊货币现象,任何国家都有可能发生通货膨胀。它会严重影响一国经济的正常发展,因此各国都重视抑制通货膨胀。但由于通货膨胀产生的原因各不相同,这种治理应该是多方面综合进行的。

(一)抑制总需求的政策

不管什么原因引起的通货膨胀,都表现为社会总需求超过了社会总供给。因此,抑制总需求是主要的治理措施。具体包括以下三种政策:

(1)紧缩性货币政策。紧缩性货币政策是一种调节总需求的宏观间接控制措施,目的在于影响总需求,并促使总需求更接近于维持充分就业和物价比较稳定所要求的水平。在经济出现总需求过度,形成需求拉上型通货膨胀时,宜采用紧缩性货币政策来抑制这种通货膨胀。主要手段是:① 提高法定存款准备金率。中央银行对商业银行提高法定存款准备金率,可以降低商业银行可运用的信贷资金总额,缩小派生存款,减少投资额,从而达到控制货币供应量的目的。② 提高再贴现率,以促使商业银行相应提高对工商业的贷款利率,增加企业融资成本,进而抑制企业的资金需求,达到减少投资和货币供应量的目的。③ 在公开市场上出售有价证券以回笼货币,减少经济体系中的货币存量。④ 提高储蓄存款利率,鼓励居民增加储蓄,把更多的消费基金转化为生产资金,减少直接需求,减轻通货膨胀压力。

(2)紧缩性财政政策。紧缩性财政政策主要指财政实行增收节支、平衡预算的政策。具体包括：① 增加税收，使个人、家庭或企业的可支配收入减少，从而减少其投资和消费的需求和增加财政收入。② 控制政府支出，削弱社会集团购买力，以平衡财政预算和消除财政赤字，从而达到消除通货膨胀隐患的目的。③ 减少政府转移支付水平，控制社会福利开支，以抑制个人收入增加。

(3) 紧缩性收入政策。紧缩性收入政策是政府对工资和物价进行直接管制以控制物价水平的政策，较适用于治理成本推动型通货膨胀。具体有以下几种形式：① 确定工资物价指导线。即政府当局在一定年份内允许货币总收入增长的目标数据线，并据此要求各个部门控制工资和物价的增长率的措施。原则上政府只能劝说而不能直接干预该指导线，由于很难准确预测市场的心理反应，其效果取决于劳资双方能否全力合作，因而效果并不理想。② 工资价格管制。即政府强行规定工资和物价的上涨幅度，甚至暂时冻结工资和物价。这种严厉的管制措施对所得的控制最为有力，但对经济干扰较大，妨碍了市场机制对资源的有效配置，一般在战争时期或通货膨胀难以对付时采用。③ 以税收为基础的收入政策。即政府当局以税收作为奖励或惩罚的手段来限制工资的增加和物价的上涨，以缓和通货膨胀的压力。如果工资和物价的增长率控制在规定的幅度内，政府就以降低所得税给以鼓励；否则就以增加税收表示惩罚。优点在于可能会起到立竿见影的作用，但这是治标不治本的做法。实际上，企业会用各种办法绕过法令，变相提价，工人也会用怠工来应对限制工资增加的措施，因此，这一政策的效果并不明显。

(二) 供给管理政策

供给管理政策是试图增加供给来消除供求缺口，这是一种长期的反通货膨胀政策措施。具体措施有：

(1) 减税。通过降低个人和企业所得税税率来增加税后收入，提高个人和企业投资的积极性，增加商品供给。例如，从 2008 年起，中国的内外资企业所得税统一实行 25% 税率。

(2) 减少社会福利开支，以削减政府财政赤字，同时，杜绝人们对社会的依赖心理，促使人们积极主动地寻找工作以减少失业。

(3) 减轻企业负担，鼓励企业投资和积极创新等。

此外，还有调整产业结构、取消政府不必要的限制以增加产出等增加有效供给的措施。无论采取哪些刺激供给的措施，一般要有抑制需求的措施相配合，不能将增加供给政策理解为单纯的刺激供给的政策。

(三) 收入指数化政策

指数化政策是指将工资、利息收入在内的所有货币性收入部分或全部地根据物价指数进行自动调整，使实际收入得到保障，从而避免或减少通货膨胀所带来的损失。指数化的范围包括工资、政府债券及其他货币收入。一般说来，该政策适用于广泛的经济活动中,既能减少政府从通货膨胀中获利,杜绝政府制造通货膨胀的动机;也能稳定通货膨胀下的微观主体行为,减少抢购、囤积等使通货膨胀加剧的行为。不过,该项政策只是缓解通货膨胀造成的不公平的收入再分配,并不能制止通货膨胀,而且指数的选择也存在困难。

(四) 币制改革

币制改革是指政府废除旧币、发行新币、变更钞票面值、制定一些保证新币币值稳定的措施,目的在于增强公众的信心、恢复银行信用、让货币重新发挥正常职能。这种强有力的币制改革,一般针对恶性通货膨胀时用。历史上许多国家都曾实行过,但这种币制改革对社会震动很大,须谨慎为之。

总之,对于通货膨胀的治理,仁者见仁,智者见智,单项治理措施很难彻底取得成功。自20世纪70年代以来,世界各国都重视对货币总量的管理,但通货膨胀目前仍是一个需要共同面对的世界性问题。由此可见,治标容易治本难。

三、我国通货膨胀的成因和治理

自改革开放以来,我国先后发生了五次比较严重的通货膨胀。通过对历次通货膨胀发生的原因、治理对策及其效果的分析,有助于加深对通货膨胀理论的理解。

(一) 第一阶段(1978—1983年)

这一阶段是我国改革开放的起步阶段,经济波动性大,经济增长率由1978年的11.7%降到1981年的4.4%,1983年又回升到10.4%的高位。经济波动周期前后历经5年,由于当时物价尚处于计划管控之下,物价的波动幅度低于经济增长的波动幅度,并且经济增长与物价上涨的伴随关系并不很明显。这一阶段通货膨胀的成因是:经历十年浩劫之后,国民经济内部结构比例严重失调,集中表现在农业与工业之间、不同工业生产部门之间以及积累与消费之间的比例关系上。而我国当时却仍然盲目地强调经济发展的高速度,开始了以"引进"为特征的所谓的"洋跃进"。结果,基本建设规模急剧扩大,外汇收支出现高额逆差,财政负担过重,1979年、1980年的财政赤字总额高达376亿元。这期间,尽管国民经济发展很快,但经济结构不合理状况不仅未得到改善,甚至更为严重,国民经济由结构失衡引致了总量失衡。高额财政赤字迫使银行扩张信用、增加货币供给,结果导致了严重的隐蔽型通货膨胀。

这一阶段解决物价上涨的措施是:采取在压缩财政开支的同时,适当放宽信贷,支持农业和日用消费品工业生产的政策。因此,尽管经济增长速度有短暂的下滑,但第二年就恢复了增长;同时,物价上涨率随着经济增长速度的下滑而下降,但此后却并未随经济的回升而上涨。

(二) 第二阶段(1983—1986年)

这一阶段经济发展的特征是:经济增长与物价上涨交织在一起,GNP 增长率由 1984 年的 14.7% 跌至 1986 年的 8.1%,1985 年零售物价上涨 8.8%,出现了 20 世纪 60 年代以来最严重的通货膨胀。导致这一阶段通货膨胀的主要原因是:1983 年我国转入重点建设阶段后,基本建设战线开始拉长,投资增长迅速,消费需求迅速扩张。1984 年投资和消费双重失控,财政和信贷双膨胀。财政赤字增加,高达 121.8 亿元,全国贷款总量增长了 36.4%。过高的货币供给引致了严重的通货膨胀。

为了迅速抑制通货膨胀,实现经济的平稳发展,1985 年采取了财政与信贷"双紧"政策,全面紧缩政策,财政赤字压缩了 44%,贷款总量增长率下降了 36.5%。尽管通货膨胀势头被抑制住了,但是"双紧"政策带来了 1986 年国民经济的负增长。

(三) 第三阶段(1988—1989年)

由于 1985 年以后总供求失衡的状况一直未得到很好的解决,各种总需求膨胀的因素在继续产生影响,特别是为了扭转上一阶段实施"双紧"政策而形成的经济停滞局面,1986 年转而实行财政与信贷的"双松"政策,由此迎来了 1987 和 1988 连续两年高达 11% 的空前增长,物价总水平也从 1987 年开始高位运行,1988 年和 1989 连续两年的物价上涨率更是分别达到 18.5% 和 17.8%,由此引发了前所未有的抢购风潮。针对严峻的通货膨胀形势,国家于 1987 年底又采取了严厉的"双紧"政策,但紧缩政策对抑制通货膨胀的效应直到 1990 年才得以显现。

(四) 第四阶段(1993—1995年)

20 世纪 90 年代初期,随着国民经济的恢复增长,固定资产投资和消费基金快速增长,通货膨胀问题又接踵而至。1993 年,零售物价上涨 13.2%,1994 年上涨 21.7%,出现了恶性通货膨胀。这一阶段通货膨胀的成因很复杂,有过度追求经济的高速度发展而引致的财政赤字、信用膨胀问题,即"需求拉动型通货膨胀";有国家调整物价结构、提高农产品价格而引致物价总水平上升,即"成本推进型通货膨胀";也有长期未得到解决的经济结构引发的"结构性通货膨胀";还有国际收支顺差、外汇储备大幅度上升而引致的货币供给增加,即"输入型通货膨胀"。为此,国家采取了"适度从紧"的财政、货币政策,于 1996 年基本实现了经济的"软着陆"。

(五) 第五阶段(2007年至今)

2007 年全国居民消费价格指数(CPI)比 2006 年上涨了 4.8%。2008 年第一季度与去年同期相比,CPI 上涨了 8.0%。其中,食品价格上涨 21.0%;居住价格上涨 6.6%。从 2007 年 8 月份以来,月同比价格指数上涨幅度已经连续 7 个月超过 6%,最高的是 2008 年 2 月份,达到 8.7%。3 月份的同比指数达到 8.3%。

关于这一轮通货膨胀成因的分析主要有三种观点：一是食品价格成因论。认为这次价格总水平的上涨主要由食品类，特别是粮食和猪肉价格的过快上涨引起的。二是国际输入成因论。认为价格总水平的上涨主要是由于进口能源、原材料和部分食品价格的上涨引起的。三是总需求拉动论。价格总水平的上涨，主要是由于总需求增长持续超过总供给的增长推动的。

2010年到2012年间，我国又面临国际金融危机之后的新一轮通货膨胀，八大类消费价格指数中，食品类、医疗保健和个人用品类、居住类、家庭设备用品及维修服务类、烟酒及用品类、交通和通信类六大类消费品和服务价格明显上涨。尤其是2010年，物价涨势很猛，"蒜你狠""豆你玩""姜你军""油你涨""糖高宗""苹什么""棉花掌""药你苦""煤超疯"等是当时网友调侃来势汹汹的各类商品涨价的网络热词。

造成近几年通货膨胀的主要原因是：① 劳动力、原材料等各种生产要素成本迅速增加推动了物价总水平上涨。② 流动性过多，投机者的炒作。我国政府为了应对国际金融危机的影响出台空前的4万亿内需刺激计划和2009年9.7万亿天量贷款，造成了巨额流动性过剩，投机资金恶意炒作农副产品等商品价格，抬高了物价总水平。③ 国外传导。国外农产品和大宗商品涨价影响了国内，特别是原油价格上涨，直接影响相关产品生产成本增加，价格上升。④ 重大自然灾害加剧了供求紧张。一些国家干旱和我国部分地区发生重大洪涝灾害，粮食等农产品减产导致农产品价格上涨。

第四节　通　货　紧　缩

通货紧缩实际上是一种较为普遍的经济现象。自20世纪90年代以来，日本、新加坡、瑞典、中国等发生过程度不同的通货紧缩。通货紧缩将成为未来全球经济进一步繁荣和发展的主要障碍。

一、通货紧缩的定义及表现形式

通货紧缩是与通货膨胀相对应的概念。主流的观点大多是从通货膨胀的对立面来定义通货紧缩。即通货紧缩是指一段时期内价格总水平持续下降的经济现象。国际上普遍将通货紧缩理解为与货币和信贷供应紧缩同时发生的一般物价水平的持续下降。我国经济学界对通货紧缩的解释有三种观点：① 单一要素论。认为通货紧缩与通货膨胀的定义正好相反，是指商品与劳务价格总水平普遍地不断下降。② 二要素论。认为出现通货紧缩必须具备两个必要条件，一是商品和劳务价格持续下降，二是货币供应量持续下降，与此相伴随的是经济衰退。③ 三要素论。认为通货紧缩包括价格水平的持续下降、货币供应量的持续下降并伴随着经济衰退。

我们认为，通货紧缩是指一般物价水平持续下降和货币量紧缩的经济现象。

通货紧缩反映的必然是普遍的持续的物价下降,个别的、偶然的商品和劳务价格下降不能看作通货紧缩;高通胀之后物价水平的正常回落、技术进步、效率提高等因素引起的物价水平下降,不应视为发生了通货紧缩。

通货紧缩一旦发生,往往具有以下表现:① 物价水平不断下降,持续时间长。国际清算银行的标准是:一国消费品价格连续 2 年下降,即可视之为通货紧缩。国内外对通货紧缩的定义基本上分成"价格派"和"货币派"两大派,但是两派对通货紧缩的界定,都认可一般物价水平持续下降这一点。例如:在 1998 年至 2002 年之间,我国 CPI 一直处于负增长状态,分别为 -2.6%、-0.3%、-1.5%、-0.8%、-1.3%,表明我国当年遭遇了通货紧缩。② 货币量紧缩。通货紧缩中货币量紧缩的内涵是指:静态上表现为现实流通的货币量紧缩,动态上表现为货币流通速度的下降和相应的实际货币流通量的紧缩。这就能解释 1998 年中国广义货币 M_2 保持较高的增长率,但物价水平却持续下降的现象。③ 商品有效需求不足。通货紧缩往往发生在通货膨胀得到抑制之后。在通货膨胀刺激下已经扩大的商品供给与萎缩了的有效需求之间发生矛盾,以货币计量的商品有效需求明显不足。④ 经济增长乏力。通货紧缩使人们收入预期下降、公众不愿花钱,市场萎缩,企业订单减少,积压严重;价格长时间持续下降和跌幅不断加深使企业的经济效益严重滑坡,甚至出现全行业亏损现象,生产性投资明显缩水,GDP 增速明显下降。⑤ 投资风险加大。由于市场萎缩、商品滞销、发展前景不明,为规避加大的投资风险,投资者对新项目的态度很谨慎。此外,还表现为失业人数增加、城镇贫困家庭增多等等。

二、通货紧缩的成因

通货紧缩发生的根本原因是总供给与总需求的失衡,表现为总供给相对过剩或总需求相对不足。对于各国或同一国家在不同时期出现的通货紧缩,从国内外经济学家们的不同见解中,可归纳出引起通货紧缩发生的一般原因为以下几个:

1. 经济周期

从经济周期的角度来看,投资过度和消费不足都是通货紧缩的根源。在经济繁荣时期,生产性投资很活跃,但是从消费品开始生产到满足市场需求有个时间差,在这期间,由于商品供不应求,因而获利甚丰,从而吸引更多的资金投入生产。错误的信息引导投资大量增加,高投资导致经济高增长,不适当的经济高增长又会引起生产能力过剩,产品供大于求,商品价格下降。例如,在过去 20 年中,新兴市场经济国家的经济高速增长,出现了大规模生产能力过剩。产品供大于求,引起物价下跌,出现通货紧缩在所难免。同时,公民年龄结构的变迁、收入分配的不平等、社会保障机制的不健全等因素会导致自发性的消费不足,必然影响到相应的社会消费活动。这些因素同时起作用时,通货紧缩就难免了。

2. 有效需求不足

当预期实际利率进一步降低和经济走势不佳时,就会出现消费和投资的有效需求不足,导致物价下跌,形成需求拉下型通货紧缩。金融体系的效率降低或信贷扩张过快导致出现大量不良资产和坏账时,金融机构"惜贷"或"慎贷"引起信用紧缩,也会减少社会总需求,导致通货紧缩。过去我国有效需求不足的原因大致有三个方面:一是缺乏新的投资需求扩张机制,抑制了投资需求的增长。二是居民家庭的预期心理抑制了消费需求的增长。三是农民收入水平偏低,农民需求萎缩。由于投资和消费的有效需求不足,加剧了供给的相对过剩,引起物价的持续下跌,这是我国通货紧缩产生的根本原因。

3. 紧缩性货币政策

中央银行往往更多地关注通货膨胀而忽视通货紧缩。在成功治理通货膨胀之后,如果中央银行不能及时调整紧缩性的货币政策,会直接导致货币供应不足,出现"太多的商品去追逐太少的货币",从而引起物价的持续下跌,出现通货紧缩。20世纪30年代大萧条时期美国的通货紧缩就是由典型的紧缩性货币政策引起的。

4. 技术进步

新技术的采用,提高了生产力水平,增加了产量,降低了产品成本。一是由于竞争激烈,企业家倾向于降低其产品价格,对一般物价水平构成向下的压力。二是因运用新技术获利多从而引起其他投资者的羡慕、效仿和争先投资,很快生产出来的产品将过剩,引起供求失衡。三是技术进步引起失业人员大量增加,社会对商品的总需求减少,导致通货紧缩。

5. 体制和制度因素

体制和制度方面的因素也会加重通货紧缩,如企业制度由国有制向市场机制转轨时,精减下来的大量工人现期和预期收入减少,导致有效需求下降;还有住房、养老、医疗、保险、教育等方面的制度变迁和转型,都可能会影响到个人和家庭的收支和消费行为,引起有效需求不足,导致物价下降,形成体制转轨型通货紧缩。制度性调整是过去我国通货紧缩产生的主要原因。

6. 经济全球化

经济全球化突出表现在商品、资本和技术等要素的国际流动性日益加强,各国出现放松管制、产业空心化等等。结果是一国经济上出现问题将涉及与其经济联系紧密的其他国家。这是因为:管制放松了,同类产品虽大量增加,但却未必能满足有效的消费需求。因此,欧美等发达国家通过将生产设施纷纷转移到发展中国家,以获取廉价的劳动力、土地、人才及服务支持的好处。产业空心化是经济全球化的必然结果。由于发展中国家低廉的劳动成本及其占世界制造业份额的不断扩大,使得世界贸易价格不断下降,通货紧缩的压力将长期存在。

三、通货紧缩的影响

通货紧缩作为一种扭曲的经济现象,表面上看,价格持续下降对消费者似乎会带来一些好处,人们的货币购买力有所提高,但是,20世纪30年代大危机的通货紧缩历史教训说明,通货紧缩会严重影响一国经济的正常健康发展。

1. 通货紧缩对经济增长的影响

一般认为,通货紧缩会抑制经济增长,甚至使经济发生衰退。这是因为物价的持续下跌,使生产者利润减少甚至亏损,继而减少生产或停产;由于资金成本较高,致使企业投资成本变得昂贵,投资项目吸引力下降,继而影响生产和投资,萎缩的商业活动进一步导致失业增加,并形成工资下降的压力,经济主体将推迟消费支出、尤其是耐用消费品的支出,总需求不足加剧,使商品再生产无法继续下去,最终造成经济衰退。

显然,认为凡是通货紧缩就都伴随着经济负增长的说法是不准确的。这是因为:首先,就短期来看,有伴随着经济负增长的通货紧缩;有伴随着经济增长率已减缓,但经济正增长的通货紧缩;亦有伴随着经济增长率上升的通货紧缩。其次,从长期来看,有伴随着经济增长率减缓的通货紧缩,亦有伴随着经济增长率上升的通货紧缩。例如,英国 1873—1896 年的通货紧缩是伴随着经济增长率减缓的通货紧缩,而美国 1866—1896 年长达 30 年的通货紧缩是伴随着经济增长率上升的通货紧缩。

2. 通货紧缩对投资和消费的影响

通货紧缩的最直接表现是:企业投资活动和居民消费的收缩。从企业角度看,产品价格出现非预期下降,名义销售收入减少,企业预期收益率也随之下降,但是工资、费用等缺乏弹性,不但难以下降,而且有些费用(如债务利息)预期还会增加,因此企业会主动收缩商业借款,减少投资。从居民角度看,在通货紧缩下,物价的下降反而会带来消费需求的下降。原因是企业开工率不足导致一般家庭的即期收入减少;同时,企业经营困难甚至亏损破产,居民未来预期收入亦下降。为了家庭生活保障的需要,人们会更多地增加家庭储蓄、更少地安排消费支出。这种消费和储蓄行为的变化,将导致消费需求萎缩,供求失衡进一步加剧,甚至引发全面的经济衰退。

3. 通货紧缩对财富再分配的影响

通货紧缩引起的财富在社会成员之间的重新分配并不利于生产活动。通货紧缩使实物资产的持有者受损,现金资产升值,因而企业会竭力减少存货和不进行投资,结果是工资收入者不仅薪水降低,更可能面临失业;固定利率的债权人获利,货币性负债的债务人负担加重;企业利润减少而负债的实际利率上升,收入进一步向个人转移;部分政府财富被迫向公众转移。

4. 通货紧缩对银行业的影响

通货紧缩对银行业的发展十分不利。虽然名义利率未变甚至下调,但是企业债务的实际利率较高,债务人负担加重;由于物价低迷,企业未来预期收入下降。此时,企业由于经营困难而不能按时归还银行贷款,最终都体现在银行的不良资产上。同时,银行为收回贷款、规避风险,表现出"惜贷",要求客户提供抵押、担保或尽快还贷,将资金保持在尽可能的高度流动状态。一旦银行资产变坏,将使得个人更倾向于持有现金。也有一部分客户在任何名义利率下,都不愿意借款。这就造成信贷供给与需求的脱节。一些银行将遭受损失，甚至破产，进一步会削弱银行体系的稳健性。

也有人可能认为通货紧缩可以是良性的，但这只是一种理论上的可能。这是因为，如果考虑到通货紧缩对现代经济中各种经济主体心理上的打击，那么由于物价下降而提高了经济主体财富的价值这一好处也就可以忽略不计。日本20世纪90年代通货紧缩的经验教训说明：通货紧缩的威胁并没结束；长期持续的通货紧缩对实际经济的负面影响很大，远远超过了一般周期性衰退的危害程度。对此，必须予以足够的重视。

四、通货紧缩的治理

由于通货紧缩对社会稳定和经济发展的破坏作用极大，因此，各国都在不断探索如何治理通货紧缩问题。各国经济学家主张不同，但在以下两个方面认识是一致的。

1. 扩张性的货币政策

扩张性的货币政策是指中央银行通过降低法定存款准备金率、再贴现率、再贷款利率，并且在公开市场上买入有价证券，以增加商业银行提供贷款的能力、扩大社会货币供应量。具体措施包括：

（1）推行积极的利率政策。例如，自1996年以来，中国人民银行曾进行多次利率调整以越过信贷渠道直接作用于企业和家庭的资金成本并发挥作用。其中，仅1998年三次降息就减轻企业利息支出800多亿元，降低国债利息负担300亿元～400亿元。

（2）努力增加货币供应量。例如，从1998年起，中国人民银行取消对国有商业银行新增贷款规模限制，并多次下调法定准备金率迫使国有商业银行对中央银行的货币政策意图做出反应。其中，1998年3月将人民币法定准备金率由13%降为8%，按1998年2月份金融机构存款余额计算，一次性增加可用资金4 800亿元；1999年11月21日将人民币法定准备金率由8%降为6%，金融机构新增可用资金2 000亿元。

（3）实行灵活的信贷政策。1998年稳健的货币政策操作主要通过信贷政策来实施，信贷投放数量和进度成为中国人民银行"窗口指导"的主要目标。不过，在具体操作时，还需要密切关注金融机构的信贷行为。因为中央银行不能强制商业银行发放贷款或改变货币的流动性，只能通过灵活的货币政策手段，促使商业银行增发有效贷款以增加货币供应量，从而刺激总需求。

（4）增强汇率制定的灵活性。僵化的汇率制度容易使本国货币过高估值，产生输入型通货紧缩。因此，汇率自由浮动或者扩大浮动范围，有利于减轻外部冲击对通货紧缩的压力。

在运用货币政策治理通货紧缩时，如果经济参与者对经济增长预期普遍偏低，中央银行极有可能遭遇流动性陷阱或担心过度失效。因为各国实践表明，以治理通货紧缩为目标的扩张性货币政策可能是无效的或者是乏力的。所以实现我国在现阶段保持货币政策的相对宽松,避免陷入严重的通货紧缩的要求是相当困难的。毕竟严重的通货紧缩本身就可能是治理通货膨胀的副产品,而且在通货紧缩发生的情况下,单靠中央银行增加货币供应量,确实存在诱发通货膨胀的风险。

2. 扩张性的财政政策

扩张性的财政政策是指通过削减税收、扩大财政支出、增加赤字规模等,以增加社会总需求。其中,减税涉及税法和税收制度的调整,不能作为经常性的调控手段;扩大财政支出,可以直接增加总需求,还可以通过财政投资的"乘数效应"带动民间投资和消费需求的增加;增加赤字规模涉及债务负担的问题,应注意避免债务危机。

在反通货紧缩政策的实施过程中,扩张性财政政策必须要与货币政策有效配合。否则,可能使得扩张性财政政策的效应被抵消。例如,1999年我国扩大内需、促进经济增长的关键性措施正是实行了积极的财政政策并辅以稳健的货币政策。

本 章 小 结

1. 通货膨胀是指一定时间内一般物价水平普遍的持续上涨的现象。常用消费价格指数、批发物价指数和国内生产总值平减指数来度量。一般以消费物价指数为主,同时参考其他指数。

2. 解释通货膨胀的成因的理论主要有需求拉上说、成本推动说、供求混合推动说和经济结构论等。引发通货膨胀的具体原因主要有财政原因、信贷原因、投资规模过大、国民经济结构比例失调以及国际收支长期顺差等。

3. 通货膨胀对一个国家(或地区)的影响是多方面的,无论是对经济增长,还是对生产、流通、分配、消费等,都会产生深刻的影响。这种影响的弊端总是大于其益处。

4. 治理通货膨胀的措施有很多,归结起来主要有抑制总需求的政策和供给管理政策。前者包括紧缩性货币政策、紧缩性财政政策等,供给管理政策包括减税、减少开支和减轻企业负担等。此外,还有收入指数化政策和币制改革等。

5. 导致通货紧缩的根本原因是总供给与总需求的失衡,表现为总供给相对过剩或总需求相对不足。直接原因是有效需求不足,具体原因有经济周期、金融机构的低效率、紧缩性货币政策、技术进步、体制和制度因素、经济全球化等。长期看,通货紧缩对社会经济具有很大的危害性,因此也需要对其进行治理。

【重要概念】

通货膨胀　CPI　PPI　WPI　GDP平减指数　隐蔽性通货膨胀　公开型通货膨胀　需求拉上型通货膨胀　成本推动型通货膨胀　供求混合推动型通货膨胀　结构型通货膨胀　部门差异型通货膨胀　小国开放型通货膨胀　通货膨胀税　通货紧缩　指数化政策

【思考与练习】
1. 如何理解通货膨胀的定义?
2. 需求拉上型通货膨胀的形成机理是如何解释的?
3. 成本推动型通货膨胀的形成路径有哪些?
4. 结构型通货膨胀理论的基本假设是什么?它是如何解释结构性通货膨胀的成因的?
5. 试分析通货膨胀对经济增长、生产、流通、分配、消费有何影响?
6. 你认为"物价稳中有降"是理想的经济状态吗?为什么?
7. 通货膨胀的需求治理政策有哪些?
8. 如何理解通货紧缩?治理通货紧缩的政策有哪些?

第十一章 货币政策

【学习目标和要求】

- 理解货币政策的含义,掌握货币政策最终目标及其选择。
- 熟悉货币政策中间指标的选择标准与近期指标、远期指标的具体内容。
- 了解货币政策规则,熟悉泰勒规则和通货膨胀目标制的内涵。
- 理解货币政策工具的含义,掌握货币政策的"三大法宝"的含义、作用机制与优缺点。
- 掌握利率政策中的基准利率和利率走廊的含义与作用。
- 了解选择性货币政策工具、直接信用管制、间接信用指导指导和非常规性货币政策工具。
- 掌握货币政策传导机制的概念及投资、消费、信贷、汇率等传导机制理论。
- 理解货币政策时滞的含义和影响因素,了解货币政策与其他经济政策配合的必要性与方式。
- 通过学习加深对习近平关于金融宏观调控重要论述的理解,培养金融整体观、大局观和协调观。

货币政策作为现代市场经济国家最重要的两大宏观调控政策之一,它的制定和实施对一国宏观经济的运行具有极为重要的影响,稳健的货币政策可以促进经济社会的持续健康发展,而过度扩张的非理性的货币政策会给经济社会的发展留下巨大隐患。本章主要讨论货币政策目标、货币政策工具、货币政策传导机制和货币政策效应等问题,通过对这些问题的阐述,阐明货币政策的操作原理及货币政策在宏观经济调控过程中的作用机制机理。

第一节 货币政策目标

一、货币政策的含义和特征

(一)货币政策的含义

货币政策是指中央银行为实现既定的经济目标,运用各种工具调节货币供应量和利率等经济变量,进而影响宏观经济运行,实现某种特定经济目标的各种方针和措施的总称。它由货币政策最终目标,实现目标所运用的政策工具,连接政策工具与最终目标的货币政策中间目标,以及政策传导机制和政策效果等内容组成。货币当局运用货币政策调节经济实际上就是通过运用货币政策工具,直接影响操作目标,进而间接影响中介目标和实现最终目标的过程。具体如图 11.1 所示。

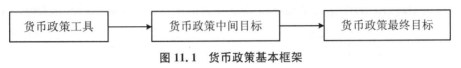

图 11.1　货币政策基本框架

（二）货币政策的特征

货币政策具有以下基本特征:① 货币政策是宏观经济政策。货币政策一般涉及的是国民经济运行中的货币供应量、信用总量、利率、汇率等金融变量,而不是个人、家庭或企业(包括银行)等微观经济主体的个量问题。② 货币政策是调节社会总需求的政策。在市场经济条件下,社会总需求是指有货币支付能力的总需求。货币政策正是通过调节货币供给或利率等变量来影响社会总需求中的投资需求、消费需求和出口需求,进而间接影响社会总供给,并最终促进社会总需求与总供给的平衡。③ 货币政策主要是间接调控政策。货币政策一般不采用或较少采用直接的行政手段来调控经济,而主要运用经济手段、法律手段调整"经济人"的经济行为,进而调控经济。④ 货币政策是长期连续和短期微调相结合的经济政策。稳定物价、经济增长、充分就业和国际收支平衡等货币政策最终目标都是长期性的政策目标,短期内难以实现。因此,需要连续操作和适时调整各种短期、具体的货币政策措施,才能逼近或达到以上长期目标。

货币政策的首要问题是货币政策的目标。按照中央银行对货币政策的影响力、影响速度及施加影响的方式,货币政策目标可分为三个层次,即操作目标、中间目标和最终目标。操作目标是中央银行通过政策工具能够直接调节的目标;中间目标是为了及时测定和控制货币政策的实施程度和发展方向,以保证货币政策最终目标实现而设立的、受操作目标影响、并能有效影响最终目标的目标;最终目标则是货币政策的终极目标。

二、货币政策最终目标

（一）货币政策最终目标的内容

1. 物价稳定

物价稳定是指中央银行通过实施适当的货币政策,保持一般物价水平的相对稳定,使其短期内不发生显著的或急剧的波动,即避免出现通货膨胀和通货紧缩。至于一般物价水平的上涨幅度究竟控制在多大范围为宜,不同的国家和不同的经济学家的观点并不一致,一般要根据一个社会对物价上涨的承受能力而定。值得注意的是,物价稳定是指一般物价水平的基本稳定,而不是指物价水平绝对不变。事实上,将物价水平完全控制在零增长状态,一是不可能实现,二是违背经济规律。因为在市场经济条件下,价格不仅是商品价值的表现形式,还反映着商品的供求关系。如果物价水平根本不变,价值规律就无法发挥作用,也就无法调节商品的供求,难以实现资源的优化配置和资源的充分利用。只有价格体系的相对调整才能促使社会资源进行有效地分配,提高整个社会的经济效益,但关键是要把物价上涨率控制在经济正常运行和发展所能接受的限度以内。

货币政策坚持稳定物价的目标,是因为货币行使职能的前提条件就是币值稳定。币值稳定包括对内币值稳定和对外币值稳定两个方面。对内币值稳定是指国内物价的稳定,对外币值稳定是指货币汇率在合理均衡的水平上保持基本稳定。币值不稳,物价剧烈波动,货币就不能成为被人们普遍接受的价值尺度和交易、支付的手段。生产过程中不能用其准确地核算成本、利润等,经营计划和投资决策无法正常进行;流通过程中缺乏买卖双方都能信任和接受的交易媒介,正常的商品交易无法通过货币来沟通;分配过程中,货币不能如实代表持有者分配到的实际国民收入,合理公正的利益分配关系被破坏;进而在消费过程中,人们的实际消费水平也会下降。总之,离开了币值的稳定,社会经济生活中就失去了一条基本的保证条件。因此各国中央银行都将保持币值的稳定作为自己义不容辞的职责。

2. 充分就业

货币政策目标所要求的充分就业,是指将失业率降到一个社会能够接受的水平。最理想的状态是:凡具备工作能力且愿意从事工作的人都有合适的职业。各国之所以普遍将充分就业作为货币政策目标,是因为失业问题已经成为困扰各国经济发展和社会安定的基本问题,高失业率常常是与资源闲置、经济萧条和政权不稳相并存的,要发展经济、稳定社会,必须降低失业率。当然,任何一个国家都不可能完全做到失业率等于零。因为,劳动力市场需求是经常随着产业结构、产品结构、企业组织等的变化和调整而改变的,即使是假定劳动力供给数量没有大量增加,也不能保证在原有的经济结构发生变化,劳动力市场需求发生改变的时候,所有的劳动力都能马上适应新的需求而找到合适的职业。一个社会究竟能承受多高的失业率,并没有一个统一的标准,因为这种承受力是由一国的经济、政治、历史、文化、就业方式等多种复杂因素共同决定的。有的国家承受力弱一些,有的国家承受力强一些。一国在有的时期承受力弱一些,在有的时期承受力强一些。例如一般认为,美国在20世纪50年代至60年代的正常失业率为3.5%～4.5%,就是说以95.5%～96.5%的劳工实现就业为充分就业的标准;20世纪70年代的正常失业率为4.5%～5.5%,即充分就业的标准降低为94.5%～95.5%的劳工实现就业;20世纪80年代的正常失业率为5.5%～6.5%,充分就业的标准进一步降低为93.5%～94.5%的就业率水平。

3. 经济增长

货币政策目标要求的经济增长是指经济在一个较长的时期内始终处于稳定增长的状态中，一个时期比另一个时期更好一些，不出现大起大落的现象。经济增长一般用按不变价格计算的国民生产总值增长率来表示。一国的经济增长率在客观上主要取决于该国要素资源的投入水平，而要素资源的投入水平又取决于要素资源的实际供给潜力。因此，过低的经济增长速度不能充分利用资源，形成资源的浪费，而过高的经济增长速度则造成资源的短缺。在各种要素资源已经被充分利用的情况下，货币政策所追求的经济增长只能是以名义货币表示的产值的增长，而没有实际产出的增长，因而并非真正意义上的经济增长。另外，衡量经济增长的程度，不仅要从增加的数量指标上看，还要从增长的质量上看。在经济增长过程中，没有过度使用和浪费资源、没有破坏生态环境、没有无效的重复建设等，就是高质量的经济增长。因此，真正的经济增长还要从国民生产总值增长中扣除掉空气、水资源污染、森林面积减少等属于国民经济负增长的因素。

4. 国际收支平衡

一国的国际收支，无论是顺差还是逆差，数额过大，持续时间过长，都会对经济的正常运行和发展产生不利影响。因此，改善国际收支状况，实现国际收支平衡，是许多国家货币政策的目标之一，尤其是那些对外开放程度高，对国际市场依赖性强的国家，更是将此目标摆到突出的位置。国际收支平衡作为一国货币政策所要达到的目标，其内容要求并没有完全一致的标准，但一般认为，在观察国际收支是否平衡时，不能简单笼统地看所有的收支项目，而要重点看自主性交易项目的平衡情况。自主性交易项目反映一国对外经济交往中客观发生的商品和劳务进出口、政府间和民间的各种资金转移、长期资本流动等经济内容，如果这些项目的收支基本相等，没有通过变动短期资本借贷、黄金、外汇储备等调节性交易项目来调节，就说明国际收支是平衡的。由于调节性交易项目，尤其是黄金外汇储备的变动，实际上是自主性交易项目变动结果的反映，因此，通常人们在论及国际收支平衡问题时，总是以黄金、外汇储备的水平及其变动来说明平衡状况，国际收支平衡目标的确定，也在很大程度上以保持适宜的黄金、外汇储备水平而定。至于黄金、外汇储备保持在一个怎样的水平，则根据各国的不同要求而定，没有统一的标准。

（二）货币政策最终目标的对立统一性

货币政策四个最终目标实际上也是国家所有宏观经济政策所追求的目标。从长远的角度来看，四个目标是相互促进和统一的，如经济增长能够提高就业水平，也能够为物价稳定、国际收支平衡奠定坚实的物质基础；充分就业、物价稳定和国际收支平衡也为经济增长创造了各种有利条件。但是，就一个时期的货币政策目标实现的效果来看，各项目标之间又存在着程度不同的矛盾。这种冲突或矛盾主要表现在如下四个方面：

1. 物价稳定与充分就业的矛盾

物价稳定与充分就业之间的矛盾被认为是货币政策目标间相互矛盾的最集中的体现,通常可以用"菲利普斯曲线"表示出来(如图11.2所示)。该曲线表明,物价上涨率与失业率之间存在着一种此消彼长的替代关系,这一关系是英国经济学家菲利普斯在分析英国1861—1957年的失业率和工资物价变动的统计资料的过程中发现并构造出来的。

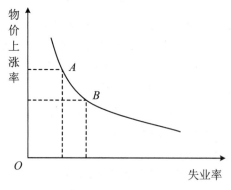

图11.2　菲利普斯曲线

2. 经济增长与国际收支平衡的矛盾

在开放型国家,当经济增长较快时,就业增加,收入水平增加,有效需求扩大,往往会出现对进口商品的大量需求,进口贸易增长快于出口贸易增长,出现贸易逆差,从而导致国际收支状况恶化;在国际收支严重失衡的情况下,为了缩小贸易逆差,改善国际收支,一国通常会实施采取紧缩信用、减少货币供给的紧缩性货币政策,以便抑制国内需求,在增加商品出口的同时减少进口。但紧缩信用、减少货币供给、抑制需求的结果却会导致生产规模缩小,使经济增长速度放慢。

3. 物价稳定与国际收支平衡的矛盾

在一国与存在通货膨胀的其他国家具有经济贸易往来的情况下,如果该国坚持国内物价稳定的政策目标,就会导致国际收支失衡。因为此时国内的物价水平会低于贸易国的物价水平,本国商品会大量输出,而外国商品输入会减少,其结果是国际收支出现大量顺差,后者正是国际收支不平衡的表现。

4. 经济增长与物价稳定之间的矛盾

一般情况下,经济增长与充分就业同方向变化,而物价稳定与充分就业矛盾,因此,物价稳定与经济增长也存在矛盾。因为经济增长速度加快时,就业增加,市场有效需求增加,一般物价水平会趋于上升;而当采取措施控制物价,使物价水平下降时,信用收缩,货币供应减少,市场有效需求减弱,生产收缩,就业减少,经济增长速度减慢。但也有人认为,只有在物价稳定的环境中,经济才能实现长期而持续的增长,物价稳定与经济增长没有矛盾,可以兼得。这实际上是从根本上或者从长远的角度来看货币政策目标之间的关系的,而不能说明在一个特定的时期货币政策的各项目标在实现效果上不存在矛盾。

(三)货币政策最终目标的选择

由于上述各个最终目标之间的对立统一性,在现实中,货币政策不可能同时兼顾四大目标,这就出现了如何选择货币政策目标的问题。由此,理论界形成了不同的观点。

1. 单目标论

单目标论认为,货币政策的最终目标只能是四大目标中的一个,如果最终目标多于一个,则由于不同目标之间的矛盾关系,货币政策将难以真正实现。单目标论又分为两种相当对立的意见。一种意见将物价稳定作为货币政策的唯一目标。该观点从稳定物价乃是经济正常运行和发展的基本前提出发,认为只有稳定了物价,形成一个稳定的市场环境,其他货币政策目标才有可能实现。另一种意见则将经济增长作为货币政策的最终目标。该观点从货币是社会生产和再生产的第一推动力出发,主张通过最大限度的经济稳定增长来保障经济的发展,并在此基础上稳定物价,即强调经济增长应摆在首位。

2. 双重目标论

这种观点认为,货币政策的最终目标不应是单一的,必须同时兼顾物价稳定和经济增长。如果不能兼顾,则两者均无法实现。这是因为,物价稳定和经济增长两大目标之间实际上是一种对立统一的动态关系,从动态的角度而言,物价稳定应该是一种积极能动的稳定,即在经济发展中保持稳定;而经济增长应是持续、稳定、协调的发展,即在稳定中实现发展。

3. 多重目标论

这类观点强调货币政策最终目标应该同时兼顾多个目标,通过多个目标的最优组合来实现经济的平衡发展和长期稳定。多重目标论者认为,由于不同目标之间本身存在矛盾,如果过分强调其中任何一个目标,都会导致其他目标的恶化,使经济趋向失衡,这反过来又会影响该目标的实现。因此,只有兼顾多个目标,才能够保持经济的平衡发展。随着经济体制改革的进一步深化和对外开放的加快,就业和国际收支问题对宏观经济的影响越来越重要。因此又有人提出我国的货币政策目标必须包括充分就业、国际收支均衡和经济增长、稳定物价等方面,即目标不应是双重的,而应是多重的。

从实践来看,货币政策最终目标往往会随着一国经济形势的变化而发生变化,表 11.1 给出了西方七国从第二次世界大战以来货币政策最终目标的演进情况。由表 11.1 可知,除英国之外,其他各国的货币政策实行的都是双目标制。而从更大的范围看,目前大多数国家都将稳定物价作为首要的政策目标。在保证物价基本稳定的基础上,实现国民经济的持续较快增长,同时保持国际收支和汇率的稳定。

表 11.1　20 世纪 50—90 年代西方七国货币政策最终目标变化一览表

国别	50—60 年代	70 年代	80 年代	90 年代
美国	充分就业	稳定货币	稳定货币	稳定货币、经济增长
英国	充分就业兼顾国际收支平衡	稳定货币	稳定货币	稳定货币
加拿大	充分就业兼顾国际收支平衡	稳定货币兼顾国际收支平衡	稳定货币兼顾国际收支平衡	稳定货币兼顾国际收支平衡
法国	经济增长、充分就业	稳定货币	经济增长、充分就业	经济增长、充分就业
意大利	经济增长、充分就业	稳定货币兼顾国际收支平衡	稳定货币兼顾国际收支平衡	稳定货币、经济增长、充分就业
日本德国	稳定货币兼顾国际收支平衡	稳定货币兼顾国际收支平衡	稳定货币兼顾国际收支平衡	稳定货币兼顾国际收支平衡

就中国而言,自改革开放以来,为了适应社会经济形势的变化,中国人民银行曾经对货币政策最终目标进行过根本性的调整。在 1983 年到 1995 年间,我国实行"发展经济,稳定货币"的双重目标制。由于这一目标制容易倾向于经济增长而忽视稳定货币,导致中国通货膨胀的频繁发生,进而反过来影响了中国的经济增长。因此,1995 年,《中国人民银行法》明确规定,中国货币政策的最终目标是"保持币值稳定,并以此促进经济增长",即通过稳定币值来促进经济增长。

知识链接 11.1

中国为什么要坚持实行货币政策多目标制

作为一个处于经济转型期的发展中国家,中国既有一个改革和完善机制的过程,也有一个在改革过程中保持经济和就业稳定增长的任务,两者相辅相成。由于中国在市场化程度、货币政策运作和传导机制上不同于发达国家,也不同于一些市场化程度较高的新兴市场国家,因此单一目标制并不符合中国国情。中国的货币政策具有多重目标:一是维护低通胀;二是推动经济合理增长;三是保持较为充分的就业,维持相对低的失业率;四是维护国际收支平衡。防通胀一直是中央银行最主要的任务和使命,在货币政策中分量最大。多目标制与从计划经济向市场经济的体制转轨有关。在转轨过程中,中国最主要的任务之一就是消除价格扭曲,转向市场化的价格体制,与国际价格体系接轨,同时优化资源配置。比如,1999 年之前工人、教师、政府公务员的住房都是由政府计划分配的,工资不覆盖这部分支出,1999年之后住房逐步转向市场化,这意味着工资和价格同时上涨。如果中央银行过多强调低通胀目标,可能就会阻碍政府进行价格改革,换言之,货币政策需要对这些有助于优化资源配置的改革引起的物价改革留出一定空间。中国当前未采纳单一目标制,这是其中的一个原因。再有,中国长期面临国际收支大额双顺差格局,流动性被动投放较多,对货币供应量和通胀有重要影响,这使中央银行必须去关注国际收支平衡问题。这是当前中国货币政策框架的现状。此外,金融机构是否稳健、金融生态好坏都是货币政策能否有效传导的关键,这就要求不断深化金融改革,解决妨碍金融稳定的体制性问题,更好地疏通货币政策传导机制,这也意味着货币政策在必要时需要为改革和稳定提供一定支持,中长期看这也有利于实现价格稳定的目标。鉴此,中国的货币政策在关注价格稳定的同时,历来十分关注金融稳定和金融改革,注意对发展、改革提供配合与支持,统筹协调好物价、国际收支以及就业、增长等目标之间的关系。特别是国际金融危机爆发以来,以CPI稳定为单一目标的主流货币政策框架的确出现了问题,货币稳定并不等同于金融稳定,各方面的反思进一步加深了对此现象的关注和思考。我想,即使全球经济逐步回归常态,中国还是会用多重目标制,不过,低通胀的权重将更加高于其他三个目标。

(摘自:周小川.新世纪以来中国货币政策的主要特点[J].中国金融,2013,2.)

三、货币政策中间目标

(一)货币政策中间目标的作用

由于货币政策最终目标是中央银行难以直接实现的结果,中央银行在货币政策的操作中必须选择某些与最终目标关系密切、可以直接影响并在短期内可度量的金融指标作为实现最终目标的中间目标,通过对中间目标的控制和调节最终实现政策目标。因此,中间指标在货币政策传导过程中具有承前启后的作用,关系到货币政策最终目标能否实现及其效果。这是因为:① 能够给货币当局提供反映短期经济变化和金融趋势的量化参照系数。最终目标是宏观经济的总目标,具有空间上的复杂性和时间上的迟滞性。中间目标的设立正好可以弥补最终目标观察不足的缺陷。② 可以为宏观金融调控创造条件。货币政策中间目标处于货币政策传导过程中,可以使宏观调控富于弹性和层次性,避免经济动荡。③ 可以给货币政策工具与最终目标保持协调提供一个阶段性的调整标准。

所谓货币政策中间目标是指受货币政策工具作用,影响货币政策最终目标的传导性金融变量指标,主要由操作指标和中介指标两个层次构成。

货币政策操作指标又叫近期指标,是中央银行通过货币政策工具操作能够有效准确实现的金融变量。它有两个特点:一是直接性,即可以通过政策工具的运用直接引起这些指标的变化;二是灵敏性,即对政策工具的运用反应极为灵敏,或者说,政策工具可以准确地作用于操作指标,使其达到目标区。一般来说,操作指标是在中央银行体系之内的可控性指标。

货币政策中介指标又叫远期指标,它处于操作指标和最终目标之间,是中央银行通过货币政策操作和传导后能够以一定的精确度达到的金融变量。由于中介指标不在中央银行体系之内,而是受整个金融体系影响,因此,中央银行对中介指标的可控性较弱,但中介指标与最终目标之间的关系十分密切。中央银行主要通过政策工具直接作用于操作指标,进而控制中介指标,最终达到期望的政策目标。

(二) 货币政策中间目标的选择

为了更好地达到货币政策的最终目标,各国根据各自的国情和所处的经济发展阶段选择不同的中间目标。但是,各国选择中间目标的标准基本相同,主要有四个标准:

(1) 相关性。中间目标必须同货币政策最终目标高度相关,要具有类似于自变量与因变量之间的那种函数关系。

(2) 可测性。作为中间目标的变量必须能准确和迅速地进行量的测度。

(3) 可控性。中间目标的具体变量应便于货币管理当局运用政策工具有效地驾驭和控制。

(4) 抗干扰性。货币政策中间目标必须能够有效地抵御非货币政策因素的干扰,真实、可靠地反映与货币政策相关的信息,避免货币当局因信息失真而判断失误,导致决策失误。

(三) 可作为操作指标的金融变量

1. 短期利率

短期利率通常能够反映市场资金供求状况。经常被选作操作目标的短期利率是银行同业拆借利率。中央银行可以通过公开市场业务、再贴现率等手段来实现对同业拆借利率的调控,进而影响货币供给量和其他利率。如西方各国中央银行的贴现率、伦敦同业拆放利率等。作为操作目标,中央银行通常只能选用其中一种利率。近年来,美国联储已将原来的国库券利率转为联邦基金利率;日本采用的是银行同业拆借利率;英国的情况较特殊,英格兰银行的长、短期利率均以一组利率为标准,这些短期利率有:隔夜拆借利率、3个月期的银行拆借利率、3个月期的国库券利率等。但是,短期利率易受通货膨胀、市场供求和心理预期的影响。

2. 准备金

准备金是商业银行和其他金融机构在中央银行的存款及其持有的库存现金。

准备金分为法定存款准备金和超额存款准备金。

超额存款准备金的规模直接决定着商业银行等金融机构的流动性状况和信贷能力。中央银行通过对法定存款准备金率的调整,将直接导致法定存款准备金和超额存款准备金的变化,进而引起银行贷款的规模和货币供给量及利率等中介目标的变动,然后对最终目标产生影响。因此,变动准备金可以说是货币政策传导的必经之路。由于法定存款准备金和超额存款准备金之间是此增彼减的关系,若中央银行降低法定存款准备金率,则商业银行超额存款准备金增加,其贷款与投资能力就会扩大,货币供应量也相应增加,反之,商业银行超额准备金减少,货币供应量减少。所以超额存款准备金的多少,反映了商业银行资金的紧缺程度,该指标过高,说明银根过松,中央银行便应采取紧缩性政策措施,使银行体系的超额存款准备金保持在合理水平上;反之则相反。

3. 基础货币

基础货币是中央银行常用的一个操作指标。如第 9 章所述,基础货币是商业银行准备金和流通中现金之和,可测性好。通货与准备金之间的转换不改变基础货币总量,各种货币政策工具,如法定存款准备金率、公开市场操作、再贴现、发行央行票据等都会影响基础货币的变化,可控性和抗干扰性较强。但基础货币离货币政策较远,只有在传导机制顺畅和货币乘数稳定的情况下,调控基础货币才能较好地调节货币需求,从这个角度说,其相关性较弱。

中央银行有时还运用"已调整基础货币"这一指标,或者称为扩张的基础货币,它是针对法定准备金的变化调整后的基础货币。单凭基础货币总量的变化还无法衡量货币政策,必须对基础货币的内部构成加以考虑。因为:① 在基础货币总量不变的条件下,如果法定准备率下降,银行法定准备减少而超额准备增加,这时的货币政策仍呈扩张性。② 若存款从准备比率高的存款机构转到准备比率较低的存款机构,即使中央银行没有降低准备比率,那么平均准备比率也会有某种程度的降低,这就必须对基础货币进行调整。

(四)可作为中介指标的金融变量

1. 利率

利率作为中介指标,具有的优点是:① 利率数据易于及时收集获得,可测性好。② 中央银行能够运用政策工具对利率加以有效的控制、可控性强。③ 利率不但能够反映货币与信用的供给状况,而且能够反映货币市场供求关系的相对变化。利率上升表明银根紧缩,利率下降表明银根趋松,相关性较强。但是,以利率作为中介指标也有其局限性:中央银行能调控的只是名义利率,而对经济产生实质影响的是预期实际利率。而且利率对经济活动的影响更多地依赖于货币需求的利率弹性,这既受经济体制的影响,也受金融市场发育程度和经济运行状况等的影响。

2. 货币供给量

20 世纪 70 年代开始,货币供应量被许多西方国家中央银行选作常用的中间指标。该指标作为中介指标的优点是：① 它的变动能直接影响经济活动,且容易获取数据,可测性强。② 中央银行对货币供应量的控制力较强。③ 它的变动与货币政策有着密切的联系,相关性强。④ 不易将政策性效果与非政策性效果相混淆,抗干扰性较强。其缺陷是：中央银行对货币供给量的控制能力也不是绝对的,还要受公众和商业银行的影响,而且以哪一个层次的货币供给量作为中介指标也是一个难点。20世纪90年代后,一些西方国家又先后放弃了以货币供应量为货币政策中间目标的做法。其主要原因在于：一是大量的金融市场创新工具使得货币供应量定义和计量越来越困难；二是金融自由化为企业提供了更多的融资渠道,这使得中央银行希望通过控制基础货币以影响信贷规模和货币供应量的有效性降低；三是国际资本大规模的流动使得一国货币供应量与该国经济增长之间的相关性在减弱。

3. 信贷规模

信贷规模作为中介目标的优点是：① 数据容易得到,便于进行统计和定量分析。② 由于信贷规模与总需求是正相关的,它具有准确性强的特点。③ 信贷规模与货币政策最终目标密切相关,中央银行控制了信贷规模,也就控制了货币供应量。但在实践中,信贷规模仅作为辅助性中间变量加以使用。

4. 汇率

汇率作为中介变量具有较好的可测性,其可控性和相关性能在不同程度上得到满足。在一些开放的小型经济中,汇率可以作为一个主要的中介目标。但对于大国而言,要保持本国货币政策的独立性,一般不采用汇率目标。

四、货币政策规则

(一) 货币政策规则的含义

货币政策规则是相对于相机抉择的货币政策操作而言的,是指中央银行进行货币政策决策和操作的指导原则。最优的、时间一致的、前瞻的、稳健的货币政策规则不仅可以指导中央银行制定出切实可行的货币政策,促进经济的平稳发展,而且可以提高货币政策的有效性、可信性和透明性。同时,货币政策规则也为评价货币政策提供了一个客观的基础框架,使人们能够比较各种货币政策的实施效果及其对社会福利的影响。与相机抉择相比,货币政策规则能有效减少货币政策的动态不一致。但是,货币政策规则并不必然是某种政策工具的固定的或者机械的公式,同样需要根据经济形势的变化进行必要的调整,只是这种调整也应该遵循一定的变动规则以保持货币政策的连续性和系统性,以便能够有效的稳定人们的预期,进而稳定物价并推动经济平稳发展。

（二）几种货币政策规则

1. 货币数量规则

货币数量规则是指根据货币政策最终目标来调节货币供应，进而影响产出和物价水平。早期有影响的货币数量规则是弗里德曼提出的"单一规则"，强调最佳的货币政策是使货币供给以固定的速率 K 增长，并在任何经济形势下都维持这一增长率，以实现经济的稳定发展。20 世纪 70—90 年代，世界上绝大多数国家采用的都是货币供应量规则。如原联邦德国在 1974—1978 年以货币量年增长 8% 作为货币供应量目标，英国在 1976 年规定 M_2 以年增长 12% 作为货币供应量目标。近年来，最为流行的货币数量规则是麦卡勒姆规则。该规则将基础货币作为操作工具，强调通过基础货币的调节来控制货币供应量，进而推动产出和物价水平趋向于目标值。

2. 利率规则

利率规则就是将利率作为货币政策的中介目标，通过对短期利率的调节来影响产出和物价。该规则最初源于凯恩斯理论的诞生和流行。从 20 世纪 30 年代开始，英美等国就把利率作为货币政策的中介指标。到了 20 世纪 70 年代随着货币学派的重新兴起，利率规则被货币供应量规则所代替，但到 90 年代初期，由于金融创新导致货币层次难以界定，又重回利率规则。

目前，最为流行的利率规则是泰勒规则，该规则清晰地描述了短期利率如何针对通货膨胀率和产出变化进行调整的准则。利用这一准则计算出来的联邦基金利率与实际数据十分吻合，因而较好地描述了以美国为代表的西方发达国家的货币政策实践。

泰勒规则是一个简单的货币政策工具规则，其表达式如下：

$$r_t = r^* + \pi_t + g_x x_t + g_\pi (\pi_t - \pi) \tag{11.1}$$

(11.1)式中各变量均为百分比形式。r_t 为名义联邦基金利率，r^* 为实际联邦基金利率的均衡值，π_t 为前四个季度的通货膨胀率，g_x 为产出缺口的权重，x_t 为产出缺口，g_π 为通货膨胀缺口的权重，π 为目标通货膨胀率（泰勒取为 2%），$\pi_t - \pi$ 为通货膨胀缺口。产出缺口为：

$$x_t = \frac{x - x^*}{x^*} \times 100\%$$

即产出 x 超过潜在产出 x^* 的百分比。

通常，通货膨胀率 π_t 的量值超过联储通货膨胀目标 π 的量值，联储的通货膨胀目标可能等于理想通货膨胀率，也可能不等于。

泰勒规则方程右边第一个变量 r^* 是实际联邦基金利率的均衡值，代表中性货币政策下实际联邦基金利率水平。紧的货币政策意味着实际联邦基金利率比均衡实际联邦基金利率高；松的政策意味着实际联邦基金利率比均衡实际联邦基金利率低。许多运用泰勒规则的决策者和研究者估计均衡实际联邦基金利率等于它的历史平均值,泰勒本人的计算结果是2%。

泰勒规则方程右边第二个变量为过去四个季度的通货膨胀率 π_t,这使得名义联邦基金利率可以随着通货膨胀上升。通过计算过去四个季度的平均值,通货膨胀率在短期的波动不会影响规则对于联邦基金利率的建议,但是持续的通货膨胀率变化会影响规则对于联邦基金利率的建议。

泰勒规则方程右边第三个变量为加权的产出缺口,即权重 g_x 乘以产出缺口 x_t。在最初版本的泰勒规则中,泰勒将 g_x 设为0.5。当产出缺口为负时,经济的产出小于潜在水平,失业人口比正常数量多。在这种情况下泰勒规则暗示应该放松货币政策,降低联邦基金利率。更松的货币政策会增加未来产出,帮助消除产出缺口。当产出缺口为正时,经济的产出大于潜在水平,这在短期内是可能的,因为人们可以加班工作,但是在长期内是不可能的,并且会导致更高的通货膨胀。在这种情况下,泰勒规则的第三个产量为正。因此联储将提高联邦基金利率,紧缩货币政策。更紧的货币政策会减少未来产出,帮助消除产出缺口。

泰勒规则方程右边第四个变量为加权的通货膨胀缺口,即权重 g_π 乘以通货膨胀缺口 $\pi_t - \pi$,在最初版本的泰勒规则中,g_x 等于0.5。当实际通货膨胀率低于目标水平时,$\pi_t - \pi$ 是负的。因为 g_x 是正的,所以当通货膨胀缺口为负时,联储会降低联邦基金利率,放松货币政策。更松的政策会增加通货膨胀率,使其回到目标水平。相反,当通货膨胀率超过目标水平时,通货膨胀缺口是正的,因此联储会提高联邦基金利率,紧缩货币政策。更紧的货币政策会降低通货膨胀率,使其达到目标水平。

总括而言,泰勒规则的核心思想是:中央银行在制定货币政策时应该将长期将利率保持在中性水平,使它对经济既不起刺激作用也不起抑制作用,而只是起到稳定的作用。

3. 通货膨胀目标制

通货膨胀目标制是指中央银行预先设定一个合理的通货膨胀区间作为货币政策的目标,并通过各种政策工具努力将通货膨胀率控制在目标值以内,以保证经济的平稳增长。通货膨胀目标制是一个较优的货币政策框架。其一,通货膨胀目标制不仅可以防止中央银行利用通货膨胀来推动就业和经济增长,增加了政策制定者的约束性和可靠性。同时,又允许中央银行在目标区间内进行相机调整。这意味着,通货膨胀目标制综合了货币政策规则和相机抉择两种决策模式的优点,实际上是一种相机抉择性的规则;其二,盯住通货膨胀又是一种前瞻性的货币政策规则,可以大大提高货币政策决策的透明度和可信性;其三,通货膨胀目标能够为政策和经济提供一个名义锚,有利于经济的稳定;其四,它能够在不牺牲短期放弃相机抉择收益的情况下取得各种收益。因此,自20世纪90年代以来,众多发达国家(如:西班牙、加拿大、瑞典、芬兰、新西兰、英国和澳大利亚等国)和发展中国家(如:

韩国、泰国和巴西等国)纷纷开始实施通货膨胀目标制。从实践来看,这一目标制也取得了极大的成功,这些国家不仅保持了平稳的增长,而且通货膨胀也都被控制在一个合理水平上。

作为一个政策框架,通货膨胀目标制包含三个重要内容:① 中央银行制定一个明确的、定量化的通货膨胀率目标值。② 以稳定物价作为货币政策首要目标。③ 中央银行要随时对通货膨胀的未来走向做出预测,将预测值与预设目标值进行比较,根据二者之间的差距来决定货币政策工具的运用,一旦预期通货膨胀率高于目标值,中央银行就采取行动,把通货膨胀率恢复到目标范围内。

实施通货膨胀目标制需要具备一些基本的条件:中央银行需要有一个有效的货币政策工具,其与通货膨胀有相对稳定的关系;中央银行的独立性较强,且决策具有高度的透明性和权威性,能够有效地引导公众的预期。

第二节 货币政策工具

货币政策工具是指货币当局为了实现货币政策目标而采取的各种有效的措施和手段。中央银行通过操纵各种政策工具以便改变基础货币供应、控制货币供应量或影响利率,进而影响投资和消费;或者是通过这些工具去影响商业银行的行为,影响其创造存款货币的能力,或者影响社会公众的预期心理,改变他们的经济行为方式。当各种政策工具如期发挥作用的时候,政策目标的实现就比较顺利。

货币政策工具是多种多样的,可以按照多种方法进行分类。如可以按照工具的功能性质来分为经济手段、行政强制手段、劝说或指导的手段;也可以按照工具作用的范围和程度划分为控制和影响全局或局部的手段;还可以按照工具发挥作用的方式划分为直接调控和间接调控手段。目前,比较流行的划分方法是将各种划分标准结合在一起,将货币政策工具分为一般性政策工具、选择性政策工具、直接信用管制和间接信用指导四大类。

一、一般性货币政策工具

一般性货币政策工具是指中央银行普遍或经常运用的货币政策工具,这类政策工具的运用能对金融系统乃至整个经济体系产生整体性、全面性的影响。主要包括存款准备金政策、再贴现政策、公开市场业务及利率政策等。人们习惯上将前三种政策工具称为中央银行货币政策的"三大法宝"。

(一)存款准备金政策

1. 概念与内容

存款准备金政策,即法定存款准备金制度,是指中央银行通过规定和调整法定存款准备金率,以控制商业银行的信用创造能力,进而调节货币供应量的政策工具。

确定和调整法定存款准备金率,是法定存款准备金制度的核心内容。该制度的内容主要包括规定存款准备金比率、规定可充当法定存款准备金的存款范围、规定法定存款准备金计提方法等。其中,作为中央银行货币政策工具的内容,主要是就法定存款准备金率的确定和调整而言的。法定存款准备金率是以法律形式规定商业银行等金融机构将其吸收存款的一部分上缴中央银行作为准备金的比率。规定这一比率最初只是为了建立集中的准备金制度,用以增强商业银行的清偿能力。20 世纪 30 年代起,欧美国家相继把调整法定存款准备金率作为中央银行调节信用和货币供应量的手段之一。

2. 作用机制

中央银行变动法定存款准备金率将通过以下主要途径产生效应:

(1) 货币乘数发生变化。中央银行提高或降低法定存款准备金比率,会直接减少或增加商业银行持有的超额准备金。这样,商业银行吸收的存款中用于发放贷款和进行投资的数量就会减少或增加,进而使新派生的存款数量减少或增加,这种变化就是存款货币创造能力的变化,就是货币乘数的变化,其结果是使货币供应量大大改变。货币乘数变动体现了法定存款准备金率调整这一政策工具作用的猛烈性。因为法定存款准备金率的一点点轻微的变动,往往会引起货币供应量的巨大波动。

(2) 商业银行的行为发生改变。法定存款准备金率的调整对商业银行的资产运用和负债经营活动产生强制性的影响,除了如上所述使其存款创造能力变化外,还使其盈利能力发生变化。法定存款准备金增加,就意味着商业银行盈利性资产的减少。在这种情况下,商业银行就可能重新调整盈利性资产的结构和负债的结构,甚至会变动利率,尽可能使盈利损失得到补偿。商业银行的这种行为调整,自然会影响信用的规模和结构,进而对货币供应量产生影响。

(3) 公众预期行为发生变化。调整法定存款准备金率具有强烈的告示效应,会对公众的心理预期产生重大影响。正因为这样,中央银行也才将这一政策工具作为向金融体系和社会公众宣布政策意向的一个重要渠道。中央银行调高法定存款准备金率,就是向金融体系和社会公众发了紧缩信用和货币的信息,金融机构和公众立刻会根据他们对由此而可能出现的市场变化所作的判断或预期,调整各自的行为。所有这些都会程度不同地反映到货币供应量的变化上来,尤其是通过货币流通速度的变动而影响到货币供应量。

3. 优缺点

存款准备金率,被认为是货币政策中最猛烈的工具,对货币供应量影响大、见效快。因而法定存款准备金政策的优点是比较明显的:① 它通过货币乘数来影响货币供应量,因此即使存款准备金率调整幅度十分微小,也会引起货币供应量的大幅变动。② 即使存款准备金率不变,它也对商业银行信用创造能力形成制约。

③ 即使商业银行出于某些原因持有超额准备金,存款准备金率的调整也会产生相应效果,例如提高准备金率会冻结商业银行一部分超额准备金。

当然,法定存款准备金政策的局限性也是显而易见的:① 由于作用力猛烈,不宜作为中央银行日常调控货币供应量的工具。② 出于同样的原因,它的调整容易对经济产生震荡性影响,对社会心理预期也会产生显著影响。③ 存款准备金率对不同商业银行的影响不同,因而货币政策实现的效果可能存在差异而不易把握。因此,一些国家的中央银行对存款准备金率的调整往往比较谨慎。

4. 我国的存款准备金制度

我国的存款准备金制度是随着1984年中国人民银行专门行使中央银行职能建立起来的。当时,人民银行建立存款准备金制度的主要目的是筹集资金以支持信贷结构调整和大型建设项目,因而存款准备金率定得很高:企业存款为20%,农村存款为25%,储蓄存款为40%。过高的存款准备金率导致专业银行资金严重不足,人民银行不得不通过再贷款的方式将资金返还给专业银行,并从1985年开始将存款准备金率统一调整为10%。1987年和1988年,人民银行为适当集中资金支持重点产业和项目以及紧缩银根,抑制通货膨胀,两次上调法定准备金率至12%,1988年9月进一步上调为13%。这一比例一直保持到1998年3月20日。

我国的法定准备金存款不能用于支付和清算,金融机构按规定在央行开设一般存款账户,统称备付金存款账户,用于资金收付。1998年3月,央行对存款准备金制度进行改革,将原来各金融机构在央行的准备金存款账户和备付金存款账户统一合并为准备金存款账户。当年,我国经济出现了比较严重的通货紧缩,存款准备金率从13%下调到8%,后又进一步下调到6%。2003年后,为控制通货膨胀,人民银行连续26次上调存款准备金率至17.5%,2008年9月为应对全球金融危机的冲击,开始下调存款准备金率。以后,人民银行根据经济形势的变化,不断地对存款准备金率进行适时调整,且调整频繁,例如,2007年上调10次,2008年调整8次,2010年连续上调12次,将存款准备金率上调至21.5%。近年来,为缓解经济下行压力,人民银行多次下调存款准备金率,截至2024年9月27日,金融机构加权平均存款准备金率约为6.6%。

2015年9月15日,人民银行对存款准备金考核制度进行改革,由现行的时点法改为平均法考核,即维持期内,金融机构按法人存入的存款准备金日终余额算术平均值与准备金考核基数之比,不得低于法定存款准备金率。同时,为促进金融机构稳健经营,存款准备金考核设每日下限,即维持期内每日营业终了时,金融机构按法人存入的存款准备金日终余额与准备金考核基数之比,可以低于法定存款准备金率,但幅度应在1个(含1)百分点以内。将存款准备金时点法改为平均法考核,既可以为金融机构管理流动性提供缓冲机制,也有利于平滑货币市场波动。

与很多国家谨慎运用法定存款准备金政策调控宏观经济不同,我国中央银行特别重视运用这一政策工具,几乎将其运用到了极致。除这个特点外,我国的存款准备金政策还有两大特色：一是实行定向降准制度。其主要目的是为了重点支持国民经济运行的薄弱环节。2017年9月，中国人民银行宣布将原有对小微企业和"三农"领域实施的乏降准政策拓展并延伸至脱贫攻坚和"双创"等其他普惠金融领域。同时，优化原有定向降准政策标准，聚焦真小微、真普惠。2018年，普惠金融定向降准制度进一步完善，对普惠金融领域贷款达到一定标准的金融机构执行较低的存款准备金比率。二是实行差别准备金制度。又分两种：一种是根据金融机构资本充足率高低规定不同的法定存款准备金要求，即对资本充足率较高的商业银行规定较低的存款准备金率，而对资本充足率较低的银行则规定较高的存款准备金率。

另一种是对大型银行和中小银行分别规定不同的存款准备金率。通常，大型银行的法定存款准备金率比中小银行高1~2个百分点。

（二）再贴现政策

1. 概念与内容

再贴现政策是指中央银行通过制定或调整再贴现的利率和条件来干预和影响市场利率及货币供应量，进而调节宏观经济的政策工具。再贴现是商业银行将未到期的有效票据卖给中央银行，从中央银行获得资金的行为。这里的"再贴现"主要用以区分贴现业务中初始的"贴现"。在美国，由于商业银行拿到联邦储备申请贴现的已不再是商业票据而是政府债券，因此也就不再使用"再贴现"这一名词，而用"贴现"取而代之。

再贴现政策包括两方面的内容：一是再贴现率的调整；二是规定向中央银行申请再贴现的资格。前者着眼于短期，主要影响商业银行的准备金和社会的资金供求，后者则着眼于长期，主要影响商业银行及全社会的资金投向。

2. 作用机制

中央银行调整再贴现率主要通过影响商业银行的融资成本，从而影响商业银行的准备金，以达到松紧银根的目的。其具体的作用机制主要体现在以下三个效应上：

（1）成本效应。当中央银行降低再贴现率，使其低于市场一般利率水平时，商业银行通过再贴现获得资金的成本会下降，就会促使其增加向中央银行借款或再贴现，导致其超额准备金增加，相应地对企业、公众的贷款增加，从而引起货币供给量增加和市场利率降低，有效需求扩大，达到促进经济增长的目标。反之，可采用提高贴现率的办法来促使物价稳定目标的实现。

（2）结构效应。一是中央银行可以规定并及时调整可用于再贴现的票据种类，从而影响商业银行的资金投向；二是对再贴现的票据进行分类，实行差别再贴现率，从而使货币供给结构与中央银行的政策意图相符合，促进经济结构和产业结构的优化。

(3) 告示效应。中央银行提高再贴现率,就会传递一个紧缩信用的信号,这时公众就会做出未来信用紧缩、利率提高的判断或预期,从而将会相应减少借款和开支。反之则意味着中央银行有扩张信用意图,公众则会做出相应的判断或预期。这些都会不同程度地导致货币供应量和需求的减少。

3. 优缺点

再贴现政策的优点主要有:① 作用较为温和。再贴现政策通过影响商业银行的借贷成本间接地调节货币供应量,其作用过程是渐进的,不像法定存款准备金政策那样猛烈。② 告示作用较强。再贴现率的变动向社会明确告示了中央银行紧缩或扩张信用的政策意图。这对社会公众的生产、投资和消费行为以及短期市场利率产生积极的导向作用。③ 结构调节效应较明显。中央银行通过规定再贴现票据的种类和审查再贴现申请时的资格条件,可以设定资金流向,对不同用途的信贷加以支持或限制,从而引导资金流向国家支持的产业、企业或项目,达到调整产业结构的目的。

再贴现政策也有一定的局限性,主要表现在:① 带有被动性。商业银行是否愿意到中央银行申请再贴现,或再贴现多少,由商业银行决定。如果商业银行可以通过其他渠道融资而不依赖中央银行,则中央银行就处于被动地位,再贴现政策效果就会大打折扣。② 利率高低有限度。在经济繁荣或萧条时期,再贴现率即使大幅提高或降低,都可能无法限制或鼓励商业银行向中央银行再贴现或借款。③ 缺乏弹性。因为再贴现率的经常调整会引起市场利率的频繁波动,这会使商业银行和企业无所适从,但如果不随时调整再贴现率,又不利于中央银行灵活调节市场货币供给量。

4. 我国的再贴现政策

我国的再贴现业务开始于1986年。当时,为解决企业之间严重的货款拖欠问题,人民银行决定在北京、上海等10个城市对专业银行试办再贴现业务。其后,我国的再贴现业务几经调整,不断规范,对产业发展发挥了积极作用,形成了一定特色,主要表现是中央银行在再贴现业务中,通过对不同行业、不同企业、不同产品规定不同的再贴现条件来达到调整产业结构的目的。1994年下半年为解决一些重点行业的企业货款拖欠、资金周转困难及部分农副产品调销不畅等问题,人民银行对"五行业(煤炭、电力、冶金、化工、铁道)""四品种(棉花、生猪、食糖、烟叶)"领域专门安排100亿元再贴现限额,推动上述领域商业汇票业务的发展。2008年以来,为有效发挥再贴现业务促进结构调整、引导资金流向的作用,人民银行进一步完善再贴现管理,扩大再贴现的对象和机构范围,并通过票据选择明确再贴现支持的重点,如对涉农票据、县域企业和金融机构及中小金融机构签发、承兑、持有的票据优先办理再贴现,等等。

(三) 公开市场业务

1. 作用机制

公开市场业务是中央银行在金融市场上公开买进或卖出有价证券的活动。中央银行买卖有价证券并非以盈利为目的,而是借此活动达到调节信用和货币供应的目的。中央银行买卖的有价证券主要是政府短期债券,交易对象的主体主要是商业银行。因此,公开市场业务作为中央银行货币政策工具,其作用机制主要是通过买卖商业银行所持有的政府债券,改变其超额存款准备金,影响其货币创造能力,达到收缩或扩张货币供应量的目的。这一政策工具的运用原则一般是:当经济中出现需求过大、物价上涨趋势,有必要收缩货币时,中央银行就卖出有价证券;而当经济中出现需求不足、生产下降趋势,有必要扩张货币时,中央银行就买进有价证券。中央银行通过买卖有价证券的活动,之所以能达到调节信用和货币的目的,是因为这种活动一是可以引起基础货币供应的变化,二是可引起利率的变化,二者都是影响信用量和货币量的重要指标。

中央银行在实施公开市场业务这一政策工具时,可以根据不同的目的和要求进行"防御性操作"和"进攻性操作"。前者是指为了防止在各种不为中央银行所能控制的因素影响下商业银行和准备金变化与货币政策目标发生偏离,中央银行通过买进或卖出政府债券,向银行注入或吸收准备金,从而抵消掉由不利因素形成的准备金变化,以满足货币政策目标的要求。后者是指中央银行按照实现货币政策目标的要求,积极主动地利用公开市场业务影响信用和货币量。中央银行用各种不同的数量、期限和价格组合方式买进或卖出政府债券,诱使商业银行作出反应,改变其准备金保有量,信贷规模乃至货币供应量随之发生变化。

2. 优缺点

公开市场业务日益成为许多国家最重要的日常性货币政策工具,具有如下优点:① 主动性。通过公开市场业务,中央银行可以主动出击调节信贷规模,并能对银行准备金产生直接预期的效果,不像再贴现政策那样,处于被动地位。② 灵活性。中央银行能够随时根据金融市场的变化,能迅速改变其操作方向,既可以顺向操作,也可以进行逆向操作,精确而灵活地调节市场货币供给量。③ 微调性。中央银行可以运用公开市场业务进行经常性、连续性和试探性的操作,买卖证券的规模可大可小,从而对货币供应量进行微调,而不会像存款准备金政策变动那样,产生较大的影响。④ 快捷性。公开市场业务的运用速度快,不会有行政上的延误。当中央银行决定要改变银行储备和基础货币时,它只需向证券交易商发出购买或出售指令,交易就可立即得到执行。正是由于上述优点,公开市场业务被认为是最行之有效的货币政策工具,成为许多国家最重要的货币政策工具。

该政策工具也存在一定的局限性,主要有:① 公开市场操作较为细微,政策意图的告示作用较弱。② 需要以发达的有价证券市场为前提。③ 在某些情况下,商业银行可以通过其他方式弥补准备金的不足,从而使公开市场业务不能很好地发挥作用。

3. 公开市场业务发挥作用的条件

公开市场政策发挥作用应该具备以下条件:① 中央银行必须具有强大的、足以干预和控制整个金融市场的资金实力。② 中央银行能自行决定买卖证券的种类、数量及买卖的时间等。③ 金融市场的范围应具有全国性,并应具有完整的独立性,不受外国金融中心的制约。④ 金融市场上的证券种类和数量要适当。

知识链接 11.2

中国对冲流动性的两大工具:公开市场操作和存款准备金率

进入新世纪以来的绝大多数时间(国际金融危机时期例外),国际收支持续顺差和外汇储备大量积累是中国经济运行中的一个显著特征。2000年,中国外汇储备余额仅1656亿美元,目前超过3万亿美元。国际收支顺差问题的解决需要一个过程,但在问题解决之前就已经对货币政策产生了重大影响,主要是会形成银行体系流动性过剩。因此这个时期中国货币政策的主要任务和挑战,正是应对银行体系流动性过剩、抑制货币信贷过度膨胀和随之而来的通货膨胀压力。中国人民银行的应对之策是进行大规模的流动性对冲,而公开市场操作和存款准备金率等工具的灵活运用保证了对冲得以完成。

得益于灵活性和市场化强兼具的特点,公开市场操作成为人民银行最早选择的对冲工具。起初主要是开展正回购操作以及现券买断,不过,这很快受到了央行持有债券资产规模的约束。为此,人民银行积极开展公开市场操作工具创新,从2003年4月起发行央行票据,年发行量从2003年的7200亿元增长到2008年的4.2万亿元。公开市场操作从实践中总结经验,不断完善央行票据的期限品种和发行方式。2004年12月,为缓解短期央行票据滚动到期的压力,在原有3个月期、6个月期和1年期3个品种基础上增加了3年期央行票据品种,有效提高了流动性冻结深度。2006年和2007年,根据调控需要,还多次向贷款增长偏快、资金相对充裕的商业银行定向发行央行票据,以强化对冲效果。同时,央行票据具有无风险、期限短、流动性高等特点,弥补了中国债券市场短期工具不足的缺陷,为金融机构提供了较好的流动性管理工具和投资标的。定期发行央行票据还有助于形成连续的无风险收益率曲线,从而为推进利率市场化创造了条件。

另一项重要举措是发挥存款准备金工具深度冻结流动性的作用。在一般教科书中,作为三大货币政策工具之一的存款准备金率调整被视为货币调控的"利器",并不轻易使用。但在外汇储备大量积累、基础货币供应过剩的特殊情况下,需要把存款准备金率发展为常规的、与公开市场操作相互搭配的流动性管理工具。这主要是随着对冲规模不断扩大,公开市场操作的有效性和可持续性在一定程度上受到了商业银行购买意愿、流动性冻结深度等因素的制约;而存款准备金工具具有主动性较强的特点,收缩流动性比较及时、快捷,能够长期、"深度"冻结流动性,更适合应对中期和严重的流动性过剩局面。自

> 2003年9月起至2011年6月，中国人民银行调整存款准备金率39次，其中上调32次(2008年下半年在应对国际金融危机冲击期间4次下调，2011年12月至2012年5月，又3次下调)。具体操作时，都是采取小幅调整且提前宣布，给金融机构调整资产负债结构提供缓冲的时间。成功的流动性对冲缓解了货币信贷过快增长的压力，维护了宏观总量的基本稳定，为经济结构调整尽可能地争取了时间。随着扩大内需等结构调整取得积极进展，以及人民币名义汇率逐步升值和土地、劳动力等要素价格显著上涨，再加上欧债危机等国际因素的影响，近期我国国际收支明显趋于平衡。根据流动性供需格局的变化，人民银行已数次降低存款准备金率，并通过常规性的逆回购向金融市场提供流动性。
>
> （根据周小川发表在《中国金融》2013年第2期的《新世纪以来中国货币政策的主要特点》一文改写。）

（四）利率政策

1. 基准利率

我国的基准利率主要有两类：一是中国人民银行对商业银行的存贷款利率；二是商业银行对企业和个人的存贷款利率。2013年10月25日，中国人民银行针对商业银行最优质客户创设的贷款基础利率(LPR)，相当于一种基准利率。该利率是由具有代表性的实力较强的大中型银行，根据自主报价方式对最优质客户提供的贷款利率，由央行授权银行间同业拆借中心计算并公布的基础性的贷款参考利率。LPR由18家报价银行(10家全国性银行、2家城市商业银行、2家农村商业银行、2家外资银行和2家民营银行。)确定。根据LPR报价机制，银行发放贷款时，利率将按照LPR表示，以"LPR＋x个基点""LPR－x个基点"(1个基点＝0.01％)，或"LPR＋x％""LPR－x％"的形式来确定。LPR有1年期和5年期以上两个期限品种，1年期以内、1年至5年期个人住房贷款利率基准，可由贷款银行在两个期限品种之间自主选择。具体报价时，一般由各报价行按公开市场操作利率(主要指中期借贷便利利率)加基点形成的方式报价，由全国银行间同业拆借中心计算得出，为银行贷款提供定价参考。每月20日（遇节假日顺延9时）前，各报价行以0.05个百分点为步长，向全国银行间同业拆借中心提交报价，全国银行间同业拆借中心按去掉最高和最低报价后算术平均，并向0.05％的整数倍就近取整计算得出LPR，于当日9时30分公布。

一般来说，当中国人民银行提高对商业银行的贷款利率和再贴现率时，相应增加各商业银行的筹资成本，商业银行就会减少对中央银行的资金需求或提高其对企业单位和个人的贷款利率，致使资金市场的利率相应上升、资金需求相应减少，从而达到调节货币供给量的作用。但是,要使这一机制发挥作用需要一定的条件,例如,利率的变动能真实反映资金供求,以及融资成本的变动能够在很大程度上影响资金供求,等等。

2. 利率走廊

利率走廊是由中央银行设定一个利率操作区间,通过这个区间来控制市场预期和货币市场利率的波动,从而达到稳定货币市场的目的。利率走廊包括上限、下限、目标利率和走廊宽度等关键要素。其基本机制是:中央银行针对商业银行创设相应的贷款便利工具和存款便利工具,以便将货币市场利率控制在目标利率附近。其利率格局通常体现为:围绕中央银行的目标利率,在贷款便利工具利率和存款便利工具利率之间形成一条"走廊"。一般来说,利率走廊的上限是中央银行对商业银行发放贷款的利率,下限为商业银行在中央银行存款的利率,上下限之间的差额即走廊宽度,表示中央银行对市场利率波动的容忍度,处于利率走廊中间的利率是商业银行同业拆借利率。商业银行同业拆借利率会在中央银行确定的存、贷款利率之间浮动。借助这种机制,中央银行可将市场利率控制在其期望的水平之内。其机制效应是:当市场利率低于下限时,商业银行倾向于将资金存入中央银行以获得稳定的存款利息;当市场利率高于上限时,商业银行则倾向于从中央银行借款,因为借款成本低于市场利率。这样,市场利率就被控制在利率走廊设定的范围内。利率走廊的作用包括降低货币市场利率的波动性,稳定市场预期;提高货币政策的透明度和操作效率,减少公开市场操作的频率和幅度;有助于中央银行从数量型调控向价格型调控转变,培育政策利率。

自20世纪80年代以来,世界各国中央银行的货币政策操作框架出现了重要变化,不少国家中央银行的中介目标弃用货币供给量转而选择利率。此后,许多国家采用了利率走廊操作框架。目前,绝大多数发达国家都在实施利率走廊机制。

2015年以前,我国利率走廊机制的上限是再贷款利率。2015年8月,中国人民银行正式取消存贷款比要求并改进准备金考核方式,将常备借贷便利(SLF)利率打造成利率走廊上限,并从2016年2月起将每周两次的常规公开市场操作扩展至每日操作,标志着我国在完善利率走廊机制和公开市场操作方面取得了重要进展。

> **知识链接 11.3**
>
> **我国独创的公开市场操作工具——央行票据**
>
> 央行票据是中国人民银行为调节金融机构超额存款准备金而向以商业银行为主的金融机构发行的短期债务凭证,其实质是中央银行债券,期限分为3个月、6个月、1年期和3年期,以1年期以内的短期品种为主。

央行票据最早见之于1993年。当时,中国人民银行发布了《中国人民银行融资券管理暂行办法实施细则》后便发行了两期规模为200亿元的融资券。发行央票的主要目的是调节地区和金融机构间的资金不平衡。1995年,央行开始试办债券市场公开市场业务,为弥补手持国债数额过少的不足,也曾将央行票据作为一种补充性工具。而央行票据作为公开市场操作的标的资产始于2002年,并成为以后若干年我国公开市场操作最重要的标的资产。

常规公开市场操作最理想的标的资产是短期政府债券,在2002年以前,短期国债和金融债也是中国人民银行的主要操作对象,但之后为何会被央行票据取代呢?这主要是由于加入世贸组织后,我国净出口快速增长和人民币升值预期强化,导致外汇储备快速增加和相应的基础货币被动增加。为控制货币供给增速,抑制通货膨胀,中央银行需要在公开市场不断卖出国债来冲销外汇储备增加带来的基础货币增加额。连续、大量、单向的公开市场操作不断消耗着央行所持有的国债,以至于到最后中央银行"无券可卖"。为解决这一现实问题,我国中央银行创造性地选择了央票替代短期政府债券作为公开市场的标的资产。通过发行央行票据,可以发挥降低商业银行超额准备,回笼基础货币的调控功能,且发行规模又不受数量限制,不会出现类似国债那样无券可卖的尴尬境地,因此迅速成为中国人民银行公开市场操作的重要工具。

虽然在实际操作中,央行票据在冲销被动投放的基础货币方面发挥了非常重要的作用,但其作为公开市场操作标的资产还是有一定局限性的。首先,央票的货币冲销功能是暂时的。央票的发行是冲销基础货币的过程,但央票的短期票据性质决定了其在一定时期后将到期赎回,央票到期是将已经冲销的基础货币重新回吐的过程。因此,从整个票据周期来看,基础货币并没有变化。从这个意义上讲,央票只是把流动性暂时冻结的工具。之所以可以发挥货币冲销的作用,是由于人民银行不断发行新的央票冲销较早央票到期带来的流动性回吐,其结果是中央银行资产负债表中央票负债规模不断放大。由于中央银行要对央票持有方付息,因而带来很大的利息成本。其次,央票冲销基础货币功能的发挥是建立在出口快速增长、外汇储备快速增加和人民币升值预期强化等宏观因素带动基础货币不断被动投放的背景之下,随着拉动GDP的"三驾马车"中净出口增速下降和人民币汇率改革进一步推进,这种因追求汇率稳定而被迫投放大量基础货币的情形将逐渐改善,从而减弱了人民银行对央行票据这一冲销工具的迫切需求。

二、选择性货币政策工具

选择性政策工具是中央银行对信用和货币量进行局部性或结构性调节和控制的措施，这些措施主要有：

1. 差别利率政策

中央银行根据国家经济政策和产业政策的要求，可以对不同部门、不同企业或不同地区执行不同的利率政策，以实现对经济结构的调整。如对国家重点发展的部门和产业执行较低的优惠贷款利率，对限制发展的部门和产业则执行较高的利率。

2. 证券保证金比率

为了控制证券市场的信用规模，防止市场出现过度投机，中央银行实行的对证券购买者在买进证券时必须支付现金的比率加以规定并可随时调节的制度。由于全部交易是借助于贷款完成的，购买证券时支付现金的部分，实际上就是交易者为获得贷款支持而必须拥有的保证金，因此，这一比率习惯上称为证券保证金比率。保证金比率越高，信用规模越小。在中央银行认为证券投机过度，证券价格过高时，提高保证金比率就可以抑制市场需求，使价格回落。反之，在证券市场低迷时则降低保证金比率。

3. 消费信用管制

消费信用管制是指中央银行对消费者分期购买耐用消费品的信用活动实施管理。内容主要包括：① 规定以分期付款形式购买耐用消费品时的第一次付现的比率。② 规定用消费信贷购买商品的最长期限。③ 规定用消费信贷购买耐用品的种类。中央银行可以根据消费品市场的供求状况及物价情况，灵活地运用这些管理措施。例如，在需求过度，物价上升时，就要求提高首次付现的比率，缩短消费信贷的期限；反之，在需求不足、经济萧条时，则降低比率和延长期限。

4. 预缴进口保证金

当一国出现国际收支逆差时，中央银行要求进口商在商品进口以前，按照进口商品总值的一定比例将部分资金作为进口商品的保证金存入中央银行，以增加进口商的资金占用，进而增加进口成本，以抑制进口，实现国际收支平衡。当然，对于预缴保证金占进口商品总值的比例，中央银行可视国际收支状况的变化灵活调整。

5. 不动产信用控制

中央银行对商业银行办理不动产抵押贷款作限制性规定，以抑制不动产市场的过度需求。如对金融机构的房地产贷款规定最高限额、最长期限、首次付现的最低金额，等等。

三、直接信用管制

直接信用管制是相对于间接信用指导而言的，是指中央银行将措施和手段直接作用于控制对象,并且多采用行政命令的方式。直接信用管制主要是指中央银行对商业银行做出的各种限制和干预其信用活动的强制性措施。这些措施主要有:

1. 信用额度分配

这是指中央银行根据金融市场状况及客观经济需要,对商业银行的信贷规模加以分配,限制其最高数量。这种管制方法,早在18世纪末的英格兰银行就开始使用了。英格兰银行当时为了限制各银行信用过度扩张,规定了自身每月授信的最高额度,然后将这个额度按各银行的大小进行分配。各银行向英格兰银行要求再贴现时,只能在分配的额度内申请。后来,这种办法被法国、英国、墨西哥等国采用。我国1998年以前实行的信贷资金管理制度一直坚持信贷额度控制的做法。

2. 规定利率最高限

这是指规定商业银行吸收定期存款和储蓄存款所执行的最高存款利率。这一规定的目的是防止银行间为了争夺存款而竞相抬高利率,进而竞相发放高利息风险贷款。

3. 规定流动性比率

为了限制商业银行扩张信用,降低商业银行的经营风险,中央银行对商业银行的流动性资产与存款负债的比率即流动性比率做出规定。商业银行为了保持流动性比率,就必须经常注意压缩长期贷款的比重和扩大短期贷款比重,还必须持有一部分很容易变现的流动性较高的资产和现金。这样,商业银行的风险贷款受到了限制,提高了经营的安全性。

4. 直接干预

对商业银行的信贷业务活动、贷款范围等直接进行干预。例如,不得对活期存款支付利息、不得将贷款用于股票和房地产交易等。

四、间接信用指导

间接信用指导是指中央银行凭借其在金融体系中的特殊地位,通过与金融机构之间的磋商、宣传等,指导其信用活动,以控制信用的措施,其方式主要有窗口指导和道义劝告。

(一)窗口指导

1. 窗口指导的含义和特点

窗口指导是指中央银行根据产业行情、物价走势和金融市场动向,规定商业银行每季度的贷款增减额,并要求其执行,是一种温和的、非强制性的政策工具。如果商业银行不按规定的增减额对产业部门贷款,中央银行可削减对该银行贷款的额度,甚至采取停滞信用等制裁措施。

窗口指导产生于20世纪50年代的日本。当时,日本实行窗口指导,其直接目的是通过调控贷款资金的供求以影响银行同业拆借市场利率,间接目的是通过银行同业拆借市场的利率功能,使信贷总量的增长和经济增长相吻合。日本银行利用其在金融体系中所处的中央银行地位和日本民间金融机构对其较大的依赖关系,劝告它们自动遵守日本银行提出的要求,从而达到控制信贷总量的目的。有时,窗口指导也指导民间金融机构的贷款投向,以保证重点倾斜部门的资金需要,达到调整产业结构的目的。因此,窗口指导虽非法律规定,只是劝告性的,但由于这种指导来自享有很高权威的中央银行,实际上带有很大程度的强制性。如果民间金融机构不听从指导,尽管不承担法律责任,但最终要承受因此带来的其他方面的经济制裁。

2. 我国的窗口指导

自 1987 年以来,中国人民银行与专业银行建立了比较稳定的行长联席会与碰头会制度。平时,行长联席会或业务部门碰头会根据需要不定期举行,但在经济活动高峰期的第四季度,则往往每旬举行一次。会上,专业银行向中央银行报告即期的信贷业务进展情况,中央银行则向专业银行说明对经济金融形势的看法,通报货币政策的意向,提出改进专业银行信贷业务管理和调整信贷投向的建议。虽然联席会或碰头会采取温和的引导方式,指导性政策建议不具有法律约束力,但专业银行通常都能接受这些建议或劝告,成为中央银行与专业银行及时互通情况、贯彻货币政策的有效途径。中央银行和专业银行除总行一级外,各级分行也建立了具有类似作用的联席会和碰头会制度。

(二) 道义劝告

道义劝告是指中央银行利用其特殊的声望和地位,对商业银行和其他金融机构经常发出劝告、指示或与各金融机构的负责人举行面谈,劝告其遵守政府政策并自动采取贯彻政策的各种措施。比如,在国际收支出现赤字时,央行劝告各金融机构减少海外贷款,在房地产和证券市场投机盛行时,要求商业银行紧缩对这两个市场的信用等。道义劝告的操作思路与窗口指导类似。

五、非常规货币政策工具

2008 年全球金融危机使金融系统的传导机制受损,影响了流动性及银行和借款人的偿付能力。为了应对金融危机,美联储将美国联邦基金利率降低到接近于零的水平,即便这样,实际利率依然高企。传统货币政策不能修复金融市场的信贷功能,无法阻止金融危机的进一步恶化和蔓延,因此丧失了刺激经济的能力。为此,美国等发达国家以及一些发展中国家相继启动了非常规货币政策工具,通过大规模资产购买等数量型操作方式,对经济金融系统进行直接干预。实践表明,这一系列非常规货币政策缓解了金融市场恐慌,纾解了金融机构资产负债表收缩的压力,重塑了银行系统的信贷渠道,使实体经济部门避免了陷入进一步衰退。非常规货币政策工具主要有以下三类。

(一) 前瞻指引

前瞻指引政策是指中央银行通过做出在相当长的一段时间内保持低利率的承诺,进而引导未来预期通货膨胀的上升和产出缺口的下降。依据利率期限结构理论,长期利率等于短期利率平均值加上风险溢价,央行维持低利率的时间越长,长期利率与短期利率的相关性就越明显。并且,通过降低长期实际利率及企业、公众的融资成本,便可以达到促进消费和刺激经济的目的。在实际操作中,美联储、欧洲央行和英格兰银行先后提出了各自的前瞻指引"阈值"。例如,美联储在2008年12月危机爆发不久提出要"维持一段时间的超低利率",在2011年和2012年先后将低利率承诺时间延迟,在2012年12月12日开始启用6.5%的失业率门槛。

(二) 扩大央行资产负债表规模

全球金融危机发生前,美国等发达国家基本采用价格型货币政策工具,通过调节银行间隔夜拆借利率,经由利率期限结构工具传递至中长期利率,影响企业生产和公众消费。这样的传导路径在危机后受到零利率下限约束、流动性陷阱和未来悲观预期的制约,使价格型货币工具的传导路径受阻。在此情况下,美联储决定采用非常规的数量型货币政策工具,包括量化宽松货币政策和扭曲操作。

1. 量化宽松货币政策

量化宽松(quantitative easing, QE)货币政策是指中央银行通过预期引导和资产负债表两条渠道对经济施加影响。美国量化宽松货币政策主要通过美联储大规模资产购买(large-scale asset purchase, LSAP))方式实施。当美联储发表LSAP公告时,信号效应产生,即市场参与者就此捕捉到央行对未来经济发展态势的判断。因此,LSAP公告传递了未来政策利率走势的信息,使投资者意识到长期内短期利率将维持在较低水平,从而扩大投资和消费,促使经济回升。

2. 扭曲操作

扭曲操作(operation twist)是美联储推出的一项非常规货币政策操作,是指通过买入长期债券并卖出等额短期债券,压低长期国债收益率的做法。由于国债收益率是金融市场金融工具的定价基准,长期国债收益率的走低会引导长期利率走低的预期,刺激和长期利率挂钩的贷款利率走低,从而降低企业和公众的借贷成本并促进中小企业融资,促使贷款流向实体经济。

扭曲操作与量化宽松政策有相似之处,即两项操作都通过购买长期债券,卖出短期债券的方式压低长期利率。但两者之间也有明显不同,即扭曲操作的规模一般要小于量化宽松政策规模。扭曲操作是在美国多次量化宽松政策效果递减的情况下的新的政策工具尝试。

(三)改变央行资产负债表结构

进入金融危机时期后,经济金融环境的变化,特别是流动性波动幅度的加大,零利率下限的约束制约了数量型货币政策工具的使用,一些国家中央银行开始尝试采用结构性货币政策工具。其主要特点是定向为金融部门或实体行业提供流动性支持。人民银行在借鉴国际经验的基础上,结合我国实际,创设了一系列新的结构性货币政策工具,在为特定行业或部门提供流动性、提振市场信心、引导资金流向等方面发挥了重要作用。

1. 短期流动性调节工具

短期流动性调节工具(SLO)由人民银行于2013年1月创设,作为公开市场常规操作的必要补充,在银行体系流动性出现临时性波动时相机使用。SLO以7天期内短期回购为主,遇节假日可适当延长操作期限。SLO采用市场化利率招标的方式。中央银行根据货币调控的需要,综合考虑银行体系流动性供求状况、货币市场利率水平等因素,灵活决定该工具的操作时机、操作规模和期限。其操作对象为公开市场业务一级交易商中具有系统重要性影响、资产状况良好、政策传导能力强的部分金融机构。SLO实际上主要是一种超短期的逆回购操作。通过这种操作,中央银行为市场提供短期的流动性供给。这不仅有利于中央银行有效地调节市场短期资金供给,熨平突发性、临时性因素导致的市场资金供求大幅波动,促进金融市场平稳运行,而且有利于稳定市场预期,并有效地防范金融风险。

2. 常备借贷便利

常备借贷便利(SLF)是大多数中央银行都设立的政策工具,中国人民银行于2013年初也创设了这一工具。它是央行的流动性供给渠道,其主要功能是满足金融机构短期(1~3个月)的大额流动性需求。起初,SLF的对象主要为政策性银行和全国性商业银行,2015年后扩大到部分中小商业银行,利率水平根据货币政策调控、引导市场利率的需要等综合确定。SLF以抵押方式发放,合格抵押品包括高信用评级的债券类资产及优质信贷资产等,其主要特点是:① 由金融机构主动发起,并可根据自身流动性需求申请;② 中央银行与金融机构"一对一"交易,针对性强,即精准投放流动性;③ 交易对手覆盖面广,通常覆盖存款性金融机构。

3. 中期借贷便利

中期借贷便利(MLF)是人民银行2014年创设的提供中期基础货币的政策工具,期限一般为3~6个月,对象为符合宏观审慎管理要求的商业银行、政策性银行,通过招标方式开展,采取质押方式发放,并需提供国债、央行票据、政策性金融债、高等级信用债、高等优质债券作为合格质押品。2016 年,中央银行建立起中期流动性常态化操作机制,每月适时开展中期借贷便利操作,同时将 MLF 操作期限由 6 个月扩展为 3 个月、6 个月、1 年期。中央银行通过提供中期借贷便利,可以引导金融机构加大对小微企业和"三农"等重点领域与薄弱环节的支持力度,同时可以引导金融机构降低贷款利率,以支持实体经济发展。

4. 抵押补充贷款

抵押补充贷款(PSL)创设于 2014 年 4 月,是中央银行投放长期基础货币的工具,期限可长达数年。当时创设抵押补充贷款的目的是为开发性金融机构(国家开发银行)支持棚户区改造重点项目提供长期、稳定、成本适当的资金来源。后来,中央银行还对其他若干家股份制商业银行和大型城市商业银行投放抵押补充贷款。PSL 其实是央行给商业银行的一种贷款方式,类似于再贷款,但它和再贷款的不同之处在于,再贷款是无抵押的,商业银行可以直接从央行获得,而 PSL 是有抵押的。中央银行通过 PSL 为商业银行提供重点领域、薄弱环节和民生支出领域等的低成本资金,并通过 PSL 的利率水平来引导中期市场利率,以此实现央行对中长期利率水平的引导和掌控,同时引导低成本资金投入到上述领域,可以起到降低社会融资成本的作用。

第三节 货币政策传导机制

一、货币政策传导机制的含义

货币政策对经济发展的调节作用,不仅取决于货币政策本身的松和紧,而且与其传导机制的建立、健全也有密切的关系。货币政策传导机制是指货币管理当局确定货币政策后,从选用一定的货币政策工具进行操作开始,到实现其最终目标之间,所经过的各中间环节相互之间的有机联系的总和。关于货币传导机制,西方经济学界有许多不同的观点,各种观点分别强调不同因素在货币传导机制中的作用。

货币政策传导途径一般有三个基本环节(参见图 11.3),其顺序是:首先,从中央银行到商业银行等金融机构和金融市场。中央银行的货币政策工具操作,首先影响的是商业银行等金融机构的准备金、融资成本、信用能力和行为,以及金融市场上货币供给与需求的状况;然后,从商业银行等金融机构和金融市场到企业、居民等非金融部门的各类经济行为主体。商业银行等金融机构根据中央银行的政策操作调整自己的行为,从而对各类经济行为主体的消费、储蓄、投资等经济活动产生影响;最后,从非金融部门经济行为主体到社会各经济变量,包括总支出量、总产出量、物价、就业等。

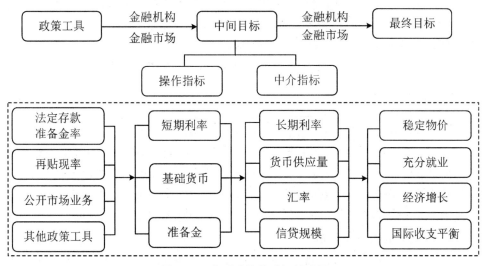

图 11.3 货币政策传动机制过程

在整个货币的传导过程中,金融市场通常发挥着极其重要的作用。首先,中央银行主要通过金融市场实施货币政策工具,商业银行等金融机构通过金融市场了解中央银行货币政策的调控意向;其次,企业、居民等非金融部门经济行为主体通过金融市场利率的变化,接受金融机构对资金供应的调节进而影响投资与消费行为;最后,社会各经济变量的变化也通过市场反馈信息,影响中央银行、各金融机构的行为。

二、货币政策传导机制

(一) 投资传导机制

1. 利率传导机制

凯恩斯学派认为,货币供给的增加会导致利率的下降,利率下降又会促使投资的增加,投资的增加则会引起产出的增长。其传导机制如下:

$$M_s \uparrow \to i \downarrow \to I \uparrow, C \uparrow \to Y \uparrow$$

货币政策的利率传导依赖于利率的投资效应,如果投资的利率弹性非常低,则利率的下降将不会刺激投资的增加,社会产出当然也就不可能随着货币供给的增加而增加。其次,货币政策的利率传导机制还受制于公众对货币的需求。如果出现流动性陷阱,人们预期利率只会上升,不会下降,货币供给增加将会被公众对货币的无限需求所吸收,而不会刺激投资的增长,因而也无助于产出的增长。

2. 托宾的 q 理论

詹姆斯·托宾提出货币政策可以通过利率来影响普通股的价格,进而影响企业的投资支出。托宾把 q 定义为企业的市场价值除以资本的重置成本。如果 $q > 1$,则企业的市场价值高于资本的重置成本。此时,对企业而言,新厂房和生产设备比较便宜,它们能通过发行少量股票就进行大量投资。反之,货币供给下降导致的利率上升会降低股票价格,使 $q<1$,进而会导致企业投资的下降。用这种机理来解释货币政策的传导(扩张时)可得到:

$$M_s\uparrow \to i\downarrow \to 股票价格\ P_s\uparrow \to q>1 \to I\uparrow \to Y\uparrow$$

（二）消费传导机制

关于货币政策通过消费支出来影响实体经济的作用机制主要经历了三个阶段,每一个阶段的差别主要在于考察的资产不同。在第一阶段,人们集中于利率对耐用消费品的影响;第二阶段主要关注消费者的资产负债表对个人消费的影响,认为货币政策会导致个人财富的变化,进而会影响人们对非耐用消费品的支出;第三阶段则主要关注股票资产的流动性对人们消费耐用品的影响。

1. 耐用品消费支出效应

该效应是指货币政策会通过引起利率的变动来影响消费者对耐用消费品支出的决策,进而影响总需求的效应。耐用消费品支出主要指消费者对住房、汽车和家用电器等耐用品的支出。由于消费者常常通过借贷来筹措用于这类耐用消费品的资金,因此,如果货币当局实施扩张性货币政策,将会引起利率的下降,进而降低消费者用于耐用消费品的筹资成本,从而会鼓励消费者增加耐用品的消费,并最终影响产出。其传导机制如下:

$$M_s\uparrow \to i\downarrow \to 消费贷款成本\downarrow \to 消费贷款\uparrow \to 耐用消费品支出\uparrow \to Y\uparrow$$

2. 财富效应

该效应是指货币政策通过货币供给的增加来影响股票的价格,使公众持有以股票市值计算的个人财富发生变动,进而影响其消费支出的效应。

在莫迪利安尼的生命周期理论中,消费支出决定于消费者一生的资源,这些资源由人力资本、真实资本和金融财富构成。金融财富的一个主要组成部分是普通股票。股价上升,金融财富增加,消费者可用资源增加,从而消费上升。因此,这一机制可以总结如下:如果货币供应量增加,则股票价格上升,消费者的金融财富增加,如果其他条件不变,则总财富也增加,消费者可用资源增加,从而消费支出增加,总需求和总产量随之上升。即:

$$M_s\uparrow \to P_s\uparrow \to 金融资产价值\uparrow \to 个人毕生财富\uparrow \to C\uparrow \to Y\uparrow$$

莫迪利亚尼通过研究发现,货币政策财富效应的一个强有力的货币政策传导机制,能够大大地提高货币政策的效力。20 世纪 90 年代中后期,随着美国股市的持续走高,美国公众持有的金融资产的市场价值大幅上升,居民的财富上升,这在很大程度上刺激了美国消费支出的增加和经济的稳定增长。值得注意的是,财富效应不仅依赖于消费者金融资产的数量,而且依赖于金融资产价格的长期上涨。只有这样,消费者个人的毕生财富才会上升,进而促使消费者增加消费。因此,当个人金融资产有限或者股市上涨时间较短的情况下,股票的财富效应将十分微弱,货币政策的财富传导机制也将受到严重的阻碍。

3. 流动性效应

该效应是指货币政策通过影响股票价格和股票市场的流动性,使消费者的金融资产的价值及其流动性发生变化,从而影响其耐用消费品支出变化的政策效应。

人们在准备消费耐用消费品以前,通常会根据自己资产的流动性状况来决定是否消费。若资产流动性高,人们会增加耐用消费品的消费支出;反之,人们会减少耐用消费品的支出。因为消费者的资产流动性越高,消费者越容易变现资产,而且变现资产时的可能损失也会越小,消费者遭遇财务困难的可能性也就越小。相反,如果消费者的资产流动性较低,在遭遇财务困难的时候如果想出售耐用消费品等实物资产,则可能出现两种结果:一是找不到买主;二是可能因资产价格大幅下降而遭遇较大的损失。因此,当发生财务困难的可能性增大时,人们会减少对耐用消费品的支出;反之,则会增加耐用消费品的支出。这样,如果货币扩张导致了股票等金融资产价格的上升,则由于金融资产的流动性较大,人们遭遇财富困难的可能性就会下降,人们因此会增加耐用消费品的支出,而消费支出的上升又会导致产出的增加。可见,货币政策的流动性效应机制如下:

$M_s\uparrow \to$ 股票价格 $\uparrow \to$ 金融资产价值 $\uparrow \to$ 财务困难可能性 $\downarrow$
$\to$ 耐用消费品支出 $\uparrow \to Y\uparrow$

(三) 信贷传导机制

信用传导渠道假定金融市场是不完善的,借贷双方存在着信息的不对称性,且金融资产不具有完全的替代性。这样,货币政策就可以通过市场影响特定借款人(如中小企业、个人)的受信能力及受信条件来影响他们的银行信贷额,进而影响全社会的信用总额,并最终通过影响投资和消费来影响产出。信用配给传导机制主要有以下两种途径:银行贷款渠道和资产负债渠道。

1. 银行贷款渠道

在大多数国家,银行仍然是信贷资金的主要来源。它们专门从事克服信贷市场上的信息问题和其他摩擦的工作。因此,银行在金融体制中具有特殊的作用。某些借款者除了从银行借款外别无他途。这样银行就有了传导货币政策的作用。银行贷款与其他金融资产非完全替代,特定类型借款人的融资需求只能通过银行贷款得到满足,从而货币政策除经由一般的利率机制传导外,还可以通过银行贷款的增减变化进一步得到强化。即:

$M_s\downarrow \to$ 银行储备 $\downarrow \to$ 可贷资金 $\downarrow \to$ 银行贷款 $\downarrow \to I\downarrow \to Y\downarrow$

2. 资产负债渠道

资产负债渠道同样认为货币政策对经济运行的影响可以经由特定借款人受信能力的制约而得以强化,其表现形式上与银行贷款渠道非常相似。但银行贷款渠道着重强调银行在配给信贷过程当中的主导功能,强调银行为了克服信息不对称性导致的风险,有意识地减少银行信贷的发放;资产负债渠道则着眼于特定借款人资产负债状况变化对其信贷能力的影响。其传导机制如下所示:

$$M_s\downarrow\rightarrow 贷款者(企业或个人)的资产负债状况恶化或净价值\downarrow$$
$$\rightarrow 逆向选择、道德风险\uparrow\rightarrow 外部融资升水\uparrow\rightarrow I\downarrow\rightarrow Y\downarrow$$

(四)汇率传导机制

随着各国经济的不断国际化,尤其是国际贸易和资本流动的增加,人们越来越关注货币政策通过汇率对实体经济的影响机制。实际上,在西方主要的宏观经济学和货币银行学教科书中,这种传导机制现在已成为其中的标准内容。这种渠道的作用过程如下:如果货币供应量增加,本国的短期名义利率将下降,在存在价格黏性的情况下,这意味着短期真实利率将下降,从而对本国货币的需求也将下降,本国货币就会贬值;在价格可变的情况下,货币供给的增加也会导致国内物价水平的上升,这同样会导致本国货币的贬值。而本国货币贬值使得本国产品比外国产品便宜,结果造成出口产品竞争力增强与进口产品竞争力减弱,因而会使净出口上升,最终导致总产量的上升。即

$$M_s\uparrow\rightarrow i\downarrow(或\ p\uparrow)\rightarrow E\uparrow\rightarrow NX\uparrow\rightarrow Y\uparrow$$

可见,货币政策的汇率传导机制的作用效果取决于利率变动对汇率的影响程度及汇率变动对净出口的影响大小。

总结以上货币传导机制的几种途径,可以看出每种传导机制都是通过相应金融市场的相关指标的变动来体现的,且货币政策传导机制的有效性是与各金融子市场的市场化与有效性紧密相关。因此,要提高货币政策传导机制的有效性,必须不断地完善金融市场。

第四节 货币政策效应

货币政策效应是指货币政策实施后,所引发的社会总需求和总收入水平的变化程度或者说社会经济运行对货币政策的反应程度,即货币政策是否有效或货币政策是否中性的问题。货币政策的效应取决于货币政策时滞、货币流通速度、微观主体的心理预期以及经济政策(如财政政策)之间的相互配合等多种因素。

一、货币政策时滞

货币政策时滞是指货币政策从研究、制定、实施到实现,其主要的或全部的效应经过的时间。货币政策时滞是影响货币政策效应的重要因素,它不仅左右着货币政策产生效力的时间及程度,而且在很大程度上决定着货币政策对宏观经济运行的影响是否有利。如果为遏制某一经济现象发展而采取的货币政策能够在较短时间内生效,那么,该货币政策对宏观经济的运行是有利的。反之,如果货币政策

时滞太长,当货币政策开始生效时,由于受其他因素的影响,国民经济的运行态势早已呈现出了与制定该货币政策时完全不同的形势,因而,该货币政策不仅不会推动宏观经济的正常发展,反而会阻碍宏观经济的运行。如图 11.4 所示,假定货币当局在经济繁荣时期制定并推行一项旨在抑制经济过热的政策(A 点所示),如果该政策在 1 年半后(如 B 点)经济开始下滑时才发挥其主要的效力,则该项政策将会使正常的经济周期(实线所示)的波动幅度(虚线所示)增大。这显然是货币当局不愿看到的结果。

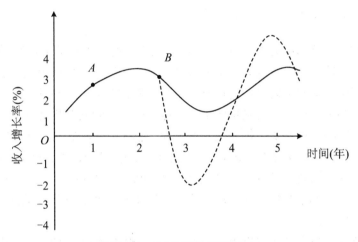

图 11.4　货币政策时滞的效应

正因如此,以弗里德曼为首的货币主义者坚决反对凯恩斯主义者所倡导的反周期货币政策。货币主义者认为依据现有的技术手段,人们难以准确估算出货币政策的时滞,因而很难正确地选择货币政策的施行时机。在这种情况下,如果依据反经济周期的规则行事,便极有可能事与愿违。货币当局的明智之举是根据经济长期增长的需要,确定一个稳定的货币增长率,并不受任何干扰地实施。

通常认为,货币政策时滞由内部时滞和外部时滞两部分组成,如图 11.5 所示。

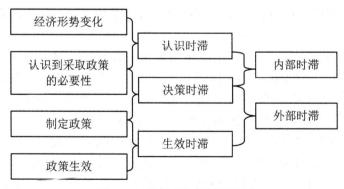

图 11.5　货币政策时滞的类型

(一) 货币政策内部时滞

内部时滞是指从政策制定到货币当局采取行动这段期间。它可再分为两个阶段：① 从形势变化需要货币当局采取行动到它认识到这种需要的时间距离，称为认识时滞。② 从货币当局认识到需要行动到实际采取行动这段时间，称为行动时滞。内部时滞的长短取决于货币当局对经济形势发展的预见能力、制定对策的效率和行动的决心，等等。

(二) 货币政策外部时滞

外部时滞又称影响时滞，是指从货币当局采取行动开始直到对政策目标产生影响为止的这段过程。外部时滞主要由客观的经济和金融条件决定。它可分为操作时滞和市场时滞两个阶段。操作时滞是指从调整政策工具到其对中介指标发生作用的时间距离。市场时滞是指从中介指标发生反应到其对最终目标产生作用的时间距离。因为不论是货币供应量还是利率，它们的变动都不会立即影响到政策目标。比如企业是扩大还是缩减投资，要决策，要制订计划，然后付诸实施，每个阶段都需要时间。因此，对于某一项货币政策行动的外部时滞，一般只应说该政策行动在（比如）4个月后产生了30%的效应，12个月后产生了60%的效应，18个月后则全部产生效应。

货币政策的内部时滞由货币当局控制，人们很难预测它的长短。外部时滞则是一个相对客观的事物，因而有很多经济学家试图对它作出估测，估测的关键问题在于选择判断指标。常用的指标有：① 国民收入增长率的变动趋势。根据这一指标，外部时滞表现为从采取政策行动至国民收入增长率的趋势发生转折的时间。② 企业投资的变动。据此估测的外部时滞，包括从采取政策行动直至企业投资率发生转折的全部时间。③ 利率的变动。从采取政策行动，直至市场利率恢复到某种被认为是"正常的"水平所经过的时间。但是，依据各种模型对外部时滞的测算结果差异甚大，最短的为1个月，最长的可达20个月之久。另外，各种模型测算的往往都是平均时滞，而对货币政策的效力在时间序列上的分布情况则大都未能涉及。

货币政策时滞的存在及其对政策实施效果的影响，已被大多数人所认识。理论界和货币当局所面临的问题是找到合适的方法来较为准确地估测时滞，并将这一认识有效地纳入决策过程中去。需要指出的是，并非货币政策中任何一项政策工具都会产生时滞，如提高利率、降低汇率就不产生时滞。

自20世纪80年代中期以来，中国学术界和政府部门开始研究中国货币政策的时滞问题。经常被提到的时滞主要有：① 贷款—现金发行时滞。一般认为，从贷款规模变动到货币供应量 M_0（现金）发生变动，平均需经6个月左右。② 货币供应—经济增长时滞。一般认为，从货币供应发生变动到经济增长率或物价上涨率发生变化,平均需经 9~10 个月。

二、影响货币政策效应的因素

(一)货币流通速度的影响

对货币政策有效性的另一主要限制因素是货币流通速度。对于货币流通速度一个相当小的变动,如果政策制定者未能预料到或在估算这个变动幅度时出现小的差错,都可能使货币政策效果受到严重影响,甚至有可能使本来正确的政策走向反面。在实际生活中,对货币流通速度变动的估算,很难做到不发生误差,因为影响它发生变动的因素太多。这当然也就限制了货币政策的有效性。

(二)微观主体预期的影响

对货币政策有效性或效应高低构成挑战的另外一个因素是微观主体的预期。当一项货币政策提出时,各种微观经济主体,立即会根据可能获得的各种信息预测政策的后果,从而很快地作出对策。货币当局推出的政策面对微观主体广泛采取的对消其作用的对策,政策可能归于无效。但实际的情况是,公众的预测即使是非常准确的,实施对策即使很快,其效应的发挥也要有个过程。这就是说,货币政策仍可奏效,但公众的预期行为会使其效应打很大的折扣。

(三)其他经济政治因素的影响

除时滞、货币流通速度和微观主体的预期等因素影响外,货币政策的效果也会受到其他外来的或体制的因素所影响。

(1)客观经济条件的变化。一项既定的货币政策出台后总要持续一段时间,在这段时间内,如果生产和流通领域出现某些始料不及的情况,而货币政策又难以作出相应的调整时,就可能出现货币政策效果下降甚至失效的情况。

(2)政治因素对货币政策效果的影响。由于任何一项货币政策方案的贯彻,都可能给不同阶层、集团、部门或地方的利益带来一定的影响。这些主体如果在自己利益受损时作出较强烈的反应,就会形成一定的政治压力。当这些压力足够有力时,就会迫使货币政策进行调整。

三、货币政策与其他政策的配合

宏观经济调控目标的实现,往往是各种政策措施共同作用的结果。某种政策的制定和实施往往是与其他政策相配合而进行的,配合得好,政策的效果就好,不配合或配合得不好,政策的效果就差。因此,衡量和评价货币政策的效果,还要看货币政策与其他政策协调与配合的情况。货币政策和财政政策是调控社会总需求的两大支柱政策,下面我们着重从二者的协调与配合上说明这个问题。

宏观经济协调稳定发展的基本判断标准就是社会总需求与社会总供给的平衡。而货币政策和财政政策是直接影响社会总需求的两个最主要政策。原因是，社会总需求是货币购买力的总合，是由货币供给形成的，而货币政策和财政政策都与货币供应量的变化有密切关系。货币政策主要通过信贷活动和货币发行的变化影响货币供应量，财政政策主要通过财政收入和支出的变化影响货币供应量，这样，中央银行和商业银行的信用活动和货币创造、财政的各种收支活动等就在共同影响货币供应量和社会总需求的过程中紧密地联系在一起，以调节信用和货币创造为主的货币政策和以调节财政收支为主的财政政策也就必然地联系在一起了。这就要求两种政策始终要保持相同的目标，在政策工具、调节范围、调节力度等方面必须相互衔接，密切配合。

由于货币政策和财政政策在使用的政策工具及作用对象上，在制定和推行政策的方式上存在着诸多不同，例如，货币政策的工具主要是存款准备率、再贴现率和公开市场业务等，作用对象主要是商业银行和金融市场，政策的推行主要通过中央银行的资产负债业务活动，而财政政策的工具主要是征税范围、税率、预算收支、公债、补贴等，作用对象主要是纳税人、财政性支出单位，政策的推行主要通过立法和行政程序，因此，两种政策发挥作用的特点和效果是不相同的。比如，在一般情况下，要求扩张经济时，财政政策比货币政策来得更直接和更迅速，因为扩张财政支出，降低税率，执行起来都很容易，对投资的作用也很直接；而要求紧缩经济时，货币政策则能比较及时和灵活的操作，见效较快，财政政策在执行压缩开支、提高税率等措施时阻力较大，见效较慢。国家在运用这两种政策时必须根据某一时期经济运行的特点和要求，寻求两种政策的最佳组合。

货币政策和财政政策主要的组合形式可以有四种（参见表11.2）：①"双松"，即同时执行扩张性的货币政策和财政政策。在出现社会总需求严重不足，经济严重衰退，社会存在大量闲置资源情况时，可选择这种组合。②"双紧"，即同时执行紧缩性的货币政策和财政政策。在出现社会总需求过旺，存在严重通货膨胀时，可选择这种组合。③"松货币紧财政"，即执行扩张性的货币政策和紧缩性的财政政策。在总供求大体平衡，但政府与公众间的投资比例不合理，需要降低政府支出和投资比例，增加企业投资和居民消费时，可选择这种组合。④"紧货币松财政"，即执行紧缩性的货币政策和扩张性的财政政策。在总供求大体平衡，但企业投资和居民消费比重偏大，政府支出和投资比重偏小时，可选择这种组合。当然，两种政策的协调配合，并没有排除单独使用货币政策和单独使用财政政策的情况。一般来说，短期调整比较适合于用货币政策，而长期调整却比较适合于用财政政策，因此，当经济体系出现临时故障，需要在短期内做微量调整时，只需要采取货币政策措施就可以了。当经济体系存在需要作长期的战略性调整的问题，而短期内的经济运行基本平衡，就可以单独操作财政政策。

表 11.2　财政政策和货币政策组合使用的政策效应

	政策组合	产出	利率
1	扩张性财政政策和紧缩性货币政策	不确定	上升
2	紧缩性财政政策和紧缩性货币政策	减少	不确定
3	紧缩性财政政策和扩张性货币政策	不确定	下降
4	扩张性财政政策和扩张性货币政策	增加	不确定

货币政策与财政政策的配合，各国普遍给予重视。这两种政策的共同点在于通过影响总需求进而影响产出。货币政策是通过利率、货币供给量等工具调节总需求；财政政策是政府对其支出和税收进行控制进而影响总需求。但一般说来，两者之间也有很明显的区别。在实现扩张的目标中财政政策的作用更直接。比如，降低税率可直接鼓励投资；扩大支出则往往导致货币供给增加并从而促进有效需求的增加，而且时滞较短。至于货币政策，如果要在比较萧条的环境下通过调低利率以实现扩张的目标，则比较困难，因为投资的积极性在这种条件下往往并非低的利率就能调动起来的。20世纪30年代，西方国家摆脱长期萧条的困难，也主要靠的是财政政策。在实现紧缩的目标中，两者的作用则向反方向变化。对于抑制过热的需求，货币政策很多工具可以利用、实施起来，可以比较及时、比较灵活。而财政政策却相反。要改变税收和支出政策，对许多国家来说，均需经立法机构讨论，且增税和减少福利支出这类问题，是很难获准通过的。此外，还有一点区别，就是财政政策对供给的作用也较为直接、有力，而货币政策这方面的作用则较弱。

由于它们的共同点和不同点，西方国家往往寄希望于这两种政策的配合。为了扭转严重的经济过热或衰退，两种政策可采取同方向的方针：同时紧缩或同时扩张。在并非极端的情况下，两种政策也可采取不同方向的方针。如总的要求是紧缩，可以以紧缩的金融政策为主，而财政政策则采取适当扩张的方针，以中和金融紧缩可能过强所带来的消极作用。

从国内外实践来看，科学地搭配货币政策和财政政策，是进行有效宏观经济调节的客观要求，也是一项高超的调节艺术。究竟应该采取什么样的货币政策和财政政策相配合，必须从实际出发。采取哪一种组合方式，取决于对国民经济运行的透彻分析和宏观经济形势的正确判断。

本 章 小 结

1. 货币政策是指中央银行为实现特定经济目标，运用各种工具调节货币供应量和利率，进而影响宏观经济的各种方针、措施的总称。它由货币政策工具、中间目标和最终目标和政策效果组成。

2. 货币政策最终目标是物价稳定、充分就业、经济增长和国际收支平衡。长远看，四个目标是相互促进和统一的，但就某个时期来看，各个目标之间又存在着矛盾。因此围绕货币政策目标的选择，形成了单目标论、双重目标论、多重目标论等不同观点。

3. 中间目标是实现货币政策最终目标的传导性指标,具有相关性、可观测性、可控性、抗干扰性等特点,利率、基础货币、准备金、货币供应量、汇率等均是重要的中间指标。中间指标又可进一步分为近期指标和远期指标。

4. 货币政策规则是指中央银行进行货币政策决策和操作的指导原则。主要的政策规则有货币数量规则、利率规则和通货膨胀目标制。

5. 货币政策最终目标需要中央银行采取有效的货币政策工具去实现。货币政策工具通常包括一般性政策工具、选择性政策工具、直接信用管制、间接信用指导、非常规性政策工具等。其中存款准备政策、再贴现政策、公开市场业务、利率政策是一国中央银行进行宏观调控最常用的政策工具。

6. 货币政策传导机制是指货币管理当局确定货币政策后,从运用货币政策工具操作开始到最终目标实现过程中各个环节之间逐次传递政策工具作用力、逐渐产生政策效果而形成的层层耦合推进关系。主要有投资、消费、信贷、汇率等传导机制理论。

7. 货币政策效应是指货币供应量变动能够引起总需求和总收入水平的变化程度。政策效果的好坏取决于货币政策的时滞、货币流通速度、微观主体的心理预期以及经济政策之间的配合等因素。

【重要概念】

货币政策 货币政策目标 货币政策中间目标 操作指标 中介指标 货币政策规则 货币数量规则 利率规则 通货膨胀目标制 货币政策工具 法定存款准备金率 再贴现率 公开市场业务 利率走廊 窗口指导 前瞻指引 扭曲操作 货币政策传导机制 货币政策时滞 货币政策效应

【思考与练习】

1. 简述货币政策的构成内容和特点。
2. 为什么说货币政策最终目标是对立统一的?一个国家应如何选择货币政策目标?
3. 货币政策中间目标选择的标准是什么?作为中间目标的金融变量主要有哪些?
4. 试比较各操作指标和中介指标的特点。
5. 试述一般性货币政策工具的作用机制和优缺点。
6. 非常规性货币政策工具有哪些?其具体含义分别是什么?
7. 试述货币政策传导机制的作用机理及传导渠道。
8. 试述投资传导机制理论的含义和传导过程。
9. 试述消费传导机制理论的含义和传导过程。
10. 试述信贷传导机制理论的含义和传导过程。
11. 影响货币政策效应的主要因素有哪些?
12. 货币政策与财政政策应如何协调配合?

第十二章 金融发展与金融创新

【学习目标和要求】
- 理解并说明金融发展与经济增长之间相互作用的理论机理与效应。
- 熟悉戈德史密斯的金融发展理论对金融结构、金融发展的理论解释与衡量。
- 理解金融抑制、金融深化和金融约束理论的基本观点及政策意义。
- 掌握金融创新的含义,理解金融创新的原因。
- 描述金融创新的内容,分析金融创新的影响。
- 深刻理解习近平关于"金融是国家重要的核心竞争力"的重要论述,树立科学的社会主义金融发展观。

金融是现代经济的核心,是国民经济的血脉,金融通过发挥资源配置功能助推生产力发展、科技创新和产业升级,是国家重要的核心竞争力。金融在对经济发展起着巨大推动作用的同时,又受到经济发展的制约,因此,金融发展问题其实是经济发展问题。金融对经济的促进作用的发挥是通过金融体制的深化、金融结构的优化和金融创新实现的。本章首先论述金融与经济发展之间的相互关系,然后分别阐述金融发展理论、金融抑制与金融深化理论、金融约束和金融创新等问题。

第一节 金融与经济发展的关系

金融与经济发展之间的关系,主要体现在两个方面:一是经济发展对金融发展具有决定性作用;二是金融发展对经济增长具有推动作用。

一、经济发展决定金融发展

经济发展对金融发展的决定性作用主要表现在以下四个方面:

1. 金融随经济发展而产生和发展

货币的产生是商品生产与交换发展的必然产物,信用也是随着商品经济的发展而逐步发展完善的。只有在以交换为基本关系的商品经济中,才存在着为交换而生产的劳动产品或为交换而提供的劳动服务,才需要货币这种一般等价物来体现各自平等独立的商品生产者之间等价交换的原则;才出现运用货币信用的各种形式和工具来解决盈余部门和赤字部门之间的资金调剂、债权债务关系的频繁变换以及清算支付等困难;才形成银行等各类专门经营货币信用业务的金融机构;才有必要建立宏观金融管理机构,来协调解决全社会商品交换的总量平衡问题。因此,商品经济越发展,交换关系越复杂,金融就越发达。脱离了商品经济,金融就成了无源之水,无本之木。

金融活动范围伴随着经济发展而不断地得以拓展,从货币活动到银行信用活动,到债券、股票等金融工具交易活动,再到期货、期权之类的金融衍生工具交易活动等,现代金融成为社会经济活动中各个经济主体进行投融资、风险管理的必要渠道。金融在满足经济活动对金融需求的同时,自身也获得了充分的发展。

2. 经济发展的阶段决定金融发展的阶段

在经济发展的低级阶段,只有简单的金融需求,金融活动只能解决货币流通、资金融通和支付清算等基本的融资需求。金融机构的经营范围狭窄,金融市场交易活动比较简单,金融发展亦处于初始阶段。当经济发展进入高级阶段,金融需求日益复杂和多样化,金融规模也随之日益扩大。金融机构只有通过产业现代化的途径才能向社会提供各种所需的金融产品与服务,金融市场只有推出大量的新型金融工具和交易手段才能满足广大投资者和筹资者的需求,金融当局只有不断完善金融宏观调控与监管体系才能调控金融总量与结构,保持金融运作的安全与秩序,金融发展也由此而进入高级阶段。

3. 经济发展的规模和速度决定金融发展的规模和速度

一定时期的货币供给量主要受制于商品可供量,而信用总量或金融总量的多少与经济发展的规模成正比。一国或地区的经济发展规模大,经济增长速度快,则该国或地区的金融资产规模就会增大,金融发展速度加快,反之亦然。此外,一国金融机构的数量、分支机构、从业人员的数量一般也都与该国的经济规模直接相关。尽管两者在规模和速度上有时背离,但金融发展的规模、速度最终都要以经济发展的规模、速度为基础相应地发生变化。

4. 经济发展的结构、方向和重点决定金融发展的结构、方向和重点

经济发展的结构决定了金融发展的结构,比如现代部门与传统部门并存的二元经济结构决定了同期二元金融结构的存在,经济中开放部门与非开放部门的结构决定了金融业的开放比例,企业的组织结构和商品结构决定了金融的业务结构,市场结构决定了金融体系的组织结构和金融总量的结构,等等。同时,一国或地区的经济发展方向和重点与金融发展的方向和重点总体上是一致的,经济体制的市场化将带来金融体制的市场化,而经济体制的国际化亦将使金融发展的侧重点逐步转向国际金融舞台。

二、金融发展对经济增长的推动作用

金融发展主要通过提供基础条件、促进储蓄向投资的转化、节约社会交易成本、提高资本配置效率和增加经济发展的直接贡献度等途径推动经济增长。

1. 为经济发展提供基础条件

现代经济是高度发达的货币信用经济,一切经济活动都离不开货币信用因素。商品和劳务交易要以货币计价并通过货币来实现,各部门的资金余缺调剂要通过金融机构和金融市场,各种经济调控政策也都与货币信用相关。现代金融为现代社会经济活动提供了交易媒介、信用支持、转账支付与汇兑等多样化的金融服务,为现代经济社会的发展提供了必要的基础条件。

2. 促进储蓄转化为投资

金融具有储蓄功能,能将社会上的闲置资金集中起来,并将资金提供给需要者有偿使用,实现储蓄向投资的转化。金融是促进社会储蓄并实现向投资转化的理想渠道。一方面,金融机构能提供存款、贷款、债券、股票等多样化的产品,满足资金闲置者的储蓄需求和资金不足者的融资需求,既激励资金闲置者让渡资金使用权,又激励资金不足者选择适当的金融产品和合理的成本来实现融资,促进储蓄与投资的扩大。另一方面,金融体系具有风险识别与资源配置功能,通过金融机构、金融市场的信息生产、收集和管理,能实现良好的风险识别,将储蓄顺利转化为实体产业的投资,促进实体经济发展。

3. 节约交易成本,提高资本配置效率

金融机构的业务活动和金融市场的交易活动,降低了高度专业化条件下的交易成本和信息成本,极大地促进了社会资本流动。金融发展使金融中介的专业化运作水平得以不断提高,金融创新活动得以持续激发,金融功能得以有效发挥。金融中介通过选择最适合于当前先进的技术项目进行投资,资本市场则通过将流动性强的金融工具的投资转化为非流动性的生产效率高的项目所需要的长期资本,将资金配置到效率最高的或具有良好发展前景的产业中去,最终提高资本配置效率,促进资源的优化配置。

4. 增加经济发展的直接贡献度

经济发展是全社会各产业的协调均衡发展,金融作为第三产业,既是现代经济的重要组成部分,又是现代经济发展的重点产业。现代经济的发展,既是经济总量的增加,又是经济结构的优化。金融业作为第三产业中的核心产业,其在现代经济中所占的比重,是现代经济结构优化和经济发达程度的重要指标。在现代经济的发展中,金融业自身获得了快速发展,金融业的产值大幅度增加,其占国民生产总值的比重不断提高。20世纪60年代,主要发达国家的金融业产值所占比重大约为10%,到20世纪90年代初上升到15%～20%,到了21世纪初,该比重已超过20%,是增长最快的第三产业。金融业产值的快速增长,直接增加了一国的国民产出,提高了社会就业水平,增加了国民财富,提高了经济发展水平。

三、金融活动对经济发展可能产生的不良影响

现代金融业的快速发展在有力推动经济发展的同时,出现不良影响和副作用

的可能性也在增大。当这种可能变成现实时,就会阻碍甚至破坏经济发展。概括而论,在现代经济发展中,金融发展可能产生的不良影响主要表现在以下几方面:

(1) 因金融总量失控出现通货膨胀、信用膨胀,导致社会总供求失衡,危害经济发展。

在现代信用货币制度下,由于货币发行不受贵金属储备的硬约束,在技术上具有无限供应的可能性,而在信用货币的供给完全由人为因素确定的状态下,一旦人们的认识发生偏差或操作失当,就可能引发货币供大于求的状态,导致通货膨胀。同样,由于当代信用关系已经渗透到经济生活的各个方面,信用形式日益丰富发展,信用不仅能解决资金余缺双方之间的调剂问题,还可以创造需求。当社会总供给大于总需求时,信用的扩张可以发挥扩大社会总需求、提高经济均衡点的作用,但若信用过度膨胀或经济已进入总需求大于总供给时,信用扩张只会加剧供求矛盾。当信用膨胀导致经济过度扩张时,就会出现泡沫经济,引发通货膨胀、信用危机和金融危机,对生产、流通、分配和消费造成诸多不良影响。

(2) 因金融机构经营不善使金融风险加大和失控,导致金融危机甚至引发经济危机。

金融业是高负债经营的行业,资本所占比重小。现代金融机构均采用部分准备金制度,从事短借长贷的期限变换及证券投资等高风险经营。同时,金融机构又必须随时满足客户提款或支付的需要,其正常运转高度依赖公众的信任,因此,金融机构的经营具有内在的风险性。在营运过程中,金融机构还面临利率风险、流动性风险、信用风险和汇率风险等各种系统性风险和非系统性风险。这些风险的存在直接威胁着金融业的安全。但由于金融机构往往不能充分评估和有效控制风险,一旦风险失控,就会出现债务危机、清偿力危机。通过连带的"多米诺骨牌"效应,一家金融机构的破产倒闭可能使大批金融机构发生破产倒闭,甚至整个国家可能陷入金融危机之中,破坏整体经济运作和社会经济秩序,引发经济危机。

(3) 因金融市场信用过度膨胀产生金融泡沫,剥离金融与实体经济的有机联系。

20 世纪 50 年代以来,西方金融创新出现持续高潮后,大量新型金融工具不断涌现,新型金融市场不断形成,新业务、新交易层出不穷。这些创新成果在活跃金融、推动金融发展的同时,也加大了信用膨胀的可能性和现实性,特别是从虚拟资本中衍生出来的那些衍生金融工具与市场,它们在金融市场上通过反复易手而自我膨胀,成为最有刺激性的投机工具,在交易量呈几何级数放大的过程中,拉大有价证券与真实资本价值的差距,滋生金融泡沫,刺激过度投机,增大投资风险。虚拟资本在价格暴涨中的泡沫膨胀,只能通过价格暴跌、泡沫破灭来消肿,这种膨胀与消肿将造成金融市场的动荡和整体经济运转的失常,加大经济波动的幅度并可能引发经济危机。

(4) 资本流动国际化、金融发展进程过快,促使金融危机在国际上迅速蔓延。

金融全球化使国际资本流动更加便捷,规模更大,在给发展中国家带来好处的同时也使其遭受巨大风险。国际金融投机势力挟巨资造市,借垄断优势以牟取暴利。过度的投机,人为地扭曲了市场,不仅有悖于平等互利的竞争原则,而且超越了正常的经济行为规则,把许多国家和地区,特别是发展中国家和地区推入灾难的深渊,成为投机者的取款机。发达国家不遗余力地强迫发展中国家开放市场,鼓吹和支持其所谓的自由市场原则,而发展中国家过快的和不当的自由化进程增强了金融体系的脆弱性,极易引发金融风险。金融全球化又使得全球经济在一定程度上"一荣俱荣,一损俱损",金融边缘地区的危机同样会殃及中心地段,金融危机的传染力在全球化的时代得到空前扩张。

正因为在现代经济发展中金融可能带来的这些不良影响有巨大的破坏性,所以当代各国都十分重视金融宏观调控和金融监管,力图通过有效的宏观调控实现金融总量与经济总量的均衡,通过有效的外部监管、内部控制、行业自律和社会公律来控制金融机构的经营风险,防止金融泡沫,保障金融安全,实现经济持续、稳定、健康发展。

第二节 金融结构与金融发展

金融结构与金融发展理论的奠基者是美籍比利时经济学家雷蒙德·戈德史密斯。1969年,戈德史密斯出版了名著《金融结构与金融发展》一书,奠定了金融结构与金融发展理论研究的基础。

一、金融结构

金融结构与经济发展是戈德史密斯的金融发展理论研究的核心。戈德史密斯认为金融现象包括三个方面:金融工具、金融机构和金融结构。金融工具是指对其他经济单位的债权凭证和所有权凭证,如货币、银行券、存款、抵押贷款、保险凭证、汇票、股票等;金融机构包括银行、储蓄机构、抵押银行、保险公司、养老基金与退休基金、投资信托公司等;金融结构是指金融工具和金融机构内部以及金融工具和金融机构之间的有机组合和相互关系。不同类型的金融工具和金融机构的分布、存在、性质和相对规模形成不同特征的金融结构。金融结构状态可以通过以下指标衡量:

(1) 主要金融资产如短期债券、长期债券和股票等占全部金融资产的比重。

(2) 金融机构发行的金融工具与非金融机构发行的金融工具之比率,该比率是衡量金融机构化程度的尺度。

(3) 金融机构持有非金融机构发行的主要金融工具的份额,该比率更详尽地衡量金融机构化程度。

(4) 主要金融机构如中央银行、商业银行、储蓄机构及保险组织的相对规模。

(5) 某类金融机构资产之和与全部金融机构总资产之比,该比率衡量金融机构间的相关程度。

(6) 主要非金融部门的内源融资和外部融资的相对规模。

二、金融发展

戈德史密斯认为,金融发展是指金融结构的变化。金融结构包括金融工具的结构和金融机构的结构两个方面。金融体系是由众多的金融工具和金融机构组成的。不同类型的金融工具与金融机构组合,构成不同特征的金融结构。有的金融体系中金融工具种类多、数量大、流动性高;同时,金融机构的规模大、数量多、服务范围广,具有较强的竞争实力。而有的金融体系中金融工具种类少、数量不多、流动性也差;同时,金融机构的种类少、规模小、服务范围有限、服务效率低下。一般来说,金融工具的数量、种类、先进程度,以及金融机构的数量、种类、效率等的综合,形成不同发展程度的金融结构。因此,金融发展程度越高,金融工具和金融机构的数量、种类就越多,金融效率和金融发展就越高,经济就越发达。衡量金融发展与经济增长的相互关系指标主要有两个:

1. 金融相关率(FIR)

在现代经济中,以物质财富构成的经济基础结构与以金融财富构成的上层建筑同时并存,二者紧密联系。金融相关率作为金融比较的工具,因其简单、适用、合理而被广泛使用。金融相关率是指某一定时期一国金融活动总量与经济活动总量的比值。它是衡量金融上层结构规模的最广泛尺度。其表达式为:

$$\text{金融相关率(FIR)} = \text{金融活动总量} / \text{经济活动总量}$$
$$= \text{金融资产总量} / \text{实物资产总量}$$
$$= \text{金融资产总值} / \text{国民生产总值(国内生产总值)}$$

金融资产包括:非金融部门发行的金融工具(即股票、债券及各种信贷凭证);金融部门发行的金融工具(如通货与活期存款、居民储蓄、保险单等)和国外部门的金融工具等。

2. 货币化率(指数)

货币化率是指一国通过货币进行商品与服务交换的价值占经济活动总量的比重,体现了一国的货币化程度。一般用一国某一时期的货币供给量与经济活动总量之比衡量。其表达式为:

$$\text{货币化率(指数)} = \text{货币总量} / \text{经济活动总量}$$
$$= M_0 (\text{或} M_1 \text{和} M_2) / \text{国民生产总值(国内生产总值)}$$

随着商品经济的发展,使用货币作为商品与服务交换媒介的范围越来越广,从而社会的货币化程度不断提高。在运用该指标时,应注意使用不同口径的货币量。

戈德史密斯运用统计资料,对30多个国家1860—1963年近现代百年内的金融结构与金融发展状况进行比较研究,揭示了金融发展的基本规律,概括起来有

12个要点：

（1）在一国的经济发展进程中，金融上层结构的增长比国民财富所表示的经济基础结构的增长更为迅速。因而，金融相关比率有提高的趋势，期间还会出现迅速提高的"爆发运动"。

（2）一国金融相关比率的提高并不是无止境的。一旦达到一定的发展阶段，特别是当金融相关比率达到 1～1.5 时，该比率就将趋于稳定。

（3）经济欠发达国家的金融相关率比发达国家要低得多。根据戈德史密斯考证，20 世纪 60 年代初期，欠发达国家的金融相关比率多在 1/3～2/3 之间，相当于美国和西欧在 19 世纪后半期就已达到并超过了的水平，这反映了两类国家在金融发展上的时代差异。

（4）决定一国金融上层结构相对规模的主要因素是不同经济单位和不同经济集团中储蓄与投资功能的分离程度。因此，归根结底，金融相关率是由一国经济结构的基本特征决定的，如生产的集中程度、财富的分配状况、投资刺激、储蓄倾向及产业活动与家庭经营活动的分离等。金融相关率越高，储蓄与投资功能的分离程度就越高。可见，不了解这些基本特征，就无从研究储蓄和投资的性质。

（5）随着经济发展水平的提高，大多数国家金融机构发行和拥有的金融资产的比重在不断加大，即使金融相关率的变动已趋于平衡，这种比重变化的现象仍然会持续存在。

（6）储蓄与金融资产所有权的这一"机构化"倾向，必然使金融机构和金融工具向多样化发展。一般来说，债权的机构化比股权的机构化取得了更长足的进展，而且长期债权的机构化要高于短期债权的机构化水平。许多国家政府债券、公司债券及抵押票据 50% 以上由金融机构持有，甚至有些国家这一比重已接近 100%。发达国家中金融机构持有公司股票的比重高于发展中国家，并出现比重上升的趋势。不过总的说来，股票由私人购买仍占主要优势。

（7）现代意义上的金融发展都是始于银行体系的建立及法定货币的发行。铸币和银行券占国民财富的比重开始是上升趋势，但之后会出现持平或下降的倾向。隐含货币（支票存款）也将经历相同的变化过程，但时间相应会晚些。

（8）随着经济的发展，银行体系在金融机构资产总额中的比例会趋于下降，而其他各种新型的金融机构的这一比例却相应上升。在有些发达国家，其他金融机构金融资产总额已超过银行资产总额。

（9）对于大多数国家而言，国际金融活动在经济发展的某些时候发挥关键的作用，如国外融资作为国内资金不足的补充或作为国内剩余资金的出路，这取决于一国的对外开放程度。

（10）国际资本流动的重要形式是资本从发达国家向发展中国家流动。金融机构和金融工具的国际化会便利资本与技术的转移。对发展中国家来说，引进国际化的金融机构甚至比引进一些资本更为重要。

(11) 金融发展水平越高,融资成本(包括利息与各种费用)越低。在金融发达国家,包括利率和其他费用在内的融资成本要明显低于欠发达国家,偶然出现的例外是由于通货膨胀的影响,金融体系的作用会发生反方向变化。

(12) 从长期看,各国金融的发展与经济发展大多存在着平行关系。但是,经济发展与金融发展之间的因果关系,即到底是金融因素加速了经济增长,还是金融因素仅仅反映了由其他因素推动的经济增长,现在还无法证明。

戈德史密斯的基本结论表明了金融发展与经济发展有着密切的联系,以及发达国家与发展中国家在金融发展中存在着明显的区别。关于这两个问题,戈德史密斯从理论和历史两个方面进行了分析。

从理论上看,"金融机构对经济增长的效用必须从总体上以及储蓄与投资的分配这两个方面进行探讨"。他认为,金融机构的存在与发展之所以能够有效地增加储蓄与投资的总量,是因为"在许多情形下,通过金融机构的间接融资比通过发行初级证券的直接融资要更有效些"。比如,在没有金融机构存在的条件下,那些小额贷款者将因没有适当的金融工具可选择而只得进行较少的储蓄。另外,金融机构的介入还能有效地将既定的资金分配给收益率较高的投资项目,从而使平均投资效率得以提高。显然,金融机构这两方面的作用都能有效地促进经济的增长和发展。同时,戈德史密斯还指出,在某些情况下,金融机构的存在和发展也许会给经济增长带来消极的影响。比如,金融机构的存在与发展将大大便利政府的借款,从而使金融工具成为政府弥补财政赤字、筹措经费的重要工具。这样政府在储蓄总量中所占的比重将增加,当政府将这一增加的份额用于各种非生产性的支出时,经济增长必然受到不利的影响。因此从理论上看,金融发展对经济增长的影响是难以确定的。戈德史密斯认为,"在金融理论尚未沿着分析金融发展过程及其与经济增长的关系这一方向深入发展之前,在我们尚未使用这样的理论框架对不同代表性的国家和时期的情形进行大量精确细致的实例研究之前",对于金融发展与经济增长的因果关系是无法得出明确的结论的。

第三节 金融抑制与金融深化

美国经济学家罗纳德·麦金农和爱德华·肖在1973年出版的《经济发展中的货币与资本》和《经济发展中的金融深化》两本著作中,对发展中国家的金融发展状况进行了研究,提出了"金融抑制"理论和"金融深化"理论。

一、金融压抑

(一) 金融压抑的主要表现

从金融发展与经济发展的一般理论可知,金融发展与经济发展之间存在相互推动和相互制约的关系,一个健全的金融体系能够对经济的发展起到积极的推动作用。但是,在发展中国家,由于金融体系不健全,金融的市场机制不能充分发挥作用,经济中存在着不恰当的管制和措施,对经济的发展产生阻滞作用,使金融体系与经济发展之间形成恶性循环的状态。发展中国家所存在的金融资产单调、金融机构形式单一、过多的金融管制(包括利率限制、信贷配额,以及汇率和资本流动管制等)和金融效率低下的现象被称为"金融压抑"。

发展中国家金融压抑的表现主要有以下几个方面:

(1)金融体系存在着现代金融机构和传统金融机构并存的"二元金融结构",即以大城市和经济发达地区为中心、以大银行机构为主的现代部门,以及以落后的农村为中心,以钱庄、当铺、合会为代表的传统金融机构。

(2)金融工具形式单一,规模有限。

(3)金融机构单一,商业银行在金融活动中居于绝对的主导地位,非银行金融机构则极不发达,金融机构的专业化程度极低,金融效率低下。

(4)金融市场处于落后状态,其发展极不平衡。直接融资市场极其落后,并且主要是作为政府融资的工具而存在,企业的资金来源主要靠自我积累和银行贷款。

(5)发展中国家对金融实行较严格的管制,人为维持低利率政策,实行信贷配给和额度控制,为控制外汇资源而高估本国货币币值,致使金融资产价格严重扭曲,因此无法反映资源的稀缺性。

(二)金融压抑产生的根源和政策原因

金融抑制现象的产生并不是偶然的,它有着复杂的经济、政治和社会历史根源。

(1)从经济方面看,按照麦金农的观点,发展中国家国内市场处在割裂状态,无法发挥其合理配置要素的功能,市场价格千差万别,生产效率和投资收益率也因时因地而异,这种"分割经济"也就决定了金融体系的割裂与脆弱。由于市场机制不健全,资金无法通过统一金融市场融通,有限的金融机构不能充分发挥"导管"的作用,因而投资大多局限于本行业之中,用于投资的资本也只能依靠企业内部的积累,而这种"内源融资"的盛行无疑又减少了企业和个人的储蓄倾向,导致发展中国家储蓄不足,进而影响到社会的再投资能力,造成经济体系效益的损失,延缓了经济发展,并且给一些发展中国家政府进行人为干预制造了"最佳"的借口。因此,经济的分割性是造成金融抑制的一个重要原因。

(2)从政治方面看,由于大多数发展中国家是摆脱殖民统治后取得独立的,所以新政府对于国家主权有强烈的控制欲望。它们大多对宗主国实施的所谓"自由经济"政策给本国带来的恶果记忆犹新,自然对市场机制的作用持怀疑态度,加之本国经济的落后与割裂,它们宁肯相信政府干预的力量而不愿将国家的经济命脉交由"看不见的手"——市场来操纵。

(3) 发展中国家对高利贷和通货膨胀的恐惧也是导致金融抑制的一个重要原因。对大多数发展中国家来说,高利贷就意味着剥削,意味着社会财富的分配不公,而且支付了高额利息的生产厂商又会通过成本推进效应转嫁到产品价格中,从而导致通货膨胀。因此在发展中国家的政府看来,高利率的借贷活动必须禁止并代之以政府的财政计划和信贷配给。这种做法的结果是硬性规定了银行存贷款的利率上限,实际利率同名义利率相差甚远甚至为负数,导致储蓄下降,投资来源枯竭。

发展中国家压抑性的金融政策主要表现在以下几个方面:

(1) 通过规定存贷款利率和实施通货膨胀人为地压低实际利率。为了降低公共部门的融资成本,阻止私有部门同公共部门竞争资金,发展中国家通常以设定存贷款利率上限的方式来压低利率水平;同时,由于发展中国家政府常常不得不依靠通货膨胀政策来弥补巨大的财政赤字,所以,通货膨胀率往往居高不下。其结果是,发展中国家的实际利率通常很低,有时甚至是负数。这一结果严重脱离了发展中国家资金稀缺的现实。过低的实际利率使得持有货币的实际收益十分低下,从而降低了人们对实际货币的需求,金融资产的实际规模也就无法得到发展。

(2) 采取信贷配给的方式来分配稀缺的信贷资金。由于利率低下导致储蓄减少、通货膨胀,发展中国家通常面临着巨大的资金短缺。在这种情形下实行选择性或部门性的信贷政策,引导资金流向政府偏好的部门和行业,通常并不具有非常理想的投资收益率,而大多是享有特权的国有企业和具有官方背景的私有企业。由此导致的一个直接后果是资金的分配效率十分低下。

(3) 对金融机构实施严格的控制。这种控制包括:对金融机构实施很高的法定准备金率和流动性要求,以便于政府有效地集中资金;严格限制金融机构的资金流向;严格限制某些种类的金融机构的发展;实施金融机构的国有化,等等。政府倾向于鼓励那些能够从中获取巨大铸币收益的金融机构和金融工具的发展,抑制其他金融机构和金融工具的发展。货币和银行系统往往受到偏爱和保护,因为通过储蓄要求及强制性地持有政府债券,政府可以无息或低息为公共部门融资。对私有证券,因为不便于从中收取铸币税,政府则借助于交易税、印花税及资本利得税等多种形式对其进行抑制。这些控制造成的直接后果是,金融机构的成本高昂、效率低下,金融机构种类单一、专业化程度低。

(4) 人为高估本币的汇率。发展中国家为了降低进口机器设备的成本,常常人为地高估本币汇率,使其严重偏离均衡的汇率水平。这一政策的结果使发展中国家陷入了更为严重的外汇短缺困境。过高的本币汇率不仅使发展中国家本来就十分低下的产品国际竞争力更弱,而且使进口需求高涨。其结果是,发展中国家不得不实行全面的外汇管制,对稀缺的外汇资源进行行政性分配。

(三) 金融压抑对经济发展的影响

金融压抑扭曲了金融资产的价格,对发展中国家的经济发展产生了很大的负

面效应,主要表现在以下几个方面:

(1) 负收入效应。公众所持实际货币余额越多,储蓄和投资就会越多,而储蓄和投资的增加又会带来经济的增长和收入增加。但在金融压抑条件下,当发生严重通货膨胀时,由于负利率的存在,使得公众所持货币的实际价值降低,人们为了逃避通货膨胀,就会减少以货币形式保有的储蓄,从而导致投资来源枯竭,国民收入增长缓慢。

(2) 负储蓄效应。在金融压抑条件下,由于市场分割和经济货币化程度很低,金融工具的品种单调,数量很少,加之通货膨胀率既不稳定也无法预测,官定的低利率又不能考虑用变动名义利率的方式来抵补物价上涨给储蓄者造成的损失,因此,人们就常常用购买物质财富、增加消费支出和向国外转移资金的方式来回避通货膨胀风险。这样,储蓄率的提高大受影响。

(3) 负投资效应。在金融压抑条件下,政府急于"实现工业化",通常将有限的资金投放于新兴行业,从而限制了对传统部门的投资,阻碍了农业的正常发展,使得国家不得不增加对粮食和原材料的进口。这种进口需求在一定程度上还需要依靠外援来满足。不熟练的生产技术和经常性的过剩生产能力,降低了投资的边际生产力。同时,城市基础设施建设带来了极大的压力,需要耗费大量的资金。

(4) 负就业效应。金融压抑政策对传统部门的限制,迫使劳动力向城市迁移。在城市,资本密集型产业的增长,只能把这些劳动力中的一小部分吸纳到具有相对较高工资水平的行业和企业中去,而未被吸纳的劳动力,或是滞留于相对较低工资水平的行业、企业之中,或是干脆处于失业状态。在他们的集中地区建起了贫民窟,形成处于不充分就业状态的城市无产者阶层。

二、金融深化

(一) 金融深化的含义和表现

罗纳德·麦金农和爱德华·肖等人认为,解决发展中国家金融抑制的途径在于实行金融自由化政策,即金融深化。所谓金融深化,是指政府放弃对金融市场和金融体系的过度干预,放松对利率和汇率的严格管制,使利率和汇率真实地反映资金和外汇的供求状况,增加储蓄和投资,促进经济增长,形成金融—经济发展相互促进的良性循环。

一个国家实现金融深化主要有以下几个方面的表现:① 通货膨胀受到控制,实际利率为正数。② 利率弹性大,金融资产吸引力强。③ 货币化程度稳定上升。④ 对外债和外援的依赖性下降。⑤ 汇率自由浮动,不存在黑市和倒卖。⑥ 多种层次多种类型的金融机构并存和竞争。

(二) 金融深化的政策主张

1. 彻底改革金融体制,减少政府对金融业的干预

政府要允许非国有的、非银行的金融机构存在和发展,以活跃金融领域放宽对金融市场的管理和限制,鼓励各类金融机构、企业和居民积极参与金融市场的活动,使银行体系和金融市场能真正发挥吸收和组织社会储蓄资金,并将之引导到生产性投资上去的功能。

2. 政府取消对存贷款利率的人为干预

政府允许利率随市场资金的供求关系变化而自由浮动,如实地反映资金的匮乏程度。在发展中国家,实际利率必须为正数,因为负利率会阻碍资本的形成,助长无效益的投资。正的实际利率可以通过提高名义利率或降低通货膨胀率而得到。只有正的实际利率才有助于吸收社会储蓄资金和促进资本形成。由于发展中国家资金缺乏,投资机会多,投资的边际收益较高,因而即使提高名义利率,也不会压抑投资。同时,贷款利率的上升,对于提高资金的使用效益,改善投资结构具有积极的作用。这样,适当的高利率就能从质和量上保证投资的顺利进行。

3. 政府放弃以通货膨胀刺激经济增长的做法

他们认为,经济增长与金融状况是紧密相连的。在金融抑制的情况下,经济增长受阻,若再实行通货膨胀,更加重了金融抑制和经济停滞的恶性循环。因此政府应致力于金融深化以促进经济增长,同时平抑物价,力求通货稳定,为金融体系有效地吸收存款和发放贷款创造条件。这样,通货稳定,金融深化就可以使投资扩大、收入提高和储蓄增加,而收入增加后对储蓄又有进一步的推动作用,形成金融与经济发展互相促进的良性循环。

4. 政府应放宽外汇管制

政府允许汇率在适度范围内自由浮动,使汇率能正确反映外汇的实际供求状况。汇率和外汇市场管制放松后,一方面能鼓励出口和吸引外资,另一方面也能压缩不必要的进口,从而有利于国际收支的改善。

5. 努力发掘本国资本,减少对外国资金的依赖性

罗纳德·麦金农和爱德华·肖等人认为,经济发展的优先策略是直接发展国内金融和对外贸易,依靠本国的资金力量来发展经济,而不是依赖外资来消除长期的资金紧张"瓶颈"。因为发展中国家内部具有可支配资金潜力,应该而且完全可以通过金融深化求得资金上的"自助",避免过分长期地依靠外国资金。当然这还需要贸易自由化、税制改革和改善政府支出等政策的配合,才能开拓国内资金来源,促进经济发展。

总之,金融深化政策的核心是要减少政府干预,消除金融抑制,推进金融深化,以促进经济增长。

(三)金融深化对经济增长的正效应

爱德华·肖和麦金农对金融深化促进经济增长分别提出了各自的理论说明。

1. 爱德华·肖的理论解释

爱德华·肖认为以取消利率和汇率管制为主的金融自由化政策具有一系列正面效应:

(1) 储蓄效应。取消利率管制后,随着实际利率的上升和金融资产的多元化,人们储蓄的积极性将提高,这将使国内储蓄率上升。国内利率高于国际金融市场利率,在放松资本管制的条件下,还会吸引大量的外资流入,使国内部门的储蓄增加。

(2) 投资效应。取消利率管制后,利率将作为一种有效的相对价格引导着资源的配置。随着储蓄效应和金融中介的发展,投资规模和投资效率都将提高。一方面,金融中介的发展使得企业能在更大范围内、更方便地获得融资;另一方面,金融深化政策实施后,政府对资金的行政性分配减少,信贷资金更多地流向高收益的投资项目,使投资效率得以提高。

(3) 就业效应。金融深化后,货币的实际收益率上升导致投资成本增加,因此投资者为了节约投资成本,更倾向于以劳动密集型生产代替资本密集型生产,这有利于增加整个社会的就业岗位。

(4) 收入分配效应。金融深化政策有助于促进收入分配的平等。金融自由化不仅可以通过提高就业而增加工资收入的份额,还会减少拥有特权的少数进口商、银行借款者和资源消费者的垄断收入,此外金融自由化带来的资本积累还有助于改变落后经济中普遍存在的以压低农产品价格的形式进行的对农民变相剥夺。

(5) 稳定效应。一是通过采取适宜的金融深化政策,国内储蓄流量和国际收支状况都可以得到改善,从而使经济对国际贸易、国际信贷等方面的波动具有较强的承受能力。二是由于金融自由化导致储蓄增加,有利于改善财政收支,减少财政对通货膨胀税的过度依赖,从而有利于货币政策的稳定。

(6) 减少因政府干预带来的效率损失和贪污腐化。

2. 麦金农的理论解释

罗纳德·麦金农从金融自由化的"导管效应"和"替代效应"来解释金融深化对经济增长的正效应。

(ⅰ) 货币与实物资本的互补性假说

传统理论一般认为,货币和实物资本作为两种不同的财富持有形式,是相互竞争的替代品。而麦金农却根据以下两个假设前提提出了货币与实物资本的互补性假说:① 发展中国家金融市场不发达,所有经济单位都必须依靠自我积累来筹集投资所需的资金,即所有的经济单位只限于内源融资。② 投资具有不可分割性,因为投资必须达到一定规模才能获得收益,所以投资者必须是在具备相应规模的资源以后才进行一次性的投资,而不可能进行零碎的、不连续的投资。

在经济单位仅限于内源融资的前提下,投资的不可分割性使得潜在的投资者必须为其投资积累足够的货币余额。因此,对实物资本需求越高的经济主体,其货币需求也越大。在此情况下,货币和实物资本就是互补品,而不是传统理论所说的替代品。

(ⅱ) 发展中国家的货币需求函数

根据货币与实物资本的互补性假说,麦金农提出了以下适用于欠发达国家的货币需求函数:

$$M/P = L(Y, I/Y, d-P^*)$$

其中,M/P 为实际货币需求,M 为名义货币存量,P 为价格水平,Y 为收入,I 为投资,I/Y 为投资占收入之比,d 为各类存款利率的加权平均数,P^* 为预期通货膨胀率,$d-P^*$ 为货币的实际收益率。

在解释变量中,I/Y 与实际货币需求是正相关关系,这一关系体现了发展中国家货币与实物资本的互补性假说。因为在经济相对落后的发展中国家,资本市场极为落后,间接金融的机能也比较差。因此,众多的小企业要进行投资和技术改革,只有通过内源融资的办法来解决。在投资不可细分的情况下,投资者在投资前必须积累很大一部分货币。计划投资规模越大,所需积累的实际货币余额就越多。正由于此,I/Y 对货币需求不仅影响很大,而且是正相关关系。

麦金农还强调货币存款的实际收益率 $d-P^*$,指出它与货币需求是正相关关系。这显然是以发展中国家普遍存在利率压制和通货膨胀为背景。在利率压制和通货膨胀的情况下,货币存款的实际利率 $d-P^*$ 往往为负数,这制约了货币需求,当然也就制约了金融部门的发展;如果采取适当的金融自由化政策,使货币存款的实际利率 $d-P^*$ 提高,并转为正值,持有货币的实际收益转为正值,就会引致实际货币积累不断增长,货币需求增加。

(ⅲ) 金融自由化的"导管效应"

麦金农不但从货币和实物资本的互补性出发提出了发展中国家的货币需求函数,而且还得出了投资和存款货币的实际利率在一定条件下成正向关系的结论,其函数表达式为:

$$I/Y = f(r, d-P^*)$$

式中,r 是实物资本的平均回报率,它与投资需求成正向关系,这与传统理论没有什么不同。而且货币存款的实际利率 $d-P^*$ 也可能对投资有正向影响。

在货币存款的实际利率低于投资的实际回报率 r 的范围内,由于货币需求 (M_2) 与货币存款的实际利率成正相关,实际利率的上升,提高了人们以货币的形式进行内部储蓄的意愿。在投资不可细分的假设下,内部储蓄的增加,导致内源融资型投资上升。麦金农将货币存款的实际利率对投资的这种正向影响称作货币的"导管效应"——货币在一定条件下是资本积累的一个导管,而不是实物资本的替代资产。

不过,当货币存款的实际利率超过实物资本的平均回报率 r 以后,经济主体将持有货币,而不愿进行投资,货币与实物资本之间传统的"资产替代效应"依然存在。在货币存款的实际利率 $d-P^*$ 较低时,导管效应比较明显,因而投资将随实际利率上升而增加;但是当货币存款的实际利率上升到超过实物资本的平均回报率 r 的水平之后,"资产替代效应"将超过"导管效应"而居于主导地位,此时投资将随着利率的上升而减少。

爱德华·肖和麦金农的金融深化理论基本上是互相补充而不是对立的。他们从不同侧面揭示了金融深化对经济增长的促进作用,政策结论是相同的,那就是发展中国家要采取促进金融深化的金融自由化政策,减少政府干预。

(四)金融深化的次序

对于发展中国家来说,进行金融深化,即金融自由化改革必须讲究次序,如果次序安排合理,就能取得预期的效果,如果次序安排错了,反而会导致金融经济的混乱甚至灾难。为此,麦金农在 1991 年出版,1993 年修订再版的《经济市场化的次序——向市场经济过渡时期的金融控制》一书中,就金融自由化次序问题提出了自己的观点:

1. 经济市场化次序的第一步:平衡中央政府财政,财政控制应优先于金融自由化

麦金农认为,为确保财政控制,首先应限制政府的直接支出,使其在国民生产总值中占较小的份额,但可随着人均国民收入的增长而适当增大。若政府支出不受控制,经常出现财政赤字,而在国内资本市场发育不足,难以有效地向社会公众推销政府债券的情况下,中央银行就会被迫过度发行基础货币以弥补财政赤字;即使可以借助于国内资本市场,但如果举债过度,则会陷入严重的国内债务危机。为确保政府收入,同时又不致引起严重的通货膨胀,政府必须有能力向企业和个人征税。这就要求中央政府建立一个强有力的国内税收部门和一种有管理的税收制度,以保证政府得到足够的财政收入,避免通货膨胀。

2. 实行市场化的第二步:开放国内资本市场

在宏观经济稳定的条件下,放松对银行和其他金融机构管制,以避免出现银行恐慌和金融崩溃。银行系统必须永远受到管制,以维护整个支付机制的安全运行。由于私人货币中介机构的经营中存在着道德公害问题,若对商业银行实行私人所有或私人控制,就会使改革进程归于失败。

社会主义国家大多是从高度集中、大一统的国有银行起步的。对它们来说,在市场化的开始阶段必须采取强有力的措施硬化货币与信贷系统,使实际利率为正,强制长期负债企业偿还债务,严格限制信贷流动,直至价格水平稳定。

3. 实行市场化的第三步:进行汇率自由化改革

汇率自由化改革中,经常项目的自由兑换应早于资本项目的自由兑换。首先,应统一所有经常项目的汇率,避免多重汇率,使全部进出口贸易都能以相同的有效汇价进行,以提高对外贸易的效率。其次,应恰当地制定贸易政策,逐步取消扭曲性的配额和其他直接行政控制,代之以显性的、逐步降低的关税。

4. 经济市场化次序的最后阶段:资本项目的自由兑换

只有在国内借贷能按均衡利率进行,通货膨胀受到明显抑制以致无须贬低汇率时,资本项目自由兑换的条件才算成熟。

第四节 金融约束

一、金融约束理论的产生

金融约束是新凯恩斯主义的代表——赫尔曼、凯文、斯蒂格利茨等人针对发展中国家在金融改革与推进金融自由化过程遇到的问题,于1997年提出的一个用于分析政府干预的新政策框架。他们认为,政府选择性地干预金融部门有助于而不是阻碍了金融深化。

赫尔曼、凯文、斯蒂格利茨等人通过对东亚经济,尤其是第二次世界大战后日本经济发展经验的研究,发现一些发展中国家和转型国家在金融改革过程中没有盲目进行金融自由化改革,而是根据本国国情采取了渐进的改革,从而有效地避免了大的金融动荡和金融危机。因此他们认为金融约束有别于金融自由化,更不同于金融抑制,但对于发展中国家维护金融机构的安全运营,维护金融体系稳定,推动金融深化战略具有极为重要的作用。他们认为,对发展中经济或转型经济而言,金融抑制是不足取的,而推行金融自由化又收不到预期的效果,所以有必要采取另外的政策——金融约束。按照他们的定义,金融约束是指一组金融政策,包括对存贷款利率、金融市场准入以及竞争和资产替代加以限制等。这些政策是要在金融部门和生产部门内创造租金,这种租金就是所控制的利率与市场利率之间的差异,它将成为金融部门的收益。此举的目的是使金融机构和生产部门因其收益得到了保护,而不会做出损害经济社会整体利益的事来,从而有利于提高金融市场的效率。赫尔曼等人认为金融约束应当有助于而不是有碍于金融深化,但它突出了政府在金融发展中的积极作用。在他们看来,金融约束是作为金融自由化的对立面出现的。

金融约束的前提条件是稳定的宏观环境、较低的通货膨胀率、正的实际利率。相对而言,金融抑制是政府从金融部门攫取租金,而"金融约束的本质是政府通过一系列的金融政策在民间部门创造租金机会,而不是直接向民间部门提供补贴"。

二、金融约束的政策取向

实行金融约束的政策目标不同于金融抑制和金融深化。金融抑制是在通货膨胀率较高的情况下,通过直接的租金攫取来实现其目的;金融深化则是在通货膨胀率较低的情况下,通过放松利率管制来实现其目的。金融约束的目的是通过在私人部门内创造租金,达到规范私人部门的经济行为,使之有利于保障经济社会的整体利益。金融约束的主要政策有:

1. 政府应控制存贷款利率

金融约束发挥作用的关键在于租金的创造。政府可以通过控制存款利率,使其低于市场利率水平,一方面降低银行的经营成本,使银行得到租金,这样就会减少银行自身的道德风险,激励银行控制短期行为,并可以避免直接补贴政策所滋生的不良倾向;另一方面通过控制贷款利率使企业得到租金,并确定租金在银行和企业之间的分配比例。政府可以通过贷款调节政策确保资金流向预期收益较高的企业,以提高资金的使用效益。但是,政府对存贷款利率的控制必须温和,尽量减少其副作用。

2. 偿还期转换

大多数发展中国家的商业银行不愿发放长期贷款的最主要原因是本国通货膨胀比较严重,银行不想承担通货膨胀的风险。在资本市场不发达的情况下,许多国家通过开办开发银行来满足企业的长期资金需求,以此解决市场失灵问题。但政府直接放贷会受到自身代理问题的困扰,而且"政府失灵"的危害往往并不亚于"市场失灵"。因此理想的做法就是政府帮助商业银行从事长期融资,由政府承担通货膨胀的风险,银行承担客户违约风险,这样就可以有效地调动银行发放长期贷款的积极性,满足社会长期资金需求,促进经济增长。

3. 限制银行业竞争

银行的竞争包括向银行部门的过度进入和现有银行的过度竞争两种。如果没有市场准入限制,银行没有特许权保护,在经济发展水平较低、市场容量有限的情况下,银行竞争的结果只能是对现有客户的争夺,而没有动员任何新的社会资金,这种无效竞争将导致社会资源的浪费,加大银行成本,可能引发银行的倒闭,影响金融体系的正常运转和金融安全。所以,政府可以通过进行市场准入控制,以限制和引导竞争,提高金融体系的安全性。当然,限制银行业的竞争也可能会使一些效率较低的银行得到保护,这可以视作一种政策成本,但这种政策成本可能大大低于安全的金融体系给整个经济带来的利益。

4. 限制资产替代

由于租金的获得量取决于银行吸收的存款量,因此政府要设法限制居民将正式金融部门的存款转化为证券、国外资产以及非正式金融部门的存款和实物资产。这是金融约束的一项重要措施。由于发展中国家的证券市场不健全,市场风险较大,过多的资金涌入会加剧证券市场上金融资产价格的波动,造成金融体系的不稳定,而且资金大量从银行部门"脱媒"会影响银行的信用创造功能,使得资金供应减少、资金缺口扩大,不利于经济发展。因此,在完善的银行体系和证券市场建立起来之前,发展中国家不应过分强调证券市场的作用。

三、金融约束的政策意义

我国金融体制正处于一个深化改革的时期,如何立足国情把握金融体制改革的力度和进程,金融约束政策可以为我们提供一些值得思考的成分。

1. 保持稳定的宏观经济环境

这是保证金融约束政策有效执行的前提条件,是成功实现金融深化的必要条件,也是我国经济发展所追求的目标。我国所实行的宏观经济政策实践与金融约束所倡导的前提条件是相符合的。我国应当继续坚持这一政策取向,政府在制定货币和财政政策时,既要警惕通货膨胀,又要防止通货紧缩,以保持我国经济稳定增长的局面。

2. 继续保持间接融资的主导地位

金融约束政策重视银行的作用,强调发挥银行的信息优势,这也符合我国当前的实际情况。证券市场要求信息公开、充分,而我国在转轨时期的信息不对称问题严重,容易引发大量的逆向选择和道德风险问题,我国的证券市场还远不是有效市场,因此在积极稳妥地发展证券市场的同时,不能对其在资源配置中的作用期望过高。而我国银行通过其业务联系,能较充分地掌握企业的内部信息,通过银行监控企业,虽然不能完全消除信息不对称,但却是解决信息不对称的次优选择。所以,在今后一段时期内,间接融资仍应在我国的融资结构中占主导地位。

3. 渐进式的利率市场化改革

利率市场化改革是我国金融体制改革的中心环节之一,但这一改革进展比较缓慢。究其原因,困难主要来自于国有企业。一是国有企业经营效益不佳,由此带来的社会问题很多。利率市场化改革必须考虑到为国有企业改革创造宽松的金融环境。二是国有企业作为银行主要债务人,其预算约束"软化",对利率不敏感,贷款利率水平的高低对其制约不大。因此,即使银行单方面推行利率市场化也难以有效地调节资金需求,难以实现资金的合理流动和优化配置。所以,我国利率市场化改革应当推行适度的利率控制,逐步为全面实现利率市场化创造条件。

4. 加快金融混业经营的改革步伐

目前我国金融业采取的分业经营模式和分业管理模式主要是为了保证金融体系的稳定。但从金融约束的观点来看,事实并非如此。因为在分业经营模式下,随着证券市场的发展,银行业与证券业之间的竞争将日趋激烈,容易产生"脱媒"现象,加大银行的经营风险,威胁到银行的特许权价值,导致银行出现道德风险。一是银行为获得更多收益,会把大量资金通过非公开渠道投向证券市场,这不仅会加剧证券市场的投机性,而且也增加了监管成本;二是为了寻求新的资金出路,银行容易卷入以不动产、债券等资产作抵押的担保信贷,在投资利益的驱使下,不自觉地助长资产价格膨胀甚至导致泡沫经济生成。相反,在混业经营模式下,全能银行则不易出现上述问题,尽管证券交易规模扩大,但不会降低银行的特许权价值。

5. 准确把握政策力度

改革开放以来,我国经济的货币化水平(M_2/GDP)持续上升,从 1978 年的 32% 上升目前的近 200%,这表明我国的货币化程度已经达到相当高的水平,同时又意味着我国货币效率还有待进一步提高。因为从理论上讲,货币作用效率越高,对货币的需求量就越少,经济的货币化率就越低,所以,金融约束政策的选择必须结合我国金融深化的实际情况,着重提高我国的金融效率。

第五节 金融创新

一、金融创新的含义

金融创新(Financial Innovation)是指金融领域内部通过各种要素的重新组合和创造性变革所产生或引进的新事物,从而使得金融体系能够更有效地发挥其功能。金融创新有狭义和广义之分:狭义的金融创新就是指金融工具的创新;广义的金融创新则包括金融工具、金融机构、金融市场和金融制度的创新。通常所说的金融创新是针对金融工具而言的。

最早的金融创新可以追溯到 12 世纪意大利商业银行的出现,18 世纪英国中央银行制度的建立,19 世纪支票的广泛使用等,20 世纪 50 年代离岸金融市场及离岸金融工具的出现标志着当代金融创新的开端,20 世纪中后期新的科学技术革命和金融管制的放松有力地推动了金融创新的发展。

二、金融创新的原因

(一)金融创新的动因

引发西方金融创新的原因比较复杂,归纳起来主要有以下几点:

1. 国际金融业的飞速发展和日趋激烈的竞争

第二次世界大战后,金融业的国际化有了飞速发展。首先,发展动力来自于生产和资本的国际化。随着跨国公司的全球性扩张,客观上就要求金融业也实现国际化和现代化,从而在更广泛的范围内满足跨国经营对金融服务的要求;其次,西方发达国家的生产资本不断集中,促进了银行资本也趋于集中和垄断,一些国际性大银行面对日趋激烈的市场竞争,主观上也需要进一步扩展业务范围,获取超额利润。20 世纪 70 年代以来,西方大商业银行纷纷加速了国际扩张的进程。在此背景下,金融市场份额就成了商业银行争夺的焦点,而金融手段和技术的创新无疑是占领市场的有力武器。

2. 规避和控制风险

20 世纪 70 年代初期,以美元为中心的布雷顿森林体系崩溃,浮动汇率制代替了固定汇率制,西方各国汇率变化不定;从20世纪70年代中期开始,受两次石油危机的冲击,在世界范围内出现经济停滞、通货膨胀的局面,利率逐渐市场化,利率变得异常波动。这给金融业及其他从事与金融业务相关的企业带来了巨大的利率风险和汇率风险,银行、企业以及其他金融市场参加者时刻面临着汇率和利率变化无常的威胁。因此,为了避免通胀率和利率变动对投资收益和债务负担的影响,降低经济波动所带来的风险,金融机构就创造出一些新的债权债务工具和套期保值工具。

3. 规避管制,竞争资金来源

20世纪30年代经济危机后,西方各国纷纷立法,对金融业进行极为严格的管理和限制,以避免重蹈严重通货膨胀的覆辙和维护金融体系的安全。然而,金融管制是一把"双刃剑",它在一定程度上又束缚了银行的手脚,造成资金的闲置和利润的损失。以美国为例,为加强对金融业的管制,美联邦储备法案曾出台"Q项条款"(Regulation Q),规定了商业银行储蓄和定期存款利率的最高界限,而这一界限低于西欧各国美元存款的利率,使得银行储蓄对存款人的吸引力下降,银行负债业务发展受到很大制约。另外,美国货币政策中的《M项条例》规定商业银行要向联邦储备体系缴纳很高的存款准备金,而中央银行对商业银行的存款准备是不付利息的,准备金越多,商业银行所遭受的利息损失就越大。为了追求利润,商业银行千方百计地试图摆脱这些管制。但摆脱管制又不能违反现行的法律、法规,于是,创新就成为规避有关金融法律、法规的重要手段。

另一方面,20世纪60年代以后,非银行金融机构获得迅速发展,金融业的竞争不断加剧。在市场利率不断上升的情况下,政府对定期存款利率的限制使得存款不如投资于其他有价证券有利,从而影响了存款性金融机构的资金来源,规避管制、争取信贷资金来源的负债管理变得日趋重要。如何在存款市场上获得更大的份额从而取得竞争优势成为金融机构经营成败的关键,而金融创新成为规避管制、竞争资金来源的重要途径。此外,对银行账户种类和功能的限制、对跨地区设置金融分支机构的限制等,都在不同程度上激发了金融创新的积极性。

4. 技术进步的推动,尤其是电子技术的飞速发展为金融业发展铺平了道路

20世纪60年代以来,以计算机为代表的现代信息技术迅猛发展,为金融创新的兴起和发展提供了有力的技术支撑。技术进步引起银行结算、清算系统的创新,进而引起金融服务的创新;信息技术为衍生金融工具等复杂的、技术含量高的金融创新工具的设计与定价提供了技术保障;新技术的运用使金融交易突破了时间和空间的限制,使金融业务运作变得更加快捷和高效,大大降低了金融交易成本,扩展了创新金融产品和创新金融交易方式的运用范围,这又鼓励了新一轮的金融创新。以1973年成立的全球银行间金融电信协会(SWIFT)为例,它目前已扩展成为一个拥有50多个国家、1000多家银行的国际电信联网系统。它将美国的36家最大银行与15个国家的300多家大银行用电脑和现代光电通信设备连成一体,专门处理美国、加拿大和欧洲跨国银行间的汇兑和结算业务,每天调动的电信高达 6 万件以上。先进的电子通信和传输技术为金融创新奠定了可靠的技术保障。

(二)金融创新的理论

西方对于金融创新的原因探讨,形成了金融创新的不同理论,这里仅对几种主要的理论加以简要介绍。

1. 技术发展说

该理论认为,新技术革命的出现,特别是电子计算机、通信技术、信息技术、网络技术等在金融业中的应用,是促成当代金融创新的主要原因和条件。该理论认为,高科技在金融业的广泛应用,出现了金融业务的电子化和通信设备现代化,为金融创新提供了物质和技术上的保证。只有在电子技术进入金融业后,才引发了诸多以电子化为特征的金融创新,才可能大大缩小金融活动的时间与空间距离,加快资金调拨速度,降低交易成本,改善金融服务,才能使 24 小时全球性金融交易和服务由梦想变成现实,使各国金融制度和金融市场日趋国际化,市场结构发生重大改变。

2. 货币促成说

该理论认为,当代金融创新的出现,主要是货币方面的因素促成的。20 世纪 50 年代以后各国普遍发生的通货膨胀,特别是 20 世纪 70 年代通货膨胀的恶化和利率汇率反复无常的波动,是金融创新的重要成因。当代许多金融创新主要是作为抵制通货膨胀和利率汇率波动的产物而出现的。例如,可转让支付命令账户、浮息票据、浮息债券、与物价指数挂钩的公债等等,都对通货膨胀和利率汇率有高度敏感性,都是为了抗御通货膨胀和利率汇率波动造成的冲击,使人们在长期有巨大不安定因素的情况下,获得相对的稳定。该理论的代表人物弗里德曼认为:"前所未有的国际货币体系的特征及其最初的影响,是促使金融创新不断出现并形成要求放松金融市场管制压力的主要原因。"

3. 财富增长说

该理论认为,第二次世界大战以后经济的高速发展所带来的财富迅速增长,是当代金融创新的主要原因。由于财富的迅速增长,加大了人们对于金融资产和金融交易的需求,改变了人们对于金融服务的偏好,人们持有金融资产的动机也变得多样化了,对于金融工具或资产保存形式的质量要求更高了,由此激发了金融业通过创新来满足这些需求。

4. 约束诱导论

该理论由美国经济学家西尔伯 1983 年提出。金融约束主要有外部约束和内部约束。前者导致金融企业的效率降低,金融机构必须通过不断创新,提高效率来弥补这部分损失。对于后者,为了保障资产的流动性、必要的偿债能力和风险防范能力,金融机构采取一系列的资产负债管理制度,从而逼迫其不断创新。

5. 规避管制说

该理论认为,规避或摆脱对金融业的内外制约,是当代金融创新的根本原因。持这一观点的人认为,当代金融创新的主体是金融机构,金融机构之所以发明种种新的金融工具、交易方式和服务种类、管理方法等,主要目的在于逃脱或规避现有的各种内部和外部制约。内部制约主要是金融机构内部传统的增长率、流动资产比率、资本资产比率、资产负债期限结构比率等等管理指标约束;外部制约指的是金融当局的种种管制和限制,如业务范围、经营种类、资产结构、利率汇率以及金融市场上的诸多管制规定。当经济形势的变化使这些内外制约阻碍了金融机构实现利润最大化的终极目标时,只要一出现扣除创新成本后仍能获利的机会,金融机构就会想方设法回避现有制约,通过创造新工具、新服务或新的管理方式,实现其利润最大化目标。

6. 制度改革说

这种观点认为,金融创新是一种与经济制度互相影响、互为因果的制度改革。持这一观点的主要是制度学派的一些学者,他们认为金融创新是与社会制度紧密相关的。在计划经济制度下,虽然也存在通货膨胀、财富增长、内外制约等可以触发金融创新的因素,但由于高度的集中统一和严格的计划管理,金融创新无法展开。在完全的自由放任经济制度下,金融创新固然可以任意开展,但其种类较少,不可能出现那些为回避官方限制或管理的金融创新。因此,只有在有管制的市场经济中才能出现全方位的金融创新。例如,在美国、英国等典型的自由和管制相混合的经济制度中,金融创新是最活跃的。当政府的管制妨碍金融业的活动时,市场上就会出现各种相应的回避管制创新;当创新对当局的目标构成威胁时,政府又会采取新的管制,于是又引发一些针对性创新。在自由市场力量和官方干预力量的对抗中,管制本身就是创新的重要原因,而相对自由市场则成为创新的必要条件,这种有管制的市场金融制度是金融创新的基本环境。

7. 需求推动说

这种理论认为,对金融产品和金融服务新需求的产生,是引发创新的主要原因。例如,20世纪70年代前后,经济金融环境发生了变化,长期通货膨胀和名义利率的攀升,使传统金融产品的流动性和收益性之间所存在的替代关系越来越难以被人接受,客户对流动性和收益性相结合的新型金融产品需求强烈;又如,当代金融风险的增加和多样化,产生了对可以减少或转移风险的新金融产品的需求,等等。在金融需求变化的情况下,作为金融供给者的金融机构总是把满足公众的需求放在首位,因此,要使公众偏好与金融部门提供的产品或服务相匹配,只有通过金融创新才能实现。一般来说,有什么样的需求产生,就会出现什么样的金融创新,可谓"需求是创新之母"。格利和爱德华·肖认为,金融自由化或金融深化可以扩大金融机构满足需求或增强适应需求变化的能力,从而有利于金融创新的开展。

8. 交易成本论

著名经济学家希克斯与尼汉斯是这一理论的代表人物。不断降低交易成本的需求推动金融的不断创新和发展。交易成本是作用于货币需求的一个重要因素,不同的货币需求产生对不同类型金融工具的要求。交易成本高低使经济个体对货币需求预期发生变化,交易成本降低的发展趋势使货币向更高级的形式演变和发展,加快产生新的交换媒介和新的金融工具。不断降低交易成本的需求推动金融的不断创新和发展。交易成本是否被降低,也决定了金融业务的创新和金融工具的创新是否具有实际价值。

9. 结构变化说

这一观点认为,上述解说都不能构成全面的答案,金融创新作为一种并非偶然和暂时的现象,与世界经济深刻的结构性变化有关。这些结构性变化表现在经济全球一体化;金融交易、金融市场、金融机构的不断国际化和发达化;现代经济中传统的烟囱工业的没落,电子工业的崛起,第三产业的兴盛和科学技术日新月异的进展等方面。金融创新就是这个社会的产物。

三、金融创新的内容

根据金融创新的内涵,金融创新的内容包括金融工具的创新、金融业务的创新、金融市场的创新、金融机构的创新和金融制度的创新。

(一)金融工具的创新

金融工具的创新是金融创新的核心,主要有以下几种类型:

(1)规避利率风险的创新。例如,大额可转让存款单(CDs)就是1961年由美国花旗银行推出的第一个存款创新工具,它使大额定期存款也具有了流动性,能够满足储蓄者将定期存款短期变现的需要。但是,市场利率的频繁波动使得长期储蓄的收益率变幻不定,仅靠这类工具已不能满足储蓄者的保值和增值需要。于是在20世纪70年代末一种更新的金融工具"货币市场互助基金"(Money Market Mutual Funds,简称MMMF)又应运而生。这是一种开放式的共同基金,主要从事短期证券投资。它为中小投资者提供了一个进入以往只有大投资者才能进入的市场的机会。MMMF不仅使投资者能获得更高更可靠的投资收益,而且增强了投资的流动性和可分性。

(2)转移风险的创新。这是为了防范和转移经营或金融交易中的价格、利率等风险而对原有金融工具所进行的创新,主要有期货、期权、互换、远期等。

(3)增加流动性的创新。这种创新是针对一些流动性较差的金融工具,通过对其进行改造,增加其流动性,例如金融资产证券化(Financial Asset Securitization,简称FAS)就是将原本缺乏流动性的资产,转换成可以在市场上买卖的证券,从而增强金融资产的流动性。

(4) 信用创造的创新。这种创新能够增加信用的供给,例如票据发行便利(Note Issuance Facilities,简称 NIFs)就是银行通过承购或备用信贷的方式来支持借款人发行短期商业票据,如果票据不能全部售出,则银行买下剩余的票据或者提供贷款支持。这其实是一种兼有银行贷款和证券筹资的融资方式。

(5) 股权创造型创新。这种创新从原有的金融工具中创造出股权,例如我们熟悉的可转换债券。另外,有些债券附有认股权证,这赋予债券持有人优先认购债券发行人所发行的股票的权利。

(6) 运用高新技术的创新。20 世纪 70 年代以来,资金转移的电子化和信息交换的自动化使得金融服务在深度和广度上都更进了一步,其中银行卡就是一种新型的金融工具。它是由银行发行的、供客户办理存取款和转账支付的服务工具的总称,包括信用卡、支票卡、记账卡和智能卡等。信用卡,是代替现金和支票使用的支付工具,具有先消费、后付款的特点。智能卡,又称智慧卡。其中主要的一种叫灵光卡或记忆卡。卡上带有微型的集成电路处理器,具有自动计算、数据处理和存储功能,卡片上可以记忆客户每笔收支和存款的余额,使用时将卡插入自动记录器即可办理各种支付。

(7) 规避金融管制的创新。为了减少金融管制给储蓄存款带来的收益损失,从 20 世纪 70 年代起,西方银行纷纷利用法规的漏洞,推出一些灵活的储蓄工具来吸引客户。如针对联邦法律"不允许对活期存款付息"的规定,美国银行发明了"自动转账制度"(Automatic Transfer System,简称 ATS),允许客户同时在银行开设储蓄账户和活期存款账户两个账户。当客户开出支票后,银行即自动地将必要的资金从储蓄账户转到活期存款账户上进行支付。而在平时,活期存款账户上的余额只保持 1 美元,从而保证了客户的存款既能生息,又能用于支付。针对"不准储蓄账户使用支票"的规定,银行又推出了"可转让支付命令账户"(Negotiable Order of Withdrawal,简称 NOW),这是一种集收益性和流动性于一体的储蓄账户。

(二) 金融业务的创新

由于商业银行业务在整个金融业务中占据举足轻重的地位,因此,商业银行的业务创新构成了金融业务创新的核心内容。下面主要介绍商业银行负债业务、资产业务、中间业务和表外业务和清算系统的创新。

1. 负债业务的创新

商业银行负债业务的创新主要发生在 20 世纪 60 年代以后。主要表现在存款业务上。

(1) 商业银行存款业务的创新是对传统业务的改造、新型存款方式的创设与拓展上,其发展趋势表现在以下四方面:一是存款工具功能的多样化,即存款工具由单一功能向多功能方向发展。二是存款证券化,即改变存款过去那种固定的债权债务形式,取而代之的是可以在二级市场上流通转让的有价证券形式,如大额可转让存单等。三是存款业务操作电算化,开户、存取款、计息、转账等业务均由计算机操作。四是存款结构发生变化,即活期存款比重下降,定期及储蓄存款比重上升。

(2) 新型存款账户突出个性化,以迎合不同客户的多样化需求。主要有可转让支付命令账户(NOW)、超级可转让支付命令账户(Super NOW)、电话转账账户(TIS)和自动转账账户(ATS)、股金汇票账户、货币市场存款账户(MMDA)、货币市场互助基金(MMMF)、协议账户、个人退休金账户、定活两便存款账户(TDA)、远距离遥控业务(RSU)等。

2. 资产业务的创新

商业银行资产业务的创新主要表现在贷款业务上。贷款业务的创新主要包括:① 发展消费信用,包括一次偿还的消费信用和分期偿还的消费信用,这种资产业务发展迅速,已成为有些商业银行的主要资产项目。② 开办住宅放款业务,包括固定利率抵押放款、浮动利率抵押放款和可调整的抵押放款。③ 银团贷款。④ 贷款证券化,是指银行把流动性较差的小额同质(期限、利率、风险等)贷款"捆"成一个贷款组合,并以这个组合为担保发行证券,出售给投资者,这是提高银行资产流动性的一种创新,银行从贷款上得到的本息收入是支付证券本息的保证。⑤ 其他资产业务的创新,如平行贷款、分享股权贷款、组合性融资等。

3. 中间业务的创新

商业银行中间业务的创新包括:

(1) 信托业务。信托业务指商业银行信托部门接受客户的委托,代替委托单位或个人经营、管理或处理货币资金或其他财产,并从中收取手续费的业务。信托业务的主体包括委托人、受益人、受托人。其类型主要包括证券投资信托、动产和不动产信托、公益信托等。

(2) 租赁业务。指商业银行作为出租人向客户提供租赁形式的融资业务。租赁业务的主体包括出租人、承租人。租赁业务的形式主要包括融资性租赁、经营性租赁、杠杆租赁等。

4. 通过扩展表外业务来实现创新

表外业务的"表外"是相对于资产负债表而言,即某项业务的发生并未引起资产负债表内的资产方或负债方的资金发生变动。表外业务是在资产负债表内业务的基础上发展起来的,它与表内业务有着密切的联系,在一定的条件下可能会转化为表内业务,可概括为"承诺与或有负债"。表外业务在帮助银行降低经营风险并为银行带来丰厚利润的同时,也内含较大的风险。商业银行的表外业务包括贷款承诺、票据发行便利、备用信用证(担保业务)、衍生金融工具(远期、期货、期权和互换)等业务。

5. 清算系统的创新

清算系统的创新包括信用卡的开发与使用,电子计算机转账系统的应用等,它极大地提高了银行的营运效率,降低了银行的经营成本。

(三) 金融市场的创新

金融市场的创新包括市场类型、市场组织形式和市场制度的创新。金融市场类型的创新是与金融工具种类的创新紧密相连的。有了新的金融工具,必然需要新的金融市场进行交易。市场组织形式和市场制度的创新则是随着经济制度的变迁和交易技术的发展而提出的。从分割的市场到统一的市场,从集中的市场到分散的市场,从有形的市场到无形的市场,都反映了经济制度和交易技术的发展。最集中、最典型的创新金融市场是欧洲货币市场。该市场是规模和影响最大的国际金融市场,又称为离岸金融市场,它已远不是一个地区性国际金融市场,而是一个经营欧洲美元和欧洲一些主要国家境外货币交易的国际资金借贷市场。

(四) 金融机构的创新

金融机构是连接金融市场上资金盈余者和短缺者的桥梁,它们随着金融服务需求的变化而在组织形式和业务方面不断变革。当代金融机构的创新主要表现出两种趋势:

(1) 从传统的单一结构向集团化结构发展。银行持股公司是银行集团化的一种典型形式,它是指一个公司控制了某家银行相当比例的股份,从而能够部分或全部控制该银行。银行持股公司已经成为了现代商业银行的重要组织形式。

(2) 从提供单一服务向全能服务发展。金融机构通过收购、兼并、合作等方式,形成了提供综合性金融服务的"金融超市"。

(五) 金融制度的创新

金融制度是金融体系中非常重要的组成部分。在金融创新与金融自由化的过程中,金融制度的变化是不可避免的。在制度变革的基础上,金融创新又会在一个更新层面上展开,进而推动金融创新的深入发展。金融制度的创新是指金融体系与结构的大量新变化,主要表现在以下三个方面:

1. 分业管理制度的改变

长期以来,在世界各国的银行体系中,历来有两种不同的银行制度,即以德国为代表的"全能银行制"和以美国为代表的"分业银行制"。二者主要是在商业银行业务与投资银行业务的合并与分离问题上的区别。但自 20 世纪 80 年代以来,随着金融自由化浪潮的不断升级,这两种界限分明的管理制度已经发生改变,美国于 1999 年 11 月颁布了《现代金融服务法案》,彻底废除了对金融业经营限制长达 66 年之久的《格拉斯——斯蒂格尔法》,允许商业银行合业经营。目前世界上大多数国家商业银行的上述两个传统特征和分业界限已逐渐消失,经营范围正不断扩大,世界上的著名大银行实际上已经成为"金融百货公司"式的全能银行,从其发展动向看,商业银行经营全能化、综合化已经成为一种必然的趋势。

2. 对商业银行与非银行金融机构实施不同管理制度的改变

由于商业银行具有信用创造的特殊功能,因此,大多数国家都对商业银行实行了比非银行金融机构更为严格的管理制度。如对其市场准入的限制、存款最高利率的限制、不同存款准备金率的差别限制、活期存款不得支付利息的限制,等等。但是,在不断深化的金融创新中,非银行金融机构正是看准了这一制度上的薄弱之处,进行了大胆创新与发展,从而其业务经营种类、规模、数量、范围与形式等迅速发展,使商业银行在新的市场竞争中处于明显弱势。鉴于经济环境、市场条件所发生的巨大变化,各国政府都不同程度地缩小了对两类金融机构在管理上的差别,使商业银行与非银行金融机构在平等竞争中获得发展。

3. 金融监管逐渐放松和国际化

金融监管放松的主要表现为:取消存贷款利率限制,放开汇率监管;放松金融机构市场准入条件,放宽和取消金融机构经营范围和业务种类的限制,促使其公平竞争;实行资本流动自由化,相继放宽外国资本和外国金融机构进入本国市场的限制,以及本国资本和金融机构进入国外市场的限制。金融监管的国际化表现为各国金融监管机构加强跨国监管和国际合作,制定统一的监管措施和监管标准,实现全球性的统一监管。

知识链接 12.1

互联网金融:金融服务模式的创新形态

中国人的最大特点就是喜欢储蓄,我国居民储蓄率超过50%,远远超过世界平均水平。人们将积攒下来的钱存入银行,银行将这些存款再贷款给资信好的大客户赚取大量的利润。在银行的交易结构中,银行扮演着平台中介的作用。但传统金融服务模式最大的问题就是交易成本高,如用户到银行有出行成本、排队时间成本、较低利息的机会成本等,而且传统金融机构往往把贷款贷给信誉好、有实力的大企业,而广大中小微企业很难从银行贷到款。融资难一直是广大中小微企业发展中的一大隐痛。

正是基于传统银行服务模式存在的问题,为互联网金融创造了巨大的空间。互联网金融的迅猛发展一方面得益于互联网的快速发展,截至2013年底,我国网民规模达6.18亿人,互联网普及率为45.8%,较2012年底提升了3.7个百分点。我国手机网民规模达5亿人,网民中使用手机上网人群占比由78.5%提升至80.9%。另一方面,互联网金融具有资源开放化、成本集约化、选择市场化、渠道互联网化、运营高效化、用户行为价值化等优点,能满足广大普通用户的金融服务需求,有着巨大的市场潜力。

互联网金融的演化过程实质上是互联网技术与金融服务的融合过程。互联网金融服务未脱离存、贷、汇、投资理财等金融功能,并没有改变金融的本质。同时,互联网金融显著提升了金融服务的效率,拓宽了金融服务的渠道,丰富了金融服务的模式。凭借互联网技术,互联网企业介入传统商业银行的支付、融资、理财领域,实现了金融服务模式的创新,这种模式成为一种人人参与、资金流动高度透明和自由、交易成本极低的开放形式,既是对传统金融的巨大挑战,同时也是一场新的金融革命。

随着各种新型互联网技术的出现、用户的互联网化和以利率市场化为代表的国内金融环境的改变,商业银行凭借"水泥+鼠标"的经营思路和网上银行先发优势打造的互联网金融王国尽管在业务、功能等方面有所突破,但始终未能取得突破性进展,服务和产品差异化逐渐丧失,商业银行服务模式的"创新革命"势在必行。

互联网金融之所以有着强大的生命力,关键在于金融服务模式的创新。2013年,是互联网金融的元年,互联网金融如雨后春笋般迅猛发展,各种模式的推陈出新,P2P网贷、网络小额贷款、第三方支付、众筹平台、微信红包、微信银行等应运而生,已快速成为具有较大规模和影响力的业态。自从2013年6月阿里巴巴推出余额宝之后,其发展之快令整个金融界感到震惊。目前,国内P2P网络平台的发展也大大超过美国,据不完全统计,截至2015年底,P2P网贷平台总数达到3 769家,累计成交量突破万亿大关。数量巨大的中小企业和个人融资需求推动着金融模式不断创新。阿里、京东商城等电商大数据金融服务模式快速铺开,越来越多的互联网公司进入金融服务领域,如百度推出百发产品上线,腾讯理财通金融产品的问世,以及互联网保险企业——众安保险的开业更是备受业界瞩目,这些都让人们对互联网金融的未来充满想象。

如今,互联网金融的发展已经到了一个新的台阶上,正如数十年前互联网的迅猛发展给人们带来翻天覆地的改变一样,这一充满无限可能的时期也将转瞬即逝。模式的创新和风险的防控,无疑是现阶段面临的两个巨大问题,无论是机遇,还是挑战,都将决定互联网金融未来的发展。

四、金融创新的影响

金融创新作为金融发展的重要推动力,对整个金融业乃至整个经济体系的运行都产生了广泛而深远的影响。这种影响是双重性的,既有积极的一面,又有消极的一面。

（一）金融创新的积极作用

1. 促进金融业的竞争，提高金融系统效率

金融创新使得各种金融机构的业务突破了传统的界限，相互之间的渗透越来越强，从而促进了金融业的竞争。与此同时，金融创新创造了多功能、多样化和高效率的金融产品和金融服务，满足了不同类型消费者的多样化需求，并且跨越了空间和时间的限制，从而使得资源能够更加有效地在金融系统内分配，促进了金融系统运行效率的提高。

2. 促进存款性金融机构的发展

商业银行一方面受到金融当局的严格监管，另一方面不得不承受市场利率急剧上升并剧烈波动的风险，以存款为主的资金来源受到极大的冲击，在金融竞争中处于非常不利的地位，若不进行金融创新，就难以逃脱破产的厄运。一系列兼具流动性和收益性的创新性金融工具的诞生，使商业银行绝处逢生，变被动为主动，最大限度地吸引闲置资金，增强了竞争能力。

3. 丰富金融交易品种，促进金融市场的一体化

金融工具的创新增加了金融市场中可供交易的品种，使得金融交易更加活跃，并且增强了投资者防范风险的能力，降低了交易成本；金融机构的创新增强了金融市场的流动性，丰富了交易主体，使得金融市场更加稳定；金融市场自身的创新则直接促进了一体化趋势的发展；金融监管制度的创新，尤其是金融管制的放松，在宏观上促进了金融市场一体化的进程。因此，金融创新使得市场趋于统一，价格信号趋于理性。

4. 增强经济主体应对和转移金融风险的能力

金融市场上汇率、利率、证券价格的频繁波动使投资者面临着很大的价格风险，而金融创新中涌现的金融期货、金融期权以及利率互换等新的金融交易工具和交易方式，为投资者有效地规避和降低风险提供了灵活方便且交易成本较低的手段。

5. 为经济主体提供更为便利的投融资条件

一是层出不穷的创新金融产品大大增加了人们资产选择的空间，增加了资产之间的替代性，降低了交易成本，使人们在获取较高收益的同时，实现较强的流动性，达到投资收益、流动和安全的有机组合。二是减少了企业对银行的依赖性。金融创新使得金融市场证券化趋势加强，企业可以通过直接融资方式进行融资，避免了企业与银行间由于过分依赖而增加的风险。

6. 促进金融改革，推动经济发展

金融创新是金融改革的结果，但同时又促进了金融改革，并进一步推动了金融系统的发展；金融创新使得传统的金融系统成为金融业继续发展的障碍，促使金融系统不断进行改革和调整，这又进一步鼓励了新的金融创新。金融创新提高了金融系统的效率和金融资产的收益，因而会促进经济发展。

(二) 金融创新的消极作用

1. 降低金融体系的稳定性

金融创新和放松管制后,银行融资成本大幅上升,使银行可能从事风险更大的资产业务以获取更高的收益。表外业务的大量增加也使银行承担了潜在的风险,如办理担保业务时,一旦债务人不能按期还款,银行就要承担还款的责任。某些衍生金融工具虽然在一定程度上可以规避和转移风险,但它的迅速发展也促成了巨大的世界性投机活动,由此带来的金融风险比传统的金融风险危害更大,并可能影响到一国甚至更大范围的金融体系的稳定性。比如美国银行的倒闭数,20世纪50年代平均每年4.6家,60年代平均每年5.2家,70年代平均每年7家,1982年迅速上升到43家,到1987年增加到200家。20世纪90年代以来,几乎每一次全球金融风暴都与金融衍生产品的投机密切相关,如1995年英国巴林银行倒闭事件和1997年的东南亚金融危机等。

2. 增大金融系统所面临的风险

金融创新降低了非系统风险,但无法减小金融业的系统性风险,相反,它在一定程度上增大了金融系统的整体风险。金融创新业务大多不反映在资产负债表中,形成杠杆性强的表外业务,成为金融机构的一大利润来源。但是,表外业务的透明度低,具有极大的潜在风险,一旦爆发将给金融机构造成巨大损失甚至毁灭性的打击。

3. 增加金融监管难度,加大社会管理成本

金融创新一方面推动了金融市场的进一步发展,另一方面又使得原有的金融程序更加复杂化,从而给管理当局的监管带来了更大的困难。首先,各种金融创新工具的涌现,如可转让支付命令(NOW)、货币市场互助基金(MMMF)、自动转账服务(ATS)等延伸了货币的范围,传统的货币层次监测渐趋失效,中央银行的货币控制难度加大。其次,金融创新使各种金融机构的界限日趋模糊,尤其是商业银行表外业务的发展和其他金融机构借助创新工具直接扩大了社会信贷能力,使得中央银行监管的有效性降低。

4. 削弱货币政策的实施效果

首先,金融创新使货币定义难以判断和确定,削弱了中央银行测量货币供应量的能力。金融创新的发展,无法区分金融工具用于交易还是用于投资,如现金管理账户、可转让支付命令账户、可转让大额存单等,既具有交易功能,又具有投资功能,使传统的狭义货币和广义货币的定义变得越来越复杂,给中央银行监控货币供应量造成了很大难度。其次,金融创新削弱了货币政策的效力。表现在:① 金融创新模糊了金融机构存款与其他资金来源的界限,削弱了中央银行通过调整存款准备金率来控制金融机构派生存款的能力。② 金融创新使金融机构筹资方式更加多元化和更具灵活性,降低了金融机构对再贴现的依赖,从而削弱了中央银行运用再贴现政策的能力。③ 金融创新使得部分选择性货币政策工具失灵。因为许多规避管制的创新,如 NOW、ATS 等就是为了摆脱选择性货币政策工具(利率限制、信用配给、保证金制度等)的约束而推出的。④ 金融创新导致金融业务不断融合,具有派生能力的金融机构增加,这大大分散了中央银行的控制重点。⑤ 金融创新加大了货币政策传导的不完全性。金融创新使金融变量指标增多、时滞不定,导致货币政策传导过程离散化、复杂化,政策效果的判定也更为困难。

知识链接 12.2

金融创新"猛于虎"

资产证券化及其衍生产品作为 20 世纪国际金融领域最重大的创新之一,是引发美国金融风暴的关键因素。当美国经济在 2000 年互联网泡沫破裂和 2001 年"9.11"事件的双重打击下呈现衰退危险时,美国政府为挽救经济采取低利率和减税等一系列措施。这些措施使大量资金涌入房地产市场,引起房地产价格一路攀升。不少投资者通过贷款购买第二套甚至第三套房产,同时大批无偿贷能力者和有不良还款记录者也加入了次级抵押贷款的行列。房价的高涨使银行对发放贷款进行了一系列的"创新"。这些"创新"包括:购房无须提供首付,便可获得全额贷款;贷款的前几年只偿还利息,不用偿还本金;对借款人不做信用审核;利率浮动,等等。抵押贷款机构为了转嫁次贷风险,便将这些次级抵押贷款打包出售,再由华尔街投资银行将其证券化,包装设计成诱人的金融衍生品出售给全球投资者。然而,从 2006 年底开始,由于美国房产价格下跌,导致抵押贷款债券及其衍生品价格下降,许多投资机构损失惨重。次级抵押贷款之所以给金融机构造成巨大损失,是由于次贷被以 MBS 和 ABS 的形式出售后,MBS 和 ABS 又被设计成具有杠杆效应的衍生工具 CDO。MBS 和 ABS 是以抵押池为基础的债务凭证,而 CDO 又是以 MBS 和 ABS 为基础的金融衍生工具。CDO 按照资产池结构不同可以分为贷款抵押权益 CLO 和债券抵押权益 CBO。在 CDO 产品的基础上,投资银行又进行了两个方向上的产品设计,一是以 CDO 为基础资产设计出"CDO 的平方"、"CDO 的立方"等;另一个方向是设计出信用违约掉期 CDS,其作用在于寻找对手公司对次贷衍生品投保,从而将次贷衍生品的违约风险进一步分散,并在此基础上提高次贷衍生品的信用评级。这些金融创新产品结构繁复、风险难辨。

由此可见,虽然金融产品创新大大提升了资金使用效率,加快了全球资金的周转速度,但产品创新过杂,数量过多,使虚拟经济过度膨胀,远远脱离了实体经济,加之风险过大,监管不力,当作为基础资产的次贷由于房市降温而发生违约后,杠杆效应使衍生品 CDO 形成更大的损失,最终引发了金融风暴。

本章小结

1. 金融是现代经济的核心。一方面,经济发展对金融发展具有决定性作用,另一方面,金融发展对经济增长具有重要推动作用。但金融在有力推动经济发展的同时,其对经济产生不良影响的可能性也在增大。当这种可能变成现实时,就会阻碍甚至破坏经济发展。

2. 金融结构与经济发展是戈德史密斯金融发展理论研究的核心。金融结构取决于金融工具与金融机构的结合,不同类型金融工具与金融机构的分布、存在、性质以及相对规模构成特定的金融结构。金融发展是指金融结构的变化,其主要通过影响储蓄转化为投资的比例、提高资本配置效率和提高储蓄率等途径推动经济增长。

3. 金融压抑是发展中国家所存在的金融资产单调、金融机构形式单一、过多的金融管制和金融效率低下的现象。金融压抑的政策原因是人为地压低实际利率、采取信贷配给方式来分配稀缺信贷资金、对金融机构实施严格控制、人为高估本币汇率等。

4. 金融深化是指政府放弃对金融市场和金融体系的过度干预,放松对利率和汇率的严格管制,使利率和汇率真实地反映资金和外汇的供求状况,增加储蓄和投资,促进经济增长,形成金融—经济发展相互促进的良性循环。

5. 金融约束针对发展中国家在金融改革与推进金融自由化过程遇到的问题而提出的一个用于分析政府干预的新政策框架,其政策取向包括控制存贷款利率、偿还期转换、限制银行业竞争、限制资产替代、控制存贷款利率等。

6. 金融创新的动因十分复杂,归结起来主要有竞争的加剧、规避和控制风险、规避管制以竞争资金来源、科技的推动等。金融创新的内容涵盖了金融工具、金融业务、金融市场、金融机构和金融制度等。

7. 金融创新作为金融发展的重要推动力,对整个金融业乃至整个经济体系的运行都产生了广泛而深远的影响,但这种影响具有积极和消极双重效应,应充分发挥其正面效应,努力克服其消极影响。

【重要概念】

金融结构　金融发展　金融相关率　货币化率　金融压抑　金融深化　金融约束　金融创新

【思考与练习】

1. 如何理解金融与经济之间的关系?为什么说经济发展对金融具有决定性作用?
2. 金融发展是如何促进经济增长的?

3. 现代经济中金融发展可能出现哪些不良影响?
4. 如何衡量一国金融结构状况和金融发展水平?
5. 戈德史密斯的金融结构与发展理论是如何揭示各国金融发展的基本规律的?
6. 发展中国家中普遍存在哪些金融压抑现象?你认为我国目前是否存在这一现象?为什么?
7. 金融深化论的政策主张是什么?爱德华·肖和麦金农是如何论述金融深化对经济增长的效应的?
8. 金融约束的政策取向如何?对我国金融改革有何借鉴意义?
9. 金融创新的含义和动因是什么?
10. 如何看待金融创新的利弊?
11. 根据我国 1978 年、1980 年、1990 年、2000 年、2008 年、2012 年、2018 年、2024 年的相关数据,运用本章所学理论知识分析我国金融发展水平的变化情况。

第十三章　金融稳定与金融监管

【学习目标和要求】
- 掌握金融稳定的概念、特征和标志。
- 掌握金融脆弱性的含义,理解金融脆弱性的理论解释,描述银行和金融市场脆弱性的表现。
- 掌握金融风险的内涵,理解信心、预期对风险的影响。
- 掌握微观金融风险和系统性金融风险的含义,熟悉微观金融风险的种类,描述微观金融风险的传染和扩散机制。
- 掌握金融危机的含义、类型和特点,理解并概括第一、二、三、四代金融危机理论的核心观点。
- 熟悉金融危机的成因与传导机制,理解金融危机的防范与治理措施。
- 了解金融监管的概念、目标、依据和内容。
- 掌握功能监管、机构监管的含义和优缺点,熟悉我国金融监管体制及其演变。
- 理解习近平关于"守住不发生系统性金融风险底线"的重要论述,牢固树立金融安全观。

金融是现代经济的核心。金融安全是一国经济安全的核心,金融稳定是确保一国金融安全的重要基础。一国一旦金融不稳定,金融体系出现动荡,不仅使金融部门陷入瘫痪,而且会冲击整个经济体系的正常运转,甚至引发社会动荡和政治危机,因此加强金融监管,防范金融风险,避免金融危机,保持金融稳定对促进一国乃至世界经济金融稳定发展具有十分重要的意义。

第一节　金融稳定

一、金融稳定的概念

到目前为止,理论界对金融稳定的含义还未形成共识。但大体上可分为两类:一类是从金融稳定的特征来阐述其内涵,另一类是从金融不稳定的角度来解释其内涵。欧洲中央银行执行委员会委员 Tommaso Padoa-Schioppa 认为,金融稳定是指一种状态,即金融体系能够承受冲击且不会在经济中造成支付程序和储蓄转向投资过程的累积性损害;国际货币基金组织研究员 Aredt Houben 等认为,在金融稳定状态下,金融体系应具有如下功能:一是在各种经济活动中能有效地分配资源,二是评估和管理金融风险,三是承受各种冲击。德意志联邦银行在 2003 年 12 月的月度报告中指出:金融稳定描述的是一种状态,在此状态下,金融体系即使面对各种冲击、外来竞争压力和深度结构调整,也能够有效地履行分配资源、分散风险和结算交易等主要职能。相对而言,金融不稳定的特征更容易被人们所认识,如金融机构大量挤兑、倒闭,金融资产价格剧烈波动,巨额资产损失,融资环境发生重大变化等负面影响。美联储副主席 Roger W. Ferguson 认为,定义金融不稳定似乎更加容易一些。他指出金融不稳定具有三个特征:一是一些重要金融资产的价格严重脱离其基础,二是国际、国内市场功能及信贷可得性严重扭曲,三是前两项的结果导致总支出或高或低,严重背离实体经济的生产能力。

从上述各种定义可以看出,金融稳定实际上是指一种状态,即金融机构、金融市场和金融基础设施三个方面的协调发展,其中基础设施除包括支付体系或网络系统等硬件外,还应包括法律体系等制度环境。总体而言,金融稳定是金融体系功能运作良好的一种标志,最终目的是实现资源配置的最优化。尽管上述定义中没有明确提到货币稳定,但并不表明币值的稳定不重要。事实上,金融稳定的两个基本条件是稳定的价格和安全高效的支付系统,一旦发生货币危机,错误的价格信号将阻碍储蓄向投资的有效转化。此外,金融稳定的含义还应该包括以下内容:有发展前景的项目能够得到所需的融资、个人可以跨时间分配其消费、市场参与者具有处置风险的可能性、交易各方可以按合理的价格实现支付。这也是一个健康的金融体系所必须具有的特征。

由上述分析可以得出关于金融稳定的几个基本观点:① 金融稳定是一个宏观经济概念,不是指某一具体机构的表现。② 稳定的金融体系不一定意味着有效的金融体系,理想的状态是系统在某种程度上稳定且有效,但二者之间的平衡往往比较困难。③ 金融稳定关注系统性风险,同时,关注对系统安全影响较大的个体或事件。④ 稳定并非静止,特别是金融稳定应该是金融体系功能的稳定,而不应是功能实现方式的一成不变。

金融稳定的类型通常可以分为金融基本稳定、金融恶化和金融危机三个级别。与金融稳定相关的一个概念是金融安全,它们的关系是金融稳定涵盖了金融安全。

知识链接 13.1

中国金融稳定的有效手段——在线修复和紧急救助

中国政府一直高度重视金融稳定问题,并把金融稳定看作价格稳定的重要前提,注意发挥好央行"在线修复"金融体系、维护金融稳定的功能。之所以要在线修复,是因为经济运行没法中断,机器要继续运转,同时更换问题部件。

> 中央银行不应只是发挥好危机管理的职能,而是应在经济正常增长时期就着手制定金融市场的规则和标准,并持续维修、改善金融体系,不断完善这台机器,及早提升防范系统性风险的能力。
>
> 亚洲金融危机爆发后,中国加快了改革国有银行体系的步伐,有效解决了曾被西方一些媒体判定为"技术性破产"的中国银行体系问题,并积累了宝贵经验。首先,通过扩张央行资产负债表和外汇储备注资方式解决了国有银行资产负债表问题。在剥离不良资产后利用外汇储备补充国有银行资本金,并通过专项票据和借款方式对农村信用社提供财务支持。其次,强调花钱买机制的改革原则,以最大限度降低道德风险。在完成资产剥离和注资后,推动国有银行改制上市,并提高监管和会计审计标准。工商银行、中国银行、建设银行、交通银行、农业银行等国有银行都已建立起现代公司治理架构,并先后成功上市。对改革后符合资本要求等条件的农信社才全额兑付专项票据,充分体现了激励相容的原则。再次,注重做好救助和改革成本的分担与回收工作。在"做大"央行资产负债表修复金融体系的同时,也考虑了如何解决可能出现的损失和再度"做小"资产负债表的措施,保持资产负债稳健。
>
> 经过上述改革,中国银行体系沉重的历史包袱得以解决,资产负债状况焕然一新,稳健程度和竞争力大大提高,在本次国际金融危机冲击中也有较好的表现。
>
> (摘自:周小川.新世纪以来中国货币政策的主要特点[J].中国金融,2013.2.)

二、金融稳定的特征

(1) 全局性。金融稳定首先是指宏观金融系统的稳定。金融稳定的概念不仅涵盖了金融机构、金融市场、金融基础设施和金融管理框架,也将对金融体系稳定产生重要影响的国际国内宏观经济政策及运行环境、财政状况纳入视野,从而需要各组成部分的紧密配合、协同运作。作为金融机构的"最后贷款人"和支付清算体系的提供者和维护者,中央银行应立足于维护整个宏观金融体系的稳定,在密切关注银行业运行态势的同时,将证券、保险等领域的动态及风险纳入视野,重视关键性金融机构及市场的运营状况,注意监测和防范金融风险的跨市场、跨机构乃至跨国境的传递,及时采取有力措施处置可能酿成全局性、系统性风险的不良金融机构,保持金融系统的整体稳定。

(2) 动态性。金融稳定是一个动态、不断发展的概念,其标准和内涵随着经济、金融的发展而发生相应的改变,并非一成不变而固化的金融运行状态。一国理想的金融状态包括健康的金融机构、稳定的金融市场、充分的监管体系和高效的支付清算体系,其内部及其相互之间会进行结构和机制等方面的调整以及互动博弈,从而形成有效调控系统性风险的可调性制度架构,以适应不断发展变化的金融形势。

(3) 效益性。金融稳定不是缺少福利改进的运行状态,而应是福利增进型的状态。一国金融体系的稳定,要着眼于促进储蓄向投资转化效率的提升,改进和完善资源在全社会范围内的优化配置。建立在效率不断提升、资源配置不断优化和风险抵御能力不断增强等基础上的金融稳定,有助于构建具有可持续性、较强竞争力和良好经济效益的金融体系。

(4) 综合性。金融稳定作为特殊的"公共品",是事关经济金融全局的一项系统工程,涉及经济、社会、法律和政治等因素,彼此交错纵横,需要从理念、制度、政策、机构和技术等不同层面,采取不同的政策措施及方式(包括货币政策和金融监管的手段等)作用或影响金融机构、金融市场和实体经济才能实现,从而在客观上要求对金融稳定施行的政策意图、政策措施和政策工具乃至制度变迁的背景兼具综合性的整体考量。如运用短期利率等有关货币政策工具来稳定金融体系,借助审慎监管等手段来保持金融体系的稳定,采取宏观审慎分析、保障支付清算体系运行、提供紧急流动性援助等较为独立的政策工具来维护金融稳定等。

三、金融稳定的标志

关于金融稳定的基本标志这一问题,经济学家们提出了许多不同的看法。美国金融学家米什金教授认为信息不对称是产生金融不稳定的根源。一些学者则分别从金融危机与金融稳定、金融脆弱性与金融稳定、金融监管与金融稳定、竞争与金融稳定、存款保险与金融稳定、金融泡沫与金融稳定等不同视角进行了不同程度的探讨。目前比较一致的意见是:

1. 物价稳定是金融稳定的重要条件

物价稳定是实体经济正常运作的必要条件,较低的、稳定的通货膨胀率可以给经济主体以稳定的预期,为经济的持续增长创造良好的条件。如果价格发生经常性的较大的波动,市场主体面临的不确定性增加,金融交易及金融制度运行的成本升高,储蓄转化投资的机制容易出现"梗阻",从而金融体系的脆弱性增加,金融稳定就难以维持。当然,价格稳定并非实现金融稳定的充分条件。金融失衡或不稳定的情形在稳定的价格环境下有时也会累积和发生。例如,20世纪80年代后期,日本经济的物价水平相当稳定,但期间日本的资产市场崩溃,金融机构积累了巨额不良资产乃至倒闭,最终导致了长达10年之久的衰退期。

2. 银行业稳定是金融稳定的核心

金融中介职能的正常发挥是资源有效配置的重要条件。提供降低风险的机会不仅对机构而且对个人也非常重要,没有这种多元化或分散风险的可能性,许多投资项目不可能进行。以商业银行为主体的银行业是经营货币和信用的行业。银行业的重要金融媒介功能、其庞大规模和比重、与支付清算系统的"天然联系"及其防范金融风险的作用,决定了它在一国金融体系中占有举足轻重的地位。现代博弈论和信息经济学的分析表明,相对于证券业和保险业,银行业在信息不对称、风险分担和校正纠错机制方面具有更高的风险性和脆弱性,其发生不稳定的情形进而危及金融体系的几率也远高于证券和保险行业。

3. 金融市场稳定是金融稳定的重要表现

金融市场稳定是金融稳定的最重要表现。金融市场是各种资金相互交易及流动的场所,金融市场价格的波动反映资金供给与需求的矛盾及其平衡状态,金融市场诸如股票市场、外汇市场、债券市场以及房地产市场的大幅度波动,往往可能引发整个金融体系的动荡。所以,金融稳定首先表现为金融市场的稳定。

第二节 金融脆弱性

保持金融稳定是一国金融管理当局的重要任务和目标。但是,金融体系与生俱来的脆弱性使得其具有内在的不稳定性,这种不稳定性会通过不同的金融风险表现出来,当金融风险积累到一定程度,在某种事件的催化下会突然释放出来,酿成金融危机。金融脆弱性与金融风险和金融危机不同,它既包含了可能的损失,也包含了已经发生的损失,是金融风险积累到一定程度的状态,也是金融危机损害结果的表现。

一、金融脆弱性的含义

金融脆弱性(Financial Fragility)是指金融制度、结构出现非均衡导致风险积聚,金融体系丧失部分或全部功能的状态。金融脆弱性有狭义和广义之分。狭义的金融脆弱性是指金融业高负债经营特点所决定的更容易失败的本质属性,是金融内在脆弱性;广义的金融脆弱性是指金融体系中的一切风险积累。因此,金融脆弱性同金融风险是紧密联系在一起的。金融脆弱性是金融风险积累到一定程度的状态。

二、金融脆弱性的衡量

凡是影响金融脆弱性的因素都会通过一些经济金融变量反映出来,因为金融脆弱性可以根据一系列的经济金融指标来度量。关于度量指标的选取各国有所不同,但大同小异。IMF和世界银行1999年5月联合启动了一个"金融部门评估计划"(FSAP),主要用来判别金融体系的脆弱性,该评估计划包括宏观审慎指标如经济增长、通货膨胀、利率等;综合微观审慎指标如资本充足性、盈利性指标、资产质量指标等。这是一种理论与实践相结合的宏观金融稳定性评估方法。美国的宏观金融稳定监测指标体系分为两大类:一是宏观经济指标;二是综合微观金融指标。

金融机构的脆弱性,最基本的衡量指标是清偿力,即银行资产与负债之差。由于银行普遍具有"硬负债、软资产"的特点,因而衡量银行的清偿力就变成了对其资产的估价问题,不良资产比率成为衡量金融脆弱性的主要指标。商业银行的盈利能力下降、银行频繁要求流动性支持、管理方面的弱点以及内外部控制方面的缺陷也能暗示金融脆弱性。欧洲中央银行(ECB)成立了专门的金融脆弱性工作小组,展开对金融脆弱性的初步研究,具体将指标分为三类:一是关于银行系统健全的指标;二是影响银行系统的宏观经济因素;三是危机传染因素。

20 世纪 90 年以来,资产定价模型渐渐被用来推断某家银行脆弱性状况。Hall 和 Miles(1990)用资本资产价格模型估量了几家英国和美国银行的倒闭风险;Clare(1995)使用套期价格模型(主要依靠宏观经济变量)对英国商人银行倒闭的概率进行了估计;Fisher 和 Gueyie(1995)用期权价格模型估计了一些金融体制开放的国家中银行资产暗含的风险。由于金融机构属于服务业,依托于其客户存在,整体客户的状况也会反映金融机构的稳健程度。还有一些经济学(Kaminsky & Reinhart,1996;Demirg-Kunt&Detragiache)对金融脆弱性的具体指标选择进行了更深入的研究,他们认为下列指标可以反映金融部门正趋于脆弱:短期债务与外汇储备比例失调;巨额经常项目逆差;预算赤字大;资本流入的组成中,短期资本比例过高;汇率定值过高;货币供应量迅速增加;通货膨胀在 10 个月内的平均水平高于历史平均水平 8% 以上;M_2 对官方储备比率连续 12 个月的上升后急速下降;高利率等。

知识链接 13.2

狂热的悲剧——荷兰郁金香泡沫

荷兰的郁金香泡沫是历史上最有名的泡沫事件之一。17 世纪早期,在以商为重的富裕荷兰,中产阶级很快便染上了郁金香热病,最后,这种惜花热潮变成了一场对郁金香球茎的竞价战争。

在郁金香泡沫鼎盛的 1635 年,有个人愿出 12 公顷的闹市地产,以换取一只特种郁金香球,因为整个荷兰只有两颗这样的郁金香球。另一位商人愿出 4 头肥牛、8 头猪、2 箱红酒、4 箱啤酒、1 000 磅奶酪,以换取一种名叫"总督"的郁金香球。一些木匠、农夫和扫烟囱的,也开始带着一种民族自豪感来投资了。不仅荷兰本国人,一些外国人也赶来投资了。在郁金香狂热中,人们成天做着发财的美梦!

但好景不长,郁金香热并没有持续多久。1636 年,一位荷兰人最终清醒过来了,他拒绝以原先约定的价格支付购买的郁金香,由此引发了人们信心的动摇,郁金香价格便一发不可收拾地崩溃了。结果,相当多的人因已经倾其所有家当换回了几颗郁金香球,使殷实之家一夜之间成了乞丐。一些富家子弟祖祖辈辈积累下来的巨额财富,一夜之间因偿债郁金香投资而化为了泡影。

狂热是悲剧的种子!

(来源:理查德·扎克斯. 西方文明的另类历史[M]. 海口:海南出版社,2002.)

三、金融脆弱性的理论解释

对于金融脆弱性的研究,理论界主要从信贷市场、资产价格、信息经济学等视角展开。

（一）金融脆弱性：信贷市场视角的解释

从信贷市场视角研究金融脆弱性的代表性理论有明斯基(H. Minsky)的"金融不稳定性假说"(Financial Instability Hypothesis)和克瑞格(T. A. Kregel)的"安全边界说"(Margins of Safety)。

1. 金融不稳定假说

明斯基(1985))是较早对金融内在脆弱性问题进行系统阐述的学者,形成了"金融不稳定假说"。明斯基认为信用创造机构特别是商业银行和其他相关贷款人的内在特性使得它们不得不经历周期性危机和破产浪潮,它们困境又被传递到经济体部门,从而产生经济危机。

明斯基的分析是基于资本主义繁荣与萧条的长波理论,从债务—通货紧缩的角度来分析金融不稳定问题,认为正是经济繁荣时期埋下了金融动荡的种子,经济危机是引发金融周期性危机的主要原因。明斯基把借款企业分为三类:第一类是风险规避型企业。这类企业的预期收入不仅在总量上大于债务额,而且在每一时期内,其预期的收入流也大于到期的债务本息,它们在安排借款计划时,现期收入能完全满足现金支付的要求。显然,这些企业在金融上是最安全的;第二类是投机型企业。这类企业会根据预测的未来资金丰缺程度和时间来确定借款,它们的预期收入大于债务总额,但在借款后的前一段时间内,预期收入仅够支付利息而不够支付本金,因此存在债务缺口,在前一段时间内,它们为偿还债务,或重组其债务结构,或变卖其资产,由于这时的市场条件可能与借款时不同,企业因此而承担了不确定的风险,一旦市场发生变化,其财务状况就会发生变化;第三类是"庞兹"企业。这类企业是最脆弱的,它们将借款用于投资回收期很长的项目,在短期内没有足够的收入来支付应付的利息,而长期收益也是建立在假想的基础上,预期在将来某个较远的日期有高利润能偿还其累积的债务。为了支付到期的本息,他们必须采用滚动融资的方式,并且不断地增加借款。这类企业的预计收益是基于那些需要很长时期才能成功的投资,在短期内,其现期收入甚至不能满足利息支付。经济繁荣的刺激以及追求高额利润的驱动,金融机构逐渐放松了贷款条件,而借款企业受到宽松的信贷环境的鼓励,会倾向于积极地借款。这将导致越来越多的借款人从第一类向第二类或第三类转化,从而加速金融体系中的风险积累,金融脆弱性加剧。一旦经济走向衰退,利润增速放缓甚至出现负增长,金融部门出于安全考虑提高利率水平、收紧银根。但这时任何阻断信贷资金进入生产部门的做法都将会引起借款人的违约和破产,这反过来又会造成金融机构的大量不良资产,甚至导致金融机构的破产或整个金融行业危机爆发。

然而许多事实表明,银行家们似乎并没有从周期性的危机中吸取教训,金融危机依然频繁爆发,究其原因,明斯基认为主要有两个理由:一个是代际遗忘。即由于上一次金融危机已经过去了很久,一些利好事件推动着金融业的繁荣,贷款人对眼下利益的贪欲战胜了对过去危机的恐惧。由于人们认为当前资产价格的上涨趋势将会持续下去,于是推动了更多的购买,此外,银行的道德风险也将代际遗忘的时间大大缩短。二是竞争压力。贷款人迫于竞争的压力而做出许多不审慎的贷款决策。在经济高涨期,借款需求巨大,如果个别银行不能提供充足的贷款,它就会失去顾客,很少有银行能承受这种损失,因此每家银行都向其顾客提供大量贷款,而不顾及最终的累积性影响。由于从借款开始高涨到最终的结账日,其中经历的间隔时间可能很长,以至于发放贷款的银行从来不会因为他们自己的行为后果而直接遭受损失。

知识链接 13.3

庞兹:其人其事

查尔斯庞兹(1878—1949年)是美国的一位意大利移民。他宣称,他可以利用"一战"后欧洲混乱的经济状况而赚到大笔的钱,在几个国家购买打折的国际邮政联合会的票据,然后拿回美国全额兑现。因此,他向人们保证,在他那里,所有投资在45天内能得到50%的回报。在高回报率的诱惑下,从1919年到1920年,庞兹从约4万波士顿人手中共筹集到了约1500万美元的资金。庞兹的承诺有一部分兑现了,他是用后来者的钱去兑现先来的投资者的回报的。只要吸收的"投资"量多于为兑现承诺的回报而流出的资金量,庞兹的承诺就总能兑现。这就是典型的庞兹骗术。

案发后,庞兹在美国被判处了五年徒刑。第一次刑满出狱后,庞兹又故伎重演,结果蹲了更长时间的监狱。1934年,他被遣送回意大利。但他真是吃了豹子胆,萌发了更大的野心,想方设法去诈骗墨索里尼。最后,他落得的结局是:在巴西的一个慈善堂里身无分文地死去了!

(来源:理查德·扎克斯.西方文明的另类历史[M].海口:海南出版社,2002.)

2. 安全边界说

为了更好地解释明斯基的金融内在脆弱性理论,克瑞格提出了"安全边界说"。安全边界可理解为是银行收取的风险报酬,包含在借款人对银行支付的贷款利息之中。安全边界的作用在于提供一种保护,以防不测事件的发生使得未来有不良好的记录。对贷款人和借款人而言,认真研究预期现金收入说明书和计划投资项目承诺书,是确定双方都可以接受的安全边界的关键 环。虽然与借款企业相比较,商业银行对整体的市场环境和潜在的竞争对手更为熟悉并保有理性,但其对未来市场状况的把握仍然是不确定的,贷款风险依然存在。因此,商业银行的信贷决策主要还是遵守所谓的摩根规则,即是否贷款主要看借款人过去的信贷记录,而不用太关注未来预期。这种做法在经济稳定扩张时期往往会导致安全边界标准降低,低于安全边界的项目也会被批准(如经济过热时期的房地产贷款项目),从而导致金融业脆弱性的增加,一旦经济形势发生逆转,金融危机就不可避免。

(二)金融脆弱性:资产价格视角的解释

这种观点认为,金融资产价格的过度波动是金融体系脆弱性的重要根源。由于金融资产的价格通常是根据未来能够带来收入和影响未来收入的各种风险因素来确定的。资产的持有者通常无法了解所有的风险因素,因此他们只能通过自己对未来收入的预期来确定金融资产的价格。于是,人们的预期将影响金融资产的价格。由此在金融市场上,不再仅仅是交易行为决定资产价格,反过来资产价格也会通过市场心理影响交易行为。这样,通过资产价格和交易行为的相互循环作用,资产价格间接地决定自身,从而当资产价格出现上升时,这种上升将被价格自身所放大,推动一轮又一轮的价格上升,形成"金融泡沫"(Financial Bubble)。当这种力量释放完毕时,市场必将出现反向运动趋势,资产价格急剧下跌。这种资产价格的不稳定加剧了金融体系的脆弱性。

(三)金融脆弱性:信息经济学视角的解释

斯蒂格利茨等人认为,虽然金融机构的存在一定程度上降低了信息不对称程度,从而能够防止借款人与贷款人之间因信息不对称而产生的逆向选择和道德风险。但金融机构要真正解决信息不对称问题,还要具备两个前提条件:一是借款人要真正信任金融机构,不会发生挤兑;二是金融机构对借款人的筛选和监督是高效率和低成本的。然而,在现实信贷活动中这两个前提条件往往并不同时具备。由于信息不对称的存在,金融机构并不能总是高效率、低成本地实现对借款人的筛选和监督。相反,借款人总是要比金融机构更清楚地了解自身的经营状况及所投资项目的风险和收益。在经济扩张时期,金融机构常常会失去理性而投资一些高风险的项目,一旦经济发生逆转,这些项目就有可能给银行带来损失,而这些信息一旦被存款人所知晓,或是一些意外事件的发生致使他们对金融机构失去了信心,就会出现挤兑现象,危及金融机构的安全。

此外,随着金融自由化、全球一体化的发展,金融机构之间的往来越来越密切,资金结构也越来越复杂,形成了相互交织的债权、债务网络。任何一家金融机构微小的支付困难都可能引起更大范围的流动性危机,甚至于引发多米诺骨牌效应而波及其他国家和地区。

四、金融脆弱性的表现

前述几种理论从不同视角对金融脆弱性的形成进行了分析。现实的金融活动中,金融脆弱性既存在于金融机构,也存在于金融市场。金融脆弱性受多种复杂因素影响,这些因素有来自金融机构的,也有来自金融市场的;既有金融机构和金融市场主体自身行为的影响,也有投资者行为和公众心理预期、信心的影响。

(一)银行的脆弱性

作为典型信用中介机构的商业银行,其所充当的"借着的集中"和"贷者的集中"的角色以及其资产负债错配的经营模式,使其具有与生俱来的内在脆弱性。

1. 存款人与银行之间的信息不对称使银行极易遭受挤兑

当储蓄者对商业银行失去信心时,就会对商业银行产生挤兑,导致其流动性严重不足甚至破产。商业银行面对挤兑所显示出的脆弱性,体现在其业务经营管理的各个环节之中。作为信用中介机构,商业银行的功能就是通过吸收资金和发放贷款,把对存款人的流动性负债转化为对借款人的非流动性债权,即所谓的"资产负债的期限不匹配"。从负债端看,如果存款人提款是随机发生的,则根据大数原理,商业银行的资金流量就是稳定的。从资产端看,如果商业银行将其资产都持有到到期日,并且发放的贷款能被按期偿还,则商业银行的收入也会是稳定的。简言之,只要存款基础是稳定的,且借款人违约的风险较小,商业银行便可以在保持足够流动性的前提下,将一定比例的资金投资于流动性低但收益率较高的资产上。但若商业银行贷款出现较高风险而产生大量不良贷款,存款人就会担心他们的本金安全。一旦遇到意外事件,存款人就会完全失去对银行的信心而纷纷提取自己的存款。面对这样的意外事件,每个存款人最明智的选择就是立即加入挤兑行列。因为他们担心,提款继续下去的结果必然是商业银行被迫提前出售流动性低的资产来满足提款的要求,商业银行因此将蒙受损失,这使得排在挤兑队伍尾部的存款人很有可能收不回全部存款。这样,即使所有存款人都相信银行的经营是健康的,而且他们都明白大家不挤兑更有利于整体的利益,但出于各自自身利益的考虑,还是不可避免地进行挤兑,由此存款人个体行为理性的结果是导致集体的非理性,以致引发挤兑风潮,这就是博弈论的经典例证"囚徒困境"所说明的结论。这表明在市场信心崩溃面前,银行是非常脆弱的。

2. 借款人与银行之间的信息不对称使银行极易产生不良资产

商业银行资产质量容易恶化的一个重要原因是由于借款人与银行之间的信息不对称,使得银行难以有效筛选借款人并对其进行有效监督。银行难以有效地发挥监督职能的根源主要在于信息不全。银行要有效地筛选借款人,就必须对借款人的经营能力及其投资项目进行充分的了解。可事实上,借款人要比商业银行更了解其项目的风险和收益特征。因此,在信息不对称的情况下,银行在发放贷款时很容易产生逆向选择,即银行恰恰将贷款提供给了那些违约风险较高的借款人,而将信用较好的借款人排挤到了信贷市场之外。此外,由于信息不对称,商业银行在发放贷款后又难以对借款人的行为进行有效监督,借款人在获得贷款后极有可能去从事一些银行所不希望的高风险项目的投资。一旦投资失败,就形成了银行的不良债权,恶化资产质量,使银行产生不良资产,进而推高银行经营风险。

3. 银行自身存在的道德风险会加速金融脆弱性的形成

一方面,在现代经济中,商业银行往往都会得到政府的隐性担保,因此商业银行相信,一旦其陷入经营困境,政府是不会坐视不管的。商业银行遭受的危机越严重,政府援救它的可能性就越大。例如,在金融监管中,总一度流行"太大而不能破产""太关联而不能倒闭"的"监管宽容",这是出于金融稳定方面的考虑,当一家商业银行面临严重的财务困境时,政府会采取各种措施予以保护,而不让其破产倒闭。这样即使个别银行认识到某类贷款存在着很大的风险,但如果已经有一些其他金融机构在从事此类贷款,它们也会跟进,否则,它们就会失去获取高收益的机会。一旦经济形势发生逆转,借款人无力偿付时,银行的资产就急剧地恶化。另一方面,银行管理者在经营业绩上获得奖励和受到处罚的不对称性也会推高风险。银行发放的高风险贷款一旦获得成功,管理者将获得优厚奖励;但是如果贷款失败,他们面临的最坏结果不过只是暂时丧失工作而已。两相权衡,一些银行管理者总是倾向于从事那些高风险、但有可能带来丰厚收益的贷款或投资项目。

4. 银行资产负债结构特征使其面临流动性风险

银行的资产负债期限结构是指在未来特定时间内到期的资产(现金流入)与到期的负债(现金流出)的构成状况。这既是商业银行作为信用中介机构所具有的典型特征,也是其脆弱性生成的根源。一方面,在其全部资金来源中所占比重很低,是典型的高负债经营。银行自有资本少,净值也很小,其所有者从错误决策中可能招致的损失越小,它们从事高风险贷款的可能性就越大。特别是在其经营处于困境的条件下,银行管理者会采取某种激进的投资策略,以期望陷于困境的银行能够起死回生,结果往往雪上加霜,招致更大的风险或损失。另一方面,商业银行为了实现最大限度的盈利目标,往往会以其特有的经营模式进行资产负债的期限错配,即将短期资金来源用于长期贷款或投资,以此达到"借短贷长"。这些期限错配的资产负债可能因环境、市场、债权人与债务人及银行自身经营管理等因素的影响而出现偿还期脱节,导致银行发生到期支付困难而面临较高的流动性风险。

总之,商业银行的正常运行依赖于高质量的资产和稳定的负债,但由于以上诸多方面的原因,使商业银行面临着道德风险、逆向选择和流动性风险,从而使其具有很大的内在的脆弱性。

(二)金融市场的脆弱性

1. 投资者"羊群效应"行为容易加剧股市过度波动

金融资产价格的过度波动会诱发大量金融风险,从而加剧金融市场的脆弱性。金融市场的脆弱性是一个意外事件的冲击导致人们信心的丧失时,极易引发金融市场,尤其是股票价格的急剧下跌,从而严重扰乱金融和经济体系的秩序。导致股票市场脆弱性的一个重要原因是由于信息不完全和从众心理,投资者在判断金融资产价格时具有盲目性,从而在进行投资时容易产生"羊群效应"。羊群效应是指金融资产投资中跟风操作的行为,即当股票市场价格上涨时,人们就跟着买进;反之,一旦股票市场价格出现逆转下跌,就跟着卖出。导致股票市场脆弱性的另一个重要原因是交易和市场结构的某些技术特征。交易制度中的任何便利低买高卖的技术性特征都可能加剧股票市场的波动性。例如在保证金交易方式下,投资者可以从事规模很大的金融交易,从而推动市场价格急剧变化。当价格朝着对其不利的方向发展时,迫于保证金压力,这些投资者就不得仓促地强制平仓,这又会导致股票价格大落。

2. 金融泡沫的滋生使股市变得更加脆弱

股票市场最大的波动性表现为股票市场泡沫的形成和崩溃过程。金融泡沫是指一系列资产在一个连续的过程中陡然涨价,开始时价格上升会使人们产生还要涨价的预期,于是又吸引新的买主,而这些买主一般只是想通过买卖牟取利润,而对资产本身的使用和盈利能力并不感兴趣。随着预期的逆转,接着就是价格的暴跌,最后以金融危机告终。从理论上讲,当金融资产价格超过了企业未来现金流量的贴现值时,就被认为出现了金融泡沫。

判断股票市场是否出现了泡沫的一个简单而实用的标准就是平均市盈率。当股票平均市盈率过高时,股票市场就可能存在泡沫成分。这是因为,在这样的市盈率水平下,股票价格会远远高于公司每股收益按照现行市场利率贴现的贴现值。这时整个金融市场表现为空前的繁荣。例如,1999年5月19日至2001年6月,中国股票市场价格指数上涨了1倍,股票平均市盈率达到了60倍,同时,日成交量也急剧地扩张到几百亿元之巨,意味着这时的股票市场存在着很大的泡沫。2005年至2007年又出现了同样的情况,上证综合指数在两年多的时间里上涨了5倍多,中国股票市场的平均市盈率又达到了60倍,繁荣景象背后就是金融泡沫。但是,金融泡沫是很难持久地维持下去的,有时一个极小的外力作用就会使"泡沫"破灭。在泡沫快到崩溃的前夕,投机之风盛行,整个社会都弥漫着投机的狂热。当投机达到一定程度后,人们对股票市场的信心开始动摇,某个平常看来微不足道的因素都可能引发股票价格的急剧下跌,并使股市在一段相当长时间内维持非常低迷的行情,成交量极度萎缩。

知识链接 13.4

金融的洪水效应和潮水效应

老子曰:上善若水。天下莫柔弱于水,而攻坚强者莫之能胜。

今天,放眼社会,储蓄存款、办理汇款、购房贷款、投资理财,乃至买卖股票、待办收费、保险理赔……金融之水,百姓无不润(泽)其中,天下无不享其利。它帮你打开走向精彩世界的门窗,它帮你拉近通向社现代社会的距离。

> 金融之水需要水坝。金融是一个高风险行业。金融之水如果调控不当，将会像洪水一样冲堤决口，滔天而来，给经济和社会造成重大危害。十年前的亚洲金融危机，使世界经济停滞十年，今天人们仍然谈虎色变，五年前的阿根廷金融危机，一个月内五位总统下台，今天人们仍不寒而栗。因此，从事金融工作要牢固树立风险意识，防止"洪水效应"。
>
> 金融还具有"潮水效应"。金融风险如同海边的礁石一样，在经济高涨时，它被淹没；在经济退潮时，它将被暴露。历次经济过热，都带来生产要素的不平衡，都要逼迫人们采取宏观调控措施，下马一批项目，停工一批企业，造成一批不良贷款。因此，从事金融工作要学会"逆向思维"，经济形势越好越要保持清醒头脑，防止"潮水效应"。
>
> 金融还具有"污水效应"。金融风险以案件为主要表现形式的操作风险，虽然损失的金额与整个金融资产相比只是小数，但如同一块污泥落入清水池中，使整个水池严重污浊。
>
> （摘自：唐双宁. 金融如水[J]. 中国金融，2007，8.）

第三节 金融风险

在现代金融体系中，金融脆弱性与金融风险相互关联、相互影响，金融风险的滋生与累积会加剧金融脆弱性，金融脆弱性的存在和形成又会产生并扩大金融风险。

一、金融风险的含义

风险是指由于各种不确定性因素影响带来收益或引起损失的可能性，风险的本质特征是不确定性，但存在不确定性并不意味着存在风险。所谓不确定性是指结果发生有多种可能的状态，而人们无法事先准确预知未来的结果。这种不确定性可能有利于经济主体，也可能不利于经济主体。同时，风险关注的是一种未来可能发生的、潜在的损失，是一种事前概念，一旦损失已经发生了，风险也就释放了。金融风险（Financial Risk）是指在金融活动中，因各种不确定性因素影响使经济主体遭受损失或获取额外收益的机会和可能性。金融风险的含义涉及四个基本要素，即风险承受者、收益与风险相关度、不确定性因素和风险度量。金融风险的种类很多，按风险承担的层次主体和范围划分，金融风险分为微观（个体或局部）金融风险和宏观（全局性或系统性）金融风险。微观金融风险按其产生的原因不同，进一步分为政策性风险、市场风险、信用风险、流动性风险、操作性风险、道德风险、声誉风险、法律风险等。

二、风险、信心及预期

金融是市场经济运行中是最复杂、精巧的一部分。金融风险的发生除了经济基础和金融系统中各种因素的影响外,还与市场参与者的信心和预期密切相关。金融的基础是信用,信用的背后是信任,而信任要靠信心来支撑。信心就是市场参与者对一国经济前景或未来市场的判断和预期。在讨论信心和预期时,需要对市场参与者进行细分。参与金融市场的四个部门,即企业、居民、政府和金融等部门,代表着不同的利益群体。事实上,在这四个部门之上还有一个更具有代表性并超脱于各利益主体之上的公众部门。在政府存在着自身政治经济利益的情况下,公众部门就抽象地代表着全社会公众利益预期。政策效果和市场表现的不确定性,都会对公众利益预期或公众信心产生影响。在政府采取措施干预或调节市场的前提下,政府决策对公众预期或信心具有举足轻重的影响作用。因为在现代经济运行中,市场变量总是以某种事后结果对公众信心产生影响的,只有政府决策,无论中央政府或是货币金融当局的决策,才能以预先的信息传递方式对公众信心的形成产生决定性的影响。公众信心的形成过程,也就是重要经济信息的采集和判断理念的建立过程,在这一过程中,信息是否真实、充分,显得非常重要。按照不对称信息论的观点,各类市场参与者都有自己的私人信息,因此,它们之间的博弈是在信息不对称的情况下进行的。企业、居民、金融部门在采集政府的决策信息时,政府明显处于拥有大量私人信息的一方,特别在市场深度不够,经济运行透明度不高的国家,情况更是如此。在这种条件下,如果政府出于政绩或追求短期安定等种种考虑,常常会利用媒体或进行误导性宣传,或有意掩盖经济中业已发生的严重问题,那么短期内公众信心可能不受损害甚至还会提高,但当各类微观主体发现自己被误导后,就会出现公众信心急剧回落的局面。一旦出现这种情况,经济体系中蕴藏的金融风险不但不会降低,反而会进一步扩大。

三、微观金融风险

(一)微观金融风险的含义

微观金融风险属于个体或局部金融风险,是指金融机构业务经营过程中因各种不确定性因素影响而遭受损失的可能性。金融机构滋生的风险有可能对其生存构成威胁,一家金融机构的风险所带来的后果往往超过对其自身的影响。比如当一家金融机构因经营不善而出现机时,有可能对整个金融体系(银行系统、保险系统等)的稳健运行构成威胁。

微观金融风险属于个体风险,需要让市场主体来防范和化解。对各类风险的防范和处置,是金融机构的重要任务。微观金融风险转化成现实所产生的影响主要有两类:一是损失。如资产缩水、投资损失、收益减少、严重亏损等。二是破产。

损失类风险是经常发生的,如出现呆账等。破产类风险出现的频率相对低一些。通常,微观金融风险带来的后果是孤立性的、个体性的,不产生连带性影响。但随着混业经营和金融创新的加强,各金融市场之间、金融机构之间日益逐渐融合,各类金融风险的之间的关联性、渗透性和传导性不断增强,需要金融机构和监管部门加强风险的防范、应对和控制。

(二) 微观金融风险的种类

1. 政策性风险

政策性风险是指由于一个国家宏观政策的变动可能给投资者带来的风险。一国财政政策、货币政策,以及对内、对外的各种经济、政治、外交甚至军事活动都会对金融活动的结果产生不确定性影响。一旦决策失误就会造成金融业的不稳定,乃至发生金融危机。如1997年爆发的东南亚金融危机在一定程度上就是由于当时相关国家的宏观经济政策不当造成的。政策性风险是来自于外部环境,起因于经济个体无法控制的外在不确定性,会对所有的经济个体产生影响,因而是一种系统性风险。

2. 市场风险

市场风险是指在市场交易中,由于基础金融变量,如汇率、利率、股票和债券价格、金融衍生产品价格、通货膨胀率等方面的变动引起的金融资产或负债的市场价值发生变化而给金融活动主体带来损失的可能性。其中以利率风险、汇率风险、资产价格波动风险最为常见。

3. 信用风险

信用风险是指由于交易一方当事人不愿意或不能够正常履行契约而导致另一方遭受损失的风险。信用风险是银行业面临的最主要的风险之一。银行作为贷款人,可能因为借款人客观上丧失偿债能力或主观上缺乏还款意愿而受到损失。除此以外,债券或股票的持有者也面临着发行方信用状况变化而不能按期还本付息造成损失的风险。

4. 流动性风险

流动性风险可以从两个不同的层面来理解。一方面是由于金融资产或金融产品流动性的不确定性带来的损失。当金融产品的流动性下降,可能会产生产品的持有者无法及时变现,或即使能变现也不得不付出高昂的成本,这种风险被称为产品流动性风险。另一方面是金融机构本身的资金流动出了问题。如果其流动性资产不能满足偿还流动性负债的要求,就会引起金融机构的清偿问题,不得不以较低的价格变卖资产,甚至出现资不抵债的情况,这种风险又往往被称为现金流动风险。显然,流动性风险对于金融机构的影响很大,流动性风险以其不确定性强、冲击破坏力大的特点,而被称为"商业银行最致命的风险"。因此,流动性风险管理在金融机构的经营管理中占有非常重要的地位。

5. 操作风险

操作风险是指由于内部程序、人员、系统的不完善或失误,或外部事件造成的直接或间接损失。包括内部人员操作失误或蓄意隐瞒信息导致的风险,自然灾害、政治和军事事件及由于技术设施的缺陷等外部不可抗力造成的风险以及和法律、税收、监管等方面变化带来的法律风险等。

6. 道德风险

道德风险是指在交易中的一方利用自身的信息优势,在双方签订合约后为了谋求自身利益而违反市场规则或道德规范,给对方造成损失的可能性。例如在融资完成后,融资者不从事事先约定的投资项目,而是将资金投入高风险的经济活动中,就会增加投资者所面临的风险。

7. 声誉风险

声誉是指金融机构的利益相关者通过持续努力、长期守信经营建立起来的无形资产。声誉风险是指由于意外事件、机构政策调整、市场表现等产生的负面结果,可能对金融机构的无形资产造成损失的风险。声誉风险往往因为市场客户、交易对手、监管部门、投资者和媒体等对金融机构持有负面评价或不友好态度,从而引起金融机构声誉受损,业务经营受阻,利润下降。

8. 法律风险

法律风险是一种特殊的操作风险,它是指在日常经营过程中,金融机构由于忽略、无法满足或违反法律法规的要求,无法正确履行合同和监管要求,引发争议、律纠纷和行政处罚,从而带来损失的可能性。

(三)微观金融风险的传染和扩散

微观金融风险常常引发金融体系的不稳定,如金融机构进行金融投机活动容易发生巨额亏损,导致破产倒闭;从事洗钱等非法活动被揭露查处造成停业倒闭;银行经营不善、风险控制不力、资产质量低下,导致存款人挤兑和破产等。现代金融活动中,居民、企业、银行和政府各主体之间,特别是企业之间、银行之间存在着十分复杂的债权债务关系,由此链条,形成的债权债务链条就是金融风险传递或扩散的通道,在特定情况下,往往一个债务人的支付危机就会诱发连锁反应。因此,微观金融风险控制不力,波及范围没有得到及时控制,就可能演进成为全局性或系统性金融风险。

微观金融风险扩散为系统性金融风险的前提条件有两个:一是损失类风险在行业内普遍累积,并已达到破产的临界点;二是破产类风险引发连锁反应。如某一家金融机构破产可能会引发社会预期改变,产生存款挤兑风潮、资产价格急剧波动、外资大规模流出、货币大幅度贬值等。上述两个条件,只要具备任何一个就意味着微观金融风险已经扩散为系统性金融风险。微观金融风险传染到其他经济主体,并可能进一步扩散。为了防范危机的发生,政府将被迫采取救援行动。但这同时可能产生负的激励效应,使金融机构对防范微观金融风险的动机和动力不足,甚至不顾风险而盲目交易,"太大而不能倒""太关联而不能倒",出现"道德风险"问题。这就需要政府对微观金融主体的行为实行严格的监管,通过多种举措来强化金融机构的避险动机,提高其避险能力,并从体制和机制设计上消除产生道德风险的土壤。

四、系统性金融风险

系统性金融风险也称为宏观金融风险或全局性金融风险,是相对于个别金融风险或局部金融风险而言的风险概念。早期有关系统性风险的定义主要侧重于风险形式、风险积累方式、风险传染途径等不同风险要素,强调风险的传染性,即一家金融机构的风险事件引发其他金融机构或市场的风险。2008年全球金融危机后,系统性风险定义有了新发展,相对弱化系统性风险的形式和表现,强调系统性金融风险对金融体系和经济增长的危害或影响。欧洲中央银行(ECB,2010)依据危害范围大小,将系统性金融风险定义为:导致金融体系极度脆弱,金融不稳定大范围发生的风险,严重损害金融体系运行能力,进而影响经济增长和社会福利;金融稳定理事会、国际货币基金组织和国际清算银行(FSB、IMF and BIS,2011)从影响实体经济角度,将系统性金融风险定义为:金融体系部分或全部受损时引发的大范围金融服务失效并可能对实体经济产生严重冲击的风险。上述国际金融机构角定义具有以下共性:① 系统性金融风险关注对象不局限于单一的机构或市场,而是整个金融体系的全部或重要组成部分;② 系统性金融风险具有传染性,个体的损失会引发整个体系的连锁反应,风险由金融系统内所有参与者共同承担;③ 上述定义都考虑到了系统性金融风险对实体经济的溢出效应。

由此可以认为,系统性金融风险是指由于金融系统中机构或市场存在内在相关性或联动性,单一或部分机构倒闭及市场崩溃在机构间传染、市场间蔓延,导致损失不断扩散,最终使整个金融系统崩溃,进而对实体经济造成严重冲击的可能性。自第五次全国金融工作会议上党中央将守住不发生系统性金融风险底线作为对金融工作的根本要求以来,不仅金融行业,而且全社会十分关注系统性金融风险防范问题,之所以这样,原因在于系统性金融风险具有隐蔽性、复杂性、突发性、传染性、危害性等特点,它发展到一定程度,就会转化为金融危机,直接威胁一国经济安全。通常投资者自身不能控制的一些因素而引起投资报酬的大幅度变动,这些不可控因素主要是政治、经济、自然灾害、社会事件以及其他突发事件等,其不利影响可能在整个金融体系引发"多米诺骨牌"效应,造成经济金融系统的剧烈震荡,引发更大范围的金融风险,甚至引发社会政治危机,不仅会威胁社会稳定,而且会导致经济发展的停滞或严重倒退。国际货币基金组织(IMF)对31个发展中国家金融危机的考察表明,当金融危机造成的累计产出损失达到12%时,至少需要3年的时间才能使经济恢复到危机前的水平。因此,守住不发生系统性金融风险底线,既是金融部门的工作任务,更是其重要的政治任务,是全国金融行业应该担负的历史责任。

第四节 金融危机

金融脆弱性累积到极限,金融风险累积成系统性金融风险就会转化为金融危机。金融危机是一种出现较早的经济现象。尤其是1929—1933年爆发的"大萧条",人们对金融危机所造成的社会经济的震荡性影响开始刮目相看。随着20世纪70年代布雷顿森林体系的崩溃以及金融自由化、全球化发展,金融动荡和金融危机逐渐成为一种世界各国面临的重要问题。20世纪90年代以来,金融危机频繁爆发。从1992年欧洲货币危机、1994年墨西哥金融危机,到1997年东南亚金融危机和2001年拉丁美洲债务危机,再到2007年美国的次贷危机,其规模之大、影响之深、波及面之广、破坏性之大,为百年所罕见。因此,认识金融危机的形成机制,有效预防金融危机,已经成为各国的共同任务和经济学家们研究的重要课题。

一、金融危机的含义、类型和特点

(一)金融危机的含义

金融危机(Financial Crisis)是金融脆弱性累积到极限,金融风险累积成系统性风险爆发出来所导致的整个金融体系或某个金融体系组成部分的混乱和动荡,表现为一国或多个国家与地区的全部或大部分金融指标发生急剧的、短暂的和超周期的恶化。这些金融指标包括短期利率、货币资产、证券价格、房地产价格、土地价格和金融机构倒闭数等。金融危机是相对于金融稳定而言的,又称之为金融风暴。危机爆发时,人们对于未来经济产生更加悲观的预期,货币币值出现大幅度贬值,经济规模显著回落,经济增长明显受阻,同时伴随着企业大量倒闭,失业率提高,社会经济萧条等经济现象发生,甚至发生社会或国家政局动荡。

(二)金融危机的类型

1. 货币危机

货币危机是指人们丧失对一国货币的信心,大量抛售该国货币,从而导致该国货币汇率在短时间内急剧贬值,或者迫使货币当局花费大量外汇储备和大幅度提高利率以维护现行汇率。例如,1994年墨西哥比索与美元的汇率和1997年泰国铢兑美元的汇率骤然下跌,就是典型的货币危机。

2. 银行危机

银行危机是指由于人们对银行体系丧失信心,从而大量从银行挤提存款,导致银行体系的流动性严重不足,出现银行倒闭或被合并、接管的现象。银行危机既表现为单个或部分银行机构的倒闭或被合并、接管,如我国的海南发展银行、包商银行的破产倒闭和美国硅谷银行的破产倒闭等,也表现为整个银行体系大批银行机构的破产倒闭,如 2008 年美国贝尔斯登、雷曼兄弟、美林三大投资银行和华盛顿互惠商业银行以及房地美、房利美两大住贷机构的相继破产倒闭和被接管。

3. 债务危机

债务危机是指一国政府超过自身的清偿能力,无力如约偿还到期对外债务本息或被迫延期还债的现象。衡量一国的外债清偿能力有多个指标,其中最主要的是外债清偿率,即一国在年度外债还本付息额占当年或上年出口收汇额的比率,该指标一般应保持在20%以下,超过20%就说明外债负担过高。20 世纪 80 年代巴西、墨西哥、阿根廷、委内瑞拉、智利和印度等发展中国家发生的外债危机,2009—2011 年发生的部分欧洲国家发生的主权债务危机等,都是典型的债务危机。

4. 资本市场危机

资本市场危机是指人们丧失对资本市场的信心,争先恐后地抛售所持有的股票、债券等金融资产,使股票或债券市场价格急剧下跌的现象。例如,1929 年美国股票市场的崩盘,道·琼斯指数在短短的时间里下跌了80%,1999 年开始,美国纳斯达克股指从原来的 6 000 多点跌至 2002 年月底的 1150 点。

需要指出的是,现实世界中发生的金融危机,往往并不是这四种类型中的某一种,而是多种危机交织在一起,形成系统性金融危机。系统性金融危机是指银行、汇率和资本市场等主要金融领域的危机同时爆发,产生连锁冲击效应,从而对实体经济造成巨大损害。破坏性影响。1929—1933 年的大危机中,不仅股票市场急剧下跌,美国还有超过 10 000 家的银行破产倒闭;1997 年的亚洲金融危机中,泰国、印度尼西亚、马来西亚、韩国等国的货币汇率大幅度贬值,同时股票及债券价格也暴跌,许多银行陷入了破产境地;2008 年,美国次贷危机逐步演变成了一场百年不遇的全球系统性金融危机,股市暴跌,大批金融机构和实体企业破产,失业率急升,对全球社会经济影响持续 10 年以上。

(三)金融危机的特点

1. 突发性

传统的金融危机往往是由经济周期性波动引发的。当经济发展处于衰退时期,由于金融的内在脆弱性,金融危机就有可能爆发。但第二次世界大战以后爆发的金融危机,不论是股市的崩盘、银行倒闭还是债务危机、货币贬值,似乎脱离了经济周期的轨道而显得难以预测,危机爆发前人们往往难以察觉到危机即将发生,甚至还对经济金融的发展状况高度乐观。危机爆发前不一定有明显的征兆,爆发的直接诱因可能是投机者在金融市场上的某种操作,突发性特点相当明显。

2. 潜伏性

虽然大多数金融危机都是突然爆发的,但是危机的酿成绝非"一日之寒"。实际上,金融危机是长期潜伏的系统性金融风险的集中释放和突然爆发,从金融风险到金融危机必然经历形成、累积到爆发的过程。在这一过程中,有关国家和地区的经济金融系统综合性经济问题由于长期积累的问题而"暗流涌动",只是在危机爆发前各国政府、金融监管机构因经济金融繁荣的表象所掩盖而没有察觉,以至于没有采取必要的措施防范和化解正在积聚的金融风险。

3. 马太性

金融危机一旦爆发,将随着信用基础的丧失而加速扩散。以银行危机为例,当银行出现流动性问题时,存款人失去信心,发生挤兑,而挤兑导致银行陷入更严重的流动性危机,流动性问题越是严重,存款人越是参与挤兑,从而形成恶性循环的马太效应。

4. 传染性

计算机、网络、通信等信息技术的迅速发展,以及金融自由化、全球经济一体化进程的大大加快,各国经济运行中银行、证券、外汇等各个金融市场之间的联系越来越紧密,资本在各国之间的流动空前加快,这也使得各国的金融系统更易于受到国际金融环境变化的冲击,一旦一国或某个金融市场发生危机,就会产生连锁反应,迅速扩散到其他相关国家和地区,使一国金融危机演变为地区性乃至全球性金融危机。这就是通常说的"多米诺骨牌效应"。全球金融市场动荡的主要传导机制是投资者过度敏感的金融恐慌心理,加上国际上资金调动的电子化程度的进一步提高,加上快速的信息传递,形成所谓"金融市场接触传染"的问题。例如,1992年爆发的欧洲金融危机几乎席卷了欧洲货币体系所有国家。英镑、意大利里拉、芬兰马克纷纷宣布退出欧洲货币体系,并宣布本国汇率实行自由浮动,而仍留在欧洲货币体系中的爱尔兰镑、瑞典克朗以及法国法郎都受到了不同程度的冲击,汇率发生剧烈波动;1994年墨西哥金融危机爆发后,迅速蔓延到了巴西和阿根廷等周边拉美国家;1997年发端于泰国的金融危机不仅引发整个东南亚地区的金融动荡,更是波及了俄罗斯、巴西等欧美国家。而美国金融危机爆发后,则以排山倒海之势,瞬间波及世界各个角落。这种传递似乎已经超越了传统的地理概念,而成为一种趋势。

5. 破坏性

现代金融危机一旦爆发,将严重影响资源的配置效率,对相关国家或地区的经济体系产生致命性冲击,甚至诱发社会动荡和政治危机。例如,20世纪80年代爆发的拉美国家的债务危机导致这些国家"失去了十年"的发展时间;东南亚金融危机更是结束了持续十余年的"亚洲奇迹",次年,印尼的经济增长率为-13.7%,泰国为-9.4%,韩国为-5.8%,在这次金融危机的持续影响下,世界经济进入下降的轨道,1998年全球经济增长率从预期的4.2%下调到2.5%;而发端于美国次贷危机的全球金融危机则更是将全球经济拖入深深的泥潭,使全球各国经济蒙受巨大损害,其影响长达十年之久。

二、金融危机理论

20世纪以来,多次爆发的金融危机对有关国家或地区乃至全球经济造成了巨大的冲击和破坏。经济学家们试图通过深入探求金融危机形成的机制和爆发的根源,去把握金融危机发展演化的规律,以防患于未然,丰富的研究成果构成了金融危机理论的重要内容。

(一)货币危机理论

1. 第一代货币危机理论

第一代货币危机理论也称为货币危机的标准模型,由美国经济学家保罗·克鲁格曼(Paul Krugman)于1979年提出,因此又称克鲁格曼模型,是关于货币危机出现的最早的、比较成熟的理论模型。该模型以小国开放经济为分析框架,以盯住汇率制或其他形式的固定汇率制为分析对象,研究了以放弃固定汇率为特征的货币危机发生的机制。克鲁格曼认为,货币危机源于扩张性经济政策与试图维持固定汇率的目标之间存在着根本性不协调。典型的情况是:政府预算存在持续的财政赤字。为了弥补财政赤字,政府不得不大量发行货币,结果导致货币发行失控,物价水平持续上涨。在其他条件不变的情况下,一国的货币增长率持续地高于国际水平,该货币将面临贬值压力。在此情形下,若该国试图维持本国货币固定的汇率,就只能动用外汇储备来干预外汇市场。如果货币贬值的压力不大且是暂时的,货币贬值的压力就可能被有效地化解。但若汇率贬值的压力很大且持续很久,该国中央银行就将面临外汇储备被耗尽的危险。当本国外汇储备难以承受货币贬值的压力而将近耗尽时,一些深谋远虑的投机者希望抢在该国外汇储备被耗尽之前全部卖出该国货币,形成对该国货币的突然性投机冲击,从而导致该国外汇储备加速枯竭,货币失去稳定的基础。

第一代货币危机理论指出了货币危机的根源在于宏观经济政策与固定汇率制度的不一致,持续的信用扩张政策所导致的基本经济的恶化是货币危机发生的根本原因。如果一国外汇储备不足,财政赤字不断货币化就会导致固定汇率制度的崩溃,并最终引发货币危机。但是该模型的一个缺点是对政府的行为的分析过于简单化,这催生了第二代货币危机模型。

2. 第二代货币危机理论

1992年欧洲英镑危机和1994年墨西哥金融危机的爆发,进一步推动了金融危机理论的发展。英镑危机爆发之时,英国不仅拥有大量的外汇储备,而且财政赤字也未出现与其汇率稳定不一致的情况,第一代货币危机理论对此无法给出合理的解释。于是,经济学家开始从其他方面寻找危机发生的原因,逐渐形成了第二代货币危机理论。

第二代货币危机模型由毛里斯·奥伯斯法尔德(Maurice Obstfeld)于1994年

提出,被称为自我实现的货币危机理论(自我实现论)。该理论与第一代货币危机理论一样,也是将货币危机发生的原因归结为国内经济政策与固定汇率制的矛盾上,但它关注的政策不是财政政策而是货币政策。该理论认为,政府不再像第一代模型中那样只是一个简单的信用扩张者,对于货币危机无所作为,而是一个积极的市场主体。一国政府既有捍卫汇率稳定的动机,也有放弃汇率稳定的动机。外汇市场中的参与者有中央银行和一般投资者,双方根据对方的行为和掌握的对方信息,不断修正自己的行为选择,这种修正又影响着对方的下一次修正,形成了一种自我促成,当公众的预期和信心的偏差不断累积使得维持稳定汇率的成本大于放弃稳定汇率的成本时,中央银行就会选择放弃,从而导致货币危机的发生。

政府之所以存在使本国货币贬值的动机,主要有以下收益的考量:① 放弃固定汇率,让本币贬值,可扩大出口、拉动经济增长。② 如果市场存在着贬值预期,说明本币被高估了,这在贬值尚未发生的情况下不仅会产生对外汇储备的冲击,还会对经济增长形成抑制,使失业率上升,从而导致政府的收入减少、支出增加,此时放弃固定汇率,让本币贬值,就能够减少这笔成本。那么,政府为什么还要维持汇率的稳定呢?可能的原因是:① 实施固定汇率的政府要保持本币汇率稳定,一旦贬值,政府就会承担信誉成本。② 稳定汇率制度有利于国际贸易和投资发展,本币贬值会付出这种稳定成本。

第二代货币危机理论认为,公众对于金融体制的不同预期会产生不同的均衡结果,即使政府不采取与某种体制相抵触的宏观经济政策,如果人们预期这种体制将会崩溃,那么他们会采取相应措施来避免自己的损失,这种行为恰恰可能会导致固定汇率制度真正的崩溃。也就是说,理性预期对货币危机具有自我实现的性质。根据以上分析,在实施固定汇率制度的国家,政府根据成本—收益考量来决定是否继续坚持固定汇率。当人们普遍预期汇率会贬值时,政府会发现坚持固定汇率的成本大于收益,从而放弃维持固定汇率制的努力,货币大幅度贬值,这势必会引发金融危机。

3. 第三代货币危机理论

19世纪80年代,美国储蓄贷款协会的倒闭使得越来越多的经济学家认识到,在一个管制越来越松的环境中,存款保险制度可能带来严重的道德风险问题。由于有联邦储蓄贷款保险公司提供的存款担保,储蓄贷款协会(简称储贷协会)不必担心因自己的过度冒险而失去存款人的信任,而且由于保险费率对所有储贷协会都是一样的,储贷协会也不必担心因为过度冒险而支付更多的保险费。在这种"赚了归自己,赔了由纳税人兜着"的机制下,储贷协会当然会有很强的动力去追求风险收益。结果,美国政府不得不在90年代初斥巨资来处理储贷危机。

这一事实为经济学家考察发展中国家的金融危机提供了新的思路。麦金农较早道德风险视角探讨了发展中国家的存款担保(显性的或隐性的)与过度借债之间的关系。1997年下半年爆发爆发的亚洲金融危机使这一问题更加凸显出来。这场危机发生之前,亚洲许多国家都创造了经济发展的神话,而且大多实行了金融自由化。第一、二代模型已经无法较好地解释这场金融危机,更难理解的是,这些国家和地区经济在危机过后很短时期内就实现了经济复苏,某些方面甚至还好于危机之前。基于金融危机新的发展特点,经济学家们提出了第三代货币危机理论。该理论强调了第一代、二代模型所忽视的一个重要现象,即在发展中国家普遍存在着道德风险问题。普遍的道德风险归因于政府对企业和金融机构的隐性担保,以及政府同这些企业和金融机构的裙带关系。这导致了在经济发展过程中的投资膨胀和不谨慎,大量资金流向股票和房地产市场,形成了金融过度,导致了经济泡沫。当泡沫破裂或行将破裂所致的资金外逃,将引发货币危机。

第三代货币危机理论出现较晚,但学者们普遍认为脆弱的内部经济结构和亲缘政治是导致这场危机的关键所在。在众多将这次危机归因于金融机构的道德风险问题的经济学家中,最具有代表性的仍属克鲁格曼。他认为,东南亚国家的货币危机充其量只是这些国家国内金融危机的一个表现,而不是其原因。因为早在这些国家的货币贬值之前,这些国家就经历了一个资产价格急剧攀升和跌落的过程。例如,泰国的股票市场在经历了90年代初的急剧上升后,在1995年出现了下降,在1996年更是急剧下跌。他认为,之所以会出现这一"高涨—跌落"的过程,主要是因为这些国家的金融机构及大企业集团与政府有着千丝万缕的联系,享受着事实上的政府担保,这种隐性的政府担保使得它们可以很容易以较低的利率从国际市场上借入资金,同时又使它们有很强的动机过度贷款给高风险的领域,以获取高额利差,这导致了巨大的资产泡沫。当这些泡沫崩溃所导致的巨额呆账使得政府担保难以为继时,包括外资在内的资金开始退出,从而使资产价格下跌,最终导致汇率制度的崩溃。

4. 发展完善中的第四代货币危机理论

回顾20世纪90年代以来的几次金融危机,发现它们都有一个共同特征,即金融危机都带有较强的传染性,而且随着传染现象的频频发生,传染后果的破坏性也越来越大。随着金融危机理论模型对金融危机的解释力越来越强,研究结论越来越接近金融危机发生的本质。2008年由美国次贷危机引爆的全球金融危机震动了世界,也引发了人们对金融危机的更深入的思考。这次全球金融危机在生成机理和传播方式上与以往的危机有很大不同,因而以前的三代金融危机理论也难以对此进行解释。

后续的理论研究指出,若一国宏观经济已经出现某种程度的内外不均衡,则国际短期资本流动所形成的巨大冲击很容易成为最终引起货币危机、金融危机全面爆发的导火索。经济学家们认为,全球金融危机重演了金融危机信用膨胀—泡沫破灭—债务拖欠—危机爆发"的经典模式,此次危机是全球失衡和全球流动性过剩局面下的产物。克鲁格曼进一步提出了第四代货币危机模型,该模型类似于第三代模型,只是把聚焦点更多地集中在资产价格而非汇率上。

第四代货币危机模型是在已有的三代货币危机模型上建立起来的。该理论认为,如果本国企业部门的外债水平越高,"资产负债表效应"越大,经济出现危机的可能性就越大;其理论逻辑是,企业持有大量外债导致国外的债权人会悲观地看待这个国家的经济,减少对该国企业的贷款,使其本币贬值,企业的财富下降,从而能申请到的贷款减少,全社会投资规模下降,经济陷入萧条,进而导致危机发生。

奥布斯特菲尔德和罗珞夫(Obstfeld 和 Rogoff)较早指出了美国经常账户赤字的不可持续性和相应调整将带来的影响。在进一步的研究中,他们完善了理论框架,并且强化了以前的观点。他们认为,美国经常账户赤字发生突然逆转的可能性越来越大,这种调整将会使美元实际汇率急剧大幅贬值,从而给世界经济带来巨大风险。

卡巴莱诺(Caballero)构建了全球失衡和全球流动性过剩的关联模型。该模型的最关键假设是"硬资产"短缺,即只有美国、欧洲和日本才能提供具有安全性和流动性的储蓄工具,大量的新兴市场经济体则缺乏这种能力。模型显示,欧洲和日本的经济增长越慢,其他国家的金融资产提供能力越弱,美国的经常账户赤字就越大,其资产在全球资产组合中所占比例也就越大,全球的利率水平就越低。随着全球金融危机的爆发和蔓延,卡巴莱诺对上述模型进行了扩展,重点探讨流动性过剩如何导致了资产泡沫和大宗商品价格的剧烈波动,从而对现实经济作出了有参考价值的解释。麦金农(McKinnon)的研究则将全球失衡归咎于国际美元本位。由于历史原因,国际之间的产品贸易和资本流动主要以美元计价,这使得美国成为唯一可以有本国货币巨额负债的国家,它不易遭受债务以外币定值的其他国家一般会遭到的风险。在此情形下,美国国际借款面临的是软约束,这最终造成了美国的低储蓄率。因此,与其说美国可以提供"硬资产",不如说由于美元的特殊地位,美国面临的是国际借款的软约束。

(二)银行危机理论

1. 货币政策失误论

该理论由弗里德曼提出。他认为,导致货币政策失误是导致金融动荡的根本原因。由于决定货币需求的主要因素是永久性收入,而永久性收入是较为稳定的,因此货币需求也相对稳定。于是,货币供给就决定了物价水平和产出。货币供给是政府通过货币政策进行调节的,所以金融动荡的根源在于货币政策。货币政策的失误可能会导致金融系统中小规模的、局部的金融问题演化为剧烈的、全面的金融危机,例如,1929年美国的大危机就是因为联储错误地实施了紧缩性的货币政策所导致的。

2. 货币存量增速论

该理论由布拉尔纳和梅尔泽尔提出。他们认为,货币存量增加的速度可能会导致金融危机。突发性的货币大幅度紧缩会迫使银行为了维持流动性所需的储备而大量出售资产,使得资产价格下降,同时利率上升。利率的上升又增加了银行的融资成本,使得银行的偿付能力进一步减弱,存款人对银行丧失信心。由此导致的大批银行倒闭会降低银行体系的信用创造能力,使得货币供给进一步紧缩,进而引发金融危机。

3. 银行体系关键论

该理论由托宾提出。他认为,银行体系在金融危机中起着关键作用。在过度负债状态下,如果银行能提供贷款,就可以避免债务—通货紧缩过程。但在过度负债的经济状态下,经济、金融扩张中积累起来的风险增大并显露出来,银行可能遭受贷款损失,甚至破产,所以银行为了控制风险,必然不愿提供贷款,甚至提高利率、减少贷款。银行的这种行为会使企业投资减少,或引起企业破产,从而直接影响经济发展,或者使企业被迫出售资产以清偿债务,造成资产价格急剧下降。这种状况会引起极大的连锁反应,震动也极强烈,使本来已经脆弱的金融体系崩溃。

4. 银行挤兑论

这一理论由戴蒙德和戴维格提出。他们认为,银行作为一种金融中介机构,其基本的功能是将不具流动性的资产转化为流动性的资产,但正是这种功能本身使得银行容易遭受挤兑。银行是金融中介机构,其债务主要为短期存款,其资产通常是向企业和消费者发放的长、短期贷款。当资产价值不抵其债务价值时,银行就失去了偿还能力。如果一国大部分银行都遭受超越其资本的贷款损失,那么银行系统的危机就会发生。若银行存款未予保险,那么最终银行资产总体质量的恶化,可能触发挤兑风潮。因为这时存款人都要在银行宣布破产前争着提取资金。由于银行资产有典型的非流动性,挤兑存款就加速了其破产的发生。

5. 道德风险论

克鲁格曼认为,亚洲金融危机产生原因之一是由于金融机构的道德风险问题,由于政府免费保险且又监管不严的情况下,金融中介机构具有很强的从事风险投资的欲望而很少考虑投资项目的贷款风险。当国内机构无法从国际资本市场融资的情况下,国内投资需求过度只会造成国内利率的上升,而不至于引发投资过度。但如果资本项目放开,国内的金融中介机构可以在世界资本市场上自由融资,那么由政府保险引发的道德风险就可能导致经济的过度投资。具体而言,银行为防范破产风险,从政府机构或私营保险公司那里购买全部或部分保险,这种保险又被称为显性保险;而存款者断定政府会防止银行破产,即政府会给银行"安全保障"的,或是在破产情况下政府会介入并补偿储户的损失,被称为隐性保险。但如果这种存款保险不能充分反映银行的贷款风险度,不利于银行的自律,则它的提供就会激励金融机构去承担超额风险。

(三) 外债危机理论

1. 债务—通货紧缩论

该理论由欧文·费雪提出。他认为,在经济繁荣时期,物价和利润水平上升,就会鼓励更多的投资,从而进一步鼓励借贷活动;当经济不景气时,借贷者为清偿债务需要将商品廉价销售;债务的清偿使其存款货币减少;商品廉价销售又使整个社会货币流通速度降低,从而导致物价水平下降;进而使企业债务负担增加,企业净值以更大幅度下降,从而引起破产和利润水平下降,进一步造成产出和就业水平下降;破产、失业等现象又会造成人们悲观和丧失信心,这会引起货币流通速度的进一步降低;以上过程会造成一国名义利率下降和真实利率上升,这将又会加剧上述过程。这就形成了"债务—通货紧缩"的循环过程。总之,欠得越多就变卖得越多,卖得越多越贬值,金融危机就此爆发。

2. 资产价格下降论

沃尔芬森提出了这一理论。其核心思想是:由于债务人的过度负债,在银行不愿提供贷款或减少贷款的情况下,被迫降价出售资产,这就会造成资产价格急剧下降。沃尔芬森认为,债务人在负债累累难以为继的状况下,必然降价出售资产。资产降价出售产生两方面的效应:一方面是资产负债率提高,另一方面使债务人拥有的财富减少。两者都会削弱债务人的负债承受力,增加其债务负担。另外,债务人财富的边际支出倾向往往高于债权人。即在通货紧缩—货币升值的状况下,债务人不仅出售的资产贬值,而且拥有的资产也贬值。在债务人预期物价继续走低的情况下,必然会产生提前变卖资产还债的倾向。

3. 综合性国际债务论

苏特从经济周期的角度提出了这一理论。他认为,随着经济的繁荣,国际借贷扩张,中心(资本剩余)国家向国外投资,边缘(被投资)国家外债增多;外债的大量积累导致债务国偿债负担的加重,并逐渐失去偿债能力,最终爆发债务危机。

三、金融危机的成因与传导

(一) 金融危机的成因

上述有关金融危机的各种理论,针对已经发生的金融危机,从不同视角对历次金融危机产生的现实背景和深刻原因进行了合乎逻辑的解释和创新性分析,为人们认识和把握金融危机形成和演进发展规律提供了有益的启示。事实上,任何金融危机都是由上述理论所揭示的因素在内的多种复杂因素的共同影响所致。因而,有必要以更加宽广的视角全面分析金融危机的形成原因,以便更好地认清和把握金融危机的生成机理和规律,更有效地防范金融危机的发生,保持金融稳定。综合来看,金融危机的生成发展与以下几方面的因素密切相关,是这些因素交织影响、相互作用的结果。

1. 市场因素

市场因素主要包括汇率制度、国际资本流动及国际收支状况等。从这个角度讲,僵硬的固定汇率制度和庞大的国际游资是引发金融危机的重要原因,而资本项目开放引起的资本自由流动是危机的关口。① 汇率制度方面。固定汇率往往导致,发生危机的国家和地区多实行较为严格的固定汇率制度,本币往往被高估,因而哪怕是小幅度的汇率波动,都会导致国际游资的冲击,由于游资具有规模大、投机性强、交易复杂等特点,因此它一旦冲击一国高估的货币,则该国的中央银行往往难以抵挡。② 资本项目开放是危机的关口。固定汇率和游资冲击使金融危机具备了可能性,但如果一国的资本项目不开放,资本不能自由流动,国际游资冲击不到其货币,危机就难以发生。反之,国际游资则可以畅通无阻地进入该国冲击本币。发生金融危机的国家和地区,其资本项目大多是开放的,这就使得国际游资有了冲击本国货币的通道。大规模货币危机最终引发本币大幅度贬值,酿成货币危机。

2. 基本经济因素

基本经济因素包括一国的宏观经济、产业结构、发展模式等,当一国经济基本面恶化、脆弱时,金融危机就在所难免。① 宏观经济恶化是货币贬值或高估的直接原因。20世纪90年代三次金融危机的事实表明,危机爆发前,相关国家和地区的经济增长率、国际收支差额、财政收支、外债规模和偿债率等宏观经济指标均呈现明显下降甚至恶化的倾向。② 产业结构、发展模式等缺陷是诱发金融危机的深层因素。比如20世纪90年代的东南亚国家过分倚重劳动密集与资本密集型产业、高科技产业薄弱的产业结构,支撑了其出口导向为主的外向型发展战略,这种产业结构与发展模式在国际国内市场环境变化的条件下,其基础变得越来越脆弱,一旦资本项目开放,遇到国际游资冲击,就会加速恶化。③ 资产价格泡沫是金融危机的重要根源。经济发展史表明,在经济长期持续繁荣过程中,一国的货币、财政政策十分宽松,过度宽松的宏观经济政策尤其是货币政策容易刺激股市、房市泡沫加速滋生。无论是日本20世纪90年代初的金融危机,还是90年末的亚洲金融危机和2008年全球金融危机,虽然它们在传播机制、波及范围与影响程度存在差异,但在危机机理上其实都非常类似,即资产价格泡沫的形成酝酿了危机,而泡沫的最终破灭又触发了危机。④ 虚拟经济脱离实体经济而畸形发展是金融危机的潜在推手。实体经济是指物质产品、精神产品的生产和销售及提供相关服务的经济活动,虚拟经济则是指相对独立于实体经济之外的虚拟资本的经济活动。虚拟资本是指以有价证券形式存在的未来预期收益的资本化。20世纪80年代起,虚拟资本越来越多样化,资本的虚拟化程度也越来越高,金融创新导致的金融衍生品层出不穷,并对实体经济产生影响。虚拟经济与实体经济是现代市场经济中密不可分的重要组成部分。但虚拟经济所具有的高流动性、不稳定性、高风险性和高投机性等特征,决定了它既可促进实体经济的发展,又可能背离实体经济发展形成泡沫,反过来危害实体经济。20世纪90年代以来,发达国家金融创新的突飞猛进推动了金融衍生品极度膨胀,金融严重脱离实体经济,以致失去监管和控制,最终酿成了2008年全球金融危机。

3. 金融因素

除了市场、经济等诸多因素的推动外,金融体系的内在脆弱性和金融制度的内在缺陷也是金融危机生成的内在驱动因素。

(1) 金融体系的内在脆弱性。如前面所述,金融体系的内在脆弱性重要体现在两个方面:一是金融机构的内在脆弱性。以商业银行为代表的金融机构通过负债和股权取得资金,通过信贷和投资使用资金,并从中获利。其实现稳健运营的条件是资金提供者(债权人)不挤兑,并且金融机构对资金的使用是有效的。但由于信息的不对称性和不完全性,金融机构必然面临逆向选择和道德风险,以至于挤兑行为和呆账坏账问题时常发生,这样就会增加金融机构的脆弱性。二是金融资产价格的内在波动性。由于信息的不完全性,决定金融资产价格的贴现率、资产未来收入流量等因素难以确定,资产价格经常波动,加上金融机构间密切的债权债务网络、复杂的金融交易形式以及迅捷的通信手段,使得资产价格的波动具有很强的自我循环性和传染性,这进一步加剧了价格的波动幅度。金融机构的脆弱性极易破坏信用关系,金融资产价格的波动极易造成交易者的损失,两者交互影响,使社会信用和市场信心发生崩塌,进而引致金融危机。

(2) 金融制度的内在缺陷。健全的金融制度可以最大限度地减少金融体系的脆弱性,而有缺陷的金融制度无法有效识别金融风险,难以控制过度的投机行为,这必然加剧金融和实体经济的脱离,以致金融交易规模迅速增加,金融衍生工具层出不穷,投机逐利行为盛行,国际游资充斥,使金融体系膨胀成为一个以羸弱实体经济为基座的"倒金字塔"型的泡沫体,一旦庞大的虚拟资本对实体经济侵蚀过度时,整个金融体系便再也无法维持,发生连锁式崩溃。

(3) 金融高杠杆效应。金融机构的高杠杆率也是金融危机重要诱发因素。杠杆化是金融与生俱来的特性,随着金融创新的不断演进,金融杠杆化趋势日益明显,金融机构的杠杆经营模式被不断强化,资产规模不断突破与资本的合理界限。通常,商业银行10~12倍的杠杆率被认为是金融的基准杠杆,它是现代金融杠杆率的起点。但全球金融危机爆发之前的相当长时期里,金融机构对金融杠杆使用力度过大,投资银行的杠杆率常常高达30倍甚至超过40倍,金融衍生品的杠杆率通常在20~30倍,个别衍生品的杠杆率甚至高达100倍。对冲基金从它诞生之日起,就大量采用杠杆方式交易,而随着市场的扩大和监管的放松,对冲基金逐渐偏离了无风险套利操作的基准,转而投资高风险的金融衍生品,这种高风险投资策略不仅使其没有降低杠杆倍数,反而在不断抬高杠杆,明显背弃了对冲操作的初衷,而越来越具有对赌性质。2008年全球金融危机的爆发跟许多金融机构长期高杠杆经营而导致巨亏密切相关。例如美林证券的杠杆率从2003年到2007年增加到28倍,意味着每1美元的资本支撑着28美元的资产规模或27美元的负债规模。据估计,如果加上特殊投资实体(SIV)表外业务的杠杆效应,华尔街投资银行的杠杆倍数可高达60倍之多,这种奇高的杠杆率具有显著的双向放大效应。杠杆率高,表明金融机构靠极少量的资本支撑着过多的负债,在获得较高的潜在收益的同时也在放大风险。所以,金融杠杆率是一把双刃剑,它在创造了金融活力和流动性的同时,也加大了金融体系的波动和不稳定性。

(4)金融创新风险管理薄弱。金融创新过度以及对金融创新风险管理薄弱是2008年全球金融危机产生的直接原因之一。过度的金融创新将使金融风险更为集中和隐蔽,增强了金融风险对金融体系的破坏力。事实上,金融创新只是转移风险,而没有化解风险,承接转移风险的交易者中绝大多数也是风险规避者,因此,当交易者都想转移同一方向的风险时,风险出售者就无法找到风险承担者,金融创新工具提供的保险功能将不复存在,风险在此时会集中暴露出来。在2008年全球金融危机中,过度的金融创新导致金融衍生产品层次过多,信用链条过长,衍生品投资者与基础资产持有人之间信息高度不对称,从而掩盖了衍生品的真实风险。加之风险管理的薄弱,使众多参与主体需要分散和转移的风险却在击鼓传花式的交易中捆绑、叠加在一起而无法化解,最终造成金融体系的混乱和系统性风险的累积,此时只要某个风险点释放,金融危机就不可避免。

(5)金融监管弱化。金融监管弱化表现为对金融创新监管的缺失、缺位和盲区,是金融危机发生的一个重要原因,尤其是2008年全球金融危机暴露出各国在金融监管方面的一些深层次问题。20世纪90年代以来,金融创新带来的大量衍生品,由于产品本身设计的复杂性以及交易过程中透明度低,其风险未被监管者和市场参与者认识。在美国,高风险抵押担保债券、信贷资产证券化、证券化债券的再证券化和信用违约互换等场外衍生品市场基本不受监管,同时,不少参与衍生品交易的影子银行等机构几乎不受监管或仅受较少监管,这种监管的缺失、缺位而出现的监管空白,使衍生品风险犹如一匹脱缰的野马,冲击着本就十分脆弱的金融体系。

(二)金融危机的传导

1. 金融危机的国内传导

金融危机的国内传导就是在一国由货币危机向资本市场危机,再到银行危机,进而向全面的金融危机演变的过程。

(i)从货币危机到资本市场危机

当一国金融泡沫破裂后,会使该国货币出现大幅贬值。如果货币贬值的国家外债过多,债务费用势必暴涨,进而使企业陷入支付困境甚至出现破产。这些问题可能使经济步入衰退,企业出现亏损,最终股市也会下挫。当然,货币贬值一方面使某些公司可能会因为贬值而获利,另一方面,贬值能迫使政府痛下决心解决经济结构问题。因此,一旦经济结构上的问题得到解决,又会有利于该国经济的健康发展。如果国内公司外债沉重,债务危机便会酿成国内公司破产。而为了吸引外国资本再度流入,政府必须通过调整经济结构、增加竞争力和扩大对外开放等措施重建本国货币信誉。但如果这种改革失败,货币币值和证券市场就会进一步恶化。因此,当危机国家的货币大幅对外贬值后,在短期内该国股价必然受累而大幅下挫,如果危机国家的主要贸易伙伴国不能同时出现币值剧跌或者也面临金融危机,该国也可能会在中长期出现强劲反弹。

(ⅱ) 从货币危机到银行危机

通常情况下,由货币危机导致银行危机的途径有两条:一是国际储备大量流失,迫使该国放弃固定汇率制,如不阻止这种流失,就可能引起贷款的急剧紧缩;贷款紧缩则导致非金融企业破产增加,结果就形成银行危机。二是货币贬值有可能在已有大量外汇风险的银行中间引起清偿力丧失。对非贸易部门的大量贷款也可能导致大量非银行金融机构丧失清偿力,这种情况反过来又会削弱银行的财务状况。如果中央银行允许国内贷款过度扩张,以便在直接或隐含的存款保险计划下,对挽救银行或存款人或对两者皆需挽救的情况进行融资,那么银行危机就可能引发国际收支危机。如果政府通过发行大量内债对这种挽救进行融资,那么市场参与者可能会预期当局有通过通货膨胀或货币贬值来减轻债务负担的动机,这就可能导致自我实现的金融危机。当银行体系崩溃时,已有的借款人失去了信贷来源,而且也不能轻易地找到其他筹资渠道,此时信贷配给成为绝对规则。因此,危机使生产、就业和经济增长恶化。资产价格不得不降低,随之而来的是大量破产。

(ⅲ) 从货币危机到全面的金融危机

货币危机引起全面的金融危机主要有两种机制:① 货币贬值对公司收支状况的直接影响。由于债务合约是以外币计价,本币贬值时,公司债务负担便增加。另一方面,由于资本是由本币计价,公司资产不会有相应增加,贬值会使公司收支不平衡,净值减少,并进一步恶化逆选择问题,有效抵押的萎缩降低了对贷款人的保护。更进一步,净值减小会使公司更加有可能去冒更大的风险,从而引发道德风险。由于贷款人面临更大的损失风险,便会紧缩贷款,从而导致投资和经济萎缩。② 货币贬值导致银行系统收支状况恶化,进而导致全面的金融危机。在新兴市场国家中,银行有许多以外币计价的债务,其价值由于货币贬值而急剧增加。而公司、企业的问题意味着他们无法还清债务,并导致银行收支中贷款资产的损失。其结果是使银行的收支无论从资产还是负债两方面都萎缩,从而使银行净值减少。另一方面,银行许多以外币计值的债务期限很短,以至于其债务价值的大幅增加导致了银行的流动性问题。银行收支的恶化和弱化的资本基础迫使银行紧缩贷款,由此可能使整个经济面临严重危机。

2. 金融危机的国际传导

20世纪90年代爆发的金融危机迅速蔓延的特征引起了国际学术界广泛关

注。金融危机经发生国很快传递到周边区域内甚至向全球辐射,因而,单个国家的危机演变成区域性乃至全球性金融危机。人们创造了许多词用来形容这一"传染"现象,如"墨西哥蒸馏酒效应""亚洲流感""俄罗斯病毒""金融海啸"等。广义的金融危机国际传导泛指一国金融危机的跨国传播和扩散,导致多国同时陷入金融危机。这是贸易金融关系密切的国家间所产生的接触性传导,是贸易和金融溢出效应的结果;也包括贸易金融关系并不密切的国家的非接触性传导,可能是由于"季风效应",也可能是由于投资者预期变化引起自我实现的多重均衡,即传染效应。

(ⅰ)金融危机的接触性传导机制

一国发生金融危机可能恶化其他国家的宏观经济,从而可能导致其他国家遭受投机性冲击压力,这是金融危机国际传导的溢出效应,是导致金融危机接触性传导的重要原因。溢出效应产生于各国的国际收支联系,或者依赖于国家之间贸易和资本市场的相互联系,或者依赖于债权人资产组合的相互关系,包括两种危机传导机制:① 贸易溢出。这主要是通过价格效应和收入效应实现,即一国金融危机造成的货币贬值提高了其相对于贸易伙伴国的出口价格竞争力,通过影响国内经济(国民收入减少)而减少了向其贸易伙伴国的进口。贸易溢出的价格效应和收入效应不仅体现在有直接的双边贸易关系的国家之间,而且体现在第三市场上有价格竞争和收入反应的国家之间。② 金融溢出。这是指一个国家发生投机性冲击导致的货币危机可能造成其市场流动性不足,迫使金融中介清算在市上的资产,通过直接投资、银行贷款或资本市场渠道导致另一个与其有密切金融关系的市场的流动性不足,引发另一个国家大规模的资本抽逃行为。当一国出现货币危机时,在此国有投资头寸的投资者通常会采取措施减少风险,卖出那些收益率与危机国资产相关的资产,导致相关国家的资本外逃。从金融中介看,金融危机通过银行体系传导,源于银行是外汇市场的主要参与者,并且向其他的参与者提供相关的支付服务,银行业发生的动荡无疑会波及外汇市场。银行体系的危机会诱发国内存款人和国际投资者对该国银行体系稳健性的忧虑,从而将本币资产换为外币资产,因此,银行体系危机有时会导致货币危机,当银行危机在国际上传递时,有可能同时传导货币危机。

(ⅱ)金融危机的非接触性传导

伴随全球化程度提高,各国经济波动的同步性和金融波动的全球化成为金融危机国际传导的助推器,一国宏观经济政策和经济指标的变化会对他国产生影响。与全球化相伴随的蔓延效应,往往造成"金融病毒"传播,使一个国家或地区的金融危机传导为全球性金融危机。因此,季风效应的传导机制是通过全球化这一传导渠道,由于共同的外部冲击而形成的,这种季风效应在现代金融危机的传导中越来越显著。

由于共同冲击产生的传导称为"季风效应",包括主要因工业化国家经济政策的变化以及主要商品价格的变化等全球性原因,导致新兴市场经济体的货币危机或者资本的流进流出。1995—1996年间美元的坚挺削弱了东亚国家的出口,导致了之后的金融困境,1992—1993年的欧洲货币体系危机与德国利率上升也有重要的联系。由季风效应造成的金融危机传染主要有两种途径:① 产业联动效应。世界各国的产业政策与产业结构不尽相同,但有相似,即都在采取措施加强本国产业的国际竞争力,鼓励出口产业的发展,结果是各国的出口产业和全球的生产能力都在急剧扩大,出口产业把各国经济紧密地联系在一起,一国出现金融危机会沿着产业联动效应的渠道传向其他国家。② 净传染效应。在金融全球化背景下,经济政策的外溢效应越来越明显,由于各国经济通过各种渠道联系紧密,一国经济政策的变动会构成对世界经济均衡状态的冲击,即政策性冲击。净传染是危机传导无法从宏观经济基本面的基础变量来解释,即两个国家间经济联系薄弱,一个国家的危机没有恶化另一个国家的经济基础。但是,一个国家的危机导致投资者重新评价其他类似国家的经济基础(即使这些国家的经济基础并没有恶化),从而产生"自我实现"的多重均衡。当一个国家的危机使另一个国家的经济移动到一个"坏的均衡"(货币贬值、资产价格下跌、资本外逃)时,投资者对其他类似国家的心理预期变化和信心危机造成的投资者情绪的改变,就发生了传染,这种非接触性传导称为"净传染效应"。净传染效应对现代金融危机传导有比较好的解释力,其形成的关键在于投资者认为一些国家之间存在某种相似性,这种相似性包括的范围很广,如相似的经济基本面、相似的发展史、相似的固定汇率制度、相似的文化背景等。

四、金融危机的防范与治理

(一)金融危机的防范

1. 保持健全的宏观经济环境

健全的宏观经济环境和合理的产业结构是防范金融危机的必要宏观环境。健全的宏观经济环境主要包括适度的经济增长、较低的失业率、较稳定的物价水平、均衡的国际收支赤和政府财政收支及合理的政府债务规模等。过高的经济增长率可能使人们产生过于乐观的预期,导致信贷扩张,资产价格急剧膨胀。而大规模的财政赤字和高失业率,则会造成货币供应量的过快增长,带来通货膨胀,从而损害金融体系的稳定。

2. 选择合理的汇率制度

汇率制度对金融危机的发生有重要影响,就一个国家而言,选择何种汇率制度,主要取决于该国是否因此而更好地保持经济运行的内部平衡和外部平衡。一般而言,小型开放经济国家及出口产品结构较为单一的国家,宜实行固定汇率;若一国与某发达国家的贸易较多,则宜采取盯住该国货币的汇率制度为;若一国经济实力较强,则宜实行浮动汇率。在当今,浮动汇率已成为各国普遍实行的汇率制度,国际金融体系日趋动荡,越来越多的发展中国家放弃盯住单一货币或盯住一篮子货币的固定汇率,转而采用较为灵活的浮动汇率制度。因此,无论是发达国家还是发展中国家,不管其实行浮动汇率制度还是固定汇率,其汇率必须富于弹性,并及时、适时地调整,否则,必将积累风险,孕育国际金融危机。

3. 慎重开放资本项目

资本项目的开放是全球经济一体化的必然趋势。对开放型国家而言,开放资本项目是其融入全球经济体系的必要一环和内在要求。但是,资本项目的开放是一把"双刃剑",如果力度和节奏把握不好,就会孕育极大风险,甚至危机。因此,对资本项目的开放不能不能操之过急,而必须坚持谨慎、稳妥、渐进的远原则有步骤分阶段有序开放:一是应与国内经济结构的变化相配合,二是应与宏观经济政策相配合,三是循序渐进地推进资本项目的开放。依据国际经验,资本项目的开放需要一个漫长的甚至是反复的过程,即使发达国家也往往经历20年以上的时间才能完成。发展中国家经济基础薄弱,金融体系不健全,市场发育不完善,在条件不充分的情况下,更不能过早过急地放松对资本项目的管制,而应该依据国内实际情况和后果调控能力,分步骤渐进式地开放资本项目。

4. 建立合理的公司治理结构

微观上看,有效的公司治理结构可以最大限度地防止金融机构的道德风险和逆向选择,如对公司经理人员利益的奖赏和不负责任行为的惩罚,促使经理人员采取有效率的行动,从而可减少商业银行产生不良贷款的可能性,同时还会提高公司的盈利能力,给投资者带来更高的回报,公司就会有良好的市场表现,这能为金融危机的防范奠定良好的微观基础。反之,如果公司治理结构不合理,内部人控制就会更加严重,管理层可能会转移公司的现金和其他资产,用于偿付管理层个人的债务,或将其直接存入在国外银行的账户,或者注入其他公司,将公司推向风险境地。

5. 完善金融机构的内控制度

金融机构健全的内部控制制度可以防微杜渐,减少金融机构内部的道德风险。科学的决策程序就可能避免导致严重不良后果的选择;严格的内部稽核或审计就可能及早地发现潜在的问题等;良好的激励与约束机制使金融机构的业务人员在开展业务时更为审慎,减少高风险的活动;良好的内控制度就可以鼓励信贷员发掘风险更低的潜在借款人,防止信贷员与借款者之间相互勾结骗取银行信贷资金。总之,完善金融机构的内控制度,防微杜渐是防范金融危机最基本的微观措施。

6. 健全微观审慎监管与宏观审慎管理并重的机制

健全微观审慎监管与宏观审慎管理并重是新时代下控制系统性金融风险、防范金融危机的有效手段。微观审慎监管是以抑制单个金融机构的异质性风险和保护存款人或投资者利益为目标,并根据单个金融机构的风险设置控制手段的监管方法。通常认为,整个金融体系健全依赖于每一个机构稳健,只要各个金融机构运营良好、稳健经营,金融体系就是稳定的。但是,微观审慎监管的注意力过于集中在单个金融机构,很可能忽视整个金融体系的稳安全稳定。宏观审慎管理是指为抑制金融体系的系统性风险,避免金融不稳定对宏观经济造成巨大冲击,而根据系统性风险发生的概率而设置的审慎控制机制。建立健全微观审慎监管和宏观审慎管理并重机制,就是既要重视对单个金融机构的日常监管,防止"灰犀牛"事件和"黑天鹅"事件的发生,又要注重对系统性金融风险的识别和防范,维护金融体系整体的安全稳定。宏微观审慎监管并重机制的实现就是要切实加强机构监管、功能监管、行为监管、穿透式监管和持续监管,对风险事件早发现、早预警、早防范、早处置,始终控制不发生系统性金融风险。

7. 建立金融风险监测预警机制

金融风险监测预警机制是对潜在的金融风险或潜伏的金融危机的一种事前控制系统,它通过对有关经济指标,尤其是财政金融指标进行监测来预测金融危机,一旦指标超出警戒线,监测系统便发出金融危机预警。风险预警指标体系一般由三部分组成:一是宏观经济指标,主要包括 GDP 增长率、年均通货膨胀率、货币供给增长率、财政盈余/GDP、贸易差额、经常项目差额、出口/GDP、外债总额、外债偿还额、外债总额/出口额、外债偿还总额/出口额、国际储备、国际储备/进口额、登记失业率、汇率等;二是金融风险指标,主要包括银行不良资产率、金融机构海外借款/总存款、金融机构海外短期借款规模、金融机构房地产贷款额/贷款总额、银行间同业拆借利率、股票市场股价指数等;三是金融风险外部环境指标,主要包括国际资本流出(流入)量、国际资本地区分布的变动额、主要相关国家的短期利率(汇率)变动程度、主要相关国家与本地有关的财金和贸易政策变动、主要相关国家对本地直接投资和证券投资的变动等。

(二)金融危机的治理

金融危机的治理是指在金融危机爆发后如何对之进行有效的控制,以防止其进一步向其他机构、市场和地区传播,并采取措施减少其对社会经济造成的损害。金融危机的治理是在金融危机已经爆发的条件下针对金融危机的蔓延和危害的控制手段。

对金融危机的治理以维护公众信心为基本手段。因此,针对各种类型的金融危机的治理方式都包括了大量的资金救援措施和政治救援措施。

1. 社会紧急救助

为了巩固和重建市场信心、防止公众心理恐慌情绪的传播、保护那些只是出现暂时流动性困难的金融机构免遭倒闭厄运、减弱个别金融机构的困难对整个金融体系造成的冲击和多米诺骨牌效应,建立社会紧急救助手段是十分必要的。目前多数国家建立的社会紧急救助手段包括存款保险制度和债务解救制度。

(i)存款保险制度

存款保险制度是指国家以立法的形式为公众存款提供明确的法律保障,设立专门的存款保险基金,当吸收存款的金融机构经营出现问题时,依照规定使用存款保险基金保护存款人的利益,并采取必要措施维护存款保险基金安全的一项基础性金融制度安排。目前,世界上有110多个国家和地区建立了存款保险制度。实践证明,存款保险制度对于保护存款人权益、及时防范和化解金融风险、维护金融稳定发挥着重要作用,已成为各国金融安全网的重要组成部分。

存款保险一般由一个完全不受政治干预的独立机构来执行。在金融经验有限的发展中国家,存款保险可能是由中央银行或者金融管理当局的一个部门来完成。而在金融体系发达的国家,通常都是成立一个独立的机构办理存款保险事务。存款保险制度的设计要有相应的法律、法规和良好而有效率的运行机制。如果存款保险制度的设计不完善,则可能出现严重的道德风险。银行的逆向选择将导致银行体系在经营活动中采取高风险策略,或因不注意良好的管理而出现经营状况恶化的现象,最终使存款保险制度成为那些效率低下的银行部门的保护伞。

2015年2月17日,国务院公布《存款保险条例》,自2015年5月1日起施行。至此,我国已经形成了由存款保险制度、中央银行最后贷款人职能、审慎监管构成的金融安全网三大支柱。就存款保险制度而言,对保护存款人利益,维护金融稳定具有特别重要的意义。

(1) 建立存款保险制度能够更好地保护存款人权益。建立存款保险制度的核心目标是切实加强对存款人的保护,这是建立这项制度的出发点和立足点。存款保险制度能够加强和完善对存款人的保护,使存款人的存款更安全,主要体现在三个方面:一是以立法的形式为一般公众的存款安全提供明确的全额保障,设立专门的存款保险基金,确保可靠的资金来源,当个别金融机构经营出现问题时,可以依照规定对存款人进行及时偿付,保护存款人权益。二是强化对金融机构的市场约束,并加强风险识别和核查,及时采取风险警示和早期纠正措施,促使金融机构审慎稳健经营,使风险早发现和少发生,从而更好地保障存款人的存款安全。三是存款保险是对我国金融安全网的完善和加固。通过明确的存款保障制度安排,稳定市场和存款人信心,有利于进一步提升我国金融安全网的整体效能,促进我国银行体系长期健康稳定运行,更好地保障存款人权益。

(2) 建立存款保险制度能够推动形成市场化的金融风险防范和化解机制,建立维护金融稳定的长效机制。存款保险制度对不同经营质量的金融机构实行风险差别费率,通过这种市场化的经济手段,可以加强对金融机构的激励和约束,有利于促进其稳健经营和健康发展。同时,作为银行风险处置成本的主要承担者,存款保险机制具有内在动力,主动加强对金融风险的识别和预警,及时采取措施,对风险早发现、早纠正和及时处置,从而有利于防范金融体系风险的累积。当个别银行出现经营失败时,存款保险机制作为市场化的风险处置平台,一般运用收购与承接等市场化手段处置风险,在有效保护存款人合法权益、阻断风险传染的同时,快速有序处置,化解风险,最大程度地减少风险处置成本,维护金融稳定。

知识链接 13.5

存款保险制度的发展及其在维护金融稳定中发挥的作用

1933年,面对大萧条时期的银行大面积倒闭,美国立法建立了存款保险制度。美国存款保险制度一经建立,便迅速稳定了公众信心,有效促进了美国银行业危机逐步化解。此后80多年来,美国存款保险制度一直被认为是维护公众对银行体系信心的重要基础。在美国存款保险制度发挥重要作用并不断发展完善的同时,世界上也有越来越多的国家和地区先后建立了存款保险制度。在2008年国际金融危机中,主要经济体应对金融危机的实践再次表明,建立一个有效的存款保险制度是增强公众信心、有效应对和化解金融危机、维护金融稳定的重要制度保障。美国作为本轮危机的发源地,其银行业受到严重冲击。自2008年初至2014年年末,美国共有510多家银行业金融机构倒闭。面对危机,美国依靠其较为成熟的存款保险制度,主要运用收购与承接等市场化处置方式,及时化解和处置不同规模银行的倒闭风险,有效遏制了大量银行倒闭的风险向金融体系蔓延,公众信心和银行体系总体保持稳定。相比而言,欧洲国家存款保险机制不完善,并且缺乏对问题银行进行早期风险干预和及时处置的能力,只能事后对存款人进行被动偿付,应对危机和维护公众信心的能力明显不足。结果有关国家不得不通过政府直接救助和资产重组及国有化等措施处置风险,不仅损害了纳税人利益,也为后续的政策退出增加了难度,在一定程度上加剧了欧洲国家主权债务风险。

2009年6月,在系统总结各国存款保险制度实践经验,尤其是本轮国际金融危机中正反两方面经验教训的基础上,巴塞尔银行监管委员会和国际存款保险机构协会(IADI)联合发布《有效存款保险制度核心原则》(简称《核心原则》)。《核心原则》强调,应当在银行体系整体稳健的情况下尽快建立存款保险制度;存款保险制度在设计上应当遵循全面覆盖、充分保护绝大多数存款人、赋予必要职能、确保及时偿付、防范道德风险等原则;存款保险机制应当在问题银行的风险监测、风险控制、风险处置以及维护金融稳定等方面发挥重要作用。二十国集团(G20)领导人伦敦峰会发表的《加强金融体系宣言》中也推动执行包括《核心原则》在内的国际金融标准。目前,《核心原则》已上升为主要的国际金融标准。

我国存款保险制度在设计上,既立足于国情和现阶段需要,又充分吸取了国际经验教训,在基本要素上反映了国际公认的最佳实践与基本准则。制度的基本框架如下:

(1) 存款保险的覆盖范围。我国存款保险制度覆盖所有存款类金融机构。2015年2月17日国务院公布的《存款保险条例》(以下简称《条例》)规定,在我国境内设立的商业银行、农村合作银行、农村信用合作社等吸收存款的银行业金融机构（统称投保机构），都应当参加存款保险。同时，参照国际惯例，规定投保机构在我国境外设立的分支机构，以及外国银行在我国境内设立的分支机构原则上不纳入存款保险，但是我国与其他国家或者地区之间另有安排的除外。

在存款保护范围上，我国存款保险制度覆盖投保机构吸收的人民币和外币存款，包括个人储蓄存款和企业及其他单位存款的本金和利息，但金融机构同业存款、金融机构高级管理人员在本机构的存款，以及其他经存款保险基金管理机构规定不予承保的存款除外。

（2）存款保险的偿付限额。确定存款保险的偿付限额，既要确保充分保障存款人的利益，又要注重防范道德风险。国际普遍经验是，使绝大部分存款人，例如90%以上得到全额保护，偿付限额一般是人均国内生产总值的2~5倍，就能充分保障存款人的利益，维护银行体系稳健运行。例如，美国约为5.3倍、英国约为3倍、韩国约为2倍、印度约为1.3倍。考虑到我国居民储蓄倾向较高，储蓄很大程度上承担着社会保障功能，同时存款是银行业资金来源的主要组成部分，为了使存款保险惠及绝大多数存款人、促进银行业健康发展、维护金融稳定，经反复测算，将我国的最高偿付限额规定为50万元人民币，约为2014年我国人均国内生产总值的10.7倍，这一标准远高于国际水平，可以充分保障存款人的利益和银行体系稳定。据测算，设定50万元人民币的最高偿付限额，能够为我国99.63%以上的存款人（包括各类企业）提供100%的全额保护。

存款保险实行限额偿付，并不是限额以上存款就没有安全保障。当前我国银行体系总体运行稳健，银行资本充足率等监管指标总体健康，银行业监管质量和水平不断提高，银行抗风险能力大大增强。从国际经验看，即使个别银行出现问题，通常是通过市场手段，运用存款保险基金促成健康的银行收购问题银行，将问题银行的存款转移到健康的银行，使存款人的权益继续得到充分保护。根据《条例》规定，我国存款保险基金管理机构在使用存款保险基金保护存款人利益时，除了在规定限额内偿付被保险存款以外，也可以使用存款保险基金为其他合格的投保机构提供支持，以促成其收购或者承担被接管、被撤销或者申请破产的投保机构的业务、资产、负债，这样存款人的存款将被转移到健康的银行继续得到全面保障。

（3）存款保险基金和存款保险费率。存款保险基金主要由银行业金融机构缴纳的保费形成，以加强对金融机构的市场约束。《条例》对存款保险基金的运用形式做了适当限制，规定存款保险基金的运用遵循安全、流动和保值增值的原则，限于存放中国人民银行，投资政府债券、中央银行票据、信用等级较高的金融债券及其他高等级债券，以及国务院批准的其他资金运用形式。

存款保险实行基准费率与风险差别费率相结合的制度。费率标准由存款保险基金管理机构根据经济金融发展状况、存款结构情况以及存款保险基金的累积水平等因素制定和调整，报国务院批准后执行。各投保机构的适用费率，则由存款保险基金管理机构根据投保机构的经营管理状况和风险状况等因素确定。实行基准费率和风险差别费率相结合的费率制度,有利于促进公平竞争,形成正向激励机制,强化对投保机构的市场约束,促使其审慎经营,健康发展。综合考虑国际经验、金融机构承受能力和风险处置需要等因素,我国存款保险费率水平将低于绝大多数国家存款保险制度起步时的水平以及现行水平。

(4) 存款保险基金管理机构的职责。借鉴国际上比较成功的做法,在不改变现行银行业监督管理体制的前提下,按照存款保险基金管理机构与银行业监督管理机构适当分工、各有侧重的原则,《条例》赋予存款保险基金管理机构早期纠正和风险处置职能。主要包括:对于和保费计算有关的情况进行核查,对投保机构报送的信息、资料的准确性进行核查;参加金融监管协调机制,通过信息共享机制获取相关信息,不能满足控制存款保险基金风险、保证及时偿付、确定差别费率等需要的,可以要求投保机构及时报送其他相关信息,等等。

此外,为减少存款保险基金的损失,并与现行法律做好衔接,《条例》还规定,存款保险基金管理机构在处置问题金融机构时,既可以直接偿付,也可以灵活运用委托偿付、支持合格投保机构收购或者承担问题投保机构资产负债等方式,充分保护存款人利益,实现基金使用或成本最小化,在快速、有效处置金融风险的同时,确保银行业正常经营和金融稳定。

(ⅱ) 债务解救制度

债务解救制度的直接目标是对出现问题的金融机构进行积极的援救。对大多数国家而言,债务解救的机构主要有援助当局和资产管理公司两种形式。援助当局可以由政府或私人机构经营,除了进行解救任务以外,还要进行包括诸如兼并等形式的金融机构结构重组。援助当局对有问题的金融机构实行财政援助,必须要求有问题的金融机构履行一定的程序。根据金融机构提供的信息,援助当局对其进行评估,确定是否援助以及采用何种方式援助和援助多少资金。

资产管理公司既可以采取由政府所有,也可以采取由私人机构所有的形式。它们负责将出现问题的金融机构的不良资产接收过来,然后将这些资产打包重组成容易出售的资产形式进行出售。资产管理公司的最终管理目标是使这些资产在扣除了经营成本和财务成本之后得到最大净值。对于问题严重的金融机构,资产管理公司通常需要将坏账与该银行完全分离,以便在重组过程中能够独立自主地进行操作。

在出现金融危机之后,各国通常还会成立临时性的处理金融机构债权债务的专门性机构。例如,在20世纪80年代末,美国的重组信托公司、法国的特别用途公司、日本的东京共同银行等,都是为了这一目的而成立的。但是,一旦这些历史使命完成之后,这些专门性的救助机构也就随之被撤销。

在对某些陷入危机的金融机构进行救助时,金融同业组织也会发挥较大的作用。这里主要包括:安排、组织、提供资金流动性支持,协调与危机金融机构有关的收购、兼并等。通常,金融同业组织还会成立所谓的救助基金。

2. 国际社会援助

经济全球化的发展,使得一国金融与全球金融非常密切地联系在一起。为了避免一国金融问题蔓延而导致国际金融危机,除了可以与其他国家政府和金融机构签订互相提供紧急援助的协议,保证必要的流动性相互支持外,还可以充分地发挥国际货币基金组织(IMF)、区域性国际金融组织以及其他各国中央银行的作用,寻求多方面的援助。

(ⅰ) 国际货币基金组织的援助

国际货币基金组织在促进和保障全球银行业稳健运行方面的作用主要体现在以下几个方面:

(1) 预防作用。虽然国际货币基金组织的作用并不是全球银行的监管者和审计者,但是它可以通过与各成员国政府的磋商,指导各国进行有效的金融业改革,鼓励某种与国际社会相协调的宏观经济政策,培育适当的金融运行机制,使宏观经济环境有利于金融业的稳健经营,从宏观经济运行机制方面抑制银行倒闭等事件的发生。

(2) 国际货币基金组织还可以通过对成员国的国家经济政策和经济前景的定期监督与监测,通过有限制条件的贷款和技术援助,帮助他们改善其金融业的运行机制。国际货币基金组织的监督一般采取两种形式:一是多边监督。在这种形式中,国际货币基金组织提出自己对世界经济和一些全球性或地区性经济问题的看法,各成员国可以从中得出这些意见对他们的经济政策的可借鉴意义。近几年来,国际货币基金组织还开始向整个国际社会推行适当的银行业标准、改善银行业的安全。另一种形式是双边监督。国际货币基金组织定期同成员国举行磋商。磋商的内容包括对成员国银行体系和金融基础设施的监督。

(3) 对发生了金融危机或者发生了严重宏观经济困难的国家实行资金援助,并帮助这些国家规划金融业的改革。国际货币基金组织对于处理金融体系问题所提供的技术援助包括:调查分析并做出判断;制定补救措施;在调查的初始阶段以及在较长时期内把补救措施付诸实施。国际货币基金组织进行技术援助时,向要求援助的成员国派出自己的工作人员和外部专家组成的技术工作援助组。有时还同世界银行以及各地区性开发银行提供的技术援助结合起来进行。尽管国际货币基金组织介入的程度会因成员国经济的特点不同而不同,但是这些活动都在一定程度上反映了其整体观点和目标,以及通过与国际机构协调操作来帮助各国确立适当的金融体系行为规则的原则。

国际货币基金组织提供资金援助通常都会附加有严格的条款。对被救援的国家来说,即使救援附加条款行之有效,这些作为发放贷款所必须付出的代价也会令被救援国感到受束缚。因此,对任何国家来说,向国际货币基金组织求援意味着某些经济主权的丧失,需要下很大的决心,各国政府根据国际货币基金组织提出的要求实施的紧缩计划通常包括大幅度削减财政赤字、开放金融市场和对亏损国有企业的私有化改造等,这些计划的付诸实施通常并非易事。

(ⅱ) **区域性国际金融组织的支持**

当某个国家或地区发生金融危机时,区域性国际金融组织,如亚洲开发银行、非洲开发银行、欧洲开发银行、泛美开发银行等国际金融组织即可提供必要的支持和援助。区域性国际金融组织的作用,明显地表现为支持和照顾本地区成员国家的利益。但是,随着全球经济、金融一体化的进一步发展,区域性国际金融组织越来越表现出跨区域的作用。

(ⅲ) **其他各国中央银行的合作**

当一国遭受金融危机的侵袭时,为了对其进行有效的治理,并且防止金融危机向其他国家蔓延,借助其他各国中央银行的支持与合作是十分必要的。金融业特别是银行业的国际化和一体化使得银行在国际范围内拥有相当复杂的组织结构,从而给金融监管当局的监管活动带来了困难;同时,便捷的银行交易也使得某些机构可以通过在管理松懈的国家从事合法交易来逃避金融监管;此外,金融机构之间和金融体系之间的国际联系程度越来越可能使任何哪怕微小的金融危机造成国际性影响或全球性影响。所以除了当金融危机发生时需要其他各国中央银行的支持与合作之外,平时各国中央银行之间针对金融系统的监管的协调与合作,对于抵抗金融危机的侵袭也是非常重要的。

第五节 金 融 监 管

有效的金融监管是一国控制金融风险、预防金融危机、维持金融稳定的重要保障。金融监管制度也因此成为现代金融制度的一个重要组成部分。

一、金融监管的概念和目标

金融监管是金融监督管理的简称,有狭义和广义之分。狭义的金融监管是指金融管理当局依据国家法律法规的授权,对金融机构、金融市场、金融业务进行监督、约束和管制,使之实现稳健运行。广义的金融监管除监管当局对金融体系的监管之外,还包括金融机构的内部控制、同业自律性组织及社会中介组织的监管等。金融监管通常是指狭义的金融监管。金融监管包括监管主体(政府或由政府授权的中央银行或监管当局)、监管对象(金融机构、金融市场及其交易活动)、监管手段(法律、行政、经济和技术等)和监管目标。

金融监管的目标是监管当局采取监管行动的指南和实施有效监管的前提。金融监管的目标主要有三个:

(1) 防范系统性金融风险,确保金融机构的稳健经营和金融安全。

(2) 克服市场失灵,维护公平竞争的市场环境,保护金融消费者权益。

(3) 提高金融运行效率,优化金融结构。

二、金融监管的依据

(一) 金融市场的垄断与过度竞争

根据福利经济学理论,竞争性均衡能够实现帕累托最优。但是垄断和过度竞争的存在会破坏帕累托最优。垄断偏离了完全竞争的市场状态,包括垄断竞争、寡头垄断、完全垄断等市场,会抑制竞争并降低社会总体福利水平。金融领域的垄断会影响自由竞争,导致金融产品价格上涨、金融服务质量下降和金融资源配置扭曲。与垄断相对的是,金融领域也容易出现过度竞争甚至恶性竞争。这种垄断或恶性竞争现象只有通过代表公众利益的政府监管当局才能得到纠正或消除。

(二) 金融体系的高风险和强负外部性

金融行业是社会信用体系中的核心环节和社会资本运动的中心,这种特殊的地位,使它面临多重风险,成为社会风险聚集的中心。高负债经营的金融业具有先天的脆弱性与内在的不稳定性,一家金融机构的问题很容易传染到其他金融机构乃至整个金融体系,局部金融风险容易转化为系统性金融风险甚至全面的金融危机,产生"多米诺骨牌"效应。这是金融负外部性的基本层次。金融风险与金融危机会通过紧缩货币信用破坏经济基础,导致经济衰退,这是金融负外部性的第二层次。在开放条件下,一国金融危机会超越国界影响其他国家,进而引发区域乃至全球性的金融与经济动荡,这是金融负外部性的第三层次。这种负外部性并不能通过市场机制本身得以完消除,而必须通过市场之外的力量来纠正。这为金融监管提供了较为充分的理由。

(三) 金融领域的信息不对称与投资者保护

信息不对称是金融领域中普遍存在的客观现象。信息不对称问题的存在容易使信息优势方利用这一优势来损害信息劣势方的利益。通常,金融机构比投资者拥有更多的信息,从而有更多的机会和动机将收益留给自己,而将损失转嫁给投资者。为此,需要通过必要的市场监管来规范与约束信息优势方,以保护存款人和投资者的利益。

三、金融监管的内容

按照监管对象的类型区分,可将金融监管的内容分为三个方面:商业银行监管、证券市场监管和保险市场监管。

(一) 银行业监管

各国对银行业的监管,通常采用现场检查与非现场检查两种方式。现场检查是一种专人实地检查,具有直观性、及时性、灵活性与深入性等优点。非现场检查通过对报表、数据、资料的整理与分析,来确定银行业金融机构经营状况、风险程度,具有预警性、全面性、连续性、指导性等特点。

对于银行业的监管主要包括市场准入监管、银行日常监管和问题银行监管。

1. 市场准入监管

金融机构的市场准入包括三个方面:机构准入,业务准入和高级管理人员准入。审批制是市场准入的通行制度。世界各国对发放银行金融机构执照都作出了明确规定。例如,我国商业银行的执照由中国银监会发放,要求设立全国性商业银行的最低注册资本为10亿元人民币,设立城市商业银行的最低注册资本为1亿元人民币。严格控制银行的注册审批,进而限制新银行的成立,可以避免银行间的过度竞争。

2. 银行日常监管

日常监管是对银行在正常经营期间内日常业务活动的监管,它的目的是通过各种检查手段分析银行业务经营状况,发现银行运营中的潜在风险。具体包括以下内容:

(ⅰ)资本充足率监管

加强资本充足率监管是全球金融监管当局达成的共识。1998年通过的《巴塞尔协议Ⅰ》是第一个对商业银行资本充足性进行管理的国际框架协议。其内容主要有两方面:一是统一了商业银行资本划分的标准,将银行资本划分为核心资本和附属资本两部分。前者由股本、公开储备(盈余公积)等组成,后者包括未公开储备(未分配利润)、重估储备(资本公积)、普通准备金、长期次级债务等。二是明确提出了商业银行应达到的资本充足率标准:即核心资本充足率(核心资本与商业银行风险加权资产总额之比)不低于4%,总资本充足率(资本总额与商业银行风险加权资产总额之比)不低于8%。

2004年6月,巴塞尔委员会公布了新修订的《巴塞尔协议Ⅱ》,其核心内容体现在最低资本要求、监管当局的监管检查和市场约束等三大支柱上。并在计算银行加权风险资产方面作了较大改变:一是改变了加权风险资产的计算方法,在原来的加权风险资产的计算中,加入了12.5倍的市场风险与操作风险的资本。二是对原信用风险权重进行了改进。

2010年12月,巴塞尔委员会发布的《巴塞尔资本协议Ⅲ》强调系统性风险防范和金融稳定,提出并构建了宏观审慎监管框架,并提出了微观审慎监管的具体优化意见。一是宏观审慎管理设定了逆周期资本要求和杠杆率底线;二是提出了防范系统性重要金融机构道德风险的一揽子解决方案。三是提出了全球流动性监管的两大标准。其中,在逆周期资本监管方面对商业银行提出了更高要求:将一级资本充足率提高至6%,普通股构成的核心一级资本占风险资产的下限由2%提高到4.5%,并引入资本留存缓冲和逆周期缓冲。资本留存缓冲的目的是鼓励银行持有更多的资本。且缓冲总额不低于银行风险资产的 2.5%。如普通股权益资本充足率为 4.5%～5.125% 时,所有利润只能用于补充资本;高于 7% 时,利润可全部用于分配。

(ⅱ) 流动性监管

流动性是指商业银行能够及时满足各种资金需要和收回资金的能力。美国银行监管当局评估商业银行流动性时一般考虑五个因素:存款结构及稳定性,对利率敏感性资金的依赖程度及借入资金的频率和数量,负债结构,资产变现能力,融资能力。我国《商业银行法》对商业银行流动性监管也有详尽规定,包括流动性资产负债比例、备付金比例、拆借资金比例、存贷款比例等指标。

(ⅲ) 信贷风险监管

信贷风险往往是造成商业银行经营困难的最重要原因。巴塞尔委员会制定的《有效银行监管的核心原则》对信贷风险管理作出了相关规定,特别强调了贷款风险分类、限制资产集中和关联贷款、计提呆账准备金等。贷款风险分类又称贷款五级分类管理。贷款五级分类法把银行贷款分成正常、关注、次级、可疑和损失五类。根据风险分类结果,商业银行应计提相应比例的呆账准备金,包括普通准备金和专项准备金。限制商业银行的信贷集中度,是基于分散风险的需要。例如,我国对贷款集中度的监管要求是:对单一客户的贷款比例不超过银行资本总额的 10%,对十家客户的最大贷款比例不超过银行资本总额的 50%。

(ⅳ) 监管评级体系

通过对被监管银行的经营状况评级,能够准确地发现问题银行,并科学地预测银行倒闭的可能性。美国建立的"联邦监理机构内部统一银行评级体系"(简称"骆驼评级系统"),是美国三大联邦监管部门(美国联邦储备署、美国货币监理署、联邦储蓄保险公司)共同使用的标准评级体系。该评级体系从六个方面评估银行的经营状况:资本状况(Capital Adequacy)、资产质量(Asset Quality)、管理水平(Management)、收益状况(Earnings)、流动性(Liquidity)、市场风险敏感度(Sensitivity to Market Risk)。根据评估的综合得分,将银行分为五个等级。

2006 年初,中国银监会发布了《商业银行监管评级内部指引(试行)》,确定了具有中国特色的"CAMELS＋"监管评级体系,即对商业银行的资本充足、资产质量、管理、盈利、流动性和市场风险状况六个单项要素进行评级,加权汇总得出综合评级,而后再依据其他要素的性质和对银行风险的影响程度,对综合评级结果作出调整,其结果将作为监管机构实施分类监管和依法采取监管措施的基本依据。

3. 问题银行监管

问题银行是指存在以下情形的银行:① 出现了财务困难。② 某些指标达不到监管标准。③ 遇到暂时的流动性困难甚至挤兑。这一类银行所面临的问题如果恶化下去,可能会导致破产倒闭,影响公众对金融体系的信心,引起连锁反应,最终造成金融恐慌。因此,对于问题银行的监管就尤为重要,其关键目标是维持公众对银行体系的信心。

问题银行监管主要包括纠正性监管、救助性监管和市场退出监管,它们分别对应于银行的问题较轻、银行的问题较严重和银行经救助无效等三种不同情形。在问题银行监管手段中,存款保险制度在保护存款人利益和维持公众对银行体系的信心方面具有重要作用。

存款保险制度是指在银行类金融机构面临支付危机或濒临破产时,专门存款保险机构对受保护存款账户的本息给予全部或部分保障的制度。存款保险制度能够保护存款者利益,维护金融业的稳定,是银行监管的重要工具,最早出现于美国。美国的联邦储备银行要求其所有成员都必须参加联邦存款保险,大多数州也要求州立银行参加联邦存款保险。联邦存款保险公司一身二任,既是保险公司,又是金融监管机构,将监管职能与业务职能紧密结合,以检查投保银行安全状况的方式,监管美国几乎所有银行。存款保险制度的组织形式可以多种多样,一些国家是官办的,一些国家是银行同业公会办的,还有政府与银行公会合办的。2004年,由中国人民银行牵头正式启动了《存款保险条例》的创建工作。最近,新一届中央政府已明确将存款保险制度列入2013年国务院工作计划。

(二)证券市场监管

证券市场是由上市公司、投资者、金融中介机构、自我管理机构(如证券交易所等)和政府监管部门等多方利益主体组成的公开市场。因此,这个市场的震荡将对整个金融体系乃至国民经济产生极大的影响。而证券市场交易标的物的特点又导致了其内在的不稳定性:同其他金融市场相比,证券市场价格的不确定性更大,价格波动也更为频繁和剧烈。这就使得证券市场具有高度的投机性和高风险性,从而蕴含了爆发危机的可能性。正因为如此,加强对证券市场的监管就显得十分必要和重要。证券市场监管的内容主要包括证券发行与上市监管、证券交易监管、证券经营机构监管等。

1. 证券发行与上市监管

证券发行与上市监管是指证券监管部门对证券发行上市的审查、核准和监控。世界各国对证券发行上市审核的方式有两种:注册制和核准制。

(1)注册制,又称申报制。其特点是证券监管部门不对发行人能否发行股票进行价值判断,其权力仅限于要求发行人提供的申请资料中不包含任何不真实的陈述,投资者自行对发行人及所发证券作出判断。注册制倡导"阳光是最好的消毒剂"的监管理念,是一种较理想化的监管制度。

(2)核准制。是指证券发行者不仅必须满足信息公开的条件,而且还必须符合法律规定的实质条件,通过证券监管部门的实质审查并得到核准后方能发行证券。证券监管部门有权否决不符合条件的发行申请。核准制使证券监管部门拥有较大的权力,同时也使其承担着较重的社会责任。目前,我国在证券发行上采用的就是核准制,由中国证监会代表国家出面保护投资者利益。2004年2月1日,我国开始实施证券发行上市保荐制度。保荐制度的实施,旨在通过明确保荐机构和保荐代表人的责任,建立市场力量对证券发行上市进行约束的机制。

2. 证券交易监管

证券交易监管的重点是禁止内幕交易、禁止操纵市场、禁止虚假陈述等。

3. 证券经营机构监管

证券经营机构监管内容主要有:证券商的设立监管、证券商的运作监管和证券商的变更与终止监管。

(三) 保险市场监管

1. 市场准入和退出监管

市场准入和退出监管是对保险公司(保险人)的监管,包括对保险人设立、整顿、接管、终止等方面的监管。

2. 保险经营的监管

保险监管机构必须规定保险人的经营种类和范围。实际上这包括两方面的内容:禁止兼业问题和禁止兼营问题。兼业问题指可否同时经营保险业务和其他业务,绝大多数国家均通过立法确立商业保险专营原则,保险企业不得经营非保险业务。兼营问题指保险人可否同时经营财产保险和人身保险业务,一般各国保险经营都遵循"产寿险分业经营"的原则,即同一保险人一般不得同时经营财产保险和人身保险业务。与此同步,在监管上也确立了"产寿险分业监管"制度。

3. 保险偿付能力的监管

保险公司的偿付能力是指保险公司以其实际资产偿付其负债的能力。各国都把偿付能力作为保险监管的核心内容。

资本充足率监管是保险公司偿付能力监管的重要手段。对资本的要求一般有两种:一种是规定保险公司的最低资本限额,又称静态资本管理,是传统的资本管理方式;另一种是风险资本管理,即按照保险公司的实际风险,要求其保持与所承担的风险相一致的认可资产,又称动态资本管理,是一种全新的资本管理模式。

4. 保险中介人的监管

对保险中介人的监管是指对保险代理人、保险经纪人和保险公估人的监管。2001年,中国保监会颁布《保险代理机构管理规定》,将保险代理机构的组织形式分为合伙企业、有限责任公司和股份有限公司三种。保险经纪人是投保人的代理人,包括直接保险经纪和再保险经纪。保险经纪人在性质上具有居间、代理、咨询的性质。保险公估人在保险市场中基于第三者的地位,接受保险当事人委托,专门从事保险标的评估、勘验、鉴定、估损、理算等业务。我国保险公估人限于单位。保险监管机构依法审核保险代理人、保险经纪人、保险公估人的设立申请,并进行相关的执业管理。

知识链接 13.6

宏观审慎政策框架的形成背景和主要内容

一、宏观审慎概念的形成背景

宏观审慎政策框架形成于 2008 年国际金融危机深化以后。对本次国际金融危机爆发原因的一种解释是金融系统的顺周期性或逆周期性，即借用工程学理论，用系统的正反馈特性来说明金融运行的周期性自我增强或自我减弱。应对危机的出发点是减少顺周期性，增加逆周期性。监管不足是危机的原因之一，加强监管与顺周期有关，需要针对金融系统存在的顺周期问题提出具体的加强监管方向。

对金融危机爆发原因的另一种解释涉及系统重要性金融机构的作用。系统重要性金融机构（SIFIs, systemically important financial institutions）指的是"大而不能倒"（Too Big To Fail）的金融机构。金融稳定理事会（FSB）将SIFIs 划为两个档次：全球系统重要性金融机构（G-SIFIs）和国内系统重要性金融机构（D-SIFIs）。对系统性重要性机构，监管应该更严，审慎性标准的要求应更高，如果出了问题处理也应该更坚决。这是因为，一旦这类机构出现倒闭清盘，可能牵涉很多机构。此外，还有道德风险问题，即越是具有系统重要性，越不敢让它倒闭。如果 SIFIs 倒闭，成本巨大，就要考虑风险传递和成本如何分担的问题。大多数 SIFIs 的关联性很强，包括跨境关联性，出现危机涉及跨境处理问题。这些金融机构清盘时，往往涉及多个国家的股权人、债权人能不能得到平等对待的问题。

2009 年初，国际清算银行（BIS）提出用宏观审慎性的概念来概括导致危机中"大而不能倒"、顺周期性、监管不足、标准不高等问题。这个概念后来慢慢为大家接受，并逐步被 G20 及其他国际组织采用。在 G20 匹兹堡峰会上，最终形成的会议文件及其附件中开始正式引用了"宏观审慎管理"和"宏观审慎政策"的提法。在 G20 首尔峰会上，进一步形成了宏观审慎管理的基础性框架，包括最主要的监管以及宏观政策方面的内容，并已经得到了 G20 峰会的批准，要求 G20 各成员国落实执行。中国作为 G20 的重要成员，也存在着如何较好地执行这一政策的问题。在党的十七届五中全会形成的决议文件中，已明确提出要"构建逆周期的金融宏观审慎管理制度框架"，2010 年 12 月召开的中央经济工作会议上，也提出了这一要求。将这一新概念、新提法引入中央全会文件，这在很大程度上和 G20 形成的共识有关。中国是 G20 重要的成员国，发挥着重要的核心作用，对于 G20 形成的共识，我们要在具体实践中落实和推进。

二、宏观审慎政策框架的主要内容

宏观审慎政策框架是一个新概念，但其很多内容其实我们并不陌生，只不

过在危机之后，人们把一些应对危机的改进政策加以归纳，也形成了一些新的提法，并放在"宏观审慎政策"的框架里，成为各国理论和政策界的共识。宏观审慎政策框架是一个动态发展的框架，其主要目标是维护金融稳定、防范系统性金融风险，其主要特征是建立更强的、体现逆周期性的政策体系，主要内容包括：对银行的资本要求、流动性要求、杠杆率要求、拨备规则，对系统重要性机构的特别要求、会计标准、衍生产品交易的集中清算等。危机爆发后，人们首先看到的是资本要求中的缺陷，当然在流动性、杠杆率和拨备率方面也都有不足。从目前进展看，最主要是在资本要求和流动性要求方面已取得进展，其中，资本要求的内容比较突出。

这次金融危机表明，资本充足率低，资本质量差，抗风险与吸收损失的能力就不足，因此需要进一步提高资本充足率，提高资本质量。过去，商业银行的资本由核心资本和附属资本构成。核心资本包括实收资本、资本公积金、盈余公积金和未分配利润，附属资本包括可计入的贷款准备金、附属债券、混合类资本债、可转债等。这次危机暴露了附属资本吸收损失能力不足的问题，需要扩大核心资本的比重，提高普通股在总资本中的占比。在条件允许的情况下，减少分红，督促银行通过留存利润建立资本缓冲。经济景气时，金融机构应该积累部分利润，用于应对经济差的时候可能导致的资本不足；在经济严重下滑时，允许银行在达到一定条件后释放资本缓冲，满足经济下行周期的信贷需求，防止信贷过度紧缩。具体看，G20审议批准的《巴塞尔协议Ⅲ》中对新资本要求分为以下五个层次：

（1）最低资本要求。最低标准仍为8%，但其中普通股充足率最低要求从2%提高到4.5%，一级资本充足率最低要求由4%提高到6%。

（2）资本留存缓冲。在最低资本要求基础上，银行应保留2.5%的普通股资本留存缓冲，使普通股资本加上留存资本缓冲后达到7%，以更好地应对经济和金融冲击。

（3）逆周期资本缓冲。各国可依据自身情况要求银行增加0~2.5%的逆周期资本缓冲。逆周期资本缓冲主要在信贷急剧扩张可能引发系统性风险时使用，以保护银行体系免受信贷激增所带来的冲击。

（4）系统重要性金融机构额外资本要求。SIFIs应在上述最低资本要求的基础上具备更强的吸收损失能力，方式之一是增加额外资本要求。这样，可以使系统重要性金融机构更多地积累资本，增强应对系统性金融风险和危机的能力，防止道德风险。

（5）应急资本机制。为增强系统重要性银行损失吸收能力，还可采取应急资本和自救债券等措施。帮助处于危机中的金融机构恢复正常经营。

（摘自：周小川. 金融政策对金融危机的响应[J]. 金融研究, 2011, 1. 引用时做了适当删减。）

四、金融监管模式

金融监管模式是指一国对金融机构和金融市场实施监管的机构及制度安排。

其一,按照监管对象区分,金融监管可分为功能监管模式和机构监管模式。

1. 功能监管

功能监管是指依据金融体系基本功能而设计的金融监管模式,即一个给定的金融活动由同一个监管者进行监管,而无论这个活动由谁来从事。功能型监管强调金融产品所实现的基本功能,按照金融业务而非金融机构来确定相应的监管机构和监管规则。其优势是:① 监管的协调性高,对监管中发现的问题能够得到及时处理和解决;② 对金融机构资产组合的整体风险容易判断;③ 可以减少监管职能的冲突、避免交叉重叠或监管盲区现象的出现,为金融机构创造公平竞争的市场环境。因此,功能监管是适应混业经营体制的金融监管新模式。

2. 机构监管

机构监管又称"部门监管"。是指按照金融机构的类型设立监管机构,不同的监管机构分别管理各自的金融机构,但某一类型金融机构的监管者无权监管其他类型金融机构的金融活动。各监管机构的监管高度专业化,其业务的划分只根据金融机构的性质(银行、证券公司、保险公司),而不论其从事何种(混合)业务进行监管。传统上,各国金融监管模式就是基于机构监管的原则而设立的。该模式的优点是:① 其出发点在于对各类型金融机构性质差别的认识,这对分业经营体制下的监管效果明显;② 由于该模式关注单个机构的状况,因而特别适合审慎监管;③ 由于每家金融机构只由一个监管者负责,可以避免不必要的重复监管,有利于提高监管功效,降低监管成本。

其二,按照功能和机构划分的原则,金融监管可分为统一监管模式和多头监管模式。

1. 统一监管模式

统一监管模式是指由中央一家监管机构行使对不同金融机构和金融业务的监管权。代表性国家有英国、日本和韩国等。

2. 多头监管模式

多头监管模式是指设置不同的监管机构,分别行使对银行、证券、保险业的监管权。从功能和机构的组合关系中,该模式又派生出以下三种具体模式:

(1)牵头监管模式。该模式是指设置不同的监管机构,并指定一个监管机构为牵头监管机构,负责协调不同监管主体,共同开展监管,代表性国家有法国等。

(2)"双峰"监管模式。该模式是指设置两类监管机构,一类负责对所有金融机构进行审慎监管,控制金融体系的系统性金融风险;另一类对不同金融业务进行监管,从而达到双重保险的作用,如澳大利亚、奥地利等。

(3)"伞式"监管模式。该模式是指对特定金融机构,由一家监管机构负责综合监管,其他监管机构按金融机构经营业务的种类开展具体监管。这是美国《金融服务现代化法案》颁布后形成监管新模式。根据该法案规定,对于同时从事银行、证券、互助基金、保险与商业银行等业务的金融持股公司实行"伞式"监管,即美联储负责对金融持股公司的综合监管;同时,金融持股公司又按其所经营业务的种类接受不同行业主要功能监管机构的监管,各监管机构必须相互协调、共同配合。

五、金融监管体制

(一) 金融监管体制的概念

金融监管体制是指一国对金融机构和金融市场实施监督管理的一整套机构及组织结构的总和。广义上讲,金融监管体制包括监管目标、监管范围、监管理念、监管方式、监管主体的确立、监管权限的划分等。狭义上讲,则主要指监管主体的确立及其权限划分。

金融监管体制与一国的政治、社会经济制度、文化等密切相关。世界上并没有所谓最优的监管体制,一国选择何种金融监管体制,主要取决于该国国情。金融监管体制是一国金融业稳定发展的重要保障,对规范金融市场秩序、控制金融风险并预防金融危机具有重要意义。

(二) 金融监管的类型

从各国监管实践看,金融监管体制一般可分为一线多头式、双线多头式、集中单一式三种,也可分为多头监管体制与单一监管体制两类。

1. 一线多头式金融监管体制

也称单线多头式或集权多头式,是指全国的金融监管权集中于中央,地方没有独立的权力,在中央一级由两家或两家以上监管机构共同负责的一种监管体制。以法国、1998 年以前的日本为代表。

2. 双线多头式金融监管体制

也称二元多头式或分权多头式,是指中央和地方都对金融机构或金融业务拥有监管权,且不同的金融机构或金融业务由不同的监管机关实施监管。以美国、加拿大等联邦制国家为代表。

3. 集中单一式金融监管体制

也称集权式或一元集中式,是指由中央的一家监管机构集中行使金融监管权。代表性国家为 1997 年后的英国和 1998 年后的日本。

六、中国的金融监管体制

1984 年,中国人民银行正式专司中央银行职能,标志着中国金融监管体制的建立。中国的金融监管体制可分为以下几个阶段。

1. 统一监管阶段(1984—1992 年)

1984 年,中国人民银行成为专职的中央银行。1986 年 1 月 7 日,国务院发布

《中华人民共和国银行管理暂行条例》,指出中国人民银行依法对金融机构进行登记、核发经营金融业务许可证和办理年检。这是我国第一部有关金融监管的行政法规。这一阶段,中国人民银行作为唯一的金融监管机构,在国务院领导下承担对全国所有银行和非银行金融机构的监管职能。

2."一行两会"阶段(1992—2003 年)

1992 年 10 月,国务院证券委员会和中国证监会成立,证券委员会由国务院 14 个部委的负责人组成,是中国证券业监管的最高领导机构,证监会则是证券委员会的监督管理执行机构,从而拉开了中国金融业分业监管的序幕。1995 年,《中国人民银行法》《商业银行法》先后颁布,确定了中国金融业分业经营的法律框架。1998 年明确中国人民银行负责监管商业银行、信托投资公司、信用社和财务公司等。同时,国务院确定证监会是全国证券期货业的主管部门。1998 年 11 月,成立保监会,依法统一监督和管理全国保险市场,我国分业金融监管体制进一步完善。

3."一行三会"阶段(2003—2018 年)

2003 年 3 月,成立银监会,不仅依法监管全国银行市场,实际上还承担了除证券业、保险业以外的所有其他金融机构的监管。至此,我国金融业分业监管体制基本确立。至此,由中国人民银行、中国银监会、中国证监会、中国保监会组成的"一行三会"金融业分业监管体制正式确立。

4."一委一行两会"阶段(2018—2023 年)

2017 年 1 月,成立国务院金融稳定发展委员会,其主要职责是加强金融监管协调,补齐金融监管短板,强化宏观审慎管理和系统性风险防范。为适应金融业混业经营趋势,消除监管盲区和漏洞,2018 年 3 月,国务院对银监会和保监会职责进行整合,组建中国银行保险监督管理委员会(简称银保监会),并于当年 4 月 8 日式挂牌。银保监会的职责是依法监管全国银行业和保险业,维护银行业和保险业依法稳健运行,防范和化解金融风险,保护金融消费者权益,维护金融稳定。许多国家的中央银行是商业银行而且仅仅是商业银行的监管者,但由于中央银行垄断货币发行权,是货币政策的制定和执行者,又是金融机构的"最终贷款人",因而它在一国金融监管体系中的作用始终极为重要。就我国而言,尽管中国人民银行的监管职能被逐渐分离出来,但由于其特殊地位,仍然是我国重要的金融监管主体。根据全国人大常委会于 2003 年 2 月通过的《关于修改〈中国人民银行法〉的规定》,中国人民银行对黄金市场、外债及其规模、结构与使用、企业用汇、外汇与黄金储备、外汇业务经营的金融机构、支付清算系统、反洗钱等方面具有监管职责。

5."两委一行一会一总局"阶段(2023 年以来)

根据中共中央、国务院印发的《党和国家机构改革方案》,2023 年 3 月,组建中央金融委员会和中央金融工作委员会,在银保监会基础上组建国家金融监督管理总局。中央金融委员会负责金融稳定和发展的顶层设计、统筹协调、整体推进、督促落实,研究审议金融领域重大政策、重大问题等,其办事机构为中央金融委员会办公室,属于党中央机构序列。中央金融工作委员会统一领导金融系统党的工作,指导金融系统党的政治建设、思想建设、组织建设、作风建设、纪律建设等,作为党中央派出机关,同中央金融委员会办公室合署办公。国家金融监督管理总局统一负责除证券业之外的金融业监管,统筹负责金融消费者权益保护,加强风险管理和防范处置,依法查处违法违规行为。至此,加上中国人民银行,我国金融监管体制进入"两委一行一会一总局"新阶段。

值得指出的是,在我国现行监管体制中,财政部负有对金融机构财务会计、税收等工作的职责,因而也属于金融监管体制的一部分。同时,我国还设立具有官方性质的金融行业自律性组织,如中国银行业协会、中国证券业协会及各地方的银行业同业公会、保险业同业公会等,它们在金融监管中发挥着一定作用。

表13.1和图13.1分别对我国金融监管机构的监管对象、职能和体制架构进行了简要概括。

表 13.1 我国金融监管机构的监管职责

监管机构	监管对象	监管职责
中央金融委员会	中国人民银行、证监会、金融监管总局	负责金融稳定和发展的顶层设计,研究审议金融领域重大政策、重大问题等
中央金融工作委员会	全国金融系统党组织	负责金融系统党的建设工作
中国人民银行	银行业金融机构、国家外汇管理局、支付体系	负责商业银行审批、法定存款准备金率等的调整,监管同业拆借市场、黄金市场、外汇市场、支付系统及相关机构,进行风险处置,维护金融稳定
中国证监会	证券类金融机构	负责监管证券市场运行
金融监管总局	银行业、保险业、信托业、租赁业等金融机构及互联网金融	负责监管银行业、保险业、信托业、租赁业等金融机构及互联网金融的运行,金融消费者权益保护
财政部	各类金融机构	负责监管金融业财务会计、税收等

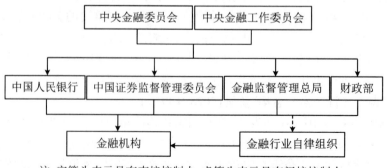

注:实箭头表示具有直接控制力,虚箭头表示具有间接控制力。

图 13.1 中国现行金融监管体制基本架构

本章小结

1. 金融安全是一国经济安全的核心,金融稳定是确保一国金融安全的重要基础。金融稳定是指金融机构、金融市场和金融基础设施三个方面的协调发展,分为金融基本稳定、金融恶化和金融危机三个级别,可通过物价、银行业、金融市场等方面是否稳定进行衡量。

2. 金融脆弱性是指金融制度、结构出现非均衡导致风险积聚,金融体系丧失部分或全部功能的金融状态。理论界主要从信贷市场、资产价格、信息经济学等视角对金融脆弱性进行了解释。现实中,金融脆弱性体现为金融机构、金融市场的脆弱性。

3. 金融风险是指在金融活动中,因各种不确定性因素影响使经济主体遭受损失或获取额外收益的机会和可能性。金融风险分为微观金融风险和宏观金融风险,前者包括政策性风险、市场风险、信用风险、流动性风险、操作风险、道德风险、声誉风险和法律风险等。后者则指全局性或系统性金融风险。

4. 金融危机是金融风险积累到一定程度爆发出来所导致的整个金融体系或某个金融体系组成部分的混乱和动荡。金融危机包括货币危机、银行危机、外债危机和资本危机四种类型,具有超周期性和突发性、潜伏性、马太性、传染性、破坏性等特点。解释金融危机形成机制的理论主要有货币危机理论、银行业危机理论、外债危机理论等。货币危机理论形成了第一、二、三代货币危机模型以及正在发展完善中的第四代货币危机模型。银行危机理论主要有货币政策失误论、银行体系关键论、道德风险论等。外债危机理论较为著名的是债务—通货通缩论和资产价格下降论。

5. 金融危机的形成是市场、经济、金融等多种复杂因素交织影响、相互作用的结果,其传导路径有国内和国际两个方面,国内传导由货币市场到资本市场再到银行系统,进而向全面金融危机演变。金融危机的国际传导则通过贸易、金融溢出等接触性传导和产业联动效应、净传染效应等非接触性传导两种机制进行。

6. 金融危机应通过保持健全的宏观经济环境、选择合理的汇率制度、慎重开放资本项目、健全微观审慎监管和宏观审慎管理并重、建立金融风险监测预警机制等措施予以防范。金融危机的治理主要包括社会紧急救助和国际社会援助两个方面。

7. 金融监管是指金融监管当局依据法律授权,对金融机构、金融市场、金融业务进行监督、约束和管制,使之实现稳健运行。监管目的是确保金融机构稳健经营和金融安全、保护金融消费者权益和提高金融运行效率,优化金融结构。监管的对象、内容是银行业、证券业和保险业。金融监管体系通常包括外部监管、行业自律和金融机构内部控制等三大部分。外部监管是金融监管的主要部分,金融机构的内部控制是金融监管的基础,而行业自律是必要的补充。

8. 金融监管有功能监管、机构监管、统一监管和多头监管等不同模式,每种模式适应不同经济金融体制的国家。我国的金融监管体制经历了统一监管、"一行两会""一行三会""一委一行两会""两委一行一会一总局"等几个阶段。现行的金融监管体制更加突出党中央对金融业的集中统一领导,这是维护我国金融安全的重要制度保障。

【重要概念】

金融稳定　金融脆弱性　金融风险　微观金融风险　流动性风险　道德风险　信用风险　系统性金融风险　金融危机　货币危机　银行危机　金融监管　功能监管　机构监管　"双峰"监管模式　"伞式"监管模式　一线多头式金融监管体制　双线多头式金融监管体制

【思考与练习】

1. 如何理解金融稳定的含义和特征？一国金融稳定的标志是什么？
2. 金融脆弱性的来源是什么？它能够被消除吗？
3. 试归纳出第一、二、三、四代货币危机理论的核心思想。
4. 各种银行危机理论是如何解释银行危机形成机制的？
5. 为什么说商业银行具有天然的脆弱性？
6. 微观金融风险和系统性金融风险有何联系和区别？
7. 如何理解我国为什么要守住不发生系统性金融风险底线？
8. 简述金融风险与金融危机的联系和区别。
9. 试述金融危机的形成原因、传导机制及防范对策。
10. 为什么要进行金融监管？金融监管的目标是什么？
11. 金融监管包括哪些内容？分别涵盖哪些方面？
12. 比较功能监管与机构监管的优缺点。
13. 金融监管体制有哪几种类型？分别适应何种金融经营体制？
14. 我国目前的金融监管体制是什么？你认为我国应建立何种金融监管体制以适应混业经营发展的需要？

参考文献

[1] 黄达,张杰. 金融学:精编版[M]. 5版. 北京:中国人民大学出版社,2020.
[2] 戴国强,柳永明. 货币金融学[M]. 5版. 上海:上海财经大学出版社,2023.
[3] 彭兴韵. 金融学原理[M]. 5版. 上海:格致出版社,2013.
[4] 王松奇. 金融学[M]. 3版. 北京:中国金融出版社,2000.
[5] 胡庆康. 现代货币银行学教程[M]. 上海:复旦大学出版社,2006.
[6] 张亦春. 货币银行学[M]. 厦门:厦门大学出版社,1995.
[7] 蒋先玲. 货币金融学[M]. 3版. 北京:机械工业出版社,2021.
[8] 钱水土. 货币银行学[M]. 北京:机械工业出版社,2013.
[9] 范从来,姜宁. 货币银行学[M]. 南京:南京大学出版社,2006.
[10] 陈学彬. 金融学[M]. 北京:高等教育出版社,2003.
[11] 李健. 金融学[M]. 北京:高等教育出版社,2010.
[12] 周骏,王学青. 货币银行学原理[M]. 北京:中国金融出版社,1996.
[13] 张强,乔海曙. 货币金融学[M]. 北京:中国金融出版社,2007.
[14] 胡援成. 货币银行学[M]. 北京:中国财政经济出版社,2005.
[15] 殷孟波. 货币金融学[M]. 2版. 重庆:西南财经大学出版社,2012.
[16] 曹龙骐. 金融学[M]. 北京:高等教育出版社,2003.
[17] 吴军,郭红玉. 货币银行学[M]. 北京:对外经济贸易大学出版社,2006.
[18] 杨长江,张波. 金融学教程[M]. 上海:复旦大学出版社,2004.
[19] 易纲,吴有昌. 货币银行学[M]. 上海:上海人民出版社,1999.
[20] 施兵超. 利率理论与利率政策[M]. 北京:中国金融出版社,2003.
[21] 汪祖杰. 现代货币银行学[M]. 北京:中国金融出版社,2003.
[22] 卞志村. 金融学[M]. 北京:人民出版社,2009.
[23] 张景顺,蔡则祥. 货币银行学[M]. 苏州:苏州大学出版社,2002.
[24] 刘立平. 现代货币银行学[M]. 合肥:中国科学技术大学出版社,2003.
[25] 徐文彬. 金融业混业经营的范围经济分析[M]. 北京:经济科学出版社,2006.
[26] 张红伟. 货币银行学[M]. 成都:四川大学出版社,2001.
[27] 胡国晖,崔奇. 货币银行学[M]. 武汉:武汉理工大学出版社,2006.
[28] 弗里德里克·S. 米什金. 货币金融学[M]. 13版. 王芳,译. 北京:中国人民大学出版社,2024.
[29] 博迪,莫顿. 金融学[M]. 曹辉,曹音,译. 北京:中国人民大学出版社,2000.
[30] 托马斯·梅耶. 货币、银行与经济[M]. 洪文金,林志军,等译. 上海:上海三联书店,1998.
[31] 托马斯. 货币、银行与金融市场[M]. 马晓萍,等译. 北京:机械工业出版社,1999.
[32] 莱·威·钱得勒,斯·姆·哥尔特菲尔特. 货币银行学:上;下[M]. 中国人民大学财政金

融教研室,译.北京:中国财政经济出版社,1981.
[33] 章彰.商业银行信用风险管理[M].北京:中国人民大学出版社,2002.
[34] 史建平.商业银行管理学[M].北京:中国人民大学出版社,2003.
[35] 彼得 S.罗斯.商业银行管理[M].刘园,译.北京:机械工业出版社,2005.
[36] 王广谦.中央银行学[M].北京:高等教育出版社,1999.
[37] 张亦春,郑振龙.金融市场学[M].北京:高等教育出版社,2003.
[38] 何帅领,张政新.中国创业板市场理论与实务[M].北京:中国机械工业出版社,2002.
[39] 保罗·罗斯.外汇市场和货币市场[M].周炜,译.上海:上海财经大学出版社,1999.
[40] 周战强.行为金融理论与应用[M].北京:清华大学出版社,2004.
[41] 莱德勒.货币需求:理论、证据和问题[M].戴国强,译.上海:上海三联书店,2000.
[42] 邓乐平.中国的货币需求[M].北京:中国人民大学出版社,1990.
[43] 陈野华.西方货币金融学说的新发展[M].成都:西南财经大学出版社,2001.
[44] 周慕冰.经济运行中的货币供给机制[M].北京:中国人民大学出版社,1991.
[45] 盛松成.现代货币供给理论与实践[M].北京:中国金融出版社,1993.
[46] 郑先炳.货币供求均衡论[M].北京:中国金融出版社,1990.
[47] 谢平,刘锡良.从通货膨胀到通货紧缩[M].成都:西南财经大学出版社,2001.
[48] R.布托.通货膨胀与通货紧缩[M].刘锡良,译.成都:西南财经大学出版社,2004.
[49] 罗振宇.通货紧缩论[M].北京:经济科学出版社,1999.
[50] 王耀媛.通货膨胀治理的国际比较[M].北京:社会科学文献出版社,2000.
[51] 刘锡良,戴根有.宏观经济与货币政策[M].北京:中国金融出版社,2001.
[52] 劳伦斯,哈里斯.货币理论[M].梁小民,译.北京:中国金融出版社,1989.
[53] 谢平,焦瑾璞.中国货币政策争论[M].北京:中国金融出版社,2002.
[54] 孔祥毅.宏观金融调控理论[M].北京:中国金融出版社,2003.
[55] 戈德史密斯.金融结构与金融发展[M].周朔,等译.上海:上海三联书店,1995.
[56] R.I.麦金农.经济发展中的货币与资本[M].卢聪,译.上海:上海三联书店,1988.
[57] 约翰·G.格利,爱德华·S.肖.金融理论中的货币[M].贝多广,译.上海:上海三联书店,1994.
[58] 爱德华·S.肖.经济发展中的金融深化[M].邵优军,等译.上海:上海三联书店,1988.
[59] 李健.金融创新与发展[M].北京:中国经济出版社,1998.
[60] 谢平,焦瑾璞.中国货币政策争论[M].北京:中国金融出版社,2002.
[61] 陈雨露.现代金融理论[M].北京:中国金融出版社,2001.
[62] 史东明.经济一体化下的金融安全[M].北京:中国经济出版社,1999.
[63] 北京大学国际经济研究所.金融监管与风险防范[M].北京:经济日报出版社,1998.
[64] 朱民.改变未来的金融危机[M].北京:中国金融出版社,2009.
[65] 辛乔利,孙兆东.次贷危机[M].北京:中国经济出版社,2008.
[66] 苏同华.银行危机论[M].北京:中国金融出版社,2000.
[67] 倪健民.国家金融安全报告[M].北京:中共中央党校出版社,1999.
[68] 吴定富.中国保险市场发展报告[M].北京:电子工业出版社,2008.
[69] 赵喜仓,谭中明.金融学[M].南京:东南大学出版社,1999.
[70] 谭中明,张静,文学舟.信用管理学[M].镇江:江苏大学出版社,2012.
[71] 谭中明.证券投资学[M].3版.合肥:中国科学技术大学出版社,2014.